Slowenisch als Fremdsprache im Alltag,
in der Kirche und in der Literatur.
Fünfter Band.

Luise Maria Ruhdorfer:
Zweisprachiger Slowenischkurs
für Deutschsprachige.

Ein Krieger des Lichts
kennt die Macht der Worte.

(Paulo Coelho: Handbuch des Kriegers des Lichts.
Zürich: Diogenes Verlag, 2001, S. 114.)

„Haltet in euren Herzen Christus, den Herrn, heilig!“
(1 Petrus 3, 15a)

»Le Gospoda Kristusa slavite v svojih srcih.«
(1. Peter 3, 15a)

LUISE MARIA RUHDORFER

ZWEISPRACHIGER SLOWENISCHKURS FÜR DEUTSCHSPRACHIGE

Bibliografische Information der Deutschen Nationalbibliothek:
Die Deutsche Nationalbibliothek verzeichnet diese Publikation
in der Deutschen Nationalbibliografie; detaillierte bibliografische Daten sind
im Internet über http://dnb.ddb.de abrufbar.

ISBN 978-3-98527-384-3

www.rediroma-verlag.de
24,95 Euro (D)

Inhaltsverzeichnis

Vorwort der Autorin

Dieses Buch ist das fünfte in der Reihe „Slowenisch im Alltag, in der Kirche und in der Literatur“. Im ersten Band beschäftige ich mich mit der Zweisprachigkeit in Kärnten und mit Florjan Lipuš als Kulturkritiker, im zweiten erläutere ich die Finkensteiner Vulgonamen und den Barbara-Zyklus in der Pfarrkirche St. Martin am Techelsberg, im dritten erörtere ich das slowenische Schrifttum und die slowenische Literatur von ihren Anfängen bis zur Postmoderne, im sechsten ergänze ich die Finkensteiner Besitzerliste zu Band 2 und erkläre die Finkensteiner Flurnamen, im vierten Buch sammle ich die verschiedenen slowenischen Wortformen mit Anwendungsbeispielen und in diesem fünften Buch biete ich dazu nun einen zweisprachigen Slowenischkurs an.

Seit Beginn meines Slowenisch-Studiums an der Alpen-Adria-Universität Klagenfurt im Herbst 1994 beschäftige ich mich gezielt mit der Grammatik und der Struktur des Slowenischen. Und so hatte ich bis zur Sprachpraktikum-Prüfung (eine mündliche und umfangreiche Abschlussprüfung zur Sprachbeherrschung) bereits für die meisten nominalen Wortgruppen (Eigenschaftswort, Hauptwort, Zahlwort, Fürwort) eigene zweisprachige Deklinationstabellen (Musterbeispiele für die Fallendungen) erarbeitet. Nach Studienabschluss ergab sich beim Nachhilfeunterricht und vor allem in den Slowenisch-Kursen an der Volkshochschule Villach immer wieder die Forderung der Lernenden nach der Erklärung der sprachlichen Phänomene (Eigenheiten) aus unserer österreichisch-deutschsprachigen Sichtweise.

Dieser Einsicht Rechnung tragend entstanden ab dem Frühjahr 2004 umfangreiches Lernmaterial und eine detaillierte Formensammlung, woraus sich allmählich der Schwerpunkt sowohl für Band 4 als auch für dieses Buch ergab. Es enthält zweisprachiges Kursmaterial, das der Sprachanfängerin / dem Sprachanfänger praktisch und ohne viel Regelwerk bestimmte Gesprächssituationen vermittelt.

Ich unterrichte Slowenisch nicht als Zweitsprache, sondern immer als Fremdsprache, denn nur so haben die Lernenden auch die nötige Zeit, in die für sie vollkommen neue und daher selbstverständlich auch ganz fremde Sprache „Slowenisch“ langsam hineinzuwachsen und das für sie jeweils passende Niveau auszusuchen, denn in Kärnten zeigt sich im zweisprachigen Gebiet, dass Deutschsprachige allein durch wiederholtes Hören der zweiten Landessprache (Slowenisch), wie zum Beispiel beim römisch-katholischen Gottesdienst, diese nicht automatisch auch erwerben. Selbstverständlich sollten auch Deutschsprechende Slowenisch lernen. Für diese Gruppe wären aber in Deutsch noch viel mehr Erklärungen notwendig.

Am Ende des jeweiligen Abschnittes folgt auch in diesem Buch eine detaillierte Inhaltsangabe zu den besprochenen Phänomenen. Dort wird auch der jeweilige Bezug zu den Inhalten im Band 4 „Slowenische Wortformen mit Anwendungsbeispielen“ hergestellt.

Ich beschränke mich auf die Angabe des grammatischen Geschlechts und gehe daher nicht auf die verschiedenen Ausdrucks- bzw. Interpretationsmöglichkeiten des Sexus (heterogen, homosexuell, lesbisch, divers, ...) ein, denn das ist ein Identitätsmerkmal einzelner Personen und kein grammatisches Merkmal. In Rahmentexten verwende ich also weder das Binnen-I noch den Schrägstrich oder das Sternchen, sondern ich führe zuerst die Frauen und dann die Männer an. Ebenso führe ich in den Grammatiktabellen meistens zuerst die weibliche, dann die sächliche und schließlich die männliche Form an.

Der Großteil dieses Sprachkurses wurde vor der Corona-Epidemie/-Pandemie (Covid-19) zusammengestellt. Sollten sich hinsichtlich der Sprachanwendung seit März 2020 wesentliche Änderungen ergeben haben, so wurden diese jedoch bei der Endkorrektur entsprechend berücksichtigt.

St. Stefan in Finkenstein / Šteben v Bekštanju, Freitag, 5. November 2021

Dr. Luise Maria Ruhdorfer

Erster Abschnitt: Kursunterlagen für Lernende ohne Vorkenntnisse

1 Allgemeine Einleitung

Um Anfängerinnen und Anfängern den Einstieg in die slowenische Sprache zu erleichtern, wurden alle zielsprachigen Texte akzentuiert sowie überall die deutsche Bedeutung der Vokabel angegeben. Dieser Sprachkurs ist so konzipiert, dass zunächst allen Lernenden ein Mindestspektrum angeboten wird, das von Wissbegierigen beliebig erweitert werden kann. Die Ausführungen dieses ersten Abschnittes reichen bis zum Gleichsetzungsgliedsatz, wie z. B.: „Ich bin Technikerin."

Es geht hier vor allem um eine praktische Anleitung zum Erlernen des Slowenischen, u. zw. für Lernende ohne Vorkenntnisse. Ein Vorteil dieses Kurses ist, dass jeder/ jede sein/ihr Tempo selbst bestimmen kann.

Grammatik: Wortartenvielfalt, Eigenschaftswort und Hauptwort im 1. Fall in der Einzahl und Mehrzahl, Hilfszeitwort „biti" (sein) und „ne biti" (nicht sein) in der Gegenwart, einfache Sätze nach Muster (Gleichsetzungsgliedsätze im 1. Fall).

Themen: Grüßen, Wünschen, Feiern, Weihnachten, Ostern, Vorstellen, Berufe, Ausweise, Staaten, Staatsbürger, Staatssprachen, Benennen, Gegenstände, Ortsnamen, Ansichtskarte.

1.1 Buchstabieren

A kot Ájdovščina
B kot Bléd
C kot Cêlje
Č kot Čátež
D kot Domžále
E kot Èncelna vás
F kot Fužíne
G kot Grosúplje
H kot Hrastóvlje
I kot Ídrija
J kot Jeseníce
K kot Kránj
L kot Ljubljána
M kot Máribor
N kot Náklo
O kot Ormóž
P kot Postójna
R kot Radóvljica
S kot Sečóvlje
Š kot Šóštanj
T kot Trbóvlje
U kot Únec
V kot Vŕba
Z kot Zálog/Zalóg
Ž kot Žúžemberk

Das slowenische Abc/Alphabet umfasst 25 Buchstaben. Man streicht vom deutschen q, w, x, y und gibt č, š und ž dazu. Das slowenische Abc lautet also:

A B C Č D E F G H I J K L M N O P R S Š T U V Z Ž
a b c č d e f g h i j k l m n o p r s š t u v z ž

Dieses Alphabet wurde von dem Kroaten Ljúdevit Gáj geschaffen, heißt daher „Gájica" (sprich 'GA:JITZA) und ist seit 1848 in Verwendung. Vorher schrieb man nach dem von Ádam Bóhorič im ausgehenden 16. Jh. geschaffenen Abc, der sog. „Bohoríčica" (sprich BOCHO'RI:TSCHITZA), die noch keine „Hatscheks" kannte, sondern meistens č als „zh", š als „ſh" und ž als „sh" verschriftete. Diese und andere Buchstabenkombinationen entlehnte Prímož Trúbar für das erste gedruckte slowenische Buch, den „Catehiſmus in der Windiſchenn Sprach" (1550, Tübingen), aus dem damaligen Tschechischen.

1.2 Rechtschreibung

In Slowenisch schreibt man den ersten Buchstaben in einem Satz sowie Eigennamen groß, Markennamen schreibt man jedoch klein. Man schreibt die Hauptwörter also klein.

Dôbro jútro, Martína. Dôbro jútro, Martìn.
Vsè najbóljše za rôjstni dán.
Guten Morgen, Martina! Guten Morgen, Martin!
Alles Gute zum Geburtstag!

Ich bin aus dem Ort St. Niklas.
Ich wohne in St. Leonhard-Siebenbrünn.
Ich fahre mit dem Schnellzug „Wörthersee“ von Salzburg über Villach nach Klagenfurt.
Ich trinke sehr gerne „Vivo frizzante“, den Wein aus dem Karstgebiet.

Sem iz krája Šmiklávž ob Drávi.
Stanújem v Št. Lenártu pri Sêdmih studêncih.
Pél̲jem se z eksprésnim vlákom „vŕbsko jézero“ od Sál̲zburga čez Bel̲ják v Celôvec.
Zeló ráda píjem kráško víno „vívo frizzánte“.

In e-Mails überwiegt die Kleinschreibung. Dort verzichtet man auch auf die diakritischen Zeichen (Hatscheks) in č š ž und schreibt einfach c s z.

rad te imam. dobro se imej. vidiva se na smuciscu.
hab dich gern. pass auf dich auf. sehen uns auf der schipiste.

Um Unklarheiten zu vermeiden, kann man im Internet für č š ž nach amerikanischer Gewohnheit cx sx zx verwenden.

Draga Sxpela, posxiljam ti najnovejsxe podlage za igrisxcxe. Zxiga
Liebe Špela, ich sende dir die neuesten Unterlagen für den Spielplatz. Žiga

Besondere Texte muss man als eigenes Dokument oder als pdf-Datei übermitteln, damit die Sonderzeichen unterwegs nicht verlorengehen.

Zusammen schreibt man die Zahlen von 21 bis 99 und die Hunderter. Während man in Slowenisch bereits die Tausender getrennt schreibt, gilt das in Deutsch erst für die Million. Seit 2016 schreibt man auch in Slowenisch die Jahreszahlen zusammen.

21 = ênaindvájset, 200 = dvésto, 1.500 = tísoč pétsto
1.734 = tísoč sédemsto štíriintrídeset, 1734 = sédemnajststo štíriintrídeset

l. 1734 = léta sédemnajststoštíriintrídeset, l. 1045 = léta tísočpétinštírideset,
l. 2002 = léta dvátísočdvá/dvé, l. 2020 = léta dvátísočdvájset
1734 = im Jahre siebzehnhundertvierunddreißig, 1045 = im Jahre tausendfünfundvierzig,
2002 = im Jahre zweitausendzwei, 2020 = im Jahre zweitausendzwanzig

In den zusammengesetzten Zehnerzahlen und in den zusammengesetzten Hunderterzahlen gibt es nur eine Akzentstelle.

30 = trídeset, 800 = ósemsto

Zu den Satzzeichen und anderen Zeichen siehe LMR: Wortformen, 2017, S. 142. Wortarten, Satzglieder und Sätze werden dort auf S. 135 vorgestellt. Die Rechtschreibung kann man im gesamten Buch 2017 nachlesen. Siehe dazu unten S. 42 und S. 185.

1.3 Zählen

1	êna w., (êno s., èn m.)	10	desét	100	stó
2	dvé w., (dvé s., dvá m.)	20	dvájset	200	dvésto
3	trí w., (trí s., tríje m.)	30	trídeset	300	trísto
4	štíri w. (štíri s., štírje m.,)	40	štírideset	400	štíristo
5	pét	50	pétdeset	500	pétsto
6	šést	60	šéstdeset	600	šéststo
7	sédem	70	sédemdeset	700	sédemsto
8	ósem	80	ósemdeset	800	ósemsto
9	devét	90	devétdeset	900	devétsto

21	ênaindvájset	11	enájst
22	dváindvájset	12	dvánajst
23	tríindvájset	13	trínajst
24	štíriindvájset	14	štírinajst
25	pétindvájset	15	pétnajst
26	šéstindvájset	16	šéstnajst
27	sédemindvájset	17	sédemnajst
28	ósemindvájset	18	ósemnajst
29	devétindvájset	19	devétnajst

1.000	tísoč	3.489	trí tísoč štíristo devétinósemdeset
2.000	dvá tísoč	8.172	ósem tísoč stó dváinsédemsedet

l. 811	léta ósemstoenájst	l. 2000	léta dvátísoč
l. 1007	léta tísočsédem	l. 2001	léta dvátísočêna
l. 1314	léta trínajststoštírinajst	l. 2002	léta dvátísočdvá/-dvé
l. 1527	léta pétnajststosédemindvájset	l. 2003	léta dvátísočtrí
l. 1643	léta šéstnajststotríinštírideset	l. 2004	léta dvátísočštíri
l. 1966	léta devétnajststošéstinšéstdeset	l. 2005	léta dvátísočpét
l. 1998	léta devétnajststoósemindevétdeset	l. 2013	léta dvátísočtrínajst

Null = 0 = „nìč"; die/eine Null = „níčla".

*Die englische Silbe „**teen**" entspricht dem slowenischen Wort „**najst**". Teenager sind also „nájstniki".*

Zwischen Hunderter und Zehner darf kein „in" (und) stehen.
548 = pétsto óseminštírideset, ~~pétsto**in**óseminštírideset~~.
*Dieses „und" gibt es nur in Deutsch, wie z. B. in „Tausend**und**eine Nacht".*

Bei Jahreszahlen steht kein Punkt zwischen dem Tausender und dem Hunderter. In Slowenisch muss das Wort „leta" (im Jahre) immer angeführt werden, u. zw. ausgeschrieben oder abgekürzt. „Im Jahre ..." heißt also in Slowenisch nicht „~~V letu~~ ...", sondern „leta/l."

2 Grüßen, Wünschen und Feiern

2.1 Grüßen, Siezen

Guten Morgen!	Dôbro jútro.
Guten Tag!	Dóber dán.
Guten Abend!	Dóber večér.
Wie geht es Ihnen?	Kakó ste? / Kakó vam gré?
Danke, gut.	Hvála, dôbro.
Leider schlecht.	Žàl, slabó.

gut	dôbro, dóber
Morgen	jútro
Tag	dán
Abend	večér
wie	kakó
danke	hvála
leider	žàl
schlecht	slabó

A: Dôbro jútro.
B: Dôbro jútro.
A: Kakó ste?
B: Hvála, dôbro.

A: Dóber dán.
B: Dóber dán.
A: Kakó vam gré?
B: Žàl, slabó.

Es geht.	Gré, gré.
Ganz gut.	Kàr dôbro.

A: Dóber dán.
B: Dóber dán.
A: Kakó vam gré?
B: Gré, gré.

A: Dóber večér.
B: Dóber večér.
A: Kakó ste?
B: Hvála, kàr dôbro.

2.2 Grüßen, Duzen

Griaß di! (Begrüße dich!) Hallo!	Zdrávo. (Hálo.)
Servus!	Žívjo.
Geh mit Gott!	Zbógom.
Wie geht es dir?	Kakó si? / Kakó ti gré?
Sehr gut.	Zeló dôbro.
sehr	zeló

A: Zdrávo.
B: Zdrávo.
A: Kakó ti gré?
B: Zeló dôbro.

A: Žívjo.
B: Žívjo.
A: Kakó si?
B: Slabó.

2.3 Verabschieden

Auf Wiedersehen!	Nasvídenje.
Ciao!	Sréčno.
Pfiati! (Behüte dich Gott!)	Adíjo. (Z Bogom.)
In Liebe	V ljubezni
In Dankbarkeit	V hvaležnosti
In Liebe und Dankbarkeit	V ljubezni in hvaležnosti
Aufrichtiges Beileid	Iskreno sožalje

2.4 Andere Höflichkeitsformeln

Gute Nacht!	Láhko nóč.
Lass es dir gut gehen!	Lepó se iméj.
Bitte.	Prósim.
Danke. (Gott danke es dir!)	Hvála. (Bóg lónaj, *dialektal* Bóg u̯ôni.)
Dankeschön.	Hvála lépa.
Besten Dank!	Najlépša hvála.

2.5 Weitere Gruß- und Höflichkeitsformeln, Wünsche

Während wir in Deutsch bei Gruß- und Höflichkeitsformeln fast immer ein Rufzeichen setzen, steht in Slowenisch ganz einfach ein Punkt.

Deutsch	*Slowenisch*
Seid begrüßt! *(viele, gemischt)*	Pozdrávljeni.
Willkommen! *(viele, gemischt)*	Dobrodôšli.
Lassen Sie es sich gut gehen!	Lepó se iméjte.
Gute Fahrt/Reise!	Sréčno pót/vôžnjo.
Entschuldigen Sie!	Oprostíte.
Entschuldigen Sie, bitte!	Oprostíte, prósim. / Pardón.
Mahlzeit! Guten Appetit! (Gott segne es!)	Dóber ték. (Bóg žégni. *dialektal*)
Prost!	Na zdrávje.
Gesundheit!	Zdrávje.
Keine Ursache! Kein Problem!	Nì zakáj. Nì problém.
Nicht der Rede wert!	Malénkost.
Mit Freuden! Gerne.	Z vesêljem. Ráde vólje,
Es war mir ein Vergnügen!	Veselílo me je.
Danke, gleichfalls!	Hvála, enáko.
Wie geht es euch (beiden)?	Kakó sta?
Wie geht es euch (beiden)?	Kakó váma gré?
Danke, so halbwegs.	Hvála, šè kàr.
O.k. / In Ordnung.	V rédu.
Es geht. Schlecht. Leider schlecht.	Gré. Slabó. Na žálost, slabó.
Gute Besserung!	Čimpréjšnje/Dôbro okrévanje.
Bitte sehr! / Wählen Sie aus! *(viele, gemischt)*	Izvólite.
Ich begrüße die Gäste aus Slowenien.	Pozdrávljam gôste iz Slovénije.
Besonders herzlich begrüße ich die Gäste aus Slowenien.	Posébno lepó pozdrávljam gôste iz Slovénije.
Danke für die Einladung.	Hvála (lépa) za povabílo.
Herzlichen Dank für die Einladung.	Prisŕčna hvála za povabílo.
Besten Dank für die Einladung.	Najlépša hvála za povabílo.
Viel Erfolg!	Mnógo uspéha.
Alles Gute! Alles Beste!	Vsè dôbro. Vsè najbóljše.
Glückwünsche!	Čestítke.
Ich gratuliere.	Čestítam.
Wir gratulieren. *(viele)*	Čestítamo.
Alles Gute zum Geburtstag!	Vsè najbóljše za rôjstni dán.
Alles Gute zum Namenstag!	Vsè najbóljše za gód.
Alles Gute zum Neuen Jahr!	Vsè najbóljše/dôbro za nôvo léto.
Schöne Feiertage!	Lépe práznike.
Frohe Feiertage!	Veséle práznike.
Gesegnete Feiertage!	Blagoslovljêne práznike.
Frohe Weihnachten!	Vesél bôžič.
Frohe Weihnachtsfeiertage!	Veséle božíčne práznike.
Frohe Weihnachten und alles Gute im Neuen Jahr!	Vesél bôžič in vsè najbóljše za nôvo léto.
Frohe Ostern!	Vesélo véliko nóč.
Frohe Osterfeiertage!	Veséle vélikonôčne práznike.
Gesegnete Osterfeiertage!	Blagoslóvljene vélikonôčne práznike.

2.6 Weihnachten – Božič

Deutsch	*Slowenisch*
die Rorate	svítna *w.* / svítnice / zórnice *w.Mz.*
die hl. Messe, der Dankgottesdienst	svéta máša *w.*, zahválna svéta máša *w.*
die Mette/Mitternachtsmette	polnôčnica *w.*
die Kindermette	otróški svéti večér *m.* / polnôčnica *w.* za otrôke
Weihnachten, Weihnachtsfeiertage	bôžič m., božíčni prázniki *m.Mz.*
der Heilige Abend, der Christtag / Christi Geburt	svéti večér *m.*, Gospódovo rôjstvo *s.*
der Stephanietag, das Fest des Hl. Stephanus	Štefánovo *s.*, práznik *m.* svétega Štéfana
der Unschuldige Kindertag	dán *m.* nedólžnih otrók
der Sylvestertag	Silvéstrovo *s.*
der Neujahrstag, der Tag des Friedens	nôvo léto *s.*, dán *m.* mirú
die hl. 3 Könige, der Dreikönigstag	svéti tríje králji *m.Mz.*, dán *m.* svétih tréh králjev
Mariä Lichtmess	svéčnica *w.*
Schöne Feiertage!	Lépe práznike.
Frohe Feiertage!	Veséle práznike.
Gesegnete Feiertage!	Blagoslovljêne práznike.
Frohe Weihnachten!	Vesél bôžič.
Frohe Weihnachtsfeiertage!	Veséle božíčne práznike.
Frohe Weihnachten und ein glückliches Neues Jahr!	Vesél bôžič in sréčno nôvo léto.
Frohe Weihnachten und alles Gute im Neuen Jahr!	Vesél bôžič in vsè najbóljše za nôvo léto.
Gesegnete Weihnachtsfeiertage	Blagoslovljêne božíčne práznike
und ein glückliches und gesundes Neues Jahr 2012!	ter sréčno in zdrávo nôvo léto 2012.
und alles Gute für 2012	in vsè dôbro za 2012
und von Frieden erfüllte Feiertage	in mirú pólne práznike
wünschen wir / wünsche ich / wünschen wir (zwei)	želímo / želím / želíva
wünsche ich Dir / Euch beiden / Euch / Ihnen	želím Ti / Vama / Vam / Vam
unseren Lesern, Austrägern und Mitarbeitern	nášim brálcem, raznášalcem in sòdélavcem
viel Erfolg und reichlich Gesundheit	velíko uspéha ter obílo zdrávja
Die Mitarbeiter vom Hermagoras Verlag	Sodélavci Celôvške Mohôrjeve zalóžbe
wünschen Ihnen ein erfolgreiches Neues Jahr!	Vam želímo uspéšno nôvo léto.

Vesel božič in srečno novo leto.
Vesele božične praznike in vse najboljše za novo leto.
Blagoslovljene božične praznike
ter srečno in zdravo novo leto 2012.
Blagoslovljene praznike in vse dobro za 2012.
Blagoslovljene in miru polne božične praznike
in srečno novo leto želimo
vsem našim bralcem, raznašalcem in sodelavcem.
Blagoslovljene božične praznike
in veliko uspeha ter obilo zdravja za novo leto.
Sodelavci Celovške Mohorjeve založbe Vam želimo
srečno in uspešno novo leto 2012.

2.7 Ostern – Velika noč

Deutsch	*Slowenisch*
der Aschermittwoch	pepélnična sréda *w.*
der Palmsonntag, die Palmwoche	cvétna nedélja *w.*, cvétni teden *m.*
der Gründonnerstag	véliki četŕtek *m.*
der Karfreitag	véliki pétek *m.*
der Karsamstag, die Karwoche	vélika sobóta *w.*, véliki teden *m.*
der Ostersonntag, Ostern	velikonôčna nedélja *w.*, velíka nóč 2.*w.*
der Ostermontag	velikonôčni ponedéljek *m.*
Frohe Ostern!	Vesélo velíko nóč.
Gesegnete Ostern!	Blagoslovljêno velíko nóč.
Frohe Osterfeiertage!	Veséle velikonôčne práznike.
Frohe und gesegnete Osterfeiertage!	Veséle in blagoslovljêne velikonôčne práznike.
viel (reichlich) Osterfreude *(abstrakt/geistlich)*	obílo velikonôčne rádosti
viel (reichlich) Osterfreude (Vergnügen, *praktisch*)	obílo velikonôčnega vesêlja
Frohsinn und Freude des auferstandenen Christus	rádost in vesêlje vstálega Krístusa
wünsche ich / wünschen wir beide / wünschen wir	želím / želíva / želímo
allen Besuchern und Bekannten	vsèm obiskoválcem in znáncem
allen Verwandten und Bekannten	vsèm soródnikom in znáncem
all unseren Geschäftspartnern	vsèm nášim poslôvnim pártnerjem
allen Abonnenten und Geschäftspartnern	vsèm naróčnikom in poslôvnim pártnerjem
allen Kunden, Freunden und Bekannten	vsèm stránkam, prijáteljem in znáncem
allen Leserinnen und Lesern der Novice	vsèm brálkam in brálcem Novíc
allen Leserinnen und Lesern der Nedelja	vsèm brálkam in brálcem Nedélje
allen Pazienten und Bekannten	vsèm paciêntom in znáncem
allen Gästen	vsèm gôstom
allen Gästen von nah und fern	vsèm gôstom od blízu in dálеč
all unseren Kunden	vsèm nášim stránkam
den Ausschussmitgliedern, den Mitgliedern,	odbórnikom, článom in článicam,
Unterstützern und Liebhabern	podpórnikom in ljubíteljem
kulturellen Schaffens wünscht der Kulturverein ...	kultúrnega ustvárjanja želí kultúrno drúštvo ...
allen Gemeindebügerinnen und Gemeindebürgern	vsèm občánkam in občánom
allen Bäuerinnen und Bauern	vsèm kmetícam in kmêtom
allen Kursteilnehmern, Gönnerinnen und Gönnern	vsèm tečájnikom, dobrótnicam in dobrótnikom
sowie den Freunden des Bildungshauses Tainach	ter prijáteljem Dóma v Tínjah
wünschen frohe Osterfeiertage	želíjo rádostne velikonôčne práznike
die Mitarbeiterinnen und Mitarbeiter des B. T.	sodélavke in sodélavci Dóma v Tínjah.
Die Hermagoras Gesellschaft in Klagenfurt	Mohôrjeva drúžba v Celôvcu
wünscht gesegnete und frohe Ostern!	želí blagoslovljêno in vesélo velíko nóč.

Vsem tečajnikom, dobrotnicam in dobrotnikom
ter prijateljem Doma v Tinjah želijo radostne velikonočne praznike
sodelavke in sodelavci Doma v Tinjah.

2.8 Österreichische Feiertage – Avstrijski prazniki

Deutsch			*Slowenisch*
staatlicher Feiertag (S)			držávni práznik *m.*
gesetzlicher Feiertag			zapovédani práznik *m.*
Landesfeiertag (L)			dežêlni práznik *m.*
schulfreier Tag (F)			šóle pròst dán *m.*
kichlicher Feiertag (K, römisch-katholisch)			cerkvéni práznik *m.*
	S, K	Neujahr	nôvo léto *s.*
6.1.	S, K	Heilige Drei Könige	svéti tríje králji *m.Mz.*
14.2.		Valentinstag	Valentínovo *s.*
19.3.	L, K	Josefitag	Jóžefovo *s.*
bewegliche	K	Karfreitag (evangelisch, altkatholisch)	véliki pétek *m.*
Feste	S, K	Ostersonntag*	velíka nóč *2.w.*
	S, K	Ostermontag*	velikonôčni ponedéljek *m.*
1.5.	S	Staatsfeiertag	držávni práznik *m.*
4.5.	L, K	Florianitag	Florjánovo *s.*
		Muttertag (2. Sonntag im Mai)	materínski dán *m.*
bewegliche	S, K	Christi Himmelfahrt	Krístusov vnebohòd *m.*
Feste	S, K	Pfingstsonntag	bínkoštna nedélja *w.*
	S, K	Pfingstmontag	bínkoštni ponedéljek *m.*
	S, K	Fronleichnam	svéto Réšnje teló *s.*
		Vatertag (2. Sonntag im Juni)	očétov dán *m.*
15.8.	S, K	Mariä Himmelfahrt	Maríjino vnebovzétje *s.*
24.9.	L, K	Rupertitag	Rúpertovo *s.*
10.10.(1920)	L	(Kärntner) Volksabstimmung	(koróški) plebiscít *m.*
26.10.(1955)	S	Nationalfeiertag	držávni práznik *m.*
31.10.	K	Reformationstag (evangelisch)	dán *m.* reformácije
1.11.	S, K	Allerheiligen	vsí svéti *m.Mz.*
2.11.	K, F	Allerseelen	dán *m.* vêrnih dúš
11.11.	L, K	Martinitag	Martínovo *s.*
15.11.	L, K	Leopoldstag	Leopóldovo *s.*
8.12.(1955)	S, K	Österreichs Freiheit, Mariä Empfängnis	svoboda *w.*, brezmádežno spočétje *s.*
24.12.	S, K	Heiliger Abend	svéti večér *m.*
25.12.	S, K	Christtag	bôžič *m.*
26.10.	S, K	Stephanietag	Štefánovo *s.*
31.12.	S, K	Silvester	Silvéstrovo *s.*
9.10.2019 (A, D)		Jom Kippur (jüdisch,Versöhnungstag)	(žídovski dán správe) (A/Österreich)
6.5. – 5.6.2019 (D)		Ramadan* (muslimischer Fastenmonat)	ramadán/ramazán (D/Deutschland)

* *Wegen der Corona-Pandemie wurden 2020 (in A+D) Feste nicht in üblicher Form gefeiert.*

Danke für die Einladung.	Hvála (lépa) za povabílo.
Herzlichen/Besten Dank für die Einladung.	Prisŕčna/Najlépša hvála za povabílo.
Ich bedanke mich für die Einladung.	Zahvaljújem se za povabílo.
Ich feiere Ostern/Weihnachten.	Praznujem veliko noč/božič.

3 Das Hilfszeitwort „sein“ – Pomožni glagol „bíti“

Im Slowenisch gibt es nur „bíti“; das heißt „(zu) sein“ und „(zu) haben“ sowie „(zu) werden“ (in zusammengesetzten Zeiten).

Gegenwart	*Ez.*		*Zz.*	*Mz.*	
1.Ps.	(jàz) **sem**	ich bin		(mí, mé) **smo**	wir sind
2.Ps.	(tí) **si**	du bist		(ví, vé) **ste**	ihr seid / SIE sind
3.Ps.	(òn, ôna) **je**	er/sie ist		(ôni, ône) **so**	sie sind

In Slowenisch unterscheidet man auch hier drei grammatische Zahlen: Ez., Zz. und Mz. Gleich wie in Deutsch gibt es drei grammatische Personen, nämlich die 1.Ps. als Sprecher, die 2.Ps.als Angesprochener und die 3.Ps. als Besprochener. Die Formen des Hilfszeitwortes „biti“ sind in der Gegenwart unbetont.
Das persönliche Fürwort kann in Slowenisch entfallen. Daher ist es hier in Klammern gesetzt. (jàz) sem = ich bin, (tí) si = du bist, (òn) je = er ist, (ôna) je = sie ist; (mí, mé) smo = wir sind, (ví, vé) ste = ihr seid, (ví) ste = SIE sind, (ôni, ône) so = sie sind. (mí), (ví), (ôni) werden verwendet, wenn im grammatikalischen Sinn Männer bzw.gemischtgeschlechtliche Gruppen gemeint sind; (ví) wird auch für die Höflichkeitsform verwendet; (mé), (vé), (ône) beziehen sich nur auf Frauen. Das sächliche persönliche Fürwort (ôno, Ez.), (..., Zz.), (ôna, Mz.) kommt als handelnde Person nur für die Bezeichnung „deklè“ (Mädchen) in Frage. Man verwendet allerdings auch dafür meistens (ôna). Weitere sächliche Subjekte sind Tierjungen, z. B. „žrebè“ (Fohlen).
Da es in Slowenisch keinen Artikel gibt, übernehmen die Endungen des Haupt- bzw. Eigenschaftswortes diese Funktion, wobei man nur bei der männlichen Form der Eigenschaftswörter im 1.F. Ez. zwischen unbestimmt und bestimmt unterscheidet: mlád učítelj = ein junger Lehrer, mládi učítelj = der junge Lehrer. Das Eigenschaftswort muss in Beifügung und Satzaussage mit dem Hauptwort übereingestimmt werden, u. zw. in Geschlecht, Zahl und Fall. In der Satzaussage gibt es männlich jedoch nur die unbestimmte Form. Weitere Beispiele zum Hilfszeitwort und Aussagewort „bíti“ finden sich in LMR: Wortformen, 2017, S. 138+139.

jung > der junge ...	mlád > mládi
ein junger, eine/die junge, ein junges / das junge	mlád, mláda, mládo
fleißig > ... –er, –e, –es ...; –e ...	príden > príden, prídna, prídno; prídni
schnell > ... –er, –e, –es ...; –e ...	híter > híter, hítra, hítro; hítri
ein junger Lehrer; der junge Lehrer	mlád učítelj; mládi učítelj
ein fleißiger Schüler; der fleißige Schüler	príden učênec; prídni učênec
ein schneller Sportler; der schnelle Sportler	híter špórtnik; hítri špórtnik
auch túdi	aber àmpak; a

Jàz sem ravnátelj.
Tí si mehánik.
Òn je svetoválec.

Jàz sem ravnáteljica.
Ti si vzgojíteljica.
Ôna je svetoválka.

Jàz sem mlád. / Mlád sem.
Tí si príden. / Príden si.
Òn je híter. / Híter je.

Jàz sem mláda. / Mláda sem.
Tí si prídna. / Prídna si.
Ôna je hítra. / Hítra je.

4 Eigenschaftswörter/Adjektive – Pridevniki

Deutsch	*Slowenisch*
alt	stàr > stàr, stári, stára, stáro
dick	debél > debél, debéli, debéla, debélo
dunkel	tèmen/temán > tèmen, tèmni, tèmna, tèmno
durstig	žêjen > žêjen, žêjni, žêjna, žêjno
erfahren	izkúšen > izkúšen, izkúšeni, izkúšena, izkúšeno
faul	lén > lén, léni, léna, léno
fleißig	príden > príden, prídni, prídna, prídno
froh	vesél > vesél, veséli, veséla, vesélo
gesund	zdráv > zdráv, zdrávi, zdráva, zdrávo
groß	vêlik > vêlik/véliki, velíka/vélika, velíko/véliko
gut	dóber > dóber, dôbri, dôbra, dôbro
hässlich	gŕd > gŕd, gŕdi, gŕda, gŕdo
hell	svêtel > svêtel, svêtli, svêtla, svêtlo
höflich	vljúden > vljúden, vljúdni, vljúdna, vljúdno
hübsch	čéden > čéden, čédni, čédna, čédno
hungrig	láčen > láčen, láčni, láčna, láčno
jung	mlád > mlád, mládi, mláda, mládo
klein	májhen > májhen/máli, májhna/mála, májhno/málo
krank	bolán > bolán, bólni, bólna, bólno
kurz	krátek > krátek, krátki, krátka, krátko
lang	dólg > dólg, dólgi, dólga, dólgo
langsam	počásen > počásen, počásni, počásna, počásno
lieb	ljúb > ljúb, ljúbi, ljúba, ljúbo
neu	nòv > nòv, nôvi, nôva, nôvo
ordnungsliebend	redoljúben > redoljúben, redoljúbni, redoljúbna, redoljúbno
rund	okrógel > okrógel, okrógli, okrógla, okróglo
schlampig	šlámpast > šlámpast, šlámpasti, šlámpasta, šlámpasto
schlank	vítek > vítek, vítki, vítka, vítko
schlecht	slàb > slàb, slábi, slába, slábo
schnell	híter > híter, hítri, hítra, hítro
schön	lép > lép, lépi, lépa, lépo
stark	môčen/močán > môčen/močán, môčni, môčna, môčno
traurig	žálosten > žálosten, žálostni, žálostna, žálostno
tüchtig	sposóben > sposóben, sposóbni, sposóbna, sposóbno
unfähig	nèsposóben > nèsposóben, nèsposóbni, nèsposóbna, nèsposóbno
unhöflich	nèvljúden > nèvljúden, nèvljúdni, nèvljúdna, nèvljúdno

Das ist klein, aber fein.	Tó je májhno, à dôbro. *s.*
Ich bin gesund und du auch.	Jàz sem zdráva in tí túdi. *w.*
Ich bin gesund, aber du bist krank.	Jàz sem zdráv, àmpak tí si bolán. *m.*

5 Hauptwörter/Substantive – Samostalniki

5.1 Vorstellen, Siezen

Wer sind Sie?
Ich bin Luise Ruhdorfer.
Von wo sind Sie?
Ich bin aus Finkenstein.
Was sind Sie von Beruf?
Von Beruf bin ich Hausfrau.

Kdó ste ví?
Jàz sem Luise Ruhdorfer.
Od kód ste ví?
Jàz sem iz Békštanja.
Káj ste po poklícu?
Po poklícu sem gospodínja.

wer
sind Sie
ich bin / bin ich
von wo
was
ein/der Beruf
eine/die Hausfrau

kdó
ste (ví)
(jàz) sem
od kód
káj
poklíc *m.*
gospodínja *w.*

A: Dóber dán.
B: Dóber dán.
A: Kdó ste ví?
B: Jàz sem Johann Müller.
A: Od kód ste?
B: Jàz sem iz Beljáka.
A: Káj ste po poklícu?
B: Po poklícu sem kmèt.

A: Dóber dán.
B: Dóber dán.
A: Kdó ste ví?
B: Jàz sem Lisa Maier.
A: Od kód ste?
B: Jàz sem iz Vŕbe.
A: Káj ste po poklícu?
B: Po poklícu sem pékovka.

Villach
ein/der Bauer
Velden
eine/die Bäckerin

Belják *m.*
kmèt *m.*
Vŕba *w.*
pékovka *w.*

Das grammatische Geschlecht der slowenischen Hauptwörter wird mit m. = männlich, w. = weiblich bzw. s. = sächlich angegeben. Zur Aussprache des „l/lj" siehe unten S. 21.

International gebräuchlich sind die amtlichen Ortsbezeichnungen Villach bzw. Ljubljana.

eine/die Bäuerin
ein/der Bäcker

kmetíca *w.*
pék *m.*

5.2 Vorstellen, Duzen

Wer bist du?	Kdó si tí?
Ich bin Luise.	Jàz sem Luise.
Von wo bist du?	Od kód si tí?
Ich bin aus Finkenstein.	Jàz sem iz Békštanja.
Was bist du von Beruf?	Káj si po poklícu?
Von Beruf bin ich Hausfrau.	Po poklícu sem gospodínja.
bist du / du bist	si (tí) / (tí) si

A: Zdrávo.	A: Žívjo.
B: Zdrávo.	B: Žívjo.
A: Kdó si tí?	A: Kdó si tí?
B: Jàz sem Josef.	B: Jàz sem Nadja.
A: Od kód si?	A: Od kód si?
B: Jàz sem iz Podklóštra.	B: Jàz sem iz Galícije.
A: Káj si po poklícu?	A: Káj si po poklícu?
B: Po poklícu sem frizêr.	B: Po poklícu sem jurístka.

Arnoldstein	Podklóšter *m.*
ein/der Frisör	frizêr *(j) m.*
Gallizien	Galícija *w.*
eine/die Juristin	jurístka *w.*

Bei der Biegung entfallendes –e– wird unterstrichen (–e–). Männliche Hauptwörter, bei denen zwischen dem Wortstamm und der Wortendung ein –j– eingeschoben wird, werden durch (j) gekennzeichnet.

eine/dieFrisörin	frizêrka *w.*
ein/der Jurist	juríst *m.*
Hermagor	Šmohòr *(j) m.*
Feistritz	Bístrica *w.*
ein/der Pensionist	penzioníst *m.* / upokójenec *m.*
eine/die Pensionistin	penzionístka *w.* / upokójenka *w.*

Der slowenischen Berufsbezeichnung im 1. Fall Einzahl folgt hier nach dem Zeichen > die Form der Mehrzahl im 1. Fall. (Siehe die zwei Tabellen mit Berufsbezeichnungen unten S. 22–24.) In slowenischen Wörterbüchern werden hingegen die Formen der Einzahl im 2. Fall, der Zweizahl und der Mehrzahl im 1. Fall angegeben. Beispiele: mápa, –e, –i, –e; pívo, –a, –i, –a; film –a, –a, –i; turist, –a, –a, –i. (Siehe dazu die Tabellen auf den S. 31-33 und die Erläuterungen ab S. 34.)

Unterstrichenes „l" wird als „L" ausgesprochen, z. B. in „tožilci". Ebenso wird das lj am Wortende als „L" ausgesprochen, lj im Wortinneren wird jedoch als „LJ" artikuliert, z. B. Ljubélj, Ljubljána.

5.3 Berufsbezeichnungen – Imena poklicev

Deutsch	*Slowenisch*
ein/der Ansager/Sprecher	napovedoválec *m.* > napovedoválci
eine/die Ansagerin/Sprecherin	napovedoválka *w.* > napovedoválke
ein/der Anwalt	odvétnik *m.* > odvétniki
eine/die Anwältin	odvétnica *w.* > odvétnice
ein/der Arbeiter	délavec *m.* > délavci
eine/die Arbeiterin	délavka *w.* > délavke
ein/der Arzt	zdravník *m.* > zdravníki
eine/die Ärztin	zdravníca *w.* > zdravníce
ein/der Autor	ávtor *(j) m.* > ávtorji
eine/die Autorin	ávtorica *w.* > ávtorice
ein/der Bäcker	pék *m.* > péki
eine/die Bäckerin	pékovka *w.* > pékovke
ein/der Bauer	kmèt *m.* > kméti/kmétje
eine/die Bäuerin	kmetíca *w.* > kmetíce
ein/der Berater	svetoválec *m.* > svetoválci
eine/die Beraterin	svetoválka *w.* > svetoválke
ein/der Bürgermeister	županin *m.* > župáni
eine/die Bürgermeisterin	župánja *w.* > župánje
ein/der Dichter	pésnik *m.* > pésniki
eine/die Dichterin	pésnica *w.* > pésnice
ein/der Direktor (Schulleiter)	ravnátelj *m.* > ravnátelji
eine/die Direktorin (Schulleiterin)	ravnáteljica *w.* > ravnáteljice
ein/der Erzieher	vzgojítelj *m.* > vzgojítelji
eine/die Erzieherin	vzgojíteljica *w.* > vzgojíteljice
ein/der Fleischhauer	mesár *(j) m.* > mesárji
eine/die Fleischhauerin	mesárica *w.* > mesárice
ein/der Frisör	frizêr *(j) m.* > frizêrji
eine/die Frisörin	frizêrka *w.* > frizêrke
ein/der Gastwirt	gostílničar *(j) m.* > gostílničarji
eine/die Gastwirtin	gostílničarka *w.* > gostílničarke
ein/der Grundschullehrer	učítelj *m.* za osnóvno šólo > učítelji za osnóvno šólo
eine/die Grundschullehrerin	učíteljica *w.* za osnóvno šólo > učíteljice za osnóvno šólo
ein/der Hausherr	gospodár *(j) m.* > gospodárji
eine/die Hausfrau	gospodínja *w.* > gospodínje
ein/der Ingenieur	inženír *(j) m.* > inženírji
eine/die Ingenieurin	inženírka *w.* > inženírke
ein/der Journalist	novínar *(j) m.* > novínarji
eine/die Journalistin	novínarka *w.* > novínarke
ein/der Jurist	juríst *m.* > jurísti / právnik *m.* > právniki
eine/die Juristin	jurístka *w.* > jurístke / právničarka *w.* > právničarke
ein/der Kellner	natákar *(j) m.* > natákarji
eine/die Kellnerin	natákarica w. > natákarice
ein/der Kindergärtner	vzgojítelj *m.* > vzgojítelji
eine/die Kindergärtnerin	vzgojíteljica *w.* > vzgojíteljice
ein/der Knecht	hlápec *m.* > hlápci
eine/die Magd	dékla *w.* > dékle
ein/der Künstler	umétnik m. > umétniki
eine/die Künstlerin	umétnica w. > umétnice

Deutsch	*Slowenisch*
ein/der Lehrer	učítelj m. > učítelji
eine/die Lehrerin	učíteljica w. > učíteljice
… Lehrer an der Neuen Mittelschule	učítelj m. na nôvi srédnji šóli > učítelji na nôvi srédnji šóli
… Lehrerin an der Neuen Mittelschule	učíteljica w. na nôvi srédnji šóli > učíteljice na nôvi …
ein/der Leser	brálec m. > brálci
ein/die Leserin	brálka w. > brálke
ein/der Mathematiker	matemátik *m.* > matemátiki
eine/die Mathematikerin	matemátičarka *w.* > matemátičarke
ein/der Mechaniker	mehánik *m.* > mehániki
ein/der Mittelschullehrer	učítelj za srédnjo šólo > učítelji za srédnjo šólo
eine/die Mittelschullehrerin	učíteljica za srédnjo šólo > učíteljice za srédnjo šólo
ein/der Pastor / (ein –er / der Geistliche)	duhóvnik *m.* > duhóvniki
eine/die Pastorin / (eine/die Geistliche)	duhóvnica *w.* > duhóvnice
ein/der Pensionist	upokójenec *m.* > upokójenci
eine/die Pensionistin	upokójenka *w.* > upokójenke
ein/der Pfarrer	žúpnik *m.* > žúpniki
ein/der Physiker	fízik *m.* > fíziki
eine/die Physikerin	fízičarka *w.* > fízičarke
ein/der Politiker	polítik *m.* > polítiki
eine/die Politikerin	polítičarka *w.* > polítičarke
ein/der Professor (AHS-/BHS-Lehrer)	profésor *(j) m.* > profésorji
eine/die Professorin (AHS-/BHS-Lehrerin)	profésorica *w.* > profésorice
ein/der Redakteur	urednı́k *m.* > uredníki
eine/die Redaktcurin	uredníca *w.* > uredníce
ein/der Richter	sodník *m.* > sodníki
eine/die Richterin	sodníca *w.* > sodníce
ein/der Rundfunkhörer	poslušálec *m.* > poslušálci
eine/die Rundfunkhörerin	poslušálka *w.* > poslušálke
ein/der Sänger	pévec *m.* > pévci
eine/die Sängerin	pévka *w.* > pévke
ein/der Schauspieler	igrálec *m.* > igrálci
eine/die Schauspielerin	igrálka *w.* > igrálke
ein/der Schlosser	ključávničar *(j) m.* > ključávničarji
ein/der Schriftsteller	pisátelj *m.* > pisátelji
eine/die Schriftstellerin	pisáteljica *w.* > pisáteljice
ein/der Schuhmacher	čevljár *(j) m.* > čevljárji
ein/der Schüler	šólar *(j) m.* > šólarji / učênec *m.* > učênci / diják m. > dijáki
eine/die Schülerin	šólarka *w.* > šólarke / učênka *w.* > učênke / dijákinja w. > dijákinje
ein/der Sportler	špórtnik *m.* > špórtniki
eine/die Sportlerin	špórtnica *w.* > špórtnice
ein/der Staatsanwalt	držávni tožílec *m.* > držávni tožílci
eine/die Staatsanwältin	držávna tožílka *w.* > držávne tožílke
ein/der Student	študènt *m.* > študênti/študêntje
eine/die Studentin	študêntka *w.* > študêntke
ein/der Techniker	téhnik *m.* > téhniki
eine/die Technikerin	téhnica *w.* > téhnice
ein/der Hochbautechniker	téhnik m. za visôke grádnje > téhniki za visôke grádnje
ein/der Tiefbautechniker	téhnik m. za nízke grádnje > téhniki za nízke grádnje
ein/der Tischler	mizár (j) m. > mizárji
eine/die Tischlerin	mizárka w. > mizárke

Deutsch	*Slowenisch*
ein/der Trainer	trenêr *(j) m.* > trenêrji
eine/die Trainerin	trenêrka *w.* > trenêrke
ein/der Verfahrenstechniker	procésni téhnik *m.* > procésni téhniki
eine/die Verfahrenstechnikerin	procésna téhnica *w.* > procésne téhnice
ein/der Verkäufer	prodajálec *m.* > prodajálci
eine/die Verkäuferin	prodajálka *w.* > prodajálke
ein/der Jurist bei einer Versicherung	juríst pri zavaroválnici > jurísti pri zavaroválnici
eine/die Juristin bei einer Versicherung	jurístka pri zavaroválnici > jurístke pri zavaroválnici
ein/der Volksschullehrer	ljúdskošólski učítelj m. > ljúdskošólski učítelji
eine/die Volksschullehrerin	ljúdskošólska učíteljica w. > ljúdskošólske učíteljice
ein/der Wirtschaftsberater	gospodárski svetoválec > gospodárski svetovalci
eine/die Wirtschaftsberaterin	gospodárska svetoválka > gospodárske svetoválke
ein/der Zimmermann	tesár *(j) m.* > tesárji
ein/der Zuschauer	gledálec *m.* > gledálci
eine/die Zuschauerin	gledálka *w.* > gledálke

6 Ausweise – Izkaznice

6.1 Reisepass – Potni list

eine/die Anmeldung	prijáva *w.*
ein/der Reisepass; ein/das Passbild/Passfoto	pótni líst *m.*; slíka *w.*
eine/die Postleitzahl	póštna števílka *w.*
eine/die Staatsbürgerschaft	državljánstvo *s.*
Österreich; Slowenien; Italien	Ávstrija *w.*; Slovénija *w.*; Itálija *w.*
Deutschland; Schweiz; Kroatien	Némčija *w.*; Švíca *w.*; Hrváška *w.*

6.2 Personalausweis – Osebna izkaznica

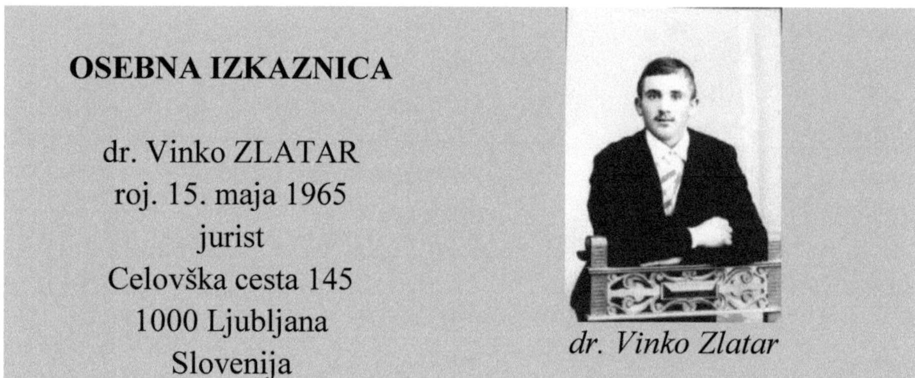

OSEBNA IZKAZNICA

dr. Vinko ZLATAR
roj. 15. maja 1965
jurist
Celovška cesta 145
1000 Ljubljana
Slovenija

dr. Vinko Zlatar

OSÉBNA IZKÁZNICA		Personalausweis
dr. = dóktor	nazív *m.*	Titel
Vínko ZLATÁR	imé *s.*, PRIÍMEK *m.*	Vorname ZUNAME/FAMILIENNAME
roj. = rôjen/rojêna	dátum *m.* rôjstva	Geburtsdatum

juríst	poklíc *m.*	Beruf
Celóvška césta 145,	naslòv *m.*: césta *w.*, híšna števílka	Adresse: Straße, Hausnummer
1000 Ljubljána	póštna števílka *w.*, mésto *s.* / kràj *m.*	Postleitzahl, Stadt/Ort
Slovénija	držáva *w.*	Staat
dr. Vinko Zlatar	podpís *m.*	Unterschrift

Magister / Magistra = Mag.[a]	magíster *m.* / magístra *w.*	mag.
Doktor / Doktorin = Dr.[in]	dóktor (j) *m.* / dóktorica *w.*	dr.
Diplomingenieur = DI = Dipl.Ing.	diplomírani inženír *m.*	dipl. inž.
Diplomingenieurin = DI = Dipl.Ing.[in]	diplomírana inženírka *w.*	dipl. inž.
eine/die Visitenkarte	vizítka *w.*	
eine/die Telefonnummer; ein/das Fax	telefónska števílka *w.* = (tel.) štev.; fáks *m.*	
eine/die Handynummer	števílka *w.* mobitéla / gsm	
eine/die e–Mail–Adresse	elektrónska póšta *w.* = e–pošta = e–mail	
... Namensschild (zum Anstecken) / ein/der Anstecker	pripónka *w.*	
ein/das Namensschild (an der (Haus-)Tür)	plóščica *w.* z iménom	

_____ (nazív) _________ (imé) ____________ (PRIÍMEK)
______________________________ (dátum rôjstva)
______________________________ (poklíc)
______________________________ ___ (naslòv: césta, híšna števílka)
_____ __________________________ (naslòv: póštna števílka, mésto/kràj)
________________________ (držáva)
__________________________ (podpís)

6.3 Visitenkarte – Vizitka

dr. Vinko ZLATAR
jurist
Celovška cesta 145
1000 Ljubljana
tel. štev.: 061 277 535
e–mail: zlatarv@volja.net

dr. Vinko ZLATAR

_____ (nazív) _________ (imé) ____________ (PRIÍMEK)
______________________________ (poklíc)
______________________________ ___ (naslòv: césta, híšna števílka)
_____ __________________________ (naslòv: póštna števílka, mésto/kràj)
________________________ (telefónska števílka / gsm)
________________________ (elektrónska póšta)

6.4 Anstecker – Priponka

_____ (nazív) _________ (imé) ____________ (PRIÍMEK)

7 Staaten, Staatsbürger und Staatssprachen – Države, državljani in državni jeziki

Amerika	**Amérika**	Američàn, Američánka	angléško	angléščina
England	**Ánglija**	Angléž, Angléžinja	angléško	angléščina
Argentinien	**Argentína**	Argentínec, Argentínka	špánsko	špánščina
Österreich	**Ávstrija**	Avstríjec, Avstríjka	némško	némščina
Belgien	**Bélgija**	Bélgijec, Bélgijka	francósko,	francóščina,
			flámsko	flámščina
Bulgarien	**Bolgárija**	Bolgár, Bolgárka	bolgársko	bolgárščina
Brasilien	**Brazílija**	Brazílec, Brazílka	portugálsko	portugálščina
Tschechien	**Čéška**	Čéh, Čéhinja	čéško	čéščina
Dänemark	**Dánska**	Dánec, Dánka	dánsko	dánščina
Finnland	**Fínska**	Fínec, Fínka	fínsko	fínščina
Frankreich	**Fráncija**	Francóz, Francózinja	francósko	francóščina
Griechenland	**Gŕčija**	Gŕk, Gŕkinja	gŕško	gŕščina
Kroatien	**Hrváška**	Hrvàt, Hrvatíca	hrváško	hrváščina
Irland	**Írska**	Írec, Írka	írsko	írščina
Italien	**Itálija**	Italijàn, Italijánka	italijánsko	italijánščina
Kanada	**Kánada**	Kánadčan, Kánadčanka	angléško	angléščina,
			francósko	francóščina
Ungarn	**Madžárska**	Madžár, Madžárka	madžársko	madžárščina
Deutschland	**Némčija**	Némec, Némka	némško	némščina
Niederlande	**Nizozémska**	Nizozémec, Nizozémka	nizozémsko	nizozémščina
Norwegen	**Norvéška**	Norvežàn, Norvežánka	norvéško	norvéščina
Polen	**Póljska**	Polják, Poljákinja	póljsko	póljščina
Portugal	**Portugálska**	Portugálec, Portugálka	portugálsko	portugálščina
Rumänien	**Romúnija**	Romún, Romúnka	romúnsko	romúnščina
Russland	**Rúsija**	Rús, Rúsinja	rúsko	rúščina
Slowakei	**Slováška**	Slovák, Slovákinja	slováško	slováščina
Slowenien	**Slovénija**	Slovénec, Slovénka	slovénsko	slovénščina
Serbien	**Sŕbija**	Sŕb, Sŕbkinja	sŕbsko	sŕbščina
Spanien	**Špánija**	Špánec, Špánka	špánsko	špánščina
Schweden	**Švédska**	Švéd, Švédinja	švédsko	švédščina
Schweiz	**Švíca**	Švícar, Švícarka	némško	némščina
			francósko	francóščina
			italijánsko	italijánščina
Türkei	**Túrčija**	Túrek, Túrkinja	túrško	túrščina
Ukraine	**Ukrajína**	Ukrajínec, Ukrajínka	ukrajínsko	ukrajínščina

Die Minderheitensprachen wurden hier nicht berücksichtigt. – Alle Ländernamen sind w., die männlichen Staatsangehörigen sind m., die weiblichen w.; alle Sprachen sind w. Die Wörter auf –o sind Umstandswörter, daher unveränderlich. Hrvàt > Hrváti/Hrvátje – die Kroaten.

Slovénci in Slovénke govoríjo slovénsko, učíjo se pa némščino.

Die Slowenen und Sloweninnen sprechen slowenisch, sie lernen aber Deutsch.

8 Vorstellen / Wer ist das? Das ist ... – Kdo je to? To je ...

Wer ist das?	Kdó je tó?
mein, meine	mój, môja
ein/der Freund	prijátelj *m.*
eine/die Freundin	prijáteljica *w.*
aus Rosegg	iz Rožéka
aus Nötsch	s Čájne

Zvóne Kávčič iz Kránja	Mójca Kávčič iz Kránja
Mattêo Minátti iz Ídrije	Letízia Minátti iz Ídrije
Alèš Jánša iz Cêlja	Clotílde Jánša iz Cêlja

A: Kdó je tó?
B: Tó je mój prijátelj.

A: Kdó je tó?
B: Tó je môja prijáteljica.

A: Kdó je tó?
B: Tó je Flórjan Ógris.
A: Od kód je?
B: Òn je iz Rožéka.
A: Káj je po poklícu?
B: Po poklícu je téhnik.

A: Kdó je tó?
B: Tó je Tatjána Ógris.
A: Od kód je?
B: Ôna je s Čájne.
A: Káj je po poklícu?
B: Po poklícu je špórtnica.

A: Kdó je tó?
B: Tó je Sáša Sterlè.
A: Od kód je?
B: Òn je iz Máribora.
A: Káj je po poklícu?
B: Po poklícu je fízik.

A: Kdó je tó?
B: Tó je Vêra Sterlè.
A: Od kód je?
B: Ona je iz Ljubljáne.
A: Káj je po poklícu?
B: Po poklícu je zdravníca.

„Kranj“ ist ein männlicher Ortsname, daher wird im 2. Fall ein –a angehängt. „Idrija“ ist ein weiblicher Ortsname, daher wird im 2. Fall –a zu –e. „Cêlje“ ist ein sächlicher Ortsname, daher wird –e im 2. Fall zu –a. Das Vorwort „iz/aus“ verlangt nämlich den 2. Fall.

Anrede	nagóvor *m.*
Hochwürdigster Herr Bischof!	Prečastíti gospód škòf!
Geschätzte Schwestern!	Cénjene sêstre!
Sehr geehrte Damen und Herren!	Spoštováni (dáme in gospódje)!
Geschätzte Kollegen!	Cénjeni (kolégi)!
Werte Gäste!	Drági gôstje!
Liebe Kinder!	Ljúbi otrôci!

9 Vorstellen – Predstavljanje

Dôbro jútro. Dóber dán. Dóber večér.
Dobrodôšli pri slovénščini. Nasvídenje.
Želím vam uspéšen tečáj.

Kdó ste ví? **Jàz sem** _____ *(IME,* 1.F.*)* _____. *(PRIIMEK,* 1.F.*)*
Kdó si tí? **Jàz sem** _____. *(IME,* 1.F.*)*

Od kód ste ví? **Sem iz** _____. *(KRAJ,* 2.F.; m. –a, w. –e, s. –a*)*
Od kód si tí? **Sem iz** _____. *(KRAJ,* 2.F.; m. –a, w. –e, s. –a*)*

Káj ste ví po poklícu? **Po poklícu sem** téhnik, frizêr, ..., téhnica, frizêrka, ...
Káj si tí po poklícu? **Po poklícu sem** učítelj, kmèt, ..., učíteljica, kmetíca, ...

KDÓ? = WER? – KÁJ? = WAS? – OD KÒD? = VON WO?
jàz sem – ich bin, tí si – du bist, ví ste – SIE sind
si tí – bist du, ste ví – sind SIE
imé *(imé > iména)* – Vorname, priímek – Zuname, iz (s/z) – aus, po poklícu – von Beruf

frizêr/frizêrka – Frisör/in, penzioníst/penzionístka – Pensionist/in, juríst/jurístka – Jurist/in, téhnik/téhnica – Techniker/in, novínar/novínarka – Journalist/in, odvétnik/odvétnica – Anwalt/Anwältin, prodajálec/prodajálka – Verkäufer/in, svetoválec/svetoválka – Berater/in, učítelj/učíteljica – Lehrer/in, natákar/natákarica – Kellner/in, zdravník/zdravníca – Arzt/Ärztin, pék/pékinja – Bäcker/in, kmèt/kmetíca – Bauer/Bäuerin, naméščenec/naméščenka – Angestellter/Angestellte, mehánik/mehánikarica/meháničarka – Mechaniker/in

Šmohòr > iz Šmohórja – aus Hermagor, Belják > iz Beljáka – aus Villach
Celôvec > iz Celôvca – aus Klagenfurt
Vŕba > iz Vŕbe – aus Velden, Ljubljána > iz Ljubljáne – aus Laibach
Ávstrija > iz Ávstrije – aus Österreich, Slovénija > iz Slovénije – aus Slowenien
Koróška > iz Koróške – aus Kärnten, Štájerska > iz Štájerske – aus der Steiermark

Mój prijátelj je _____ *(IME,* 1.F.*)* iz _____. *(KRAJ,* 2.F., m. –a, w. –e, s. –a*)*
Môja prijáteljica je ... _____ *(IME,* 1.F.*)* iz _____. *(KRAJ,* 2.F., m. –a, w. –e, s. –a*)*
mój – mein, prijátelj – Freund, môja – meine, prijáteljica – Freundin

Po poklícu je _____. *(POKLIC,* 1.F.*).*

Môja osébna izkáznica: ...
Môja vizítka: ...
Môja pripónka: ...
osébna izkáznica – Personalausweis, vizítka – Visitenkarte, pripónka – Namensschild; nazív – Titel; magíster/magístra/mag. – Magister/Magistra, dóktor/dóktorica/dr. – Doktor/Doktorin, diplomírani inženír / diplomírana inženírka / dipl. inž. – Diplomingenieur/in; držáva – Staat, naslòv – Anschrift, póštna števílka – Postleitzahl, kraj/mesto – Ort/Stadt, híšna števílka – Hausnummer; slíka – Foto, podpís – Unterschrift; telefónska števílka/štev. – Telefonnummer, gsm / števílka môjega mobitéla – die Nummer meines Handys / meine Handynummer, fáks – Fax; elektrónska póšta / e–póšta – e–Mail

10 Benennen – Poimenovanje

10.1 Was ist das? Das ist ... – Kaj je to? To je ...

Was ist das?	Káj je tó?
ein/der Stuhl	stól *m.* > stôli
ein/das Heft	zvézek *m.* > zvézki
ein/der Tisch	míza *w.* > míze
ein/das Fenster	ôkno *s.* > ôkna

A: Káj je tó?
B: Tó je stól.
A: In káj je tó?
B: Tó je zvézek.

A: Káj je tó?
B: Tó je míza.
A: In káj je tó?
B: Tó je ôkno.

(Fragepartikel)	Ali ...? / A ...? / ...?
Ja, das ist ein Stuhl.	Já, tó je stól.
Nein, das ist kein Stuhl.	Nè, to ní stól.

A: A je tó stól?
B: Já, tó je stól.

A: A je tó míza?
B: Já, tó je míza.

A: A je tó zvézek?
B: Já, tó je zvézek.

A: A je tó ôkno?
B: Já, tó je ôkno.

A: A je tó stól?
B: Nè, tó ní stól.
Tó je zvézek.

A: A je tó míza?
B: Nè, tó ní míza.
Tó je ôkno.

Entweder verwendet man die Frageform „A je tó ...?“ und antwortet mit „Já, tó je ...“ oder man verwendet „Ali je tó ...?“ und antwortet dann mit „Dà, tó je ...“ – Hier gibt es zwei Meinungen über die soziale Zuordnung.
Ich verwende immer „A je tó ...?“ bzw. „Já, tó je ...“, weil dies ein wesentliches Ergebnis des Kärntner Sprachkontaktes zwischen Slowenisch und Deutsch ist. Und ich würde „Ali je tó ...?“ bzw. „Dà, tó je ...“ nur im Gespräch mit sehr hochgestellten Persönlichkeiten verwenden.
Einige befürworten jedoch prinzipiell „Ali je tó ...?“ bzw. „Dà, tó je ...“ und bezeichnen „A je tó ...?“ bzw. „Já, tó je ...“ als umgangssprachlich, weil man in Kärnten (umgangsssprachlich) fragt: „A weast an Kaffee?“ und darauf antwortet: „Jå, bittschen.“

10.2 Gegenstände – Predmeti

Deutsch	*Slowenisch*
ein/das Bild	slíka *w.* > slíke
ein/das Blatt	líst *m.* > lísti
ein/der Bleistift	svínčnik *m.* > svínčniki
ein/der Brief	písmo *s.* > písma
ein/das Buch	knjíga *w.* > knjíge
eine/die Büroklammer	spónka *w.* > spónke
ein/das Dreieck	trikótnik *m.* > trikótniki
ein/der Drucker	tiskál̲nik *m.* > tiskál̲niki
ein/das Fenster	ôkno *s.* > ôkna
ein/der Filzstift	flómáste̲r *m.* > flómástri
ein/das Handbuch/Nachschlagewerk	priróčnik *m.* > priróčniki
ein/der Heizkörper	ogreválo *s.* > ogrevála
ein/das Heft	zvéze̲k *m.* > zvézki
ein/der Hefter (Mappe)	spenjáč *m.* > spenjáči
(die) Heftklammern	spónke *w.Mz.* (spónka *Ez.*)
ein/der Kalender	koledár *(j) m.* > koledárji
ein/der Kasten	omára *w.* > omáre
ein/der Klammernhefter	spenjál̲nik *m.* > spenjál̲niki
ein/der Klassenraum / ein/das –zimmer	rázred *m.* > razrédi
ein/der Kleber	lepílo *s.* > lepíla
ein/der Garderobeständer/Kleiderhaken	obešál̲nik *m.* > obešál̲niki
eine/die Kreide	kréda *w.* > kréde
ein/der Kugelschreiber	kúli *(j) m.* > kúliji
ein/der Locher	luknjál̲nik *m.* > luknjál̲niki
eine/die Mappe	mápa *w.* > mápe
eine/die Maus	míška *w.* > míške
ein/das Papier	papír *(j) m.* > papírji
ein/der PC/Computer/Rechner	računál̲nik *m.* > računál̲niki / kompjúter *(j) m.* > kompjúterji
ein/das Plakat	plakát *m.* > plakáti
ein/der Radiergummi	radírka *w.* > radírke
ein/das Regal	regál̲ *m.* > regáli / polícа *w.* < políce
eine/die Schere	škárje *w.Mz.*
ein/der Schreibtisch	pisál̲na míza *w.* > pisál̲ne míze
ein/das Schreibzeug	pisál̲ni pripomóčki *m.Mz.*
eine/die Schublade	predál̲ *m.* > predáli
ein/der Schwamm	gôba *w.* > gôbe
ein/der Stuhl	stól *m.* > stôli
eine/die Tafel	tábla *w.* > táble
eine/die Tastatur	tipkóvnica *w.* > tipkóvnice
ein/das Telefon	telefón *m.* > telefóni
ein/der Tisch	míza *w.* > míze
eine/die Tür	vráta *s.Mz.*
eine/die Uhr	úra *w.* > úre
(die) Wasserfarben	bárvice *w.Mz.* (bárvica *Ez.* < bárva *Ez.*)
ein/das Wörterbuch	slovár *(j) m.* > slovárji
ein/das Zimmer	sôba *w.* > sôbe

11 Deklinationstabellen – Sklanjatvene tabele

11.1 Biegung der Eigenschafts- und Hauptwörter (1)

neu > ein neuer, der neue; ... – ein Neuer, der Neue; …				
m.		*Ez.*	*Zz.*	*Mz.*
	1.F.	**nòv, nôvi**	**nôva**	**nôvi**
	2.F.	**nôvega**	**nôvih**	**nôvih**
	3.F.	**nôvemu**	**nôvima**	**nôvim**
	4.F.	**nòv, nôvi** / **nôvega** *Leb.*	**nôva**	**nôve**
	5.F.	**nôvem**	**nôvih**	**nôvih**
	6.F.	**nôvim**	**nôvima**	**nôvimi**

neu > eine/die neue; ... – eine/die Neue; ...				
w.		*Ez.*	*Zz.*	*Mz.*
	1.F.	**nôva**	**nôvi**	**nôve**
	2.F.	**nôve**	**nôvih**	**nôvih**
	3.F.	**nôvi**	**nôvima**	**nôvim**
	4.F.	**nôvo**	**nôvi**	**nôve**
	5.F.	**nôvi**	**nôvih**	**nôvih**
	6.F.	**nôvo**	**nôvima**	**nôvimi**

neu > ein neues / das neue; ... – ein Neues / das Neue; ...				
s.		*Ez.*	*Zz.*	*Mz.*
	1.F.	**nôvo**	**nôvi**	**nôva**
	2.F.	**nôvega**	**nôvih**	**nôvih**
	3.F.	**nôvemu**	**nôvima**	**nôvim**
	4.F.	**nôvo**	**nôvi**	**nôva**
	5.F.	**nôvem**	**nôvih**	**nôvih**
	6.F.	**nôvim**	**nôvima**	**nôvimi**

ein/der Film; ... --- ein/der Tourist; ...							
m.		*Ez.*		*Zz.*		*Mz.*	
	1.F.	**fílm**	**turíst**	**fílma**	**turísta**	**fílmi**	**turísti**
	2.F.	**fílma**	**turísta**	**fílmov**	**turístov**	**fílmov**	**turístov**
	3.F.	**fílmu**	**turístu**	**fílmoma**	**turístoma**	**fílmom**	**turístom**
	4.F.	**fílm**	**turísta** *Leb.*	**fílma**	**turísta**	**fílme**	**turíste**
	5.F.	**fílmu**	**turístu**	**fílmih**	**turístih**	**fílmih**	**turístih**
	6.F.	**fílmom**	**turístom**	**fílmoma**	**turístoma**	**fílmi**	**turísti**

eine/die Mappe; ...				
w.		*Ez.*	*Zz.*	*Mz.*
	1.F.	**mápa**	**mápi**	**mápe**
	2.F.	**mápe**	**máp**	**máp**
	3.F.	**mápi**	**mápama**	**mápam**
	4.F.	**mápo**	**mápi**	**mápe**
	5.F.	**mápi**	**mápah**	**mápah**
	6.F.	**mápo**	**mápama**	**mápami**

ein/das Bier; ...				
s.		*Ez.*	*Zz.*	*Mz.*
	1.F.	**pívo**	**pívi**	**píva**
	2.F.	**píva**	**pív**	**pív**
	3.F.	**pívu**	**pívoma**	**pívom**
	4.F.	**pívo**	**pívi**	**píva**
	5.F.	**pívu**	**pívih**	**pívih**
	6.F.	**pívom**	**pívoma**	**pívi**

11.2 Biegung der Eigenschafts- und Hauptwörter (2)

gut > ein guter, der gute; ... – ein Guter, der Gute; ...

m.	*Ez.*	*Zz.*	*Mz.*
1.F.	**dóbe̱r, dôbri**	**dôbra**	**dôbri**
2.F.	**dôbrega**	**dôbrih**	**dôbrih**
3.F.	**dôbremu**	**dôbrima**	**dôbrim**
4.F.	**dóbe̱r, dôbri** | **dôbrega** *Leb.*	**dôbra**	**dôbre**
5.F.	**dôbrem**	**dôbrih**	**dôbrih**
6.F.	**dôbrim**	**dôbrima**	**dôbrimi**

gut > eine/die gute; ... – eine/die Gute; ...

w.	*Ez.*	*Zz.*	*Mz.*
1.F.	**dôbra**	**dôbri**	**dôbre**
2.F.	**dôbre**	**dôbrih**	**dôbrih**
3.F.	**dôbri**	**dôbrima**	**dôbrim**
4.F.	**dôbro**	**dôbri**	**dôbre**
5.F.	**dôbri**	**dôbrih**	**dôbrih**
6.F.	**dôbro**	**dôbrima**	**dôbrimi**

gut > ein gutes / das gute; ... – ein Gutes / das Gute; ...

s.	*Ez.*	*Zz.*	*Mz.*
1.F.	**dôbro**	**dôbri**	**dôbra**
2.F.	**dôbrega**	**dôbrih**	**dôbrih**
3.F.	**dôbremu**	**dôbrima**	**dôbrim**
4.F.	**dôbro**	**dôbri**	**dôbra**
5.F.	**dôbrem**	**dôbrih**	**dôbrih**
6.F.	**dôbrim**	**dôbrima**	**dôbrimi**

ein/der Häfen; ... --- ein/der Hund; ...

m.	*Ez.*		*Zz.*		*Mz.*	
1.F.	**píske̱r**	**pè̱s**	**pískra**	**psà**	**pískri**	**psì**
2.F.	**pískra**	**psà**	**pískrov**	**psòv**	**pískrov**	**psòv**
3.F.	**pískru**	**psù**	**pískroma**	**psòma**	**pískrom**	**psòm**
4.F.	**píske̱r**	**psà** *Leb.*	**pískra**	**psà**	**pískre**	**psè**
5.F.	**pískru**	**psù**	**pískrih**	**psìh**	**pískrih**	**psìh**
6.F.	**pískrom**	**psòm**	**pískroma**	**psòma**	**pískri**	**psì**

eine/die Schwester; ...

w.	*Ez.*	*Zz.*	*Mz.*
1.F.	**sêstra**	**sêstri**	**sêstre**
2.F.	**sêstre**	**sêster**	**sêster**
3.F.	**sêstri**	**sêstrama**	**sêstram**
4.F.	**sêstro**	**sêstri**	**sêstre**
5.F.	**sêstri**	**sêstrah**	**sêstrah**
6.F.	**sêstro**	**sêstrama**	**sêstrami**

ein/das Fenster; ...

s.	*Ez.*	*Zz.*	*Mz.*
1.F.	**ôkno**	**ôkni**	**ôkna**
2.F.	**ôkna**	**ôken**	**ôken**
3.F.	**ôknu**	**ôknoma**	**ôknom**
4.F.	**ôkno**	**ôkni**	**ôkna**
5.F.	**ôknu**	**ôknih**	**ôknih**
6.F.	**ôknom**	**ôknoma**	**ôkni**

11.3 Biegung der Eigenschaftswörter und Hauptwörter (3)

rot > ein roter, der rote; ... – ein Roter, der Rote; ...				
m.		*Ez.*	*Zz.*	*Mz.*
	1.F.	**rdèč, rdéči**	**rdéča**	**rdéči**
	2.F.	**rdéčega**	**rdéčih**	**rdéčih**
	3.F.	**rdéčemu**	**rdéčima**	**rdéčim**
	4.F.	**rdèč, rdéči** / **rdéčega** *Leb.*	**rdéča**	**rdéče**
	5.F.	**rdéčem**	**rdéčih**	**rdéčih**
	6.F.	**rdéčim**	**rdéčima**	**rdéčimi**
rot > eine/die rote; ... – eine/die Rote; ...				
w.		*Ez.*	*Zz.*	*Mz.*
	1.F.	**rdéča**	**rdéči**	**rdéče**
	2.F.	**rdéče**	**rdéčih**	**rdéčih**
	3.F.	**rdéči**	**rdéčima**	**rdéčim**
	4.F.	**rdéčo**	**rdéči**	**rdéče**
	5.F.	**rdéči**	**rdéčih**	**rdéčih**
	6.F.	**rdéčo**	**rdéčima**	**rdéčimi**
rot > ein rotes / das rote; ... – ein Rotes / das Rote; ...				
s.		*Ez.*	*Zz.*	*Mz.*
	1.F.	**rdéče**	**rdéči**	**rdéča**
	2.F.	**rdéčega**	**rdéčih**	**rdéčih**
	3.F.	**rdéčemu**	**rdéčima**	**rdéčim**
	4.F.	**rdéče**	**rdéči**	**rdéča**
	5.F.	**rdéčem**	**rdéčih**	**rdéčih**
	6.F.	**rdéčim**	**rdéčima**	**rdéčimi**

ein/der Kochtopf; ... --- ein/der Käfer; ...							
m.		*Ez.*		*Zz.*		*Mz.*	
	1.F.	**lônec**	**hròšč**	**lônca**	**hrôšča**	**lônci**	**hrôšči**
	2.F.	**lônca**	**hrôšča**	**lôncev**	**hrôščev**	**lôncev**	**hrôščev**
	3.F.	**lôncu**	**hrôšču**	**lôncema**	**hrôščema**	**lôncem**	**hrôščem**
	4.F.	**lônec**	**hrôšča** *Leb.*	**lônca**	**hrôšča**	**lônce**	**hrôšče**
	5.F.	**lôncu**	**hrôšču**	**lôncih**	**hrôščih**	**lôncih**	**hrôščih**
	6.F.	**lôncem**	**hrôščem**	**lôncema**	**hrôščema**	**lônci**	**hrôšči**

ein/das Schiff; ...				
w.		*Ez.*	*Zz.*	*Mz.*
	1.F.	**ládja**	**ládji**	**ládje**
	2.F.	**ládje**	**ládij**	**ládij**
	3.F.	**ládji**	**ládjama**	**ládjam**
	4.F.	**ládjo**	**ládji**	**ládje**
	5.F.	**ládji**	**ládjah**	**ládjah**
	6.F.	**ládjo**	**ládjama**	**ládjami**
ein/das Unternehmen; ...				
s.		*Ez.*	*Zz.*	*Mz.*
	1.F.	**podjétje**	**podjétjí**	**podjétja**
	2.F.	**podjétja**	**podjétij**	**podjétij**
	3.F.	**podjétju**	**podjétjema**	**podjétjem**
	4.F.	**podjétje**	**podjétji**	**podjétja**
	5.F.	**podjétju**	**podjétjih**	**podjétjih**
	6.F.	**podjétjem**	**podjétjema**	**podjétji**

12 Biegung der Hauptwörter im 1. Fall / Nominativ

Wie bereits ausgeführt, gibt es in Slowenisch wie in Deutsch drei grammatische Geschlechter, u. zw. männlich, weiblich und sächlich. Die Zuordnung erfolgt auf Grund der Endungen der Hauptwörter. Die meisten männlichen Hauptwörter enden auf einen Mitlaut, besitzen also keine Selbstlautendung (gekennzeichnet als „–„). Daher spricht man auch von einer Nullendung (–). Die meisten weiblichen Hauptwörter enden auf –a, die meisten sächlichen auf –o. Diese Grundformen entsprechen den Stichwörtern in den Wörterbüchern.
Es gibt in Slowenisch drei grammatische Zahlen, nämlich die Einzahl = Ez., die Zweizahl = Zz. und die Mehrzahl = Mz. In diesem Kursabschnitt werden nur die Einzahl und die Mehrzahl besprochen, da es für Anfänger zu kompliziert ist, sich so viele verschiedene Endungen auf einmal merken zu müssen. Und es gibt 6 Fälle.
Die Zweizahl kommt nur noch in Slowenisch und in Niedersorbisch vor und wird verwendet, um die Menge „zwei" auszudrücken. Da sich Kursteilnehmer:innen und Sprachentrainer:innen im Normalfall siezen, benötigen Anfänger:innen die Zweizahl nicht zum Kommunizieren, auch wenn sie in einer Beziehung mit einem slowenischsprachigen Partner leben, da sie dazu ein gewisses Maß an Grundkenntnissen brauchen. Daher ist hier die Zweizahl zwar angeführt; sie soll aber erst ab Kursabschnitt drei erlernt werden.
In Slowenisch sind daher Tabellen zum Erlernen der sich in den einzelnen Fällen ändernden Endungen beim Eigenschafts- und Hauptwort erforderlich. Die Grundmuster dazu befinden sich hier in diesem Buch auf den S. 31 bis 33. Sie enthalten auch die Eigenschaftswörter „nòv, dóber, rdèč" in ihrer männlichen (unbestimmt und bestimmt), weiblichen sowie sächlichen Form. (Siehe LMR: Wortformen, 2017, S. 8+14, 10+15, 12+15.)
Es wird ausdrücklich darauf hingewiesen, dass mehrere Phänomene in einem Wort zusammenfallen können. Die besprochenen Phänomene wurden in den Tabellen grau unterlegt. – Die grammatikalischen Phänomene werden anschließend noch im Einzelnen besprochen.

12.1 Grundmuster – Osnovni vzorci

w.	*Ez.* – eine/die Mappe	*Zz.*	*Mz.*
1.F.	**mápa**	mápi	**mápe**

Auch: banána – Banane, bárva – Farbe, ... (Siehe LMR: Wortformen (WF), 2017, S. 9+14.)

s.	*Ez.* – ein/das Bier	*Zz.*	*Mz.*
1.F.	**pívo**	pívi	**píva**

Auch: blagó – Stoff, délo – Arbeit, jézero – See, víno – Wein, ... (LMR: WF, 2017, S. 9+14.)

m.	*Ez.* – ein/der Film	*Zz.*	*Mz.*
1.F.	**fílm**	fílma	**fílmi**

Auch: apríl – April, cènt – Cent, čás – Zeit, ép – Epos, ... (LMR: WF, 2017, S. 9+14/15.)

m.	*Ez.* – ein/der Tourist	*Zz.*	*Mz.*
1.F.	**turíst** *Leb.*	turísta	**turísti**

Auch: bík – Stier, diják – Schüler, kós – Amsel, mêdved – Bär, ... (LMR: WF, 2017, S. 9+15.)

12.2 Besonderheiten – Posebnosti

s.	*Ez.* – ein/das Herz	*Zz.*	*Mz.*
1.F.	**srcé**	sŕci	**sŕca**

Auch: igríšče – Spielplatz, sónce – Sonne, življênje – Leben, ... (LMR: WF, 2017, S. 11.)

m.	*Ez.* – ein/der Häfen	*Zz.*	*Mz.*
1.F.	**písker**	pískra	**pískri**

Auch: cénter – Zentrum, dávek – Steuer, kôtel – Kessel, … (LMR: WF, 2017, S. 11+15+24.)

m.	*Ez.* – ein/der Hund	*Zz.*	*Mz.*
1.F.	**pès** *Leb.*	psà	**psì**

Auch: máček – Kater, ôsel – Esel, ôven –Widder, sèl – Bote, ... (LMR: WF, 2017, S. 11.)

m.	*Ez.* – ein/der Tee	*Zz.*	*Mz.*
1.F.	**čáj**	čája	**čáji**

Auch: ključ̀ –Schlüssel, kòš – Korb, mésec – Monat, ... (LMR: WF, 2017, S. 13+15.)

m.	*Ez.* – ein/der Käfer	*Zz.*	*Mz.*
1.F.	**hròšč** *Leb.*	hrôšča	**hrôšči**

Auch: ángelc – Engel, jéž – Igel, kònj – Pferd, ... (LMR: WF, 2017, S. 13+15.)

m.	*Ez.* – ein/der Kochtopf	*Zz.*	*Mz.*
1.F.	**lônec**	lônca	**lônci**

Auch: čévelj – Schuh, mésec/mésec – Monat, ôgenj – Feuer, ... (LMR: WF, 2017, S. 13+15.)

m.	*Ez.* – ein/der Schauspieler	*Zz.*	*Mz.*
1.F.	**igrálec** *Leb.*	igrálca	**igrálci**

Auch: párkelj – Krampus, učênec – Schüler, vrábec – Spatz, ... (LMR: WF, 2017, S. 13+15.)

*Die Grundmuster der **Biegung/Beugung/Deklination (sklanjatev)** sind in Slowenisch: mápa w., pívo s., film m. und turíst m. Leb. (Lebewesen/belebt). Männliche Lebewesen erhalten im 4. Fall ein –a. Abweichungen ergeben sich bei písker m., pès m.Leb., lônec m. und igrálec m. Leb., weil hier das –e– in der Endung entfällt.*
*Bei srcé s. wird das –o– in der Endung nach c č š ž j zu –e–. Ebenso wird das –o– in der Endung nach c č š ž j zu –e– bei čáj m., hròšč m.Leb., lônec m. und igrálec m.Leb. Merksatz: „**Cél čàs šóla žè jezí.**“ (Die ganze Zeit ärgert die Schule schon.) [Man könnte sich im Deutschen folgenden Satz merken: **C**yrill lernt in der **Sch**ule **Tsch**echisch. Er liebt **J**ogurt und wird **J**ournalist. Man memoriert die Merkwörter: **C**yrill, **Tsch**echisch, **Sch**ule, **J**ournalist, **J**ogurt.] – In Hauptwörtern wie lônec m. und igrálec m. Leb. liegen mehrere Merkmale vor.*

eine/die neue/gute/rote Mappe	nôva/dôbra/rdéča mápa *w.*
eine/die warme Milch	tôplo mléko *s.*
eine/die heiße Milch	vróče mléko *s.*
eine/die heiße Sonne	vróče sónce *s.*
eine/die warme Sonne	tôplo sónce *s.*
ein neues/gutes/fremdes Herz, das neue/...	nôvo/dôbro/túje srcé *s.*
ein neuer/guter/roter Häfen	nòv/dóber/rdéč písker *m. unbest.*
der neue/gute/rote Kochtopf	nôvi/dôbri/rdéči lônec *m. best.*
der schöne/brave/spielende Lehrer	lépi/prídni/igrajóči učítelj *m. best. Leb.*
das schöne/schnelle/wilde Pferd	lépi/hítri/dívji kònj *m. best. Leb.*

Alle Biegungsmerkmale kommen im Sprachgebrauch auch gemischt vor. – Das Eigenschaftswort muss in der Beifügung mit dem Hauptwort in Geschlecht, Zahl und Fall übereingestimmt werden. Das grammatische Geschlecht kann in den Sprachen verschieden sein. Die Reihung in LMR: Wortformen, 2017: w., s., m., hier jedoch m., w., s., wie in Deutsch üblich.

Alle diese Phänomene werden in den späteren Abschnitten noch genauer besprochen. Hier im ersten Abschnitt werden sie nur der Vollständigkeit halber vorgestellt. Wortverbindungen dazu gibt es in LMR: Wortformen, 2017, u. zw. zu mápa, pívo, fíl̲m und turíst bzw. slavíst auf S. 18; zu píske̲r und pè̲s sowie srcé, čáj, hròšč, lône̲c und igrále̲c bzw. plesále̲c auf S. 19.

13 Satzmuster, Einzahl und Mehrzahl, 1. Fall

13.1 Gleichsetzungsgliedsätze mit Hauptwörtern

Tó je mápa. – Das ist eine/die Mappe. *w.Ez.*
Tó je debéla mápa. – Das ist eine/die dicke Mappe.
Tó je míza. – Das ist ein/der Tisch.
Tó je drága míza. – Das ist ein teurer Tisch. / Das ist der teure Tisch.
Tó je omára. – Das ist ein/der Kasten.
Tó je visôka omára. – Das ist ein hoher Kasten. / Das ist der hohe Kasten.

Tó so mápe. – Das sind (die) Mappen. *w.Mz.*
Tó so debéle mápe. – Das sind (die) dicke(n) Mappen.
Tó so míze. – Das sind (die) Tische.
Tó so dráge míze. – Das sind teure Tische. / Das sind die teuren Tische.
Tó so omáre. – Das sind (die) Kästen.
Tó so visôke omáre. – Das sind hohe Kästen. / Das sind die hohen Kästen.

Tó je pívo. – Das ist ein/das Bier. *s.Ez.*
Tó je tèmno pívo. – Das ist ein dunkles Bier. / Das ist das dunkle Bier.
Tó je ôkno. – Das ist ein/das Fenster.
Tó je nôvo ôkno. – Das ist ein neues Fenster. / Das ist das neue Fenster.
Tó je ogreválo. – Das ist ein/der Heizkörper.
Tó je širôko ogreválo. – Das ist ein breiter Heizkörper. / Das ist der breite Heizkörper.
Tó je mílo. – Das ist eine/die Seife.
Tó je jêdrno mílo. – Das ist eine/die Kernseife.
Tó je tekóče mílo. – Das ist eine/die Flüssigseife.

Tó so píva. – Das sind (die) Biere. *s.Mz.*
Tó so tèmna píva. – Das sind dunkle Biere. / Das sind die dunklen Biere.
Tó so ôkna. – Das sind (die) Fenster.
Tó so nôva ôkna. – Das sind neue Fenster. / Das sind die neuen Fenster.
Tó so ogrevála. – Das sind (die) Heizkörper.
Tó so širôka ogrevála. – Das sind breite Heizkörper. / Das sind die breiten Heizkörper.
Tó so míla. – Das sind (die) Seifen.
Tó so jêdrna míla. – Das sind (die) Kernseifen.
Tó so tekóča míla. – Das sind (die) Flüssigseifen.

Tó je fíl̲m. – Das ist ein/der Film. *m.Ez.*
Tó je zanimív fíl̲m. – Das ist ein interessanter Film.
Tó je zanimívi fil̲m. – Das ist der interessante Film.
Tó je stól. – Das ist ein/der Stuhl.
Tó je stàr stól. – Das ist ein alter Stuhl.
Tó je stári stól. – Das ist der alte Stuhl.
Tó je obešál̲nik. – Das ist ein/der Garderobeständer/Kleiderhaken.
Tó je vêlik obešál̲nik. – Das ist ein großer Garderobeständer/Kleiderhaken.
Tó je véliki obešál̲nik. – Das ist der große Garderobeständer/Kleiderhaken.

Tó so fíl̲mi. – Das sind (die) Filme. *m.Mz.*
Tó so zanimívi fíl̲mi. – Das sind interessante Filme. / Das sind die interessanten Filme.
Tó so stôli. – Das sind (die) Stühle.
Tó so stári stôli. – Das sind alte Stühle. / Das sind die alten Stühle.
Tó so obešál̲niki. – Das sind (die) Garderobeständer/Kleiderhaken.
Tó so velíki obešál̲niki. – Das sind große Garderobeständer/Kleiderhaken.
Tó so véliki obešalniki. – Das sind die großen Garderobeständer/Kleiderhaken.

Tó je turíst. – Das ist ein/der Tourist. *m.Leb.Ez.*
Tó je vl̲júden turíst. – Das ist ein höflicher Tourist.
Tó je vl̲júdni turíst. – Das ist der höfliche Tourist.

Tó so turísti. – Das sind (die) Touristen. *m.Mz.*
Tó so vl̲júdni turísti. – Das sind höfliche Touristen. / Das sind die höflichen Touristen.

Tó je písker. – Das ist ein/der Häfen. *(e)m.Ez.*	Tó so pískri. Das sind (die) Häfen. *(e)m.Mz.*
Tó je dóber písker. – Das ist ein guter Häfen. Tó je dôbri písker. – Das ist der gute Häfen. Tó je lônec. – Das ist ein/der Kochtopf.	Tó so dôbri pískri. – Das sind gute Häfen. / Das sind die guten Häfen. Tó so lônci. – Das sind (die) Kochtöpfe.
Tó je rdéč lônec. – Das ist ein roter Kochtopf. Tó je rdéči lônec. – Das ist der rote Kochtopf. Tó je zvézek. – Das ist ein/das Heft.	Tó so rdéči lônci. – Das sind rote Kochtöpfe. / Das sind die roten Kochtöpfe. Tó so zvézki. – Das sind (die) Hefte.
Tó je máhjen zvézek. – Das ist ein kleines Heft. Tó je máli zvézek. – Das ist das kleine Heft.	Tó so májhni zvézki. – Das sind kleine Hefte. Tó so máli zvezki. – Das sind die kleinen Hefte.
Tó je pès. – Das ist ein/der Hund. *(e)m.Leb.Ez.*	Tó so psì. – Das sind (die) Hunde. *(e)m.Mz.*
Tó je žêjen pès. – Das ist ein durstiger Hund. Tó je žêjni pès. – Das ist der durstige Hund.	Tó so žêjni psì. – Das sind durstige Hunde. / Das sind die durstigen Hunde.
Tó je srcé. – Das ist ein/das Herz. *(o>e)s.Ez.*	Tó so sŕca. – Das sind (die) Herzen. *(o>e)s.Mz.*
Tó je globôko srcé. – Das ist ein inniges Herz. / Das ist das innige Herz. Tó je sónce. – Das ist eine/die Sonne.	Tó so globôka sŕca. – Das sind innige Herzen. / Das sind die innigen Herzen. Tó so sónca. – Das sind (die) Sonnen.
Tó je tôplo sónce. – Das ist eine/die warme Sonne.	Tó so tôpla sónca. – Das sind warme Sonnen. / Das sind die warmen Sonnen.
Tó je frizêr. – Das ist ein/der Frisör. *m.Leb.Ez.*	Tó so frizêrji. – Das sind (die) Frisöre. *(j)m.Mz.*
Tó je sposóben frizêr. – Das ist ein fähiger Frisör. Tó je sposóbni frizêr. – Das ist der fähige Frisör.	Tó so sposóbni frizêrji. – Das sind fähige Frisöre. / Das sind die fähigen Frisöre.

Das Geschlecht bleibt in der Mehrzahl gleich wie in der Einzahl.
(e) = –e– entfällt bei der Biegung/Deklination.
(o>e) = nach c č š ž j wird –o– zu –e–.
(j) = Beim Biegen/Deklinieren wird ein –j– eingeschoben.

13.2 Gleichsetzungsgliedsätze mit Eigenschaftswörtern

Jàz sem lépa. – Ich bin schön.	*w.Ez.1.Ps.*	Mé smo lépe. – Wir sind schön.	*w.Mz.1.Ps.*
Tí si lépa. – Du bist schön.	*2.Ps.*	Vé ste lépe. – Ihr seid schön.	*2.Ps.*
Ôna je lépa. – Sie ist schön.	*3.Ps.*	Ône so lépe. – Sie sind schön.	*3.Ps.*
Jàz sem lépo. – Ich bin schön.	*s.Ez.1.Ps.*	Mé smo lépa. – Wir sind schön.	*s.Mz.1.Ps.*
Tí si lépo. – Du bist schön.	*2.Ps.*	Vé ste lépa. – Ihr seid schön.	*2.Ps.*
Ôno je lépo. – Es ist schön.	*3.Ps.*	Ôna so lépa. – Sie sind schön.	*3.Ps.*
Jàz sem lép.– Ich bin schön.	*m.Ez.1.Ps.*	Mí smo lépi. – Wir sind schön.	*m.Mz.1.Ps.*
Tí si lép. – Du bist schön.	*2.Ps.*	Ví ste lépi. – Ihr seid schön. / SIE sind schön.	*2.Ps.*
Òn je lép. – Er ist schön.	*3.Ps.*	Ôni so lépi. – Sie sind schön.	*3.Ps.*

Jàz nísem lépa. – Ich bin nicht schön.	*w.Ez.1.Ps.*	Mé nísmo lépe. – Wir sind nicht schön.	*w.Mz.1.Ps.*
Tí nísi lépa. – Du bist nicht schön.	*2.Ps.*	Vé níste lépe. Ihr seid nicht schön.	*2.Ps.*
Ôna ní lépa. – Sie ist nicht schön.	*3.Ps.*	Ône níso lépe. Sie sind nicht schön.	*3.Ps.*

Jàz nísem lépo. – Ich bin nicht schön. *s.Ez.1.Ps.*
Tí nísi lépo. – Du bist nicht schön. *2.Ps.*
Ôno ní lépo. – Es ist nicht schön. *3.Ps.*

Mé nísmo lépa. – Wir sind nicht schön. *s.Mz.1.Ps.*
Vé níste lépa. – Ihr seid nicht schön. *2.Ps.*
Ôna níso lépa. – Sie sind nicht schön. *3.Ps.*

Jàz nísem lép. – Ich bin nicht schön. *m.Ez.1.Ps.*
Tí nísi lép. – Du bist nicht schön. *2.Ps.*
Òn ní lép. – Er ist nicht schön. *3.Ps.*

Mí nísmo lépi. – Wir sind nicht schön. *m.Mz.1.Ps.*
Ví níste lépi. – Ihr seid nicht schön. / SIE sind nicht schön. *2.Ps.*
Ôni níso lépi. – Sie sind nicht schön. *3.Ps.*

Beim Eigenschaftswort gibt es in der Satzaussage keine bestimmte männliche Form: ~~lepi~~.
Daher: ~~Jàz sem lépi. Tí si lépi. Òn je lépi.~~ Nur: Jàz sem lép. Tí si lép. Òn je lép.
~~Jàz nísem lépi. Tí nísi lépi. Òn ní lépi.~~ Nur: Jàz nísem lép. Tí nísi lép. Òn ní lép.

Bei Personen ist das natürliche Geschlecht in Slowenisch gleich wie in Deutsch. Auch das natürliche Geschlecht (w., s., m.) bleibt in der Mehrzahl gleich wie in der Einzahl; ebenso die grammatische Person (1.Ps., 2.Ps., 3.Ps.).
In der Mehrzahl steht die männliche Endung für „männlich" und für gemischte Gruppen, also für „männlich und weiblich", „männlich und sächlich" sowie für „weiblich und sächlich".
„SIE" steht für die Höflichkeitsform in Deutsch. In Slowenisch hat die Höflichkeitsform (2.Ps. Mz.) die männliche Endung (–i).
Nun werden keine Beispiele mehr für das sächliche Geschlecht angeführt.

Jàz sem hítra. – Ich bin schnell. (e)*w.Ez.1.Ps.*
Tí si hítra. – Du bist schnell. *2.Ps.*
Ôna je hítra. – Sie ist schnell. *3.Ps.*

Mé smo hítre. – Wir sind schnell. (e)*w.Mz.1.Ps.*
Vé ste hítre. – Ihr seid schnell. *2.Ps.*
Ône so hítre. – Sie sind schnell. *3.Ps.*

Jàz sem híter. – Ich bin schnell. (e)*m.Ez.1.Ps.*
Tí si híter. – Du bist schnell. *2.Ps.*
Òn je híter. – Er ist schnell. *3.Ps.*

Mí smo hítri. – Wir sind schnell. (e)*m.Mz.1.Ps.*
Ví ste hítri. – Ihr seid schnell. / SIE sind schnell. *2.Ps.*
Ôni so hítri. – Sie sind schnell. *3.Ps.*

Jàz nísem hítra. – Ich bin nicht schnell. (e)*w.Ez.1.Ps.*
Tí nísi hítra. – Du bist nicht schnell. *2.Ps.*
Ôna ní hítra. – Sie ist nicht schnell. *3.Ps.*

Mé nísmo hítre. – Wir sind nicht schnell. (e)*w.Mz.1.Ps.*
Vé níste hítre. – Ihr seid nicht schnell. *2.Ps.*
Ône níso hítre. – Sie sind nicht schnell. *3.Ps.*

Jàz nísem híter. – Ich bin nicht schnell. (e)*m.Ez.1.Ps.*
Tí nísi híter. – Du bist nicht schnell. *2.Ps.*
Ôn ní híter. – Er ist nicht schnell. *3.Ps.*

Mí nísmo hítri. – Wir sind nicht schnell. (e)*m.Mz.1.Ps.*
Ví níste hítri. – Ihr seid nicht schnell. / SIE sind nicht schnell. *2.Ps.*
Ôni níso hítri. – Sie sind nicht schnell. *3.Ps.*

Jàz sem hítra, àmpak tí nísi hítra. (e)*w.Ez.1.+2.Ps.*
Jàz sem híter, àmpak tí nísi híter. (e)*m.Ez.1.+2.Ps.*
Ich bin schnell, aber du bist nicht schnell.

Mé smo hítre, àmpak vé níste hítre. (e)*w.Mz.1.+2.Ps.*
Mí smo hítri, àmpak ví níste hítri. (e)*m.Mz.1.+2.Ps.*
Wir sind schnell, aber ihr seid nicht schnell. /
Wir sind schnell, aber SIE sind nicht schnell.

Jàz sem hítra, àmpak tí si počásna. (e)*w. Ez. 1.+2.Ps.*
Jàz sem híter, àmpak tí si počásen. (e)*m. Ez. 1.+2.Ps.*
Ich bin schnell, aber du bist langsam.

Mé smo hítre, àmpak vé ste počásne. (e)*w. Mz. 1.+2.Ps.*
Mí smo hítri, àmpak ví ste počásni. (e)*m. Mz. 1.+2.Ps.*
Wir sind schnell, aber ihr seid langsam. /
Wir sind schnell, aber SIE sind langsam.

Jàz sem zdráva in tí túdi. *w.Ez.1.+2.Ps.*
Jàz sem zdráv in tí túdi. *m Ez.1.+2.Ps.*
Ich bin gesund und du auch.

Mé smo zdráve in vé túdi. *w.Mz.1.+2.Ps.*
Mí smo zdrávi in ví túdi. *m.Mz.1.+2.Ps.*
Wir sind gesund und ihr auch. /
Wir sind gesund und SIE auch.

Jàz sem zdráva, àmpak tí si bólna. *w.Ez.1.+2.Ps.*
Jàz sem zdráv, àmpak tí si bolán. *m.Ez.1.+2.Ps.*
Ich bin gesund, aber du bist krank.

Mé smo zdráve, àmpak vé ste bólne. *w.Mz.1.+2.Ps.*
Mí smo zdrávi, àmpak ví ste bólni. *m.Mz.1.+2.Ps.*
Wir sind gesund, aber ihr seid krank. /
Wir sind gesund, aber SIE sind krank.

Tó je májhno, à dôbro. *(e)s.Ez.3.Ps.unpersönlich*
Das ist klein, aber fein.

Glásno je, à nihčè ní tù. *(e)s.Ez.3.Ps.unpersönlich*
Es ist laut, aber es ist niemand da.

13.3 Satzmuster mit Herkunftsort

Jàz sem iz Beljáka, iz Koróške, iz Ávstrije.
Ich bin aus Villach, aus Kärnten, aus Österreich.

Tí si iz Vŕbe, iz Gorénjske, iz Slovénije.
Du bist aus Veldes, aus Oberkrain, aus Slowenien.

Ôna je iz Podklóštra, z Zílje, iz Ávstrije.
Sie ist aus Arnoldstein, aus dem Gailtal, aus Ö.

Òn je iz Békštanja, iz Róža, iz Ávstrije.
Er ist aus Finkenstein, aus dem Rosental, aus Ö.

Mé smo iz Galícije, iz Podjúne, iz Ávstrije.
Wir sind aus Gallizien, aus dem Jauntal, aus Ö.

Mí smo iz Ríma, iz Lácija, iz Itálije.
Wir sind aus Rom, aus Latium, aus Italien.

Vé ste iz Fránkfurta, iz Némčije.
Ihr seid aus Frankfurt, aus Deutschland.

Ví ste iz Züricha, iz Švíce.
SIE sind aus Zürich, aus der Schweiz.

Ône so iz Máribora, iz Štájerske, iz Slovénije.
Sie sind aus Marburg, aus der Steiermark, aus S.

Ôni so iz Ljubljáne, iz Slovénije.
Sie sind aus Laibach, aus Slowenien.

Péter je iz Cêlja, iz Štájerske, iz Slovénije.
Peter ist aus Cilli, aus der Steiermark, aus Slow.

Pável je iz Zágreba, iz Hrváške.
Paul ist aus Zagreb, aus Kroatien.

Maríja je s Čájne, z Zílje, iz Koróške.
Maria ist aus Nötsch, aus dem Gailtal, aus Kärnten.

Néža je z Bístrice, z Zílje, iz Koróške.
Agnes ist aus Feistritz, aus dem Gailtal, aus Kärnten.

Enríca je iz Šmohórja, z Zílje, iz Koróške.
Henriette ist aus Hermagor, aus dem Gailtal, aus K.

Vincênzo je iz Pádove, iz Benéčije, iz Itálije.
Vinzenz ist aus Padua, aus Venetien, aus Italien.

Die Biegung der Ortsnamen wird später noch eingehender behandelt. Vorerst sollte jede/r Lernende nur sich selbst vorstellen können: ihren/seinen Namen und Titel, ihren/seinen Beruf und ihren/seinen Wohnort, ihr/sein Herkunftsland und ihre/seine Sprache benennen können.
„aus" heißt normalerweise „iz". Ausnahmen davon sind „s" und „z". Erklärung folgt später.
Normalerweise belässt man auch die Vornamen im Original.
Zur Biegung/Deklination der Ortsnamen siehe LMR: Wortformen, 2017, S. 66–69.

13.4 Satzmuster mit „nè bíti“ (nicht sein / kein ... sein)

Gegenwart	*Ez.*		*Zz.*	*Mz.*	
1.Ps.	(jàz) **nísem**	ich bin nicht/kein		(mí, mé) **nísmo**	wir sind nicht/kein
2.Ps.	(tí) **nísi**	du bist nicht/kein		(ví, vé) **níste**	ihr seid nicht/kein / SIE sind nicht/kein
3.Ps.	(òn, ôna) **ní**	er/sie ist nicht/kein		(ôni, ône) **níso**	sie sind nicht/kein

Jàz nísem mlád. – Ich bin nicht jung. *m.Ez.1.Ps.*
Tí nísi mlád. – Du bist nicht jung. *2.Ps.*
Òn ní mlád. – Er ist nicht jung. *3.Ps.*
Mí nísmo mládi. – Wir sind nicht jung. *m.Mz.1.Ps.*
Ví níste mládi. – Ihr seid / SIE sind nicht jung. *2.Ps.*
Ôni níso mládi. – Sie sind nicht jung. *3.Ps.*

Jàz nísem mláda. – Ich bin nicht jung. *w.Ez.1.Ps.*
Tí nísi mláda. – Du bist nicht jung. *2.Ps.*
Ôna ní mláda. – Sie ist nicht jung. *3.Ps.*
Mé nísmo mláde. – Wir nicht jung. *w.Mz.1.Ps.*
Vé níste mláde. – Ihr seid nicht jung. *2.Ps.*
Ône níso mláde. – Sie sind nicht jung. *3.Ps.*

Jàz nísem turíst. – Ich bin kein Tourist. *m.Ez.1.Ps.*
Tí nísi turíst. – Du bist kein Tourist. *2.Ps.*
Òn ní turíst. – Er ist kein Tourist. *3.Ps.*
Mí nísmo turísti. – Wir sind keine ... *m.Mz.1.Ps.*
Ví níste turísti. – Ihr seid keine Touristen. /
SIE sind keine Touristen. *2.Ps.*
Ôni níso turísti. – Sie sind keine Touristen. *3.Ps.*

Jàz nísem turístka. – Ich bin keine Touristin. *w.Ez.1.Ps.*
Tí nísi turístka. – Du bist keine Touristin. *2.Ps.*
Ôna ní turístka. – Sie ist keine Touristin. *3.Ps.*
Mé nísmo turístke. – Wir sind keine ... *w.Mz.1.Ps.*
Vé níste turístke. – Ihr seid keine Touristinnen. *2.Ps.*
Ône níso turístke. – Sie sind keine Touristinnen. *3.Ps.*

Jàz nísem vljúden turíst. – *m.Ez.1.Ps.*
Ich bin kein höflicher Tourist.
Tí nísi vljúden turíst. – *2.Ps.*
Du bist kein höflicher Tourist.
Òn ní vljúden turíst. – *3.Ps.*
Er ist kein höflicher Tourist.
Mí nísmo vljúdni turísti. – *m.Mz.1.Ps.*
Wir sind keine höflichen Touristen.
Ví níste vljúdni turísti. – *2.Ps.*
Ihr seid keine höflichen Touristen. / SIE sind ...
Ôni níso vljúdni turísti. – *3.Ps.*
Sie sind keine höflichen Touristen.

Jàz nísem vljúdna turístka. – *w.Ez.1.Ps.*
Ich bin keine höfliche Touristin.
Tí nísi vljúdna turístka. – *2.Ps.*
Du bist keine höfliche Touristin.
Ôna ní vljúdna turístka. – *3.Ps.*
Sie ist keine höfliche Touristin.
Mé nísmo vljúdne turístke. – *w.Mz.1.Ps.*
Wir sind keine höflichen Touristinnen.
Vé níste vljúdne turístke. – *2.Ps.*
Ihr seid keine höflichen Touristinnen.
Ône níso vljúdne turístke. – *3.Ps.*
Sie sind keine höflichen Touristinnen.

Jàz nísem iz Beljáka, iz Koróške, iz Ávstrije.
Ich bin nicht aus Villach, aus Kärnten, aus Österreich.
Tí nísi … Òn ní …
Mí nísmo … Ví níste … Ôni níso …

Jàz nísem iz Vŕbe, iz Gorénjske, iz Slovénije.
Ich bin nicht aus Veldes, aus Oberkrain, aus Slowenien.
Tí nísi ... Ôna ní ...
Mé nísmo ... Vé níste ... Ône níso ...

Jàz nísem iz Podklóštra, z Zílje, iz Ávstrije.
Ich bin nicht aus Arnoldstein, aus dem Gailtal, aus Österreich.
Tí nísi … Òn ní …
Mí nísmo … Ví níste … Ôni níso …

Jàz nísem iz Békštanja, iz Róža, iz Ávstrije.
Ich bin nicht aus Finkenstein, aus dem Rosental, aus Österreich.
Tí nísi ... Ôna ní ...
Mé nísmo ... Vé níste ... Ône níso ...

Weitere Beispiele zu „nè bíti“ finden sich in LMR: Wortformen, 2017, S. 140+141.

14 Südkärntner zweisprachige Ortsnamen – Južnokoroška dvojezična krajevna imena

Villach	Belják *m.*	Velden	Vŕba *w.*
Hermagor	Šmohòr *(j)m.*	Nötsch	Čájna *w.(na)*
Klagenfurt	Celôvec (e)m.	Pörtschach	Póreče *w.Mz.*
Völkermarkt	Velikôvec (e)m.	Krumpendorf	Kríva Vŕba *w.*
Griffen	Grebìnj *(o>e)m.*	Selpritsch	Žopráče *w.Mz.(na)*
Ma. Wörth	Ôtok *m.(na)*	Schiefling	Škófiče *w.Mz.*
Rosegg	Rožék *m.*	Keutschach	Hódiše *w.Mz.*
Viktring	Vetrìnj *(o>e)m.*	Latschach	Lóče *w.Mz.*
Ebenthal	Žrélec *(e+o>e)m.*	Ma. Elend	Podgórje *(+i)w.Mz.*
Grafenstein	Grábštanj *(o>e)m.*	Feistritz	Bístrica *w.(na)*
St. Kanzian	Škocijàn *m.*	Ferlach	Boróvlje (+e)*w.Mz.*
Bleiburg	Plíberk *m.*	St. Margareten	Šmarjéta *w.*
St. Egyden	Št. Ìlj / Šentìlj *(o>e)m.*	Gallizien	Galícija *w.*
Ludmannsdorf	Bilčóvs *m.*	Faak	Báče *w.Mz.*
Arnoldstein	Podklóšter *(e)m.*	Ledenitzen	Ledínce *w.Mz.*
Finkenstein	Békštanj *(o>e)m.*	Petschnitzen	Pečníca *w.(na)*
St. Jakob	Št. Jákob / Šentjákob *m.*		
		Köttmannsdorf	Kotmára vás *2.w.*
St. Niklas	Šmiklávž *m.* ob Drávi / Na Drávi *unverändert*	Eberndorf	Dóbrla vás *2.w.*
		Sittersdorf	Žitára vás *2.w.*

od kód	von wo	iz	aus
ein/das Dorf	vás *2.w.* > vasí	iz vasí Št. Ílj (iz Št. Ílja)	aus dem Dorf St. Egyden
ein/der Markt	tŕg *m.* > tŕgi	iz tŕga Podklóšter (iz Podklóštra)	aus dem Markt Arnoldstein
ein/der Ort	kráj *m.* > kráji	iz krája Békštanj (iz Békštanja)	aus dem Ort Finkenstein
eine/die Siedlung	nasélje *s.* > naselja	iz naselja Grebìnj (iz Grebìnja)	aus der Siedlung Griffen
eine/die Stadt	mésto *s.* > mésta	iz mésta Belják (iz Beljáka)	aus der Stadt Villach

A: Od kód ste ví?
B: Iz Beljáka. In ví?
A: Iz Celôvca.

A: Od kód si tí?
B: Iz Vŕbe. In tí?
A: Iz Galícije.

A: Od kód ste ví?
B: Iz Šmiklávža ob Drávi. In ví?
A: Iz Kotmáre vasí.

A: Od kód si tí?
B: Iz Lóč. In tí?
A: Iz Borôvelj. / (Iz Podgórij.)

Das Vorwort „iz" verlangt in Slowenisch den 2. Fall. Daher wird männlichen Ortsnamen ein –a angehängt, bei den weiblichen wird –a zu –e. Männliche Ortsnamen verlieren dabei das unbetonte –e– in den Endsilben –ec, –er, –en, –el, –em, –elj, –eš, ... Siehe S. 216+217. Weibliche Ortsnamen wie „Loče" (alle w.Mz. auf –e) verlieren dabei die e–Endung. In „Boróvlje" *und* „Podgórje" *wird zur leichteren Aussprache ein –e– (+e) bzw. –i– (+i) eingefügt.* „Kotmára vás", „Dóbrla vás", „Žitára vás" *(alle Namen auf „vás") gehören zum sogenannten 2.w. Biegungs-/Deklinationsmuster. Alle Ortsnamen werden nur in der Einzahl verwendet. Im internationalen Post- und Straßenverkehr gelten die international anerkannten amtlichen Ortsnamen wie Klagenfurt und Velden, die auch auf den Verkehrsschildern und Straßenkarten üblicherweise angeschrieben sind.*

15 Ansichtskarte – Razglednica

9. decembra 2004 Draga Majda, pošiljam Ti lepe pozdrave iz Avstrije in se Ti zahvaljujem še enkrat za vse. Zelo lepo je bilo pri Tebi. Tvoja prijateljica, Jasna	☐ Gospa Majda Dolgan Gosposvetska 143 SI–1000 LJUBLJANA SLOVENIJA

Gospá	(An) Frau
Gospód	(An) Herrn
Gosposvétska (césta)	Maria–Saaler Straße
césta, úlica, tŕg	Straße, Gasse, Platz
SI = SLO = Slovénija	Slowenien
9. decêmbra 2004	9. Dezember 2004
Drága Májda,	Liebe Majda, (Marie)
Drági Andréj,	Lieber Andrej, (Andreas)
pošíljam Ti/ti	ich sende Dir/dir
pošíljava Vama/vama	wir beide senden Euch / euch beiden
pošíljamo Vam/vam	wir senden Euch/euch
lépe pozdráve	schöne Grüße
lép pozdráv	einen schönen Gruß
iz Ávstrije	aus Österreich
iz Slovénije	aus Slowenien
iz Némčije	aus Deutschland
iz Švíce	aus der Schweiz
iz Itálije	aus Italien
iz Fráncije	aus Frankreich
iz Špánije	aus Spanien
in se Ti/ti zahvaljújem	und ich bedanke mich bei Dir/dir
in se Vama/vama zahvaljújeva	und wir zwei bedanken uns bei Euch / euch beiden
in se Vam/vam zahvaljújemo	und wir bedanken uns bei Euch/euch
šè ênkrat	noch einmal
za vsè.	für alles.
Zeló lepó	Sehr schön
je biló	war es
pri Têbi/tebi.	bei Dir/dir.
pri Vama/vama.	bei Euch / euch beiden.
pri Vas/vas.	bei Euch/euch.
Tvôja prijáteljica,	Deine Freundin,
Tvój prijátelj,	Dein Freund,
Jasna, Samo	Jasna, Samo (Vornamen)

Inzwischen schreibt man nur noch die Anrede „Sie" (SIE) /„ Ví" groß. Die Anreden „ti/têbi, vama, vam; têbe, vaju, vas; tvôja, tvój" schreibt man jetzt jedoch in der Regel klein.

Inhaltsverzeichnis zum Ersten Abschnitt: Kursunterlagen für Lernende ohne Vorkenntnisse

Zweiter Abschnitt: Kursunterlagen für Lernende mit Vorkenntnissen

1 Allgemeine Einleitung

Dieser Abschnitt bringt sowohl eine Erweiterung des Wortschatzes als auch eine Vertiefung der Grammatik, v. a. hinsichtlich des Zeitwortes, sodass einfache Aussagesätze mit Ergänzung im 4. Fall Einzahl und Mehrzahl gebildet werden können, wie z. B. „Ich kaufe Anoraks/Anzüge/Röcke. Ich hätte gerne ein Wiener Schnitzel, einen grünen Salat und ein offenes Bier." Die dafür notwendigen Deklinations- und Konjugationstabellen (Muster zur Biegung von Haupt-, Eigenschafts-, Für- und Zahlwort sowie Muster zur Abwandlung von Hilfs-, Modal- und Hauptzeitwort) wurden von der Verfasserin selbst erstellt.

Grammatik: Aussagen im 1., 4. und 5. Fall in der Einzahl und Mehrzahl, weitere Beispiele zum weiblichen, sächlichen und männlichen Deklinationsmuster des Eigenschaftswortes und Hauptwortes, erweiterte Satzmuster, Konjugationsmuster des Zeitwortes in der Gegenwart für die Einzahl und Mehrzahl.

Themen: Vorstellen, Benennen, Beschreiben, Bestellen, Bedienen, Einkaufen, Eigenschaften, Art/Sorte/Marke.

2 Persönliches Profil – Osebni podatki

Slowenisch	*Deutsch*
Kdó si tí? Kdó ste ví?	Wer bist du? Wer sind Sie?
Jàz sem Antónia Ógris.	Ich bin Antonia Ogris.
Jáz sem Antón Ógris.	Ich bin Anton Ogris.
Kdó je tó?	Wer ist das?
Tó je Alénka Popótnik.	Das ist Alenka Popotnik.
Kakó ti/vam je imé?	Wie ist dein/Ihr (Vor-)Name?
Imé mi je Alénka.	Mein (Vor-)Name ist Alenka.
Kakó se píšeš/píšete?	Wie schreibst du dich / schreiben Sie sich?
Píšem se Popotnik.	Ich schreibe mich Popotnik.
Káj si/ste po poklícu?	Was bist du / sind Sie von Beruf?
Po poklícu sem zdravníca.	Von Beruf bin ich Ärztin.
Po poklícu sem zdravník.	Von Beruf bin ich Arzt.
Kolíko si stàr (*m.*) /stára (*w.*)?	Wie alt bist du?
Kolíko ste stári?	Wie alt sind Sie?
Stàr (*m.*) / Stára (*w.*) sem trídeset lét.	Ich bin 30 Jahre alt.
Od kód si? – Od kód ste?	Von wo bist du? – Von wo sind Sie?
Sem iz Beljáka/Vŕbe.	Ich bin aus Villach/Velden.
Sem iz Ávstrije, iz Koróške.	Ich bin aus Österreich, aus Kärnten.
Govorím némško in angléško.	Ich spreche deutsch und englisch.
Govorím málo slovénsko.	Ich spreche ein bisschen slowenisch.
Môja telefónska števílka je: …	Meine Telefonnummer ist: …
Števílka môjega mobitéla je: …	Die Nummer meines Handys ist: …
Mój elektrónski naslóv je: …	Meine e–Mail Adresse ist: …
Ráda (*w.*) bi kávo z mlékom.	Ich hätte gerne einen Kaffee mit Milch.
Ràd (*m.*) bi čáj s sladkórjem.	Ich hätte gerne einen Tee mit Zucker.
Dobrodôšli (*m.Mz.*). Veselí me.	Willkommen! Es freut mich.
Dôbro jútro. Dóber dán.	Guten Morgen! Guten Tag!
Dóber večér. Láhko nóč.	Guten Abend! Gute Nacht!
Nasvídenje.	Auf Wiedersehen!
Kakó si? Kakó ste?	Wie geht es dir/Ihnen?
Hvála, dôbro.	Danke, gut.
Žál slabó.	Leider schlecht.
Živím v Beljáku / v Celôvcu / v Vŕbi / na Dúnaju.	Ich lebe in Villach / in Klagenfurt / in Velden / in Wien.
Délam v Šmohórju / v Ljubljáni / v Cêlju / na Blédu.	Ich arbeite in Hermagor / in Ljubljana / in Celje / in Bled.
Stanújem v blóku / v híši / v stanovánju.	Ich wohne in einem Wohnblock / in einem Haus / in einer Wohnung.
Délam pri firmi Strein / v Átriu / pri podjétju Infíneon /	Ich arbeite bei der Firma Strein / im Atrio / im Unternehmen Infineon.
Vózim se z ávtom / z vlákom / z búsom / s kolésom.	Ich fahre mit dem Auto / mit dem Zug / mit dem Bus / mit dem Fahrrad.
Samostójni/Samostójna sem.	Ich bin Selbstständiger/Selbstständige.
Člôvek v samostójnem poklícu sem.	Ich bin (als Mann) Selbstständiger.
Žénska v samostójnem poklícu sem.	Ich bin (als Frau) Selbstständige.

3 Biegung der Eigenschafts- und Hauptwörter im 4. Fall

3.1 Grundmuster – Osnovni vzorci

w.	*Ez.* – eine/die neue Mappe	*Zz.*	*Mz.*
1.F.	nôva mápa	nôvi mápi	nôve mápe
4.F.	**nôvo mápo**	nôvi mápi	**nôve mápe**

Auch: banána – Banane, bárva – Farbe, ... (Siehe LMR: Wortformen (WF), 2017, S. 9+14.) nôva mápa, dôbra mápa, rdéča mápa > Imám nôvo/dôbro/rdéčo mápo. – Ich habe eine/die neue/gute/rote Mappe.

s.	*Ez.* – ein neues / das neue Bier	*Zz.*	*Mz.*
1.F.	nôvo pívo	nôvi pívi	nôva píva
4.F.	**nôvo pívo**	nôvi pívi	**nôva píva**

Auch: blagó – Stoff, délo – Arbeit, jézero – See, víno – Wein, … (LMR: WF, 2017, S. 9+14.) nôvo pívo, dôbro pívo, túje pívo > Píjem nôvo/dôbro/túje pívo. – Ich trinke ein neues/gutes/ fremdes, das neue/gute/fremde Bier.

m.	*Ez.* – ein neuer / der neue Film	*Zz.*	*Mz.*
1.F.	nòv, nôvi fílm	nôva fílma	nôvi fílmi
4.F.	**nòv, nôvi fílm**	nôva fílma	**nôve fílme**

Auch: apríl – April, cènt – Cent, čás – Zeit, gúmb – Knopf, … (LMR: WF, 2017, S. 9+14/15.) nòv, nôvi / dóber, dôbri / túj, túji fílm > Glédam nòv/dóber/túj, nôvi/dôbri/túji fílm. – Ich schaue einen/den neuen/guten/fremden Film an.

m.	*Ez.* – ein neuer / der neue Tourist	*Zz.*	*Mz.*
1.F.	nòv, nôvi turíst	nôva turísta	nôvi turísti
4.F.	**nôvega turísta** *Leb.*	nôva turísta	**nôve turíste**

Auch: bík – Stier, diják – Schüler, kós – Amsel, mêdved – Bär, ... (LMR: WF, 2017, S. 9+15.) nòv, nôvi / dóber, dôbri / túj, túji turíst > Poznám nôvega/dôbrega/tújega turísta. – Ich kenne einen/den neuen/guten/fremden Touristen.

3.2 Besonderheiten – Posebnosti

s.	*Ez.* – ein gutes / das gute Herz	*Zz.*	*Mz.*
1.F.	dôbro srcé	dôbri sŕci	dôbra sŕca
4.F.	**dôbro srcé**	dôbri sŕci	**dôbra sŕca**

Auch: igríšče – Spielplatz, sónce – Sonne, življênje – Leben, ... (LMR: WF, 2017, S. 11.) nôvo/dôbro/túje srcé > Imám nôvo/dôbro/túje srcé. – Ich habe ein neues/gutes/fremdes, das neue/gute/fremde Herz.

m.	*Ez.* – ein roter / der rote Häfen	*Zz.*	*Mz.*
1.F.	rdéč, rdéči pískér	rdéča pískra	rdéči pískri
4.F.	**rdéč, rdéči pískér**	rdéča pískra	**rdéče pískre**

Auch: cénter – Zentrum, dávek – Steuer, kôtel – Kessel, … (LMR: WF, 2017, S. 11+15+24.) nòv, nôvi / dóber, dôbri / rdéč, rdéči pískér > Imam nòv, nôvi / dóber, dôbri / rdéč, rdéči pískér. – Ich habe einen/den neuen/guten/roten Häfen.

m.	*Ez.* – ein guter / der gute Hund	*Zz.*	*Mz.*
1.F.	dóber, dôbri pès	dôbra psà	dôbri psì
4.F.	**dôbrega psà** *Leb.*	dôbra psà	**dôbre psè**

Auch: máček – Kater, ôsel – Esel, ôven –Widder, tiger – Tiger, ... (LMR: WF, 2017, S. 11.)
nòv, nôvi / dóber, dôbri / dívji pès > nôvega/dôbrega/dívjega psà > Imám nôvega/dôbrega/ dívjega psà. – Ich habe einen/den neuen/guten/wilden Hund.

m.	*Ez.* – ein frischer / der frische Tee	*Zz.*	*Mz.*
1.F.	svéž, svéži čáj	svéža čája	svéži čáji
4.F.	**svéž, svéži čáj**	svéža čája	**svéže čáje**

Auch: ključ –Schlüssel, kòš – Korb, mésec/mésec – Monat, ... (LMR: WF, 2017, S. 13+15.)
nòv, nôvi / dóber, dôbri / svéž, svéži čáj > nòv, nôvi / dóber, dôbri / svéž, svéži čáj > Píjem nòv, nôvi / dóber, dôbri / svéž, svéži čáj. – Ich trinke einen/den neuen/guten/frischen Tee.

m.	*Ez.* – ein lebender / der lebende Käfer	*Zz.*	*Mz.*
1.F.	živéč, živéči hròšč	živéča hrôšča	živéči hrôšči
4.F.	**živéčega hrôšča** *Leb.*	živéča hrôšča	**živéče hrôšče**

Auch: ángelc – Engel, jéž – Igel, kònj – Pferd, zmáj – Drache, ... (LMR: WF, 2017, S. 13+15.)
nòv, nôvi / híter, hítri / živéč, živéči hròšč > Vídim nôvega/hítrega/živéčega hrôšča. – Ich sehe einen/den neuen/schnellen/lebenden Käfer.

m.	*Ez.* – ein roter / der rote Kochtopf	*Zz.*	*Mz.*
1.F.	rdéč, rdéči lônec	rdéča lônca	rdéči lônci
4.F.	**rdéč, rdéči lônec**	rdéča lônca	**rdéče lônce**

Auch: čévelj – Schuh, mésec – Monat, ôgenj – Feuer, ... (LMR: WF, 2017, S. 13+15.)
nòv, nôvi / dóber, dôbri / rdéč, rdéči lônec > Imám nòv, nôvi / dóber, dôbri / rdéč, rdéči lônec. – Ich habe einen/den neuen/guten/roten Kochtopf.

m.	*Ez.* – der letzte Schauspieler	*Zz.*	*Mz.*
1.F.	poslédnji igrálec	poslédnja igrálca	poslédnji igrálci
4.F.	**poslédnjega igrálca** *Leb.*	poslédnja igrálca	**poslédnje igrálce**

Auch: párkelj – Krampus, učênec – Schüler, vrábec – Spatz, ... (LMR: WF, 2017, S. 13+15.)
nòv, nôvi / dóber, dôbri / poslédnji igrálec > Poznám nôvega/dôbrega/poslédnjega igrálca. – Ich kenne einen/den neuen/guten Spieler. *Aber:* Ich kenne den letzten (vorigen) Spieler.

3.3 Satzmuster im 4. Fall, Ez. und Mz.

Imám nôvo/dôbro/rdečo mapo. – *w.Ez.*
Ich habe eine/die neue/gute/rote Mappe.

Imám nôve/dôbre/rdeče mape. – *w.Mz.*
Ich habe neue/gute/rote Mappen. / Ich habe die neuen/guten/roten Mappen.

Jém zrélo/okúsno/svežo banáno. – *w.Ez.*
Ich esse eine/die reife/bekömmliche/frische Banane.

Jém zréle/okúsne/sveže banáne. – *w.Mz.*
Ich esse reife/bekömmliche/frische Bananen. / Ich esse die reifen/bekömmlichen/frischen ...

Píjem nôvo/dôbro/túje pívo. – *s.Ez.*
Ich trinke ein neues/gutes/fremdes, das neue/ gute/fremde Bier.

Píjem nôva/dôbra/túja píva. *s.Mz.*
Ich trinke neue/gute/fremde Biere. / Ich trinke die neuen/guten/fremden Biere.

Kúpim lépo/čédno/rdéče blagó. – *s.Ez.*
Ich kaufe einen/den schönen/hübschen/roten Stoff.

Kúpim lépa/čédna/rdéča blagá. – *s.Mz.*
Ich kaufe schöne/hübsche/rote Stoffe. / Ich kaufe die schönen/hübschen/roten Stoffe.

Glédam nòv/dóber/túj fílm. – *m.unbest.Ez.*
Ich schaue einen neuen/guten/fremden Film an. /
Glédam nôvi/dôbri/túji film. – *m.best.Ez.*
Ich schaue den neuen/guten/fremden Film an.

Glédam nôve/dôbre/túje fílme. – *m.Mz.*
Ich schaue neue/gute/fremde Filme an. / Ich schaue die neuen/guten/fremden Filme an.

Preživím lép/uspéšen/vsàkdánji čás. – *m.unbest.Ez.*
Ich verbringe eine schöne/erfolgreiche/alltägliche Zeit.
Preživím lépi/uspéšni/vsàkdánji čás. – *m.best.Ez.*
Ich verbringe die schöne/erfolgreiche/alltägliche Zeit.

Preživím lépe/uspéšne/vsàkdánje čáse. – *m.Mz.*
Ich verbringe schöne/erfolgreiche/alltägliche Zeiten. / Ich verbringe die schönen/erfolgreichen/alltäglichen Zeiten.

Poznám nôvega/dôbrega/týjega turísta. – *m.Leb.Ez.*
Ich kenne einen/den neuen/guten/fremden Touristen.

Poznám nôve/dôbre/túje turíste. – *m.Mz.*
Ich kenne neue/gute/fremde Touristen. / Ich kenne die neuen/guten/fremden Touristen.

Opazújem mládega/čédnega/pojóčega kósa. *m.Leb.Ez.*
Ich beobachte eine/die junge/hübsche/singende Amsel.

Opazújem mláde/čédne/pojóče kóse. – *m.Mz.*
Ich beobachte junge/hübsche/singende Amseln. / Ich beobachte die jungen/hübschen/singenden Amseln.

Imám nôvo/dôbro/túje srcé. – *s.Ez.*
Ich habe ein neues/gutes/fremdes, das neue/gute/fremde Herz.

Imámo nôva/dôbra/túja sŕca. – *s.Mz.*
Wir haben neue/gute/fremde Herzen. / Wir haben die neuen/guten/fremden Herzen.

Ljúbim blágo/tôplo/žaréče sónce. – *s.Ez.*
Ich liebe (eine)/die milde/warme/strahlende Sonne.

Ljúbim blága/tôpla/túja mórja. – *s.Mz.*
Ich liebe milde/warme/fremde Meere. / Ich liebe die milden/warmen/fremden Meere.

Imám nòv/dóber/rdéč písker. – *m.unbest.Ez.*
Ich habe einen neuen/guten/roten Häfen.
Imám nôvi/dôbri/rdéči písker.– *m.best.Ez.*
Ich habe den neuen/guten/roten Häfen.

Imám nôve/dôbre/rdéče pískre. – *m.Mz.*
Ich habe neue/gute/rote Häfen. / Ich habe die neuen/guten/roten Häfen.

Pláčam visòk/móder/rdéč kôtel. – *m.unbest.Ez.*
Ich bezahle einen hohen/blauen/roten Kessel.
Pláčam visôki/módri/rdéči kôtel. – *m.best.Ez.*
Ich bezahle den hohen/blauen/roten Kessel.

Pláčam visôke/módre/rdéče kôtle. – *m.Mz.*
Ich bezahle hohe/blaue/rote Kessel. / Ich bezahle die hohen/blauen/roten Kessel.

Imám nôvega/dôbrega/dívjega psà. – *m.Leb.Ez.*
Ich habe einen/den neuen/guten/wilden Hund.

Imám nôve/dôbre/dívje psè. – *m.Mz.*
Ich habe neue/gute/wilde Hunde. / Ich habe die neuen/guten/wilden Hunde.

Vídim zdrávega/počásnega/rigajóčega ôsla. – *m.Leb.Ez.*
Ich sehe einen/den gesunden/langsamen/iahenden Esel.

Vídim zdráve/počásne/rigajóče ôsle. – *m.Mz.*
Ich sehe gesunde/langsame/iahende Esel. / Ich sehe die gesunden/langsamen/iahenden Esel.

Imám drág/májhen/túj ključ. – *m.unbest.Ez.*
Ich habe einen teuren/kleinen/fremden Schlüssel.
Imám drági/máli/túji ključ. – *m.best.Ez.*
Ich habe den teuren/kleinen/fremden Schlüssel.

Imám dráge/májhne/túje ključe. – *m.Mz.*
Ich habe teure/kleine/fremde Schlüssel. / Ich habe die teuren/kleinen/fremden Schlüssel.

Píjem nòv/dóber/svéž čáj. – *m.unbest.Ez.*
Ich trinke einen neuen/guten/frischen Tee.
Píjem nôvi/dôbri/svéži čáj. – *m.best.Ez.*
Ich trinke den neuen/guten/frischen Tee.

Píjem nôve/dôbre/svéže čáje. – *m.Mz.*
Ich trinke neue/gute/frische Tees. / Ich trinke die neuen/guten/ frischen Tees.

Vídim lépega/hítrega/živéčega hrôšča. – *m.Leb.Ez.*
Ich sehe einen/den schönen/schnellen/lebend(ig)en Käfer.

Vídim lépe/hítre/živéče hrôšče. *m.Mz.*
Ich sehe schöne/schnelle/lebend(ig)e Käfer. / Ich sehe die schönen/schnellen/lebend(ig)en Käfer.

Imám nòv/dóber/rdéč lônec. – *m.unbest.Ez.*
Ich habe einen neuen/guten/roten Kochtopf.
Imám nôvi/dôbri/rdéči lônec. – *m.best.Ez.*
Ich habe die neuen/guten/roten Kochtöpfe.

Imám nôve/dôbre/rdéče lônce. – *m.Mz.*
Ich habe neue/gute/rote Kochtöpfe. / Ich habe die neuen/guten/roten Kochtöpfe.

Kúpim lép/ugóden/rdéč čévelj. – *m.unbest.Ez.*
Ich kaufe einen schönen/bequemen/roten Schuh.
Kúpim lépi/ugódni/rdéči čévelj. – *m.best.Ez.*
Ich kaufe den schönen/bequemen/roten Schuh.

Kúpim lépe/ugódne/rdéče čévlje. – *m.Mz.*
Ich kaufe schöne/bequeme/rote Schuhe. / Ich kaufe die schönen/bequemen/roten Schuhe.

Poznám nôvega/dôbrega/poslédnjega igrálca. – *m.Leb.Ez.*
Ich kenne einen/den neuen/guten Spieler.
Aber: Ich kenne den letzten (vorigen) Spieler.
Poučújem mládega/prídnega/némškogovoréčega učênca. – *m.Leb.Ez.*
Ich unterrichte einen/den jungen/fleißigen/deutschsprachigen Schüler.

Poznám nôve/dôbre/poslédnje igrálce. – *m.Mz.*
Ich kenne neue/gute Spieler. / Ich kenne die neuen/guten/letzten (vorigen) Spieler.
Poučújem mláde/prídne/némškogovoréče učênce. – *m.Mz.*
Ich unterrichte junge/fleißige/deutschsprachige Schüler. / Ich unterrichte die jungen/fleißigen/deutschsprachigen Schüler.

In den deutschen Wörterbüchern werden beim Hauptwort zuerst der 2.F. Ez. und dann der 1.F. Mz. angegeben. Ich gebe jedoch prinzipiell nur den 1.F. Mz. an, weil die Lernenden den 2. Fall in Slowenisch erst im fortgeschrittenen Stadium erlernen und weil sie sich die vielen Besonderheiten der Biegung sowieso nicht auswendig merken können. Daher gebe ich bei jedem Hauptwort die erwähnte Mehrzahlform an, damit die Lernenden sie mitmemorieren können.

Mehrzahl/Plural (množina): *Während man in Deutsch die Mehrzahlendung im 1.F. (–en, –e, –er, –s) lernen muss, kann man sie in Slowenisch von der Einzahlendung ableiten. Weibliche Hauptwörter auf –a bilden sie auf –e, sächliche Hauptwörter auf –o/–e wechseln zu –a und männliche Hauptwörter auf Mitlaut (–) erhalten ein –i.*
Einzahl/Singular (ednina): *Im 4.F. lauten die Endungen in der Ez. auf –o bzw. in der Mz. auf –e für die weiblichen, auf –o/–e bzw. –a für die sächlichen Hauptwörter. Sie bleiben also gleich wie im 1. Fall. Und die männlichen Dinge auf Mitlaut bleiben auch gleich. Die männlichen Lebewesen enden aber auf –a. Alle männlichen Hauptwörter tragen in der Mz. ein –e. (Ich verweise sowohl für die Endungen der Eigenschafts- als auch der Hauptwörter auf die Tabellen auf den S. 31 bis 33 bzw. auf LMR: Wortformen, 2017, S. 8–15, sowie auf den Überblick über die Endungen für das Grundmuster auf S. 16.)*

Ich empfehle ein stufenweises Lernen, d. h. dass in einer Wortverbindung oder in einem Satz jeweils nur ein Element neu oder verschieden sein soll.
Also z. B.: Imám mápo. Imám tórbo. Imam bárvo. ...
Imám nôvo mápo. Imám nôvo tórbo. Imam nôvo bárvo. ...
Imám lépo mápo. Imám lépo tórbo. Imám lépo bárvo. ...
Kúpim mápo. Kúpim tórbo. Kúpim bárvo. ...
Kupim nôvo mápo. Kúpim nôvo tórbo. ...
Und ich empfehle handschriftlich zu üben, weil sich so das Erlernte leichter ins Gedächtnis einprägen lässt. Ferner schlage ich vor, das Erlernte immer wieder auch selbst zu überprüfen, um so den Fortschritt mess- und erlebbar zu machen.

4 Die Abwandlung des Zeitwortes / Verb-Konjugation – Spregatev glagola

4.1 Grundmuster – Osnovni vzorci

–AM	*–IM*	*–JEM*	*–EM*	*–M*
délati **délam** (zu) arbeiten	ljubíti **ljúbim** (zu) lieben	píti **píjem** (zu) trinken	razuméti **razúmem** (zu) verstehen	bíti **sem > ste** (zu) sein/haben
kúhati kúham (zu) kochen	govoríti govorím (zu) reden	péti pôjem (zu) singen	rêči **rêčem** (zu) sagen	jésti **jém > jéste** (zu) essen
igráti igrám (zu) spielen	prosíti prósim (zu) bitten	štéti štêjem (zu) zählen	písati **píšem** (zu) schreiben	védeti vém > véste (zu) wissen
čestítati čestítam (zu) gratulieren	molíti mólim (zu) beten	stanováti **stanújem** (zu) wohnen	klícati klíčem (zu) rufen	íti grém > gréste hin-/her(zu)gehen
smúčati smúčam Schi (zu) fahren	učíti se učím se (zu) lernen	poučeváti poučújem (zu) unterrichten	rásti rástem (zu) wachsen	dáti **dám > dáste** (zu) geben

Ez.	*Zz.*	*Mz.*
(jàz) **délam** – ich arbeite		(mí, mé) **délamo** – wir arbeiten
(tí) **délaš** – du arbeitest		(ví, vé) **délate** – ihr arbeitet / SIE arbeiten
(òn, ôna, ôno) **déla** – er/sie/es arbeitet		(ôni, ône, ôna) **délajo** – sie arbeiten

mí, ví und ôni = m. und gemischt, mé, vé = w./s., ône w., ôna s.; ví heißt auch SIE. Die Fürwörter können in Slowenisch entfallen. Die Gegenwartsformen des Zeitwortes werden von der Nennform abgeleitet und jeweils nach deren Endungen in Gruppen eingeteilt.

Ez.	*Zz.*	*Mz.*
ljubíti – (zu) lieben **ljúbim, ljúbiš, ljúbi**		**ljúbimo, ljúbite, ljúbijo**
píti – (zu) trinken **píjem, píješ, píje**		**píjemo, píjete, píjejo**
stanováti – (zu) wohnen **stanújem, stanúješ, stanúje**		**stanújemo, stanújete, stanújejo**
razuméti – (zu) verstehen **razúmem, razúmeš, razúme**		**razúmemo, razúmete, razúmejo**
rêči – (zu) sagen **rêčem, rêčeš, rêče**		**rêčemo, rêčete, rêčejo**
písati – (zu) schreiben **píšem, píšeš, píše**		**píšemo, píšete, píšejo**
bíti – (zu) sein **sem, si, je**		**smo, ste, so**
nè bíti – nicht (zu) sein / kein … (zu) sein **nísem, nísi, ní**		**nísmo, níste, níso**
jésti – (zu) essen **jém, jéš, jé**		**jémo, jéste, jéjo**
dáti – (zu) geben **dám, dáš, dá**		**dámo, dáste, dájo**

4.2 Besonderheiten – Posebnosti

1. –AM	*2. –IM*	*3.a –JEM*	*3.b –UJEM*
délati **délam** délal délaj (zu) arbeiten	ljubíti **ljúbim** ljúbil ljúbi (zu) lieben	píti **píjem** píl píj (zu) trinken	stanováti **stanújem** stanovàl stanúj (zu) wohnen
kúhati kúham kúhal kúhaj (zu) kochen	**ležáti ležím** lêžal lêži (zu) liegen	péti pôjem pél pôj (zu) singen	kupováti kupújem kupovàl kupúj ein(zu)kaufen / (zu) bummeln
igráti igrám igrál igráj (zu) spielen	státi stojím stàl stój (zu) stehen	štéti štêjem štèl štèj (zu) zählen	**poučeváti poučújem** poučevàl poučúj (zu) unterrichten
iméti imám* imèl iméj (zu) haben/besitzen	**živéti živím** živèl žívi (zu) leben	obúti obújem obúl obúj an(zu)ziehen (Schuhe)	varčeváti varčújem varčevàl varčúj (zu) sparen
glédati glédam glédal gléj (zu) schauen	boléti bolí(m) bolél(o) --- (zu) schmerzen	sezúti sezújem sezúl sezúj aus(zu)ziehen (Schuhe)	označeváti označújem označevàl označúj (zu) kennzeichnen
4. –EM			5. –M > –STE
razuméti **razúmem** razumèl razúmi (zu) verstehen	**rêči rêčem** rékel rêci (zu) sagen	**rásti rástem** rástel rásti (zu) wachsen	bíti **sem*** > ste/boste** bíl bódi (bi bom) (zu) sein/haben/werden
umréti umrèm umŕl umrí (zu) sterben	obléči obléčem oblékel obléci an(zu)ziehen (Kleider)	nêsti nêsem nésel nêsi (zu) tragen	jésti **jém** > jéste** jédel jéj (zu) essen
bráti bêrem brál bêri (zu) lesen	**stréči stréžem** strégel strézi (zu) bedienen	**grísti grízem** grízel grízi (zu) beißen	védeti **vém** > véste** védel védi (zu) wissen
vŕniti vŕnem vŕnil vŕni zurück(zu)geben	**písati píšem** písal píši (zu) schreiben	**pásti pádem** pádel pádi (zu) fallen	íti **grém** > gréste** šèl pójdi hin-/her(zu)gehen
nájti nájdem nášel nájdi (zu) finden	klícati klíčem klícal klíči (zu) rufen	krásti krádem krádel krádi (zu) stehlen	dáti **dám** > dáste** dál dáj hin-/her(zu)geben
príti prídem prišel prídi an-/hin-/(zu)kommen	kázati kážem kázal káži (zu) zeigen	hotéti hóčem* hôtel --- (zu) wollen	povédati **povém** > povéste** povédal povéj (zu) erzählen
státi stáne(m) stál stáni (zu) kosten	iskáti íščem iskál íšči (zu) suchen	dejáti déjem > déjete** dejál déj (zu) sagen / fest(zu)stellen	dejáti **dém** > déste** dejál déj (zu) sagen/fest(zu)stellen

**nè bíti, nísem; nè iméti, nímam; nè hotéti, nóčem*
***bojo/bódo, jéjo/jedó, véjo/vedó, gréjo/gredó, dájo/dadó, povéjo/povedó, dém >dejó (~~dedó~~), aber: déjem > déjete > déjejo (4. Gruppe –em). Diese unterstrichenen Wörter betonen einen besonders gehobenen Stil. Siehe dazu unten S. 231 besondere Formen auf (–é und) –ó.*
Diese Zeitworttabelle enthält folgende Formen: Nennform und 1.Ps. Gegenwart (bei der 5. Gruppe nach > auch die 2.Ps. Mz.), darunter das Mittelwort der Vergangenheit aktiv m. und die Befehlsform 2.Ps. Ez. Weitere Ausführungen zur Abwandlung/Konjugation der Zeitwörter finden Sie in den späteren Kapiteln sowie in LMR: Wortformen, 2017, S. 156 bis 181.

4.3 Satzbeispiele zur Gegenwart, 4. Fall, Ez. und Mz.

Sréčam prijátelja/prijáteljico. – *1.Ps.Ez.*
Ich treffe einen/den/(meinen) Freund / eine/die/ (meine) Freundin.

Pomívaš posódo. – *2.Ps.Ez.*
Du wäschst das Geschirr ab.

Sêstra kúha júho. – *3.Ps.w.Ez.*
Eine/Die/(Meine) Schwester kocht eine/die Suppe.

Stríc konstruíra híšo/stanovánje/blók. – *3.Ps.m. Ez.* – Ein/Der/(Mein) Onkel konstruiert ein/das Haus / eine/die Wohnung, einen/den Wohnblock.

Líkam blúzo/majico/srájco. – Ich bügle eine/die Bluse / ein/das Leibchen/Hemd.

Študíraš némščino/angléščino/italijánščino/slovénščino. – Du studierst Deutsch/Englisch/Italienisch/Slowenisch.

Òn ljúbi soséda. – Er liebt einen/den/(seinen) Nachbarn.

Ôna ljúbi sosédo. – Sie liebt eine/die/(ihre) Nachbarin.

Govorím hítro/glásno/tího/počási. – Ich spreche schnell/laut/leise/langsam.

Govoríš némško/slovénsko/hrváško/francósko. – Du sprichst deutsch/slowenisch/kroatisch/französisch.

Diják se učí italijanščino/slovenščino/angléščino. – Ein/Der Schüler lernt Italienisch/Slowenisch/Englisch.

Dijákinja se učí italijanščino/slovenščino/angléščino. – Eine/Die Schülerin lernt Italienisch/Slowenisch/Englisch.

Kúpim anorak/obleko/krilo. – Ich kaufe einen/den Anorak/Anzug / einen/den Rock.

Zeló ráda/ràd píješ čáj/kávo/vôdo/mléko/pívo/víno. – Du trinkst sehr gerne Tee/Kaffee/Wasser/Milch/Bier/Wein.

Hrvatíca razúme némško/slovénsko. – Eine/Die Kroatin versteht deutsch/slowenisch.

Hrvàt razúme némško/slovénsko. – Ein/Der Kroate versteht deutsch/slowenisch.

Rêčem: „Já.“ – Ich sage: „Ja.“

Têčem zeló hítro. – Ich laufe sehr schnell.

Sréčamo prijátelje/prijáteljice. – *1.Ps.Mz.*
Ich treffe (die/meine) Freunde / (die/meine) Freundinnen.

Pomívate posódo. – *2.Ps.Mz.*
Ihr wascht das Geschirr ab. / SIE waschen das Geschirr ab.

Sêstre kúhajo júhe. – *3.Ps.w.Mz.*
Die/(Meine) Schwestern kochen (die) Suppen.

Stríci konstruírajo híše/stanovánja/ *3.Ps.m.Mz.* blóke. – Die/(Meine) Onkel konstruieren (die) Häuser / (die) Wohnungen / (die) Wohnblocks.

Líkamo blúze/májice/srájce. – Wir bügeln (die) Blusen/Leibchen/Hemden.

Študírate némščino/angléščino/italijánščino/slovénščino. – Ihr studiert Deutsch/Englisch/Italienisch/Slowenisch. / SIE studieren ...

Ôni ljúbijo soséde. – Sie lieben die/(ihre) Nachbarn/Nachbarinnen.

Ône ljúbijo soséde. – Sie lieben die/(ihre) Nachbarinnen/Nachbarn.

Govorímo hítro/glásno/tího/počási. – Wir sprechen schnell/laut/leise/langsam.

Govoríte némško/slovénsko/hrváško/francósko. – Ihr sprecht deutsch/slowenisch/kroatisch/französisch. / SIE sprechen ...

Dijáki se učíjo italijanščino/slovenščino/angléščino. – Die Schüler lernen Italienisch/Slowenisch/Englisch.

Dijákinje se učíjo italijanščino/slovenščino/angléščino. – Die Schülerinnen lernen Italienisch/Slowenisch/Englisch.

Kúpimo anorake/obleke/krila. – Wir kaufen (die) Anoraks/Anzüge/Röcke.

Zeló ráde/ràdi píjete čáj/kávo/vôdo/mléko/pívo/víno. – Ihr trinkt sehr gerne Tee/Kaffee/Wasser/Milch/Bier/Wein. / SIE trinken ...

Hrvatíce razúmejo némško/slovénsko. – Die Kroatinnen verstehen deutsch/slowenisch.

Hrváti razúmejo némško/slovénsko. – Die Kroaten verstehen deutsch/slowenisch.

Rêčemo: „Já.“ – Wir sagen: „Ja.“

Têčemo zeló hítro. – Wir laufen sehr schnell.

4.4 Domáče živáli – Haustiere

Slowenisch	*Deutsch*	*Slowenisch*	*Deutsch*
Máčka mijávka.	Die Katze miaut.	mijávkati mijávkam	miauen, ich miaue
Pès lája.	Der Hund bellt.	lájati lájam	bellen, ich belle
Kráva múka.	Die Kuh muht.	múkati múkam	muhen, ich muhe
Têle píje.	Das Kalb trinkt.	píti píjem	trinken, ich trinke
Kònj rezgetá.	Das Pferd wiehert.	rezgetáti rezgetám	wiehern, ich wiehere
Žrebè spí.	Das Fohlen schläft.	spáti spím	schlafen, ich schlafe
Póni žré.	Das Pony frisst.	žréti žrèm	fressen, ich fresse
Ôvca blêja.	Das Schaf blökt.	blêjati blêjam	blöken, ich blöke
Jágnje leží.	Das Lamm liegt.	ležáti ležím	liegen, ich liege
Kôza meketá.	Die Ziege meckert.	meketáti meketám	meckern, ich meckere
Kôzica skáče.	Das Zicklein hüpft.	skákati skáčem	hüpfen, ich hüpfe (herum)
Svínja krúli.	Die Sau grunzt.	krúliti krúlim	grunzen, ich grunze
Prašíček sesá.	Das Ferkel saugt.	sesáti sesám	saugen, ich sauge
Ôsel ríga.	Der Esel iaht.	rígati rígam	iahen, ich iahe
Láma pljúva.	Das Lama spuckt.	pljúvati pljúvam	spucken, ich spucke
Kokóš kokodáka.	Die Henne gackert.	kokodákati kokodákam	gackern, ich gackere
Petelín kikiríka.	Der Hahn kräht.	kikiríkati kikiríkam	krähen, ich krähe
Gós gága.	Die Gans schnattert.	gágati gágam	schnattern, ich schnattere
Ráca zóba.	Die Ente pickt.	zóbati zóbam	picken, ich picke
Zájec stêče.	Der Hase rennt los.	stêči stêčem	losrennen, ich renne los
Ríba pláva.	Der Fisch schwimmt.	plávati plávam	schwimmen, ich schwimme
Žêlva lazí.	Die Schildkröte kriecht.	lazíti lazím	kriechen, ich krieche
Môrski prašíček glóda.	Das Meerschweinchen knabbert.	glódati glódam	knabbern, ich knabbere
Hŕček se skríva.	Der Hamster versteckt sich.	skrívati se > skríva se	sich verstecken, ich verstecke mich

4.5 Dívje živáli – Wildtiere

Sŕna zapíska.	Das Reh pfeift.	zapískati zapískam	pfeifen, ich pfeife
Jêlen dírja.	Der Hirsch rennt.	dírjati dírjam	rennen, ich renne (schnell)
Gáms žvížga.	Die Gämse pfeift.	žvížgati žvížgam	pfeifen, ich pfeife
Vólk túli/zavíja.	Der Wolf heult.	túliti túlim, zavíjati zavíjam	heulen, ich heule
Ptíca čívka.	Der Vogel tschilpt.	čívkati čívkam	tschilpen, ich tschilpe
Lástovka žvrgolí.	Die Schwalbe singt.	žvrgoléti žvrgolím	singen, ich singe (Vogel)
Čebéla brenčí.	Die Biene summt.	brenčáti brenčím	summen, ich summe
Žába kváka.	Der Frosch quakt.	kvákati kvákam	quaken, ich quake
Káča síka.	Die Schlange zischt.	síkati síkam	zischen, ich zische
Mêdved brúnda.	Der Bär brummt.	brúndati brúndam	brummen, ich brumme
Lèv rjoví/rjôve.	Der Löwe brüllt.	rjovéti rjovím, rjúti rjôvem	brüllen, ich brülle
Ópica vréšča.	Der Affe kreischt.	vréščati vréščam	kreischen, ich kreische
Slòn trobí.	Der Elefant trötet.	tróbiti tróbim	tröten, ich tröte

Für alle Tiere gilt auch der unbestimmte Artikel, z. B.: Eine Katze miaut. Ein Reh pfeift.
Ez.: têle, žrebè, jágnje, kokóš, gós, póni, vôlk > *Mz.*: teléta, žrebéta, jágnjeta, kokóši, gosí, póniji, volkôvi; alle anderen Hauptwörter deklinieren wie bereits besprochen.

5 Beschreiben – Opisovanje

5.1 Beschreiben von Dingen, 1. Fall / Nominativ

To je blok. To je vêlik blok. To je véliki blok. To je moj blok. To je moj véliki blok. To je Bekštanj. To je Beljak. To je Kranj. To je Dunaj. To je Celovec. To so Beltinci.

Das ist ein/der Wohnblock. Das ist ein großer Wohnblock. Das ist der große Wohnblock. Das ist mein Wohnblock. Das ist mein großer Wohnblock. Das ist Finkenstein. Das ist Villach. Das ist Krainburg. Das ist Wien. Das ist Klagenfurt. Das ist Fellsdorf.

To je čaj. To je pravi čaj. To je kava. To je bela kava. To je pivo. To je točeno pivo. Pravi čaj je sladek. Bela kava je dobra. Točeno pivo je odlično. To je moj rdeči pulover. To je moja rumena bluza. To je moje črno krilo. To je moj prijatelj. To je moja prijateljica. To je moj sosed. To je moja soseda.

Das ist ein/der Tee. Das ist ein schwarzer/der schwarze Tee. Das ist ein/der Kaffee. Das ist ein/der Milchkaffee. Das ist ein/das Bier. Das ist ein offenes / das offene Bier. Der schwarze Tee ist süß. Der Milchkaffee ist gut. Das offene Bier ist ausgezeichnet. Das ist mein roter Pullover. Das ist meine gelbe Bluse. Das ist mein schwarzer Rock. Das ist mein Freund. Das ist meine Freundin. Das ist mein Nachbar. Das ist meine Nachbarin.

To je hiša. To je majhna hiša. To je mala hiša. To je moja hiša. To je moja majhna hiša. To je Bistrica. To je Radovljica. To je Brnca. To je Koroška. To je Avstrija. To je Nemčija. To je Gorenjska. To je Vodiča vas. To so Bače. To so Podravlje. To so Borovlje.

Das ist ein/das Haus. Das ist ein kleines Haus. Das ist das kleine Haus. Das ist mein Haus. Das ist mein kleines Haus. Das ist Feistritz. Das ist Radmannsdorf. Das ist Fürnitz. Das ist Kärnten. Das ist Österreich. Das ist Deutschland. Das ist die Oberkrain. Das ist Gödersdorf. Das ist Faak. Das ist Föderlach. Das ist Ferlach.

To je stanovanje. To je lepo stanovanje. To je moje stanovanje. To je moje lepo stanovanje. To je Ločilo. To je Olšje. To je Celje. To so Vrata. To je Jezersko. To je Krško.

Das ist eine/die Wohnung. Das ist eine/die schöne Wohnung. Das ist meine Wohnung. Das ist meine schöne Wohnung. Das ist Hart. Das ist Erlendorf. Das ist Cilli. Das ist Thörl. Das ist Ober-Seeland. Das ist Gurkfeld.

Govorim nemško in angleško. Razumem slovensko. Govorim hitro. Govorim počasi. Govorim zelo hitro. Govorim zelo počasi. Govorim prehitro. Govorim prepočasi.

Ich spreche deutsch und englisch. Ich verstehe slowenisch. Ich spreche schnell. Ich spreche langsam. Ich spreche sehr schnell. Ich spreche sehr langsam. Ich spreche zu schnell. Ich spreche zu langsam.

Kdaj ste rojeni? Kdaj si rojen/rojena? – Rojen sem 1. (prvega) marca 1963. *m.* Rojena sem 5. (petega) decembra 1972. *w.* Sin je rojen 11. (enajstega) aprila 1997. Hčerka je rojena 2. (drugega) maja 2004.

Wann sind Sie geboren? Wann bist du geboren? – Ich bin am 1. März 1963 geboren. Ich bin am 5. Dezember 1972 geboren. Mein Sohn ist am 11. April 1997 geboren. Meine Tochter ist am 2. Mai 2004 geboren.

Zum besitzanzeigenden Fürwort „môja w., môje s., mój m." (meine, mein, mein) siehe LMR: Wortformen, 2017, S. 104. Siehe dazu auch „svôja w., svôje s., svój m." (meine/deine/seine/ ihre Ez., unsere/eure/ihre Mz. „eigene", ...) dort auf S. 105.

5.2 Personen: Profil, Anzeige, Verwandtschaftsverhältnis

Profile

Paul Müller, Österreicher, aus Graz, 25 Jahre alt, Mechaniker, lernt Slowenisch, Freundin aus Slowenien.

Paul Müller je iz Avstrije, iz Gradca. Gospod Müller je 25 let star. Po poklicu je mehanik. Njegova prijateljica je iz Slovenije. Zato se uči slovenščino.

Kurt Neubauer, Deutscher, aus Hamburg, 38 Jahre alt, Techniker, arbeitet in Kranj.

Hilde Gasser, Österreicherin, aus Klagenfurt, 19 Jahre alt, Studentin, studiert in Maribor.

Renzo Veltrini, Italiener, aus Bologna, 35 Jahre alt, Arzt, arbeitet in Triest.

(Herr – gospód, Frau – gospá; aus Graz – iz Grádca, aus Hamburg – iz Hámburga, aus Klagenfurt – iz Celôvca, aus Bologna – is Bológne; Techniker – téhnik, Studentin – študèntka, Arzt – zdravník; in Kranj – v Kránju, in Maribor – v Máriboru, in Triest – v Tŕstu)

Anzeigen

Jernej, starost (Alter), teža (Gewicht), višina (Größe), barva las (Haarfarbe), stan (Stand), išče prijateljico/življenjsko partnerico/ljubico/ljubiteljico glasbe.

Jernej, 48 let, 75 kg (kilogramov)**, 183 cm** (centimetrov)**, črne lasje, samski, išče temnolaso življenjsko partnerico.**

Miha, 34 Jahre, 65 kg, 173 groß, blonde Haarfarbe, geschieden, sucht Sport-Liebhaber.

Andrea, 42 Jahre, 78 kg, 165 groß, schwarze Haarfarbe, verwitwet, sucht Theaterliebhaberin.

(Môji lasjé so svêtli/tèmni. Imám svêtle/tèmne lasé. – Meine Haare sind hell/dunkel. Ich habe helle/dunkle Haare.)

Verwandtschaftsverhältnisse

Familie Berger: Opa Alfons, Oma Erna; Sohn Richard mit Ehefrau Sonja, Enkel Klaus, Enkelin Maria.

Alfons je Richardov ati in Klausov dedek. Erna je Richardova mama in Klausova babica. Richard je Ernin sin in Mariin ati. Sonja je Ernina snaha in Mariina mama.

Alfons ist Richards Papa und der Opa von Klaus. Erna ist Richards Mama und die Oma von Klaus. Richard ist Ernas Sohn und Marias Papa. Sonja ist Ernas Schwiegertochter und Marias Mama.

(Vater – ôče, Mutter – máti, Papa – áti, Mama – máma, Großvater – stári ôče, Opa – déd/dédek, Großmutter – stára máti, Oma – bábica, Schwiegervater – tást, Schwiegermutter – tášča, Schwiegersohn – zét, Schwiegertochter – snáha, Schwager – svák, Schwägerin – svákinja, Ehemann – móž, Ehefrau – žêna, Lebenspartner – življênski pártner, Lebenspartnerin – življênska pártnerica, Kusin – bratránec, Kusine – sestríčna, Enkel – vnúk, Enkelin – vnúkinja, Freund – prijátelj, Freundin – prijáteljica, Familie – družína, Witwer – vdovec, Witwe – vdova, verwitwet – *m.* ovdovel, *w.* ovdovela)

Familie Weber: Opa Erwin, Oma Elsa; Sohn Heinz mit Lebenspartnerin Herta, Enkelin Justina, Enkel Marian; Tochter Erika, Enkelin Carina, Enkel Reinhold.

Familie Kotnik: Opa Jernej, Oma Neža; Sohn Samo mit Freundin Monika; Tochter Nadja mit Ehemann Božo, Enkel Patrick.

Das besitzanzeigende „–s“ im 2.F. Ez. wird in Slowenisch durch die Silbe „–in–“ für Frauen und „–ov–“ bzw. „–ev–“ für Männer ausgedrückt. Mamas Mappe – mámina mápa, Mamas Film – mámin fílm, Mamas Fahrzeug – mámino vozílo, des Bruders Mappe – brátova mápa, des Bruders Film – brátov fílm, des Bruders Fahrzeug – brátovo vozílo. Siehe dazu unten S. 194+195, siehe auch LMR: Wortformen, 2017, S. 52+53.

5.3 Beschreiben von Dingen, 4. Fall / Akkusativ

m.: kríž – Kreuz, blók – Wohnblock, móst – Brücke, tŕg – Platz
w.: híša – Haus, víla – Villa, césta – Straße, garáža – Garage
s.: stanovánje – Wohnung, známenje – Bildstock, poslópje – Gebäude
konstruírati konstruíram – konstruieren, zídati zídam – bauen, kúpiti kúpim – kaufen
ràd bi *m.* / ráda bi *w.* – ich hätte gerne

To je nov križ. Tudi jaz konstruiram nov/novi križ.
To je nova hiša. Tudi jaz kupim novo hišo.
To je novo znamenje. Tudi jaz zidam novo znamenje.

Zidam novo hišo.
Kupim novo vilo.
Konstruiram novo cesto.
Rad/Rada bi novo garažo.

m.: sók – Saft, čáj – Tee, …
w.: limonáda, vôda, káva, …
s.: mléko, pívo, víno, …
píti píjem – trinken

Pijem limonado.
Kupim vodo.
Rad/Rada bi kavo.

m.: zrézek, kívi, …
w.: júha, píca, žêmlja, …
s.: mesó, jájce, …
jésti jém – essen

Jem juho.
Kupim pico.
Rad/Rada bi žemljo.

To je mestna hiša/vila. – Das ist ein/das/(mein) Stadthaus.
Rad/Rada bi mestno hišo.
Rad/Rada bi mestno vilo.

To je mineralna/navadna voda. – Das ist Mineral-/Leitungswasser.
(navádn, navádni, navádna, navádno – gewöhnlich)
Rad/Rada bi mineralno vodo.
Rad/Rada bi navadno vodo.

To je kisla juha / dobra pica. – Das ist eine/die saure Suppe / eine/die gute Pizza.
Rad/Rada bi kislo juho.
Rad/Rada bi dobro pico.

Rad bi čaj. Rad bi pravi čaj. Rad bi kavo. Rad bi belo kavo. Rad bi pivo. Rad bi točeno pivo. Rad bi pravi čaj z rumom. Rad bi belo kavo s smetano. Rad bi točeno pivo z žganjem.

Ich hätte gern einen Tee. Ich hätte gern einen schwarzen Tee. Ich hätte gern einen Kaffee. Ich hätte gern einen Milchkaffee. Ich hätte gern ein Bier. Ich hätte gern ein offenes Bier. Ich hätte gern einen schwarzen Tee mit Rum. Ich hätte gern einen Milchkaffee mit Schlagrahm. Ich hätte gern ein offenes Bier mit einem Schnaps.

Poučujem francoščino, španščino in portugalščino. Učim se slovenščino in italijanščino. – Poučujem hrvaščino, srbščino in turščino. Učim se nemščino in angleščino.

Ich unterrichte Französisch, Spanisch und Portugiesisch. Ich lerne Slowenisch und Italienisch. – Ich unterrichte Kroatisch, Serbisch und Türkisch. Ich lerne Deutsch und Englisch.

Imam (enega) otroka. Imam dva otroka. Imam tri otroke. Imam štiri otroke. Imam pet otrok. Imam sina. Imam hčerko. Nimam otrok.

Ich habe ein Kind. Ich habe zwei Kinder. Ich habe drei Kinder. Ich habe vier Kinder. Ich habe fünf Kinder. Ich habe einen Sohn. Ich habe eine Tochter. Ich habe keine Kinder.

Iščem ključ, slovar, svinčnik, zvezek, robec, knjigo, barvo, pesem, berilo, besedilo.

Ich suche einen/den Schlüssel, ein/das Wörterbuch, einen/den Bleistift, ein/das Heft, ein/das Taschentusch, ein/das Buch, eine/die Farbe, ein/das Lied, eine/die Lesung, einen/den Text.

Iščem novi ključ, debeli slovar, dolgi svinčnik, nov zvezek, nov robec, zanimivo knjigo, rdečo barvo, cerkveno pesem, današnje berilo, pripravljeno besedilo.

Ich suche den neuen Schlüssel, das dicke Wörterbuch, den langen Bleistift, ein neues Heft, ein neues Taschentusch, ein interessantes / das interessante Buch, eine/die rote Farbe, ein/das Kirchenlied, die heutige Lesung, den vorbereiteten Text.

Vidim sveti križ, trpečega Jezusa, našega Zveličarja in Odrešenika. Darujem svoje srce, svoja dejanja, svoje besede, misli in želje. Oblečem redovno obleko, belo tančico, črno jakno in siv plašč.

Ich sehe das heilige Kreuz, den leidenden Jesus, unseren Heiland und Erlöser. Ich opfere mein Herz, meine Taten, Worte, Gedanken und Wünsche. Ich ziehe meine Ordenstracht, meinen weißen Schleier, meine schwarze Jacke und meinen grauen Mantel an.

obléči obléčem – an(zu)ziehen (Kleider) > Oblečem se. Oblečem se hitro. Oblečem otroka. Oblečem pulover/suknjo/krilo. Oblečem si pulover/suknjo/krilo.

Ich ziehe mich an. Ich ziehe mich schnell an. Ich ziehe ein/das Kind an. Ich ziehe einen/den Pullover / eine/die Jacke / einen/den Rock an. Ich ziehe mir den Pullover / die Jacke / den Rock an.

sléči sléčem – aus(zu)ziehen (Kleider) > Slečem se. Slečem se hitro. Slečem otroka. Slečem plašč/bluzo/srajco. Slečem si plašč/bluzo/srajco.

Ich ziehe mich aus. Ich ziehe mich schnell aus. Ich ziehe ein/das Kind aus. Ich ziehe einen/den Mantel / eine/die Bluse /ein/das Hemd aus. Ich ziehe mir den Mantel / die Bluse / das Hemd aus.

obúti obújem – an(zu)ziehen (Schuhe) > Obujem se. Obujem se hitro. Obujem otroka. Obujem čevlje/nogavice/sandale. Obujem si čevlje/nogavice/sandale.

Ich ziehe mich an. Ich ziehe mich schnell an. Ich ziehe ein/das Kind an. Ich ziehe (die) Schuhe / (die) Socken / (die) Sandalen an. Ich ziehe mir die Schuhe / die Socken / die Sandalen an.

sezúti sezújem – aus(zu)ziehen (Schuhe) > Sezujem se. Sezujem se hitro. Sezujem otroka. Sezujem škornje/dokolenke/copate. Sezujem si škornje/dokolenke/copate.

Ich ziehe mich aus. Ich ziehe mich schnell aus. Ich ziehe ein/das Kind aus. Ich ziehe (die) Stiefel / (die) Stutzen / (die) Sandalen aus. Ich ziehe mir die Stiefel / die Stutzen / die Sandalen aus.

5.4 Dämmstoffe – Izolacijska sredstva

Homepage – Domáča strán, Über uns – O nàs, Über das Unternehmen – O podjétju, Produkte – Proizvódi, Kontaktpersonen – Kontáktne osébe, Verbindungen/Links – Povezáve, Suchen – Iskánje, Suche/Finde – Nájdi, Bestätige – Potŕdi, Weiter – Naprêj, Hilfe – Pomóč

m.: materiál – Material, prihránek – Ersparnis, arhitékt – Architekt, projektánt – Planer, trgôvec – Händler, uporábnik – Nutzer/Verwender/User, prodajálec – Verkäufer, inženír – Ingenieur, investítor – Investor, vôdja prodáje – Verkaufsleiter, referènt prodáje – Verkaufsreferent, predstávnik – Repräsentant, oddélek za tŕženje – Marketingabteilung, kámen – Stein, lés – Holz, zvók – Schall/Ton, požár – Brand/Feuer, sistém – System, hermétično izolácijski sistém – Luftdicht-Dämmsystem

w.: vólna – Wolle, zaščíta – Schutz, plôšča – Platte, izolácija – Isolation, arhitéktka – Architektin, projektántka – Planerin, trgóvka – Händlerin, uporábnica – Benutzerin/Userin, prodajálka – Verkäuferin, inženírka – Ingenieurin, vodíteljica prodáje – Verkaufsleiterin, referêntka prodáje – Verkaufsreferentin, predstávnica – Repräsentantin, podpóra – Unterstützung, toplôta – Wärme, toplôtno izolácijska plôšča – Dämmplatte

s.: izolíranje – das Isolieren, tŕženje – Vermarktung/Marketing, stêklo – Glas, srédstvo – Stoff/Mittel

komerciálni/a/o – Handels-, téhnični/a/o – technisch, izolácijski/a/o – Dämm-/Isolations-, kaméni/a/o – Stein-, stekléni/a/o – Glas-, leséni/a/o – Holz-, toplôtni/a/o – Wärme- > toplôtno *(Umstandswort)*, zvóčni/a/o – Lärm-, prótipožárni/a/o – Anti-Feuer-, narávni/a/o – Natur-, energíjski/a/o – Energie-, hermétični/a/o – luftdicht > hermétično *(Umstandswort)*

izolácijski materiál – ein/das Dämmmaterial
energíjski prihránek – eine/die Energieersparnis
Naš izolacijski material je odličen. – Unser Dämmmaterial ist hervorragend.
izolácijska plôšča – eine/die Dämmplatte
kaména vólna – eine/die Steinwolle
Naša izolacijska plošča je odlična. – Unsere Dämmplatte ist hervorragend.
izolácijsko srédstvo – ein/der Dämmstoff
hermétično izolíranje – ein/das luftdichte Isolieren
Naše izolacijsko sredstvo je odlično. – Unser Dämmstoff ist hervorragend.

Ponujamo izolacijski material iz kamene, steklene in lesene volne. Ta material nudi uporabniku kakovostno toplotno, zvočno in protipožarno zaščito. Ta material prinaša izjemni energijski prihranek. Ta proizvod našega podjetja je narejen iz naravnega materiala.

Wir bieten Dämmmaterial aus Stein-, Glas- und Holzwolle an. Dieses Material bietet dem Verbraucher/Kunden einen hochwertigen Wärme-, Schall- und Feuerschutz. Dieses Material bringt eine außergewöhnliche Energieersparnis. Dieses Produkt unseres Unternehmens ist aus (natürlichem)/Natur-Material hergestellt/gefertigt/gemacht.

6 Bestellen – Naročanje

6.1 Getränke und Speisen – Pijače in jedi

A je to _____? *(PREDMET,* 1.F. Ez.*)* – Ja, je. – Ne, ni.
A je to hotel? Ja, je. – Ne, ni. To je trgovina.
Ist das ein Hotel? Ja. – Nein. Das ist ein Geschäft.

predméti *(m.Mz.)* **– Gegenstände**
m.: hotél – Hotel, párk – Park, vŕtec – Kindergarten, tŕg – Markt/Platz, ávto *(*ávto > ávti *Mz.)* – Auto, mótor *(j)* / motórno koló *(*koló > kolésa *Mz.)* – Motorrad
w.: réka – Fluss, gôra – Berg, šóla – Schule, úlica – Gasse, bánka – Bank, slaščičárna – Konditorei, trgovína – Geschäft
s.: igríšče – Spielplatz, jézero – See, víno – Wein, mésto – Stadt, drevó *(*drevó > drevésa *Mz.)* – Baum, parkiríšče – Parkplatz, mórje – Meer, sónce – Sonne

pijáče *(w.Mz.)* **– Getränke**
Kaj želite? – Rad bi pivo. – Rada bi jabolčni sok.
Was wünschen Sie? – Ich hätte gern/gerne ein Bier. – Ich hätte gern/gerne einen Apfelsaft.
Rad/Rada bi viski z ledom. – Ich hätte gerne einen Whisky mit Eis.
Rad/Rada bi kavo s smetano. – Ich hätte gerne einen Kaffee mit Schlagrahm/Sahne.
Rad/Rada bi sadje z grozdjem. – Ich hätte gerne Obst mit Weintrauben.
Rad/Rada bi sadni čaj z limono. – Ich hätte gerne einen Füchtetee mit Zitrone.
Rad/Rada bi črni čaj s sladkorjem. – Ich hätte gerne einen schwarzen Tee mit Zucker.
Rad/Rada bi zeliščni čaj brez sladkorja. – Ich hätte gerne einen Kräutertee ohne Zucker.
Rad/Rada bi zeliščni čaj brez limone – Ich hätte gerne einen Kräutertee ohne Zitrone.
Rad/Rada bi dunajski zrezek. – Ich hätte gerne ein Wiener Schnitzel.
Rad/Rada bi zelenjavno juho. – Ich hätte gerne eine Gemüsesuppe.
m.: víski *(j)* – Whisky, rúm – Rum, kónjak – Kognak, čáj – Tee, ledéni čáj – Eistee, sók *(*sokovi *Mz.)* – Saft, jábolčni sók – Apfelsaft, pomaránčni sók – Orangensaft, kakáv – Kakao, mòšt – Most, šnôps – Schnaps, sádjevec – Obstler
w.: káva – Kaffee, ledéna kava – Eiskaffee, čŕna káva – Mokka, vôda – Wasser, rádenska – Mineralwasser, gazírana minerálna vôda / rádenska – kohlensäurehaltiges Mineralwasser, nègazírana minerálna vôda / rádenska – kohlensäurefreies Mineralwasser, rogáška slátina – Rogaška Sauerbrunnen, navádna vôda – Leitungswasser, kokakóla – Coca Cola, vódka – Wodka, slívovka – Zwetschkenschnaps, limonáda – Limonade
s.: pívo – Bier, víno – Wein, mléko – Milch, rdéče víno – Rotwein, bélo víno – Weißwein, penéče víno – Sekt/Schaumwein, žgánje – Schnaps, mléko – Milch

tôple in hládne jedí *(2.w.Mz.)* **– warme und kalte Speisen**
m.: sìr – Käse, kívi *(j)* – Kiwi, pršút – Schinken, krùh – Brot, zrézek – Schnitzel, dunajski zrézek – Wiener Schnitzel, narávni zrézek – Naturschnitzel, medaljón – Medaillon, rámstek – Rumpsteak, rámstek na žáru – Rumpsteak vom Grill, bíftek – Beafsteak, gráh – Erbsen, špagéti *(Mz.)* – Spaghetti, rézanci *(Mz.)* – Nudel, krompír *(j)* – Erdäpfel/Kartoffel
w.: júha – Suppe, zelenjávna júha – Gemüsesuppe, govêja júha – Rindsuppe, gôbova júha – Pilzsuppe, ríbe (*Mz.*) – Fisch, rižóta – Risotto, postŕv *(2.w.* postŕv > postŕvi *Mz.)* – Forelle, solá-ta – Salat, méšana soláta – gemischter Salat, píca – Pizza, tórta – Torte, sladíca – Süßspeise, gíbanica – Gibanica (Kuchen mit schichtweiser Nuss- und Topfenfüllung)
s.: jájce – Ei

6.2 Was für ein? / Welch...? – Kakšen? Kateri?

Kákše̱n?/Kákšna?/Kákšno? für die Frage nach der Eigenschaft. Die Antwort ist ein (unbestimmtes) Eigenschaftswort, entweder beifügend oder aussagend gebraucht.

Kakšen sok pijete? Hladen. – Kakšen prt je to? Star.
Kakšno kavo bi radi? Vročo.
Kakšno pivo hočete? Sveže.

Kakšne knjige kupite?
Kakšne osebe vidite?
Kakšno nalogo delate?
Kakšno literaturo berete?
Kakšne avtorje poznate?
Kakšne športnike navijate?

píti – trinken, píjete – trinken Sie; bi rádi – hätten Sie gern/gerne; hotéti – wollen, hóčete – wollen Sie; kúpiti – kaufen, kúpite – kaufen Sie; vídeti – sehen, vídite – sehen Sie; délati – arbeiten/machen, délate – arbeiten/machen Sie; bráti – lesen, bêrete – lesen Sie; poznáti – kennen, poznáte – kennen Sie; navíjati – anfeuern, navíjate – feuern Sie an

pŕt – Tischtuch, knjíga – Buch, oséba – Person, literatúra – Literatur, ávtor *(j)* – Autor, špórtnik – Sportler

hláde̱n/hládni/hládna/hládno – kühl, vêlik/velíka/velíko – groß *(unbest.)*, májhe̱n – klein *(unbest.)*, véliki/vélika/véliko – groß *(best.)*, máli/mála/málo – klein *(best.)*, debél/debéli/debéla/debélo – dick, tène̱k – dünn, vljúde̱n – höflich, nèvljúde̱n – unhöflich, žáloste̱n – traurig, lúšte̱n – lustig, tèže̱k – schwer, napóre̱n – anstrengend, obséže̱n – umfangreich, zgléde̱n – vorbildlich, visòk/visôki/visôka/visôko – hoch, níze̱k – niedrig, dolgočáse̱n – langweilig, zanimív – interessant, zastarél – veraltet, sodóbe̱n – modern, prilagojèn/prilagojêni/prilagojêna/prilagojêno – angepasst, krítiče̱n – kritisch, svobóde̱n – frei, napét – spannend, erótiče̱n – erotisch, poživljajóč/poživljajóči/poživljajóča/poživljajóče – anregend, spodbujajóč – aufmunternd

Kateri?/Katera?/Katero? für die Frage nach der Art/Sorte/Marke. Die Antwort ist ein Hauptwort oder ein bestimmtes Eigenschaftswort.

Kateri sok pijete? Rauch. Véliki./Máli. – Kateri prt je to? Postni.
Katero kavo bi radi? Meinl. Véliko./Málo.
Katero pivo hočete? Villacher. Véliko./Málo./Tóčeno.

Katere knjige kupite? Katere poklice poznate? > Poznam dobrega športnika.
Katero nalogo pišete? Katero literaturo berete? Katere praznike praznujemo?
Katera športna prvenstva poznate? Katere kulturne nagrade imamo?
Katere stroje uporabljate? > Uporabljam pomivalni stroj.

písati > píšete – schreiben Sie, iméti > imámo – gibt es, praznováti > praznújemo – feiern wir, uporábljati > uporábljate – verwenden Sie; smúčanje – Schifahren, plávanje – Schwimmen, jádranje – Segeln, déskanje – Surfen, plésanje – Tanzen, potápljanje – Tauchen, dŕsanje – Eislaufen, kégljanje – Kegeln, plézanje – Klettern, jáhanje – Reiten, kolesárjenje – Radfahren, a̱lpsko smúčanje – Alpinschilauf

zvéze̱k – Band/Heft, poklíc – Beruf, zaposlíte̱v *(2.w.)* – Beschäftigung, náloga – Aufgabe, prêdmet – Gegenstand, hóbi – Hobby, špórtno prvénstvo/tékma – Wettkampf, dobítnik ku̱ltúrne nagráde/nagrajênec – Preisträger, práznik ní délavnik – ein Feiertag ist kein Arbeitstag, stròj/mašína – Maschine, téhnik – Techniker, arhitékt – Architekt, natákar *(j)* – Kellner, tájnik – Sekretär, juríst – Jurist, notár *(j)* – Notar, Máli prínc – Der Kleine Prinz, lírika – Lyrik, próza – Prosa, dramátika – Dramatik, pésem *(2.w.* pésem > pésmi *Mz.)* – Lied, sonét – Sonett, román – Roman, novéla – Novelle, čŕtica – Skizze, ígra – Schauspiel, Prešêrnova nagráda – Prescheren-Preis, Zláti lév – Der Goldene Löwe, prálni stròj – Waschmaschine, kopírnik – Kopierer, pomiválni stròj – Geschirrspüler, bôžič – Weihnachten, vélika nóč *(2.w.* nóč > noči *Mz.)* – Ostern

otrôški – Kinder-, mladínski – Jugend-, strokóvni – Fach-, téhnični – Technik-, turístični – Tourismus-, jurístični – Rechts-, ekonómski – Wirtschafts-, slovénski – slowenisch, némški – deutsch, angléški – englisch, matemátični – Mathematik-, geográfski – Geographie-, romántični – romantisch, realístični – realistisch

6.3 Säfte und Beeren – Sokovi in jagode

Katéri sók píjete? *(4.F.)* – Welchen Saft trinken Sie?

Píjem jábolčni sok, limónov sok, pomaránčni sok, marélični sok, ánanasov sok, grózdni sok, jágodni sok, borovníčev sok, malínov sok, robídov sok, ríbezov sok.

Píjem jábolčnega**,** limónovega, pomaránčnega, maréličnega, ánanasovega, grózdnega, jágodnega, borovníčevega, malínovega, robídovega, ríbezovega.

Ich trinke Apfel-, Zitronen-, Orangen-, Marillen-, Ananas-, Trauben-, Beeren-/Erdbeer-, Schwarzbeer-/Heidelbeer-, Himbeer-, Brombeer-, Ribisel-/Johannisbeersaft.

Katére jágode (4.F.) **poznáte**? – Welche Beeren kennen Sie?

Poznám: jágode, borovníce, malíne, robíde, ríbeze, brúsnice. – Ich kenne: Erdbeeren, Schwarz-/Heidelbeeren, Himbeeren, Brombeeren, Ribisel/Johannisbeeren, Preiselbeeren.

Priprávljam tórto s svéžimi jágodami. – Ich bereite eine Torte mit frischen Beeren zu.

m.: ríbez – Ribisel/Johannisbeere

w.: jágoda– Erdbeere, borovníca – Schwarz-/Heidelbeere, malína – Himbeere, robída – Brombeere, brúsnica – Preiselbeere

6.4 Früchte und Gemüse – Sadeži in zelenjava

Katéri sádeži *(1.F.)* **prihájajo iz vróčih dežêl**? – Welche Früchte kommen aus heißen Ländern?

Iz vróčih dežêl prihájajo: mángi, avokádi, kíviji, ánanasi, kostánji, dátlji, limóne, pomaránče, bréskve, banáne, papáje, lúbenice, melóne/dínje, nektaríne, fíge in mandaríne. – Aus heißen Ländern kommen: Mangos, Avokados, Kiwis, Ananasse, Kastanien, Datteln, Zitronen, Orangen, Pfirsiche, Bananen, Papayas, Wassermelonen, Honig-/Zuckermelonen, Nektarinen, Feigen und Mandarinen.

prihájati, prihájam – kommen, ich komme

m.: sádež – Frucht, mángo – Mangopflaume, avokádo – Avokadobirne, kívi *(j)* – Kiwi, ánanas – Ananas, léšnik – Haselnuss, ôreh – Walnuss/Nuss, kôstanj – Kastanie, dátelj – Dattel

w.: hrúška – Birne, slíva – Pflaume, čéšplja – Zwetschke, čéšnja – Kirsche, limóna – Zitrone, pomaránča – Orange, marélica – Marille, bréskev *(2.w.* bréskev > bréskve *Mz.)* – Pfirsich, banána – Banane, papája – Papaya/Baummelone, lúbenica – Wassermelone, melóna/dínja – Honig-/Zuckermelone, nektarína – Nektarine, fíga – Feige, mandarína – Mandarine

s.: jábolko – Apfel, grózdje *(Ez.)* – Weintraube(n), (gròzd *m.* – Traube)

Katéra zelenjáva *(1.F.)* **je prilóga k cmókom** *(3.F.)* **/ k ríbam / k mesú?** – Welches

Gemüse dient als Beilage zu Knödeln/Fisch/Fleisch? > Prilóga k cmókom je zélje. Prilóga k ríbam je korênje. Prilóga k mesú je krompír. – Als Beilage zu Knödeln dient Kraut. Als Beilage zu Fisch dienen Möhren. Als Beilage zu Fleisch dienen Erdäpfel/Kartoffeln.

Katéro zelenjávo *(4.F.)* **dámo v zelenjávno júho?** *(4.F.)* – Welches Gemüse gibt man in die Gemüsesuppe? > V zelenjávno júho dámo: krompír, cvetáčo, korénje. – In die Gemüsesuppe gibt man: Erdäpfel/Kartoffel, Karfiol, Möhren/Karotten.

m.: sladkórni stôžec – Zuckerhut, paradížnik – Tomate, gráh – Erbsen, fižól – Bohnen/ Strankerl/Stangenbohnen, kóprc/komárček – Fenchel, peteršílj – Petersilie, korénjček – Möhre/Karotte, jájčevec – Melanzani, krompír *(j)* – Kartoffeln/Erdäpfel, sládki krompír *(j)* – Süßkartoffeln, lísti zélene – Selleriegrün, gomólj zélene – Sellerieknolle, pór *(póra 2.F. Ez.)* – Porree/Lauch, óhrovt – Sprossenkohl

w.: zelenjáva – Gemüse, soláta – Salat, glávnata soláta – Kopfsalat, soláta iz steklenjáka – Glashaussalat, endívija – Endivie, artičóka – Artischoke, rdéča pésa – rote Rübe, rédkvica/ rédkev *(2.w.* rédkev > rédkve *Mz.)* – Radieschen, kúmara/kúmarica – Gurke, špináča – Spinat, gôba – Pilz/Schwammerl, cvetáča – Karfiol, búča – Kürbis, páprika – Paprika, čebúla – Zwiebel, répa – weiße Rübe, batáta – Süßkartoffel, zélena – Sellerie

s.: korênje – Möhre/Karotte, zélje – (Weiß-)/Kohl, rdéče zélje – Rotkohl, bélo zélje – Kraut/Weißkraut, kitájsko zélje – Chinakohl, rdéče/plávo/módro zélje – Blau-/Rotkraut

Katéri sádeži *(1.F.)* **rástejo v Ávstriji?** – Welche Früchte wachsen in Österreich?

V Avstriji rastejo: jábolka, hrúške, slíve, čéšplje, čéšnje, marélice, grózdje, léšniki, oréhi. – In Österreich wachsen: Äpfel, Birnen, Pflaumen, Zwetschken, Kirschen, Marillen, Weintrauben, Haselnüsse, (Wal-)Nüsse.

Katéri sádeži *(1.F.)* **dozoríjo kjé?** – Welche Früchte reifen wo heran?

Katére sádeže *(4.F.)* **pridélajo kjé?** – Welche Früchte werden wo geerntet?

Katére sadeže *(4.F.)* **obírajo kjé**? – Welche Früchte werden wo gepflückt?

rásti, rástem – wachsen, ich wachse; dozoréti, dozorím – heranreifen, ich reife heran; pridélati, pridélam – ernten, ich ernte; obírati, obíram – pflücken/klauben, ich pflücke/klaube; tŕgati, tŕgam – Weintrauben lesen, ich lese/ernte/pflücke Weintrauben

Imáte vŕt? – Haben Sie einen Garten?

Nè, nímam vŕta. / Nè, nímam ga. – Nein, ich habe keinen Garten. / Nein, ich habe keinen.

Če bi iméli vŕt, káj bi nasádili? / Če bi ga iméli, káj bi nasádili? – Wenn Sie einen Garten hätten, was würden Sie ansetzen? / Wenn sie einen hätten, was würden Sie ansetzen?

Káj *(1.F.)* **ráste na vŕtu?** – Was wächst im Garten?

Na vŕtu ráste soláta, ... – Im Garten wächst Salat, ...

Káj *(4.F.)* **nasádite na vŕtu?** – Was setzen Sie im Garten?

Na vŕtu nasádim soláto, ... Im Garten setze ich Salat, ...

Káj bi rádi? – Was hätten Sie gerne?

Ràd/Ráda bi čáj, zrézek in kívi. Ràd/Ráda bi kávo, júho in soláto. Ràd/Ráda bi pívo, mesó in sádje. Ràd/Ráda bi dúnajski zrézek, zelêno soláto in tóčeno pívo. – Ich hätte gern(e) einen Tee, ein Schnitzel und eine Kiwi. Ich hätte gern(e) einen Kaffee, eine Suppe und einen Salat. Ich hätte gern(e) ein Bier, Fleisch und Obst. Ich hätte gern(e) ein Wiener Schnitzel, einen grünen Salat und ein offenes Bier.

7 Bestellen, Speisen – Naročanje jedi

Ràd/Ráda bi čáj, zrézek in kívi.
Ràd/Ráda bi kávo, júho in soláto.
Ràd/Ráda bi pívo, mesó in sádje.
Ràd/Ráda bi dúnajski zrézek, zelêno soláto in tóčeno pívo.

Nè máram čája, zrézka in kívija.
Nè máram káve, júhe in soláte.
Nè máram píva, mesá in sádja.
Nè máram dúnajskega zrézka, zelêne soláte in tóčenega píva.

Ich mag keinen Tee, kein Schnitzel und keine Kiwi. Ich mag keinen Kaffe, keine Suppe und keinen Salat. Ich mag kein Bier, kein Fleisch und kein Obst. Ich mag kein Wiener Schnitzel, keinen grünen Salat und kein offenes Bier.

naročíti naročím – bestellen, ràd/ráda bi – ich hätte gern(e), nè máram – ich mag kein

Die Verneinung von Satzergänzungen (ohne Vorwort) im 4. Fall steht in Slowenisch jedoch im 2.F. Die entsprechenden Endungen: m. –a, w. –e, s. –a in der Ez. und m. –ov/–ev, w.+s. eingekürzt auf den letzten Mitlaut in der Mz. (–) Biegungsmuster siehe unten S. 69–75.
Die Übersetzung der obigen positiven Aussagesätze befindet sich oben auf S. 64.
Ich empfehle die Lebensmittel und Getränke vorerst ohne Mengenangabe zu bestellen.

m.: čáj – Tee, bonbón – Zuckerl, évro *(*évro > évri *Mz.)* – Euro, cènt – Cent, líter – Liter, sók *(*sók > sokóvi *Mz.)* – Saft, sládkor *(j)* – Zucker, jógurt – Joghurt, paradížnik – Paradeiser/ Tomate, zrézek – Schnitzel, kívi *(j)* – Kiwi, mení *(j)* – Menü, zájtrk – Frühstück, ríž – Reis, fižól – Bohnen/Strankerl, gráh – Erbsen, krompír *(j, Ez.)* – Erdäpfel/Kartoffel(n), piškót/kéks – Keks, pršút – Schinken, sték/steak – Steak, krùh – Brot, sír – Käse, kakáv – Kakao, méd – Honig, desêrt – Dessert, peteršílj – Petersilie, pór – Poree/Lauch, dúnajski zrézek – Wiener Schnitzel, narávni zrézek – Naturschnitzel

w.: pijáča – Getränk, hrána – Nahrung/Lebensmittel/Essen, káva – Kaffee, jágoda – Beere/Erdbeere, limonáda – Limonade, móka – Mehl, vôda – Wasser, banána – Banane, júha – Suppe, soláta – Salat, večérja – Abendessen, málica – Jause, žêmlja – Semmel, píca – Pizza, lazánja – Lasagne, tórta – Torte, pečénka – Braten, gôba – Pilz, ríba *(*ribe *Mz.)* – Fisch, postŕv *(2.w.* postŕv > postŕvi *Mz.)* – Forelle, klobása – Hauswürstel, saláma – Wurst, marmeláda – Marmelade, hrúška – Birne, zelenjáva – Gemüse, bréskev *(2.w.* bréskev > bréskve *Mz.)* – Pfirsich, marélica – Marille, čokoláda – Schokolade, jéd *(2.w.* jéd > jedí *Mz.)* – Speise, prèdjéd *(2.w.* prèdjéd > prèdjedí *Mz.)* – Vorspeise, prilóga – Beilage, sladíca – Nachspeise, svínjska pečénka – Schweinsbraten, teléčja pečénka – Kalbsbraten, govédina – Rindfleisch, telétina – Kalbfleisch, svínjina – Schweinefleisch

s.: pívo – Bier, jájce – Ei, mléko – Milch, mesó – Fleisch, víno – Wein, jábolko – Apfel, sádje *(Ez.)* – Obst, kosílo – Essen/Mittagessen, máslo – Butter, grózdje *(Ez.)* – Weintraube(n), korênje – Möhren/Karotten, tóčeno pívo – offenes Bier, govéje mesó – Rindfleisch, teléčje mesó – Kalbfleisch, svínjsko mesó – Schweinefleisch, kúrje mesó – Hühnerfleisch, puránje mesó – Putenfleisch, kónjsko mesó – Pferdefleisch

8 Benennen – Poimenovanje

Kdó je tó? – Wer ist das?
m.: **Tó je študènt.** *(Ez.)* – **Tó so študênti.** *(Mz.)*
w.: **Tó je študêntka.** *(Ez.)* – **Tó so študêntke.** *(Mz.)*

Káj je tó? – Was ist das?
m.: **Tó je telefón.** *(Ez.)* – **Tó so telefóni.** *(Mz.)*
w.: **Tó je tábla.** *(Ez.)* – **Tó so táble.** *(Mz.)*
s.: **Tó je ôkno.** *(Ez.)* – **Tó so ôkna.** *(Mz.)*

KDÓ > *m.:* študènt – Student, učênec – Schüler, profésor *(j)* – Professor, ...
KDÓ > *w.:* študêntka – Studentin, učênka – Schülerin, profésorica – Professorin, ...

KÁJ > *m.:* slovár *(j)* – Wörterbuch, računálnik – PC/Computer/Rechner, telefón – Telefon, svínčnik – Bleistift, papír *(j)* – Papier, tiskálnik – Drucker, koledár *(j)* – Kalender, stól – Stuhl, zvézek – Heft, trikótnik – Dreieck, flomáster – Filzstift, rádio *(*rádio > rádii *Mz.)* – Radio, kúli *(j)* – Kuli, obešálnik – Garderobeständer/Kleiderhaken, líst – Blatt

KÁJ > *w.:* tábla – Tafel, knjíga – Buch, úra – Uhr, míza – Tisch, mápa – Mappe, slíka – Bild, spónka – Büroklammer, škárje *(Mz.)* – Schere, radírka – Radiergummi, bárvice *(Mz.)* – Wasserfarben, pisálna míza – Schreibtisch, gôba – Schwamm, kréda – Kreide; lúč (*2.w.* lúč > luči *Mz.)* – Licht

KÁJ > *s.:* písmo – Brief, ôkno – Fenster, lepílo – Klebstoff

Kdó je v razrédu? – Wer ist in der Klasse?
Káj je v razrédu? – Was ist in der Klasse?
V razrédu je _____. *(OSÉBA/Person, PRÊDMET/Gegenstand, 1.F. Ez.)*
V razrédu so _____. *(OSÉBE/Personen, PREDMÉTI/Gegenstände, 1.F. Mz.)*
V razrédu je profésor. V razrédu je míza. V razrédu je ôkno.
V razrédu so profésorji. V razrédu so míze. V razrédu so ôkna.

Káj imáte? – Was haben/besitzen Sie?
Káj imáš? – Was hast/besitzt du?
Imám _____. *(PRÊDMET/Gegenstand, 4.F. Ez. m. –, w. –o, s. –o/–e)*
Imámo _____. *(PREDMÉTE/Gegenstände, 4.F. Mz. m.+w. –e, s. –a)*
Imám zvézek/knjígo/písmo.
Imám zvézke/knjíge/písma.

Kôga vídite v razrédu? – Wen sehen Sie in der Klasse?
Kôga vídiš v razrédu? – Wen siehst du in der Klasse?
V razrédu vídim _____. *(OSÉBO/Person, 4.F. Ez. m. –a, w. –o, s. –o/–e)*
V razrédu vídimo _____. (*OSÉBE/Personen, 4.F. Mz. m.+w. –e, s. –a)*
V razrédu vídim študênta/učênca/profésorja.
V razrédu vídim študêntko/učênko/profésorico.
V razrédu vídim študênte/učênce/profésorje.
V razrédu vídim študêntke/učênke/profésorice.
iméti, imám – besitzen, ich besitze; vídeti, vídim – sehen, ich sehe

9 Richtungsangaben – Navedba smeri

Deutsch	Slowenisch
Hermagor	**Šmohor**
Nötsch	**Čajna**
Villach	**Beljak**
Velden	**Vrba**
Pörtschach	**Poreče**
Krumpendorf	**Kriva Vrba**
Klagenfurt	**Celovec**
Völkermarkt	**Velikovec**
Griffen	**Grebinj**
Rosegg	**Rožek**
Schiefling	**Škofiče**
Selpritsch	**Žoprače**
Ma. Wörth	**Otok**
Bleiburg	**Pliberk**
St. Niklas	**Šmiklavž ob Dravi**
St. Egyden	**Št. Ilj**
Keutschach	**Hodiše**
Viktring	**Vetrinj**
Ebenthal	**Žrelec**
Grafenstein	**Grabštanj**
St. Kanzian	**Škocjan**
Petschnitzen	**Pečnica**
Ledenitzen	**Ledince**
Ludmannsdorf	**Bilčovs**
Köttmannsdorf	**Kotmara vas**
Gallizien	**Galicija**
Sittersdorf	**Žitara vas**
Eberndorf	**Dobrla vas**
Arnoldstein	**Podklošter**
Finkenstein	**Bekštanj**
Latschach	**Loče**
St. Jakob	**Št. Jakob**
Ma. Elend	**Podgorje**
Feistritz	**Bistrica**
Ferlach	**Borovlje**
St. Margareten	**Šmarjeta**

(LMR, Karte von Südkärnten / Zemljevid južne Koroške)

m.: Békštanj, Belják, Bilčóvs, Celôvec, Grábštanj, Grebínj, Ôtok *(na)*, Plíberk, Podklóšter, Rožék, Škocjàn, Šmohòr *(j)*, Št. Ílj / Šentílj, Št. Jákob / Šentjákob, Velikôvec, Vetrínj, Žrélec
m.: Šmiklávž ob Drávi

w.: Bístrica *(na)*, Čájna *(na)*, Galícija, Kríva Vŕba, Pečníca *(na)*, Šmarjéta, Vŕba
w.Mz.: Boróvlje, Hódiše, Lóče, Ledínce, Podgórje, Póreče, Škófiče, Žopráče *(na)*
2.w.: Dóbrla vás, Kotmára vás, Žitára vás

Grém v Békštanj. Grém v Belják. Grém v Bilčóvs. Grém v Celôvec. Grém v Grábštanj. Grém v Grebínj. Grém v Plíberk. Grém v Podklóšter. Grém v Rožék. Grém v Škocjàn. Grém v Šmohòr. Grém v Št. Ílj / Šentílj. Grém v Št. Jákob / Šentjákob. Grém v Velikôvec. Grém v Vetrínj. Grém v Žrélec.

Grém v Šmiklávž ob Drávi.
Grém na Ôtok.

Grém v Galícijo. Grém v Krívo Vŕbo. Grém v Ledínce. Grém v Šmarjéto. Grém v Vŕbo.

Grém na Bístrico. Grém na Čájno. Grém na Pečníco.

Grém v Boróvlje. Grém v Hódiše. Grém v Lóče. Grém v Podgórje. Grém v Póreče. Grém v Škófiče.

Grém na Žopráče.

Grém v Dóbrlo vás. Grém v Kotmáro vás. Grém v Žitáro vás.

Richtungsangaben werden wie in Deutsch und Slowenisch mit dem 4. Fall ausgedrückt. Grém v Belják. – Ich gehe/fahre nach Villach. Die Verwendung von „na/nach" im Sinne von „auf" ist nur ansässigen Muttersprachlern geläufig, muss daher in Lexikas nachgeschlagen werden. Grém na Bístrico. – Ich gehe/fahre nach Feistritz. Grém na Žopráče. – Ich gehe/fahre nach Selpritsch. Das wichtigste Vorwort im 4. Fall ist „v/na – nach". Weitere wichtige Vorwörter im 4. Fall sind: „za – für, čez – über, pred – vor, nad – über, pod – unter". Siehe dazu LMR: Wortformen, 2017, S. 116; Wort- und Satzbeispiele dazu auf S. 117–127.

10 Ortsangaben – Navedba krajev

Zgôraj in spôdaj, sprédaj in zádaj, zúnaj in znótraj, povsód je vzgíb, je lepôta, je lúč, je vzpodbújanje, povsód je Bóg, mój Gospód. Zgôraj in spôdaj, sprédaj in zádaj, zúnaj in znótraj, povsód čútim vzgíb, lepôto, lúč in vzpodbújanje, povsód čútim Bogá, svôjega Gospóda.

Oben und unten, vorne und hinten, draußen und drinnen, überall ist Antrieb / ein Impuls, ist Schönheit, ist Licht, ist Ermutigung, überall ist Gott, mein Herr. Oben und unten, vorne und hinten, draußen und drinnen, überall spüre ich Antrieb / einen Impuls, Schönheit, Licht und Ermutigung, überall spüre ich Gott, meinen Herrn.

To je … – To so …
1.F. m.: Belják, Celôvec, Kránj, Békštanj, Dúnaj; mésto Leóben. – To so Béltinci.
1.F. w.: Vŕba, Ljubljána, Bŕnca, Čájna; Vodíča vas; Ávstrija. – To so Báče, Boróvlje.
1.F. s.: Ločílo, Ólšje, Cêlje; Jezêrsko, Kŕško. – To so Vráta.

Grem v/(na) …
4.F. m.: Belják, Celôvec, Kránj, Békštanj, (na) Dúnaj; mésto Leóben; Béltinci.
4.F. w.: Vŕbo, Ljubljáno, (na) Bŕnco; Vodíčo vás; Ávstrijo; Báče, Boróvlje.
4.F. s.: (na) Ločílo, Ólšje, Cêlje; (na) Jezêrsko, (na) Kŕško; (na) Vráta.

Sem v/(na) …
5.F. m.: Beljáku, Celôvcu, Kránju, Békštanju, (na) Dúnaju; méstu Leóben; Béltincih.
5.F. w.: Vŕbi, Ljubljáni, (na) Bŕnci; Vodíči vási; Ávstriji; Báčah, Boróvljah.
5.F. s.: (na) Ločílu, Ólšju, Cêlju; (na) Jezêrskem, (na) Kŕškem; (na) Vrátih.

Živím v Békštanju, v Beljáku, v Vêrnberku, v Kránju, v Celôvcu, v Bôvcu, na Dúnaju, v tŕgu Althófen, v Béltincih. Živím v Vŕbi, na Bístrici, v Radóvljici, v Ljubljáni, na Koróškem, na Štájerskem, v Ávstriji, v Itáliji, v Slovéniji, v Némčiji, v Švíci, na Hrváškem, na Madžárskem, v Fránciji, v Ángliji, v Špániji, na Bŕnci, v Vodíči/Díči vási, v Báčah, v Podrávljah, v Boróvljah, v vási Árriach. Živím v Ólšju, v Cêlju, na Ločílu, na Vrátih, na Jezêrskem, na Kŕškem, v méstu Leóben.

Ich lebe in Finkenstein, in Villach, in Wernberg, in Krainburg, in Klagenfurt, in Flitsch, in Wien, im Markt Althofen, in Fellsdorf. Ich lebe in Velden, in Feistritz, in Radmannsdorf, in Laibach, in Kärnten, in der Steiermark, in Österreich, in Italien, in Slowenien, in Deutschland, in der Schweiz, in Kroatien, in Ungarn, in Frankreich, in England, in Spanien, in Fürnitz, in Gödersdorf, in Faak, in Föderlach, in Ferlach, im Dorf Arriach. Ich lebe in Erlendorf, in Cilli/Zilli, in Hart, in Thörl, in Ober-Seeland, in Gurkfeld, in der Stadt Leoben.

Jàz živím v híši v Békštanju na Koróškem, tí živíš v blóku v Radóvljici na Gorénjskem, Pável živí v stanovánju na Dúnaju v Ávstriji, Vêra živí v dómu v Béltincih v Slovéniji, fànt živí v tŕgu Althófen, déklica živí v vási Árriach, (mój) prijátelj živí v méstu Leóben.

Ich lebe in einem Haus in Finkenstein in Kärnten, du lebst in einem Wohnblock in Radmannsdorf in Oberkrain, Paul lebt in einer Wohnung in Wien in Österreich, Vera lebt in einem Heim in Fellsdorf in Slowenien, der Bub lebt im Markt Althofen, das Mädchen lebt im Dorf Arriach, mein Freund lebt in der Stadt Leoben.

Zur Deklination der Ortsnamen siehe LMR: Wortformen, 2017, S. 66–69. Die Betonung wurde hier zum Teil verbessert. Manchmal gibt es Betonungsvarianten, wie z. B. Celôvec/Celóvec *(Kärntner Variante). Wo im Buch keine Betonung angegeben ist, gilt jene vom 1. Fall. Zur dortigen S. 68:* Štájerska, iz Štájerske *2.F.,* v Štájersko *4.F.;* Koróška, iz Koróške *2.F.,* v Koróško *4.F.*

11 Weitere Deklinationsmuster – Nadaljnji sklanjatveni vzorci

Die Grundmuster für „mápa, pívo, film, turíst" und die Besonderheit „srcé" wurden bereits auf S. 33 vorgestellt. Ferner wurden die Besonderheiten bei „písker, pès, čáj, hròšč, lônec, igrálec", jeweils im 1. Fall, auf S. 34 besprochen, wobei sich die darauf folgenden Satzmuster nur auf die Einzahl und Mehrzahl konzentrieren, die Formen in der Zweizahl aber sehr wohl erwähnt werden.
Schließlich werden im Ersten Abschnitt noch die Grundmuster für „nôva mápa, nôvo pívo, nòv bzw. nôvi film, nòv bzw. nôvi turíst" sowie die Sonderformen für „dôbro srcé, rdéč bzw. rdéči písker" auf S. 46 sowie jene für „dóber, dôbri pès, svéž, svéži čáj, živéč, živéči hròšč, rdéč, rdéči lônec, poslédnji igrálec", u. zw. jeweils im 1. und 4. Fall, auf S. 47 besprochen. Auch hier beziehen sich die nachfolgenden Satzmuster nur auf die Einzahl und Mehrzahl, aufgelistet ist aber auch die Zweizahl-Form.
Nun werden Abweichungen vom Grundmuster thematisiert, auf die ich später noch genauer eingehen werde.

11.1 Weibliche Hauptwörter mit Eigenschaftwort, 1., 2. und 4. Fall

w.	*Ez.* – eine/die hübsche Schwester	*Zz.*	*Mz.*
1.F.	čédna sêstra	čédni sêstri	čédne sêstre
2.F.	čédne sêstre	čédnih sêster	**čédnih sêster**
4.F.	čédno sêstro	čédni sêstri	čédne sêstre

Auch: ígla – Nadel, ígra – Spiel, pásma – Rasse, tábla –Tafel, ... (LMR: WF, 2017, S. 20+34.)

w.	*Ez.* – ein schnelles / das schnelle Schiff	*Zz.*	*Mz.*
1.F.	hítra ládja	hítri ládji	hítre ládje
2.F.	hítre ládje	hítrih ládij	**hítrih ládij**
4.F.	hítro ládjo	hítri ládji	hítre ládje

Auch: večérja – Abendessen, zárja – Röte, ... (LMR: WF, 2017, S. 20.)

w.	*Ez.*	*Zz.*	*Mz.* – ein bequemer / der bequeme Rechen
1.F.	---	---	ugódne gráblje
2.F.	---	---	**ugódnih grábelj**
4.F.	---	---	ugódne gráblje

Auch: cítre > cíter – Zither, órgle > órgel – Orgel, ... (LMR: WF, 2017, S. 20+48.)

w.	*Ez.*	*Zz.*	*Mz.* – eine/die scharfe Schere
1.F.	---	---	óstre škárje
2.F.	---	---	**óstrih škárij**
4.F.	---	---	óstre škárje

Auch: gárje > gárij – Karren/Garling, ... (LMR: WF, 2017, S. 20+48.)

Bei sêstra *w. und* ôkno *s. wird im 2. Fall Mehrzahl ein –e– eingefügt zu* sêster *bzw.* ôken. *Bei* ládja *w. und* podjétje *s. wird im 2. Fall Mehrzahl hingegen ein –i– vor dem –j eingefügt zu* lá-dij *bzw.* podjétij. *Bei* naséljle *s. wird im 2. Fall Mehrzahl ebenfalls ein –i– vor –j eingefügt zu* nasélij. *Die erwähnten sächlichen Hauptwortbeispiele folgen unter Punkt 11.2 unten auf S. 70. Das Hauptwort* gráblje *w. kommt nur in der Mehrzahl vor, daraus wird im 2. Fall* grábelj. *Ebenso gibt es* škárje *w. nur in der Mehrzahl. Daraus wird im 2. Fall* škárij.

11.2 Sächliche Hauptwörter mit Eigenschaftwort, 1., 2. und 4. Fall

s.	*Ez.* – ein breites / das breite Fenster	*Zz.*	*Mz.*
1.F.	širôko ôkno	širôki ôkni	širôka ôkna
2.F.	širôkega ôkna	širôkih ôken	**širôkih ôken**
4.F.	širôko ôkno	širôki ôkni	širôka ôkna

Auch: gúmno – Tenne, písmo – Brief, prijáteljstvo – Freundschaft, srédstvo – Mittel, stêklo – Glas, tájništvo – Sekretariat, zlò > zél – Übel/Böse, ... (LMR: WF, 2017, S. 21+34/35.)

s.	*Ez.* – ein erfolgreiches / das erfolgreiche Unternehmen	*Zz.*	*Mz.*
1.F.	uspéšno podjétje	uspéšni podjétji	uspéšna podjétja
2.F.	uspéšnega podjétja	uspéšnih podjétij	**uspéšnih podjétij**
4.F.	uspéšno podjétje	uspéšni podjétji	uspéšna podjétja

Auch: obzídje – Wall, goróvje – Gebirge, mórje – Meer, nadstrópje – Stockwerk, naréčje – Dialekt, nasprótje – Gegensatz, oródje – Werkzeug, ... (LMR: WF, 2017, S. 21+34/35.)

s.	*Ez.* – eine/die obere Siedlung	*Zz.*	*Mz.*
1.F.	zgórnje naselje	zgórnji naselji	zgórnja naselja
2.F.	zgórnjega naselja	zgórnjih naselij	**zgórnjih naselij**
4.F.	zgórnje naselje	zgórnji naselji	zgórnja naselja

Ausnahme. (LMR: WF, 2017, S. 21.)

Zu Wortverbindungen bezüglich sêstra, ládja, grábl̲je, škárje *(alle w.),* ôkno, podjétje, naséĺje, mnênje *und* známenje, pólje *(alle s.) siehe LMR: Wortformen, 2017, S. 34+35; zu* igránje, čísčenje, pítje *und* odpŕtje *(auch alle s.) siehe dort S. 57.*

Weitere Beispiele zu Mehrzahlwörtern siehe LMR: Wortformen, 2017, S. 48+49. Wortbeispiele dazu siehe S. 50+51, wobei das Hauptwort tlà *s. im 2. Fall zu* tál *erweitert.*
Wenn weibliche oder sächliche Hauptwörter im 2. Fall Mehrzahl auf ein eingekürztes „l" bzw. „lj" enden, so werden sie immer als „L" ausgesprochen, wie z. B. in „tábel" *von* tábla *w.,* „tál" *von* „tlà" *s.,* „pólj" *von* „pólje" *s.*

Es wird darauf hingewiesen, dass die Formen bei sächlichen Hauptwörtern im 4. Fall gleich sind wie im 1. Fall. Daher bleiben auch die Endungen der Eigenschaftswörter im 4. Fall gleich wie im 1. Fall. Das gilt für alle deklinierenden/biegenden/beugenden Sprachen. Deshalb wird bei den folgenden Beispielen der 4. Fall nicht mehr extra angeschrieben.

s.	*Ez.* – eine/die klare Meinung	*Zz.*	*Mz.*
1.F.	jásno mnênje	jásni mnênji	jásna mnênja
2.F.	jásnega mnênja	jásnih mnênj	**jásnih mnênj**

Auch: kámenje – Gestein, známenje – Zeichen, življênje – Leben, ... (LMR: WF, 2017, S. 21 +34/35.) Ebenso: žgánje – Schnaps, ...

s.	*Ez.* – ein fruchtbares / das fruchtbare Feld	*Zz.*	*Mz.*
1.F.	rodovítno pólje	rodovítni pólji	rodovítna pólja
2.F.	rodovítnega pólja	rodovítnih pólj	**rodovítnih pólj**

Auch: ólje – Öl, razdólje – Täler-Knoten, vesólje – Weltall, ...; zélje – Kohl *(nur Ez.)*. (LMR: WF, 2017, S. 21.)

Sächliche Hauptwörter auf –nje und –lje werden im 2. Fall Mehrzahl ganz normal eingekürzt, also wird aus mnênje mnênj *und* aus pólje pólj. *Sie erweitern also nicht. Ausnahmen bilden das oben besprochene* „naséłje", *das zu* nasélij *wird. Ebenso:* podólje > podólij – *Bergabhang/Talsohle. Doppelform besitzt:* okólje > okólj/okólij – *Umwelt.*

s.	*Ez.* – das fröhliche Spielen	*Zz.*	*Mz.*
1.F.	veséło igránje	veséli igránji	veséla igránja
2.F.	vesélega igránja	vesélih igránj	**vesélih igránj**

Auch: iskánje – Suchen, jáhanje – Jagen, kupovánje – Einkaufen, poučevánje – Unterrichten, smúčanje – Schifahren, stanovánje – Wohnung, ... (LMR: WF, 2017, S. 21+56/57.)

s.	*Ez.* – das genaue Reinigen	*Zz.*	*Mz.*
1.F.	tóčno číščenje	tóčni číščenji	tóčna číščenja
2.F.	tóčnega číščenja	tóčnih číščenj	**tóčnih číščenj**

Auch: govorjênje – Sprechen, grízenje – Kauen, ljúbljenje – Lieben, stréženje – Bedienen, súšenje – Trocknen, trpljênje – Leiden, življênje – Leben, ... (LMR: WF, 2017, S. 21+56/57.)

s.	*Ez.* – das gierige Trinken	*Zz.*	*Mz.*
1.F.	požréšno pítje	požréšni pítji	požréšna pítja
2.F.	požréšnega pítja	požréšnih pítij	**požréšnih pítij**

Auch: krítje – Verstecken, pétje – Singen, štétje – Zählen, ... (LMR: WF, 2017, S. 21+56/57.)

s.	*Ez.* – eine/die heutige Eröffnung	*Zz.*	*Mz.*
1.F.	danášnje odpŕtje	danášnji odpŕtji	danášnja odpŕtja
2.F.	danášnjega odpŕtja	danášnjih odpŕtij	**danášnjih odpŕtij**

Auch: podŕtje – Einsturz, zapŕtje – Schließung, ... (LMR: WF, 2017, S. 21+56/57.)

Die Gerundien / hauptwörtlich gebrauchten Zeitwörter / Verbalsubstantive igránje *bzw.* číščenje *werden auch ganz normal eingekürzt zu* igránj *bzw.* číščenj. *Bei* pítje *bzw.* odpŕtje *wird jedoch vor dem –j– ein –i– eingefügt zu* pítij *bzw.* odpŕtij.
Abweichend vom Deutschen verwendet man Gerundien in Slowenisch- auch in der Zweizahl und in der Mehrzahl.

Schließlich werden hier noch sächliche Hauptwörter auf –o besprochen, die beim Deklinieren/Biegen/Beugen mit –es– erweitern, sowie solche auf –e, die mit –t– bzw. –n– erweitern. Beispiele: koló > kolésa, deklè > dekléta, vrême > vreména. *Diese Erweiterung gilt für alle Hauptwortendungen, außer im 4. Fall Einzahl. Beispiel:* koló > kolési > kolésa*;* deklé > dekléti, dekléta*;* vrême > vreméni > vreména, *jeweils im 1. und 4. Fall.*
Ein ähnliches Phänomen gibt es in Deutsch beim Ableiten von Staatsbürgern vom entsprechenden Staatsnamen, z. B.: China > Chinese, Kongo > Kongolese; Zypern > Zypriot, Laos > Laote; Chile > Chilene, Amerika > Amerikaner, Mexiko > Mexikaner, Peru > Peruaner.

s.	*Ez.* – ein rotes / das rote (Fahr-)Rad	*Zz.*	*Mz.*
1.F.	**rdéče koló**	rdéči kolési	**rdéča kolésa**

Auch: črevó – Darm, čúdo – Wunder, drevó – Baum, nebó – Himmel, peró – Feder, rêbro – Rippe, slovó – Abschied, teló – Körper, ... (LMR: WF, 2017, S. 25+34/35.) Ähnlich: okó > očési *(Zz.)* > očésa *(Mz.)* bzw. očí *(Augenpaar, 2.w.Mz., 2017, S. 49)* – Auge; uhó > ušési > ušésa – Ohr; ojé > ojési > ojésa – Deichsel. (LMR: WF, 2017, S. 25+34/35+50.)

Lévo okó me bolí. Désni očési naju bolíta. Désna očésa nas bolíjo. Môje oči me bolíjo. – Mein linkes Auge schmerzt. Unsere beiden rechten Augen schmerzen. Unsere rechten *(drei, vier, allgemeine Mehrzahl)* Augen schmerzen. Meine Augen *(Augenpaar)* schmerzen.

s.	*Ez.* – ein braves / das brave Mädchen	*Zz.*	*Mz.*
1.F.	**prídno deklè**	prídni dekléti	**prídna dekléta**

Auch: bôžje Déte – das göttliche Kind, déte – Kind, jágnje – Lamm, ničè – Nichts, piščè – Küken, têle – Kalb, ščenè – Hündchen, žrebè – Fohlen, ... (LMR: WF, 2017, S. 25+34/35.)

s.	*Ez.* – ein kaltes / das kalte Wetter	*Zz.*	*Mz.*
1.F.	**mŕzlo vrême**	mŕzli vreméni	**mŕzla vreména**

Auch: brême – Last, imé – Name, plême – Rasse, ráme – Schulter, séme – Same, slême – First, tême – Scheitel, víme – Euter, ... (LMR: WF, 2017, S. 25+34/35.)

11.3 Männliche Hauptwörter mit Eigenschaftwort, 1., 2. und 4. Fall

m.	*Ez.* – ein achtsamer / der achtsame Mord	*Zz.*	*Mz.*
1.F.	pazljív, pazljívi umòr	pazljíva umóra	**pazljívi umóri**
2.F.	pazljívega umóra	pazljívih umórov	pazljívih umórov
4.F.	pazljív, pazljívi umòr	pazljíva umóra	pazljíve umóre

umòr (von umoríti). Auch: gôvor (von govoríti govorím) – Rede, odbòr – Ausschuss, odmòr – Pause, odpòr (odpírati) – Widerstand, samomòr – Selbstmord, upòr (von upírati) – Aufruhr; izvír (izvírati) – Quelle, prepír (prepírati) – Streit, … (LMR: WF, 2017, S. 38, 24+34/35.) Ebenso: bíser – Perle, bulvár – Boulevard, požár – Brand, próstor – Raum, séver – Westen, šótor – Zelt, večér – Abend; čár – Zauber, … (LMR: WF, 2017, S. 24+34/35.)

m.	*Ez.* – ein österreichischer / der österreichische Euro	*Zz.*	*Mz.*
1.F.	avstríjski évro	avstríjska évra	**avstríjski évri**
2.F.	avstríjskega évra	avstríjskih évrov	avstríjskih évrov
4.F.	avstríjski évro	avstríjska évra	avstríjske évre

Auch: avokádo – Avocado, ávto – Auto, čélo – Cello, čémbalo – Cembalo, dísko – Disco, embárgo – Embargo, kíno – Kino, mángo – Mango, …; kábrio (> kabrii) – Cabrio, rádio – Radio, stúdio – Studio, vídeo – Video, …; bienále (> bienáli) – Biennale, fínále – Finale, …; máksimum – Maximum, mínimum – Minimum, …; sólo – Solo, dúo (> dúi) – Duo, trío (> tríi) – Trio, ... (LMR: WF, 2017, S. 36, 24+34/35.)

m.	*Ez.* – ein slowenischer /der slowenische Tolar	*Zz.*	*Mz.*
1.F.	slovénski tólar	slovénska tólarja	**slovénski tólarji**
2.F.	slovénskega tólarja	slovénskih tólarjev	slovénskih tólarjev
4.F.	slovénski tólar	slovénska tólarja	slovénske tólarje

Auch: denár – Geld, dínar – Dinar, fébruar – Feber, jánuar – Jänner, koledár – Kalender, krompír – Kartoffel(n), pulóver – Pullover, sládkor – Zucker, slovár – Wörterbuch, ... (LMR: WF, 2017, S. 36, 22+34/35.) Ebenso: dèž – Regen. (LMR: WF, 2017, S. 22.)

m.	*Ez.* – ein englischer /der englische Schuster	*Zz.*	*Mz.*
1.F.	angléški čevljár	angléška čevljárja	**angléški čevljárji**

2.F.	angléškega čevljárja	angléških čevljárjev	angléških čevljárjev
4.F.	angléškega čevljárja *Leb.*	angléška čevljárja	angléške čevljárje

Auch: cêsar – Kaiser, gospodár – Hausherr, kúhar – Koch, mizár – Tischler, natákar – Kellner, slaščičár – Konditor, …; frizêr – Frisör, trenêr – Trainer, …; inženír – Ingenieur, pastír – Hirte, …; diréktor – Direktor, profésor – Professor, … (LMR: WF, 2017, S. 38, 22+34/35.) Ebenso: cár – Zar, fár – Pfaffe, júr – Riese. (LMR: WF, 2017, S. 22.)

m.	*Ez.* – der neueste Kuli	*Zz.*	*Mz.*
1.F.	nàjnovêjši kúli	nàjnovêjša kúlija	**nàjnovêjši kúliji**
2.F.	nàjnovêjšega kúlija	nàjnovêjših kúlijev	nàjnovêjših kúlijev
4.F.	nàjnovêjši kúli	nàjnovêjša kúlija	nàjnovêjše kúlije

Auch: debut/debí – Debüt, dêrbi – Derby, hóbby/hóbi – Hobby, kívi – Kiwi, lóbi – Lobby, mení – Menu, táksi – Taxi, kómbi – Combi, … (LMR: WF, 2017, S. 38, 22+34/35.)
Ebenso: dèž – Regen; ateljé – Atelier, bifé – Buffet, bidžé – Budget, filé – Filet, kupé – Coupé, žilé – Gilet, komité – Komitee, ...; abonmá – Abonnement, angažmá – Engagement, apartmá – Appartement, …; depó – Depot, nivó – Niveau, roló – Rolladen, …; intervjú – Interview, kanú – Kanu, tabú – Tabu, … (LMR: WF, 2017, S. 22+23+34.)

m.	*Ez.* – der teuerste Opa	*Zz.*	*Mz.*
1.F.	nàjdrážji dédi	nàjdrážja dédija	**nàjdrážji dédiji**
2.F.	nàjdrážjega dédija	nàjdrážjih dédijev	nàjdrážjih dédijev
4.F.	nàjdrážjega dédija *Leb.*	nàjdrážja dédija	nàjdrážje dédije

Auch: áudi – Audi, ferrári – Ferrari, trábi – Trabi, … *Automarken gelten als belebte Kategorie.* (LMR: WF, 2017, S. 42, 22+34. Siehe unten S. 77.) Ebenso: gúru – Guru (LMR: WF, 2017, S. 23.), gnú – Gnu (Kuh-Antilope), karibú – Karibu (Rentier), …

m.	*Ez.* – ein strengerer / der strengere Bauer	*Zz.*	*Mz.*
1.F.	stróžji kmèt	stróžja kméta	**stróžji kmétje/kméti**
2.F.	stróžjega kméta	stróžjih kmétov	stróžjih kmétov
4.F.	stróžjega kméta *Leb.*	stróžja kméta	stróžje kméte

Auch: bràt – Bruder, déd – Großvater, fànt – Bub, gàd – Otter/Viper, golób – Taube, gospód – Herr, gòst – Gast, gròf – Graf, kúrent – Perchte, sôsed – Nachbar, svàt – Hochzeiter, škòf – Bischof, študènt – Student, úd – Glied, Žíd – Jude, ... (LMR: WF, 2017, S. 42, 29+34.)

m.	*Ez.* – der liebenswürdigste Vater	*Zz.*	*Mz.*
1.F.	nàjbolj ljubeznív ôče	nàjbolj ljubezníva očéta	**nàjbolj ljubeznívi očéti/očétje**
2.F.	nàjbolj ljubeznívega očéta	nàjbolj ljubeznívih očétov	nàjbolj ljubeznívih očétov
4.F.	nàjbolj ljubeznívega očéta *Leb.*	nàjbolj ljubezníva očéta	nàjbolj ljubeznívе očéte

(LMR: WF, 2017, S. 37.) – *Nur bei diesem männlichen Hauptwort wird zwischen Grundform und Endung ein „–t–" eingeschoben.*

m.	*Ez.* – der am meisten gekaufte Saft	*Zz.*	*Mz.*
1.F.	nàjbolj kúpljeni sók	nàjbolj kúpljena sokôva	**nàjbolj kúpljeni sokôvi**
2.F.	nàjbolj kúpljenega sóka	nàjbolj kúpljenih sokôv	nàjbolj kúpljenih sokôv
4.F.	nàjbolj kúpljeni sók	nàjbolj kúpljena sokôva	nàjbolj kúpljene sokôve

Auch: dólg – Schuld, dóm – Heim, gózd – Wald, gròb – Grab, lés – Holz, róg – Horn, vóz – Wagen, vŕh – Gipfel, vŕt – Garten, zvòn – Glocke, ... (LMR: WF, 2017, S. 37+55, 26+34.)
Ähnlich: véter > vetrôva > vetrôvi – Wind, … (LMR: WF, 2017, S. 26.)

Aber: čás – Zeit, gŕb – Wappen, gŕm – Busch, pŕst – Finger, tŕg – Markt, pót – Weg, ...; lév – Löwe, kŕt – Maulwurf (*Leb*), ... *Sie erweitern nicht mit –ov–. (LMR: WF, 2017, S. 28+34/35.)*
Bei Hauptwörtern wie pozdráv – Gruß, odmèv – Echo, nazív – Titel, naslóv – Anschrift, pokròv – Deckel, ... kommt im 2. Fall Mz. noch ein –ov– dazu. (LMR: WF, 2017, S. 28+34.)

m.	*Ez.* – der böseste Wolf	*Zz.*	*Mz.*
1.F.	nàjhújši vólk	nàjhújša volkôva	**nàjhújši volkôvi**
2.F.	nàjhújšega vólka	nàjhújših volkôv	nàjhújših volkôv
4.F.	nàjhújšega vólka *Leb.*	nàjhújša volkôva	nàjhújše volkôve

Auch: bóg – Gott, Bóg – Gott (christlich), dúh – Geist, ... (LMR: WF, 2017, S. 41, 26+34.)

m.	*Ez.* – ein sehr interessanter / der sehr interessante Wasserfall	*Zz.*	*Mz.*
1.F.	zeló zanimív, zanimívi sláp	zeló zanimíva slapôva	**zeló zanimívi slapôvi**
2.F.	**zeló zanimívega slápa/slapú**	zeló zanimívih slapôv	zeló zanimívih slapôv
4.F.	zeló zanimív, zanimívi sláp	zeló zanimíva slapôva	zeló zanimíve slapôve

Auch: dár – Geschenk, glás – Stimme, grád – Burg, móst – Brücke, nós – Nase, práh – Staub, rób – Rand, stráh – Angst, zíd – Mauer, ... (LMR: WF, 2017, S. 40, 27+34.)

m.	*Ez.* – der jüngste Sohn	*Zz.*	*Mz.*
1.F.	nàjmlájši sín	nàjmlájša sinôva	**nàjmlájši sinôvi**
2.F.	**nàjmlájšega sína/sinú**	nàjmlájših sinôv	nàjmlájših sinôv
4.F.	nàjmlájšega sína *Leb.*	nàjmlájša sinôva	nàjmlájše sinôve

Auch: tát – Dieb, ... (LMR: WF, 2017, S. 41, 27+34.)

Die Eigenschaftswörter sind in LMR: Wortformen, 2017, auf folgenden Seiten aufgelistet: S. 8 Grundmuster nòv, *S. 10* dóber, *S. 12* rdéč*; S. 14 weitere Beispiele zu* nòv, *S. 15* dóber, rdéč*; S. 18/19+34/35 Wortverbindungen dazu; S. 36 Muster für* avstríjski, koróški*; S. 37–42 Steigerung des Eigenschaftswortes, siehe unten S. 100–103, mit Wortverbindungen auf S. 50+51; S. 52 die Besitzanzeige* mámin *bzw.* brátov *mit Wortverbindungen auf S. 53; S. 54 die Mittelwörter aktiv* igrajóč, ljubéč *usw. und auf S. 55 die Mittelwörter passiv* zaigrán, popít *usw. mit Wortverbindungen auf S. 57. Bei den Mittelwörtern fällt das –e– in der Endung nie aus. Beispiele:* ljubéč, ljubéči, ljubéča, ljubéče; ljúbljen, ljúbljeni, ljúbljena, ljubljeno. *Nach č folgt in der sächlichen Form ein –e– statt dem –o–.*

Alle Eigenschaftswörter können beifügend oder aussagend gebraucht werden. Beispiele: dôbra máma > Máma je dôbra. *Beide Male müssen sie mit dem Hauptwort übereingestimmt werden, u. zw. in Geschlecht, Zahl und Fall. Beispiele:* rdéča bárva > Bárva je rdéča. – rdéče víno > Víno je rdéče. – rdéč, rdéči pulóver > Pulóver je rdéč. ~~Pulóver je rdéči.~~

Die Hauptwörter sind in LMR: Wortformen, 2017, auf folgenden Seiten aufgelistet: S. 9 Grundformen; S. 11 –e– entfällt in der Endung; S. 11+13 c č š ž j verlangen –e– statt –o–, S. 14+15 weitere Wortbeispiele dazu, S. 18+19 Wortverbindungen dazu; S. 20+21 –e– bzw. –i– wird im 2. Fall Mz. eingeschoben bei sêstra, zárja *usw. bzw.* ôkno, oródje *usw. Manchmal wird hier ein anderes Musterwort verwendet als im Buch mit den Wortformen (2017).*
Die Betonung wurde hauptsächlich nach dem SSKJ 1994 übernommen. Davon abweichende Akzente geben zum Teil das Wörterbuch PONS, der Pravopis (2001) von Toporišič und die ehemalige Slowenischlektorin Ljubica Črnivec an. Beispiel: volkóvi : volkôvi. *Das –e– vor –j– ist immer breit und lang betont. Beispiele:* mêja – Grenze, žêja – Durst.
Die Endungen im 4. Fall wurden bereits im Ersten Abschnitt besprochen. Der 2. Fall wird

hier immer angeschrieben, auch wenn er nicht besonders auffällt. Siehe unten S. 199–202.

Einige sächliche Hauptwörter erweitern das –o– in der Endung beim Biegen zu –es– (S. 25). Beispiel: koló. *Einige sächliche Hauptwörter erweitern beim Biegen mit –n– bzw. –t–, z. B.* vrême *bzw.* deklé. *Auch das männliche Hauptwort* ôče *wird mit –t– erweitert (S. 25).*

Hier werden männliche Hauptwörter vorgestellt, die bei der Biegung entweder nicht (S. 24) oder mit –j– (S. 22/23 oben) erweitern. Beispiele: umòr, večér, évro; tólar *bzw.* dèž *und* kúli *bzw.* roló *als unbelebte Dinge,* čevljár *bzw.* cár *und* dédi *bzw.* gúru *als Lebewesen.*

Männliche Hauptwörter wie sók, vólk *und* véter *werden in der Zweizahl und Mehrzahl mit –ov– erweitert (S. 26). Einige erhalten im 2. Fall zusätzlich zum –a die Möglichkeit mit –ú (S. 27). Beispiele:* sláp *bzw.* sín. *Die Slowenen bevorzugen hier die Form auf –ú. Auch hier gibt es einsilbige Hauptwörter, die jedoch nicht mit –ov– erweitern (S. 28). Beispiele:* tŕg, kŕt, pót. *Beachte bei* pokròv *die Form im 2. Fall Mehrzahl:* pokrôvov *(S. 28).*

Dann gibt es männliche Hauptwörter, die im 1. Fall Mehrzahl auch die Form –je aufweisen, wie z. B. in kmét. *Diese Sonderform bezeichnet eine Gemeinschaft, also z. B.* kmétje – die Bauern *(als Gemeinschaft),* škôfje – die Bischöfe *(als Versammlung).*
Wortverbindungen zu den besprochenen Phänomenen siehe auf S. 34+35, S. 50+51, S. 57; Doppelformen zur Erweiterung mit –ov– auf S. 29–31, für Anfänger:innen nicht wesentlich.

11.4 Satzbeispiele im 1. Fall, Ez. und Mz.

Tó je domáče drevó.	*s.Ez.*	Tó so domáča drevésa.	*s.Mz.*
Das ist ein heimischer Baum. /		Das sind heimische Bäume. /	
Das ist der heimische Baum.		Das sind die heimischen Bäume.	
Tó je májhno deklè.		Tó so májhna dekléta.	
Das ist ein kleines Mädchen. /		Das sind kleine Mädchen. /	
Das ist das kleine Mädchen.		Das sind die kleinen Mädchen.	
Tó je lépo imé.		Tó so lépa iména.	
Das ist ein schöner Vorname. /		Das sind schöne Vornamen. /	
Das ist der schöne Vorname.		Das sind die schönen Vornamen.	
Tó je tvój kúli.	*m.Ez.*	Tó so váši kúliji.	*m.Mz.*
Das ist dein Kugelschreiber.		Das sind eure/IHRE Kugelschreiber.	
Tó je njegóv avtó.		Tó so njíhovi ávti.	
Das ist sein Auto.		Das sind ihre Autos. *(3.Ps.)*	
Tó je pámeten kmèt.		Tó so pámetni kmétje.	
Das ist ein gescheiter Bauer.		Das sind gescheite Bauern. /	
Tó je pámetni kmèt.		Das sind die gescheiten Bauern.	
Das ist der gescheite Bauer.			
Tó je cerkvéni ôče.		Tó so cerkvéni očétje.	
Das ist ein/der Kirchenvater.		Das sind (die) Kirchenväter.	
Tó je jábolčni sók.		Tó so jábolčni sokôvi.	
Das ist ein/der Apfelsaft.		Das sind (die) Apfelsäfte.	

Zum besitzanzeigenden Fürwort „mój, tvój, ...“ siehe LMR: Wortformen, 2017, S. 104+105.

11.5 Satzbeispiele im 4. Fall, Ez. und Mz.

Sadím domáče drevó. *s.Ez.*
Ich setze einen heimischen Baum. /
Ich setze den heimischen Baum.
Vídim májhno deklè.
Ich sehe ein kleines Mädchen. /
Ich sehe das kleine Mädchen.
Imám lépo imé.
Ich habe einen schönen Vornamen. /
Ich habe den schönen Vornamen.

Sadím domáča drevésa. *s.Mz.*
Ich setze heimische Bäume. /
Ich setze die heimischen Bäume.
Vídim májhna dekléta.
Ich sehe kleine Mädchen. /
Ich sehe die kleinen Mädchen.
Imám lépa iména.
Ich habe schöne Vornamen. /
Ich habe die schönen Vornamen.

Poznám tvój kúli. *m.Ez.*
Ich kenne deinen Kugelschreiber.
Imám njegóv avtó.
Ich habe sein Auto.
Sréčam pámetnega kméta.
Ich treffe einen gescheiten Bauern. /
Ich treffe den gescheiten Bauern.
Poznám cerkvénega očéta.
Ich kenne einen/den Kirchenvater.
Píjem jábolčni sók.
Ich trinke einen/den Apfelsaft.

Poznám váše kúlije. *m.Mz.*
Ich kenne eure/IHRE Kugelschreiber.
Imam njíhove ávte.
Ich habe ihre Autos. *(3.Ps.)*
Sréčam pámetne kméte.
Ich treffe gescheite Bauern./
Ich treffe die gescheiten Bauern.
Poznám cerkvéne očéte.
Ich kenne (die) Kirchenväter.
Píjem jábolčne sokôve.
Ich trinke (die) Apfelsäfte.

Zum besitzanzeigenden Fürwort „mój, tvój, ...“ siehe LMR: Wortformen, 2017, S. 104+105.

Ràd/Ráda bi jábolčni sók. *m.Ez.*
Ich hätte gern(e) einen/den Apfelsaft.

Ràd/Ráda bi negazírano rádensko.
Ich hätte gern(e) ein kohlensäurefreies /
das kohlensäurefreie Mineralwasser.

Ràdi/Ráde bi razlíčne sokôve. *m.Mz.*
Wir hätten gern(e) verschiedene Säfte. /
Wir hätten gern(e) die verschiedenen Säfte.
Ràdi/Ráde bi razlíčne mineral̲ne vôde.
Wir hätten gern(e) verschiedene Mineralwasser. /
Wir hätten gern(e) die verschiedenen Mineralwasser.

11.6 Weitere Satzbeispiele

Na mízi je nalívno peró.
Auf dem Tisch ist eine/die Füllfeder.
Na mízi je lepíl̲ni trák.
Auf dem Tisch ist ein/das Klebeband.

Na mízi so nalívna perésa.
Auf dem Tisch sind (die) Füllfedern.
Na mízi so lepíl̲ni trakôvi.
Auf dem Tisch sind (die) Klebebänder.

eine/die Füllfeder
ein/das Klebeband / ein/der Klebestreifen

nalívno peró *(es) s.* > nalívna perésa
lepíl̲ni trák *(ov) m.* > lepíl̲ni trakôvi

V razrédu je nôva tábla.
In der Klasse ist eine/die neue Tafel.

V sôbi je nízka míza.
Im Zimmer ist ein niedriger/der niedrige Tisch.

Na regálu je némška knjíga.
Auf dem Regal ist ein deutsches Buch. /
Auf dem Regal ist das deutsche Buch.

Na mízi je francósko víno.
Am Tisch ist ein französischer Wein. /
Am Tisch ist der französische Wein.

Ràd/a bi čáj s sladkórjem.
Ich hätte gern(e) einen Tee mit Zucker.
Ràd/Ráda bi čáj brez sladkórja.
Ich hätte gern(e) einen Tee ohne Zucker.

Ràd/Ráda bi kávo s smétano.
Ich hätte gern(e) einen Kaffee mit Schlag.
Ràd/Ráda bi kávo brez smétane.
Ich hätte gern(e) einen Kaffee ohne Schlag.

Ràd/Ráda bi víski z lédom.
Ich hätte gern(e) einen Whisky mit Eis.
Ràd/Ráda bi víski brez ledú.
Ich hätte gern(e) einen Whisky ohne Eis.

Ràd/Ráda bi vódko s sódavico.
Ich hätte gern(e) einen Wodka mit Soda.
Rád/Ráda bi vódko brez sódavice.
Ich hätte gern(e) einen Wodka ohne Soda.

Ràd/Ráda bi tóčeno pívo s péno.
Ich hätte gern(e) ein Bier vom Fass mit einer Schaumkrone.

Ràd/Ráda bi svéže sádje.
Ich hätte gern(e) frisches Obst.

11.7 Automarken und –typen, belebte Kategorie

Tó je áudi. Tó je bórgward. Tó je citroén ámi. Tó je chevrolét. Tó je ferrári. Tó je fíat. Tó je folksvágen. Tó je fórd fiésta. Tó je hónda. Tó je kía. Tó je láda. Tó je lamborghini. Tó je mercédes. Tó je mitsubíshi. Tó je nìssan. Tó je ópel rekórd. Tó je peugeot [pežó]. Tó je renault [renó]. Tó je rólls-róyce. Tó je škóda oktávia. Tó je toyóta. Tó je trábi. Tó je vauxhall. Tó je vólvo. Tó je wártburg.
Das ist ein Audi, ein Borgward, ein Citroën Ami, ein Chevrolet, ein Ferrari, ein Fiat, ein Volkswagen/VW, ein Ford Fiesta, ein Honda, ein Kia, ein Lada, ein Lamborghini, ein Mercedes, ein Mitsubishi, ein Nissan, ein Opel Record, ein Peugeot, ein Renault, ein Rolls-Royce, ein Skoda Octavia, ein Toyota, ein Trabi, ein Vauxhall, ein Volvo, ein Wartburg.

Kúpim áudija. Kúpim bórgwarda. Kúpim citroéna ámija. Kúpim chevroléta [ševroléja]. Kúpim ferrárija. Kúpim fíata. Kúpim folksvágna. Kúpim fórda fiésto. Kúpim hóndo. Kúpim kío. Kúpim ládo. Kúpim lamborghínija. Kúpim mercédesa. Kúpim mitsubíshija. Kúpim nìssana. Kúpim ópela/ ópla rekórda. Kúpim peugeota [pežója]. Kúpim renaulta [renója]. Kúpim rólls-róycea [rójsa]. Kúpim škódo oktávio. Kúpim toyóto. Kúpim trábija/trabánta. Kúpim vauxhalla. Kúpim vólva. Kúpim wártburga.
Ich kaufe einen Audi, einen Borgward, einen Citroën Ami, einen Chevrolet, einen Ferrari, einen Fiat, einen Volkswagen/VW, einen Ford Fiesta, einen Honda, einen Kia, einen Lada, einen Lamborghini, einen Mercedes, einen Mitsubishi, einen Nissan, einen Opel Record, einen Peugeot, einen Renault, einen Rolls-Royce, einen Skoda Octavia, einen Toyota, einen Trabi/Trabant, einen Vauxhall, einen Volvo, einen Wartburg.

Man schreibt die Autofirma groß, z. B.: Peugeot, Honda, Toyota, VW, ... *Man schreibt aber die Autos klein, z. B.:* peugeot, honda, toyota, folksvagen, ...; gólf – Golf, pólo – Polo, rekórd, oktávia, ... *Die Automarken und –typen sind eine belebte Kategorie, nicht aber die Bauart, z. B.:* kábrio (> kábrii *Mz.*) – Cabrio, bús – Bus, ... *(Vgl. Jože Toporišič: Pravopis, 1994, Nr. 789, S. 99. Siehe oben S. 73.)*

11.8 Satzbeispiele mit Ortsangaben, 2., 4. und 5. Fall

Sem iz Beljáka, iz Bilčóvsa, iz Plíberka, iz Rožéka, iz Škocjána, iz Št. Jákoba / Šentjákoba, iz Kópra, iz Velikôvca, iz Žrélca, iz Zahómca, iz Grábštanja, iz Vetrínja, iz Grebínja, iz Št. Ílja / Šentílja, iz Šmohórja, iz Skopárja, iz Milána, iz Torína, iz Pordenóna, iz Ríminija, iz Bákuja, iz Gósaua, iz Ósla, iz Labóta, iz Hélsinkov, iz Béltincev, iz Rádencev. Sem iz Vŕbe, iz Lípe, iz Kránjske Gôre, iz dolíne réke Kŕke, iz Štájerske, iz Gorénjske, iz Dolénjske, iz Nótranjske, iz Primórske, iz Madžárske, iz Póljske, iz Japónske, iz Kitájske, iz Koróške, iz Hrváške, iz Čéške, iz Slováške, iz Norvéške, iz Báč, iz Lóč, iz Ledínc, iz Sél, iz Mlínar, iz Borôvelj, iz Trbôvelj, iz Čréšenj, iz Sváten, iz Podgôrij, iz Vodíče/Díče vasí, iz Kotmáre vasí, iz Žitáre vasí. Sem z Ločíla, iz Ólšja, iz Cêlja, iz Sarajéva, iz Kočévja, iz Nôvega mésta, iz Vrát.
Sem z Dúnaja, z Otóka. Sem z Bŕnce, s Čájne, z Rádiš, z Višárij, z Žíhpolj, s Kostánj. Sem z Obírskega, z Láškega, s Kŕškega, z Jezêrskega, s Prágerskega, z Razdŕtega.
Ich bin aus Villach, aus Ludmannsdorf, aus Bleiburg, aus Rosegg, aus St. Kanzian, aus St. Jakob, aus Gafers, aus Völkermarkt, aus Ebenthal, aus Achomitz, aus Grafenstein, aus Viktring, aus Griffen, aus St. Egyden, aus Hermagor, aus Sakoparnig, aus Mailand, aus Turin, aus Pordenone, aus Rimini, aus Baku, aus Gosau, aus Oslo, aus dem Lavanttal, aus Helsinki, aus Fellsdorf, aus Bad Radein. Ich bin aus Velden, aus Lind, aus Kronau, aus dem Gurktal, aus der Steiermark, aus der Oberkrain, aus der Unterkrain, aus der Innerkrain, aus dem Küstenland, aus Ungarn, aus Polen, aus Japan, aus China, aus Kärnten, aus Kroatien, aus Tschechien, aus der Slowakei, aus Norwegen, aus Faak, aus Latschach, aus Ledenitzen, aus Zell, aus Müllnern, aus Ferlach, aus Trifail, aus Kerschdorf, aus Schlatten, aus Maria Elend, aus Gödersdorf, aus Köttmannsdorf, aus Sittersdorf. Ich bin aus Hart, aus Erlendorf, aus Cilli/ Zilli, aus Sarajewo, aus der Gottschee, aus Rudolfswert/Neustädtl, aus Thörl.
Ich bin aus Wien, aus Maria Wörth. Ich bin aus Fürnitz, aus Nötsch, aus Radsberg, aus Luschari / vom Luschariberg, aus Maria Rain, aus Köstenberg. Ich bin aus Ebriach, aus Markt Tüffer, aus Gurkfeld, aus Ober-Seeland, aus Pragerhof, aus Präwald.

Grém v Belják, v Bilčóvs, v Plíberk, v Rožék, v Škocjàn, v Št. Jákob / Šentjákob, v Kóper, v Velikôvec, v Žrélec, v Zahómc, v Grábštanj, v Vetrínj, v Grebínj, v Št. Ílj / Šentílj, v Šmohòr, v Skopár, v Miláno, v Toríno, v Pordenóne, v Rímini, v Báku, v Gósau, v Óslo, v Labót, v Hélsinki, v Béltinci, v Rádenci. Grém v Vŕbo, v Lípo, v Kránjsko Gôro, v dolíno réke Kŕke, v Báče, v Lóče, v Ledínce, v Séle, v Mlínare, v Boróvlje, v Trbóvlje, v Čréšnje, v Svátne, v Podgórje, v Vodíčo/Díčo vás, v Kotmáro vás, v Žitáro vás. Grém v Ločílo, v Ólšje, v Cêlje, v Sarajévo, v Kočévje, v Nôvo mésto, v Vráta.
Grém na Dúnaj, na Ôtok. Grém na Bŕnco, na Čájno, na Rádiše, na Višárje, na Žíhpolje, na Kostánje. Grém na Razdŕto, na Obírsko, na Jezêrsko, na Prágersko, na Nótranjsko, na Primórsko, na Madžársko, na Póljsko, na Japónsko, na Kitájsko, na Láško, na Kŕško, na Štájersko, na Gorénjsko, na Dolénjsko, na Koróško, na Hrváško, na Čéško, na Slováško, na Norvéško.
Ich fahre nach Villach, ... Ich fahre nach Wien, ..., ins Innerkrainerische, ... (Gebiet).

Živím v Beljáku, v Hélsinkih, ... Živim v Vŕbi, v dolíni réke Kŕke, v Štájerski, v Koróški, v Čéški, v Báčah, v Vodíči vási. Živim v Ločílu, v Sarajévu, v Nôvem méstu, v Vrátih. Živim na Dúnaju, na Otóku. Živim na Bŕnci, na Rádišah. Živím na Obírskem, na Štájerskem, na Gorénjskem, na Dolénjskem, na Nótranjskem, na Primórskem, na Madžárskem, na Póljskem, na Japónskem, na Koróškem, na Hrváškem, na Čéškem, na Slováškem, na Norvéškem.
Ich lebe in Villach, ..., in Velden, ..., in Ebriach, im Steirischen, ..., im Kärtnerischen, ... (Gebiet).

2.F.: Sem iz Beljáka. „v“ im 4. Fall bedingt „iz“ – aus; „na“ im 4. Fall bedingt „z/s“.
4.F.: Grém v Belják. „v“ ist die Regel für „nach“; „na“ ist die Ausnahme (für „nach/auf“).
5.F.: Živím v Beljáku. „v“ ist die Regel für „in“; „na“ ist die Ausnahme (für „in/auf“).
Zur Biegung von geographischen Namen siehe LMR: Wortformen, 2017, S. 66–69. Es gibt „Štajerska“, „Koroška“ w. (v) und „Štajersko“, „Koroško“ s. (na). Siehe unten S. 213+214.

12 Eigenschaften und Benennungen, Gegenwart, Ez., Zz. und Mz.

ein junger **mlád–**	Bauer **kmèt–**	eine junge **mláda**	Bäuerin **kmetíca**	ein junges **mládo**	Mädchen **deklè**
der junge **mládi**	Bauer **kmèt–**	die junge **mláda**	Bäuerin **kmetíca**	das junge **mládo**	Mädchen **deklè**

ein neuer **nòv–**	Film **fílm–**	eine neue **nôva**	Mappe **mápa**	ein neues **nôvo**	Bier **pívo**
der neue **nôvi**	Film **fílm–**	die neue **nôva**	Mappe **mápa**	das neue **nôvo**	Bier **pívo**

jung...	**mlád...**	Bauer	**kmèt–**
alt...	**stár...**	Bäuerin	**kmetíca**
neu...	**nòv, nôv...**	Mädchen	**deklè**
gesund...	**zdráv...**	Film	**fílm–**
schön...	**lép...**	Mappe	**mápa**
lang...	**dólg...**	Bier	**pívo**

Ein/Der Bauer ist jung. **Kmèt– je mlád–.**
Eine/Die Bäuerin ist jung. **Kmetíca je mláda.**
Ein/Das Mädchen ist jung. **Deklè je mládo.**

gut...	**dóber...**	Stuhl	**stól–**
schlank...	**vítek...**	Blume	**róža**
dünn...	**tánek...**	Fenster	**ôkno**
gescheit...	**bíster...**	Auto	**ávto** *m.*
höflich...	**vljúden...**	Tisch	**míza**
krank...	**bolán, bóln...**	Spiegel	**ogledálo**

Ein/Der Stuhl ist neu. **Stól– je nòv–.**
Eine/Die Blume ist schön. **Róža je lépa.**
Ein/Das Fenster ist alt. **Ôkno je stáro.**

dick...	**debél...**	hell...	**svêtel...**	dunkel...	**tèmen, têmn...**

jung...	**mlád–, mládi, mláda, mládo**	gut...	**dóber–, dôbri, dôbra, dôbro**
dick...	**debél–, debéli, debéla, debélo**	krank...	**bolán–, bólni, bólna, bólno**
deutsch...	**némški, némška, némško**	schöner...	**lépši, lépša, lépše**
slowenisch...	**slovénski, slovénska, slovénsko**	letzter...	**zádnji, zádnja, zádnje**

Der Arzt ist gut. **Zdravník– je dóber–.**	Die Bäuerin ist krank. **Kmetíca je bólna.**	Das Mädchen ist dick. **Deklè je debélo.**

Das Auto ist alt. **Ávto je stár–.**	Das Licht ist hell. **Lúč– je svêtla.** *2.w.*	Das Spielen ist schön. **Igránje je lepó.**

Der Arzt ist gut. **Zdravník– je dóber–.**	Die Ärztin ist gut. **Zdravníca je dôbra.**	Das Mädchen ist gut. **Deklè je dôbro.**
Die Ärzte sind gut. **Zdravníki so dôbri.**	Die Ärztinnen sind gut. **Zdravníce so dôbre.**	Die Mädchen sind gut. **Dekléta so dôbra.**

In Slowenisch gibt es keinen Artikel. – V slovenščini ni člena.
Das Geschlecht ist in Slowenisch nicht immer gleich wie in Deutsch. – Spol v slovenščini ni vedno isti kot v nemščini.

Das Eigenschaftswort muss mit dem Hauptwort übereingestimmt werden. – Pridevnik se mora ujemati s samostalnikom.
Das Eigenschaftswort wird im Wörterbuch als Stichwort in einer Grundform angegeben, die entsprechende Endung muss man dann selbst hinzufügen. – Pridevnik je v slovarju kot geslo brez končnice, primerno končnico mora dostaviti potem vsak sam.

Die meisten Hauptwörter ohne Selbstlaut am Ende sind männlich (–), die meisten mit –a am Ende sind weiblich, die meisten mit –o oder –e am Ende sind sächlich. – Večina samostalnikov brez samoglasniške končnice ima moški spol, večina s končnico –a ima ženski spol, večina s končnico –o ali –e ima srednji spol.
In der männlichen Beifügung gibt es im 1. Fall die Formen „–" für „ein" (unbestimmter Artikel) und „–i" für „der" (bestimmter Artikel). – V moškem levem prilastku v imenovalniku obstajata obliki „–" kot nedoločno in „–i" kot določno obrazilo.

Das Eigenschaftswort kann beifügend oder aussagend gebraucht werden. – Pridevnik se uporablja ali v levem prilastku ali v povedku.

Begleiter/Artikel – člén, Eigenschaftswort/Adjektiv – pridévnik, Hauptwort/Substantiv – samostálnik; Biegung/Beugung/Deklination – sklanjátev/sklánjanje;
Übereinstimmung/Kongruenz – ujémanje, Übereinstimmung des Eigenschaftswortes mit dem Hauptwort – ujémanje pridévnika s samostálnikom;
Beifügung/Attribut – lévi prilástek; Satzaussage/Prädikat – povédek;
Selbstlaut/Vokal – samoglásnik; Endung/Endsilbe/Suffix – končníca/obrazílo;
Geschlecht/Genus – spòl, Zahl/Numerus – števílo, Fall/Kasus – sklòn;
m. / männliches Geschlecht / Masculinum – môški spòl;
w. / weibliches Geschlecht / Femininum – žénski spòl;
s. / sächliches Geschlecht / Neutrum – srédnji spòl.

dóber, dôbri igrálec *m. Ez.* ein guter, der gute Schauspieler	**dôbra igrálka** *w. Ez.* eine/die gute Schauspielerin	**dôbro gledalíšče** *s. Ez.* ein gutes, das gute Theater
dôbri igrálci *m. Mz.* gute, die guten Schauspieler	**dôbre igrálke** *w. Mz.* gute, die guten Schauspielerinnen	**dôbra gledalíšča** *s. Mz.* gute, die guten Theater
dôbra igrálca *m. Zz.* zwei gute, die zwei guten Schauspieler	**dôbri igrálki** *w. Zz.* zwei gute, die zwei guten Schauspielerinnen	**dôbri gledalíšči** *s. Zz.* zwei gute, die zwei guten Theater

Mlád, Mládi igrálec je dóber. *m. Ez.* Ein junger, Der junge Schauspieler ist gut.	**Mláda igrálka je dôbra.** *w. Ez.* Eine/Die junge Schauspielerin ist gut.	**Glásbeno gledalíšče je dôbro.** *s. Ez.* Ein/Das Musiktheater ist gut.
Mládi igrálci so dôbri. *m. Mz.* Junge, Die jungen Schauspieler sind gut.	**Mláde igrálke so dôbre.** *w. Mz.* Junge, Die jungen Schauspielerinnen sind gut.	**Glásbena gledalíšča so dôbra.** *s. Mz.* (Die) Musiktheater sind gut.
Mláda igrálca sta dôbra. *m. Zz.* Zwei junge, Die zwei jungen Schauspieler sind gut.	**Mládi igrálki sta dôbri.** *w. Zz.* Zwei junge, Die zwei jungen Schauspielerinnen sind gut.	**Glásbeni gledalíšči sta dôbri.** *s. Zz.* (Die zwei), Zwei Musiktheater sind gut.

Inhaltsverzeichnis zum Zweiten Abschnitt: Kursunterlagen für Lernende mit Vorkenntnissen

Dritter Abschnitt: Kursunterlagen für mäßig Geübte

1 Allgemeine Einleitung

Der Sprachkurs bringt im Abschnitt drei hauptsächlich Texte und Übungen zur Freizeitgestaltung, sodass die/der Lernende ihr/sein Können vertieft und komplexe Satzaussagen bilden kann, wie z. B.: „Ich habe sehr schnell gesprochen. / Ich sprach sehr schnell. – Ich habe ein Bier getrunken. / Ich trank ein Bier. – Ich habe in einem Block gewohnt. / Ich wohnte in einem Block. – Sie fuhrwerkten mit dem Ochsen, pflügten aber mit dem Pferd."

Grammatik: Zweizahl beim Eigenschafts- und Hauptwort sowie beim Hilfs- und Hauptzeitwort, Ordnungszahlen, Steigerung und Verwendung des Eigenschaftswortes, Deklinationsmuster und Aussagen im 5. und 6. Fall für Einzahl, Mehrzahl und Zweizahl, die Gegenwart und die Vergangenheit beim Hilfs- und Hauptzeitwort, Aussagen mit gemischtem Geschlecht, die vier wichtigsten Zeitwortformen: Nennform, Gegenwart, Mittelwort der Vergangenheit aktiv, Befehlsform, Satzzeichen, das Abteilen.

Themen: Vorstellen, Reisen, Weihnachten, Feiern, Sport, Datum, Rang/Reihung, Eigenschaften, Wohnen, Arbeiten, Standort, Verkehrsmittel, Beziehungen, Benennen, Tätigkeiten im Alltag, religiöse Handlungen.

2 Die Zweizahl / Dual – Dvojina

2.1 Beim Eigenschafts- und Hauptwort – Pri pridevnikih in samostalnikih

Während die Einzahl oder der Singular die Menge „eins“ bezeichnet, wird in Slowenisch zur Bezeichnung von zwei Personen, zwei Tieren, zwei Pflanzen, zwei Dingen und zwei Begriffen die Zweizahl oder der Dual verwendet. Er benennt eine zufällige Anzahl von zwei Stück. In Deutsch wird das durch die Mehrzahl oder den Plural ausgedrückt.
Bei der Biegung des Eigenschafts- und Hauptwortes wurden die Zweizahlformen bereits angeführt, sodass hier nur noch eine Wiederholung der Grundformen für das weibliche, sächliche und männliche Geschlecht notwendig ist. Siehe dazu oben S. 31–33, S. 34+35, S. 48+49 und S. 69–74.
Man sollte auch hier zuerst nur die Form des Hauptwortes üben und dann verbunden mit einem Eigenschaftswort, zunächst im 1. Fall, dann im 4. Fall, und dann erst, auch jeweils einzeln, in den anderen Fällen. Schließlich kann man dann Satzmuster üben.

w.	*Ez.* – eine/die neue Mappe	*Zz.*	*Mz.*
1.F.	nôva mápa	**nôvi mápi**	nôve mápe
4.F.	nôvo mápo	**nôvi mápi**	nôve mápe

Auch: banána – Banane, bárva – Farbe, ... (Siehe LMR: Wortformen (WF,), 2017, S. 9+14.)
Zu den S. 31, 34, 48: nôvi mápi, dôbri mápi, rdéči mápi > Imám nôvi/dôbri/rdéči mápi. – Ich habe zwei neue/gute/rote, die zwei neuen/guten/roten Mappen.

s.	*Ez.* – ein neues / das neue Bier	*Zz.*	*Mz.*
1.F.	nôvo pívo	**nôvi pívi**	nôva píva
4.F.	nôvo pívo	**nôvi pívi**	nôva píva

Auch: blagó – Stoff, délo – Arbeit, jézero – See, víno – Wein, … (LMR: WF, 2017, S. 9+14.)
Zu den S. 31, 34, 48: nôvi pívi, dôbri pívi, túji pívi > Píjem nôvi/dôbri/túji pívi. – Ich trinke zwei neue/gute/fremde, die zwei neuen/guten/fremden Biere *(zwei verschiedene Sorten)*.

s.	*Ez.* – ein gutes / das gute Herz	*Zz.*	*Mz.*
1.F.	dôbro srcé	**dôbri sŕci**	dôbra sŕca
4.F.	dôbro srcé	**dôbri sŕci**	dôbra sŕca

Auch: igríšče – Spielplatz, sónce – Sonne, živl̲jênje – Leben, ... (LMR: WF, 2017, S. 11.)
Zu den S. 34, 48: nôvi/dôbri/túji sŕci > Poznám nôvi/dôbri/túji sŕci. – Ich kenne zwei neue/gute/fremde, die zwei neuen/guten/fremden Herzen.

m.	*Ez.* – ein neuer / der neue Film	*Zz.*	*Mz.*
1.F.	nòv, nôvi fíl̲m	**nôva fíl̲ma**	nôvi fíl̲mi
4.F.	nòv, nôvi fíl̲m	**nôva fíl̲ma**	nôve fíl̲me

Auch: apríl̲ – April, cènt – Cent, čás – Zeit, gúmb – Knopf, … (LMR: WF, 2017, S. 9+14/15.)
Zu den S. 31, 34, 48: nôva fíl̲ma, dôbra fíl̲ma, túja fíl̲ma > Glédam nôva/dôbra/túja fíl̲ma. – Ich schaue zwei neue/gute/fremde, die zwei neuen/guten/fremden Filme an.

m.	*Ez.* – ein neuer / der neue Tourist	*Zz.*	*Mz.*
1.F.	nòv, nôvi turíst	**nôva turísta**	nôvi turísti
4.F.	nôvega turísta *Leb.*	**nôva turísta**	nôve turíste

Auch: bík – Stier, diják – Schüler, kós – Amsel, mêdved – Bär, ... (LMR: WF, 2017, S. 9+15.)

Zu den S. 31, 34, 48: nôva turísta, dôbra turísta, túja turísta > Poznám nôva/dôbra/túja turísta. – Ich kenne zwei neue/gute/fremde, die zwei neuen/guten/fremden Touristen.
Als Wiederholung zu S. 34 und S. 48 wurden hier die obenstehenden Beispiele angeführt. Dabei kann in der deutschen Übersetzung „zwei, die zwei" auch durch „beide, die beiden" ausgedrückt werden. Beispiel: Ich habe beide / die beiden neuen/guten/roten Mappen.
Entsprechende Satzmuster zu den S. 36+37 sind z. B.: „Tó sta debéli mápi. Tó sta têmni pívi. Tó sta globôki sŕci. Tó sta zanimíva fi̱lma. Tó sta vl̦júdna turísta." – Das sind zwei dicke, die zwei dicken Mappen. Das sind zwei dunkle, die zwei dunklen Biere. Das sind ...
Beispiele zu den S. 37+38 mit dem persönlichen Fürwort „wir zwei/beide": „mídve/médve, mídva; vídve/védve, vídva; ônidve, ônadva" in Sätzen wie für weiblich oder sächlich „Mídve sva lépi. Vídve sta lépi. Ônidve sta lépi." *Für männlich jedoch:* „Mídva sva lépa. Vídva sta lépa. Ônadva sta lépa." – Wir zwei/beide sind schön. Ihr zwei/beide seid schön. / SIE sind schön. Sie zwei/beide sind schön. *3.Ps.*
Zu S. 38: „Mídve/Médve sva hítri, àmpak vídve nísta hítri. Mídva sva hítra, àmpak vídva sta počásna." – Wir zwei/beide sind schnell, aber ihr zwei/beide seid nicht schnell.
Zu S. 39: „Mídve/Médve sva zdrávi in tí túdi. Mídva sva zdráva in tí túdi." – Wir zwei/beide sind gesund und du auch. „Mídve/Médve sva zdrávi, àmpak vídve/védve sta bólni. Mídva sva zdráva, àmpak vídva sta bólna." – Wir zwei/beide sind gesund, aber ihr zwei/beide seid krank.
Zu S. 40: „Mídva nísva vl̦júdna turísta." – Wir zwei/beide sind keine höflichen Touristen.
Zu den S. 49–51: „Imám nôvi/dôbri/rdéči mápi." – Ich habe zwei neue/gute/rote, die zwei neuen/guten/roten Mappen.
Zu den S. 75+76: „Tó sta domáči drevési." – Das sind zwei heimische, die zwei heimischen Bäume. „Sadím domáči drevési." – Ich setze zwei heimische, die zwei heimischen Bäume.
Zu den S. 76+77: „Na mízi sta nalívni perési." – Am Tisch sind (die) zwei Füllfedern. „Na regálu sta némški knjigi." – Auf dem Regal sind zwei deutsche, die zwei deutschen Bücher.
Siehe dazu auch die Ausführungen auf den S. 79+80 sowie die Deklinationstabellen in LMR: Wortformen, 2017, ab S. 8 (bis S. 70).

Ausdrücklich wird festgehalten, dass der Plural (Mehrzahl) in Deutsch mit „mehr als eins, also zwei" beginnt, während er in Slowenisch erst mit „mehr als zwei, also drei" beginnt, wenn man die Dezimalzahlen hier noch nicht berücksichtigt. Ergänzend sei hier nur angeführt, dass es noch die grammatischen Kategorien des Parals und Paukals sowie des Trials und Quadrals gibt.
*Der **Paral („Paar-Zahl")** bezeichnet natürliche Paare, wie z. B. Augen, Ohren, Hände, Füße, Schuhe, Socken, ... und wird in Slowenisch durch den Plural / die Mehrzahl ausgedrückt. Beispiel:* „Imám módre očí. Obújem čŕne čévlje." – Ich habe blaue Augen. Ich ziehe schwarze, die schwarzen Schuhe an.
*Der **Paukal („ein-paar-Zahl")** benennt eine kleine Menge, z. B. ein paar Sachen, ein paar Begriffe, ... Er wird in Slowenisch wie alle unbestimmten Mengenangaben im 2. Fall / Genitiv wiedergegeben. Beispiel:* „Véra, úpanje in ljubézen. Tó je nékaj pójmov, ki jih dôbro poznám." – Glaube, Hoffnung und Liebe. Das sind ein paar Begriffe, die ich gut kenne.
*Der **Trial (Dreizahl)** kennzeichnet die Menge „drei". Er ist in Slowenisch beim Zahlwort „drei" in der männlichen Form „tríje" ersichtlich, was soviel wie „wir drei" bedeutet. Beispiel:* „Tú so tríje kmétje." – Da sind drei Bauern. (Da sind wir drei Bauern.)
*Ebenso bezeichnet der **Quadral (Vierzahl)** die Menge „vier". Er wird in Slowenisch beim Zahlwort „vier" in der männlichen Form „štírje" sichtbar, was soviel wie „wir vier" heißt. Beispiel:* „Tú so štírje brátje." – Da sind vier Brüder. (Da sind wir vier Brüder.)
Der Plural (Mehrzahl) 1. und 4. Fall (Nominativ und Akkusativ) schließt in Slowenisch also den Trial und den Quadral sowie den Paral ein und wird für die Angabe von nicht näher bestimmten Mengen herangezogen, während man für den Paukal sowie für unbestimmte Mengenangaben und die Menge „von fünf bis hundert und null" den 2. Fall (Genitiv) verwendet.

2.2 Beim Hilfs- und Hauptzeitwort – Pri pomožnem in polnopomenskih glagolih

Die Zweizahl (Dual, dvojina) besitzt eigene Endungen nicht nur für das Eigenschafts- und Hauptwort sowie für das Zahl- und Fürwort, sondern auch für das Zeitwort.
Die Einzahl- und Mehrzahlformen für das Zeitwort wurden bereits auf den S. 18, 39, 52+53 besprochen. Diese werden hier wiederholt und die Formen für die Zweizahl hinzugefügt.

Gegenwart	*Ez.*	*Zz.*	*Mz.*
1.Ps.	(jàz) sem ich bin	(mídve/médve, mídva) **sva** wir zwei/beide sind	(mé, mí) smo wir sind
2.Ps.	(tí) si du bist	(vídve/védve, vídva) **sta** ihr zwei/beide seid / (SIE sind)	(vé, ví) ste ihr seid / SIE sind
3.Ps.	(ôna, ôno, òn) je sie/es/er ist	(ônidve, ônadva) **sta** sie zwei/beide sind	(ône, ôna, ôni) so sie sind

Gegenwart	*Ez.*	*Zz.*	*Mz.*
1.Ps.	(jàz) nísem ich bin nicht/kein	(mídve/médve, mídva) **nísva** wir zwei/beide sind nicht/kein	(mé, mí) nísmo wir sind nicht/kein
2.Ps.	(tí) nísi du bist nicht/kein	(vídve/védve, vídva) **nísta** ihr zwei/beide seid nicht/kein / (SIE ...)	(vé, ví) níste ihr seid nicht/kein / SIE sind nicht/kein
3.Ps.	(ôna, ôno, òn) ní sie/es/er ist nicht/kein	(ônidve, ônadva) **nísta** sie beide/zwei sind nicht/kein	(ône, ôna, ôni) níso sie sind nicht/kein

Wie bereits auf S. 18 bzw. 39 besprochen, drücken mé und vé das weibliche bzw. sächliche Geschlecht aus, während mí und ví männlich verwendet werden. Weiblich ist die Form ône, sächlich ôno und männlich ôni. Die Höflichkeitsform verlangt immer die männliche Form. Gemischtgeschlechtliche Aussagen erfordern grammatikalisch immer das männliche Geschlecht, also m.+w., m.+s., w.+s. = m.! Dazu siehe unten S. 116, S. 119.
Die Formen mídve/médve, vídve/védve, ônidve sind weiblich oder sächlich; mídva, vídva, ônadva sind männlich; vídva heißt auch SIE (Höflichkeitsform).
Das persönliche Fürwort wird in Slowenisch verwendet, wenn man die Person betont.
Zum Hilfszeitwort „bíti, sem > ste" bzw. „nè bíti, nísem > níste" siehe LMR: Wortformen, 2017, S. 138+139 (positive Aussage) sowie S. 140+141 (negative Aussage).

Zu S. 18+19:
Mídve/Médve sva mládi. Mídva sva mláda. – Wir zwei/beide sind jung. *w., m. 1.Ps. Zz.*
Vídve/Védve sta mládi. Vídva sta mláda. – Ihr zwei/beide seid jung. / (SIE ...) *w., m. 2. Ps. Zz.*
Ônidve sta mládi. Ônadva sta mláda. – Sie zwei/beide sind jung. *w., m. 3.Ps. Zz.*
Zur S. 40:
Mídve/Médve nísva mládi. Mídva nísva mláda. – Wir zwei/beide sind nicht jung. *w., m. 1.Ps. Zz.*
Vídve/Védve nísta mládi. Vídva nísta mláda. – Ihr zwei/beide seid nicht jung. / (SIE sind nicht jung.) *w., m. 2.Ps. Zz.*
Ônidve nísta mládi. Ônadva nísta mláda. – Sie zwei/beide sind nicht jung. *w., m. 3.Ps. Zz.*
Mídva nísva vljúdna turísta. – Wir zwei sind keine zwei höflichen Touristen. *m. 1.Ps. Zz.*
Vídva nísta vljúdna turísta. – Ihr zwei seid keine zwei höflichen Touristen. / (SIE sind keine höflichen Touristen.) *m. 2.Ps. Zz.*
Ônadva nísta vljúdna turísta. – Sie zwei/beide sind keine zwei höflichen Touristen. *m. 3.Ps. Zz.*
Und analog zur S. 40:
Mídve/Médve nísva vljúdni turístki. – Wir zwei/beide sind keine höflichen Touristinnen. *w. 1. Ps. Zz.*
Vídve/Védve nísta vljúdni turístki. – Ihr zwei/beide seid keine höflichen Touristinnen. / (SIE sind keine höflichen Touristinnen.) *w. 2.Ps. Zz.*
Ônidve nísta vljúdni turístki. – Ihr zwei/beide seid keine höflichen Touristinnen. *w. 3.Ps.* Zz.

Gegenwart	Ez.	Zz.	Mz.
1.Ps.	(jàz) délam ich arbeite	(mídve/médve, mídva) **délava** wir zwei/beide arbeiten	(mé, mí) délamo wir arbeiten
2.Ps.	(tí) délaš du arbeitest	(vídve/védve, vídva) **délata** ihr zwei/beide arbeitet / (SIE arbeiten)	(vé, ví) délate ihr arbeitet / SIE arbeiten
3.Ps.	(ôna, ôno, òn) déla sie/es/er arbeitet	(ônidve, ônadva) **délata** sie zwei/beide arbeiten	(ône, ôna, ôni) délajo sie arbeiten

mé, vé = w./s., ône, ôna w./s.; mí, ví und ôni = m. und gemischt, ví heißt auch SIE.
Die Fürwörter können in Slowenisch entfallen. Sie werden also nur verwendet, wenn die entsprechende Person besonders betont wird.
Das Hilfszeitwort „bíti“ braucht ein Eigenschafts- oder Hauptwort, um eine Satzaussage bilden zu können, das Hauptzeitwort ist allein aussagekräftig genug. Zur Abwandlung des Hauptzeitwortes siehe LMR: Wortformen, 2017, S. 156–160 und S. 162–173.
Zuerst sollten die Einzahl- und die Mehrzahlformen geübt werden, dann erst die Zweizahlformen. Beispiel: délam > délamo > délava, délaš > délate > délata, déla > délajo > délata.

Ez.	*Zz.*	*Mz.*
1. Gruppe –AM		
délati – (zu) arbeiten délam, délaš, déla	délava, délata, délata	délamo, délate, délajo
iméti – (zu) haben/besitzen imám, imáš, imá	imáva, imáta, imáta	imámo, imáte, imájo
nè iméti – nicht (zu) haben/besitzen nímam, nímaš, níma	nímava, nímata, nímata	nímamo, nímate, nímajo
glédati – schauen glédam, glédaš, gléda	glédava, glédata, glédata	glédamo, glédate, glédajo
2. Gruppe –IM		
ljubíti – (zu) lieben ljúbim, ljúbiš, ljúbi	ljúbiva, ljúbita, ljúbita	ljúbimo, ljúbite, ljúbijo
ležáti – (zu) liegen ležím, ležíš, leží	ležíva, ležíta, ležíta	ležímo, ležíte, ležíjo
státi – (zu) stehen stojím, stojíš, stojí	stojíva, stojíta, stojíta	stojímo, stojíte, stojíjo
živéti – (zu) leben živím, živíš, živí	živíva, živíta, živíta	živímo, živíte, živíjo
boléti – (zu) schmerzen (bolím, bolíš), bolí	(bolíva, bolíta), bolíta	(bolímo, bolíte), bolíjo
3. a) Gruppe –Í/–É/–Ó/–Ú–JEM		
píti – (zu) trinken píjem, píješ, píje	píjeva, píjeta, píjeta	píjemo, píjete, píjejo
štéti – (zu) zählen štêjem, štêješ, štêje	štêjeva, štêjeta, štêjeta	štêjemo, štêjete, štêjejo
péti – (zu) singen pôjem, pôješ, pôje	pôjeva, pôjeta, pôjeta	pôjemo, pôjete, pôjejo
obúti – an(zu)ziehen (Schuhe) obújem, obúješ, obúje	obújeva, obújeta, obújeta	obújemo, obújete, obújejo
3. b) Gruppe –ÚJEM		
stanováti – (zu) wohnen stanújem, stanúješ, stanúje	stanújeva, stanújeta, stanújeta	stanújemo, stanújete, stanújejo
poučeváti – (zu) unterrichten poučújem, poučúješ, poučúje	poučújeva, poučújeta, poučújeta	poučújemo, poučújete, poučújejo
4. Gruppe –EM		
razuméti – (zu) verstehen razúmem, razúmeš, razúme	razúmeva, razúmeta, razúmeta	razúmemo, razúmete, razúmejo

bráti – (zu) lesen bêrem, bêreš, bêre	bêreva, bêreta, bêreta	bêremo, bêrete, bêrejo
vŕniti – zurück(zu)geben vŕnem, vŕneš, vŕne	vŕneva, vŕneta, vŕneta	vŕnemo, vŕnete, vŕnejo
nájti – (zu) finden nájdem, nájdeš, nájde	nájdeva, nájdeta, nájdeta	nájdemo, nájdete, nájdejo
státi – (zu) kosten (stánem, stáneš), stáne	(stáneva, stáneta), stáneta	(stánemo, stánete), stánejo
rêči – (zu) sagen rêčem, rêčeš, rêče	rêčeva, rêčeta, rêčeta	rêčemo, rêčete, rêčejo
stréči – (zu) bedienen stréžem, stréžeš, stréže	stréževa, stréžeta, stréžeta	stréžemo, stréžete, stréžejo
písati – (zu) schreiben píšem, píšeš, píše	píševa, píšeta, píšeta	píšemo, píšete, píšejo
klícati – (zu) rufen klíčem, klíčeš, klíče	klíčeva, klíčeta, klíčeta	klíčemo, klíčete, klíčejo
kázati – (zu) zeigen kážem, kážeš, káže	káževa, kážeta, kážeta	kážemo, kážete, kážejo
iskáti – (zu) suchen íščem, íščeš, íšče	íščeva, íščeta, íščeta	íščemo, íščete, íščejo
rásti – (zu) wachsen rástem, rásteš, ráste	rásteva, rásteta, rásteta	rástemo, rástete, rástejo
nêsti – (zu) tragen nêsem, nêseš, nêse	nêseva, nêseta, nêseta	nêsemo, nêsete, nêsejo
grísti – (zu) beißen grízem, grízeš, gríze	grízeva, grízeta, grízeta	grízemo, grízete, grízejo
pásti – (zu) fallen pádem, pádeš, páde	pádeva, pádeta, pádeta	pádemo, pádete, pádejo
hotéti – (zu) wollen hóčem, hóčeš, hóče	hóčeva, hóčeta, hóčeta	hóčemo, hóčete, hóčejo
nè hotéti – nicht (zu) wollen nóčem, nóčeš, nóče	nóčeva, nóčeta, nóčeta	nóčemo, nóčete, nóčejo
dejáti – (zu) sagen/fest(zu)stellen déjem, déješ, déje	déjeva, déjeta, déjeta	déjemo, déjete, déjejo
5. Gruppe –M *(sem > ste)*		
bíti – (zu) sein/haben/werden sem, si, je	sva, sta, sta	smo, ste, so
nè bíti – nicht/kein (zu) sein nísem, nísi, ní	nísva, nísta, nísta	nísmo, níste, níso
bíti – sein > werden *(Zukunft)* bom, boš, bo	bova, bosta, bosta	bomo, boste, bojo/bódo
jésti – (zu) essen jém, jéš, jé	jéva, jésta, jésta	jémo, jéste, jéjo/jedó
védeti – (zu) wissen vém, véš, vé	véva, vésta, vésta	vémo, véste, véjo/vedó
íti – hin-/her(zu)gehen grém, gréš, gré	gréva, grésta, grésta	grémo, gréste, gréjo/gredó
dáti – (zu) geben dám, dáš, dá	dáva, dásta, dásta	dámo, dáste, dájo/dadó
povédati – (zu) erzählen povém, povéš, povsé	povéva, povésta, povésta	povémo, povéste, povéjo/povedó
dejáti – (zu) sagen/fest(zu)stellen dém, déš, dé	déva, désta, désta	démo, déste, déjo/~~dedó~~

Die Formen des Hauptzeitwortes in der Gegenwart und die Besonderheiten folgen dem jeweils fett gedruckten (ersten) Musterwort in der Tabelle oben auf den S. 52+53.

Der Selbstlaut in der Endung einer Gruppe wird beibehalten, also ***–am, –im, –íjem/–éjem/–ôjem/–újem, –em für die 1. bis 4. Gruppe bzw. –m für die 5. Gruppe.***

Gegenwart, Endungen: –m, –š, –; –va, –ta, –ta; –mo, –te, –jo. *Daher gilt:*
1. Gruppe –am, –aš, –a; –ava, –ata, –ata; –amo, –ate, –ajo.
2. Gruppe: –im, –iš, –i; –iva, –ita, –ita; –imo, –ite, –ijo.
3. a) Gruppe: –íjem, –íješ, –íje; –íjeva, –íjeta, –íjeta; –íjemo, –íjete, –íjejo;
(–éjem, ...; –ôjem, ...; –újem, ...).
3. b) Gruppe: –újem, –úješ, –úje; –újeva, –újeta, –újeta; –újemo, –újete, –újejo.
4. Gruppe: –em, –eš, –e; –eva, –eta, –eta; –emo, –ete, –ejo.
5. Gruppe: –m, –š, –; –va, –sta, –sta; –mo, –ste, –jo/–dó. *Diese Gruppe vereint das „–ste" in der 2. Person Mehrzahl und das „–sta" in der 2. und 3. Person Zweizahl.*

Hauptzeitwörter, die nach dem gleichen Schema einer Gruppe abgewandelt werden, werden nicht gesondert angeführt. Beispiel: délati, délam – arbeiten > kúhati, kúham – kochen. Die unterstrichenen Zeitwörter bódo, jedó, vedó, gredó, dadó, povedó, ~~dedó~~ betonen einen besonders gehobenen Stil. Die Formen des Hilfszeitwortes „bíti": „sem, si, je; sva, sta, sta; smo, ste, so" sowie „bi" (in allen Personen, für die Möglichkeits- und Bedingungsform) und „bom, boš, bo; bova, bosta, bosta; bomo, boste, bojo" (für die Zukunft) sind unbetont. Satzbeispiele zur Anwendung des Hauptzeitwortes in der Gegenwart gibt es auf S. 54 und in LMR: Wortformen, 2017, S. 161, 174+175, Beispiele zu den Gruppen S. 176+177.

1.Ps.: Sréčam mámo/očéta. Sréčamo máme/očéte. Sréčava mámi/očéta. – Ich treffe meine Mama / meinen Vater. Wir treffen unsere Mamas / unsere Väter. Wir zwei/beide treffen unsere zwei/beiden Mütter/Väter.

2.Ps.: Pomívaš posódo. Pomívate posódo. Pomívata posódo. – Du wäschst das Geschirr ab. Ihr wascht das Geschirr ab. / SIE waschen ... Ihr zwei/beide wascht das Geschirr ab. / (SIE ...)

3.Ps. w.: Sêstra kúha júho. Sêstre kúhajo júho. Sêstri kúhata júho. – Meine Schwester kocht eine Suppe. Meine Schwestern kochen eine Suppe. Meine zwei/beiden Schwestern kochen eine Suppe.

3.Ps. m.: Stríc konstruíra híšo/stanovánje/blók. Stríci konstruírajo híše/stanovánja/blóke. Stríca konstruírata híši/stanovánji/blóka. – Mein Onkel konstruiert ein Haus / eine Wohnung / einen Wohnblock. Meine Onkel konstruieren Häuser/Wohnungen/Wohnblocks. Meine zwei/beiden Onkel konstruieren zwei Häuser / zwei Wohnungen / zwei Wohnblocks.

1.Ps.: Líkam blúzo/majico/srájco. Líkamo blúze/majice/srájce. Líkava blúzi/majici/srájci. – Ich bügle die Bluse / das Leibchen / das Hemd. Wir bügeln die Blusen / die Leibchen / die Hemden. Wir zwei/beide bügeln die zwei Blusen / die zwei Leibchen / die zwei Hemden.

2.Ps.: Študíraš slovénščino. Študírate slovénščino. Študírata slovénščino. – Du studierst Slowenisch. Ihr studiert Slowenisch. / SIE studieren Slowenisch. Ihr zwei/beide studiert Slowenisch. / (SIE studieren Slowenisch.)

3.Ps. w.: Ôna ljúbi sosédo. Ône ljúbijo soséde. Ônidve ljúbita sosédi. – Sie liebt ihre Nachbarin. Sie lieben ihre Nachbarinnen. Sie zwei/beide lieben ihre zwei/beiden Nachbarinnen.

3.Ps. m.: Òn ljúbi soséda. Ôni ljúbijo soséde. Ônadva ljúbita soséda. – Er liebt seinen Nachbarn. Sie lieben ihre Nachbarn. Sie zwei/beide lieben ihre zwei/beiden Nachbarn.

1.Ps.: Kúpim anorak/obleko/krilo. Kúpimo anorake/obleke/krila. Kúpiva anoraka/obleki/krili. – Ich kaufe einen Anorak/Anzug/Rock. Wir kaufen Anoraks/Anzüge/Röcke. Wir zwei/beide kaufen zwei Anoraks / zwei Anzüge / zwei Röcke.

2.Ps.: Zeló ráda/ràd píješ čáj. Zeló ráde/rádi píjete čáj. Zeló rádi/ráda píjeta čáj. – Du trinkst sehr gern(e) Tee. Ihr trinkt sehr gern(e) Tee. / SIE trinken sehr gern(e) Tee. Ihr zwei/beide trinkt sehr gern(e) Tee. / (SIE trinken sehr gern(e) Tee.)

3 Wiederholungstexte

3.1 Stellen Sie sich kurz vor – Predstavite se na kratko

Jaz sem ______ ______ iz ______ (iz Šentjákoba, iz Békštanja, iz Beljáka, iz Lóč, iz Ledínc, iz Spódnjih Borôvelj, iz Mlínar, iz Celôvca, iz Podklóštra, iz Vŕbe, iz Máribora, iz Ljubljáne, iz Cêlja).

Jaz sem Luise Ruhdorfer iz Bekštanja.

Kaj je gospod ______ ______ po poklicu?
Kaj je gospa ______ ______ po poklicu?

Christoph Schönborn, Jože Marketz, Jurij Buch, Stanko Olip
dúnajski kardinál, koróški škòf, pečníški žúpnik, žúpnik v Štébnu in Lóčah

Alexander van der Bellen, Peter Kaiser, Christian Poglitsch, Peter Handke
avstríjski predsédnik, koróški dežêlni glavár, župàn tŕžne óbčine Békštanj, koróški pisátelj

Leonore Gewessler, Ulrike Lunacek, Maja Haderlap, Nadja Bernhard, Anica Lesjak-Ressmann
minístrica za ínfrastruktúro, držávna sekretárka za kultúro, koróška pisáteljica, ORF moderátorka, ravnáteljica ljúdske šóle Ledínce

Gospod Christoph Schönborn je dunajski kardinal.
Gospod Alexander van der Bellen je avstrijski predsednik.
Gospa Ulrike Lunacek je (bila) državna sekretarka za kulturo.

Kakšna je ljudska šola Ledince? Kakšen je razred? Kakšno je okno?
Kákšna – ljúdska šóla – glávna šóla – (nôva) srédnja šóla – gimnázija
stára : nôva, dólga : krátka, lépa : gŕda, svêtla : tèmna, velíka : májhna
Kákšen – rázred – kultúrni dóm – blók
velík : májhen, visòk : nízek, prostóren (geräumig) : premájhen (zu klein)
Kákšno – ôkno, stanovánje (môje : tvôje) – poslópje (Gebäude)
širôko : ózko, drágo : pocéni *(gleichbleibend)*, umázano (schmutzig) : očíščeno (sauber)
Ledínce, Lóče, Békštanj, Vodíča vás, Bŕnca

Ez.: Ljudska šola Ledince je lepa.
Naš razred je velik.
Moje stanovanje je drago.

Mz.: Ljudske šole Ledince, Bekštanj in Brnca so nove.
Vsi razredi so veliki.
Naša stanovanja so draga.

Zz.: Ljudski šoli Loče in Vodiča vas sta stari.
Razreda 3A in 3B sta velika.
Najini (moje in tvoje) stanovanji sta dragi.

3.2 Od kod ste? – Von wo sind Sie?

Sem iz Békštanja, iz Beljáka, iz Vérnberka, iz Kránja, iz Celôvca, iz Bôvca, z Dúnaja, iz Béltincev, iz tŕga Althofen, iz krája Möllbrücke, iz krája Schwarzach-St. Veit.

Sem iz Vŕbe, z Bístrice, iz Radóvljice, iz Ljubljáne, iz Koróške, iz Štájerske, iz Ávstrije, iz Itálije, iz Slovénije, iz Némčije, iz Švíce, iz Hrváške, iz Madžárske, iz Fráncije, iz Ánglije, iz Špánije, z Bŕnce, iz Vodíče/Díče vasí, iz Báč, iz Zagoríč, iz Podrávelj, iz Borôvelj, iz Zgórnjih Borôvelj, iz Spódnjih Borôvelj, iz vasí Arriach.

Sem iz Ólšja, iz Cêlja, z Locíla, iz Vràt, z Jezêrskega, s Kŕškega, iz mésta Leoben. Sem iz mésta Frankfurt an der Oder, iz mésta Rothenburg ob der Tauber.

Ich bin aus Finkenstein, aus Villach, aus Wernberg, aus Krainburg, aus Klagenfurt, aus Flitsch, aus Wien, aus Fellsdorf, aus dem Markt Althofen, aus dem Ort Möllbrücke, aus dem Ort Schwarzach-St. Veit.

Ich bin aus Velden/Veldes, aus Feistritz, aus Radmannsdorf, aus Laibach, aus Kärnten, aus der Steiermark, aus Österreich, aus Italien, aus Slowenien, aus Deutschland, aus der Schweiz, aus Kroatien, aus Ungarn, aus Frankreich, aus England, aus Spanien, aus Fürnitz, aus Gödersdorf, aus Faak, aus Goritschach, aus Föderlach, aus Ferlach, aus Oberferlach, aus Unterferlach, aus dem Dorf Arriach,

Ich bin aus Erlendorf, aus Cilli/Zilli, aus Hart, aus Thörl, aus Ober-Seeland, aus Gurkfeld, aus der Stadt Leoben. Ich bin aus der Stadt Frankfurt an der Oder, aus der Stadt Rothenburg ob der Tauber.

Nisem iz Bilčôvca, iz Plíberka, iz Podklóštra, iz Št. Pávla, iz Šentandráža, iz Kópra, iz Kámna, iz Zahómca, iz Klopínja, iz Vetrínja, iz Lóndona, iz Brúslja, iz Šmohórja, iz Bákuja, iz Ósla, iz Tókija, iz Torónta, iz Monáka, iz Lúngaua, iz Póngaua, iz Wiesenaua, s Kanárskih otókov, iz Slovénj Grádca, iz Los Ángelesa, iz Sao Páola, iz Tesaloníkov, iz Rádencev, iz Církovcev.

Nísem iz Lípe, iz Kránjske Gôre, iz Škófje Lóke, iz Bélgije, iz Rúsije, iz Amérike, iz Kánade, iz Švédske, iz Norvéške, iz Čéške, iz Slováške, iz Portugálske, iz Nizozémske, iz Kotmáre vasí, iz Sél, iz Domáčal, iz Rút, iz Málenc, z Rádiš, iz Kostánj, iz Tínj, iz Drobólj, z Žíhpolj, iz Trbôvelj, iz Drévelj, iz Čréšenj, iz Sváten, iz Močídel, iz Megvárij, iz Podgôrij, iz Rímskih Toplíc, iz Goríške Bŕde, iz Rogáške Slátine.

Nísem iz Kočévja, iz Skópja, iz Nôvega mésta, iz Razdŕtega, s Prágerskega, z Vránskega.

Ich bin nicht aus Ludmannsdorf, aus Bleiburg, aus Arnoldstein, aus St. Paul, aus St. Andrä, aus Gafers, aus Stein, aus Achomitz, aus Klopein, aus Viktring, aus London, aus Brüssel, aus Hermagor, aus Baku, aus Oslo, aus Tokio, aus Toronto, aus Monacco, aus dem Lungau, aus dem Pongau, aus Wiesenau, von den Kanarischen Inseln, aus Windischgrätz, aus Los Angeles, aus Sao Paolo, aus Thessaloniki, aus Bad Radein, aus Zirkowetz.

Ich bin nicht aus Lind, aus Kronau, aus Bischoflak, aus Belgien, aus Russland, aus Amerika, aus Kanada, aus Schweden, aus Norwegen, aus Tschechien, aus der Slowakei, aus Portugal, aus den Niederlanden, aus Köttmannsdorf, aus Zell, aus Damtschach, aus Greuth, aus Mallenitzen, aus Radsberg, aus Köstenberg, aus Tainach, aus Drobollach, aus Maria Rain, aus Trifail, aus Dreulach, aus Kerschdorf, aus Schlatten, aus Matschiedl, aus Maglern, aus Maria Elend, aus Römerbad, aus dem Görzer Hügelland, aus Rohitsch-Sauerbrunn.

Ich bin nicht aus der Gottschee, aus Skupi (italienisch), aus Rudolfswerth/Neustädtl, aus Präwald, aus Pragerhof, aus Franz.

Ich verwende für Siedlungen in Kärnten, Friaul-Julisch Venezien und Slowenien noch die alten deutschen Ortsnamen aus der österreichisch-ungarischen Monarchie, sofern sie mir bekannt oder in Wikipedia oder anderen Verzeichnissen veröffentlicht sind. Siehe unten S. 185.

3.3 Wohin gehen/fahren Sie? Wo leben Sie? – Kam greste? Kje živite?

m.: Grém na balkón, v bár, v biró, v blók, v nakupoválni cénter, v dísko, v dóm, v dijáški dóm, v kultúrni dóm, v zdrávstveni dóm, na evênt, na féstival, na fítnes, v gôre, v gózd, na grád, na izlèt, na hríb, v kíno, na koncêrt, v kráj Arriach, na móst, na obísk, na óder, po oprávkih, v párk, v pisárno, na pólje, v salón, na rokodélski sêjem, na sestánek, na spréhod, na strého, na stòlp, v stúdio, na ténis, na trávnik, v tŕg Békštanj, na zelenjávni tŕg, na vŕt.

Ich gehe auf den Balkon, in die Bar, ins Büro, in den Wohnblock, ins Einkaufszentrum, in die Disco, ins Heim, ins Schülerheim, ins Kulturhaus, in die Poliklinik, zum Event, zum Festival, zum Fitness, in die Berge, in den Wald, auf die Burg / ins Schloss, auf Ausflug, auf den Hügel, ins Kino, ins Konzert, in den Ort Arriach, auf die Brücke, auf Besuch, auf die Bühne, Erledigungen machen, in den Park, ins Büro, aufs Feld, in den Salon, auf die Handwerksmesse, zur Sitzung, spazieren, aufs Dach, auf den Turm, ins Studio, zum Tennis, auf die Wiese, in den Markt Finkenstein, auf den Gemüsemarkt, in den Garten.

w.: Grem na aeróbiko, v bánko, v bolníšnico, v cérkev, na césto, v dvoráno, v fírmo, v gostílno, v híšo, v koncêrtno híšo, v hóstel, v hotél, v kavárno, v knjigárno, v knjížnico, v kopálnico, v kúhinjo, v lekárno, v mášo, na mêjo, na njívo, v ópero, v ordinácijo, na pót, v prákso, v slúžbo, v sôbo, v dnévno sôbo, v otrôško sôbo, v spálnico, na stêzo, v šólo, v továrno, v trgovíno, na úlico, na univêrzo, v vás Zagoríče, v vŕtec.

Ich gehe zur Aerobic, in die Bank, ins Krankenhaus, in die Kirche, auf die Straße, in den Saal, in die Firma, ins Gasthaus, ins Haus, ins Konzerthaus, ins Hostel, ins Hotel, ins Café, in die Buchhandlung, in die Bücherei, ins Bad, in die Küche, in die Apotheke, in die Messe, auf die Grenze, auf den Acker / auf das Feld, in die Oper, in die Ordination, auf den Weg, in die Praxis, in die Arbeit, ins Zimmer, ins Wohnzimmer, ins Kinderzimmer, ins Schlafzimmer, auf den Steig, in die Schule, in die Fabrik, ins Geschäft, auf die Gasse, auf die Universität, ins Dorf Goritschach, in den Kindergarten.

s.: Grem na dvoríšče, v gledalíšče, na igríšče, na kosílo, na križíšče, na letalíšče, v mésto Belják, v pŕvo nadstrópje, na obálo, na parkiríšče, na pijáčo, na pívo, na plesíšče, v podjétje, v poslópje, na podstréšje, v pritlíčje, v sêlo Dvórec, na slême, v stanovánje, na straníšče, v vèlemésto London.

Ich gehe auf den Hof(platz), ins Theater, auf den Spielplatz, Mittag essen, auf die Kreuzung, zum Flugplatz, in die Stadt Villach, in den ersten Stock / ins erste Obergeschoß, an den Strand, auf den Parkplatz, auf ein Getränk, auf ein Bier, auf den Tanzboden, ins Unternehmen, ins Gebäude, auf den Dachboden, ins Erdgeschoß/Parterre, in den Weiler Höfling, auf den Dachfirst, in die Wohnung, aufs WC, in die Großstadt London.

Grem domôv, navzdòl, navzgòr, tàm tjà, tjà, vèn; hítro, počásno.
Ich gehe heim / nach Hause, hinunter, hinauf, dort hin, hin, aus; schnell, langsam.

Nè grém v bánko, na aeróbiko, na dvoríšče, domôv, ...
Ich gehe nicht in die Bank, zur Aerobic, auf den Hof(platz), heim / nach Hause, ...

Živím / Nè živím v blóku, v híši, na podstrešju, v pritlíčju, ...
Ich lebe / Ich lebe nicht im Block, im Haus, am Dachboden, im Erdgeschoß/Parterre, ...

Stojím / Nè stojím na balkónu, v bánki, v híši, na igríšču, ...
Ich stehe / Ich stehe nicht auf dem Balkon, in der Bank, im Haus, am Spielplatz, ...

3.4 Im Haus – V hiši

Haus – híša, Wohnung – stanovánje, Stadtbau/Stadtgebäude – méstna zgrádba, Geschäftshaus – poslóvna stávba, Wolkenkratzer – nebotíčnik, Wohnblock – blók; groß – vêlik, klein – májhen, hoch – visòk, niedrig – nízek, breit – širòk, schmal – ôzek; Einfamilienhaus – ênodružínska híša, Mehrfamilienhaus – vèčdružínska híša; in der Stadt – v méstu, im Markt – v tŕgu, im Dorf – v vási, am Land – na podežêlju; Küche – kúhinja, Esszimmer – jedílnica, Wohnzimmer – dnévna sôba, Schlafzimmer – spálnica, Kinderzimmer – otróška sôba, Bad – kopálnica, WC – WC/straníšče, Keller – klét, Garage – garáža, Dachboden/-geschoß – podstréšje, Erdgeschoß – pritlíčje, 1. Stock/Obergeschoß – pŕvo nadstrópje, Kellergeschoß – klétna etáža, Geschoß – nadstrópje/etáža; Ordination – ordinácija, Geschäft – trgovína; Zentralheizung – centrálna kurjáva

V hiši so kuhinja, jedilnica, dnevna soba in spalnica.V stanovanju so ... V mestni zgradbi so ordinacije. V poslovni stavbi so trgovine.V pritličju so kuhinja, jedilnica in dnevna soba.V prvem nadstropju so spalnica, otroška soba in kopalnica. V kletni etaži so klet, centralna kurjava in garaža.

Kaj je v kuhinji? V kuhinji je štedilnik. V kuhinji sta štedilnik in hladilnik. V kuhinji so štedilnik, hladilnik in pomivalni stroj. Kaj je v dnevni sobi? V dnevni sobi je/sta/so ...

Kasten/Schrank – omára, Regal – políca, Herd – štedílnik, Kühlschrank – hladílnik, Geschirrspüler – pomiválni stròj, Abwaschbecken – pomiválno koríto, Licht – lúč *(2.w.* > lučí *Mz.)*, Sessel/ Stuhl – stól, Tisch – míza, Couch – kávč, Sofa – zófa, Ofen – péč *(2.w.* > pečí *Mz.)*, Heizkörper – radiátor/ogreválo, Fernseher – televízija, Vorhang – zavéza, Teppich – prepróga, Bild – slíka, Buch – knjíga, Bett – póstelja, Korb – košára, Fenster – ôkno, Tür – vráta, Stiege – stopníce

V dnevni sobi > Kje je okno? Okno je desno/na desni strani/v desni steni.

oben – zgôraj, unten – spôdaj, hinten – zádaj, vorne – sprédaj, rechts – désno / na désni stráni / v désni sténi, links – lévo / na lévi stráni / v lévi sténi, in der Mitte – v sredíni; Seite – strán (*2.w.* > stranì *Mz.*), Wand – sténa, am Boden – na tléh, an der Decke – na strôpu

Kaj dela kdo? Mati kuha. Oče pospravlja. Babica bere. Dedek gleda televizijo.

kochen – kúhati kúham, aufräumen – posprávljati posprávljam, lesen – bráti bêrem, schauen – glédati glédam, spielen – igráti igrám / igráti se igrám se, reden – govoríti govorím, erzählen – pripovedováti pripovedújem, telefonieren – telefonírati telefoníram, waschen – práti pêrem, abwaschen – umívati umívam, reinigen – čístiti čístim

Die Mutter kocht das Mittagessen. – Mati kuha kosilo.
Die Oma liest die Zeitung. – Babica bere časopis.
Der Vater räumt das Büro auf. – Oče pospravlja biro/pisarno/tajništvo.

3.5 Am Christbaum – Na božičnem drevescu

Wer/Was *(1. Fall)* hängt am Christbaum? Kdo/Kaj visi na božičnem drevescu/drevesu?
Am Christbaum hängt ein Stern. / Ein Stern hängt am Christbaum.
Na božičnem drevescu/drevesu visi zvezda. / Zvezda visi na božičnem drevescu/drevesu.

Wer/Was *(1. Fall)* hängt am Christbaum? Kdo/Kaj visi na božičnem drevescu/drevesu?
Am Christbaum hängt eine Kugel. Na božičnem drevescu/drevesu visi krogla.
Am Christbaum hängt Christbaumschmuck. Na božičnem drevescu/drevesu visijo okraski (za božično drevo).

hängen – viséti visím, brauchen – rábiti rábim, backen – pêči pêčem, trinken – píti píjem, machen/tun – délati délam

m.: Keks – kéks, Zuckerl – bónbon, Männlein – možíček, Schmuck – okráski *(Mz.* visíjo*)*
w.: Stern – zvézda, Sternlein – zvézdica, Kerze – svéča, Kugel – krógla, Lichtlein – lúčka, Schokolade – čokoláda, Vogel – ptíca, Vögelein – ptíčica, Stroh – sláma, ein Ast – vêja, ein kleiner Ast – vêjica; eine kleine Krippe – jáslice; Licht – lúč *(2.w.* > lučí *Mz.)*, Krippe – jásli *(2.w. Mz.)*
s.: Christbaum – božíčno drevésce/drevó *(es)*, Christkind – (Bôžje) Déte *(et)*, Christkindlein – (Bôžje) Détece, Geschenk – darílo, ein kleines Geschenk – darílce, Silber – srebró, Gold – zlató

Wen/Was (*4. Fall*) siehst du am Christbaum?
Am Christbaum sehe ich Kekse, Sterne, Gold, ...
Na božiščem drevescu vidim kekse, zvezde, zlato, ...

3.6 Reindling, Kekse und Torte – Pogača, keksi in torta

Kaj *(4. Fall)* rabimo za pogačo/kekse?
Za pogačo/kekse rabimo sladkor, moko, jajce, ...

„Mama, kaj rabiš za to pogačo / te kekse?"
„Mama, was brauchst du für diesen Reindling / diese Kekse?"
„Za to pogačo / te kekse rabim moko."
„Für diese Kekse/diesen Reindling brauche ich Mehl."

m.: Keks – kéks, Zucker – sládkor *(j)*, Honig – stŕd *(dial.)* / méd, Backpulver – pecílni prášek, Vanillezucker – vanílijev sládkor *(j)*, Germ/Hefe – kvás, Mohn – mák, Nuss – ôreh, Kakao – kakáv, Zimt – címet, Eidotter – rumenják, Eiklar – belják, Puddingpulver – prášek za púding, Rum – rúm, Tee – čáj, Frucht – sádež, Mandel – mándelj (> mándlji/mándeljni *Mz.)*, Haferflocken – ovséni kosmíči *(Mz.)*, Dattel – dátelj (> dátlji/dáteljni *Mz.)*, Anis – jánež, Aranzini – arancín (> arancíni *Mz.)*
w.: Reindling – pogáča, Torte – tórta, Mehl – móka, Margarine – margarína, Marmelade – marmeláda, Schokolade – čokoláda, Rosine – rozína, Wasser – vôda, Kaffee – káva, Kokosraspeln – kókosova móka, Rahm/Sahne – smétana; Salz – sôl *(2.w.* > solí *Mz.)*
s.: Teig – testó, ein/das Ei – jájce (> jájca *Mz.)*, Butter – máslo, Milch – mléko

Kaj (*4. Fall)* pečemo za rojstni dan?
Za rojstni dan pečemo kolač, torto, pecivo, ...

m.: Kuchen – koláč, Teigtasche* – štrúkelj, Heiden-/Buchweizentaschen – ájdovi štrúklji *(Mz.)*, Nusstaschen – oréhovi štrúklji *(Mz.)*, Topfen-/Quarktaschen* – sírovi štrúklji *(Mz.)*, Keks – kéks, Biskuit – biskvít, Kipferl – rogljíček, Lebkuchen – léct, Lebkuchenherzerl – léctov sŕček, Kokosbusserl – kókosov poljúbček, Fülle – nadév, Krapfen – kròf, Punschkrapferl – púnč kròf, Indianerkrapferl – indijánček / indijánski kròf, Rolle – svítek, Strudel – zavítek, Apfelstrudel – jábolčni zavítek, Mohnstrudel/Mohnpotizze – mákova potíca, Topfenstrudel – skútni / sírov zavítek, Dessert – desêrt/poobédek, Blättchen – lístek, Brot – krúh, Schwarzbrot – čŕn/čŕni krúh, Weißbrot – bél/béli krúh
w.: Reindling – pogáča, Schnitte – rezína, Potitze – potíca, Torte – tórta, Mehlspeise – sladíca, Gibanitza** – gíbanica, Brezerl – présta, Kugerl – króglica, Punschtorte – púnč tórta, Stangerl – štrúčica, Strutz – štrúca, Wecken – žêmljica, Semmel – žêmlja
s.: Gebäck – pecívo, Lebkuchenherz – léctovo srcé

* štrúkelj ist in Kärnten eine „gefüllte Nudel", sírovi štrúklji sind dort „Kärntner Kasnudl"
** Gibanitza ist ein „mehrschichtiger Kuchen" mit Topfen-, Nuss- und Mohnfülle

4 Die Ordnungszahlen / Ordinalia – Vrstilni števniki

Prvi v smuku je bil Švicar Didier Defago.
Der erste im Abfahrtslauf war der Schweizer Didier Defago.

pŕvi, drúgi, trétji, četŕti, pêti, šêsti, sêdmi, ôsmi, devêti, desêti, enájsti, dvanájsti, ...
der erste, der zweite, der dritte, der vierte, der fünfte, der sechste, der sieb(en)te, der achte, der neunte, der zehnte, der elfte, der zwölfte, ...
v smúku, v slálomu, v vèleslálomu, v súpervèleslálomu, ...
im Abfahrtslauf, im Slalom, im Riesenslalom, im Super-G, ...
je – ist, bo – wird sein, je bíl *m.* – war/ist gewesen
Avstríjec, Belorús, Bolgár, Čéh, Fínec, Francóz, Hrvàt, Italijàn, Némec, Norvežàn, Polják, Romún, Rús, Slovák, Slovénec, Švéd, Švícar, Ukrajínec, ... *(Siehe S. 26.)*

Prva v biatlonu je bila Slovankinja Anastazia Kuzmina.
Die erste im Biathlon war die Slowakin Anastazia Kuzmina.

pŕva, drúga, trétja, četŕta, pêta, šêsta, sêdma, ôsma, devêta, desêta, enájsta, dvanájsta, ...
die erste, die zweite, die dritte, die vierte, die fünfte, die sechste, die sieb(en)te, die achte, die neunte, die zehnte, die elfte, die zwölfte, ...
v skóku, v bíatlonu, v kombináciji, v sánkanju, v dŕsanju, ...
im Springen, im Biathlon, in der Kombination, im Rodeln, im Eislaufen, ...
je – ist, bo – wird sein, je bilà *w.* – war/ist gewesen
Avstríjka, Belorúsinja, Bolgárka, Čéhinja, Fínka, Francózinja, Hrvatíca, Italijánka, Némka, Norvežánka, Poljákinja, Romúnka, Rúsinja, Slovákinja, Slovénka, Švédinja, Švícarka, Ukrajínka, ... *(Siehe S. 26.)*

Pri olimpijskih igrah so Avstrijci, Nemci, Rusi, Švedi, ...
Bei den olympischen Spielen sind Österreicher, Deutsche, Russen, Schweden, ...

Albánci, Angléži, Avstríjci, Bélgijci, Belorúsi, Bolgári, Bosánci, Čéhi, Dánci, Estónci, Fínci, Francózi, Gŕki, Hrváti, Írci, Italijáni, Letónci, Lítovci, Madžári, Némci, Nizozémci, Norvežáni, Poljáki, Portugálci, Romúni, Rúsi, Slováki, Slovénci, Sŕbi, Špánci, Švédi, Švícarji, Túrki, Ukrajínci, ... *(Siehe S. 26.)*

Pri olimpijskih igrah so Avstrijke, Nemke, Rusinje, Švedinje, ...
Bei den olympischen Spielen sind Österreicherinnen, Deutsche, Russinnen, Schwedinnen, ...

Albánke, Angléžinje, Avstríjke, Bélgijke, Belorúsinje, Bolgárke, Bosánke, Čéhinje, Dánke, Estónke, Fínke, Francózinje, Gŕkinje, Hrvatíce, Írke, Italijánke, Letónke, Lítovke, Madžárke, Némke, Nizozémke, Norvežánke, Poljákinje, Portugálke, Romúnke, Rúsinje, Slovákinje, Slovénke, Sŕbkinje, Špánke, Švédinje, Švícarke, Túrkinje, Ukrajínke, ... *(Siehe S. 26.)*

Pri olimpijskih igrah so tudi Azijci in Azijke.
Bei den olympischen Spielen sind auch Asiaten und Asiatinnen.

Evropêjci/Evropêjke, Makedónci/Makedónke, Ázijci/Ázijke, Grúzijci/Grúzijke, Kitájci/Kitájke, Avstrálci/Avstrálke, Afričáni/Afričánke, Senegálci/Senegálke, Kóngovci/Kóngovke, Američáni/Američánke, Kánadčani/Kánadčanke, Mehičáni/Mehičánke, Čilénci/Čilénke, Perújci/Perújke, ...

Europäer/Europäerinnen, Makedonier/Makedonierinnen, Asiaten/Asiatinnen, Georgier/Georgierinnen, Chinesen/Chinesinnen, Australier/Australierinnen, Afrikaner/Afrikanerinnen, Senegalesen/Senegalesinnen, Kongolesen/Kongolesinnen, Amerikaner/Amerikanerinnen, Kanadier/Kanadierinnen, Mexikaner/Mexikanerinnen, Chilenen/Chileninnen, Peruaner/Peruanerinnen, ...

Prvi avtor slovenske knjige je Primož Trubar. Prvi slovenski pesnik je France Prešeren. Prva slovenska avtorka je Zofka Kveder. Prvi avtor slovenskega romana je Josip Jurčič. Prvi slovenski predsednik je Milan Kučan. Prvi slovenski kardinal je Franc Rodé. Prvi slovenski rokopis je pridiga. Prva slovenska molitev je Oče naš. Prva slovenska knjiga je Katekizem. Prvo slovensko berilo je Abecedarium.

Der erste Autor eines slowenischen Buches ist Primus Truber. Der erste slowenische Dichter ist Franz Preschern. Die erste slowenische Autorin ist Zofka Kveder. Der erste Autor eines slowenischen Romans ist Josip Jurčič. Der erste slowenische Staatspräsident ist Milan Kučan. Der erste slowenische Kardinal ist Franc Rodé. Die erste slowenische Handschrift ist eine Predigt. Das erste slowenische Gebet ist das Vater unser. Das erste slowenische Buch ist der Katechismus. Das erste slowenische Lesebuch / Die erste slowenische Fibel ist das Abecedarium.

Danes je sreda, 17. 2. 2010 (sedemnajsti drugi dvatisočdeset).
Jutri bo četrtek, 18. 2. 2010 (osemnajsti drugi 2010).
Včeraj je bil torek, 16. 2. 2010 (šestnajsti drugi 2010).
Heute ist Mittwoch, der 17. 2. 2010. Morgen ist Donnerstag, der 18. 2. 2010. Gestern war Dienstag, der 16. 2. 2010.

dánes je – heute ist, jútri bo – morgen wird sein, včéraj je bíl/bilà – gestern war/ist gewesen

pŕvi, drúgi, trétji, četŕti, pêti, šêsti, sêdmi, ôsmi, devêti, desêti, enájsti, dvanájsti, trinájsti, štirinájsti, petnájsti, šestnájsti, sedemnájsti, osemnájsti, devetnájsti, dvájseti, ênaindvájseti, dváindvájseti, tríindvájseti, štíriindvájseti, pétindvájseti, šéstindvájseti, sédemindvájseti, ósemindvájseti, devétindvájseti, tridesêti, ênaintridesêti – der 1., der 2., ..., der 30., der 31.

Prvi dan v tednu je ponedeljek. Drugi dan v tednu je torek. Tretji dan v tednu je sreda. Četrti dan v tednu je četrtek. Peti dan v tednu je petek. Šesti dan v tednu je sobota. Sedmi dan v tednu je nedelja.

Der erste Tag in der Woche ist (der) Montag. Der zweite Tag in der Woche ist (der) Dienstag. Der dritte Tag in der Woche ist (der) Mittwoch. Der vierte Tag in der Woche ist (der) Donnerstag. Der fünfte Tag in der Woche ist (der) Freitag. Der sechste Tag in der Woche ist (der) Samstag. Der sieb(en)te Tag in der Woche ist (der) Sonntag.

Prvi mesec v letu je januar. Drugi mesec v letu je februar. Tretji mesec v letu je marec. Četrti mesec v letu je april. Peti mesec v letu je maj. Šesti mesec v letu je junij. Sedmi mesec v letu je julij. Osmi mesec v letu je avgust. Deveti mesec v letu je september. Deseti mesec v letu je oktober. Enajsti mesec v letu je november. Dvanajsti mesec v letu je december.

Der erste Monat im Jahr ist der Jänner. Der zweite Monat im Jahr ist der Feber. Der dritte Monat im Jahr ist der März. Der vierte Monat im Jahr ist der April. Der fünfte Monat im Jahr ist der Mai. Der sechste Monat im Jahr ist der Juni. Der sieb(en)te Monat im Jahr ist der Juli. Der achte Monat im Jahr ist der August. Der neunte Monat im Jahr ist der September. Der zehnte Monat im Jahr ist der Oktober. Der elfte Monat im Jahr ist der November. Der zwölfte Monat im Jahr ist der Dezember.

Prvi film je bil ... Drugi film je ... Tretji film pa bo ... Prva predstava je bila ... Druga predstava je ... Tretja predstava pa bo ...

Der erste Film war ... Der zweite Film ist ... Der dritte Film aber wird sein ... Die erste Vorstellung war ... Die zweite Vorstellung ist ... Die dritte Vorstellung aber wird sein ...

Prvi pustni princ v Beljaku je bil … Drugi … Tretji …

Der erste Faschingsprinz in Villach war ... Der zweite ... Der dritte ...

Prva pustna princesa v Beljaku je bila … Druga … Tretja …

Die erste Faschingsprinzessin in Villach war ... Die zweite ... Die dritte ...

Prvi v državi je predsednik. Prvi v vladi je zvezni kancler/premier. Prvi v deželi je deželni glavar. Prvi v okraju je okrajni glavar. Prvi v občini je župan.

Der Erste im Staat ist der Präsident. Der Erste in der Regierung ist der Bundeskanzler/Premierminister. Der Erste im Land ist der Landeshauptmann. Der Erste im Bezirk ist der Bezirkshauptmann. Der erste in der Gemeinde ist der Bürgermeister.

Prva v državi je predsednica. Prva v vladi je zvezna kanclerka/premierka. Prva v deželi je deželna glavarka. Prva v okraju je okrajna glavarka. Prva v občini je županja.

Die Erste im Staat ist die Präsidentin. Die Erste in der Regierung ist die Bundeskanzlerin/Premierministerin. Die Erste im Land ist die Landeshauptfrau. Die Erste im Bezirk ist die Bezirkshauptfrau. Die erste in der Gemeinde ist die Bürgermeisterin.

Prvi v cerkvi je papež. Prvi v škofiji je škof. Prvi v samostanu je prior. Prva v samostanu je prednica. Prvi v fari je župnik.

Der Erste in der Kirche ist der Papst. Der erste in der Diözese ist der Bischof. Der Erste im Kloster ist der Prior. Die Erste im Kloster ist die Oberin. Der Erste in der Pfarre ist der Pfarrer.

Prvi otrok je rojen leta 1995. Drugi otrok je rojen leta 1998. Tretji otrok je rojen leta 2000. Četrti otrok je rojen leta 2002.

Mein erstes Kind ist (im Jahre) 1995 geboren. Mein zweites Kind ist (im Jahre) 1998 geboren. Mein drittes Kind ist (im Jahre) 2000 geboren. Mein viertes Kind ist (im Jahre) 2002 geboren.

Prvi sin je rojen leta 1993. Drugi sin je rojen leta 1996. Prva hčerka je rojena leta 2001. Druga hčerka je rojena leta 2004.

Mein erster Sohn ist (im Jahre) 1993 geboren. Mein zweiter Sohn ist 1996 geboren. Meine erste Tochter ist 2001 geboren. Meine zweite Tochter ist 2004 geboren.

Prvi deželni glavar Štajerske po letu 1945 je bil Reinhard Machold, drugi je bil Anton Pirchegger, tretji je bil Josef Krainer starejši, četrti je bil Friedrich Niederl, peti je bil Josef Krainer mlajši. Prva deželna glavarka Štajerske je bila Waltraud Klasnic. Sedmi deželni glavar Štajerske po letu 1945 je bil Franz Voves, osmi je Hermann Schützenhöfer.

Der erste Landeshauptmann der Steiermark nach 1945 war Reinhard Machold, der zweite war Anton Pirchegger, der dritte war Josef Krainer senior, der vierte war Friedrich Niederl, der fünfte war Josef Krainer junior. Die erste Landeshauptfrau der Steiermark war Waltraud Klasnic. Der sieb(en)te Landeshauptmann der Steiermark nach 1945 war Franz Voves, der achte ist Hermann Schützenhöfer.

Zu den Ordnungszahlen siehe LMR: Wortformen, 2017, S. 91, Beispiel(sätz)e auf S. 92. Siehe Nachtrag unten S. 209.

5 Die Steigerung des Eigenschaftswortes – Stopnjevanje pridevnikov

Gruppe auf –ši/–ji:

lép, lépi, lépši, nàjlépši (schön/der schöne, der schönere, der schönste);
ljúb (lieb), ljúbi, ljúbši, nàjljúbši; slàb (schlecht/schwach/böse), slábi, slábši, nàjslábši;
májhen (klein), máli, mánjši, nàjmánjši; tánek/tènek/tenák (dünn), tánki/tènki, tánjši, nàjtánjši; krátek (kurz), krátki, krájši, nàjkrájši; mlád (jung), mládi, mlájši, nàjmlájši; sládek/sladák (süß), sládki, slájši, nàjslájši; **dólg** (lang), **dólgi, dálјši, nàjdálјši;**
húd (böse), húdi, hújši, nàjhújši; dóber (gut), dôbri, bóljši, nàjbóljši;
gŕd (hässlich), gŕdi, gŕši, nàjgŕši; tŕd (hart), tŕdi, tŕši, nàjtŕši; širòk (breit/weit), širôki, šírši, nàjšírši;
stróg (streng), strógi, stróžji, nàjstróžji; drág (teuer), drági, drážji, nàjdrážji; láhek/lahák (leicht), láhki, lážji, nàjlážji; tèžek/težák (schwer), têžki, têžji, nàjtêžji; nízek (niedrig), nízki, nížji, nàjnížji; blízek (nahe), blízki, blížji, nàjblížji; ózek (eng), ózki, óžji, nàjóžji; visòk (hoch), visôki, víšji, nàjvíšji; tíh (still), tíhi, tíšji, nàjtíšji;
vêlik (groß), véliki, véčji, nàjvéčji; globòk (tief), globôki, glóblji, nàjglóblji.

Gruppe auf –êjši:

príden (brav/fleißig), **prídni, prídnejši, nàjprídnejši**; uspéšen (erfolgreich), uspéšni, uspéšnejši, nàjuspéšnejši; prijázen (freundlich), prijázni, prijáznejši, nàjprijáznejši; prijéten (angenehm), prijétni, prijétnejši, nàjprijétnejši; résen (ernst), résni, résnejši, nàjrésnejši; réven (arm), révni, révnejši, nàjrévnejši; tèmen/temán (dunkel), têmni, temnêjši, nàjtemnêjši; môčen/močán (stark), môčni, močnêjši, nàjmočnêjši; krásen/krasán (herrlich), krásni, krásnejši, nàjkrásnejši; hláden (kühl), hládni, hládnejši, nàjhládnejši; modêren (modern), modêrni, modêrnejši, nàjmodêrnejši; udóben (bequem), udóbni, udóbnejši, nàjudóbnejši; …; tôpel (warm), tôpli, toplêjši, nàjtoplêjši; svêtel (blond/hell), svêtli, svetlêjši,, nàjsvetlêjši; …;
vítek (schlank), vítki, vitkêjši, nàjvitkêjši; síbek (schwächlich), šíbki, šibkêjši, nàjšibkêjši; …;
móder (gescheit), módri, modrêjši, nàjmodrêjši; …;
debél/dêbel (dick), debéli, debelêjši, nàjdebelêjši; vesél (froh/fröhlich), veséli, vesélejši nàjvesélejši; …;
bogàt (reich), bogáti, bogatêjši, nàjbogatêjši; …;
pocéni (*Umstandswort*, billig), cenêjši, nàjcenêjši;
nòv (neu), **nôvi, novêjši, nàjnovêjši**; stàr (alt), stári, starêjši, nàjstarêjši; číst (rein/sauber), čísti, čistêjši, nàjčistêjši.

Gruppe mit bòlj, nàjbolj:

bél (weiß), **béli, bòlj bél, bòlj béli, nàjbolj bél, nàjbolj béli**; čŕn (schwarz), čŕni, ...; rdéč (rot), rdéči, ...; zelèn (grün), zelêni, ...; rjáv (braun), rjávi, ...; rumèn (gelb), rumêni, ...; pláv (blau), plávi, ...; móder (blau), módri, ...; sív (grau), sívi, ...; vijóličast (violett), vijóličasti, ...; zlàt (golden), zláti, ...; srebŕn (silbern), srebŕni, ...; oránžen (orange), oránžni, ...; róžnat (rosa), róžnati, ...; písan/barvít (bunt), písani/barvíti, ...; …; *unveränderlich:* róza (rosa), bòlj róza, nàjbolj róza; óker (ocker), ...; líla (lila), ...; béž (beige), ...; pínk (pink), ...; …;
zdráv (gesund), **zdrávi, bòlj zdráv, bòlj zdrávi, nàjbolj zdráv, nàjbolj zdrávi**; bolán (krank), bólni, ...; …; súh (trocken), súhi, ...; móker (nass), môkri, ...; …; sìt (satt), síti, ...; láčen (hungrig), láčni, ...; …; svéž (frisch), svéži, ...; vróč (heiß), vróči, ...; …; pečèn (gebraten/gebacken), pečêni, ...; …; lesèn (aus Holz/hölzern), lesêni, ...; jeklèn (aus Stahl/ stählern), jeklêni, ...; …; práktičen (praktisch), praktični, ...; …; uvél (welk), uvéli, ...; ovenèl (verwelkt), ovenéli, ...; otékel (geschwollen), otêkli, ...; …; pospràvljen (aufgeräumt), pospràvljeni, ...; razmetán (angeräumt/verstreut), razmetáni, ...; umázan (schmutzig), umázani, ...; …; lísast (gefleckt/fleckig), lísasti, ...; kosmàt (behaart/pelzig), kosmáti, ...; …;

avstríjski (der österreichische), bòlj avstríjski, nàjbòlj avstríjski; slovénski (der slowenische), ...; italijánski (der italienische), ...; ...; némški (der deutsche), ...; koróški (der Kärntner), ...; angléški (der englische), ...; hrváški (der kroatische), ...; ...;
vsakdánji (der alltägliche), bòlj vsakdánji, nàjbòlj vsakdánji; dívji (der wilde), ...; ...;
Folgende Eigenschaftswörter werden in Slowenisch nicht gesteigert: ~~čŕtast~~ (liniert), ~~čŕtasti~~; ~~karíran~~ (kariert), ~~karírani~~; ~~prógast~~ (gestreift), ~~progasti;~~ ...; ~~zádnji~~ (der letzte); ~~prêjšnji~~ (der frühere); ...; ~~umŕli~~ (der verstorbene); ~~umrljív~~ (sterblich); ...

Die Gruppe der Eigenschaftswörter mit der Steigerung auf –ši/–ji muss man auswendig lernen. Auf –ejši/–êjši steigern zweisilbige Eigenschaftswörter auf –en, –el, –ek, –er, –él und –àt sowie die einsilbigen nòv, stàr und číst und auch das Wort pocéni. Mit bòlj (mehr) und nàjbolj (am meisten) steigern Eigenschaftswörter, die Farben, Gefühle, Zustände und Stoffe ausdrücken sowie jene auf –ski, –ški und –ji.
Hier wird bei der 1. und 2. Steigerungsstufe mit –ejši/–êjši, nàj..ejši/...êjši immer das offene, lang betonte ê („Ä" in Deutsch) verwendet. Der SSKJ 1994 führt jedoch –ejši/–éjši, nàj...-ejši/éjši an. Unbetontes –e– wird auch wie das deutsche „Ä" ausgesprochen.
Siehe oben S. 19, S. 73+74. Zur Steigerung der Eigenschaftswörter siehe LMR: Wortformen, 2017, S. 36–42 sowie S. 50+51.

Steigerung mit mànj, nàjmanj und mit anderen Gradadverben:
bél/béli, mànj bél/béli, nàjmanj bél/béli – weiß/der weiße, weniger weiß/der weniger weiße, am wenigsten weiß, der am wenigsten weiße; sìt/síti, mànj sìt/síti, nàjmanj sìt/síti; svéž/svéži, mànj svéž/svéži, nàjmanj svéž/svéži; ...; **zeló lépo jútro** – ein sehr schöner, der sehr schöne Morgen, ...; prelép večér – ein wunderschöner Abend, preslána júha – eine/die zu salzige Suppe, premálo skúhan krompír – zu wenig gekochte Erdäpfel/Kartoffel, prevèč skúhan krompír – zu stark gekochte Erdäpfel/Kartoffel, ...

lep, lepi študent (Student), lepši študent, najlepši študent
lepa študentka (Studentin), lepša študentka, najlepša študentka
lepo dekle (Mädchen), lepše dekle, najlepše dekle

star, stari pes (Hund), starejši pes, najstarejši pes
stara mačka (Katze), starejša mačka, najstarejša mačka
staro žrebe (Fohlen), starejše žrebe, najstarejše žrebe

Dober je ko kruh. Jablana je višja kot lipa. Stanko je bolj priden kakor Neža. – Er ist so gut wie das Brot. Der Apfelbaum ist höher als die Linde. Janko ist fleißiger als Anna.

Stric ni **tako močen ko** dedek. Desni škorenj je **bolj suh kot** levi. Hčerka je **tako velika kakor** mati. Hčerka je že večja kakor mati. Najnovejši pralni prašek je bolj bel kot starejši. – Der Onkel ist nicht so stark wie der Großvater. Der rechte Stiefel ist trockener als der linke. Die Tochter ist so groß wie die Mutter. Die Tochter ist schon größer als die Mutter. Das neueste Waschpulver ist weißer als das ältere.

Vesna je starejša kot Vera. / Vesna je **starejša od** Vere. Sadni čaj je boljši ko/kot/kakor pravi. / Sadni čaj je boljši od pravega. – Vesna ist älter als Vera. Der Früchtetee ist besser als der russische.

Deutsch		*Slowenisch*	
	Grundstufe	*1. Steigerungsstufe*	*2. Steigerungsstufe*
	m. unbest., m. best., w., s.	*m., w., s.*	*m., w., s.*
alt	stàr, stári, stára, stáro	starêjši, starêjša, starêjše	nàjstarêjši, nàjstarêjša, nàjstarêjše
angeräumt	razmetán, razmetáni, razmetána, razmetáno	bòlj razmetán/razmetáni/razmetána/razmetáno	nàjbolj razmetán/razmetáni/razmetána/razmetáno
aufgeräumt	posprávljen, posprávljeni, posprávljena, posprávljeno	bòlj posprávljen/posprávljeni/posprávljena/posprávljeno	nàjbolj posprávljen/posprávljeni/posprávljena/posprávljeno
bequem	udóben, udóbni, udóbna, udóbno	udóbnejši, udóbnejša, udóbnejše	nàjudóbnejši, nàjudóbnejša, nàjudóbnejše
billig	pocéni	cenêjši, cenêjša, cenêjše	nàjcenêjši, nàjcenêjša, nàjcenêjše
böse	húd, húdi, húda, húdo	hújši, hújša, hújše	nàjhújši, nàjhújša, nàjhújše
brav/fleißig	príden, prídni, prídna, prídno	prídnejši, prídnejša, prídnejše	nàjprídnejši, nàjprídnejša, nàjprídnejše
breit/weit	širòk, širôki, širôka, širôko	šírši, šírša, šírše	nàjšírši, nàjšírša, nàjšírše
dick	dêbel/debél, debéli, debéla, debélo	debelêjši, debelêjša, debelêjše	nàjdebelêjši, nàjdebelêjša, nàjdebelêjše
dunkel	tèmen, têmni, têmna, têmno	temnêjši, temnêjša, temnêjše	nàjtemnnêjši, nàjtemnnêjša, nàjtemnnêjše
dünn	tánek, tánki, tánka, tánko	tánjši, tánjša, tánjše	nàjtánjši, nàjtánjša, nàjtánjše
eng	ózek, ózki, ózka, ózko	óžji, óžja, óžje	nàjóžji, nàjóžja, nàjóžje
erfolgreich	uspéšen, uspéšni, uspéšna, uspéšno	uspéšnejši, uspéšnejša, uspéšnejše	nàjuspéšnejši, nàjuspéšnejša, nàjuspéšnejše
freundlich	prijázen, prijázna, prijázno	prijáznejši, prijáznejša, prijáznejše	nàjprijáznejši, nàjprijáznejša, nàjprijáznejše
frisch	svéž, svéži, svéža, svéže	bòlj svéž/svéži/svéža/svéže	nàjbolj svéž/svéži/svéža/svéže
gesund	zdráv, zdrávi, zdráva, zdrávo	bòlj zdráv/zdrávi/zdráva/zdrávo	nàjbolj zdráv/zdrávi/zdráva/zdrávo
groß	vêlik/véliki, velíka/vélika, velíko/véliko	véčji, véčja, véčje	nàjvéčji, nàjvéčja, nàjvéčje
gut	dóber, dôbri, dôbra, dôbro	bóljši, bóljša, bóljše	nàjbóljši, nàjbóljša, nàjbóljše
hart	tŕd, tŕdi, tŕda, tŕdo	tŕši, tŕša, tŕše	nàjtŕši, nàjtŕša, nàjtŕše
hässlich	gŕd, gŕdi, gŕda, gŕdo	gŕši, gŕša, gŕše	nàjgŕši, nàjgŕša, nàjgŕše
heiß	vróč, vróči, vróča, vróče	bòlj vróč/vróči/vróča/vróče	nàjbolj vróč/vróči/vróča/vróče
hoch	visòk, visôki, visôka, visôko	víšji, víšja, víšje	nàjvíšji, nàjvíšja, nàjvíšje
hungrig	láčen, láčni, láčna, láčno	bòlj láčen/láčni/láčna/láčno	nàjbolj láčen/láčni/láčna/láčno
jung	mlád, mládi, mláda, mládo	mlájši, mlájša, mlájše	nàjmlájši, nàjmlájša, nàjmlájše
klein	májhen/máli, májhna/mála, májhno/málo	mánjši, mánjša, mánjše	nàjmánjši, nàjmánjša, nàjmánjše
krank	bolán, bólni, bólna, bólno	bòlj bolán/bólni/bólna/bólno	nàjbolj bolán/bólni/bólna/bólno
kurz	krátek, krátki, krátka, krátko	krájši, krájša, krájše	nàjkrájši, nàjkrájša, nàjkrájše
lang	dólg, dólgi, dólga, dólgo	dáljši, dáljša, dáljše	nàjdáljši, nàjdáljša, nàjdáljše
leicht	láhek, láhki, láhka, láhko	lážji, lážja, lážje	nàjlážji, nàjlážja, nàjlážje
lieb	ljúb, ljúbi, ljúba, ljúbo	ljúbši, ljúbša, ljúbše	nàjljúbši, nàjljúbša, nàjljúbše
nahe	blízek, blízki, blízka, blízko	blížji, blížja, blížje	nàjblížji, nàjblížja, nàjblížje

Deutsch	*Slowenisch*		
	Grundstufe	*1. Steigerungsstufe*	*2. Steigerungsstufe*
	m. unbest., m. best., w., s.	*m., w., s.*	*m., w., s.*
nass	móker, môkri, môkra, môkro	bòlj móker/môkri/môkra/môkro	nàjbolj móker/môkri/môkra/môkro
neu	nòv, nôvi, nôva, nôvo	novêjši, novêjša, novêjše	nàjnovêjši, nàjnovêjša, nàjnovêjše
niedrig	nízek, nízki, nízka, nízko	nížji, nížja, nížje	nàjnížji, nàjnížja, nàjnížje
praktisch	práktičen, práktični, práktična, práktično	bòlj práktičen/práktični/práktična/práktično	nàjbolj práktičen/práktični/práktična/práktično
reich	bogàt, bogáti, bogáta, bogáto	bogatêjši, bogatêjša, bogatêjše	nàjbogatêjši, nàjbogatêjša, nàjbogatêjše
satt	sìt, síti, síta,síto	bòlj sìt/síti/síta/síto	nàjbolj sìt/síti/síta/síto
sauber/rein	číst, čísti, čísta, čísto	čistêjši, čistêjša, čistêjše	nàjčistêjši, nàjčistêjša, nàjčistêjše
schön	lép, lépi, lépa, lépo	lépši, lépša, lépše	nàjlépši, nàjlépša, nàjlépše
schwarz	čŕn, čŕni, čŕna, čŕno	bòlj čŕn/čŕni/čŕna/čŕno	nàjbolj čŕn/čŕni/čŕna/čŕno
schwer	tèžek, têžki, têžka, têžko	têžji, têžja, têžje	nàjtêžji, nàjtêžja, nàjtêžje
stark	môčen, môčni, môčna, môčno	močnêjši, močnêjša, močnêjše	nàjmočnêjši, nàjmočnêjša, nàjmočnêjše
still	tíh, tíhi, tíha, tího	tíšji, tíšja, tíšje	nàjtíšji, nàjtíšja, nàjtíšje
streng	stróg, strógi, stróga, strógo	strόžji, strόžja, strόžje	nàjstróžji, nàjstróžja, nàjstróžje
süß	sládek, sládki, sládka, sládko	slájši, slájša, slájše	nàjslájši, nàjslájša, nàjslájše
teuer	drág, drági, drága, drágo	drážji, drážja, drážje	nàjdrážji, nàjdrážja, nàjdrážje
tief	globòk, globôki, globôka, globôko	glóblji, glóblja, glóblje	nàjglóblji, nàjglóblja, nàjglóblje
trocken	súh, súhi, súha, súho	bòlj súh/súhi/súha/súho	nàjbolj súh/súhi/súha/súho
weiß	bél, béli, béla, bélo	bòlj bél/béli/béla/bélo	nàjbolj bél/béli/béla/bélo

Nach c č š ž j kommt im sächlichen Eigenschaftswort auch bei der Steigerung –e– statt –o–.
Beispiele: lépše, drážje, prídnêjše, starêjše; nàjlépše, nàjdrážje, nàjpridnêjše, nàjstarêjše.

6 Die Verwendung des Eigenschaftswortes – Raba pridevnikov

Beifügend gebrauchtes Eigenschaftswort *siehe LMR: Wortformen, 2017, S. 8–13, S. 18+19, S. 50, S. 55+56, S. 63+64, S. 71, S. 116+117, S. 123–127, S. 134+135 und S. 174+175; siehe auch S. 15–18, S. 31–33, S. 35, S. 48–51, S. 56, S. 58–64, S. 69, S. 79+80, S. 85+86 und S. 101.*

zdráv bràt, zdrávi bràt, zdráva sêstra, zdrávo deklè – ein gesunder Bruder, der gesunde Bruder, eine/die gesunde Schwester, ein gesundes / das gesunde Mädchen

bôlj zdráv bràt, bôlj zdrávi bràt, bôlj zdráva sêstra, bôlj zdrávo deklè – ein gesünderer Bruder, der gesündere Bruder, eine/die gesündere Schwester, ein gesünderes / das gesündere Mädchen

nàjbolj zdráv bràt / nàjbolj zdrávi bràt, nàjbolj zdráva sêstra, nàjbolj zdrávo deklè – der gesündeste Bruder, die gesündeste Schwester, das gesündeste Mädchen

lépši bràt, lépša sêstra, lépše deklè – ein schönerer / der schönere Bruder, eine/die schönere Schwester, ein schöneres / das schönere Mädchen

nàjlépši bràt, nàjlépša sêstra, nàjlépše deklè – der schönste Bruder, die schönste Schwester, das schönste Mädchen

drážji kúli, drážja bárva, drážje ravnílo – ein teurerer / der teurere Kuli, eine/die teuerere Farbe, ein teureres / das teurere Lineal

nàjdrážji kúli, nàjdrážja bárva, nàjdrážje ravnílo – der teuerste Kuli, die teuerste Farbe, das teuerste Lineal

prídnejši diják, prídnejša dijákinja, prídnejše têle – ein braverer / der bravere Schüler, eine/die bravere Schülerin, ein braveres / das bravere Kalb

nàjprídnejši diják, nàjprídnejša dijákinja, nàjprídnejše têle – der bravste Schüler, die bravste Schülerin, das bravste Kalb

Aussagend gebrauchtes Eigenschaftswort *siehe LMR: Wortformen, 2017, S. 97, S. 107, S. 111–113, S. 130+131, S. 135, S. 139, S. 141, S. 152 und S. 174+175; siehe auch S. 19, S. 36–40, S. 56+57, S. 79+80, S. 87, S. 91 und S. 101.*

Stánko je zdráv. Márjan je bòlj zdráv. Francè je nàjbolj zdráv. – Stanko ist gesund. Marjan ist gesünder. France ist am gesündesten.

Stánka je zdráva. Ánja je bòlj zdráva. Natáša je nàjbolj zdráva. – Stanka ist gesund. Anja ist gesünder. Nataša ist am gesündesten.

Pŕvo deklè je zdrávo. Drúgo deklè je bòlj zdrávo. Trétje deklè je nàjbolj zdrávo. – Das erste Mädchen ist gesund. Das zweite Mädchen ist gesünder. Das dritte Mädchen ist am gesündesten.

Umstandswörtlich gebrauchtes Eigenschaftswort *siehe LMR: Wortformen, 2017, S. 144–149, S. 152+153 und S. 174+175; siehe auch S. 26 und S. 54.*

Píšem lepó. Pišeš lépše. Gêrda píše nàjlépše. – Ich schreibe schön. Du schreibst schöner. Gerda schreibt am schönsten.

Das hauptwörtlich gebrauchte Eigenschaftswort wird unten auf S. 193 besprochen. (Siehe auch LMR: Wortformen, 2017, S. 33.)
Beispiele: dežúrni, dežúrna – der/die Diensthabende, sámski, sámska – der/die Ledige, centrálni, centrálna, centrálno – der/die/das Zentral-. *Vergleiche dazu auch* môški – ein/der Mann. *Das ist in Slowenisch ein hauptwörtlich gebrauchtes Eigenschaftswort und wird daher, wie die anderen Beispiele auch, wie ein Eigenschaftswort gebogen/dekliniert.*

7 Eigenschafts- und Hauptwort, 5. und 6. Fall

7.1 Grundmuster, weiblich, sächlich und männlich

w.	*Ez.* – eine/die neue Mappe	*Zz.*	*Mz.*
1.F.	nôva mápa	nôvi mápi	nôve mápe
4.F.	nôvo mápo	nôvi mápi	nôve mápe
5.F.	**nôvi mápi**	**nôvih mápah**	**nôvih mápah**
6.F.	**nôvo mápo**	**nôvima mápama**	**nôvimi mápami**

Auch: banána – Banane, bárva – Farbe, ... (Siehe LMR: Wortformen (WF), 2017, S. 9+14.)
Ebenso: sêstra – Schwester, ládja – Schiff, ... *(S. 35, 69)*; gráblje, škárje *(S. 69)*.
Zu den S. 31, 34, 48, 85: V nôvi/dôbri/rdéči mápi *(5.F.)* je líst. Slíkam z nôvo/dôbro/rdéčo bárvo *(6.F.)*. – In der neuen/guten/roten Mappe ist ein/das Blatt. Ich male mit der neuen/guten/roten Farbe.

s.	*Ez.* – ein neues / das neue Bier	*Zz.*	*Mz.*
1.F.	nôvo pívo	nôvi pívi	nôva píva
4.F.	nôvo pívo	nôvi pívi	nôva píva
5.F.	**nôvem pívu**	**nôvih pívih**	**nôvih pívih**
6.F.	**nôvim pívom**	**nôvima pívoma**	**nôvimi pívi**

Auch: blagó – Stoff, délo – Arbeit, jézero – See, víno – Wein, … (LMR: WF, 2017, S. 9+14.)
Ebenso: rdéče/túje/dívje – rot/fremd/wild, … *(S. 48, 85; keine Lautveränderung im 5.+6. F.)*; ôkno – Fenster, podjétje – Unternehmen, naséḻje – Siedlung, … *(S. 35, 70)*; mnênje – Meinung, póḻje – Feld, igránje – Spielen, číščenje – Reinigen, pítje – Trinken, odpŕtje – Eröffnung, … *(S. 70, 71; keine Lautveränderung im 5.+6. F.)*.
Zu den S. 31, 34, 48, 85: V nôvem/dôbrem/týjem pívu *(5.F.)* je obmóčna izvírska vôda. Z nôvim/dôbrim/túјim pívom *(6.F.)* smo zeló zadovóljni *(m.+gemischt)*. – Im neuen/guten/fremden Bier ist regionales Quellwasser. Mit dem neuen/guten/fremden Bier sind wir sehr zufrieden.

m.	*Ez.* – ein neuer / der neue Film	*Zz.*	*Mz.*
1.F.	nòv, nôvi fiḻm	nôva fiḻma	nôvi fiḻmi
4.F.	nòv, nôvi fiḻm	nôva fiḻma	nôve fiḻme
5.F.	**nôvem fiḻmu**	**nôvih fiḻmih**	**nôvih fiḻmih**
6.F.	**nôvim fiḻmom**	**nôvima fiḻmoma**	**nôvimi fiḻmi**

Auch: apríḻ – April, cènt – Cent, čás – Zeit, gúmb – Knopf, … (LMR: WF, 2017, S. 9+14/15.)
Ebenso: turíst – Tourist, bík – Stier, …; kmèt – Bauer, … *(m. Hauptwörter, auch Lebewesen, die nicht auf c č š ž j enden)*.
Zu den S. 31, 34, 48, 73, 85: V nôvem/dôbrem/túјem fiḻmu *(5.F.)* nastópa slovénska igrálka. Z nôvim/dôbrim/túјim fiḻmom *(6.F.)* doséžemo nagrádo. – Im neuen/guten/fremden Film tritt die slowenische Schauspielerin auf. Mit dem neuen/guten/fremden Film erreichen wir den Preis.

In diesem Buch werden bei einer Neubesprechung eines Falles die bereits behandelten Fälle jeweils vollständig wiederholt.
Der 5. und 6. Fall werden in Slowenisch immer mit einem Vorwort verwendet. Im 1. Fall gibt es weder in Deutsch noch in Slowenisch Vorwörter. Im 2. bis 4. Fall können in beiden Sprachen welche verwendet werden. (Siehe unten S. 133.)

7.2 Geringfügig abweichende Muster, sächlich und männlich

s.	*Ez.* – ein gutes / das gute Herz	*Zz.*	*Mz.*
1.F.	dôbro srcé	dôbri sŕci	dôbra sŕca
4.F.	dôbro srcé	dôbri sŕci	dôbra sŕca
5.F.	dôbrem sŕcu	dôbrih sŕcih	dôbrih sŕcih
6.F.	**dôbrim sŕcem**	**dôbrima sŕcema**	dôbrimi sŕci

Auch: igríšče – Spielplatz, sónce – Sonne, življênje – Leben, ... (LMR: WF, 2017, S. 11.)
Zu den S. 34, 48, 85: V nôvem/dôbrem/tújem sŕcu *(5.F.)* têče krí zeló hítro. Z nôvim/dôbrim/tújim sŕcem *(6.F.)* že dólgo živí. – Im neuen/guten/fremden Herzen fließt das Blut sehr schnell. Mit dem neuen/guten/fremden Herzen lebt er/sie schon lange.

m.	*Ez.* – ein roter / der rote Häfen	*Zz.*	*Mz.*
1.F.	rdéč, rdéči písker	rdéča pískra	rdéči pískri
4.F.	rdéč, rdéči písker	rdéča pískra	rdéče pískre
5.F.	rdéčem pískru	rdéčih pískrih	rdéčih pískrih
6.F.	**rdéčim pískrom**	rdéčima pískroma	rdéčimi pískri

Auch: cénter – Zentrum, dávek – Steuer, kôtel – Kessel, … (LMR: WF, 2017, S. 11+15+24.)
Ebenso: pès – Hund, máček – Kater, ... *(m. Hauptwörter, auch Lebewesen, bei denen –e– in der Endung ausfällt, die aber nicht auf c č š ž j enden).*
Zu den S. 32, 48: V nôvem/dôbrem/rdéčem pískru *(5.F.)* kúham júho. Z nôvim/dôbrim/rdéčim pískrom *(6.F.)* sem zadovóljna *(w.)*. – Im neuen/guten/roten Häfen koche ich eine/die Suppe. Mit dem neuen/guten/roten Häfen bin ich zufrieden.

m.	*Ez.* – ein frischer / der frische Tee	*Zz.*	*Mz.*
1.F.	svéž, svéži čáj	svéža čája	svéži čáji
4.F.	svéž, svéži čáj	svéža čája	svéže čáje
5.F.	svéžem čáju	svéžih čájih	svéžih čájih
6.F.	**svéžim čájem**	**svéžima čájema**	svéžimi čáji

Auch: kljúč –Schlüssel, kòš – Korb, mésec – Monat, ... (LMR: WF, 2017, S. 13+15.)
Ebenso: hròšč – Käfer, ángelc – Engel, jéž – Igel, kònj – Pferd, zmáj – Drache, pristáš – Anhänger, prijátelj – Freund, … *(m. Hauptwörter, auch Lebewesen, die auf c č š ž j enden).*
Ebenso: lônec – Kochtopf, čévelj – Schuh, mésec/(mésec) – Monat, ôgenj – Feuer, ...; igrálec – Schauspieler, párkelj – Krampus, učênec – Schüler, vrábec – Spatz, ... *(m. Hauptwörter, auch Lebewesen, bei denen –e– in der Endung ausfällt und die auf c č š ž j enden).*
Zu S. 35, 49: V nôvem/dôbrem/svéžem čáju *(5.F.)* je sládkor. Z nôvim/dôbrim/svéžim čájem *(6.F.)* sem zadovóljen *(m.)*. – Im neuen/guten/frischen Tee ist Zucker. Mit dem neuen/guten/frischen Tee bin ich zufrieden.

7.3 Erweiternde Muster, sächlich

s.	*Ez.* – ein rotes / das rote (Fahr-)Rad	*Zz.*	*Mz.*
1.F.	rdéče koló	rdéči kolési	**rdéča kolésa**
4.F.	rdéče koló	rdéči kolési	rdéča kolésa
5.F.	rdéčem kolésu	rdéčih kolésih	rdéčíh kolésih
6.F.	rdéčim kolésom	rdéčima kolésoma	rdéčimi kolési

Auch: črevó – Darm, čúdo – Wunder, drevó – Baum, nebó – Himmel, peró – Feder, rêbro – Rippe, slovó – Abschied, teló – Körper, ... (LMR: WF, 2017, S. 25+34/35.)
Zu S. 71: Pri nôvem/dôbrem/rdéčem kolésu *(5.F.)* mánjka še êna zavóra. Z nôvim/dôbrim/rdéčim kolésom *(6.F.)* se péljem v slúžbo. – Beim neuen/guten/roten Fahrrad fehlt noch eine Bremse. Mit dem neuen/guten/roten Fahrrad fahre ich in die Arbeit.

s.	*Ez.* – ein braves / das brave Mädchen	*Zz.*	*Mz.*
1.F.	prídno deklè	prídni dekléti	**prídna dekléta**
4.F.	prídno deklè	prídni dekléti	prídna dekléta
5.F.	prídnemu deklétu	prídnih deklétih	prídnih deklétih
6.F.	prídnim deklétom	prídnima deklétoma	prídnimi dekléti

Auch: bôžje Déte – das göttliche Kind, déte – Kind, jágnje – Lamm, ničè – Nichts, piščè – Küken, têle – Kalb, ščenè – Hündchen, žrebè – Fohlen, ... (LMR: WF, 2017, S. 25+34/35.)
Zu S. 72: Pri prídnem deklétu *(5.F.)* živi môja têta. S prídnim deklétom *(6.F.)* se péljem na Dúnaj. – Beim braven Mädchen wohnt meine Tante. Mit einem/dem braven Mädchen fahre ich nach Wien.

s.	*Ez.* – ein kaltes / das kalte Wetter	*Zz.*	*Mz.*
1.F.	mŕzlo vrême	mŕzli vreméni	**mŕzla vreména**
4.F.	mŕzlo vrême	mŕzli vreméni	mŕzla vreména
5.F.	mŕzlem vreménu	mŕzlih vreménih	mŕzlih vreménih
6.F.	mŕzlim vreménom	mŕzlima vreménoma	mŕzlimi vreméni

Auch: brême – Last, imé – Name, plême – Rasse, ráme – Schulter, séme – Same, slême – First, tême – Scheitel, víme – Euter, ... (LMR: WF, 2017, S. 25+34/35.)
Zu S. 72: Pri mŕzlem vreménu *(5.F.)* nè grém smúčat. Z mŕzlim vreménom *(6.F.)* nísem zadovóljna *(w.)*. – Beim kalten Wetter gehe ich nicht Schi fahren. Mit dem kalten Wetter bin ich nicht zufrieden.

7.4 Erweiternde und nicht erweiternde Muster, männlich

m.	*Ez.* – ein achtsamer / der achtsame Mord	*Zz.*	*Mz.*
1.F.	pazljív, pazljívi umòr	pazljíva umóra	**pazljívi umóri**
2.F.	pazljívega umóra	pazljívih umórov	pazljívih umórov
4.F.	pazljív, pazljívi umòr	pazljíva umóra	pazljíve umóre
5.F.	pazljívem umóru	pazljívih umórih	pazljívih umórih
6.F.	pazljívim umórom	pazljívima umóroma	pazljívimi umóri

umòr (von umoríti).
Auch: gôvor (von govoríti govorím) – Rede, odbòr – Ausschuss, odmòr – Pause, odpòr (odpírati) – Widerstand, samomòr – Selbstmord, upòr (von upírati) – Aufruhr, …; izvír (izvírati) – Quelle, prepír (prepírati) – Streit, … (LMR: WF, 2017, S. 38, 24+34/35.)
Ebenso: bulvár – Boulevard, požár – Brand, …; bíser – Perle, séver – Westen, večér – Abend, …; próstor – Raum, šótor – Zelt, …; čár – Zauber; (LMR: WF, 2017, S. 24+34/35.)
Zu S. 72: Pri pazljívem umóru *(5.F.)* ní zasledíti sledí. Za pazljívim umórom *(6.F.)* je profesionálen umorílec. – Bei einem achtsamen Mord gibt es keine Spuren. Hinter einem achtsamen Mord steht ein professioneller Mörder.

m.	*Ez.* – ein österreichischer / der österreichische Evro	*Zz.*	*Mz.*
1.F.	avstríjski évro	avstríjska évra	**avstríjski évri**
2.F.	avstríjskega évra	avstríjskih évrov	avstríjskih évrov
4.F.	avstríjski évro	avstríjska évra	avstríjske évre
5.F.	avstríjskem évru	avstríjskih évrih	avstríjskih évrih
6.F.	avstríjskim évrom	avstríjskima évroma	avstríjskimi évri

Auch: avokádo – Avocadobirne/-frucht, ávto – Auto/Automobil, čélo – Cello, čémbalo – Cembalo, dísko – Disco/Discothek, embárgo – Embargo, kíno – Kino, mángo – Mangopflaume, ...; kábrio (> kabríi *Mz.)* – Cabrio/Cabriolet, rádio – Radio, stúdio – Studio, ...; bienále – Biennale, finále – Finale, ...; máksimum – Maximum, mínimum – Minimum, ... (LMR: WF, 2017, S. 36, 24+34/35.)
Zu S. 72: Na avstríjskem évru *(5.F.)* je Mózartova slíka. Z avstríjskim évrom *(6.F.)* lahkó pláčaš túdi v Slovéniji. – Auf dem österreichischen Euro ist Mozarts Bild. Mit dem österreichischen Euro kann man auch in Slowenien bezahlen.

m.	*Ez.* – ein slowenischer / der slowenische Tolar	*Zz.*	*Mz.*
1.F.	slovénski tólar	slovénska tólarja	**slovénski tólarji**
2.F.	slovénskega tólarja	slovénskih tólarjev	slovénskih tólarjev
4.F.	slovénski tólar	slovénska tólarja	slovénske tólarje
5.F.	slovénskem tólarju	slovénskih tólarjih	slovénskih tólarjih
6.F.	**slovénskim tólarjem**	**slovénskima tólarjema**	slovénskimi tólarji

Auch: denár – Geld, dínar – Dinar, fébruar – Feber, jánuar – Jänner, koledár – Kalender, slovár – Wörterbuch, ...; pulóver – Pullover, ...; krompír – Kartoffel(n), ...; sládkor – Zucker, ... (LMR: WF, 2017, S. 36, 22+34/35.) Ebenso: dèž – Regen (*Ding*; LMR: WF, 2017, S. 22.); čevljár – Schuster, cêsar – Kaiser, gospodár – Hausherr, kúhar – Koch, mizár – Tischler, natákar – Kellner, slaščičár – Konditor, ...; frizêr – Frisör, trenêr – Trainer, ...; inženír – Ingenieur, pastír – Hirte, ...; diréktor – Direktor, profésor – Professor, ... (LMR: WF, 2017, S. 38, 22+34+35). Auch: cár – Zar, fár – Pfaffe, júr – Riese. (*Lebewesen;* LMR: WF, 2017, S. 22.)
Zu S. 72: Na slovénskim tólarjem *(5.F.)* je Trúbarjeva slíka. S slovénskim tólarjem *(6.F.)* si lahkó pláčal samó v Slovéniji. – Auf dem slowenischen Tolar ist Trubers Bild. Mit dem slowenischen Tolar konnte man nur in Slowenien bezahlen.

m.	*Ez.* – der neueste Kuli	*Zz.*	*Mz.*
1.F.	nàjnovêjši kúli	nàjnovêjša kúlija	**nàjnovêjši kúliji**
2.F.	nàjnovêjšega kúlija	nàjnovêjših kúlijev	nàjnovêjših kúlijev
4.F.	nàjnovêjši kúli	nàjnovêjša kúlija	nàjnovêjše kúlije
5.F.	nàjnovêjšem kúliju	nàjnovêjših kúlijih	nàjnovêjših kúlijih
6.F.	**nàjnovêjšim kúlijem**	**nàjnovêjšima kúlijema**	nàjnovêjšimi kúliji

Auch: debut/debí – Debüt, dêrbi – Derby, hóbby/hóbi – Hobby, kívi – Kiwi, lóbi – Lobby, mení – Menu, táksi – Taxi, kómbi – Combi, ... (LMR: WF, 2017, S. 38, 22+34/35.) Ebenso: ateljé – Atelier, bifé – Buffet, bidžé – Budget, filé – Filet, kupé – Coupé, žilé – Gilet, ...; angažmá – Engagement, abonmá – Abonnement, apartmá – Appartement, ...; depó – Depot, nivó – Niveau, roló – Rolladen, ...; intervjú – Interview, kanú – Kanu, tabú – Tabu, ... *(Dinge, Begriffe;* LMR: WF, 2017, S. 22+23+34.) Auch: dédi – Opa, ...; áudi – Audi, ferrári – Ferrari, trábi – Trabi, ...; gurú – Guru, ... (*Lebewesen;* LMR: WF, 2017, S. 22+23.)
Zu S. 72: Na nàjnovêjšem kúliju *(5.F.)* je posében dezájn. Z nàjnovêjšim kúlijem *(6.F.)* se podpíšem zeló ràd *(m.)*. – Auf dem neuesten Kuli ist ein besonderes Design. Mit dem neuesten Kuli unterschreibe ich sehr gern(e).

m.	*Ez.* – der liebenswürdigste Vater	*Zz.*	*Mz.*
1.F.	nàjbolj ljubeznívi ôče	nàjbolj ljubezníva očéta	**nàjbolj ljubeznívi očéti/očétje**
2.F.	nàjbolj ljubeznívega očéta	nàjbolj ljubeznívih očétov	nàjbolj ljubeznívih očétov
4.F.	nàjbolj ljubeznívega očéta *Leb.*	nàjbolj ljubezníva očéta	nàjbolj ljubezníve očéte
5.F.	nàjbolj ljubeznívem očétu	nàjbolj ljubeznívih očétih	nàjbolj ljubeznívih očétih
6.F.	nàjbolj ljubeznívim očétom	nàjbolj ljubeznívima očétoma	nàjbolj ljubeznívimi očéti

(LMR: WF, 2017, S. 37.) *Nur dieses männliche Hauptwort erweitert mit „–t–“.*

Zu S. 73: Dárko živí pri nàjbolj ljubeznívem očétu *(5.F.)*. Z nàjbolj ljubeznívim očétom *(6.F.)* sem v soródstvu. – Darko lebt beim liebenswürdigsten Vater. Mit dem liebenswürdigsten Vater bin ich verwandt.

m.	*Ez.* – der am meisten gekaufte Saft	*Zz.*	*Mz.*
1.F.	nàjbolj kúpljeni sók	nàjbolj kúpljena sokôva	**nàjbolj kúpljeni sokôvi**
2.F.	nàjbolj kúpljenega sóka	nàjbolj kúpljenih sokôv	nàjbolj kúpljenih sokôv
4.F.	nàjbolj kúpljeni sók	nàjbolj kúpljena sokôva	nàjbolj kúpljene sokôve
5.F.	nàjbolj kúpljenem sóku	nàjbolj kúpljenih sokôvih	nàjbolj kúpljenih sokôvih
6.F.	nàjbolj kúpljenim sókom	nàjbolj kúpljenima sokôvoma	nàjbolj kúpljenimi sokôvi

Auch: dólg – Schuld, dóm – Heim, gózd – Wald, gròb – Grab, lés – Holz, róg – Horn, vóz – Wagen, vŕh – Gipfel, vŕt – Garten, zvòn – Glocke, ... (LMR: WF, 2017, S. 37+55, 26+34.) Ähnlich: véter > vetrôva > vetrôvi – Wind, ... (LMR: WF, 2017, S. 26.) Auch: vólk – Wolf, bóg – Gott, Bóg – Gott (christlich), dúh – Geist, ... *(Lebewesen*; LMR: WF, 2017, S. 41, 26+ 34.) *Aber:* čás – Zeit, gŕb – Wappen, gŕm – Busch, pŕst – Finger, tŕg – Markt, pót – Weg, ... (*Dinge, Begriffe*); kŕt – Maulwurf, lév – Löwe, ... *(Lebewesen)*; *erweitern nicht mit –ov.* (LMR: WF, 2017, S. 28+34+35.) *Bei Hauptwörtern wie* pozdráv – Gruß, odmèv – Echo, nazív – Titel, naslóv – Anschrift, pokròv – Deckel, ... *kommt im 2. Fall Mz. noch ein –ov dazu.* (LMR: WF, 2017, S. 28+34.)

Zu S. 73: V nàjbolj kúpljenem sóku *(5.F.)* je velíko sladkórja. Z nàjbolj kúpljenim sókom *(6.F.)* nísem zadovóljna. *w.* – Im meistgekauften Saft ist sehr viel Zucker. Mit dem meistgekauften Saft bin ich nicht zufrieden.

m.	*Ez.* – ein sehr interessanter / der sehr interessante Wasserfall	*Zz.*	*Mz.*
1.F.	zeló zanimív, zanimívi sláp	zeló zanimíva slapôva	**zeló zanimívi slapôvi**
2.F.	zeló zanimívega slápa/slapú	zeló zanimívih slapôv	zeló zanimívih slapôv
4.F.	zeló zanimív, zanimívi sláp	zeló zanimíva slapôva	zeló zanimíve slapôve
5.F.	zeló zanimívem slápu	zeló zanimívih slapôvih	zeló zanimívih slapôvih
6.F.	zeló zanimívim slápom	zeló zanimívima slapôvoma	zeló zanimívimi slapôvi

Auch: dár – Geschenk, glás – Stimme, grád – Burg, móst – Brücke, nós – Nase, práh – Staub, rób – Rand, stráh – Angst, zíd – Mauer, ... (LMR: WF, 2017, S. 40, 27+34.) Ebenso: sín – Sohn, tát – Dieb, ... (*Lebewesen;* LMR: WF, 2017, S. 41, 27+34.)

Zu S. 74: Pri zeló zanimívem slápu *(5.F.)* je spomeník. Za zeló zanimívim slápom *(6.F.)* se nahája stŕma skála. – Beim sehr interessanten Wasserfall ist ein/das Denkmal. Hinter dem sehr interessanten Wasserfall befindet sich ein steiler Felsen.

Vorwörter im 5. Fall sind: v/na – in/auf, pri – bei, govoriti o – sprechen über, ob Drávi – an der Drau, po Lípušu – nach/laut Lipuš; „v“ ist die Regel, „na“ die Ausnahme. Vorwörter im 6. Fall sind: s/z – mit, za – hinter, pred – vor, nad – über, pod – unter, med – zwischen.
Vor „p t k s š c č f h sp šp st št“ kommt „s“, vor allen anderen Zeichen „z“. Ta **s**uhi **šk**afe**c** pu**šč**a. – Dieses trockene Fass rinnt. *> s + t s h š k f c p š č = p t k s š c č f h. Siehe unten S. 133. Siehe auch LMR: Wortformen, 2017, S. 116; Wort- und Satzbeispiele S. 117–127.*

8 Ortsergänzung im 5. Fall / Lokativobjekt – Krajevni predmet v mestniku

Ortsangaben in Sätzen wie „Sem v ... Živim v ...“ befinden sich auf den S. 68, 78, 93. Weitere Ortsangaben in Sätzen wie „Ne živim v ... Ne stojim na ...“ gibt es auf S. 93. Auch in Sätzen wie „V hiši je ... V kuhinji je ... Na božičnem drevescu visi ...“ auf den S. 94+95 ist eine Ortsergänzung im 5. Fall vorhanden. Zu den Vorwörtern im 5. Fall siehe S. 109. Es wird noch einmal betont, dass „v“ generell verwendet wird, während „na“ in Verbindung mit Ortsnamen die Ausnahme darstellt (siehe S. 109), sonst steht „v“ für „in“ und „na“ für „auf“. Beispielsätze zum 5. Fall sind auch auf S. 105–109 angeführt. Siehe unten S. 133.

m.: Sem pri átiju, pri očétu, pri dédiju, pri stárem očétu, pri strícu, pri sváku, pri bratráncu, pri óčimu, pri rejníku, pri tástu, pri sínu, pri vnúku, pri zétu, pri soródniku, pri znáncu, pri zdravníku, pri zôbnem zdravníku, pri frizêrju, pri terapévtu, pri fotográfu, pri učítelju, pri profésorju, pri ravnátelju, pri trenêrju, pri prijátelju, ...
Ich bin bei meinem Papa, Vater, Opa, Großvater, Onkel, Schwager, Kusin, Stiefvater, Pflegevater, Schwiegervater, Sohn, Enkel, Schwiegersohn, Verwandten, Bekannten, Arzt, Zahnarzt, Frisör, Therapeuten, Fotografen, Lehrer, Professor, (Schul-)Direktor, Trainer, Freund, …

w.: Sem pri mámi, pri máteri, pri bábici, pri stári máteri, pri têti, pri svákinji, pri sestríčni, pri máčehi, pri rejníci, pri tášči, pri hčérki, pri hčéri, pri vnúkinji, pri snáhi, pri soródnici, pri znánki, pri zdravníci, pri zôbni zdravníci, pri frizêrki, pri terapévtki, pri fotográfinji, pri učíteljici, pri profésorici, pri ravnáteljici, pri trenêrki, pri prijáteljici, …
Ich bin bei meiner Mama, Mutter, Oma, Großmutter, Tante, Schwägerin, Kusine, Stiefmutter, Pflegemutter, Schwiegermutter, Tochter, Tochter, Enkelin, Schwiegertochter, Verwandten, Bekannten, Ärztin, Zahnärztin, Frisörin, Therapeutin, Fotografin, Lehrerin, Professorin, (Schul-)Direktorin, Trainerin, Freundin, …

Nísem pri átiju, pri očétu, ... Nísem pri mami, pri máteri, ...
Ich bin nicht bei meinem Papa, Vater, ... Ich bin nicht bei meiner Mama, Mutter, ...

Stanújem pri átiju, mámi, … Nè stanújem pri átiju, mámi, …
Ich wohne bei meinem Papa, bei meiner Mama, … Ich wohne nicht bei meinem Papa, bei meiner Mama, …

Délam v nakupoválnem céntru, na urádu, na finánčnem urádu, pri zdravníku, …; v šóli, v bánki, v trgovíni, v vèletrgovíni, v lástni híši, na óbčini, pri fírmi Ógris, ...; na tržíšču, pri podjétju Infíneon, v trétjem nadstrópju, v stárem poslópju, …
Ich arbeite im Einkaufszentrum, am Amt, am Finanzamt, beim Arzt, …; in der Schule, in der Bank, im Geschäft, im Supermarkt, im eigenen Haus, auf der Gemeinde, bei der Firma Ogris, …; auf dem Markt, im Unternehmen Infineon, im dritten Stock, im alten Gebäude, …

Nè délam v nakupoválnem céntru, ...; v šóli, v bánki, ...; v stárem poslópju, ...
Ich arbeite nicht im Einkaufszentrum, …; nicht in der Schule, nicht in der Bank, …; nicht im alten Gebäude, …

Govorím o róžah: O túlipanih, o zvônčkih, ...; o marjétah, o vijólicah, ...
Ich spreche über Blumen: Über Tulpen, Schneeglöckchen, …; über Margeriten, Veilchen, …

Nè govorím o róžah: O túlipanih, o zvônčkih, ...; o marjétah, o vijólicah, ...
Ich spreche nicht über Blumen: Über Tulpen, Schneeglöckchen, …; über Margeriten, Veilchen, …

m.: áster – Aster, mákov cvét – Mohnblume, devêtek – Pfingstrose, éncijan/svíšč – Enzian, flóks – Phlox, košútnik – gelber Enzian, lókvanj – Seerose, lótos – Lotosblume, jétran/jétrnik – Leberblümchen, nágelj – Nelke, ôgnjič – Ringelblume, pljúvanec/rúševec – Almrausch, (navádni) régrat – Löwenzahn, róžmarin – Rosmarin, šípek – Heckenrose, čŕni têloh – Schneerose, túlipan – Tulpe, zvônček – Schneeglöckchen

w.: begónija – Begonie, brogovíta – Schneeball, cínija – Zinie, kalúžnica – Dotterblume, régratova lúčka – Pusteblume, marjéta – Margerite, marjética – Gänseblümchen, narcísa – Narzisse, nebína – Aster, orhidêja – Orchidee, pelargónija – Pelargonie, plaménka – Phlox, planíka – Edelweiß, plávica – Kornblume, potônika – Pfingstrose, róža – Blume, ledéna róža – Eisblume, súha róža – Strohblume, smolníca/smolníčica/smolníčka *(L = U̯)* / smóljka/prilepáča – Pechnelke, sónčnica – Sonnenblume, spomínčica – Vergissmeinnicht, šmárnica/sólzica *(L = U̯, dial.)* – Maiglöckchen, vijólica – Veilchen, vŕtnica – Rose, zvézdoglávka – Knopfblume, zvônčnica – Glockenblume

Razprávljam o glasbílih in o glasôvih: O klavírju, o klarinétu, o bóbnu, o čélu, o čémbalu, ...; o hárfi, o túbi, o cítrah, o órglah, o góslih, ...; o básu, o sopránu, ...

Ich debattiere über Musikinstrumente und Stimmen: Über das Klavier, die Klarinette, die Trommel, das Cello, das Cemballo, ...; über die Harfe, die Tuba, die Zither, die Orgel, die Fiedel/Geige, ...; über die Bassstimme, den Sopran, ...

m.: ált – Alt, baritón – Bariton, bás – Bassgeige / Bass (Stimme), bóben – Trommel/Schlagzeug, címbal – Zimbal, čélo *(>* čéli *Mz.)* – Cello, čémbalo *(>* čémbali *Mz.)* – Cemballo, činéli *(Mz.)* – Becken, fagót – Fagott, glás *(2.F. Ez.* glása/glasú, *Mz.* glasôvi*)* – Stimme, kahón/cajón – Schlagzeug, klarinét – Klarinette, klavír *(j)* – Klavier, mézosoprán – Mezzosopran, oprékelj – Hackbrett, rog *(>* rogôvi *Mz.)* – Horn, lóvski róg *(>* lóvski rogôvi *Mz.)* – Jagdhorn, pastírski róg *(>* pastírski rogôvi *Mz.)* – (Hirten-/Schäfer-)Horn, saksofón – Saxophon, soprán – Sopran, tenór *(j)* – Tenor, triángel – Triangel, violončélo *(>* violončéli *Mz.)* – Violoncello

w.: búnka – Bassgeige, citre *(Mz.)* – Zither, činéle *(Mz.)* – Becken, flávta – Flöte, préčna flávta – Querflöte, gósli *(2.w. Mz.)* – Fidel/Geige, hárfa – Harfe, harmónika – Harmonika, kitára – Gitarre, obóa – Oboe, órgle *(Mz.)* – Orgel, órglice *(Mz.)* / trstovínke *(Mz.)* – Panflöte, pozávna – (Zug-)Posaune, tambúrica – Tamburizza, túba – Tuba, trobénta – Trompete, vióla – Viola, violína – Violine

s.: glasbílo – Musikinstrument, tolkála *(Mz., Ez.* tolkálo*)* – Schlagzeug

Sánjam o vozílih: O ávtu, o mercédesu, o mópedu, o motórju, ...; o ládji, ...; o letálu, ...

Ich träume von Fahrzeugen: Von einem Auto, von einem Mercedes, von einem Moped, von einem Motorrad, ...; von einem Schiff, ...; von einem Flieger/Flugzeug, ...

Fahrzeugtypen siehe S. 77. Fahrzeuge/Verkehrsmittel siehe S. 112.

9 Ich fahre mit ... – Peljem se s/z ...

Péljem se z ávtom, z mópedom, z motórjem, z vlákom, ...; z ládjo, z bárko, z žéléznico, ...; z letálom, z vozílom, z dvigálom, ...
Ich fahre mit dem Auto, mit dem Moped, mit dem Motorrad/Mofa, mit dem Zug, ...; mit dem Schiff, mit dem Boot, mit der Eisenbahn, ...; mit dem Flieger/Flugzeug, mit dem Fahrzeug, mit dem Lift/Aufzug, ...

Péljem se s tráktorjem, s trámvajem, ...; s sedéžnico, ...; s prométnim srédstvom, ...
Ich fahre mit dem Traktor, mit der Straßenbahn, ...; mit dem Sessellift, ...; mit einem Verkehrsmittel, ...

m.: ávto *(> ávti Mz.)* – Auto, ávto na bencínski pogòn – Benziner, ávto na eléktrični pogòn – Elektroauto / E–Auto, avtodóm – Wohnmobil, avtomobíl – Automobil, dirkálni avtomobíl – Rennwagen, bús/ávtobus/ómnibus – Bus/Autobus/Omnibus, tírni avtobús – Schienenbus, dízel – Diesel, helikópter *(j)* – Hubschrauber, kábrio *(> kabrii Mz.)* – Cabrio, kamión/tovornják – Lastwagen, kánu *(j)* – Kanu, katamarán – Katamaran, kómbi *(j)* – Combi, metró *(j)* – Metro, skiró *(j)* – Roller, tánk – Panzer, trámvaj – Straßenbahn, trólejbus – O–Bus/Oberleitungsbus, vlák – Zug, regionálni vlák – Regionalzug, hítri vlák – Schnellzug, zelêni vlák – Städteschnellzug (in Slowenien, Railjet in Österreich, ICE in Deutschland, TGV in Frankreich), žélézniški vóz *(2.F. Ez.* žélézniškega vóza, *Mz.* žélézniški vozôvi*)* – Triebwagen

w.: bárčica – kleines Boot, bárka – Boot, jádrnica – Segelboot, kónjska vpréga – Pferdegespann, limuzína – Limousine, lokomotíva – Lokomotive, dízelska lokomotíva – Diesellokomotive, sedéžnica – Sessellift, vléčnica – Schlepplift, žéléznica – Eisenbahn, górska žéléznica – Bergbahn, nadzémna/nadtálna žéléznica – Seilbahn, podzémna (žéléznica) – U–Bahn/Untergrundbahn/Metro, zôbna žéléznica – Zahnradbahn, viséča/nihálna žéléznica – Schwebebahn, žíčnica/vzpenjáča – Drahtseilbahn

s.: dvigálo – Aufzug/Lift, koló *(> kolésa Mz.)* – (Fahr-)Rad, letálo – Flieger/Flugzeug, jadrálno letálo – Segelflieger/Segelflugzeug

Vózim koló, ávto, móped, motór in tráktor. – Ich fahre (Fahr-)Rad, Auto, Moped, Motorrad und Traktor. *(Ich kann das, ich bin dazu berechtigt. Allgemeine Aussage.)*
Vózim se s kolésom, z ávtom, z mópedom, z motórjem, s tráktorjem v Belják. – Ich fahre mit dem (Fahr-)Rad, mit dem Auto, mit dem Moped, mit dem Motorrad, mit dem Traktor nach Villach. *(Ich lenke das entsprechende Fahrzeug. Konkrete Aussage.)*
Péljem se z ávtom, z mópedom, z motórjem, s tráktorjem, z vlákom, z letálom, z ládjo. – Ich fahre mit einem Auto, ... *(Ich fahre in einem Fahrzeug mit. Ich lenke es nicht selbst.)*

Vlák vózi od Celôvca do Beljáka. Vozíli so z vôlom, oráli pa so s kónjem. Dánes vózijo s tovornjákom, órjejo pa s tráktorjem. Péljem se na izlèt, v mésto, do kónčne postáje.
Der Zug fährt von Klagenfurt bis Villach. Sie fuhrwerkten mit dem Ochsen, pflügten aber mit dem Pferd. Heute fuhrwerken sie mit dem Lastwagen, pflügen aber mit dem Traktor (fuhrwerken = Lasten befördern). Ich fahre auf Ausflug, in die Stadt, bis zur Endstation.

Fahrzeugtypen siehe S. 77. Fahrzeuge/Verkehrsmittel siehe S. 111.
Das Vorwort „s" steht vor „p t k s š c č f h sp šp st št", das Vorwort „z" kommt vor allen anderen Lauten, also vor „b d g z ž dz dž, m n l r v j, a e i o u [ə]. Siehe dazu S. 109.

Ortsangaben siehe S. 41, S. 68, S. 78, S. 92+93. Vorwörter siehe S. 109, S. 112, S. 133.

2.F.: iz Beljáka, iz Celôvca, iz Podklóštra, iz Šmohórja, …; iz Vŕbe, iz Ljubljáne, iz Kríve Vŕbe, …; iz Lóč, iz Póreč, iz Škófič, iz Hódiš, …; iz Borôvelj, iz Podgôrij, …; iz Kotmáre vasí, iz Vodíče/Díče vasí, ...; iz Cêlja, iz Vrát, …; z Močíla, … Sem iz Ledínc. Sem iz vasí Št. Ílj / Šentílj. … Sem s Pečníc. Sem s Čájne. … Sem z Otóka. Sem z Bístrice. Sem z Žopráč. …

aus Villach, aus Klagenfurt, aus Arnoldstein, aus Hermagor, …; aus Velden, aus Laibach, aus Krumpendorf, …; aus Latschach, aus Pörtschach, aus Schiefling, aus Keutschach, …; aus Ferlach, aus Maria Elend, …; aus Köttmannsdorf, aus Gödersdorf, …; aus Cilli/Zilli, aus Thörl, …; aus Hart, … Ich bin aus Ledenitzen. Ich bin aus dem Dorf St. Egyden. … Ich bin aus Petschnitzen. Ich bin aus Nötsch. … Ich bin aus Maria Wörth. Ich bin aus Feistritz. Ich bin aus Selpritsch. …

2.F. > 4.F.: od Beljáka v Velikôvec, od Celôvca v Plíberk, …; od Ljubljáne v Postójno, od Vŕbe v Šmarjéto, …; od Lóč v Hódiše, ...; od Čájne na Žopráče, …; od Cêlja v Vráta, …

von Villach nach Völkermarkt, von Klagenfurt nach Bleiburg, …; von Laibach nach Adelsberg, von Velden nach St. Margarethen, …; von Latschach nach Keutschach, …; von Nötsch nach Selpritsch, …; von Cilli/Zilli nach Thörl, …

4.F.: čez Bŕnco v Belják, čez Belják v Celôvec, čez Ljubljáno v Máribor, čez Vŕbo v Škófiče, … Grém v Belják. … Grém v Ledínce. … Grém na Ôtok. … Grém na Bístrico. … Grém na Žopráče. … Grém v Krívo Vŕbo. … Grém v Vodíčo/Díčo vás. …

über Fürnitz nach Villach, über Villach nach Klagenfurt, über Laibach nach Marburg, über Velden nach Schiefling, … Ich gehe/fahre nach Villach. … Ich gehe/fahre nach Ledenitzen. … Ich gehe/fahre nach Maria Wörth. … Ich gehe/fahre nach Feistritz. … Ich gehe/fahre nach Selpritsch. … Ich gehe/fahre nach Krumpendorf. … Ich gehe/fahre nach Gödersdorf. …

5.F.: v Beljáku, …; v Vŕbi, …, na Čájni, …; v Cêlju, … Živím v vási Št. Ílj / Šentílj.

in Villach, …; in Velden, …, in Nötsch, …; in Cilli/Zilli, … Ich lebe im Dorf St. Egyden.

Vózim se z ávtom od Békštanja čez Rožék v Bilčóvs. Péljem se z vlákom od Beljáka čez Celôvec v Velikôvec. Grém od Šmohórja čez Štéfan v Št. Pável. Vózim se s kolésom od Vŕbe čez Ríbnico v Sekíro. Grém od Zagoríč čez Lóče v Báče. Péljem se z búsom od Modrínje vasí čez Véliko vás v Gostínjo vás. Vózim se z avtom od Ólšja čez Ločílo v Vráta. Letím z letálom od Sálzburga v Fránkfurt. Letím s helikópterjem od Cêlja do Razdŕtega.

Ich fahre mit dem Auto von Finkenstein über Rosegg nach Ludmannsdorf. Ich fahre mit dem Zug von Villach über Klagenfurt nach Völkermarkt. Ich gehe von Hermagor über St. Stefan nach St. Paul. Ich fahre mit dem Fahrrad von Velden über Reifnitz nach Sekirn. Ich gehe von Goritschach über Latschach nach Faak. Ich fahre mit dem Bus von Möderndorf über Micheldorf nach Köstendorf. Ich fahre mit dem Auto von Erlendorf über Hart nach Thörl. Ich fliege mit dem Flugzeug von Salzburg nach Frankfurt. Ich fliege mit dem Hubschrauber von Cilli/Zilli nach Präwald.

Kâj *(4.F.)* bi rádi píli? Kâj *(4.F.)* bi rádi jédli?
Was möchten Sie trinken? Was möchten Sie essen?
Čaj z rumom (*6.F.*). Kavo s smetano. Mleko z jajcem.
Einen Tee mit Rum. Einen Kaffee mit Schlag. (Eine) Milch mit Ei.
Kruh s sirom. Pico s šunko. Pecivo z maslom.
Ein Brot mit Käse. Eine Pizza mit Schinken. Ein Gebäck mit Butter.

Speisen und Getränke siehe oben S. 61 und S. 64.

10 Die Gegenwart beim Zeitwort – Sedanjik pri glagolu

kúhati – (zu) kochen **kúham** – ich koche **kúhaš** – du kochst **kúha** – er/sie/es kocht **kúhamo** – wir kochen **kúhate** – ihr kocht / SIE kochen **kúhajo** – sie kochen **kúhava** – wir zwei kochen **kúhata** – ihr zwei kocht / (SIE …) **kúhata** – sie zwei kochen	govoríti – (zu) reden/sprechen **govorím** – ich spreche **govoríš** – du sprichst **govorí** – er/sie/es spricht **govorímo** – wir sprechen **govoríte** – ihr sprecht /SIE sprechen **govoríjo** – sie sprechen **govoríva** – wir zwei sprechen **govoríta** – ihr 2 sprecht / (SIE …) **govoríta** – sie zwei sprechen	píti – (zu) trinken **píjem** – ich trinke **píješ** – du trinkst **píje** – er/sie/es trinkt **píjemo** – wir trinken **píjete** – ihr trinkt / SIE trinken **píjejo** – sie trinken **píjeva** – wir zwei trinken **píjeta** – ihr zwei trinkt / (SIE …) **píjeta** – sie zwei trinken
poznáti – (zu) kennen **poznám** – ich kenne	ponovíti – (zu) wiederholen **ponovím** – ich wiederhole	stanováti – (zu) wohnen **stanújem** – ich wohne **stanúješ** – du wohnst **stanúje** – er/sie/es wohnt
čestítati – (zu) gratulieren **čestítam** – ich gratuliere	oprostíti – (zu) entschuldigen **oprostím** – ich entschuldige	
délati – (zu) arbeiten **délam** – ich arbeite	učíti se – (zu) lernen **učím se** – ich lerne	
razuméti – (zu) verstehen **razúmem** – ich verstehe **razúmeš** – du verstehst **razúme** – er/sie/es versteht **razúmemo** – wir verstehen **razúmete** – ihr versteht / SIE … **razúmejo** – sie verstehen **razúmeva** – wir zwei verstehen **razúmeta** – ihr 2 versteht / (SIE) **razúmeta** – sie zwei verstehen	rêči – (zu) sagen **rêčem** – ich sage **rêčeš** – du sagst **rêče** – er/sie/es sagt **rêčemo** – wir sagen **rêčete** – ihr sagt / SIE sagen **rêčejo** – sie sagen **rêčeva** – wir zwei sagen **rêčeta** – ihr zwei sagt / (SIE …) **rêčeta** – sie zwei sagen	bráti – (zu) lesen **bêrem** – ich lese **bêreš** – du liest **bêre** – er/sie/es liest **bêremo** – wir lesen **bêrete** – ihr lest / SIE lesen **bêrejo** – sie lesen **bêreva** – wir zwei lesen **bêreta** – ihr zwei lest / (SIE …) **bêreta** – sie zwei lesen
bíti – (zu) sein **sem** – ich bin **si** – du bist **je** – er/sie/es ist **smo** – wir sind **ste** – ihr seid / SIE sind **so** – sie sind **sva** – wir zwei sind **sta** – ihr zwei seid / (SIE …) **sta** – sie zwei sind	jésti – (zu) essen **jém** – ich esse **jéš** – du isst **jé** – er/sie/es isst **jémo** – wir essen **jéste** – ihr esst / SIE essen **jéjo/jedó** – sie essen **jéva** – wir zwei essen **jésta** – ihr zwei esst / (SIE …) **jésta** – sie zwei essen	íti – hin-/her(zu)gehen **grém** – ich gehe hin/her **gréš** – du gehst hin/her **gré** – er/sie/es geht hin/her **grémo** – wir gehen hin/her **gréste** – ihr geht … / SIE … **gréjo/gredó** – sie gehen … **gréva** – wir zwei gehen hin/her **grésta** – ihr zwei geht … / (SIE) **grésta** – sie zwei gehen hin/her

Höflichkeitsform: kúhate – SIE kochen, poznáte – SIE kennen, čestítate – SIE gratulieren, délate – SIE arbeiten; govoríte – SIE sprechen, ponovíte – SIE wiederholen, oprostíte – SIE entschuldigen, učíte se – SIE lernen; píjete – SIE trinken; stanújete – SIE wohnen; razúmete – SIE verstehen, rêčete – SIE sagen, bêrete – SIE lesen; ste – SIE sind, jéste – SIE essen, gréste – SIE gehen hin/her, …

Die Gegenwartsformen (Präsens) weichen in Slowenisch manchmal von der Nennform / vom Infinitiv ab. Hauptzeitwortformen siehe oben S. 88, Hilfszeitwortformen siehe oben S. 18, S. 40 und S. 87. Zum Hilfszeitwort siehe LMR: Wortformen, 2017, S. 138–141; zum Hauptzeitwort siehe dort S. 156–181.

11 Die Vergangenheit beim Zeitwort – Preteklik pri glagolu

kúhati – (zu) kochen *m.* kúhal *Ez.*, kúhali *Mz.*, kúhala *Zz.* – gekocht *w.* kúhala *Ez.*, kúhale *Mz.*, kúhali *Zz.* – gekocht **kúhal/kúhala sem** – ich habe gekocht **kúhal/kúhala si** – du hast gekocht **kúhal je** – er hat gekocht **kúhala je** – sie hat gekocht **kúhali/kúhale smo** – wir haben gekocht **kúhali/kúhale ste** – ihr habt gekocht / SIE … **kúhali/kúhale so** – sie haben gekocht **kúhala/kúhali sva** – wir zwei haben gekocht **kúhala/kúhali sta** – ihr zwei habt … / (SIE …) **kúhala/kúhali sta** – sie zwei haben gekocht	govoríti – (zu) reden/sprechen *m.* govóril *Ez.*, govoríli *Mz.*, govoríla *Zz.* – gesprochen *w.* govoríla *Ez.*, govoríle *Mz.*, govoríli *Zz.* – gesprochen **govóril/govoríla sem** – ich habe gesprochen **govóril/govoríla si** – du hast gesprochen **govóril je** – er hat gesprochen **govoríla je** – sie hat gesprochen **govoríli/govoríle smo** – wir haben gesprochen **govoríli/govoríle ste** – ihr habt gesprochen / SIE … **govoríli/govoríle so** – sie haben gesprochen **govoríla/govoríli sva** – wir 2 haben gesprochen **govoríla/govoríli sta** – ihr 2 habt … / (SIE …) **govoríla/govoríli sta** – sie 2 haben gesprochen
píti – (zu) trinken *m.* píl *Ez.*, píli *Mz.*, píla *Zz.* – getrunken *w.* píla *Ez.*, píle *Mz.*, píli *Zz.* – getrunken **píl/píla sem** – ich habe getrunken **píl/píla si** – du hast getrunken **píl je** – er hat getrunken **píla je** – sie hat getrunken **píli/píle smo** – wir haben getrunken **píli/píle ste** – ihr habt getrunken / SIE haben … **píli/píle so** – sie haben getrunken **píla/píli sva** – wir zwei haben getrunken **píla/píli sta** – ihr zwei habt … / (SIE …) **píla/píli sta** – sie zwei haben getrunken	stanováti – (zu) wohnen *m.* stanovál *Ez.*, stanováli *Mz.*, stanovála *Zz.* – gewohnt *w.* stanovála *Ez.*, stanovále *Mz.*, stanováli *Zz.* – gewohnt **stanovàl/stanovála sem** – ich habe gewohnt **stanovàl/stanovála si** – du hast gewohnt **stanovàl je** – er hat gewohnt **stanovála je** – sie hat gewohnt **stanováli/stanovále smo** – wir haben gewohnt **stanováli/stanovále ste** – ihr habt gewohnt / SIE … **stanováli/stanovále so** – sie haben gewohnt **stanovála/stanováli sva** – wir zwei haben gewohnt **stanovála/stanováli sta** – ihr zwei habt … / (SIE …) **stanovála/stanováli sta** – sie zwei haben gewohnt
razuméti – (zu) verstehen razumèl … *m.*, razuméla … *w.* – verstanden **razumèl/razuméla sem** – ich habe verstanden	rêči – (zu) sagen rékel … *m.*, rêkla … *w.* – gesagt **rékel/rêkla sem** – ich habe gesagt
bráti – (zu) lesen brál … *m.*, brála … *w.* – gelesen **brál/brála sem** – ich habe gelesen	bíti – (zu) sein bíl … *m.*, bilà … *w.*– gewesen **bíl/bilà sem** – ich bin gewesen
jésti – (zu) essen jédel … *m.*, jédla … *w.* – gegessen **jédel/jédla sem** – ich habe gegessen	íti – hin-/her(zu)gehen šèl … *m.*, šlà … *w.* – hin-/hergegangen **šèl/šlà sem** – ich bin hin-/hergegangen

s.: kúhalo sem/si/je – ich habe / du hast / es hat gekocht, kúhala smo/ste/so – wir haben / ihr habt / sie haben gekocht, kúhali sva/sta/sta – wir zwei haben / ihr zwei habt / sie zwei haben gekocht; (kúhali sta – SIE haben gekocht)

Höflichkeitsform: kúhali ste – SIE haben gekocht; govoríli ste – SIE haben gesprochen; píli ste – SIE haben getrunken; stanováli ste – SIE haben gewohnt; razuméli ste – SIE haben verstanden, rêkli ste – SIE haben gesagt, bráli ste – SIE haben gelesen; bilì ste – SIE sind gewesen, jédli ste – SIE haben gegessen, šlì ste – SIE sind hin-/hergegangen; ...

Die Vergangenheit (Perfekt) und die Mitvergangenheit (Imperfekt/Präteritum) haben in Slowenisch dieselbe Form, z. B.: kúhal/kúhala sem – ich habe gekocht/ich kochte. *Die Vergangenheit wird mit dem Hilfszeitwort „bíti" und dem Mittelwort der Vergangenheit Tätigkeitsform (Partizip Perfekt Aktiv / Form auf –L) in der entsprechenden Personalform gebildet. In Slowenisch gibt es nur das Hilfszeitwort „bíti" für „sein, haben, werden" in Deutsch.*

Ez. 1.Ps.: Kúhal sem júho. *m.* Kúhala sem júho. *w.* – Ich habe eine Suppe gekocht. / Ich kochte eine Suppe.

Ez. 2.Ps.: Kúhal si júho. *m.* Kúhala si júho. *w.* – Du hast eine Suppe gekocht. / Du kochtest eine Suppe.

Ez. 3.Ps.: Kúhal je júho. *m.* Kúhala je júho. *w.* – Er hat eine Suppe gekocht. / Er kochte eine Suppe. Sie hat eine Suppe gekocht. / Sie kochte eine Suppe.

Mz. 1.Ps.: Kúhali smo júho. *m.* Kúhale smo júho. *w.* – Wir haben eine Suppe gekocht. / Wir kochten eine Suppe.

Mz. 2.Ps.: Kúhali ste júho. *m.* Kúhale ste júho. *w.* – Ihr habt eine Suppe gekocht. / Ihr kochtet eine Suppe.

Mz. 2.Ps./Höflichkeitsform: Kúhali ste júho. *m.* Kúhali ste júho. *w.* Kúhali ste júho. *s.* Kúhali ste júho. *gemischt / m.+w. / m.+s. / w.+s.* – SIE haben eine Suppe gekocht. / SIE kochten eine Suppe.

Mz. 3.Ps.: Kúhali so júho. *m.* Kúhale so júho. *w.* – Sie haben eine Suppe gekocht. / Sie kochten eine Suppe.

Zz. 1.Ps.: Kúhala sva júho. *m.* Kúhali sva júho. *w.* – Wir zwei haben eine Suppe gekocht. / Wir zwei kochten eine Suppe.

Zz. 2.Ps.: Kúhala sta júho. *m.* Kúhali sta júho. *w.* – Ihr zwei habt eine Suppe gekocht. / Ihr zwei kochtet eine Suppe. / (SIE haben eine Suppe gekocht.)

Zz. 3.Ps.: Kúhala sta júho. *m.* Kúhali sta júho. *w.* – Sie zwei haben eine Suppe gekocht. / Sie zwei kochten eine Suppe.

Govóril/Govoríla sem zeló hítro. – Ich habe sehr schnell gesprochen. / Ich sprach sehr schnell.
Píl/Píla sem pívo. – Ich habe ein Bier getrunken. / Ich trank ein Bier.
Stanovàl/Stanovála sem v blóku. – Ich habe in einem Block gewohnt. / Ich wohnte ...
Razumèl/Razuméla sem nagôvor. – Ich habe die Ansprache verstanden. / Ich verstand ...
Rékel/Rêkla sem: „Já.“ – Ich habe gesagt: „Ja.“ / Ich sagte: „Ja.“
Brál/Brála sem knjígo. – Ich habe ein Buch gelesen. / Ich las ein Buch.
Bíl sem mlád. Bilà sem mláda. – Ich bin jung gewesen. / Ich war jung.
Lép sem bíl. Lépa sem bilà. – Ich bin schön gewesen. / Ich war schön.
Bíl/Bilà sem v Beljáku. – Ich bin in Villach gewesen. / Ich war in Villach.
Bíl/Bilà sem na Dúnaju. – Ich bin in Wien gewesen. / Ich war in Wien.
Bíl/Bilà sem na prireditvi. – Ich bin auf der Veranstaltung gewesen. / Ich war auf der ...
Jédel/Jédla sem krúh. – Ich habe Brot gegessen. / Ich aß Brot.
Šèl/Šlà sem na póšto. – Ich bin auf die Post gegangen. / Ich ging auf die Post.
Šèl/Šlà sem na spréhod. – Ich bin spazieren gegangen. / Ich ging spazieren.

A si kúhal/kúhala júho? Já, kúhal/kúhala sem júho. – Hast du eine Suppe gekocht? / Kochtest du eine Suppe? Ja, ich habe eine Suppe gekocht. / Ja, ich kochte eine Suppe.

A si govóril/govoríla zeló hítro? Já, govóril/govoríla sem zeló hítro. Nè, govóril/govoríla nísem zeló hítro, govóril/govoríla sem zeló počási. – Hast du sehr schnell gesprochen? Ja, ich habe sehr schnell gesprochen. Nein, ich habe nicht sehr schnell gesprochen, ich habe sehr langsam gesprochen. / Sprachst du sehr schnell? Ja, ich sprach sehr schnell. Nein, ich sprach nicht sehr schnell, ich sprach sehr langsam.

Zur Verneinung der Ergänzung im 4. Fall (Akkusativ-Objekt) siehe unten S. 242. Sie verlangt in Slowenisch den 2. Fall. Z. B.: Nè, nísem kúhal júhe. – Nein, ich habe keine Suppe gekocht. / Nein, ich kochte keine Suppe. *Auch der Ersatz der Ergänzung im 4. Fall durch das persönliche Fürwort (Personalpronomen) wird unten auf S. 239–242 (siehe Enklitika) behandelt. Z. B.:* Já, kúhal sem jo. Nè, nísem je kúhal. – Ja, ich habe sie gekocht. / Ja, ich kochte sie. Nein, ich habe sie nicht gekocht. / Nein, ich kochte sie nicht.

12 Eigenschaften und Benennungen in der Vergangenheit

Die Ärzte waren gut. **Zdravniki so bili dobri.**	Die Ärztinnen waren gut. **Zdravnice so bile dobre.**	Die Mädchen waren gut. **Dekleta so bila dobra.**

Das Musical war gut. **Muzikal– je bil– dober–.**	Das Spiel war gut. **Igra je bila dobra.**	Das Spielen war gut. **Igranje je bilo dobro.**
Der Spieler war gut. **Igralec– je bil– dober–.**	Die Spielerin war gut. **Igralka je bila dobra.**	Das Theater war gut. **Gledališče je bilo dobro.**
Die Spieler waren gut. **Igralci so bili dobri.**	Die Spielerinnen waren gut. **Igralke so bile dobre.**	Die Theater waren gut. **Gledališča so bila dobra.**

das Musical – **múzikal** *m.*
der Spieler – **igrálec** *m.*
der Sänger – **pévec** *m.*
der Tänzer – **plesálec** *m.*
der Regisseur – **režisér** *m. (j)*
die Bühne – **óder** *m.*

das Spiel – **ígra** *w.*
die Spielerin – **igrálka** *w. (L=U̯)*
die Sängerin – **pévka** *w.*
die Tänzerin – **plesálka** *w. (L=U̯)*
die Regisseurin – **režisérka** *w.*
das Licht – **lúč** *w.* (> lučí *Mz.*)

das Theater – **gledalíšče** *s.*
das Spielen – **igránje** *s.*
das Singen – **pétje** *s.*
das Tanzen – **plésanje** *s.*
die Anweisung – **navodílo** *s.*
das Entstehen – **nastájanje** *s.*

spielen – **igráti igrám**
das Spielen – **igránje** *s.*

singen – **péti pôjem**
das Singen – **pétje** *s.*

tanzen – **plésati plḗšem**
das Tanzen – **plésanje** *s.*

böse – **húd**
durstig – **žêjen**
ehrlich – **poštèn**
einmalig – **enkráten**
erfahren – **izkúšen**
faul – **lén**
fleißig – **príden**
freundlich – **prijázen**
froh/fröhlich – **vesél**
groß – **vêlik, véliki**
großartig – **sijájen**
hässlich – **gŕd**
hervorragend – **odlíčen**
mittelmäßig – **povpréčen**
uninteressant – **nèzanimív**

herrlich – **krásen**
herzlich – **prisŕčen**
hübsch – **čéden**
hungrig – **láčen**
klein – **májhen, máli**
langsam – **počásen**
lieb – **ljúb**
liebenswürdig – **ljubeznív**
lustig – **lúšten**
ordentlich – **urejèn**
rund – **okrógel**
schlampig – **šlámpast**
interessant – **zanimív**
herausragend – **štrléč**
kompetent – **kompeténten**

schlecht – **slàb**
schnell – **híter**
stark – **močán**
traurig – **žálosten**
tüchtig – **sposóben**
untauglich – **nèsposóben**
fähig – **zmóžen**
unfähig – **nèzmóžen**
wundervoll – **čudovít**
Musik- – **glasbèn**
Sprech- – **govóren**
Tanz- – **plésen**
mühsam – **múčen**
erfolgreich – **uspéšen**
für die Katz – **za nič** (*bleibt gleich*)

Der Slowenischkurs war …	**Tečáj** slovénščine **je bíl odlíčen/štrléč.**
Die Slowenischlehrerin war …	**Učíteljica** slovénščine **je bilà odlíčna/štrléča.**
Das (Slowenisch-)Unterrichten war …	**Poučevánje** slovénščine **je bilò odlično/štrléče.**

Nach c č š ž j wird –o– bei sächlichen Eigenschaftswörtern zu –e–, z. B.: štrléč štrléči štrléča štrléče wie vróč vróči vróča vroče und rdéč rdéči rdéča rdéče usw. Merksätze: 1. **C**el **č**as **š**ola **ž**e **j**ezi. – Die ganze Zeit ärgert die Schule schon. 2. **C**ene **č**ešnje **š**e **ž**e **j**e. – Der Preis der Kirschen ist schon noch gleich(geblieben). – *Ich empfehle auch hier zuerst die Einzahl, dann die Mehrzahl und dann erst die Zweizahl zu üben. In Deutsch kann statt der Mitvergangenheit auch die Vergangenheit verwendet werden. Z. B.:* Der Arzt ist gut gewesen.

Mlád, Mládi igrálec je bìl dóber. *m. Ez.* Ein junger, Der junge Schauspieler war gut.	**Mláda igrálka je bilà dôbra.** *w. Ez.* Eine/Die junge Schauspielerin war gut.	**Glásbeno gledalíšče je bilò dôbro.** *s. Ez.* Ein/Das Musiktheater war gut.
Mládi igrálci so bilì dôbri. *m. Mz.* Junge, Die jungen Schauspieler waren gut.	**Mláde igrálke so bilè dôbre.** *w. Mz.* Junge, Die jungen Schauspielerinnen waren gut.	**Glásbena gledalíšča so bilà dôbra.** *s. Mz.* (Die) Musiktheater waren gut.
Mláda igrálca sta bilà dôbra. *m. Zz.* Zwei junge, Die zwei jungen Schauspieler waren gut.	**Mládi igrálki sta bilì dôbri.** *w. Zz.* Zwei junge, Die zwei jungen Schauspielerinnen waren gut.	**Glásbeni gledalíšči sta bilì dôbri.** *s. Zz.* (Die zwei), Zwei Musiktheater waren gut.

Zdravník je bíl dóber. Zdravníki so bilì dôbri. Zdravníka sta bilà dôbra.
Zdravníca je bilà dôbra. Zdravníce so bilè dôbre. Zdravníci sta bilí dôbri.
Deklè je bilò dôbro. Dekléta so bilà dôbra. Dekléti sta bilì dôbri.
Der Arzt war gut. Die Ärzte waren gut. Die zwei/beiden Ärzte waren gut. – Die Ärztin war gut. Die Ärztinnen waren gut. Die zwei/beiden Ärztinnen waren gut. – Das Mädchen war gut. Die Mädchen waren gut. Die zwei/beiden Mädchen waren gut.

Múzikál je bil odlíčen. Múzikali so bilì odlíčni. Múzikala sta bilà odlíčna.
Igrálec je bíl odlíčen. Igrálci so bilì odlíčni. Igrálca sta bilà odlíčna.
Das Musical war hervorragend. Die Musicals waren hervorragend. Die zwei/beiden Musicals waren hervorragend. – Der Schauspieler war hervorragend. Die Schauspieler waren hervorragend. Die zwei/beiden Schauspieler waren hervorragend.

Ìgra je bilá enkrátna. Ìgre so bilè enkrátne. Ìgri sta bilì enkrátni.
Igrálka je bilà enkrátna. Igrálke so bilè enkrátne. Igrálki sta bilì enkrátni.
Das Spiel war einmalig. Die Spiele waren einmalig. Die zwei/beiden Spiele waren einmalig. – Die Schauspielerin war einmalig. Die Schauspielerinnen waren einmalig. Die zwei/beiden Schauspielerinnen waren einmalig.

Gledalíšče je bilò sijájno. Gledalíšča so bilà sijájna. Gledalíšči sta bilì sijájni.
Igrán**je** je bilò uspéšno. Plésan**je** je bilò čudovíto. Pét**je** je bilò štrlé**če**.
Das Theater war großartig. Die Theater waren großartig. Die zwei/beiden Theater waren großartig. – Das Spielen war erfolgreich. Das Tanzen war wundervoll. Das Singen war herausragend.

Režisér je bíl uspéšen. Režisérji so bilì uspéšni. Režisérja sta bilà uspéšna.
Režisérka je bilá uspéšna. Režisérke so bilé uspéšne. Režisérki sta bilì uspéšni.
Navodílo je bilò uspéšno. Navodíla so bilà uspéšna. Navodíli sta bilì uspéšni.
Der Regisseur war erfolgreich. Die Regisseure waren erfolgreich. Die zwei/beiden Regisseure waren erfolgreich. – Die Regisseurin war erfolgreich. Die Regisseurinnen waren erfolgreich. Die zwei/beiden Regisseurinnen waren erfolgreich. – Die Anweisung war erfolgreich. Die Anweisungen waren erfolgreich. Die zwei/beiden Anweisungen waren erfolgreich.

In Deutsch kann man auch den unbestimmten Artikel verwenden. Z. B.: Ein Arzt war gut. / Ein Arzt ist gut gewesen. *Statt dem Zahlwort „zwei" kann auch das Zahlwort/Fürwort „beide" eingesetzt werden. Z. B.:* Beide Ärzte waren gut. / Beide Ärzte sind gut gewesen.

13 Vater-, Mutter- und Jungtiere, gemischtes Geschlecht

žrébe̱c *m.* – ein/der Hengst, kobíla *w.* – eine/die Stute, žrébe *s.* (> žrebéta *Mz.*) – ein/das Fohlen/Füllen
ôse̱l *m.* – ein/der Esel, oslíca *w.* – eine/die Eselin, oslíče̱k *m.* / oslíca *w.* – ein/das Eselchen/Eselein
bík *m.* – ein/der Stier, kráva *w.* – eine/die Kuh, têle *s.* (> teléta *Mz.*) – ein/das Kalb/Kälbchen
merjáse̱c *m.* – ein/der Eber, svínja *w.* – eine/die Sau, prašíče̱k *m.* – ein/das Ferkel/Ferkelchen
ôve̱n *m.* – ein/der Schafbock, ôvca *w.* – ein/das Schaf, jágnje *s.* (> jágnjeta *Mz.*) – ein/das Lamm/Lämmchen
kôze̱l *m.* – ein/der Ziegenbock, kôza *w.* – eine/die Ziege/Geiß, / kozlíče̱k *m.* / kôzica *w.* / kozlè *s.* (> kozléta *Mz.*) – ein/das Geißlein/Zicklein
petelín *m.* – ein/der Hahn, kokóš *w.* (> kokóši *Mz.*) – eine/die Henne, piščè *s.* (> piščéta *Mz.*) – ein/das Küken
gosák *m.* – ein/der Gänserich/Ganter, gós *w.* (> gósi *Mz.*) – eine/die Gans, góska/góskica *w.* – ein/das Gänslein/Gänschen
racák/račák/rácman *m.* – ein/der Enterich/Erpel, ráca/rácka/ráčka *w.* – eine/die Ente, ráček *m.* / ráčica *w.* – ein/das Entchen/Entlein
purán *m.* – ein/der Truthahn/Puter, púra *w.* – eine/die Truthenne/Pute, púrče̱k *m.* / púrica *w.* – ein/das Putenküken
pès *m.* – ein/der Hund/Rüde, psíca *w.* – eine/die Hündin, ščenè *s.* (> ščenéta *Mz.*) – ein/das Hündchen / ein/der Welpe
máče̱k m. – ein/der Kater, máčka w. – eine/die Katze, máčica *s.* – ein/das Kätzchen
záje̱c *m.* – ein/der Hase, zájklja/zájka *w.* – eine/die Häsin, zájče̱k *m.* / zájčica *w.* – ein/das Häschen/Häslein
srnják *m.* – ein/der Rehbock, sŕna *w.* – eine/die Rehgeiß, srnjáče̱k *m.* – ein/das Rehkitz/Rehkitzlein
jêlen *m.* (> jeléni *Mz.*) – ein/der Hirsch, košúta *w.* – eine/die Hirschkuh, jelénče̱k *m.* / jelénče *s.* (> jelénčeta *Mz.*) – ein/das Hirschkalb/Hirschkälbchen
vólk *m.* (> volkôvi *Mz.*) – ein/der Wolf, volkúḻja *w.* – eine/die Wölfin, vólke̱c/volíče̱k *m.* / volè *s.* (> voléta *Mz.*) – ein/das Wölflein
mêdved *m.* (> medvédi *Mz.*) – ein/der Bär, medvédka *w.* – eine/die Bärin, medvéde̱k/medvédič *m.* – ein/das Bärlein
lèv *m.* (> lêvi *Mz.*) – ein/der Löwe, levínja *w.* – eine/die Löwin, lévče̱k *m.* – ein/das Löwenbaby

(ôče *m.* (> očéti *Mz.*) – ein/der Vater, máti (> mátere *Mz.*) – eine/die Mutter, ôtrok *m.* (> otrôci *Mz.*) – ein/das Kind
(igrále̱c *m.* – ein/der Schauspieler, igrálka *w.* – eine/die Schauspielerin, gledalíšče *s.* – ein/das Theater)
(óhrovt *m.* – ein/der Sprossenkohl, rdéča pésa *w.* – eine/die rote Rübe, bélo zélje *s.* – ein/das Weißkraut)
(čáj *m.* – ein/derTee, limonáda *w.* – eine/die Limonade, pívo *s.* – ein/das Bier)
(stól *m.* – ein/der Stuhl, svetíḻka *w.* – eine/die Lampe, ôkno *s.* – ein/das Fenster)
(trenúte̱k *m.* – ein/der Augenblick, úra *w.* – eine/die Stunde, stolétje *s.* – ein/das Jahrhundert)

m.+w.=m.: Bík s krávo sta bilà v hlévu, žrêbci s kobílami so bilì na páši. – Ein/Der Stier und eine/die Kuh waren im Stall, (die) Fohlen und (die) Stuten waren auf der Weide.

w.+s.=m.: Kobíla z žrebétom sta dobíla zdravíli, žrebéta so z máterami bilì na páši. – Eine/Die Stute und ein/das Fohlen bekamen eine/die Arznei / Medikamente, (die) Fohlen waren mit (den) ihren Müttern auf der/ihrer Weide.

m.+w.=m.: Pévci in pévke so bilì veséli. Péve̱c in pévka sta bilà veséla. Pévca in pévki so bilì veséli. – (Die) Sänger und (die) Sängerinnen waren froh. Ein/Der Sänger und eine/die Sängerin waren froh. (Die) Zwei/Beide Sänger und (die) zwei/beiden Sängerinnen waren froh.

Svéti Jóžef in svéta Maríja z bôžjim Détetom so bilì v hlévčku v Betlehému. – Der hl. Josef und die hl. Maria mit dem/ihrem göttlichen Kind waren im Stall von Bethlehem.

Diese Grammatik-Regel gilt für Personen, Tiere, Pflanzen, Dinge und Begriffe.

14 Kaj si delal/delala včeraj? – Was hast du gestern getan/gemacht?

Včéraj sem pôzno vstála. Potém sem zajtrkovála. Dopôldne sem délala z računáḻnikom. Opôldne sem nékaj skúhala in pojédla kosílo. Popôldne sem se nàjprej spočíla, potém pa priprávila na tečáj slovénščine. Potem sem šlà z ávtom v Beḻják. Zvečér sem tàm nàmreč iméla tečáj slovénščine. Potém sem še poslúšala poročíla in glédala televízijo, potém pa sem spét enkràt šlà spàt zeló pôzno.

Gestern bin ich spät aufgestanden. Dann habe ich gefrühstückt. Am Vormittag habe ich am Computer gearbeitet. Zu Mittag habe ich etwas gekocht und gegessen. Am Nachmittag habe ich mich zuerst ausgerastet, dann habe ich mich auf den Slowenischkurs vorbereitet. Dann bin ich mit dem Auto nach Villach gefahren. Am Abend hatte ich dort nämlich einen Slowenischkurs. Danach habe ich noch die Nachrichten angehört und ferngesehen, dann bin ich wieder einmal sehr spät schlafen gegangen.

Gestern stand ich spät auf. Dann frühstückte ich. Am Vormittag arbeitete ich ...

Včéraj sem pôzno vstála kot ponavádi. Potém sem v míru zajtrkovála. Jédla sem krúh z máslom in z marmeládo, píla sem bélo kávo. Potém sem odgovoríla na méjle. Skóraj vsák dán dobím po dvá ali trí méjle. Napísala sem dogódke v króniko. Tàm shránim bístvene dogódke iz svôjega vsakdána. Potém sem si skúhala kosílo in ga túdi pojédla. Po navádi si skúham enostávne jedí, kot so na prímer špagéti, ríž, káka júha ali enolônčnica. Nísem dôbra kúharica. Popôldne sem se nàjprej spočíla in potém sem se pripràvila na poúk slovénščine. Nàjprej sem poiskála podátke iz računáḻnika, potém sem pobrála gradívo in se naprávila na pót v VHS (Volkshochschule) v Beḻjáku. Med pótjo sem šlà po prijáteḻjico. Včásih se dobíva na klepèt. Túdi včéraj sva se pogovárjali o vsèh mogóčih témah. Šlì sva na kávo in pecívo v Parkcafé. Prijáteḻjica se je odpeḻjála domôv z vlákom, jàz pa sem šlà poučevàt. Poúk potéka zanimívo. Tečájniki napredújejo zeló uspéšno. Po tečáju sem šlà domôv, poslúšala sem poročíla, glédala televízijo in potém sem kot ponavádi šlà spàt zeló pôzno.

Gestern bin ich spät aufgestanden, wie gewöhnlich. Dann habe ich in Ruhe gefrühstückt. Gegessen habe ich ein Butterbrot mit Marmelade, getrunken habe ich einen Milchkaffee. Dann habe ich auf die Mails geantwortet. Fast jeden Tag bekomme ich zwei oder drei Mails. Ich habe die Ereignisse in meiner Chronik aufgeschrieben. Dort speichere ich die wichtigsten Ereignisse aus meinem Alltag ab. Dann habe ich mir ein Mittagessen gekocht und dieses auch weggegessen. Für gewöhnlich koche ich mir einfache Speisen, das sind zum Beispiel Spaghetti, Reis, irgendeine Suppe oder ein Eintopf. Ich bin keine gute Köchin. Am Nachmittag habe ich mich zuerst ausgerastet und dann habe ich mich auf den Slowenischunterricht vorbereitet. Zuerst habe ich die Angaben/Daten aus dem PC herausgesucht, dann habe ich meine Unterlagen zusammengeklaubt und mich auf den Weg in die VHS in Villach gemacht. Unterwegs habe ich eine Freundin abgeholt. Manchmal treffen wir uns auf einen Ratscher / Plausch. Auch gestern haben wir uns über alle möglichen Themen unterhalten. Wir sind auf einen Kaffee und ein Gebäck ins Parkcaffé gegangen. Meine Freundin ist mit dem Zug nach Hause gefahren, ich aber bin unterrichten gegangen. Der Unterricht verläuft interessant. Die Kursteilnehmer machen sehr große Fortschritte. Nach dem Kurs bin ich nach Hause gefahren, habe die Nachrichten angehört, ferngesehen und dann bin ich wie gewöhnlich sehr spät schlafen gegangen.

Gestern stand ich spät auf, wie gewöhnlich. Dann frühstückte ich in Ruhe. ...

Ez.: **Šè̱l/Šlà sem po otrôka. Šè̱l/Šlà sem po sína, po hčérko,** po vnúka, po vnúkinjo, po možá, po žêno, po prijáteḻja, po prijáteḻjico, po soséda, po sosédo, po očéta, po mámo, po stríca, po têto, po dédka, po bábico ...

Ich bin mein Kind abholen gegangen. / Ich ging mein Kind abholen. ...

Mz.: Šlì/Šlè smo po otrôke. Šlì/Šlè smo po sinôve, po hčérke, po vnúke, po vnúkinje, po možé, po žêne, po prijáteḻje, po prijáteḻjice, po sosédc, po soséde, po očéte, po máme, po stríce, po tête, po dédke, po bábice ...

Zz.: Šlà/Šlì sva po (dvá/obá) otrôka. Šlà/Šlì sva po (dvá/obá) sinôva, po hčérki, ...

15 Kaj je Jezus delal? – Was tat/machte Jesus?

aufstehen – vstáti vstánem – vstàl/vstála sem/je
hin-/hergehen – íti grém – šèl/šlà sem/je
beten – molíti mólim – mólil/molíla sem/je
kommen – príti prídem – prišèl/prišlà sem/je
sein/haben – bíti sem – bíl/bilà sem/je
suchen – iskáti íščem – iskàl/iskála sem/je
weggehen – odíti odídem – odšèl/odšlà sem/je
folgen – sledíti sledím – sledíl/sledíla sem/je
lehren – učíti učím – učíl/učíla sem/je
predigen – prídigati prídigam – prídigal/prídigala sem/je
heilen – ozdráviti ozdrávim – ozdrávil/ozdrávila sem/je
sagen – rêči rêčem – rékel/rêkla sem/je

Jézus je vstál zeló zgódaj. – Jesus ist sehr früh aufgestanden. / Jesus stand … auf.
Šèl je na samôten kráj. – Er ist an einen einsamen Ort gegangen. / Er ging …
Tàm je mólil. – Dort hat er gebetet. / Dort betete er.
Prišèl je túdi Símon. – Auch Simon ist gekommen. / Auch Simon kam.
Túdi Andrêj je bíl tàm. – Auch Andreas ist dort gewesen. / Auch Andreas war dort.
Ljudjé so iskáli Jézusa. – Die Leute haben Jesus gesucht. / Die Leute suchten Jesus.
Jézus je odšèl na drúg kráj. – Jesus ist an einen anderen Ort (weg-)gegangen. / Jesus ging (weg) an einen anderen Ort.
Símon mu je sledíl. – Simon ist ihm gefolgt. / Simon folgte ihm.
Túdi Andrêj je šèl z Jézusom. – Auch Andreas ist mit Jesus gegangen. / Auch Andreas ging mit Jesus.
Jézus je učíl, prídigal in ozdrávil bólne. (Po Marku 1, 35) – Jesus hat gelehrt, gepredigt und Kranke geheilt. / Jesus lehrte, predigte und heilte Kranke. (Frei nach Markus 1, 35)

Jézus je rékel: „Vstál sem zgódaj, šèl sem na samôten kráj, tàm sem mólil. Potém sem odšèl na drúg kráj. Tàm sem učíl, prídigal in ozdrávil bólne."

Maríja je rêkla: „Vstála sem zgódaj, šlà sem na obísk, tàm sem molíla."

Svéta Terêzija je rêkla: „Prišlà sem v mésto, tàm sem učíla, prídigala in ozdrávila bólne."

Prijátelji so vstáli zgódaj. Šlì so na samôten kráj. Tàm so molíli. Prišlì so túdi drúgi ljudjé. Prijátelji so odšlì na drúg kráj. Prijátelji so učíli, prídigali in ozdrávili bólne.

Prijáteljice so vstále zgódaj. Šlè so na samôten kráj. Tàm so molíle. Prišlè so túdi drúge žénske. Prijáteljice so odšlè na drúg kráj. Prijáteljice so učíle, prídigale in ozdrávile bólne.

16 Die Abwandlung des Zeitwortes – Spregatev glagolov

kúhati kúham 1a
kúhal kúhaj
čákati čákam
délati délam
dokončáti dokončám
dŕsati dŕsam
frizírati frizíram
igráti igrám
izbírati izbíram
izdélati izdélam
izvážati izvážam
jáhati jáham
konstruírati konstruíram
líkati líkam
málicati málicam
natákati natákam
obnávljati obnávljam
odigráti odigrám
pláčati pláčam
plávati plávam
pomágati pomágam
pomívati pomívam
ponávljati ponávljam
poslúšati poslúšam
postávljati postávljam
poznáti poznám
prečŕtati prečŕtam
predstávljati predstávljam
primérjati primérjam
priprávljati priprávljam
slíkati slíkam
smúčati smúčam
sréčati sréčam
študírati študíram
telefonírati telefoníram
ujémati se ujémam se
uvážati uvážam
vprášati vprášam
zaníkati zaníkam

mórati móram 1b
móral ---
márati máram
máral ---
znáti znám
znál ---

iméti imám 1c
imél iméj
nè iméti nímam
nísem imél nè iméj
glédati glédam
glédal gléj

prispévati prispévam
prispéval prispévaj 1d

ljúbiti ljúbim 2a
ljúbil ljúbi
čístiti čístim
delíti delím
dobíti dobím
dopolníti dopólnim
govoríti govorím
hodíti hódim
izmísliti izmíslim
izpolníti izpólnim
izposóditi izposódim
izróčiti izróčim
izvóziti izvózim
krojíti krojím
kúpiti kúpim
mísliti míslim
mótiti mótim
naredíti naredím
obnovíti obnovím
ponovíti ponovím
postáviti postávim
potŕditi potŕdim
povábiti povábim
povzročíti povzróčim
pozábiti pozábim
pridobíti pridobím
pripráviti priprávim
predstáviti predstávim
prosíti prósim
tŕditi tŕdim
učíti se učím se
uredíti uredím
uvozíti uvózim
uvŕstiti uvŕstim
vábiti vábim
váditi vádim
vóščiti vóščim
vozíti vózim
ležáti ležím 2b
lêžal lêži
molčáti molčím
spáti spím
státi stojím 2c
stál stój
báti se bojím se
smejáti se smejím se
živéti živím 2d
živèl živi
hitéti hitím
sedéti sedím
trpéti trpím
željéti želím
vídeti vídim
boléti bolí(m) 2e
bolél(o) ---

píti píjem 3a
píl píj
nalíti nalíjem
sešíti sešíjem
šíti šíjem
umíti umíjem
štéti štêjem 3b
štèl štèj
naštéti naštêjem
péti pôjem
obúti obújem 3c
obúl obúj
sezúti sezújem
zasúti zasújem
stanováti stanújem
stanovàl stanúj 3d
imenováti imenújem
izdelováti izdelújem
kmetováti kmetújem
kupováti kupújem
napisováti napisújem
opazováti opazújem
potrebováti potrebújem
varčeváti varčújem
varčevàl varčúj 3e
označeváti označújem
deževáti dežúje(m) 3f
deževálo ---

bíti sem/bom/bi 5a
ste/boste
bíl bódi/bódite
nè bíti nísem/
nè bom / nè bi
níste / nè boste
nísem bíl nè bódi/te

jésti jém jéste 5b
jédel jèj/jêj/jêjte

védeti vém véste 5c
védel védi/védite

íti grém gréste 5d
šèl pójdi/pojdíte

dáti dám dáste 5e
dál dàj/dájte

povédati povém 5f
povéste
povédal povèj/povêjte

dejáti dém déste 5g
dejál dèj/dêj/dêjte

razuméti razúmem 4a
razumèl razúmi
umréti umrèm 4b
umŕl umrí
sméti smém 4c
smèl ---
bráti bêrem 4d
brál bêri
prebráti prebêrem
vŕniti vŕnem 4e
vŕnil vŕni
skleníti sklénem
nájti nájdem 4f
nášel nájdi
príti prídem
prišèl prídi
státi stáne(m)
stálo ---
rásti rástem 4g
rástel rásti
nêsti nêsem
nésel nêsi
grísti grízem 4h
grízel grízi
pásti pádem 4i
pádel pádi
krásti krádem
písati píšem 4j
písal píši
izpísati izpíšem
napísati napíšem
vpísati vpíšem
plésati plésem
klícati klíčem 4k
klícal klíči
poklícati poklíčem
kázati kážem 4l
kázal káži
pokázati pokážem
povézati povéžem
iskáti íščem 4m
iskàl íšči
poiskáti poíščem
obléči obléčem 4n
oblékel obléci
sléči sléčem
pêči pêčem
rêči rêčem
stréči strézem 4o
strégel strézi
stríči strížem
weitere Muster 4p–4t
môči mórem mógel ---
hotéti hóčem hôtel ---
nè hotéti nóčem
nísem hôtel --- 4u

Die Tabelle zur Abwandlung des Zeitwortes (Konjugation des Verbs) auf S. 122 enthält folgende vier Zeitwortformen: die Nennform (Infinitiv) und daneben die 1. Person Gegenwart (Präsens) in der ersten Zeile und das Mittelwort der Vergangenheit in der Tätigkeitsform männlich (Partizip Perfekt Aktiv) und daneben die 2. Person Befehlsform (Imperativ) in der zweiten Zeile. Das Mittelwort der Vergangenheit Aktiv männlich wird von der Nennform, die 2. Person Befehlsform jedoch von der 1. Person Gegenwart gebildet. Z. B.: kúhati > kúhal, kúham > kúhaj.

Die Zeitwörter wurden in die fünf bereits besprochenen Kategorien eingeteilt, wobei zuerst immer das Grundmuster angeführt wird, dann folgen geringfügige Abweichungen / Besonderheiten, Ausnahmen (lila und rot) und schließlich die Modalverben (grün).
Grundmuster sind: 1a, 1d, 2a, 3a+3b, 3c, 4a, 4g, 4j, 4n.
Geringfügige Abweichungen / Besonderheiten sind: 2b, 2d, 3d, 3e, 3f, 4b, 4d, 4e, 4f, 4h+4i, 4k+4l+4m, 4o, 4p, 4q, 4r, 4s, 4t.
Ausnahmen sind: 1c, 2c, 2e, 5a+5b+5c+5d+5e+5f+5g.
Modalverben sind: 1b, 4c, 4u.

Die Zeitwörter wurden bereits vorgestellt, u. zw. auf S. 18 bíti sem, *auf S. 40* nè bíti nísem*; auf S. 52* –AM, –IM, –JEM, –EM, –M > –STE*; auf S. 53* –AM, –IM, –JEM, –UJEM, –EM, –M > –STE*; auf S. 87* bíti sem *und* nè bíti nísem *Ez., Zz., Mz.; auf den S. 88–90 die Kategorien auf* –AM, –IM, –Í/–É/–Ó/–Ú–JEM, –ÚJEM, –EM, –M (sem > ste)*, z. B.* délati délam*, jeweils in der Ez., Zz.; Mz.; auf S. 114* kúham, govorím, píjem, stanújem, razúmem, rêčem, bêrem, sem, jém, grém; *auf den S. 115+116* kúhal/kúhala sem, govóril/govoríla sem, píl/píla sem, stanovàl/stanovála sem, razumèl/razuméla sem, rékel/rêkla sem, brál/brála sem, bíl/bilà sem, jédel/jédla sem, šèl/šlà sem.

Auf den S. 124–127 befindet sich eine erweiterte Zeitworttabelle. Diese Tabelle wurde nach der slowenischen Nennform alphabetisch geordnet.

Die Zukunft (Futur I) und die Bedingungsform (Konditional) sowie die Befehlsform (Imperativ) werden später erklärt, ebenso die Modalverben und die Besonderheiten der Abwandlung beim Zeitwort (Konjugation beim Verb). Die Vorzukunft (Futur II) und die Vorvergangenheit (Plusquamperfekt) werden später nur kurz gestreift, weil sie in Slowenisch eine untergeordnete Rolle spielen. Es gibt nämlich in Slowenisch keine vorgeschriebene Zeitenfolge beim Erzählen, wie z. B. in Deutsch und in Latein. Die Möglichkeitsform (Konjunktiv) gibt es in Slowenisch auch nicht, u. zw. weder als eigene Zeitwortform noch als Zeitkonstrukt. Sie wird durch die Bedingunsform ausgedrückt.

Zur Abwandlung des Zeitwortes siehe LMR: Wortformen, 2017, S. 138–141 und S. 156–181, wobei dort weitere Gruppen angeführt sind. Im Einzelnen werden dort behandelt: das Hilfszeitwort „bíti sem/bom" auf den S. 138–141, auch mit Satzbeispielen als Aussagewort; auf den S. 156–160 die Grundmuster für das Hauptzeitwort auf –ATI –AM, –ITI –IM, –OVÁTI –ÚJEM, –Í/–É/–ÚTI –Ì/–É/–Ô/–Ú–JEM, –STI –SEM/–ZEM mit Beispielsätzen auf S. 161, dann die Muster –ÉVATI –ÉVAM und –ÁTI –ÍM auf S. 162, die Muster –ÉTI –ÍM und –EVÁTI –ÚJEM auf S. 163, die Muster –ÉTI –ÈM und –ÁTI/–ÉTI/–ÚTI –EM auf S. 164, die Muster –STI –DEM/–TEM/–BEM/–PEM und –ÁTI –LJEM/–RJEM/–NJEM auf S. 165, die Muster –ČI –ČEM und –ČI –ŽEM auf S. 166, die Muster –SATI –ŠEM, –CATI/–KATI –ČEM und –ZATI/–GATI –ŽEM auf S. 167, die Muster –SKATI –ŠČEM und –NITI –NEM sowie –ITI –DEM auf S. 168, die Muster –ÉTI –NÈM sowie –ÁTI –ČEM und –ÉTI –ÁMEM auf S. 169, die Muster –JÁTI –JEM und –JÉTI –MEM auf S. 170, schließlich die Gruppe der Zeitwörter auf –STE auf den S. 172+173. Beispielsätze folgen auf den S. 174+175, Zeitwortbeispiele auf den S. 176+177.

17 Die vier Grundformen des Zeitwortes – Osnovne glagolske oblike

Deutsch	*Slowenisch*			
Nennform	*Nennform*	*Gegenwart 1.Ps. Ez.*	*Vergangenheit Tätigkeitsform, m./w. 1.Ps. Ez. Mittelwort auf –L)*	*Befehlsform 2.Ps. Ez. / 2.Ps. Mz.*
	B			
sich (zu) fürchten	báti se	bojím se	bál/bála sem se	bój se / bójte se
(zu) sein/haben/werden	bíti	sem > sta/ste	bíl/bilà sem (bom > boste *Zukunft*) (bíl/bilà) bi *(Möglichkeitsform)*	bódi/bódite
(zu) schmerzen	boléti	bolí(m) *unp.*	bolélo je	---
(zu) lesen	bráti	bêrem	brál/brála sem	bêri/beríte
(zu) rasieren	bríti	bríjem	bríl/bríla sem	bríj/bríjte
	Č			
(zu) warten	čákati	čákam	čákal/čákala sem	čákaj/čákajte
(zu) reinigen/putzen	čístiti	čístim	čístil/čístila sem	čísti/čístite
	D			
(zu) geben (hin-/her-)	dáti	dám > dáste	dál/dála sem	dàj/dájte
fest(zu)stellen	dejáti	déjem > déjete dém > déste	dejál/dejála sem dejál/dejála sem	dèj/dêj/dêjte déj/dêj/dêjte
(zu) machen/arbeiten/tun	délati	délam	délal/délala sem	délaj/délajte
(zu) teilen	delíti	delím	delíl/delíla sem	déli/delíte
(zu) regnen	deževáti	dežúje(m) *unp.*	deževálo je	(dežúj/dežújte)
(zu) bekommen/erhalten	dobíti	dobím	dobíl/dobíla sem	dóbi/dobíte
(zu) beenden	dokončáti	dokončám	dokončál/dokončála sem	dokončáj/dokončájte
(zu) ergänzen/vollenden	dopolníti	dopólnim	dopólnil/dopólnila sem	dopólni/dopólnite
Eis (zu) laufen	dŕsati	dŕsam	dŕsal/dŕsala sem	dŕsaj/drsájte
	F			
(zu) frisieren	frizírati	frizíram	frizíral/frizírala sem	frizíraj/frizírajte
	G			
(zu) schauen	glédati	glédam	glédal/glédala sem	gléj/gléjte
(zu) reden, sprechen	govoríti	govorím	govóril/govoríla sem	govôri/govoríte
(zu) beißen, kauen	grísti	grízem	grízel/grízla sem	grízi/grízite
	H			
(zu) eilen	hitéti	hitím	hítel/hitéla sem	híti/hitíte
(zu) gehen (umher-)	hodíti	hódim	hódil/hodíla sem	hôdi/hódíte
(zu) wollen	hotéti	hóčem	hôtel/hotéla sem	---
	I			
(zu) spielen	igráti	igrám	igrál/igrála sem	igráj/igrájte
(zu) heißen/benennen	imenováti	imenújem	imenovàl/imenovála sem	imenúj/imenújte
(zu) haben/besitzen	iméti	imám	imél/iméla sem	iméj/iméjte
(zu) suchen	iskáti	íščem	iskàl/iskála sem	íšči/íščite
(zu) gehen (hin-, her-)	íti	grém > gréste	šȩl/šlà sem	pójdi/pójdite/pojdíte
aus(zu)wählen	izbírati	izbíram	izbíral/izbírala sem	izbíraj/izbírajte
aus(zu) arbeiten/her(zu)-stellen	izdélati	izdélam	izdélal/izdélala sem	izdélaj/izdélajte
aus(zu)arbeiten	izdelováti	izdelújem	izdelovàl/izdelovála sem	izdelúj/izdelújte
aus(zu)denken	izmísliti	izmíslim	izmíslil/izmíslila sem	izmísli/izmíslite
heraus(zu)schreiben	izpísati	izpíšem	izpísal/izpísala sem	izpíši/izpíšite
aus(zu)füllen / (zu) erfüllen	izpolníti	izpólnim	izpólnil/izpólnila sem	izpólni/izpólnite
aus(zu)leihen	izposóditi	izposódim	izposódil/izposódila sem	izposódi/izposódite
aus(zu)händigen	izročíti	izročím	izróčil/izročíla sem	izrôči/izročíte
(zu) exportieren *(immer)*	izvážati	izvážam	izvážal/izvážala sem	izvážaj/izvážajte

(zu) exportieren *(einmal)*	izvóziti	izvózim	izvózil/izvózila sem	izvôzi/izvózite
	J			
(zu) reiten	jáhati	jáham	jáhal/jáhala sem	jáhaj/jáhajte
(zu) essen	jésti	jém > jéste	jédel/jédla sem	jèj/jêj/jêjte
	K			
(zu) zeigen	kázati	kážem	kázal/kázala sem	káži/kážite
(zu) rufen	klícati	klíčem	klícal/klícala sem	klíči/klíčite
(zu) bewirtschaften	kmetováti	kmetújem	kmetovàl/kmetovála sem	kmetúj/kmetújte
(zu) konstruieren	konstruírati	konstruíram	konstruíral/konstruírala sem	konstruíraj/konstruírajte
(zu) stehlen	krásti	krádem	krádel/krádla sem	krádi/krádite
(zu) schneidern	krojíti	krojím	krojíl/krojíla sem	krôji/krojíte
(zu) kochen	kúhati	kúham	kúhal/kúhala sem	kúhaj/kúhajte
ein(zu)kaufen	kúpiti	kúpim	kúpil/kupíla sem	kúpi/kúpite
ein(zu)kaufen/(zu) bummeln	kupováti	kupújem	kupovàl/kupovála sem	kupúj/kupújte
	L			
(zu) liegen	ležáti	ležím	lêžal/ležála sem	lêži/ležíte
(zu) bügeln	líkati	líkam	líkal/líkala sem	líkaj/líkajte
(zu) lieben	ljúbiti	ljúbim	ljúbil/ljubíla sem	ljúbi/ljúbite
	M			
(zu) jausnen	málicati	málicam	málical/málicala sem	málicaj/málicajte
(zu) mögen	márati	máram	máral/márala sem	---
(zu) denken	mísliti	míslim	míslil/míslila sem	mísli/míslite
(zu) können (körperlich)	môči	mórem	mógel/môgla sem	---
(zu) schweigen	molčáti	molčím	môlčal/molčála sem	môlči/molčíte
(zu) müssen	mórati	móram	móral/mórala sem	---
(zu) stören	mótiti	mótim	mótil/mótila sem	môti/môtite
	N			
(zu) finden	nájti	nájdem	nášel/nášla sem	nájdi/nájdite
ein(zu)gießen	nalíti	nalíjem	nalíl/nalíla sem	nalíj/nalíjte
auf(zu)schreiben *(einmal)*	napísati	napíšem	napísal/napísala sem	napíši/napíšite
auf(zu)schreiben *(öfter)*	napisováti	napisújem	napisovàl/napisovála sem	napisúj/napisújte
(zu) machen / aus(zu)führen	narediti	naredím	naredíl/naredíla sem	narêdi/narédite
auf(zu)zählen	naštéti	naštêjem	naštél/naštéla sem	naštéj/naštéjte
ein(zu)schenken	natákati	natákam	natákal/natákala sem	natákaj/natákajte
nicht (zu) wollen	ne hotéti	nóčem	nísem hôtel/hotéla	---
nicht (zu) mögen	ne márati	ne máram	nísem máral/márala	---
(zu) tragen *(zielgerichtet)*	nêsti	nêsem	nésel/nêsla sem	nêsi/nesíte
	O			
an(zu)ziehen (Kleider)	obléči	obléčem	oblékel/oblékla sem	obléci/oblécite
(zu) erneuern *(dauernd)*	obnávljati	obnávljam	obnávljal/obnávljala sem	obnávljaj/obnavljájte
(zu) erneuern *(endgültig)*	obnovíti	obnovím	obnôvil/obnovíla sem	obnôvi/obnovíte
(zu) rasieren *(fertig)*	obríti	obríjem	obríl/obríla sem	obrí/obríte
an(zu)ziehen (Schuhe)	obúti	obújem	obúl/obúla sem	obúj/obújte
zu Ende (zu) spielen	odigráti	odigrám	odigrál/odigrála sem	odigráj/odigrájte
(zu) beobachten	opazováti	opazújem	opazovàl/opazovála sem	opazúj/opazújte
(zu) entschuldigen	oprostíti	oprostím	opróstil/oprostíla sem	oprôsti/oprostíte
(zu) kennzeichnen	označeváti	označújem	označevàl/označevála sem	označúj/označújte
	P			
(zu) fallen	pásti	pádem	pádel/pádla sem	pádi/pádite
(zu) backen	pêči	pêčem	pékel/pêkla sem	pêci/pecíte
(zu) fahren	peljáti se	péljem se	pêljal/peljála sem se	pêlji/peljíte se
(zu) singen	péti	pôjem	pél/péla sem	pôj/pôjte
(zu) schreiben	písati	píšem	písal/písala sem	píši/píšite
(zu) trinken	píti	píjem	píl/píla sem	píj/píjte

(zu) zahlen	pláčati	pláčam	pláčal/pláčala sem	pláčaj/pláčajte
(zu) schwimmen	plávati	plávam	plával/plávala sem	plávaj/plávajte
(zu) tanzen	plésati	pléšem	plésal/plesála sem	pléši/pléšite
heraus(zu)suchen	poiskáti	poíščem	poiskàl/poiskála sem	poíšči/poíščite
her(zu)zeigen	pokázati	pokážem	pokázal/pokázala sem	pokáži/pokážite
an(zu)rufen/herbei(zu)rufen	poklícati	poklíčem	poklícal/poklícala sem	poklíči/poklíčite
(zu) helfen	pomágati	pomágam	pomágal/pomágala sem	pomágaj/pomágajte
ab(zu) waschen	pomívati	pomívam	pomíval/pomívala sem	pomívaj/pomívajte
(zu) wiederholen *(öfter)*	ponávljati	ponávljam	ponávljal/ponávljala sem	ponávljaj/ponávljajte
(zu) wiederholen *(einmal)*	ponovíti	ponovím	ponôvil/ponovíla sem	ponôvi/ponovíte
zu(zu)hören	poslúšati	poslúšam	poslúšal/poslúšala sem	poslúšaj/poslúšajte
hin(zu)stellen *(einmal)*	postáviti	postávim	postávil/postávila sem	postávi/postávite
hin(zu)stellen *(öfter)*	postávljati	postávljam	postávljal/postávljala sem	postávljaj/postávljajte
(zu) bestätigen	potŕditi	potŕdim	potŕdil/potŕdila sem	potŕdi/potŕdite
(zu) benötigen	potrebováti	potrebújem	potrebovàl/potrebovála sem	potrebúj/potrebújte
(zu) unterrichten	poučeváti	poučújem	poučevàl/poučevála sem	poučúj/poučújte
ein(zu)laden	povábiti	povábim	povábil/povábila sem	povábi/povábite
(zu) erzählen	povédati	povém > povéste	povédal/povédala sem	povèj/povéj/povêjte
(zu) verbinden	povézati	povéžem	povézal/povézala sem	povéži/povéžite
(zu) verursachen	povzročíti	povzróčim	povzróčil/povzróčila sem	povzróči/povzróčite
(zu) vergessen	pozábiti	pozábim	pozábil/pozábila sem	pozábi/pozábite
(zu) kennen	poznáti	poznám	poznál/poznála sem	poznáj/poznájte
aus(zu)lesen (durch-)	prebráti	prebêrem	prebrál/prebrála sem	prebêri/preberíte
durch(zu)streichen	prečŕtati	prečŕtam	prečŕtal/prečŕtala sem	prečŕtaj/prečŕtajte
vor(zu)stellen *(einmal)*	predstáviti	predstávim	predstávil/predstávila sem	predstávi/predstávite
vor(zu)stellen *(jetzt)*	predstávljati	predstávljam	predstávljal/predstávljala sem	predstávljaj/predstáv-ljajte
(zu) erwerben	pridobíti	pridobím	pridóbil/pridobíla sem	pridóbi/pridobíte
(zu) vergleichen	primérjati	primérjam	primérjal/primérjala sem	primérjaj/primérjajte
vor(zu)bereiten *(endgültig)*	pripráviti	pripravím	pripravíl/pripravíla sem	pripráví/pripravíte
vor(zu)bereiten *(dauernd)*	priprávljati	priprávljam	priprávljal/priprávljala sem	priprávljaj/priprávljajte
bei(zu)tragen	prispévati	prispévam	prispéval/prispévala sem	prispévaj/prispévajte
(zu) kommen (hin-, her-)	príti	prídem	prišel/prišlà sem	prídi/prídite
(zu) bitten	prosíti	prósim	prôsil/prosíla sem	prósi/prosíte
	R			
(zu) wachsen	rásti	rástem/ rásem	rástel/rástla sem rásel/rásla sem	rásti/rástite rási/rásite
(zu) verstehen	razuméti	razúmem	razumèl/razuméla sem	razúmi/razúmite
(zu) sagen	rêči	rêcem	rékel/rêkla sem	rêci/recíte
	S			
(zu) sitzen	sedéti	sedím	sedèl/sedéla sem	sêdi/sedíte
(zu) säen	sejáti	sêjem	sejál/sejála sem	sèj/sêj/sêjte
zusammen(zu)nähen	sešíti	sešíjem	sešíl/sešíla sem	sešíj/sešíjte
aus(zu)ziehen (Schuhe)	sezúti	sezújem	sezúl/sezúla sem	sezúj/sezújte
ab(zu)schließen	skleníti	sklénem	sklênil/skleníla sem	sklêni/skleníte
aus(zu)ziehen (Kleider)	sléči	sléčem	slékel/slékla sem	sléci/slécite
(zu) malen	slíkati	slíkam	slíkal/slíkala sem	slíkaj/slíkajte
(zu) hören	slíšati	slíšim	slíšal/slíšala sem	slíši/slíšite
(zu) lachen	smejáti se	smejím se	smejál/smejála sem se	sméj/sméjte se
(zu) dürfen	sméti	smém	smèl/sméla sem	---
Schi (zu) fahren	smúčati	smúčam	smúčal/smúčala sem	smúčaj/smúčajte
(zu) schlafen	spáti	spím	spál/spála sem	spì/spíte
(zu) treffen	sréčati	sréčam	sréčal/sréčala sem	sréčaj/sréčajte
(zu) wohnen	stanováti	stanújem	stanovàl/stanovála sem	stanúj/stanújte
(zu) kosten	státi	stáne(m) *unp.*	stálo je	(stáni/staníte)

(zu) stehen	státi	stojím	stál/stála sem	stój/stójte
(zu) bedienen	stréči	strézem	strégel/strégla sem	strézi/strézite
Haare (zu) schneiden	stríči	strížem	strígel/strígla sem	strízi/strízite
	Š			
(zu) nähen	šíti	šíjem	šíl/šíla sem	šíj/šíjte
(zu) zählen	štéti	štêjem	štèl/štéla sem	štèj/štêjte
(zu) studieren	študírati	študíram	študíral/študírala sem	študíraj/študírajte
	T			
(zu) telefonieren	telefonírati	telefoníram	telefoníral/telefonírala sem	telefoníraj/telefonírajte
(zu) behaupten	tŕditi	tŕdim	trdíl/trdíla sem	tŕdi/tŕdite
(zu) leiden	trpéti	trpím	trpèl/trpéla sem	tŕpi/trpíte
	U			
(zu) lernen	učíti se	učím se	učíl/učíla sem se	úči/učíte se
überein(zu)stimmen	ujémati se	ujémam se	ujémal/ujémala sem se	ujémaj/ujémajte se
(zu) waschen (sich)	umíti (se)	umíjem (se)	umíl/umíla sem (se)	umíj/umíjte (se)
(zu) sterben	umréti	umrèm	umŕl/umŕla sem	umrí/umríte
(zu) ordnen/arrangieren	uredíti	uredím	uredíl/uredíla sem	urêdi/uredíte
(zu) importieren *(immer)*	uvážati	uvážam	uvážal/uvážala sem	uvážaj/uvážajte
(zu) importieren *(einmal)*	uvozíti	uvózim	uvózil/uvózila sem	uvózi/uvózite
ein(zu)ordnen	uvrstíti	uvrstím	uvŕstil/uvŕstila sem	uvŕsti/uvrstíte
	V			
ein(zu)laden	vábiti	vábim	vábil/vábila sem	vábi/vábite
(zu) üben	váditi	vádim	vádil/vádila sem	vádi/vádite
(zu) sparen	varčeváti	varčújem	varčevàl/varčevála sem	varčúj/varčújte
(zu) wissen	védeti	vém > véste	védel/védela sem	védi/védite
(zu) sehen	vídeti	vídim	vídel/vídela sem	vídi/vídite
(zu) wünschen	vóščiti	vóščim	vóščil/vóščila sem	vóšči/vóščite
(zu) lenken/fahren/führen	vóziti	vózim	vózil/vozíla sem	vózi/vozíte
ein(zu) schreiben	vpísati	vpíšem	vpísal/vpísala sem	vpíši/vpíšite
(zu) fragen	vprášati	vprášam	vprášal/vprášala sem	vprášaj/vprášajte
zurück(zu)kehren/-geben	vŕniti	vŕnem	vŕnil/vrníla sem	vŕni/vŕnite
auf(zu) stehen *(einmal)*	vstáti	vstánem	vstàl/vstála sem	vstáni/vstaníte
	Z			
(zu) verneinen	zaníkati	zaníkam	zaníkal/zaníkala sem	zaníkaj/zaníkajte
zu(zu)schütten	zasúti	zasújem	zasúl/zasùl/zasúla sem	zasúj/zasújte
(zu) können (wissen)	znáti	znám	znál/znála sem	---
	Ž			
(zu) wünschen	želéti	želím	žêlel/želéla sem	žêli/želíte
(zu) leben	živéti	živím	živèl/živéla sem	žívi/živíte

Die Liste dieser 168 Zeitwörter kann beliebig erweitert werden. Zu erlernen sind zuerst die Zeitwörter auf S. 122 und dann kann man seinen Wortschatz nach der vorangehenden Auflistung beliebig erweitern. Es können auch jederzeit andere Zeitwörter aus dem Wörterbuch hinzukommen. Wichtig ist, dass man selbst ein Lernkonzept entwickelt.
Wenn es bei der Betonung Varianten gibt, dann wurde hier die Kärntner Variante angegeben.

Der Verbalaspekt (Betrachtungsweise; imperfektiv = unwillkürlich/andauernde, nicht zielgerichtete und iterativ/wiederholende Handlung/Aktion); perfektiv = abgeschlossene, zielgerichtete, einmalige Handlung/Aktion; wird unten auf S. 176, S. 184 besprochen. Hier genügen für das Verständnis vorerst Angaben wie „dauernd, jetzt" für „andauernd"; „immer, öfter, jetzt" für „wiederholend"; „einmal, fertig, endgültig" für „abgeschlossen".

18 Die Satzzeichen und das Abteilen – Ločila in deljenje

Die in Slowenisch üblichen Satzzeichen können in LMR: Wortformen, 2017, S. 142, nachgelesen werden. Hinzugefügt werden muss beim Beistrich noch „Dezimalbeistrich/Komma" bzw. „decimalna vejica".

Bis auf das Umlautzeichen und den Hatschek sowie die Anführungszeichen werden in Slowenisch alle Satzzeichen genauso verwendet wie in Deutsch, auch die Beistrichsetzung folgt denselben Regeln wie in Deutsch. Da es in Slowenisch keine Umlaute (ä, ö, ü) gibt, braucht man auch kein Umlautzeichen (¨). Man benötigt aber für die Buchstaben č, š und ž als sogenanntes diakritisches Zeichen den Hatschek. Eine weitere Abweichung zu Deutsch liegt in der Verwendung der Anführungszeichen, die in Englisch beide Male oben gesetzt werden ("..."), im Deutsch einmal unten und einmal oben verwendet werden („..."), wohingegen man in Slowenisch aber die spitzen Doppel-Klammern bevorzugt (»...«). Für ein Zitat im Zitat verwendet man in allen drei genannten Sprachen jeweils die einfachen Anführungszeichen, also in Englisch ('...'), in Deutsch (‚...') und in Slowenisch (›...‹).

Für das Abteilen kann man in Slowenisch dieselben Regeln verwenden wie in Deutsch, weil mir ein Abteilen von Mitlautgruppen nach dem ersten Buchstaben sinnlos erscheint. Zweckmäßig ist das Abteilen nach Silben. Beispiele: zve-zek, zvez-ka, mi-za, mi-ze, ko-si-lo, ko-si-la; luš-ten, lušt-ni, de-že-ven, de-žev-na, pi-sa-len, pi-sal-no; ljud-ski, ko-ko-ška, an-gle-ško; u-či-telj, u-či-tel-ja, u-či-tel-ji-ca, gos-po-dar, gos-po-dar-ja, gos-po-din-ja, u-če-nec, u-čen-cev, u-čen-ka; gos-po-dar-stvo, cer-kev, cerk-ve, bres-kev, bresk-ve, pe-sem, pes-mi, bo-le-zen, bo-lez-ni, je-sen, je-se-ni, mi-sel, mis-li, vr-ni-tev, vr-nit-ve. Im Zweifelsfall sollte man den Text nicht abteilen. Und es ist zu überlegen, ob man nach dem ersten Selbstlaut abteilt.

Wenn man die slowenische Rechtschreibprüfung verwendet, muss man mit folgenden Abteilkuriositäten rechnen: bes-chö-nig-en, Schrif-tset-zer, Weih-nac-hten, ent-a-sten, ro-sten, ei-ne schi-efe E-be-ne, weil man den ersten Mitlaut von der folgenden Mitlautgruppe trennt und ebenso das „lange ie" abteilt, andererseits aber st und tz als einen Laut ansieht, weshalb man in Slowenisch lj und nj eigentlich nicht abteilen dürfte. Die Endsilben –stvo und –ski, –ska-, –sko bzw. –ški, –ška, –ško werden aber grundsätzlich nicht abgeteilt.

Wenn man Texte in beiden Kärntner Landessprachen verfasst, also in Deutsch und Slowenisch, so sollte man bei der Endredaktion weder die deutsche noch eine slowenische Rechtschreibprüfung darüberlaufen lassen, sondern die Texte händisch korrigieren. Man kann aber auch zuerst eine Rechtschreibkontrolle drüberlaufen lassen und die vorgeschlagenen Korrekturen in der anderen Sprache vernachlässigen und umgekehrt. Oder man teilt den Text für die Endredaktion in zwei Teile, wenn das möglich ist.

Jedenfalls muss man aber darauf achten, dass man sich in ein- und demselben Text, Schriftstück oder Buch durchgehend an eine Regel hält.

In ungefähr zwei Jahren folgen neue Rechtschreibregeln. Siehe dazu unten S. 185.

Inhaltsverzeichnis zum Dritten Abschnitt: Kursunterlagen für mäßig Geübte

Vierter Abschnitt: Kursunterlagen für außerordentlich Geübte

1 Allgemeine Einleitung

Der vierte Abschnitt bringt eine Erweiterung des Sprachgebrauchs bis auf das Niveau B2 des Europäischen Sprachenrahmens. C2 und damit Maturaniveau kann wegen des kleineren Wortschatzes, der mangelnden Übungsmöglichkeiten im Alltag und der geringeren Stundenanzahl in den angebotenen Slowenischkursen weder in Kärnten noch in Österreich oder in Deutschland bzw. der deutschsprachigen Schweiz erreicht werden. Dafür empfiehlt sich der Besuch der „Poletna šola“ (Sommerschule als Einrichtung der Philosophischen Fakultät der Universität Ljubljana) bzw. eines entsprechenden Lehrangebotes an einem privaten Sprachinstitut in Ljubljana (Laibach).

Grammatik: Umfassende Darstellung der Haupt-Biegungs-/Deklinationsmuster für die männlichen, weiblichen und sächlichen Hauptwörter (Maskulina, Feminina und Neutra) und der sechs gängigsten Verbformen, u. zw. die Nennform/Infinitiv, das hauptwörtlich gebrauchte Zeitwort (Gerundium), das Supinum, das Mittelwort der Vergangenheit Tätigkeitsform (Partizip Perfekt Aktiv), die Gegenwart (Präsens) und die Befehlsform (Imperativ). Außerdem werden das Vorwort (Präposition), das persönliche Fürwort (Personalpronomen), das Zahlwort (Numerale) und die unveränderlichen (unflektierbaren) Wortarten besprochen. Es gibt mehrere Kapitel mit Satzmustern. Abgehandelt werden auch die Uhrzeitangaben. Besonderes Augenmerk liegt auf der Zukunft (Futur), der Bedingungsform (Konditional), der Befehlsform (Imperativ) und den fünf Zeitwort-/Verb-Gruppen.

Themen: Gesundheit, Tourismus, Alltag, Freizeitgestaltung, Hobbies, Schweißmodalitäten, österliches Brauchtum und Oster-Ritus, Stadtbummel durch Kranj, Ausflug durch Slowenien.

2 Die Vorwörter/Präpositionen – Predlogi

2.F.: **blízu** – nahe, **brez** – ohne, **do** – bis, **iz** – aus, **izmed** – mitten aus, **iznad** – von ... herab, **izpred** – vor ... her, **izza** – hinter ... hervor, **mímo** – vorbei an, **naméstо** – statt, **naspróti** – gegenüber, **od** – von/seit, **okóli** – um herum/rund, **póleg** – außen/neben, **préko** – über ... (hinaus), **rázen** – außer, **spríčo** – wegen, **s** – aus/von, **srédi** – mitten in, **vzdólž** – entlang/längs, **z** – aus/von, **za** – zur Zeit > **za časa** – zur Zeit, **zarádi** – wegen, **zráven** – neben

3.F.: **h** – zu, **k** – zu, **kljúb** – trotz, **próti** – gegen, **naspróti** – gegenüber

4.F.: **čez** – über, **med** – zwischen/unter, **na** – nach/auf, **nad** – über, **ob** – an, **po** – um, **pod** – unter, **pred** – vor, **skózi** – durch, **v** – nach/auf, **za** – für, **zóper** – gegen

5.F.: **na** – in/auf, **o** – über, **ob** – an/um, **po** – durch/laut/nach, **pri** – bei, **v** – in/auf

6.F.: **med** – zwischen, **nad** – über, **pod** – unter, **pred** – vor, **s** – mit/durch, **z** – mit/durch, **za** – hinter

Siehe LMR: Wortformen/WF, 2017, S. 116, S. 117 allgemeine Beispiele, S. 118 Richtungsangaben, S. 119 Ortsangaben, S. 120 Zeit-/Altersangaben, S. 121 Uhrzeitangaben, S. 122 Mengenangaben, S. 123 andere Vorwortverbindungen, S. 124 Wirtschaftssprache, S. 125 Computersprache, S. 126 Wissenschaftssprache, S. 127 Beisatz-Beispiele. Als ***Beisatz (Apposition / desni prilastek)*** *bezeichnet man in Deutsch und Slowenisch unter Anderem die Besitzanzeige durch ein Hauptwort im 2. Fall, z. B.* hiša mojega očeta – das Haus meines Vaters.

Im 1. Fall werden keine Vorwörter verwendet, weil das jener Satzgegenstand (Subjekt) ist, von dem die Satzergänzungen (Objekte) abgeleitet werden. In Deutsch gibt es vier Fälle, in Slowenisch sechs, in Kroatisch sieben und in Latein auch sechs. Die Nummerierung ist in jeder Sprache willkürlich. Die Bezeichnung beinhaltet jedoch die Hauptverwendung, also Wer-Fall oder Nominativ, Wes-Fall oder Genitiv, Wem-Fall oder Dativ, Wen-Fall oder Akkusativ in Deutsch. Dazu kommen in Slowenisch der „Wo-Fall“ oder Lokativ und der „Womit-Fall“ oder Instrumental. Außerdem kann man in Slowenisch wie in Deutsch den Wen-Fall oder 4. Fall bzw. Akkusativ als „Wohin-Fall“ bezeichnen, während der Lokativ („Wo-Fall“) und der „Womit/Mit-wem-Fall“ in Deutsch durch den 3. Fall abgedeckt werden. In Kroatisch und in Latein gibt es noch den Anrede-Fall oder Vokativ. Dieser fällt in Slowenisch mit den Formen des 1. oder Wer-Falles zusammen, weshalb er in den Tabellen bzw. Biegungs-/Beugungsmustern nicht extra ausgewiesen wird. Er fällt jedoch in der Briefanrede oder Anschrift ganz deutlich auf, z. B. Spoštovani gospod Tomaž Ogris ... Cenjeni magister Hanzi Filipič ... Spoštovana magistra Gabi Frank ... Cenjena gospa doktorica Ana Šegula ... – An den sehr geehrten/geschätzten Herrn ..., An die sehr geehrte/geschätzte Frau ...

Die Vorwörter gehören zu den sogenannten unveränderlichen (nicht flektierbaren) Wortarten. Sie bleiben immer gleich, verändern also in den einzelnen Fällen nicht ihre Form. Die Vorwörter sind in Slowenisch „starr an ihren Fall“ gebunden. Siehe dazu LMR: Wortformen, 2017, S. 116. Man muss ihre Verwendung daher nicht verstehen, sondern man kann ihre Anwendung auch ganz einfach auswendig lernen. Siehe auch LMR: WF, 2017, S. 67, S. 105, S. 109, S. 110, S. 113.

Ez.
1.F.: ---
2.F.: brez nove mape; brez novega piva; brez novega filma; brez novega turista
3.F.: kljub novi mapi; kljub novemu pivu; kljub novemu filmu; kljub novemu turistu
4.F.: po novo mapo; po novo pivo; po nov/novi film; po novega turista
5.F.: o novi mapi; o novem pivu; o novem filmu; o novem turistu
6.F.: z novo mapo; z novim pivom; z novim filmom; z novim turistom
Siehe LMR: WF, 2017, S. 116.

3 Das hauptwörtlich gebrauchte Zeitwort / Gerundium – Glagolnik

1. igráti > **igránje** (das Spielen), smúčati > smúčanje (das Schifahren), …;
2. a) govoríti > **govorjênje** (das Reden/Sprechen), ljúbiti > ljúbljenje (das Lieben), …;
2. b) molčáti > **mólčenje** (das Schweigen), živéti > življênje (das Leben), …;
3. a) píti > **pítje** (das Trinken), péti > pétje (das Singen), …; iméti > imétje (der Besitz), …;
3. b) kupováti > **kupovánje** (das Einkaufen), verováti > verovánje (das Glauben), …;
4. bráti > **bránje** (das Lesen), písati > písanje (das Schreiben), mólsti > mólzenje (… Melken), …;
5. bíti > **bítje** (das Wesen), jésti > **jédenje** (das Essen), védeti > **védenje** (das Wissen).

das Spielen	igránje	(zu) spielen – igráti igrám; das Fußball-, Tennis-, Schach-Spielen – igránje nogométa, ténisa, šáha
das Boxen	bóksanje	(zu) boxen – bóksati bóksam mit Boxhandschuhen – z bóksarskimi rokovícami
das Eislaufen	dŕsanje	Eis (zu) laufen – dŕsati dŕsam mit den Schlittschuhen – z drsálkami, auf dem Eis – na lédu
das Eisschießen	kégljanje na lédu	(zu) kegeln – kégljati kégljam mit dem Eisstock – s čôkom
das Fechten	sábljanje	(zu) fechten – sábljati sábljam mit dem Säbel – s sábljo
das Inline-Skaten	rólanje	(zu) skaten/„rollen“ – rólati rólam mit Inline-Skaters – z rólarji
das Kartenspielen	kártanje	Karten (zu) spielen / „karteln“ – kártati kártam mit Spielkarten – s kártami
das Kegeln	kégljanje	(zu) kegeln – kégljati kégljam mit Kegeln – s kégljami, auf einer Bahn – na prógi
das Klettern	plézanje	(zu) klettern – plézati plézam in der Wand – po sténi, bis zum Kreuz – do kríža
das Reiten	jáhanje	(zu) reiten – jáhati jáham auf einem Pferd – na kônju, mit Sattel – s sêdlom
das Rollschuhfahren	kotálkanje	Rollschuh (zu) fahren – kotálkati kotálkam mit Schutzkleidung – z zaščítno obléko
das Schießen	stréljanje	(zu) schießen – stréljati stréljam : ustrelíti ustrelím *(perfektiv)* mit dem Gewehr – s púško
das Schifahren	smúčanje	Schi (zu) fahren – smúčati smúčam mit Schiern – s smučmí, Alpinschilauf – álpsko smúčanje
das Schwimmen	plávanje	(zu) schwimmen – plávati plávam im See – na jézeru, im Meer – na mórju
das Segeln	jádranje	(zu) segeln – jádrati jádram mit dem Segelbott – z jádrnico
das Snowboarden	déskanje na snégu	(zu) snowboarden – déskati déskam auf einem Steilhang – na strmíni, auf einem Hügel – na hríbu
das Surfen	déskanje na valóvih	(zu) surfen – déskati déskam mit dem Surfbrett – z désko, auf den Wellen – na valôvih
das Tanzen	plésanje	(zu) tanzen – plésati pléšem auf einem Ball – na plésu, in einem Saal – v dvoráni
das Tauchen	potápljanje	(zu) tauchen – potápljati se potápljam se nach Muscheln – po škóljkah, nach Perlen – po bíserih
das Windsurfen	jádranje na déski	(im) Wind (zu) surfen – jádrati jádram mit einem Surfbrett – z désko, im Wind – po vétru

das Radfahren	kolesárjenje	Rad (zu) fahren – kolesáriti kolesárim mit dem Rad – s kolésom, mit einem/dem Helm – s čeládo, mit dem Mountainbike – z gôrskim kolésom

Die Gerundien werden in LMR: Wortformen, 2017, auf den S. 56+57 abgehandelt.

Das hauptwörtlich gebrauchte Zeitwort wird in Slowenisch von der Nennform (vom Infinitiv) abgeleitet, indem man –ATI durch –ANJE, –ITI und –ETI durch –ENJE ersetzt, wobei das Zeitwort von seiner Aussageweise (Aktionsart) her aber grundsätzlich imperfektiv (andauernde, unvollendete oder sich wiederholende Handlung) sein muss. Ebenso bildet die Gruppe um stanováti und poučeváti das Gerundium auf –ANJE. Beispiele: igráti > igránje, plávati > plávanje, smúčati > smúčanje; plésati > plésanje, klícati > klícanje, kázati > kázanje, iskáti > iskánje; kupováti > kupovánje, stanováti > stanovánje, poučeváti > poučevánje.

Eine eigene Gruppe bilden hier die Zeitwörter auf –ITI –IM und –ETI –IM. Sie bilden das Gerundium auf –ENJE, wobei sich die Mitlaute vor der Endung großteils verändern. Beispiele: ljúbiti > ljúbljenje, govoríti > govorjênje, hodíti > hójenje, mísliti > mišljênje, nosíti > nóšenje, sušíti > súšenje, slúžiti > slúženje; hitéti > hitênje, trpéti > trpljênje, živeti > življênje. *Ähnlich verhalten sich die Zeitwörter auf –ETI –EM, wobei es hier sehr viele Abweichungen gibt. Beispiele:* gristi > grízenje, sôpsti > sôpenje, stréči > stréženje. *In der 5. Gruppe auf* biti sem/ bom/bi *gibt es nur die Formen:* bíti > bítje, jésti > jédenje, védeti > védenje.

Die Zeitwortgruppe um píti, štéti und péti bildet das Gerundium auf –JE und die Zeitwörter auf –PRETI/–DRETI/–TRETI/–MRETI, die zur 4. Gruppe gehören, bilden es auf –PŔTJE/ –DŔTJE/–TŔTJE/–MŔTJE. Beispiele: píti > pítje, péti > pétje, štéti > štétje; odpréti > odpŕtje, umréti > umŕtje. *Ausnahme:* iméti > imétje. *In der Folge werden einige gängige Ableitungen mit Wortverbindungen vorgestellt. Siehe dazu auch die folgenden Seiten 136+137. (Unregelmäßige) Formen siehe unten S. 164–184.*

várjenje – das Schweißen, die Schweißung; von váriti várim – schweißen;
bradavíčno várjenje – das Buckelschweißen,
eléktrično várjenje – die Elektroschweißung,
kováško várjenje – die Feuerschweißung,
oblóčno várjenje – die Lichtbogenschweißung,
plámensko várjenje – die Autogenschweißung,
sòčêlno várjenje – das Stumpfschweißen,
šívno várjenje – die Nahtschweißung,
talílno várjenje – das Schmelzschweißen,
točkôvno várjenje – die Punktschweißung,
várjenje pod práškom – das Unterpulverschweißen,
várjenje s pritískom – das Pressschweißen,
várjenje s trênjem – das Reibschweißen,
várjenje v désno – die Rückwärtsschweißung,
várjenje v lévo – die Vorwärtsschweißung,
várjenje v odprtíni – das Lochschweißen,
várjenje v zaščítnem plínu – die Schutzgasschweißung,
termítni postópek várjenja – das Thermitschweißen,
stròjček za várjenje fólij – das Folienschweißgerät,
nanášati z várjenjem – aufschweißen,
hládno várjenje – das Kaltschweißen;
zváriti zvárim – aneinanderschweißen, zusammenschweißen, verschweißen,
zvárjanje – das Verbindungsschweißen, **zvárjenje** von zváriti – die Verschweißung.

4 Igramo se – Wir spielen

Igranje je lepo, razveseljivo, luštno, zanimivo, kratkočasno, naporno, razvedrilno, ...
Das Spielen ist schön, erfreulich, lustig, interessant, kurzweilig, anstrengend, unterhaltend, ...
Igranje nogometa je lepo. ... Plesanje je lepo. ... Smučanje je lepo. ...
Das Fußballspielen ist schön. ... Das Tanzen ist schön. ... Das Schifahren ist schön. ...

Igram(o) flavto, kitaro, klavir, čelo, violino, harmoniko, boben, tolkala, orgle, instrument, šah, nogomet, rokomet, košarko, odbojko, hokej, hokej na ledu, tenis, namizni tenis, badminton, skvoš, karte, tarok, damo, domino, razne igre, komedijo, tragedijo, Rdečo kapico, Sneguljčico, ljudsko igro, Mozarta, Beethovna, glasbo, otroške pesmi, uspešnico/uspešnice, hit/hite, ...
Ich spiele / Wir spielen Flöte, Gitarre, Klavier, Cello, Geige/Violine, Harmonika, Trommel, Schlagzeug, Orgel, ein Instrument, Schach, Fußball, Handball, Basketball, Volleyball, Hockey, Eishockey, Tennis, Tischtennis, Federball, Squash, Karten, Tarock, Dame, Domino, verschiedene Spiele, eine Komödie, eine Tragödie, Rotkäppchen, Schneewittchen, ein Volksstück, Mozart, Beethoven, Musik, Kinderlieder, einen Schlager/Schlager *(Mz.)*, einen Hit/Hits, ...

Igram(o) se na dvorišču, v telovadnici, v šoli, na vrtu, na igrišču, v parku, na plaži, na pesku, doma, ... Igramo se indijance.
Ich spiele / Wir spielen auf dem Hof, im Turnsaal, in der Schule, im Garten, auf dem Spielplatz, im Park, am Strand, im Sand/am Sandhaufen, zu Hause/daheim, ... Wir spielen Indianer.

Igram se s punčko, z medvedkom, z mačko, s psom, z avtom, z bagerjem, z žerjavom, s kockami, z lego kockami, z igračkami, z lutko/lutkami, z žogo, z vetrnico, z vodo, z vozili, s prijateljico, s prijateljem, s sestro, z bratom, z mamo, z atijem, z babico, z dedijem, ... *(unbetont)*
Ich spiele mit der Puppe, mit dem Teddybären, mit der Katze, mit dem Hund, mit dem Auto, mit dem Bagger, mit dem Kran, mit den Bausteinen, mit den Legosteinen, mit den Spielsachen, mit der Puppe/Marionette/den Marionetten, mit dem Ball, mit dem Windrad, mit dem Wasser, mit den Fahrzeugen, mit der Freundin, mit dem Freund, mit der Schwester, mit dem Bruder, mit der Mama, mit dem Papa, mit der Oma, mit dem Opa, ... / Ich spiele mit meiner Puppe, ...

Igram se s svojo punčko, s svojim medvedkom, s svojo sestro, s svojim bratom, ... *(betont)*
Ich spiele mit meiner Puppe, mit meinem Teddybären, mit meiner Schwester, mit meinem Bruder, ...

Drsanje me veseli. Drsanje rad(a) treniram. Drsam zelo rad(a). Ljubim drsanje.
Das Eislaufen (er)freut mich/macht mir Spaß. (Das) Eislaufen trainiere ich gern(e). Ich laufe sehr gern(e) Eis. Ich liebe das Eislaufen/Schlittschuh fahren.

deskanje (deskam) na snegu, deskanje na valovih, drsanje (drsam se), fotografiranje (fotografiram), jahanje (jaham), jadranje (jadram), jadranje na deski, kartanje (kartam), kegljanje (kegljam), kegljanje na ledu, kepanje (kepamo se), kolesarjenje (kolesarim), kotalkanje (kotalkam), plavanje (plavam), plezanje (plezam), plesanje (plešem), potapljanje (potapljam se), rolanje (rolam), sankanje (sankam se), smučanje (smučam), tekanje (tekam), kreativno tekanje (kreativno tekam), žongliranje (žongliram), ...
das Snowboarden, das Surfen, das Eislaufen, das Fotografieren, das Reiten, das Segeln, das Windsurfen, das Kartenspielen, das Kegeln, das Eisschießen, das Schneeballwerfen, das Radfahren, das Rollschuhfahren, das Schwimmen, das Klettern, das Tanzen, das Tauchen, das Inline-Skaten, das Rodeln/Schlittenfahren, das Schifahren, das Laufen, das Joggen, das Jonglieren, ...

Gugamo se. Igramo se skrivalnice. Igramo ringaraja. Delamo prevale. Delamo kolesa. Peljemo se s skirojem. Peljemo se s kolesom. Vozimo se z vrtiljakom. Spustimo se po toboganu. Lovimo ravnotežje. / Balansiramo. Plazimo skozi predor. Ličimo se. Spuščamo mehurčke. Skačemo v vreči. Igramo se tek s krompirjem. Skačemo s kolebnico. Poskakujemo. Spušča-

mo zmaja. Hodimo na hoduljah. Narišemo sliko s kredo. Naredimo snežaka. Gradimo iglu. Izdelamo verigo iz kostanjev. Izdelamo lampijon. Udeležimo se tekme. Mi smo na skakalnici.
Wir schaukeln. Wir spielen Verstecken, Ringel-Reigen. Wir machen Purzelbäume. Wir spielen Radschlagen. Wir fahren mit dem Roller, mit dem Fahrrad. Wir fahren Ringelspiel. Wir rutschen. Wir halten das Gleichgewicht / balancieren. Wir kriechen durch den Tunnel. Wir schminken uns. Wir machen Seifenblasen. Wir spielen Sackhüpfen, Kartoffel-Lauf, Schnurspringen, Tempelhüpfen, Drachensteigen. Wir gehen auf Stelzen. Wir zeichnen ein Bild mit Kreide. Wir machen einen Schneemann. Wir bauen einen/ein Iglu. Wir fertigen eine Kette aus Kastanien an. Wir basteln einen Lampion. Wir nehmen am Wettkampf teil. Wir sind auf der Sprungschanze.

Učenke in učenci tretjega/3. razreda ljudske šole/LŠ Bekštanj upodabljajo čustva, ideje in misli v obliki/podobi kreativnih piktogramov.
Die Schülerinnen und Schüler der 3. Klasse der Volksschule Finkenstein stellen ihre Gefühle, Ideen und Gedanken in Form/Gestalt von kreativen Piktogrammen dar.

upodábḻjati upodábḻjam > **upodábḻjanje** – dar(zu)stellen, ich stelle dar, das Darstellen
oblikováti oblikújem > **oblikovánje** – (zu) gestalten, ich gestalte, das Gestalten
zapisováti zapisújem > **zapisovánje** – auf-/mit-/nieder(zu)schreiben, ich schreibe auf/mit/nieder, das Aufschreiben/Mitschreiben/Niederschreiben
zarisávati zarisávam > **zarisávanje** – in Umrissen auf(zu)zeichnen, ich zeichne in Umrissen auf, das Aufzeichnen in Umrissen

Piktogram je zapisovanje človekovih misli. Piktogrami so prometni znaki, hieroglifi, oznake v javnih prostorih ali oznake na napravah in strojih.
Ein Piktogramm ist das Festhalten/Niederschreiben von menschlichen Gedanken. Piktogramme sind Verkehrszeichen, Hieroglyphen, Schilder im öffentlichen Raum (in öffentlichen Räumen) oder Hinweisschilder auf Geräten und Maschinen.

Velikonočni običaji: **tŕčḻjanje**, **sékanje** in **róḻkanje** pirhov, **usmérjanje** pirha, **pókanje** topičev, pokanje možnarjev. (Vgl. Nedelja, 04.04.2021, S. 13.)
Osterbrauchtum: „Turtschen", „Pecken" und Rollen der Ostereier, das Ausrichten des Ostereies auf ein Ziel, das Krachen der Böller, das Donnern der/von Kanonen.

Kristusovo **tŕpḻjênje**, **češčênje** križa, znamenje upanja, dal je svoje življenje za naše odrešenje, povežemo z znamenjem, pot spreobrnjenja, podari nam razumevanje, trpeti pomanjkanje, hrepenenje po resnici, spominjamo se vstajenja, stvarjenje sveta, dan blagoslavljanja, Božje usmiljenje, studenec odrešenja, vir upanja in zaupanja, Božje delovanje, noč bedenja, pripovedovanje zgodb, čas za branje, videnje vstajenja Izraela, skrajšati pravznovanje, proslavili smo ga po povzdigovanju, Božja moč vas čuva za zveličanje, s prikazovanji jih je zbral v skupnost, obhajanje skrivnosti in vstajenja, razočaranje ljudi, lomljenje kruha, odpuščanje grehov, neskončno veselje, ob branju in poslušanju svetopisemskih odlomkov. (Vgl. Klaus Einspieler: Praznovanje velikonočnih praznikov doma. In: Nedelja, 04.04.2021, S. 5–12.) (Übs. LMR.)
Christi Leiden, die Kreuzverehrung, ein/das Zeichen der Hoffnung, er gab sein Leben für unsere Erlösung, verbinden wir mit dem/diesem Zeichen, der Weg der Umkehr, schenke uns (das) Verständnis/Einsehen, einen/den Mangel erleiden, (die) Sehnsucht nach der Wahrheit, wir erinnern uns der Auferstehung, die Erschaffung der Welt, ein/der Tag der Segnungen, Gottes Barmherzigkeit, die Quelle der Erlösung, der Ursprung unserer Hoffnung und Zuversicht, Gottes Wirken, die Nacht des Wachens, das Erzählen von Geschichten, eine/die Zeit für das Lesen, das Sehen der Auferstehung Israels, das Feiern abkürzen, wir feierten/verehrten ihn nach dem Eucharistischen Hochgebet, Gottes Kraft bewahrt euch/Sie für die Erlösung, durch Zeichen/Wunder versammelte er sie zu einer/seiner Gemeinschaft, die Feier des Geheimnisses und der Auferstehung, die Enttäuschung der Leute, das Brechen des Brotes, die Vergebung der Sünden, die unendliche Freude, beim Lesen und Hören der Bibelabschnitte.

5 Eigenschafts- und Hauptwort, 2. und 3. Fall

w.	*Ez.* – eine/die neue Mappe	*Zz.*	*Mz.*
1.F.	nôva mápa	nôvi mápi	nôve mápe
2.F.	**nôve mápe**	**nôvih máp**	**nôvih máp**
3.F.	**môvi mápi**	**nôvima mápama**	**nôvim mápam**
4.F.	nôvo mápo	nôvi mápi	nôve mápe
5.F.	nôvi mápi	nôvih mápah	nôvih mápah
6.F.	nôvo mápo	nôvima mápama	nôvimi mápami

Auch: banána – Banane, bárva – Farbe, ... > nôva mápa, ... *(S. 31, S. 34)*. Ebenso: dôbra, ... > dôbra sêstra, ... *(S. 32, S. 69)*; rdèč, ... > rdéča ládja *(S. 33, S. 69). Zu Erweiterungen im 2. Fall siehe S. 69–71. Besondere Anwendungen im 2. Fall siehe unten S. 199–202. Ortsangaben zum 2. Fall siehe S. 28, S. 39+40, S. 47, S. 78, S. 92, S. 113. Siehe dazu auch LMR: WF, 2017, S. 8+9, S. 18, S. 20+21, S. 34.*

3.F.: Pomagam teti. Telefoniram mami. Dam sestri torto. Grem k frizerki/zdravnici. Grem h kovačici. Grem h gospe Strniši. *(h vor g+k, sonst k für „zu (Personen)".)* V živalskem vrtu grem k opicam/žirafam/tigram/ribam/pticam / h kačam. – Ich helfe meiner Tante. Ich telefoniere mit meiner Mama. Ich gebe die Torte meiner Schwester. Ich gehe zur Frisörin/Ärztin. Ich gehe zur Schmiedin. Ich gehe zur Frau Strniša. Im Tierpark gehe ich zu den Affen/Giraffen/Tigern/Fischen/Vögeln/Schlangen. *In Slowenisch kommt bei den Satz-Ergänzungen in der Regel der 3. Fall vor dem 4. Fall, in Deutsch ist die Reihenfolge genau umgekehrt.*

m.	*Ez.* – ein neuer / der neue Tourist	*Zz.*	*Mz.*
1.F.	nòv, nôvi turíst	nôva turísta	nôvi turísti
2.F.	**nôvega turísta**	**nôvih turístov**	**nôvih turístov**
3.F.	**nôvemu turístu**	**nôvima turístoma**	**nôvim turístom**
4.F.	nôvega turísta *Leb.*	nôva turísta	nôve turíste
5.F.	nôvem turístu	nôvih turístih	nôvih turístih
6.F.	nôvim turístom	nôvima turístoma	nôvimi turísti

Siehe dazu LMR: WF, 2017, S. 8+9, S. 18, S. 20+21, S. 34.

3.F.: Pomagam stricu. Telefoniram očetu. Dam bratu slovar. Grem k frizerju/zdravniku. Grem h kovaču. Grem h gospodu Kmeclu. V živalskem vrtu grem k medvedom/levom/slonom/jelenom. – Ich helfe meinem Onkel. Ich telefoniere mit meinem Vater. Ich gebe das Wörterbuch meinem Bruder. Ich gehe zum Frisör/Arzt. Ich gehe zum Schmied. Ich gehe zum Herrn Kmecl. Im Tierpark gehe ich zu den Bären/Löwen/Elefanten/Hirschen. *Es gibt im 2. und 3. Fall beim männlichen Hauptwort keinen Unterschied zwischen belebter und unbelebter Kategorie.*

s.	*Ez.* – ein neues / das neue Bier	*Zz.*	*Mz.*
1.F.	nôvo pívo	nôvi pívi	nôva píva
2.F.	**nôvega píva**	**nôvih pív**	**nôvih pív**
3.F.	**nôvemu pívu**	**nôvima pivoma**	**nôvim pívom**
4.F.	nôvo pívo	nôvi pívi	nôva píva
5.F.	nôvem pívu	nôvih pívih	nôvih pívih
6.F.	nôvim pívom	nôvima pívoma	nôvimi pívi

Siehe dazu LMR: WF, 2017, S. 8+9, S. 18, S. 20+21, S. 34.

K novemu pivu postavim kozarec žganja. Lepemu oknu dodam šarnir. V živalskem vrtu grem k žrebetom/teletom/jagnjetom. – Zum neuen Bier stelle ich ein Glas Schnaps dazu. Dem schönen Fenster füge ich ein Scharnier hinzu. Im Tierpark gehe ich zu den Fohlen/Kälbern/Lämmern.

6 Eigenschafts- und Hauptwort in allen sechs Fällen, Zusammenfassung

Hier werden alle bisher erwähnten Musterbeispiele in allen sechs Fällen nochmals angeführt, u. zw. in der Einzahl, Zweizahl und Mehrzahl, um die richtige Biegung sicherzustellen. Sollten Wortverbindungen verschiedenen Biegungsmustern zugehören, so sind sie nach der Biegung des Hauptwortes eingeordnet.

m. Ez.: nòv fílm / nôvi fílm, nôvega fílma, nôvemu fílmu, nòv fílm / nôvi fílm, na nôvem fílmu, z nôvim fílmom
Zz.: nôva fílma, nôvih fílmov, nôvima fílmoma, nôva fílma, na nôvih fílmih, z nôvima fílmoma
Mz.: nôvi fílmi, nôvih fílmov, nôvim fílmom, nôve fílme, na nôvih fílmih, z nôvimi fílmi *(S. 31, S. 34, S. 48, S. 79, S. 85, S. 105)* – ein neuer / der neue Film; lép/lépi gúmb – ein schöner / der schöne Knopf, ... Siehe LMR: Wortformen/WF, 2017, S. 8+9, S. 14+15, S. 18.

m. Leb. Ez.: nòv turíst / nôvi turíst, nôvega turísta, nôvemu turístu, nôvega turísta, pri nôvem turístu, z nôvim turístom
Zz.: nôva turísta, nôvih turístov, nôvima turístoma, nôva turísta, pri nôvih turístih, z nôvima turístoma
Mz.: nôvi turísti, nôvih turístov, nôvim turístom, nôve turíste, pri nôvih turístih, z nôvimi turísti *(S. 31, S. 34, S. 48, S. 85, S. 137)* – ein neuer / der neue Tourist; ljúb/ljúbi diják – ein lieber / der liebe Schüler, ... Siehe LMR: WF, 2017, S. 8+9, S. 14+15, S. 18.

s. Ez.: nôvo pívo, nôvega píva, nôvemu pívu, nôvo pívo, v nôvem pívu, z nôvim pívom
Zz.: nôvi pívi, nôvih pív, nôvima pívoma, nôvi pívi, v nôvih pívih, z nôvima pívoma
Mz.: nôva píva, nôvih pív, nôvim pívom, nôva píva, v nôvih pívih, z nôvimi pívi *(S. 31, S. 34, S. 48, S. 79, S. 85, S. 105, S. 137)* – ein neues / das neue Bier; lépo jézero – ein schöner / der schöne See, ... Siehe LMR: WF, 2017, S. 8+9, S. 14, S. 18.

w. Ez.: nôva mápa, nôve mápe, nôvi mápi, nôvo mápo, v nôvi mápi, z nôvo mápo
Zz.: nôvi mápi, nôvih máp, nôvima mápama, nôvi mápi, v nôvih mápah, z nôvima mápama
Mz.: nôve mápe, nôvih máp, nôvim mápam, nôve mápe, v nôvih mápah, z nôvimi mápami *(S. 31, S. 34, S. 48,* mláda kmetíca *S. 79,* nôva mápa *S. 79,* dôbra igrálka *S. 80,* nôva mápa *S. 85, S. 105, S. 137,* mláda igrálka *S. 118)* – eine/die neue Mappe; lépa bárva – eine/die schöne Farbe, ... Siehe LMR: WF, 2017, S. 8+9, S. 14, S. 18.

m. Ez.: dóber pískər / dôbri pískər, dôbrega pískra, dôbremu pískru, dóber pískər / dôbri pískər, v dôbrem pískru, z dôbrim pískrom
Zz.: dôbra pískra, dôbrih pískrov, dôbrima pískroma, dôbra pískra, v dôbrih pískrih, z dôbrima pískroma
Mz.: dôbri pískri, dôbrih pískrov, dôbrim pískrom, dôbre pískre, v dôbrih pískrih, z dôbrimi pískri *(S. 32, S. 35, S. 48,* rdéč/rdéči pískər *S. 106)* – ein guter / der gute Häfen; izvírən / izvírni izdélək – ein originelles / das originelle Produkt, ... Siehe LMR: WF, 2017, S. 10+11, S. 15, S. 19, S. 24.

m. Leb. Ez.: dóber pès / dôbri pès, dôbrega psà, dôbremu psù, dôbrega psà, o dôbrem psù, z dôbrim psòm
Zz.: dôbra psà, dôbrih psòv, dôbrima psòma, dôbra psà, o dôbrih psìh, z dôbrima psòma
Mz.: dôbri psì, dôbrih psòv, dôbrim psòm, dôbre psè, o dôbrih psìh, z dôbrimi psì *(S. 32, S. 35, S. 49)* – ein guter / der gute Hund; glásən / glásni ósəl – ein lauter / der laute Esel, ... Siehe LMR: WF, 2017, S. 10+11, S. 15, S. 19.

w. Ez.: dôbra sêstra, dôbre sêstre, dôbri sêstri, dôbro sêstro, pri dôbri sêstri, z dôbro sêstro
Zz.: dôbri sêstri, dôbrih sêster, dôbrima sêstrama, dôbri sêstri, pri dôbrih sêstrah, z dôbrima sêstrama
Mz.: dôbre sêstre, dôbrih sêster, dôbrim sêstram, dôbre sêstre, pri dôbrih sêstrah, z dôbrimi sêstrami *(S. 32,* čédna sêstra *S. 69)* – eine/die gute Schwester; skúpna mêja – eine/die gemeinsame Grenze, ... Siehe LMR: WF, 2017, S. 10, S. 15, S. 20, S. 34.

s. Ez.: dôbro ôkno, dôbrega ôkna, dôbremu ôknu, dôbro ôkno, pri dôbrem ôknu, z dôbrim ôknom

Zz.: dôbri ôkni, dôbrih ôken, dôbrima ôknoma, dôbri ôkni, pri dôbrih ôknih, z dôbrima ôknoma
Mz.: dôbra ôkna, dôbrih ôken, dôbrim ôknom, dôbra ôkna, pri dôbrih ôknih, z dôbrimi ôkni *(S. 32, S. 34,* širôko ôkno *S. 69)* – ein gutes / das gute Fenster; krátko písmo – ein kurzer / der kurze Brief, ... Siehe LMR: WF, S. 10, S. 15, S. 21, S. 34.

m. Ez.: rdéč lôn̲ec / rdéči lôn̲ec, rdéčega lônca, rdéčemu lôncu, rdéč lôn̲ec / rdéči lôn̲ec, v rdéčem lôncu, z rdéčim lôncem
Zz.: rdéča lônca, rdéčih lôncev, rdéčima lôncema, rdéča lônca, v rdéčih lôncih, z rdéčima lôncema
Mz.: rdéči lônci, rdéčih lôncev, rdéčim lôncem, rdéče lônce, v rdéčih lôncih, z rdéčimi lônci *(S. 34, S. 49)* – ein roter / der rote Kochtopf; poslédnji kozár̲ec – ein/das letzte Glas, ... Siehe LMR: WF, 2017, S. 12+13, S. 15, S. 19.

m. Leb. Ez.: rdéč hròšč / rdéči hròšč, rdéčega hrôšča, rdéčemu hrôšču, rdéčega hrôšča, o rdéčem hrôšču, za rdéčim hrôščem
Zz.: rdéča hrôšča, rdéčih hrôščev, rdéčima hrôščema, rdéča hrôšča, o rdéčih hrôščih, za rdéčima hrôščema
Mz.: rdéči hrôšči, rdéčih hrôščev, rdéčim hrôščem, rdéče hrôšče, o rdéčih hrôščih, za rdéčimi hrôšči *(S. 34,* živéč/živéči hròšč *S. 49)* – ein roter / der rote Käfer; svéž / svéži pólž – eine/die frische Schnecke, ... Siehe LMR: WF, 2017, S. 12+13, S. 15, S. 19, S. 35.

s. Ez.: dôbro srcé, dôbrega srcá, dôbremu sŕcu, dôbro srcé, v dôbrem sŕcu, z dôbrim sŕcem
Zz.: dôbri sŕci, dôbrih sŕc, dôbrima sŕcema, dôbri sŕci, v dôbrih sŕcih, z dôbrima sŕcema
Mz.: dôbra sŕca, dôbrih sŕc, dôbrim sŕcem, dôbra sŕca, v dôbrih sŕcih, z dôbrimi sŕci *(S. 34, S. 48,* dôbro gledalíšče *S. 80, S. 85, S. 106,* glásbeno gledalíšče *S. 118;* májhen, máli *S. 19, S. 100, S. 102, S. 117)* – ein gutes / das gute Herz; májhno / málo igríšče – ein kleiner / der kleine Spielplatz, ... Siehe LMR: WF, 2017, S. 10+11, S. 19, S. 35.

w. Ez.: rdéča ládja, rdéče ládje, rdéči ládji, rdéčo ládjo, na rdéči ládji, pred rdéčo ládjo
Zz.: rdéči ládji, rdéčih ládij, rdéčima ládjama, rdéči ládji, na rdéčih ládjah, pred rdéčima ládjama
Mz.: rdéče ládje, rdéčih ládij, rdéčim ládjam, rdéče ládje, na rdéčih ládjah, pred rdéčimi ládjami *(S. 33,* hítra ládja *S. 69,)* – ein rotes / das rote Schiff; vróča večérja – ein heißes / das heiße Abendessen, ... Siehe LMR: WF, 2017, S. 12, S. 20.

s. Ez.: rdéče podjétje, rdéčega podjétja, rdéčemu podjétju, rdéče podjétje, o rdéčem podjétju, z rdéčim podjétjem
Zz.: rdéči podjétji, rdéčih podjétij, rdéčima podjétjema, rdéči podjétji, o rdéčih podjétjih, z rdéčima podjétjema
Mz.: rdéča podjétja, rdéčih podjétij, rdéčim podjétjem, rdéča podjétja, o rdéčih podjétjih, z rdéčimi podjétji *(S. 33,* uspéšno podjétje *S. 70)* – ein rotes / das rote Unternehmen; túje oródje – ein fremdes / das fremde Werkzeug, ... Siehe LMR: WF, 2017, S. 12, S. 21, S. 34+35.

m. Ez.: svéž čáj / svéži čáj, svéžega čája, svéžemu čáju, svéž čáj / svéži čáj, v svéžem čáju, s svéžim čájem
Zz.: svéža čája, svéžih čájev, svéžima čájema, svéža čája, v svéžih čájih, s svéžima čájema
Mz.: svéži čáji, svéžih čájev, svéžim čájem, svéže čáje, v svéžih čájih, s svéžimi čáji *(*čáj *S. 34,* svéž/svéži čáj *S. 49, S. 106)* – ein frischer / der frische Tee; sledéč / sledéči vál̲j – eine/die folgende Welle, ... Siehe LMR: WF, 2017, S. 12+13, S. 15, S. 19, S. 35.

m. Leb. Ez.: poslédnji igrál̲ec, poslédnjega igrálca, poslédnjemu igrálcu, poslédnjega igrálca, pri poslédnjem igrálcu, s poslédnjim igrálcem
Zz.: poslédnja igrálca, poslédnjih igrálcev, poslédnjima igrálcema, poslédnja igrálca, pri poslédnjih igrálcih, s poslédnjima igrálcema
Mz.: poslédnji igrálci, poslédnjih igrálcev, poslédnjim igrálcem, poslédnje igrálce, pri poslédnjih igrálcih, s poslédnjimi igrálci *(*igrál̲ec *S. 34,* poslédnji igral̲ec *S. 49,* dôbri igrál̲ec *S. 80,* mlád/mládi igrál̲ec *S. 118)* – ein letzter / der letzte Spieler; igrajóč / igrajóči párkel̲j – ein spielender / der spielende Krampus, ... Siehe LMR: WF, 2017, S. 12+13, S. 15, S. 19, S. 24, S. 34.

w. Mz.: ugódne gráblje, ugódnih grábelj, ugódnim grábljam, ugódne gráblje, o ugódnih grábljah, z ugódnimi grábljami *(S. 69;* májhen, máli > májhne, mále *S. 19, S. 100, S. 102, S. 117)* – ein bequemer / der bequeme Rechen, májhne cítre > májhnih cíter – eine kleine Zither, mále cítre > málih cíter – die kleine Zither, ... Siehe LMR: WF, 2017, S. 10, S. 20, S. 48.

w. Mz.: óstre škárje, óstrih škárij, óstrim škárjam, óstre škárje, o óstrih škárjah, z óstrimi škárjami *(S. 69;* vêlik/véliki > velíke/vélike *S. 19, S. 100, S. 102, S. 117))* – eine/die scharfe Schere, velíke gárje – ein großer Karren, vélike gárje – der große Karren, ... *S*iehe LMR: WF, 2017, S. 10, S. 20, S. 48.

s. Ez.: zgórnje nasélje, zgórnjega naséla, zgórnjemu naséłju, zgórnje naséłje, v zgórnjem naséłju, pred zgórnjim naséljem
Zz.: zgórnji naséłji, zgórnjih naséłij, zgórnjima naséljema, zgórnji naséłji, v zgórnjih naséljih, pred zgórnjima naséljema
Mz.: zgórnja naséłja, zgórnjih naséłij, zgórnjim naséljem, zgórnja naséłja, v zgórnjih naséljih, pred zgórnjimi naséłji *(S. 70)* – eine/die obere Siedlung, dívje mórje – ein wildes / das wilde Meer, ... Siehe LMR: WF, 2017, S. 12, S. 15, S. 21, S. 35.

s. Ez.: jásno mnênje, jásnega mnênja, jásnemu mnênju, jásno mnênje, po jásnem mnênju, z jásnim mnênjem
Zz.: jásni mnênji, jasnih mnênj, jásnima mnênjema, jásni mnênji, po jásnih mnênjih, z jásnima mnênjema
Mz.: jásna mnênja, jásnih mnênj, jásnim mnênjem, jásna mnênja, po jásnih mnênjih, z jásnimi mnênji *(S. 70)* – eine/die klare Meinung, ponôsno živlênje – ein stolzes / das stolze Leben, ... Siehe LMR: WF, 2017, S. 10, S. 15, S. 21, S. 35.

s. Ez.: rodovítno pólje, rodovítnega pólja, rodovítnemu pólju, rodovítno pólje, na rodovítnem pólju, pod rodovítnim póljem
Zz.: rodovítni pólji, rodovítnih pólj, rodovítnima póljema, rodovítni pólji, na rodovítnih póljih, pod rodovítnima póljema
Mz.: rodovítna pólja, rodovítnih pólj, rodovítnim póljem, rodovítna pólja, na rodovítnih póljih, pod rodovítnimi pólji *(S. 70)* – ein fruchtbares / das fruchtbare Feld, búčno ólje – ein/das Kürbiskernöl, ... Siehe LMR: WF, 2017, S. 10, S. 15, S. 21, S. 35.

s. Ez.: vesélo igránje, vesélega igránja, vesélemu igránju, vesélo igránje, pri vesélem igránju, z vesélim igránjem
Zz.: veséli igránji, vesélih igránj, vesélima igránjema, veséli igránji, pri vesélih igránjih, z vesélima igránjema
Mz.: veséla igránja, vesélih igránj, vesélim igránjem, veséla igránja, pri vesélih igránjih, z vesélimi igránji *(S. 71)* – das fröhliche Spielen; múčno plézanje – das schweißtreibende/mühsame Klettern, ... Siehe LMR: WF, 2017, S. 8, S. 56+57.

s. Ez.: tóčno číščenje, tóčnega číščenja, tóčnemu číščenju, tóčno číščenje, pri tóčnem číščenju, s tóčnim číščenjem
Zz.: tóčni číščenji, tóčnih číščenj, tóčnima číščenjema, tóčni číščenji, pri tóčnih číščenjih, s tóčnima číščenjema
Mz.: tóčna číščenja, tóčnih číščenj, tóčnim číščenjem, tóčna číščenja, pri tóčnih číščenjih, s tóčnimi číščenji *(S. 71)* – das genaue Putzen; jásno govorjênje – das klare Sprechen, ... Siehe LMR: WF, 2017, S. 10, S. 56+57.

s. Ez.: požréšno pítje, požréšnega pítja, požréšnemu pítju, požréšno pítje, pri požréšnem pítju, s požréšnim pítjem
Zz.: požréšni pítji, požréšnih pítij, požréšnima pítjema, požréšni pítji, pri požréšnih pítjih, s požréšnima pítjema
Mz.: požréšna pítja, požréšnih pítij, požréšnim pítjem, požréšna pítja, pri požréšnih pítjih, s požréšnimi pítji *(S. 71)* – das gierige Trinken; tího pétje – das leise Singen, ... Siehe LMR: WF, 2017, S. 8, S. 56+57.

s. Ez.: danášnje odpŕtje, danášnjega odpŕtja, danášnjemu odpŕtju, danášnje odpŕtje, pri danášnjem odpŕtju, z danášnjim odpŕtjem
Zz.: danášnji odpŕtji, danášnjih odpŕtij, danášnjima odpŕtjema, danášnji odpŕtji, pri danášnjih odpŕtjih, z danášnjima odpŕtjema
Mz.: danášnja odpŕtja, danášnjih odpŕtij, danášnjim odpŕtjem, danášnja odpŕtja, pri danášnjih odpŕtjih, z danášnjimi odpŕtji *(S. 71)* – eine/die heutige Eröffnung; včérajšnje podŕtje – ein gestriger / der gestrige Einsturz, ... Siehe S. 12, S. 56+57.

s. Ez.: rdéče koló, rdéčega kolésa, rdéčemu kolésu, rdéče koló, o rdéčem kolésu, z rdéčim kolésom
Zz.: rdéči kolési, rdéčih kolés, rdéčima kolésoma, rdéči kolési, o rdéčih kolésih, z rdéčima kolésoma
Mz.: rdéča kolésa, rdéčih kolés, rdéčim kolésom, rdéča kolésa, o rdéčih kolésih, z rdéčimi kolési *(S. 71, S. 106)* – ein rotes / das rote Fahrrad; lístnato drevó – ein/der Laubbaum, ... Siehe LMR: WF, 2017, S. 8, S. 12, S. 25, S. 34.

s. Ez.: prídno deklè, prídnega dekléta, prídnemu deklétu, prídno deklè, pri prídnem deklétu, s prídnim deklétom
Zz.: prídni dekléti, prídnih deklét, prídnima deklétoma, prídni dekléti, pri prídnih deklétih, s prídnima deklétoma
Mz.: prídna dekléta, prídnih deklét, prídnim deklétom, prídna dekléta, pri prídnih deklétih, s prídnimi dekléti *(S. 72,* mládo deklè *S. 79,* prídno deklè *S. 107)* – ein braves / das brave Mädchen; velikonôčno jágnje – ein/das Osterlamm, ... Siehe S. 10, S. 25, S. 34.

s. Ez.: mŕzlo vrême, mŕzlega vreména, mŕzlemu vreménu, mŕzlo vrême, pri mŕzlem vreménu, za mŕzlim vreménom
Zz.: mŕzli vreméni, mŕzlih vremén, mŕzlima vreménoma, mŕzli vreméni, pri mŕzlih vreménih, za mŕzlima vreménoma
Mz.: mŕzla vreména, mŕzlih vremén, mŕzlim vreménom, mŕzla vreména, pri mŕzlih vreménih, za mŕzlimi vreméni *(S. 72, S. 107)* – ein kaltes / das kalte Wetter; slávno imé – ein berühmter / der berühmte Name, ... Siehe S. 10, S. 25, S. 34.

m. Ez.: pazljív umór / pazljívi umór, pazljívega umôra, pazljívemu umôru, pazljív umór / pazljívi umór, o pazljívem umôru, s pazljívim umôrom
Zz.: pazljíva umôra, pazljívih umôrov, pazljívima umôroma, pazljíva umôra, o pazljívih umôrih, s pazljívima umôroma
Mz.: pazljívi umôri, pazljívih umôrov, pazljívim umôrom, pazljíve umôre, o pazljívih umôrih, s pazljívimi umôri *(S. 72, S. 107)* – ein achtsamer / der achtsame Mord; skrít/skríti izvír – eine versteckte / die versteckte Quelle, ... Siehe S. 24, S. 34, S. 55.

m. Ez.: avstríjski évro, avstríjskega évra, avstríjskemu évru, avstríjski évro, na avstríjskem évru, z avstríjskim évrom
Zz.: avstríjska évra, avstríjskih évrov, avstríjskima évroma, avstríjska évra, na avstríjskih évrih, z avstríjskima évroma
Mz.: avstríjski évri, avstríjskih évrov, avstríjskim évrom, avstríjske évre, na avstríjskih évrih, z avstríjskimi évri *(S. 72, S. 108)* – ein österreichischer / der österreichische Euro; švédski ávto – ein schwedisches / das schwedische Auto, ... Siehe LMR: WF, 2017, S. 34+35, S. 24, S. 36.

m. Ez.: slovénski tólar, slovénskega tólarja, slovénskemu tólarju, slovénski tólar, na slovénskem tólarju, s slovénskim tólarjem
Zz.: slovénska tólarja, slovénskih tólarjev, slovénskima tólarjema, slovénska tólarja, na slovénskih tólarjih, s slovénskima tólarjema
Mz.: slovénski tólarji, slovénskih tólarjev, slovénskim tólarjem, slovénske tólarje, na slovénskih tólarjih, s slovénskimi tólarji *(S. 72, S. 108)* – ein slowenischer / der slowenische Tolar; jugoslovánski dínar – ein jugoslawischer / der jugoslawische Dinar, ... Siehe S. 34+35, S. 22, S. 36.

m. Leb. Ez.: angléški čevljár, angléškega čevljárja, angléškemu čevljárju, angléškega čevljárja, pri angléškem čevljárju, z angléškim čevljárjem
Zz.: angléška čevljárja, angléških čevljárjev, angléškima čevljárjema, angléška čevljárja, pri angléških čevljárjih, z angléškima čevljárjema
Mz.: angléški čevljárji, angléških čevljárjev, angléškim čevljárjem, angléške čevljárje, pri angléških čevljárjih, z angléškimi čevljárji (S. 72) – ein englischer / der englische Schuster; némški trenêr – ein deutscher / der deutsche Trainer, ... Siehe LMR: WF, 2017, S. 34+35, S. 22, S. 36.

m. Ez.: nàjnovêjši kúli, nàjnovêjšega kúlija, nàjnovêjšemu kúliju, nàjnovêjši kúli, o nàjnovêjšem kúliju, z nàjnovêjšim kúlijem
Zz.: nàjnovêjša kúlija, nàjnovêjših kúlijev, nàjnovêjšima kúlijema, nàjnovêjša kúlija, o nàjnovêjših kúlijih, z nàjnovêjšima kúlijema
Mz.: nàjnovêjši kúliji, nàjnovêjših kúlijev, nàjnovêjšim kúlijem, nàjnovêjše kúlije, o nàjnovêjših kúlijih, z nàjnovêjšimi kúliji *(S. 73, S. 108)* – der neueste Kuli/Kugelschreiber; nàjlépši táksi – das schönste Taxi, ... Siehe LMR: WF, 2017, S. 41, S. 22, S. 50+51.

m. Leb. Ez.: nàjdrážji dédi, nàjdrážjega dédija, nàjdrážjemu dédiju, nàjdrážjega dédija, pri nàjdrážjem dédiju, z nàjdrážjim dédijem
Zz.: nàjdrážja dédija, nàjdrážjih dédijev, nàjdrážjima dédijema, nàjdrážja dédija, pri nàjdrážjih dédijih, z nàjdrážjima dédijema
Mz.: nàjdrážji dédiji, nàjdrážjih dédijev, nàjdrážjim dédijem, nàjdrážje dédije, pri nàjdrážjih dédijih, z nàjdrážjimi dédiji (S. 73) – der teuerste Opa; nàjnovêjši ávdi – der neueste Audi, ... Siehe LMR: WF, 2017, S. 42, S. 22, S. 50+51.

m. Leb. Ez.: stróžji kmèt, stróžjega kméta, stróžjemu kmétu, stróžjega kmèta, pri stróžjem kmétu, s stróžjim kmétom
Zz.: stróžja kméta, stróžjih kmétov, stróžjima kmétoma, stróžja kméta, pri stróžjih kmétih, s stróžjima kmétoma
Mz.: stróžji kmétje/kméti, stróžjih kmétov, stróžjim kmétom, stróžje kméte, pri stróžjih kmétih, s stróžjimi kméti *(S. 73,* mlád kmèt *S. 79)* – ein strengerer / der strengere Bauer; koróški grôf – ein/der Kärntner Graf, ... Siehe LMR: WF, 2017, S. 42, S. 29, S. 34+35, S. 36, S. 50+51.

m. Leb. Ez.: nàjbolj ljubeznívi ôče, nàjbolj ljubeznívega očéta, nàjbolj ljubeznívemu očétu, nàjbolj ljubeznívega očéta, pri nàjbolj ljubeznívem očétu, z nàjbolj ljubeznívim očétom
Zz.: nàjbolj ljubezníva očéta, nàjbolj ljubeznívih očétov, nàjbolj ljubeznívima očétoma, nàjbolj ljubezníva očéta, pri nàjbolj ljubeznívih očétih, z nàjbolj ljubeznívima očétoma
Mz.: nàjbolj ljubeznívi očéti/očétje, nàjbolj ljubeznívih očétov, nàjbolj ljubeznívim očétom, nàjbolj ljubezníve očéte, pri nàjbolj ljubeznívih očétih, z nàjbolj ljubeznívimi očéti *(S. 73, S. 109)* – der freundlichste Vater. Siehe LMR: WF, 2017, S. 37, S. 8, S. 14, S. 25, S. 29, S. 50+51.

m. Ez.: nàjbolj kúpljeni sók, nàjbolj kúpljenega sôka, nàjbolj kúpljenemu sôku, nàjbolj kúpljeni sók, o nàjbolj kúpljenem sóku, z nàjbolj kúpljenim sókom
Zz.: nàjbolj kúpljena sokôva, nàjbolj kúpljenih sokôv, nàjbolj kúpljenima sokôvoma, nàjbolj kúpljena sokôva, o nàjbolj kúpljenih sokôvih, z nàjbolj kúpljenima sokôvoma
Mz.: nàjbolj kúpljeni sokôvi, nàjbolj kúpljenih sokôv, nàjbolj kúpljenim sokôvom, nàjbolj kúpljene sokôve, o nàjbolj kúpljenih sokôvih, z nàjbolj kúpljenimi sokôvi *(S. 73, S. 109)* – der meistgekaufte Saft; nàjbolj gôsti gózd – der dichteste Wald, nàjbolj prodáni vóz – der meistverkaufte Wagen, ... Siehe LMR: WF, 2017, S. 37, S. 55, S. 8, S. 26, S. 34, S. 57.

m. Leb. Ez.: nàjhújši vólk, nàjhújšega vólka, nàjhújšemu vólku, nàjhújšega vólka, o nàjhújšem vólku, pred nàjhújšim vólkom
Zz.: nàjhújša volkôva, nàjhújših volkôv, nàjhújšima volkôvoma, nàjhújša volkôva, o nàjhújših volkôvih, z nàjhújšima volkôvoma

Mz.: nàjhújši volkôvi, nàjhújših volkôv, nàjhújšim volkôvom, nàjhújše volkôve, o nàjhújših volkôvih, z nàjhújšimi volkôvi (S. 74) – der böseste Wolf; nàjvíšji rímski bóg – der höchste römische Gott, ... Siehe LMR: WF, 2017, 41, 42, 36, S. 26, S. 34, S. 50+51.

m. Ez.: zeló zanimív sláp / zeló zanimívi sláp, zeló zanimívega slapú/slápa, zeló zanimívemu slápu, zeló zanimív sláp / zeló zanimívi sláp, o zeló zanimívem slápu, pod zeló zanimívim slápom
Zz.: zeló zanimíva slapôva, zeló zanimívih slapôv, zeló zanimívima slapôvoma, zeló zanimíva slapôva, o zeló zanimívih slapôvih, pod zeló zanimívima slapôvoma
Mz.: zeló zanimívi slapôvi, zeló zanimívih slapôv, zeló zanimívim slapôvom, zeló zanimíve slapôve, o zeló zanimívih slapôvih, pod zeló zanimívimi slapôvi *(S. 74, S. 109)* – ein sehr interessanter / der sehr interessante Wasserfall; zeló grôzen/grôzni pláz – eine/die sehr schreckliche Lawine, ... Siehe LMR: WF, 2017, S. 8, S. 10, S. 40, S. 27, S. 34, S. 50.

m. Leb. Ez.: nàjmlájši sín, nàjmlájšega sína/sinú, nàjmlájšemu sínu, nàjmlájšega sína, pri nàjmlájšem sínu, z nàjmlájšim sínom
Zz.: nàjmlájša sinôva, nàjmlájših sinôv, nàjmlájšima sinôvoma, nàjmlájša sinôva, pri nàjmlájših sinôvih, z nàjmlájšima sinôvoma
Mz.: nàjmlájši sinôvi, nàjmlájših sinôv, nàjmlájšim sinôvom, nàjmlájše sinôve, pri nàjmlájših sinôvih, z nàjmlájšimi sinôvi *(S. 74)* – der jüngste Sohn; nàjstarêjši tát – der älteste Dieb, ... Siehe LMR: WF, 2017, S. 38, S. 41, S. 27, S. 34, S. 50.

7 Berichtigungen zum Eigenschafts- und Hauptwort, WF, 2017

S. 8: **nóv** – neu, ..., gôst – dick/dicht, ..., svilén – seiden, ...
S. 15: **dóber** – gut, ..., ~~svilen – seiden~~, svobôden – frei/beruflich, ...
S. 18: mlad(i) slavist/turist; mladi slavisti/turisti; ein junger (der junge) Slawist/Tourist
S. 19: lepši plesalec/igralec; lepši plesalci/igralci; ein schönerer (der schönere) Tänzer/Schauspieler
S. 20: *Mz.*: **škarje** > škarij – eine/die Schere; gárje > gárij – ein/der Karren/Garling
S. 21, links: gúmno ..., zlò > zél – ein/das Übel/Böse
pólje > pólj – ein/das Feld, ólje > ólj – ein/das Öl, razdólje > razdólj – Täler-Knoten/-Schnittpunkt, vesólje > vesólj – ein/das Weltall, okólje > okólj/okólij – Umwelt *>–ólje nur diese Wörter<*
S. 21, rechts: ein/das ~~Unternehmen~~ Werkzeug – oródje, ...;
naséłje > nasélij – eine/die Siedlung, podólje > podólij – Bergabhang/Talsohle, okólje > okolj/okólij – Umwelt *>-ólje nur diese Wörter<*
bárje > bárij – ein/das Moor, Ljubljánsko bárje *(nur Ez.)* – das Laibacher/Ljubljanaer Moor
goróvje > gorôvij – ein/das Gebirge, ..., poglávje > poglávij – ein/das Kapitel, ...
S. 23: **áta** > áte > át *(2.F. Mz.)* – ein/der Vater, **vódja** > vódje > vódij *(2.F. Mz.)* – ein/der Leiter, računovódja, poslovódja, zborovódja > ...vódje > ...vódij *(2.F. Mz.). Diese Hauptwörter deklinieren weiblich, die davorstehenden Eigenschaftswörter aber männlich, z. B.: stári vódja, mládi áta.*
S. 25: **okó** > očési *(Zz.)* > očí *(Mz., natürliches Paar)* / očésa *(Mz.)*
deklè > dekléta – ein/das Mädchen, têle > teléta – ein/das Kalb
S. 26: **véter** > vetróvi – ein/der Wind ~~>nur dieses Wort<~~ >und ähnliche Wörter<
S. 27: **sín** > sína/sinú > sinôvi – ein/der Sohn; *3.F. Zz.*: ~~sinôvom~~ sinôvoma
gólf > golf klub – ... Golf- > ein/der Golfklub, ...
koróna > koróna vírus / korónavírus – ... Corona- > ein/das Corona-Virus
S. 29: **kmèt** > kmétje/kméti – ein/der Bauer, ..., ~~žíd > žídje/žídi~~ Žíd > Žídje/Žídi – ein/der Jude
S. 34: velíka škátla/sêstra; velíke škátle/sêstre; eine/die große Schachtel/Schwester
ljubézensko písmo *(wie* ôkno*)*; ljubézenska písma *(wie* ôkna*)*; ein/der Liebesbrief (*wie* Fenster)
S. 42: streng – **strog/strogi**, ...; nahe – blízek/blízki; blížja, blížje, blížji; nàjblížja, nàjblížje, nàjblížji
S. 61: **Drágo** Slávko Márko Stánko Jánko Mário Gaetáno Paôlo Biásio/**Ínzko**
S. 62: **dóktor Dimítrij Rúpel**
S. 66: Škófja Lóka – Bischoflak; **Celôvec** – Klagenfurt; Velikôvec – Völkermarkt
Ljubljána, Zílja, Poljákinja, **Belják**, Bilčóvs, Bolgár, Št. Pável, Brússel, Št. Ílj, Brúselj, Ljubélj
S. 67: Gomílsko – Weissenburg; Údine (Vídem) – Udine; **Šmohòr** – Hermagor
Cêlje, Ólšje, **Kósovo pólje**, Bízeljsko, Bolzáno
Weitere Berichtigungen zu LMR: WF, 2017, S. 68+69, siehe unten auf S. 213+214.

8 Anwendung der sechs Fälle – Raba vseh šestih sklonov

8.1 Satzmuster-Puzzles – Stavčne sestavljanke

1. Fall männlich

Jaz sem	**dober/dobri prijatelj.**
Ich bin	ein guter / der gute Freund.
Jaz nisem	**slab študent.**
Ich bin kein	schlechter Student.
Mi smo	**dobri prijatelji.**
Wir sind	gute / die guten Freunde.
Mi nismo	**slabi študenti.**
Wir sind keine	schlechten Studenten.
Midva sva	**dobra prijatelja.**
Wir zwei sind	zwei gute / die zwei guten Freunde.
Midva nisva	**slaba študenta.**
Wir zwei sind keine	zwei schlechten Studenten.

1. Fall weiblich

Jaz sem	**dobra prijateljica.**
Ich bin	eine/die gute Freundin.
Jaz nisem	**slaba študentka.**
Ich bin keine	schlechte Studentin.
Me smo	**dobre prijateljice.**
Wir sind	gute / die guten Freundinnen.
Me nismo	**slabe študentke.**
Wir sind keine	schlechten Studentinnen.
Midve/Medve sva	**dobri prijateljici.**
Wir zwei sind	zwei gute / die zwei guten Freundinnen.
Midve/Medve nisva	**slabi študentki.**
Wir zwei sind keine	zwei schlechten Studentinnen.

1. Fall sächlich

Tu je	**dolgo kazalo.**
Hier ist	ein langes / das lange Verzeichnis.
Tu ni	**kratko ravnilo.**
Hier ist kein	kurzes Lineal.
Tu so	**dobra dekleta.**
Hier sind	gute / die guten Mädchen.
Tu niso	**slaba dekleta.**
Hier sind keine	schlechten Mädchen.
To sta	**dobri dekleti.**
Das sind	zwei gute / die zwei guten Mädchen.
To nista	**slabi dekleti.**
Das sind keine	zwei schlechten Mädchen.

2. Fall männlich

Tu ni	**dobrega prijatelja.**
Hier gibt es keinen	guten Freund.
Jaz ne poznam	**slabega študenta.**
Ich kenne keinen	schlechten Studenten.
Tu ni	**dobrih prijateljev.**
Hier gibt es keine	guten Freunde.
Mi ne poznamo	**slabih študentov.**
Wir kennen keine	schlechten Studenten.
Tu ni	**dobrih prijateljev.**
Hier gibt es keine	zwei guten Freunde.
Midva ne poznava	**slabih študentov.**
Wir zwei kennen keine	zwei schlechten Studenten.

2. Fall weiblich

Tu ni	**dobre prijateljice.**
Hier gibt es keine	gute Freundin.
Jaz ne poznam	**slabe študentke.**
Ich kenne keine	schlechte Studentin.
Tu ni	**dobrih prijateljic.**
Hier gibt es keine	guten Freundinnen.
Me ne poznamo	**slabih študentk.**
Wir kennen keine	schlechten Studentinnen.
Tu ni	**dobrih prijateljic.**
Hier gibt es keine	zwei guten Freundinnen.
Midve/Medve ne poznava	**slabih študentk.**
Wir zwei kennen keine	zwei schlechten Studentinnen.

2. Fall sächlich

Tu ni	**dobrega dekleta.**
Hier gibt es kein	gutes Mädchen.
Jaz ne poznam	**slabega dekleta.**
Ich kenne kein	schlechtes Mädchen.
Tu ni	**dobrih deklet.**
Hier gibt es keine	guten Mädchen.
Me ne poznamo	**slabih deklet.**
Wir kennen keine	schlechten Mädchen.
Tu ni	**dobrih deklet.**
Hier gibt es keine	zwei guten Mädchen.
Midve/Medve ne poznava	**slabih deklet.**
Wir zwei kennen keine	zwei schlechten Mädchen.

3. Fall männlich

Jaz pomagam	**dobremu prijatelju.**
Ich helfe	einem/dem guten Freund.
Jaz pišem	**slabemu študentu.**
Ich schreibe	einem/dem schlechten Studenten.
Mi pomagamo	**dobrim prijateljem.**
Wir helfen	guten / den guten Freunden.
Mi pišemo	**slabim študentom.**
Wir schreiben	schlechten / den schlechten Studenten.
Midva pomagava	**dobrima prijateljema.**
Wir zwei helfen	zwei guten / den zwei guten Freunden.
Midva piševa	**slabima študentoma.**
Wir zwei schreiben	zwei schlechten / den zwei schlechten Studenten.

3. Fall weiblich

Jaz pomagam	**dobri prijateljici.**
Ich helfe	einer / der guten Freundin.
Jaz pišem	**slabi študentki.**
Ich schreibe	einer / der schlechten Studentin.
Me pomagamo	**dobrim prijateljicam.**
Wir helfen	guten / den guten Freundinnen.
Me pišemo	**slabim študentkam.**
Wir schreiben	schlechten / den schlechten Studentinnen.
Midve/Medve pomagava	**dobrima prijateljicama.**
Wir zwei helfen	zwei guten / den zwei guten Freundinnen.
Midve/Medve piševa	**slabima študentkama.**
Wir zwei schreiben	zwei schlechten / den 2 schlechten Studentinnen.

3. Fall sächlich

Jaz pomagam	**dobremu dekletu.**
Ich helfe	einem guten / dem guten Mädchen.
Jaz pišem	**slabemu dekletu.**
Ich schreibe	einem schlechten / dem schlechten Mädchen.
Me pomagamo	**dobrim dekletom.**
Wir helfen	guten / den guten Mädchen.
Me pišemo	**slabim dekletom.**
Wir schreiben	schlechten / den schlechten Mädchen.
Midve/Medve pomagava	**dobrima dekletoma.**
Wir zwei helfen	zwei guten / den zwei guten Mädchen.
Midve/Medve piševa	**slabima dekletoma.**
Wir zwei schreiben	zwei schlechten / den zwei schlechten Mädchen.

4. Fall männlich

Jaz srečam	**dobrega prijatelja.**
Ich treffe	einen/den guten Freund.
Jaz mislim	**na slabega študenta.**
Ich denke	an einen/den schlechten Studenten.
Mi srečamo	**dobre prijatelje.**
Wir treffen	gute / die guten Freunde.
Mi mislimo	**na slabe študente.**
Wir denken	an schlechte / an die schlechten Studenten.
Midva srečava	**dobra prijatelja.**
Wir zwei treffen	zwei gute / die zwei guten Freunde.
Midva misliva	**na slaba študenta.**
Wir zwei denken	an 2 schlechte / an die 2 schlechten Studenten.

4. Fall weiblich

Jaz srečam	**dobro prijateljico.**
Ich treffe	eine/die gute Freundin.
Jaz mislim	**na slabo študentko.**
Ich denke	an eine/die schlechte Studentin.
Me srečamo	**dobre prijateljice.**
Wir treffen	gute / die guten Freundinnen.
Me mislimo	**na slabe študentke.**
Wir denken	an schlechte / an die schlechten Studentinnen.
Midve/Medve srečava	**dobri prijateljici.**
Wir zwei treffen	zwei gute / die zwei guten Freundinnen.
Midve/Medve misliva	**na slabi študentki.**
Wir zwei denken	an 2 schlechte / an die 2 schlechten Studentinnen.

4. Fall sächlich

Jaz srečam	**dobro dekle.**
Ich treffe	ein gutes / das gute Mädchen.
Jaz mislim	**na slabo dekle.**
Ich denke	an ein schlechtes / an das schlechte Mädchen.
Me srečamo	**dobra dekleta.**
Wir treffen	gute / die guten Mädchen.
Me mislimo	**na slaba dekleta.**
Wir denken	an schlechte / an die schlechten Mädchen.
Midve/Medve srečava	**dobri dekleti.**
Wir zwei treffen	zwei gute / die zwei guten Mädchen.
Midve/Medve misliva	**na slabi dekleti.**
Wir zwei denken	an zwei schlechte / an die 2 schlechten Mädchen.

5. Fall männlich

Jaz poučujem	**v tretjem razredu.**
Ich unterrichte	in einer/der dritten Klasse.
Jaz stanujem	**v starem bloku.**
Ich wohne	in einem/dem alten Wohnblock.
Mi poučujemo	**v tretjih razredih.**
Wir unterrichten	in dritten / in den dritten Klassen.
Mi stanujemo	**v starih blokih.**
Wir wohnen	in alten / in den alten Wohnblocks.
Midva poučujeva	**v tretjih razredih.**
Wir zwei unterrichten	in zwei dritten / in den zwei dritten Klassen.
Midva stanujeva	**v starih blokih.**
Wir zwei wohnen	in zwei alten / in den zwei alten Wohnblocks.

5. Fall weiblich

Jaz poučujem	**v novi telovadnici.**
Ich unterrichte	in einem / im neuen Turnsaal.
Jaz stanujem	**v lepi vili.**
Ich wohne	in einer/der schönen Villa.
Me poučujemo	**v novih telovadnicah.**
Wir unterrichten	in neuen / in den neuen Turnsälen.
Me stanujeva	**v lepih vilah.**
Wir wohnen	in (den) schönen Villen.
Midve/Medve poučujeva	**v novih telovadnicah.**
Wir zwei unterrichten	in zwei neuen / in den zwei neuen Turnsälen.
Midve/Medve stanujeva	**v lepih vilah.**
Wir zwei wohnen	in (den) zwei schönen Villen.

5. Fall sächlich

Jaz igram	**na lepem dvorišču.**
Ich spiele	auf einem/dem schönen Hofplatz.
Jaz stanujem	**v novem poslopju.**
Ich wohne	in einem/dem neuen Gebäude.
Me igramo	**na lepih dvoriščih.**
Wir spielen	auf schönen / auf den schönen Hofplätzen.
Me stanujemo	**v novih poslopjih.**
Wir wohnen	in neuen / in den neuen Gebäuden.
Midve/Medve igrava	**na lepih dvoriščih.**
Wir zwei spielen	auf zwei / auf den 2 schönen Hofplätzen.
Midve/Medve stanujeva	**v novih poslopjih.**
Wir zwei wohnen	in zwei / in den zwei neuen Gebäuden.

6. Fall männlich

Jaz sodelujem	**s timskim učiteljem.**
Ich arbeite zusammen	mit einem/dem Teamlehrer.
Jaz stojim	**pred otroškim vrtcem.**
Ich stehe	vor einem/dem Kindergarten.
Mi sodelujemo	**s timskimi učitelji.**
Wir arbeiten zusammen	mit (den) Teamlehrern.
Mi stojimo	**pred otroškimi vrtci.**
Wir stehen	vor (den) Kindergärten.
Midva sodelujeva	**s timskima učiteljema.**
Wir zwei arbeiten zusammen	mit (den) zwei Teamlehrern.
Midva stojiva	**pred otroškima vrtcema.**
Wir zwei stehen	vor zwei / vor den zwei Kindergärten.

6. Fall weiblich

Jaz sodelujem	**s timsko učiteljico.**
Ich arbeite zusammen	mit einer/der Teamlehrerin.
Jaz stojim	**pred ljudsko šolo.**
Ich stehe	vor einer/der Volksschule.
Me sodelujemo	**s timskimi učiteljicami.**
Wir arbeiten zusammen	mit (den) Teamlehrerinnen.
Me stojimo	**pred ljudskimi šolami.**
Wir stehen	vor (den) Volksschulen.
Midve/Medve sodelujeva	**s timskima učiteljicama.**
Wir zwei arbeiten zusammen	mit zwei / mit den zwei Teamlehrerinnen.
Midve/Medve stojiva	**pred ljudskima šolama.**
Wir zwei stehen	vor zwei / vor den zwei Volksschulen.

6. Fall sächlich

Jaz sodelujem	**z majhnim dekletom.**
Ich arbeite zusammen	mit einem/dem kleinen Mädchen.
Jaz stojim	**pred novim letališčem.**
Ich stehe	vor einem/dem neuen Flughafen.
Me sodelujemo	**z majhnimi dekleti.**
Wir arbeiten zusammen	mit kleinen / mit den kleinen Mädchen.
Me stojimo	**pred novimi letališči.**
Wir stehen	vor neuen / vor den neuen Flughäfen.
Midve/Medve sodelujeva	**z majhnima dekletoma.**
Wir zwei arbeiten zusammen	mit zwei kleinen / mit den 2 kleinen Mädchen.
Midve/Medve stojiva	**pred novima letališčema.**
Wir zwei stehen	vor zwei neuen / vor den zwei neuen Flughäfen.

Man kann die Satzmuster ausdrucken, die einzelnen Sätze ausschneiden und der Länge nach zusammenfalten, sodass man den deutschen Satz lesen und den slowenischen verdeckt üben bzw. auswendig bilden oder lernen kann.

8.2 Verschiedene Satzmuster – Raznoliki stavčni vzorci

1. Fall:

Jaz sem učiteljica. In kaj ste vi po poklicu? Po poklicu sem gospodinja. – Ich bin Lehrerin. Und was sind Sie von Beruf? Von Beruf bin ich Hausfrau.

Jaz sem lep in mlad ter uspešen. *m.* Jaz sem lepa in mlada ter uspešna. *w.* – Ich bin schön und jung und/sowie erfolgreich.

2. Fall:

Sem iz Avstrije, iz Koroške, iz Beljaka, iz Vrbe. – Ich bin aus Österreich, aus Kärnten, aus Villach, aus Velden.

Nimam prijatelja. Ne pijem alkohola. Ne maram vojne. Ne slišim mame. – Ich habe keinen Freund. Ich trinke keinen Alkohol. Ich mag keinen Krieg. Ich höre meine Mama nicht.

Pošta je odprta od enih/dveh/treh/štirih/petih/... do desetih/enajstih/... – Die Post ist geöffnet von eins/zwei/drei/vier/fünf/... bis zehn/elf/... Uhr.

3. Fall:

Grem k frizerju/frizerki. Grem h gospodu Tišlerju. Grem h kmetici/kmetu. – Ich gehe zum Frisör / zur Frisörin. Ich gehe zum Herrn Tišler. Ich gehe zur Bäuerin / zum Bauern.

4. Fall:

Imam prijatelja. Pijem točeno pivo. Rada imam mir. Slišim mamo. – Ich habe einen Freund. Ich trinke ein offenes Bier. Ich habe gern(e) (meine) Ruhe. Ich höre meine Mama.

Grem v kino/koncert/gledališče/Beljak/Ljubljano/gore. Grem na obisk/Brnco/Dunaj. – Ich gehe ins Kino/Konzert/Theater / nach Villach / nach Ljubljana / in die Berge. Ich gehe auf Besuch / nach Fürnitz / nach Wien.

Napisala sem pismo. Napisala sem ga. Skuhala sem juho. Skuhala sem jo. – Ich habe den Brief (fertig) geschrieben. Ich habe ihn (fertig) geschrieben. Ich habe die Suppe (fertig) gekocht. Ich habe sie (fertig) gekocht. / Ich schrieb den Brief (fertig). ...

Včeraj je sin napisal pismo. Včeraj ga je napisal. Jutri bo hčerka skuhala juho. Jutri jo bo skuhala. – Gestern schrieb mein Sohn den Brief (fertig). Gestern schrieb er ihn (...). / Gestern hat mein Sohn den Brief (...) geschrieben. ... Morgen wird meine Tochter die Suppe (fertig) kochen. Morgen wird sie sie (...) kochen. / Morgen wird meine Tochter die Suppe (fertig) gekocht haben. ...

5. Fall:

Stanujem pri očetu v bloku. Živim v lastni hiši. – Ich wohne bei meinem Vater im Block. Ich lebe in meinem eigenen Haus.

Govorim o literaturi. – Ich spreche über (die) Literatur.

Ob nedeljah hodim k maši. – Sonntags gehe ich in die Messe.

6. Fall:

S kolegom se peljem v Celje. Vedno vozim z avtom. – Mit meinem Kollegen fahre ich nach Cilli/ Zilli. Ich fahre immer mit dem Auto.

Gemischt:

Peljem se od Šmohorja čez Beljak v Celovec. – Ich fahre von Hermagor über Villach nach Klagenfurt.

Rada jem torto s smetano. Rad pijem mleko z jajcem. – Ich esse gern(e) Torte mit Schlag/Sahne. Ich trinke gern(e) Milch mit Ei.

Greva z možem / s stricem / s prijateljem na sprehod. – Ich gehe mit meinem Mann/Onkel/Freund spazieren.

8.3 Weitere Satzbeispiele – Nadaljnji stavčni vzorci

männlich:

To je Beljak. Grem od Beljaka do Bekštanja. Bližam se Beljaku. Grem v Beljak. Sem v Beljaku. Stojim pred Beljakom. – Das ist Villach. Ich gehe von Villach bis Finkenstein. Ich komme Villach näher. Ich gehe nach Villach. Ich bin in Villach. Ich stehe vor Villach.

To je Podklošter. Grem od Podkloštra do Zahomca. Bližam se Podkloštru. Grem v Podklošter. Sem v Podkloštru. Stojim pred Podkloštrom.

To je Celovec. Grem od Celovca do Žrelca. Bližam se Celovcu. Grem v Celovec. Sem v Celovcu. Stojim pred Celovcem.

Belják, Podklóšter, Zahómc, Celôvec, Žrélec, Békštanj, Trbíž, Šmohòr *(j)*, ... – Villach, Arnoldstein, Achomitz, Klagenfurt, Ebental, Finkenstein, Tarvis, Hermagor, ...

To je zdravnik. Grem od zdravnika do zobozdravnika. Grem k zdravniku. Grem v zdravstveni dom. Sem pri zdravniku. Stojim pred zdravnikom. – Das ist ein/der/mein Arzt. Ich gehe vom Arzt / von meinem Arzt (bis) zum Zahnarzt / zu meinem Zahnarzt. Ich gehe zum Arzt / zu meinem Arzt. Ich gehe ins Gesundheitszentrum. Ich bin beim Arzt / bei meinem Arzt. Ich stehe vor dem/meinem Arzt.

To je frizer. Grem od frizerja do ravnatelja. Grem k frizerju. Grem v frizerski salon. Sem pri frizerju. Stojim pred frizerjem.

kmèt, terapévt, učênec, kováč, nogometáš, révež, trenêr *(j)*, učítelj, ... – Bauer, Therapeut, Schüler, Schmied, Fußballer, Armer, Trainer, Lehrer, ...

weiblich:

To je Vrba. Grem od Vrbe do Lipe. Bližam se Vrbi. Grem v Vrbo. Sem v Vrbi. Stojim pred Vrbo. – Das ist Velden. Ich gehe von Velden bis Lind. Ich komme Velden näher. Ich gehe nach Velden. Ich bin in Velden. Ich stehe vor Velden.

Vŕba (v), Lípa, Ríbnica, Sekíra, Bístrica (na), Podróžca (v), Réka, Galícija, Škrbínja, ... – Velden, Lind, Reifnitz, Sekirn, Feistritz, Rosenbach, Mühlbach, Gallizien, Skarbin, ...

To je zdravnica. Grem od zdravnice do zobozdravnice. Grem k zdravnici. Grem v ambulanto/ polikliniko. Sem pri zdravnici. Stojim pred zdravnico. – Das ist eine/die/meine Ärztin. Ich gehe von der/meiner Ärztin bis zur Zahnärztin / zu meiner Zahnärztin. Ich gehe zur Ärztin / zu meiner Ärztin. Ich gehe in die Ambulanz. Ich bin bei der/meiner Ärztin. Ich stehe vor der/meiner Ärztin.

kmetíca, terapévtka, učênka, kovačíca, nogometášica, révica, trenêrka, učíteljica, ... – Bäuerin, Therapeutin, Schülerin, Schmiedin, Fußballerin, Arme, Trainerin, Lehrerin, ...

sächlich:

To je Ločilo. Grem od Ločila do Olšja. Bližam se Ločilu. Grem na Ločilo. Sem na Ločilu. Stojim pred Ločilom. – Das ist Hart. Ich gehe von Hart bis Erlendorf. Ich komme Hart näher. Ich gehe nach Hart. Ich bin in Hart. Ich stehe vor Hart.

Ločílo (na), Bŕdo (v), Gólšovo, Ólšje, Cêlje, ... – Hart, Egg, Göltschach, Erlendorf, Cilli/Zilli, ...

To je parkirišče. Grem od parkirišča do letališča. Bližam se parkirišču. Grem na parkirišče. Sem na parkirišču. Stojim pred parkiriščem. – Das ist ein/der Parkplatz. Ich gehe vom Parkplatz bis zum Flughafen. Ich komme dem Parkplatz näher. Ich gehe auf den Parkplatz. Ich bin am Parkplatz. Ich stehe vor dem Parkplatz.

parkiríšče (na), letalíšče (na), igríšče (na), kopalíšče (na), smučíšče (na), gradbíšče (na), skladíšče (na), ... – Parkplatz, Flughafen/-platz, Spielplatz, (Schwimm-)Bad, Schipiste, Baustelle, Lagerplatz, ...

9 Das persönliche Fürwort / Personalpronomen – Osebni zaimek

		1.Ps.		*2.Ps.*		*3.Ps.*		
Ez.		*w./s./m.*		*w./s./m.*		*w.*	*s.*	*m.*
	1.F.	jàz		tí		ôna	ôno	òn
		ich		du		sie	es	er
	2.F.	mêne / **me**		têbe / **te**		njé / **je**	njêga / **ga**	
		meiner		deiner		ihrer	seiner	
	3.F.	mêni / **mi**		têbi / **ti**		njéj / **ji**	njêmu / **mu**	
		mir		dir		ihr	ihm	
	4.F.	mêne / **me**		têbe / **te**		njó / **jo**	njêga / **ga**	
		mich		dich		sie	es	ihn
	5.F.	pri mêni		pri têbi		pri njéj	pri njêm	
		bei mir		bei dir		bei ihr	bei ihm	
	6.F.	z menój/ z máno		s tebój/ s tábo		z njó	z njím	
		mit mir		mit dir		mit ihr	mit ihm	
Zz.		*w./s.*	*m.*	*w./s.*	*m.*	*w./s.*		*m.*
	1.F.	mídve/ médve	mídva	vídve/ védve	vídva	ônidve		ônadva
		wir (zwei/beide)		ihr (zwei/beide)	(Sie)	sie (zwei/beide)		
	2.F.	náju / **naju**		váju / **vaju**		njíju / **ju / jih**		
		unser (zweier/beider)		euer (zweier/beider)	(Ihrer)	ihrer (zweier/beider)		
	3.F.	náma / **nama**		váma / **vama**		njíma / **jima**		
		uns (zwei/beiden)		euch (zweien/beiden)	(Ihnen)	ihnen (zweien/beiden)		
	4.F.	náju / **naju**		váju / **vaju**		njíju / **ju / jih**		
		uns (zwei/beide)		euch (zwei/beide)	(Sie)	sie (zwei/beide)		
	5.F.	pri náju		pri váju		pri njíju		
		bei uns (zwei/beiden)		bei euch (zwei/beiden)	(bei Ihnen)	bei ihnen (zwei/beiden)		
	6.F.	z náma		z váma		z njíma		
		mit uns (zwei/beiden)		mit euch (zwei/beiden)	(mit Ihnen)	mit ihnen(zwei/beiden)		
Mz.		*w./s.*	*m.*	*w./s.*	*m.*	*w.*	*s.*	*m.*
	1.F.	mé	mí	vé	ví / Ví	ône	ôna	ôni
		wir		ihr	ihr / Sie	sie		
	2.F.	nàs / **nas**		vàs / Vàs / **vas**		njìh / **jih**		
		unser		euer	Ihrer	ihrer		
	3.F.	nàm / **nam**		vàm / Vàm / **vam**		njìm / **jim**		
		uns		euch	Ihnen	ihnen		
	4.F.	nàs / **nas**		vàs / Vàs / **vas**		njìh / **jih**		
		uns		euch	Sie	sie		
	5.F.	pri nàs		pri vàs / pri Vàs		pri njìh		
		bei uns		bei euch	bei Ihnen	bei ihnen		
	6.F.	z námi		z vámi / z Vámi		z njími		
		mit uns		mit euch	mit Ihnen	mit ihnen		

Zum persönlichen Fürwort siehe LMR: WF, 2017, S. 100+101. Die fettgedruckten Formen werden überwiegend verwendet; sie sind unbetont und stehen an einer ganz bestimmten Stelle im Satz. Siehe unten S. 240-242. Zu den anderen Fürwörtern siehe LMR: WF, S. 102–113.

10 Was gibt es in Krainburg Interessantes? – Kaj je v Kranju zanimivega?

In Krainburg gibt es den Maister-Platz. Dort ist das Gasthaus „Pri Štefanu", und zwar am Maister-Platz 4. Und dort daneben am Haus auf dem Maister-Platz 5 ist eine Gedenkplastik des Generals und Dichters Rudolf Maister, und zwar ist das eine Büste. Auch auf der gleichen Seite ist ein Café. Auf der anderen Seite ist ein Restaurant für Milchprodukte.

V Kranju je Maistrov trg. Tam je gostilna Pri Štefanu, in sicer na Maistrovem trgu 4 (štiri). In tam zraven na hiši na Maistrovem trgu 5 (pet) je spominski kip generala in pesnika Rudolfa Maistra, in sicer je to prsni kip. Tudi na isti strani je kavarna. Na oni strani je mlečna restavracija.

In Krainburg gibt es auch eine Prešeren-Gasse. Und dort ist auf einem Haus eine Gedenktafel des Dr. France Prešeren. Dort auf der Tafel steht: „In diesem Haus wohnte und starb der Meister/Star der slowenischen Dichter Dr. France Prešeren." Diese Tafel wurde dort am 16. 9. 1900 angebracht, und zwar zahlte das der Leseverein Krainburg. Sie wurde zum 100. Geburtstag des berühmten Dichters angebracht.

V Kranju je tudi Prešernova ulica. In tam je na eni hiši spominska plošča dr. (doktorja) Franceta Prešerna. Tam na plošči piše: „V tej hiši je bival in umrl prvak slovenskih pesnikov dr. (doktor) France Prešeren." To ploščo so tam namestili dne 16. 9. 1900 (šestnajstega septembra/devetega tisočdevetsto), in sicer je to plačala čitalnica Kranj. Pritrdili so jo za 100. (stoti) rojstni dan slavnega pesnika.

In Krainburg gibt es auch einen Hauptplatz. Dort sind auf einer Seite die Tourismusinformation, das Stadthaus, die Kirche des Hl. Kanzian, das Prešeren-Denkmal und das Prešeren-Theater. Auf der anderen Seite sind die Galerie, der Student:innenklub und das Restaurant „Stari Mayr". In diesem Gasthaus gibt es einen Prešeren-Gastraum und ein Stüberl für einen anderen slowenischen Dichter, der Simon Jenko hieß. Sowohl im Prešeren-Gastzimmer als auch im Jenko-Stüberl gibt es Gedichte als Bilder.

V Kranju je tudi Glavni trg. Tam so na eni strani turistična informacija, mestna hiša, cerkev sv. (svetega) Kancijana, spomenik dr. (doktorju) Francetu Prešernu in Prešernovo gledališče. Na drugi strani so galerija, klub študentov in študentk in restavrant „stari mayr". V tej gostilni sta Prešernova dvorana in soba za drugega slovenskega pesnika, ki se je imenoval Simon Jenko. Tako v Prešernovi kot v Jenkovi sobi so pesmi kot slike.

In der Nähe des Stadthauses ist die Post und in der Nähe des Theaters bzw. der Kirche des Hl. Kanzian ist die Hauptbibliothek von Krainburg. Im Theater spielt man Ivan Cankar und andere slowenische Dramatiker. Und in der Bibliothek gibt es Bücher und Zeitungen für Studenten und andere Leser.

Blizu mestne hiše je pošta in blizu gledališča oziroma cerkve svetega Kancijana je Osrednja knjižnica Kranj. V gledališču igrajo Ivana Cankarja in druge slovenske dramatike. In v knjižnici imajo knjige in časopise za študente/študentke in druge bralce/bralke.

Die Stadtpläne von Ljubljana/Laibach, Maribor/Marburg, Kranj/Krainburg und Škofja Loka / Bischoflak befinden sich in LMR: Slowenische Schriftsteller, Reformatoren und Dichter, 2019, S. 197–200.

11 Izlet po Sloveniji – Ein Ausflug quer durch Slowenien

_____ (KDAJ? 4.F., V soboto) sem se _____ (S ČIM? 6.F., z avtom) peljal/peljala na izlet po Sloveniji. Lep dan je bil. Zjutraj sem se odpeljal/odpeljala _____ (OD KOD? 2.F., od Beljaka) _____ (ČEZ KATERO MESTO? 4.F., čez Kranj) _____ (KAM? 4.F., v Ljubljano). Tam sem šel/šla _____ (KAM? 4.F., v narodni muzej). Ogledal/Ogledala sem si _____ (KAJ? 4.F., čevljarsko opremo). Potem sem _____ (KDAJ? opoldne) šel/šla _____ (NA KAJ? 4.F., na kosilo) v restavracijo _____ (IME, 1.F., Pri Orlu). Popil/Popila sem _____ (KAJ? 4.F., pomarančni sok) in pojedel/pojedla _____ (KAJ? 4.F., telečjo pečenko s krompirjem in z mešano solato). Popoldne sem se sprehajal/sprehajala _____ (PO ČEM?/KJE? 5.F., po starem mestu). Prišel/Prišla sem _____ (MIMO ČESA? 2.F., mimo mestne hiše). Šel/Šla sem _____ (KAM? 4.F., v slaščičarno) _____ (NA KATERO PIJAČO?, 4.F., na belo kavo) in _____ (NA KATERO PECIVO?, 4.F., na gibanico). Cel dan nisem srečal/srečala _____ (KOGA? > NISEM SREČAL/SREČALA > 2.F.!, prijatelja/prijateljice). Zvečer sem se srečen/srečna vrnil/vrnila domov.

v soboto, v nedeljo, v ponedeljek, v torek, v sredo, v četrtek, v petek;
z avtom, z busom, z vlakom, s kolesom, s motorjem, z tramvajem, s podzemno, z ladjo;
od Beljaka, od Podkloštra, od Celovca, od Šmohorja, od Velikovca, od Vrbe, od Šmarjete;
čez Kranj, čez Trbiž, čez Pliberk, čez Čajno, čez Labot, čez Otok, čez Galicijo;
v Ljubljano, v Videm, v Ravne na Koroškem, v Toplice, v Gradec, v Rožek, v Železno Kaplo;
v narodni muzej, na univerzo, na Prešernov trg, v knjižnico, v knjigarno, v gostilno;
čevljarsko opremo, veliko dvorano, kapucinsko cerkev, sobo, knjigo, jedilni list, list pijač;
opoldne, zjutraj, dopoldne, popoldne, zvečer, podnevi, ponoči, ob dvanajstih;
na kosilo, na zajtrk, na pijačo, na kavo, na večerjo, na pico, na kozarec vina, na pivo;
pomarančni sok, kavo z mlekom, limonado, peneče vino, steklenico piva, točeno pivo;
telečjo pečenko s krompirjem in z mešano solato, dunajski zrezek z rižem in z zeleno solato;
po starem mestu, po Prešernovem trgu, po Mestnem trgu, po Miklošičevi cesti;
mimo mestne hiše, mimo kipa Franceta Prešerna, mimo starega vodnjaka, mimo parka;
v slaščičarno, v cerkev, v lekarno, v kavarno, v restavracijo, v gostilno, v informacijo;
na belo kavo, na marelični sok, na pomarančno limonado, na kozarec belega vina;
na gibanico, na krem rezino, na orehovo torto, na čokoladni kolač, na fino pecivo;
prijateljice, prijatelja, učiteljice, učitelja, sosede, soseda, hčerke, sina, sestre, brata *(2.F. Ez.)*.

Šel/šla sem v narodno gledališče, v mestno gledališče, v ljubljansko opero, v kino, na ljubljanski grad, v muzej, v razstavo, v veliko dvorano, v predstavo, v informacijski center.

Ogledal/Ogledala sem si dramo, tragedijo, komedijo, satiro, opero, opereto, muzikal, film, razstavo, grbe, slike, kipe, razstavljene predmete, gradivo, zemljevide, brošure, knjige.

12 Die Zahlwörter / Numeralia – Števniki

Zum Zahlwort siehe LMR: WF, 2017, S. 76–99. Man unterscheidet Grundzahlwörter/Kardinalia, Ordnungszahlwörter/Ordinalia, Vervielfältigungszahlwörter/Multiplikativa, Wiederholungszahlwörter/Iterativa, Verteilungszahlwörter/Distributiva und Gattungszahlwörter/Variativa. – Das Grundzahlwort wurde auf S. 76 vorgestellt, die Benennung der Zahlen auf S. 77, die Biegung des Grundzahlwortes auf den S. 78–85, dazu gibt es Beispielsätze auf den S. 86+87, dann folgen Grundzahlwörter mit dem Vorwort z bzw. s im 6. Fall auf den S. 88+89, Nummerierungsbeispiele auf S. 90, die Ordnungszahlen auf S. 91, Vervielfältigungszahlwörter und Beispielsätze auf S. 92, dann noch zählbare und unzählbare Mengenangaben sowie unbestimmte/indefinite Zahlwörter auf S. 93, Dezimalzahlen mit Prozentangaben auf S. 94, Dezimalzahlen mit Promilleangaben auf S. 95, Maßeinheiten auf S. 96, das Zahlwort „obé/obé/obá – beide“ *auf S. 97 und schließlich Gattungszahlwörter auf den S. 98+99. Das Zählen wurde in diesem Buch oben auf S. 11 abgehandelt und die Ordnungszahlen oben auf den S. 97–99 mit Beispielen und Beispielsätzen vorgestellt.*
Die Biegung des Grundzahlwortes wird in Beispielen und Beispielsätzen unten auf S. 198+199 behandelt. Auch auf die zählbaren und unzählbaren Mengenangaben wird im Zuge der Anwendung des 2. Falles unten auf S. 200 eingegangen.
Die Anwendung der Vervielfältigungs- und Gattungszahlwörter sowie die Verwendung der Dezimalzahlen und Maßeinheiten braucht fremdsprachlichen Lerner:innen jedoch nur passiv geläufig zu sein. Slowenische Sprachanfänger:innen können dies in LMR: WF, 2017, nachlesen. (Seitenangaben siehe oben.) Deren aktive Anwendung müssen nur Maturant:innen mit Slowenisch-Matura bzw. Student:innen im Fach Slowenisch beherrschen. Für Student:innen anderer slawischer Sprachen ist dieses Thema aus Vergleichsgründen besonders interessant.

13 Unveränderliche Wortarten – Nepregibne besedne vrste

Es gibt veränderliche und unveränderliche Wortarten.
***Veränderliche Wortarten** sind: der Begleiter (Artikel, gibt es in Slowenisch nicht), das Eigenschaftswort (Adjektiv), das Hauptwort (Substantiv), das Fürwort (Pronomen), das Zahlwort (Numerale); das Zeitwort (Verb). Das Zeitwort wird in das Hilfs- und Hauptzeitwort eingeteilt. Nur das Hauptzeitwort trägt die volle Bedeutung, das Hilfszeitwort wird entweder zur Bildung der zusammengesetzten Zeiten (Vergangenheit, Zukunft, Bedingungsform) oder im Gleichsetzungsgliedsatz als Verbindungselement (Kopula) zwischen Satzgegenstand und Satzaussage verwendet. Beispiele zum Hilfszeitwort:* Šla sem na sprehod. Šla bom na sprehod. Šla bi na sprehod. – Ich bin spazieren gegangen. Ich werde spazieren gehen. Ich würde spazieren gehen. *Beispiele zur Kopula:* Jaz sem učiteljica. Jaz sem lepa. Jaz sem v redu. – Ich bin Lehrerin. Ich bin schön. Ich bin in Ordnung. *Von Zeitwörtern abgeleitet sind das Mittelwort (Partizip) und das hauptwörtlich gebrauchte Zeitwort (Gerundium). In Slowenisch gibt es auch das Mittelwort auf –Č und jenes auf –N/–T. Siehe dazu LMR: WF, 2017, S. 54+55 sowie S. 56+57; zum hauptwörtlich gebrauchten Zeitwort siehe oben S. 134+135; Beispiel(sätz)e auf S. 136+137.*
***Unveränderliche Wortarten** sind: das Vorwort (Präposition), das Bindewort (Konjunktion), das Wertungswort (Partikel), das Ausrufewort (Interjektion); das Umstandswort (Adverb). Beispiele von in Slowenisch gleichbleibenden Eigenschaftswörtern (Adjektiven) siehe LMR: WF, 2017, S. 26+27. Die jeweiligen lateinischen Begriffe sind im Anhang zu diesem Buch aufgelistet. Alle Wortarten werden dort auch ausführlich grammatikalisch beschrieben.*
Das Vorwort wurde in diesem Buch bereits auf S. 133 vorgestellt. Siehe dazu auch LMR: WF, 2017, S. 116–129. Zum Bindewort befinden sich dort Beispiel(sätz)e auf den S. 130+131. Zum Wertungswort gibt es dort Beispiel(sätz)e auf den S. 132+133. Beispiele für Umstandswörter sind dort auf den S. 144–148 angeführt. Unveränderliche Wörter findet man im Wörterbuch.

14 Zeitangaben – Navedba časa

1. Fall:

Ura je ena/dve/tri/štiri/pet/.../polnoč. – Es ist ein/ zwei/drei/vier/fünf/... Uhr/Mitternacht.

Ura je ena/dve/tri/štiri/pet/.../triindvajset in ena minuta / in dve minuti / in tri minute / in štiri minute / in pet minut / in ... / in devetinpetdeset minut. – Es ist ein/zwei/drei/vier/fünf/.../dreiundzwanzig Uhr und eine Minute / und zwei/drei/vier/fünf Minuten /.../ und neunundfünfzig Minuten.

Ura je polnoč (in ...). – Es ist null Uhr (und ...).

Danes je peti oktober. – Heute ist der fünfte Oktober.

2. Fall:

Pošta je odprta od enih/dveh/treh/štirih/petih/... do šestih/sedmih/osmih/... – Die Post ist geöffnet von eins/zwei/drei/vier/fünf/... bis sechs/sieben/acht/...

Banka/Urad ... – Die Bank / Das Amt ...

Rojen/Rojena sem 3. aprila 1958 (tretjega aprila tisočdevetstooseminpetdeset). – Ich bin am 3. April 1958 geboren.

Ura je ena minuta do enih/dveh/... – Es ist eine Minute vor eins/zwei/ ...

od 08.10 (ure) do 09.15 (ure) = od osme (ure) deset do devete (ure) petnajst – von 08.10 Uhr bis 09.15 Uhr

4. Fall:

V ponedeljek/torek/sredo/četrtek/petek/soboto/nedeljo sem šel/šla na izlet. – Am Montag/ Dienstag/Mittwoch/Donnerstag/Freitag/Samstag/Sonntag machte ich einen Ausflug.

Ura je ena minuta čez eno. Ura je dve minuti čez dve. Ura je tri/štiri minute čez tri/štiri. Ura je pet minut čez pet. – Es ist eine Minute nach eins. Es ist zwei/drei/vier/fünf Minuten nach zwei/drei/ vier/fünf.

5. Fall:

Ob ponedeljkih/torkih/sredah/četrtkih/petkih delam kot učiteljica. Ob sobotah se ukvarjam s športom / z glasbo. Ob nedeljah hodim ponavadi k maši. – Montags/Dienstags/Mittwochs/Donnerstags/Freitags arbeite ich als Lehrerin. Samstags beschäftige ich mich mit Sport/Musik. Sonntags gehe ich gewöhnlich zur Messe.

Pridem ob enih/dveh/treh/štirih/petih/... – Ich komme um eins/zwei/drei/vier/fünf/... (hin/her/an).

Prišel/Prišla sem ob enih/dveh/treh/štirih/petih/... – Ich kam um eins/zwei/drei/vier/fünf/... (hin/ her/an). / Ich bin um eins/zwei/drei/vier/fünf/... (hin-/her-/an-)gekommen.

Prišel/Prišla bi ob enih/dveh/treh/štirih/petih/... – Ich würde um eins/zwei/drei/vier/fünf/... (hin- /her-/an-)kommen. / Ich wäre um eins/zwei/drei/vier/fünf/... (hin-/her-/an-)gekommen.

Prišel/Prišla bom ob enih/dveh/treh/štirih/petih/... – Er/Sie wird um eins/zwei/drei/vier/fünf/... (hin-/her-/an-)kommen. / Er/Sie wird um eins/zwei/drei/vier/fünf/... (hin-/her-/an-)gekommen sein.

Pridem ob pol enih/dveh/treh/štirih/petih/... – Ich komme um halb eins/zwei/drei/vier/fünf/... (hin/ her/an).

ob 08.10 (uri) = ob osmi (uri) deset – um 08.10 Uhr

Siehe dazu auch LMR: WF, 2017, S. 120.

15 Die Zukunft beim Zeitwort – Prihodnjik pri glagolu

kúhati – (zu) kochen *m.* kúhal *Ez.*, kúhali *Mz.*, kúhala *Zz.* – gekocht *w.* kúhala *Ez.*, kúhale *Mz.*, kúhali *Zz.* – gekocht **kúhal/kúhala bom** – ich werde kochen **kúhal/kúhala boš** – du wirst kochen **kúhal bo** – er wird kochen **kúhala bo** – sie wird kochen **kúhali/kúhale bomo** – wir werden kochen **kúhali/kúhale boste** – ihr werdet kochen / SIE ... **kúhali/kúhale bojo** – sie werden kochen **kúhala/kúhali bova** – wir zwei werden kochen **kúhala/kúhali bosta** – ihr 2 werdet ... / (SIE ...) **kúhala/kúhali bosta** – sie zwei werden kochen	govoríti – (zu) reden/sprechen *m.* govóril *Ez.*, govoríli *Mz.*, govoríla *Zz.* – gesprochen *w.* govoríla *Ez.*, govoríle *Mz.*, govoríli *Zz.* – gesprochen **govóril/govoríla bom** – ich werde sprechen **govóril/govoríla boš** – du wirst sprechen **govóril bo** – er wird sprechen **govoríla bo** – sie wird sprechen **govoríli/govoríle bomo** – wir werden sprechen **govoríli/govoríle boste** – ihr werdet sprechen / SIE ... **govoríli/govoríle bojo** – sie werden sprechen **govoríla/govoríli bova** – wir zwei werden sprechen **govoríla/govoríli bosta** – ihr 2 werdet ... / (SIE ...) **govoríla/govoríli bosta** – sie zwei werden sprechen
píti – (zu) trinken *m.* píl *Ez.*, píli *Mz.*, píla *Zz.* – getrunken *w.* píla *Ez.*, píle *Mz.*, píli *Zz.* – getrunken **píl/píla bom** – ich werde trinken **píl/píla boš** – du wirst trinken **píl bo** – er wird trinken **píla bo** – sie wird trinken **píli/píle bomo** – wir werden trinken **píli/píle boste** – ihr werdet trinken / SIE ... **píli/píle bojo** – sie werden trinken **píla/píli bova** – wir zwei werden trinken **píla/píli bosta** – ihr zwei werdet ... / (SIE ...) **píla/píli bosta** – sie zwei werden trinken	stanováti – (zu) wohnen *m.* stanovàl *Ez.*, stanováli *Mz.*, stanovála *Zz.* – gewohnt *w.* stanovála *Ez.*, stanovále *Mz.*, stanováli *Zz.* – gewohnt **stanovàl/stanovála bom** – ich werde wohnen **stanovàl/stanovála boš** – du wirst wohnen **stanovàl bo** – er wird wohnen **stanovála bo** – sie wird wohnen **stanováli/stanovále bomo** – wir werden wohnen **stanováli/stanovále boste** – ihr werdet ... / SIE ... **stanováli/stanovále bojo** – sie werden wohnen **stanovála/stanováli bova** – wir zwei werden wohnen **stanovála/stanováli bosta** – ihr 2 werdet ... / (SIE ...) **stanovála/stanováli bosta** – sie zwei werden wohnen
razuméti – (zu) verstehen razumèl ... *m.*, razuméla ... *w.* – verstanden **razumèl/razuméla bom** – ich werde verstehen	rêči – (zu) sagen réke̱l ... *m.*, rêkla ... *w.* – gesagt **réke̱l/rêkla bom** – ich werde sagen
bráti – (zu) lesen brál ... *m.*, brála ... *w.* – gelesen **brál/brála bom** – ich werde lesen	bíti – (zu) sein bíl ... *m.*, bilà ... *w.*– gewesen **bom** – ich werde sein
jésti – (zu) essen jéde̱l ... *m.*, jédla ... *w.* – gegessen **jéde̱l/jédla bom** – ich werde essen	íti – hin-/her(zu)gehen še̱l ... *m.*, šlà ... *w.* – hin-/hergegangen **še̱l/šlà bom** – ich werde hin-/hergehen

s.: kúhalo bom/boš/bo – ich werde / du wirst / es wird kochen, kúhala bomo/boste/bojo – wir werden / ihr werdet / sie werden kochen, kúhali bova/bosta/bosta – wir zwei werden / ihr zwei werdet / sie zwei werden kochen; (kúhali bosta – SIE werden kochen)

Höflichkeitsform: kúhali boste – SIE werden kochen; govoríli boste – SIE werden sprechen; píli boste – SIE werden trinken; stanováli boste – SIE werden wohnen; razuméli boste – SIE werden verstehen, rêkli boste – SIE werden sagen, bráli boste – SIE werden lesen; Ví boste – SIE werden sein, jédli boste – SIE werden essen, šlì boste – SIE werden hin-/hergehen; ...

Die Zukunft (Futur) hat in Slowenisch dieselbe Form wie die Vorzukunft (Futur II) in Deutsch, z. B.: kúhal/kúhala bom – ich werde gekocht haben. *Die Zukunft wird mit dem Hilfszeitwort „bíti" und dem Mittelwort der Vergangenheit Tätigkeitsform (Partizip Perfekt Aktiv / Form auf –L) in der entsprechenden Person(alform) gebildet. In Slowenisch gibt es nur das Hilfszeitwort „bíti" für „sein, haben, werden" in Deutsch.*

Ez. 1.Ps.: Kúhal bom júho. *m.* Kúhala bom júho. *w.* – Ich werde eine Suppe kochen. / Ich werde eine Suppe gekocht haben.
Ez. 2.Ps.: Kúhal boš júho. *m.* Kúhala boš júho. *w.* – Du wirst eine Suppe kochen. / Du wirst eine Suppe gekocht haben.

Kuhala bom juho. A boš kuhal kosilo? A bo kuhala čaj? – Ich werde eine Suppe kochen. / Ich werde eine Suppe gekocht haben. Wirst du ein Mittagessen kochen? / Wirst du ein Mittagessen gekocht haben? Wird sie einen Tee kochen? / Wird sie einen Tee gekocht haben?

Govorila bom zelo hitro. A boš govoril na sestanku? A bo govorila predsednica? – Ich werde sehr schnell sprechen. / Ich werde sehr schnell gesprochen haben. Wirst du bei der Sitzung sprechen? / Wirst du bei der Sitzung gesprochen haben? Wird die Obfrau sprechen? / Wird die Obfrau gesprochen haben?

Pila bom kavo. A boš pil čaj? A bo pila vino? – Ich werde einen Kaffee trinken. / Ich werde einen Kaffee getrunken haben. Wirst du einen Tee trinken? / Wirst du einen Tee getrunken haben? Wird sie Wein trinken? / Wird sie Wein getrunken haben?

Stanovala bom v hiši. A boš stanoval v Beljaku? A bo stanovala v Ljubljani? – Ich werde in einem Haus wohnen. / Ich werde in einem Haus gewohnt haben. Wirst du in Villach wohnen? / Wirst du in Villach gewohnt haben? Wird sie in Ljubljana wohnen? / Wird sie in Ljubljana gewohnt haben?

Razumela bom besedilo. A boš razumel angleščino? A bo razumela francoščino? – Ich werde den Text verstehen. / Ich werde den Text verstanden haben. Wirst du Englisch verstehen? / Wirst du Englisch verstanden haben? Wird sie Französisch verstehen? / Wird sie Französisch verstanden haben?

Rekla bo: „Ne.“ A boš rekel, da ti je žal? A bo rekla, da ne more priti? – Sie wird sagen: „Nein.“ / Sie wird gesagt haben: „Nein.“ Wirst du sagen, dass es dir leid tut? / Wirst du gesagt haben, dass es dir leid tut/tat/getan hat? Wird sie sagen, dass sie nicht kommen kann? / Wird sie gesagt haben, dass sie nicht kommen konnte?

Brala bom odlomek. A boš bral roman? A bo brala otroško knjigo? – Ich werde einen Abschnitt lesen. / Ich werde einen Abschnitt gelesen haben. Wirst du einen Roman lesen? / Wirst du einen Roman gelesen haben? Wird sie ein Kinderbuch lesen? / Wird sie ein Kinderbuch gelesen haben?

Lepa bom. A boš poznan? A bo slavna? – Ich werde schön (gewesen) sein. Wirst du bekannt (gewesen) sein? Wird sie berühmt (gewesen) sein?

Na Dunaju bom. A boš na prireditvi? A bo Slavka v kinu? – Ich werde in Wien (gewesen) sein. Wirst du auf der Veranstaltung (gewesen) sein? Wird Slavka im Kino (gewesen) sein?

Jedla bom pico. A boš jedel pečenko? A bo jedla potico? – Ich werde eine Pizza essen. / Ich werde eine Pizza gegessen haben. Wirst du einen Braten essen? / Wirst du einen Braten gegessen haben? Wird sie eine Potitze essen? / Wird sie eine Potitze gegessen haben?

Šla bom na sprehod. A boš šel na razstavo? A bo šla na jezero? – Ich werde spazieren gehen. / Ich werde spazieren gegangen sein. Wirst du auf die Ausstellung gehen? / Wirst du auf die Ausstellung gegangen sein? Wird sie zum See gehen/fahren? / Wird sie zum See gegangen/gefahren sein?

16 Die Bedingungsform beim Zeitwort – Pogojnik pri glagolu

kúhati – (zu) kochen *m.* kúhal *Ez.*, kúhali *Mz.*, kúhala *Zz.* – gekocht *w.* kúhala *Ez.*, kúhale *Mz.*, kúhali *Zz.* – gekocht **kúhal/kúhala bi** – ich würde kochen **kúhal/kúhala bi** – du würdest kochen **kúhal bi** – er würde kochen **kúhala bi** – sie würde kochen **kúhali/kúhale bi** – wir würden kochen **kúhali/kúhale bi** – ihr würdet kochen / SIE … **kúhali/kúhale bi** – sie würden kochen **kúhala/kúhali bi** – wir zwei würden kochen **kúhala/kúhali bi** – ihr 2 würdet … / (SIE …) **kúhala/kúhali bi** – sie zwei würden kochen	govoríti – (zu) reden/sprechen *m.* govóril *Ez.*, govoríli *Mz.*, govoríla *Zz.* – gesprochen *w.* govoríla *Ez.*, govoríle *Mz.*, govoríli *Zz.* – gesprochen **govóril/govoríla bi** – ich würde sprechen **govóril/govoríla bi** – du würdest sprechen **govóril bi** – er würde sprechen **govoríla bi** – sie würde sprechen **govoríli/govoríle bi** – wir würden sprechen **govoríli/govoríle bi** – ihr würdet sprechen / SIE … **govoríli/govoríle bi** – sie würden sprechen **govoríla/govoríli bi** – wir zwei würden sprechen **govoríla/govoríli bi** – ihr 2 würdet … / (SIE …) **govoríla/govoríli bi** – sie zwei würden sprechen
píti – (zu) trinken *m.* píl *Ez.*, píli *Mz.*, píla *Zz.* – getrunken *w.* píla *Ez.*, píle *Mz.*, píli *Zz.* – getrunken **píl/píla bi** – ich würde trinken **píl/píla bi** – du würdest trinken **píl bi** – er würde trinken **píla bi** – sie würde trinken **píli/píle bi** – wir würden trinken **píli/píle bi** – ihr würdet trinken / SIE … **píli/píle bi** – sie würden trinken **píla/píli bi** – wir zwei würden trinken **píla/píli bi** – ihr 2 würdet trinken / (SIE …) **píla/píli bi** – sie zwei würden trinken	stanováti – (zu) wohnen *m.* stanovàl *Ez.*, stanováli *Mz.*, stanovála *Zz.* – gewohnt *w.* stanovála *Ez.*, stanovále *Mz.*, stanováli *Zz.* – gewohnt **stanovàl/stanovála bi** – ich würde wohnen **stanovàl/stanovála bi** – du würdest wohnen **stanovàl bi** – er würde wohnen **stanovála bi** – sie würde wohnen **stanováli/stanovále bi** – wir würden wohnen **stanováli/stanovále bi** – ihr würdet wohnen / SIE … **stanováli/stanovále bi** – sie würden wohnen **stanovála/stanováli bi** – wir zwei würden wohnen **stanovála/stanováli bi** – ihr 2 würdet … / (SIE …) **stanovála/stanováli bi** – sie zwei würden wohnen
razuméti – (zu) verstehen razumèl … *m.*, razuméla … *w.* – verstanden **razumèl/razuméla bi** – ich würde verstehen	rêči – (zu) sagen rékel … *m.*, rêkla … *w.* – gesagt **rékel/rêkla bi** – ich würde sagen
bráti – (zu) lesen brál … *m.*, brála … *w.* – gelesen **brál/brála bi** – ich würde lesen	bíti – (zu) sein bíl … *m.*, bilà … *w.*– gewesen **bíl/bilà bi** – ich würde sein
jésti – (zu) essen jédel … *m.*, jédla … *w.* – gegessen **jédel/jédla bi** – ich würde essen	íti – hin-/her(zu)gehen šèl … *m.*, šlà … *w.* – hin-/hergegangen **šèl/šlà bi** – ich würde hin-/hergehen

s.: kúhalo bi/bi/bi – ich würde / du würdest / es würde kochen / gekocht haben, kúhala bi/bi/bi – wir würden / ihr würdet / sie würden kochen, kúhali bi/bi/bi – wir zwei würden / ihr zwei würdet / sie zwei würden kochen; (kúhali bi – SIE würden kochen / gekocht haben)

Höflichkeitsform: kúhali bi – SIE würden kochen / gekocht haben; govoríli bi – SIE würden sprechen; píli bi – SIE würden trinken; stanováli bi – SIE würden wohnen; razuméli bi – SIE würden verstehen, rêkli bi – SIE würden sagen, bráli bi – SIE würden lesen; bilì bi – SIE würden sein, jédli bi – SIE würden essen, šlì bi – SIE würden hin-/hergehen; ...

Die Bedingungsform (Konditional) hat in Slowenisch nur die Form „bi" in allen Personen. Sie drückt auch die Möglichkeitsform (Konjunktiv) aus. Sie wird mit dem Hilfszeitwort „bíti" in der unbetonten und gleichbleibenden Form „bi" und dem Mittelwort der Vergangenheit Tätigkeitsform (Partizip Perfekt Aktiv / Form auf –L) in der entsprechenden Person(alform) gebildet. Beispiel: Kuhala bi. – Ich würde kochen. / Ich würde gekocht haben. / Ich hätte gekocht. Bil bi lep. – Ich würde schön (gewesen) sein. Ich wäre schön (gewesen).

17 Die Befehlsform beim Zeitwort – Velelnik pri glagolu

kúhati – (zu) kochen kúhanje – das Kochen **kúham** – ich koche **kúhaj** – koche! **kúhajte** – kocht! **kúhajta** – kocht! (ihr zwei) iméti – (zu) haben/besitzen **imám** – ich habe/besitze **iméj iméjte iméjta** – habe/besitz! habt/besitzt! habt/besitzt! (ihr zwei) glédati – (zu) schauen **glédam** – ich schaue **gléj gléjte gléjta** – schaue! schaut! schaut (ihr 2)!	govoríti – (zu) reden/sprechen govorjênje – das Sprechen **govorím** – ich spreche **govôri** – sprich! **govoríte** – sprecht! **govoríta** – sprecht! (ihr zwei) ležáti – (zu) liegen **ležím** – ich liege **lêži ležíte ležíta** – lieg! liegt! liegt (ihr zwei)! živéti – (zu) leben življênje – ein/das Leben **živím** – ich lebe **žívi živíte živíta** – lebe! lebt! lebt (ihr zwei)!
píti – (zu) trinken pítje – das Trinken **píjem** – ich trinke **píj** – trink! **píjte** – trinkt! **píjta** – trinkt (ihr zwei)! štéti – (zu) zählen štétje – das Zählen **štêjem** – ich zähle **štèj** – zähle! **štêjte** – zählt! **štêjta** – zählt (ihr zwei)!	stanováti – (zu) wohnen stanovánje – eine/die Wohnung **stanújem** – ich wohne **stanúj** – wohne! **stanújte** – wohnt! **stanújta** – wohnt (ihr zwei)! poučeváti – (zu) unterrichten poučevánje – das Unterrichten **poučújem** – ich unterrichte **poučúj** – unterrichte! **poučújte** – unterrichtet! **poučújta** – unterrichtet (ihr zwei)!
razuméti – (zu) verstehen **razúmem** – ich verstehe **razúmi** – versteh! **razúmite** – versteht! **razúmita** – versteht (ihr zwei)! bráti – (zu) lesen bránje – das Lesen / eine/die Lesung **bêrem** – ich lese **bêri** – lies! **bêrite** – lest! **bêrita** – lest (ihr zwei)!	rêči – (zu) sagen **rêčem** – ich sage **rêci** – sage! **recíte** – sagt! **recíta** – sagt (ihr zwei)! grísti – (zu) beißen grízenje – das Beißen **grízem** – ich beiße **grízi** – beiß! **grízite** – beißt! **grízita** – beißt (ihr zwei)!
bíti – (zu) sein/haben/werden bítje – das Wesen, sem – ich bin/habe/werde **bom** – ich werde (gewesen) sein / ich werde haben / ich werde gehabt haben / ich werde werden / ich werde geworden sein **bódi** – sei!/hab!/werde! **bódite/bodíte** – seid!/habt!/werdet! **bódita/bodíta** – seid (ihr zwei)!/habt!/werdet!	íti – (hin-/her-)(zu)gehen grém – ich gehe (hin/her) **pójdi** – geh (hin/her)! **pójdite/pojdíte** – geht (hin/her)! **pójdita/pojdíta** – geht (hin/her) (ihr zwei)!

1.Ps. Mz.: Kuhajmo! – Lasst uns kochen! – *Höflichkeitsform:* Kuhajte! / (Kuhajta!) – Kochen SIE!

Während das hauptwörtlich gebrauchte Zeitwort (Gerundium) von der Nennform (Infinitiv) gebildet wird, leitet man die Befehlsform (Imperativ) von der 1. Person Gegenwart (Präsens) ab. Dabei erhalten die Zeitwörter der Gruppe auf –AM die Endung –AJ, auf –IM die Endung –I, auf –JEM die Endung –J, auf –EM auch die Endung –I. Die Formen der 5. Gruppe muss man auswendig lernen. Deutsch: kochen > das Kochen; ich koche > koche! *Beispiele:*
1. Gruppe: kúham > kúhaj – koche!*, délam > délaj – mache!, igrám > igráj – spiele!, ...
2. Gruppe: govorím > govôri – sprich!*, ljúbim > ljúbi – liebe!, ...; ležím > lêži – lieg!, bojím se > bój se – fürchte dich!, ...; živím > žívi – lebe!, hitím > híti – eile!...
3. Gruppe: píjem > píj – trink!, štêjem > štèj – zähle!, pôjem > pôj – sing!, obújem > obúj – zieh an! (Schuhe), ...; stanújem > stanúj – wohne!, kupújem > kupúj – kaufe!, ...; varčújem > varčúj – spare!, označújem > označúj – kennzeichne!, ...
4. Gruppe: razúmem > razúmi – versteh!, umrèm > umrí – stirb!, bêrem > bêri – lies!, vŕnem > vŕni – kehre/gib zurück!, nájdem > nájdi – find!, prídem > prídi – komm her/hin/an!, stánem > stáni – koste!, déjem > déj – sage!/stelle fest!, ...; rástem > rásti – wachs!, nêsem > nêsi – trag!, grízem > grízi – beiß!, ...; pádem > pádi – fall!, krádem > krádi – stiehl!, ...; píšem > píši – schreib!, klíčem > klíči – ruf!, kážem > káži – zeige!, íščem > íšči – suche!, ...; **rêčem > rêci** – sage!, pêčem > pêci – back!/brat!, obléčem > obléci – zieh an! (Kleider), sléčem > sléci – zieh aus! (Kleider), ...; **strėžem > strézi** – bediene!, strížem > strízi – schneid (Haare), ...
5. Gruppe: sem > bom > bódi/te/bodíte – sei!, nísem > nè bom > nè bódi/te/bodíte – sei nicht!, jém > jèj/jêj/jêjte – iss!, vém > védi/te – wisse!, grém > pójdi/te/pojdíte – geh her/hin!, dám > dàj/dájte – gib! povém > povèj/povéj/povêjte – erzähle!, dém > dèj/dêj/dêjte – sage!/stelle fest!
* In Deutsch erhält die Befehlsform in der 2. Ps. Ez. ein –e beim regelmäßigen Zeitwort. Beispiel: kochen, kochte, gekocht > koche! < ich koche. Aber beim unregelmäßigen Zeitwort: sprechen, sprach, gesprochen > sprich! < du sprichst; nehmen, nahm, genommen > nimm! < du nimmst. Ausnahmen: siehe! (S.), wisse!, sei!

Die Modalzeitwörter bilden keine Befehlsform: móram – ich muss, máram – ich mag, znám – ich kann (weiß); smém – ich darf, mórem – ich kann (körperlich), hóčem – ich will, nóčem – ich will nicht. *Ebenso kann man von den unpersönlichen Zeitwörtern keine Befehlsform ausdrücken, weil man einem unbekannten Handelnden (Agens) keinen Befehl erteilen kann. Beispiele:* bolí(m) – es schmerzt, dežúje(m) – es regnet, ...

Manchmal ändert sich die Betonung (Akzent). Beispiel: govorím > govôri – sprich!, ...
Bei den Zeitwörtern auf –ČI wird aus –ČEM die Endung –CI und aus –ŽEM die Endung –ZI. Beispiele: rêčem > rêci – sage!, strėžem > strézi – bediene!, ...

In der Regel verwendet man die 2. Person Einzahl und die 2. Person Mehrzahl, im Slowenischen aber auch noch die 2. Person Zweizahl. Für die 2. Person Mehrzahl hängt man an die 2. Person Einzahl ein –TE an, für die 2. Person Zweizahl ein –TA. Beispiele: kúhaj > kúhajte > kúhajta, ...; ljúbi > ljúbite > ljúbita, ...; píj > píjte > píjta, ...; stanúj > stanújte > stanújta, ...; varčúj > varčújte > varčújta, ...; razúmi > razúmite > razúmita, ...; bêri > bêrite > bêrita, ...; rásti > rástite > rástita, ...; pádi > pádite > pádita, ...; píši > píšite > píšita, ...; bódi > bódite, bódita, jèj > jêjte > jêjta, védi > védite > védita, pójdi > pójdite > pójdita, dàj > dájte > dájta, povèj > povêjte > povêjta, dèj > dêjte > dêjta. *Auch dabei verändert sich manchmal die Betonung. Beispiel:* govôri > govoríte > govoríta, lêži > ležíte > ležíta, ... *Manchmal gibt es Doppelformen:* pójdi > pójdite/pojdíte, pójdita/pojdíta, bódi > bódite/bodíte > bódita/bodíta. *Zwischen der 2. Person Mehrzahl und der 2. Person Zweizahl wechselt die Betonung nicht.*

Zu den fünf Zeitwortgruppen siehe oben S. 53., zur Gegenwart S. 114, zur Abwandlung S. 122, zu den vier Grundformen des Zeitwortes S. 123–127, zum Gerundium S. 134+135, zur Zukunft S. 158+159, zur Bedingungsform S. 160, zur Befehlsform S. 161+162. Siehe dazu auch LMR: WF, 2017, S. 138, S. 140, 156–181. Zeitwortgruppen bei Jože Toporišič, Pravopis, 2001: „1. –am, 2. –im, 3. –jem, 4. –em, 5. –m." Zur Befehlsform in Gebeten siehe LMR: Die slowenische Sprache und Kultur in Kärnten, 2016, S. 110-114.

18 Die Zeitwortgruppen/Verbgruppen – Glagolske skupine

18.1 Gruppe auf –ATI –AM

18.1.1 (1a oben S. 122) Grundmuster der Gruppe auf –ATI –AM:

kúhati *uv.* – (zu) kochen; **kúhanje** – das Kochen; **grém kúhat** – ich gehe kochen
kúhal/kúhala/kúhalo sem/bom/bi ...; kúhala/kúhali/kúhali sva/bova/bi ...; kúhali/kúhale/kúhala smo/bomo/bi ... – ich habe gekocht / ich kochte, ...; ich werde kochen / ich werde gekocht haben, ...; ich koche, du kochest, ...; / ich würde kochen / ich würde gekocht haben, ...; / ich kochte, du kochtest, ...; / ich hätte gekocht, ...
kúham, kúhaš, kúha; kúhava, kúhata, kúhata; kúhamo, kúhate, kúhajo – ich koche, ...
kúhaj, kúhajta, kúhajte – koche!, kocht! (ihr zwei), kocht! *(Mz.)*
Siehe LMR: WF, 2017, S. 156, 176.

Včeraj jo je skuhala. Tudi jutri jo bo skuhala. Če bi imela čas, bi jo skuhala vsak dan. Kuhaj jo! – Gestern hat sie sie gekocht. / Gestern kochte sie sie. Auch morgen wird sie sie kochen. / Auch morgen wird sie sie gekocht haben. Wenn sie Zeit hätte, würde sie sie jeden Tag kochen. Koche sie!

délati*, délanje, grém délat, délal/a sem/bom/bi, délam, délaj/te *uv.* – (zu) machen/arbeiten*
poslúšati, poslúšanje, grem poslúšat, poslúšal/a sem/bom/bi, poslúšam, poslúšaj/te *uv.* – (zu)hören/zu(zu)hören

* *uv.* délati – machen: Delam mize/nogavice. – Ich mache Tische/Socken. *Aber:* délam *v/na5* – ich arbeite in/an etwas > Delam v Beljaku. – Ich arbeite in Villach. Delam na načrtu. – Ich arbeite an einem/am/an dem Plan. *Zu LMR: WF, 2017, S. 156.*

bívati bívam *uv.* – (zu) wohnen / sich auf(zu)halten, **vstájati vstájam** *wh.* – auf(zu)stehen, **vzgájati vzgájam** *wh.* – (zu) erziehen, **ulégati se ulégam se** *wh.* – sich schlafen (zu) legen, **frizírati** *uv./v.* otroka – ein/das Kind (zu) frisieren, **igráti** *uv.* flávto – Flöte (zu) spielen, **líkati** *uv.* hláče – eine/die Hose (zu) bügeln, **...**
Siehe oben S. 122+123, S. 124–127. Siehe LMR: WF, 2017, S. 148, S. 156, S. 161, S. 176.

obúvati, obúvanje, ---, obúval/a sem/bom/bi, obúvam, obúvaj/te *wh.* – an(zu)ziehen (Schuhe/ Fußbekleidung, *wiederholend/andauernd*), obuvati otroka – ein/das Kind anziehen, obuvati čevlje – (die) Schuhe anziehen; obuva se počasi – er/sie/es zieht sich langsam an, obuva nogavice – er/sie/es zieht (die) Socken an, teta jih je obuvala do konca šolanja – eine/die Tante zog sie *(Mz.)* bis zum Ende der Schulzeit an; ~~obuvati si – mir (die Schuhe) anziehen~~; obuvati koga/kaj – jemand/etwas anziehen, obuvati se v koga/kaj – sich in jemand/etwas verkleiden. *Beispiele aus SSKJ 1994 und Toporišič: Pravopis, 2001. Siehe auch LMR: WF, 2017, S. 159, S. 176.*
sezúvati, sezúvanje, ---, sezúval/a sem/bom/bi, sezúvam, sezúvaj/te *wh.* – aus(zu)ziehen (Schuhe/ Fußbekleidung, *wiederholend/andauernd*), sezuvati otroka – ein/das Kind ausziehen, sezuvati čevlje – (die) Schuhe ausziehen; sezuva se počasi – er/sie/es zieht sich langsam aus, sezuva nogavice – er/sie/es zieht (die) Socken aus; ~~sezuvati si – mir (die Schuhe) ausziehen~~; sezuvati se v koga/kaj – sich ausziehend in jemand/etwas verkleiden. *Beispiele aus SSKJ 1994 und Toporišič: Pravopis, 2001. Siehe auch LMR: WF, 2017, S. 159, S. 176.*

pomágati, pomáganje, grém pomágat, pomágal/a sem/bom/bi, pomágam, pomágaj/te *uv./ v.* – (zu) helfen, pomagam teti – ich helfe meiner Tante, pomagam stricem – ich helfe (den/ meinen) Onkeln. *Wird in Deutsch und Slowenisch mit dem 3. Fall verwendet.*
Siehe LMR: WF, 2017, S. 147, S. 156, S. 161.
telefonírati, telefoníranje, grém telefonírat, telefoníral/a sem/bom/bi, telefoníram, telefoníraj/te *uv./v.* – (zu) telefonieren, telefoniram sestri/bratu – ich rufe meine Schwester / meinen Bruder an. *Wird nur in Slowenisch mit dem 3. Fall verwendet. Siehe LMR: WF, 2017, S. 156.*

čákati čákam *uv.* – (zu) warten, **dokončáti dokončám** *v.* – (zu) beenden/fertig(zu)stellen, **dŕsati dŕsam** *uv.* – Eis (zu) laufen / Schlittschuh (zu) fahren, **izbírati izbíram** *wh.* – aus(zu)wählen, **izdélati izdélam** *v.* – aus(zu)arbeiten/her(zu)stellen, **izvážati izvážam** *wh.* – aus(zu)führen, **jáhati jáham** *uv.* – (zu) reiten, **konstruírati konstruíram** *uv./v.* – (zu) konstruieren, **málicati málicam** *uv.* – (zu) jausnen, **natákati natákam** *wh.* – ein(zu)schenken, **obnávljati obnávljam** *wh.* – (zu) erneuern, **odigráti odigrám** *v.* – zu Ende (zu) spielen, **pláčati pláčam** *v.* – (zu) zahlen, **plávati plávam** *uv.* – (zu) schwimmen, **pomívati pomívam** *wh.* – ab(zu)waschen, **ponávljati ponávljam** *wh.* – (zu) wiederholen, **postávljati postávljam** *wh.* – hin(zu)stellen, **poznáti poznám** *uv.* – (zu) kennen, **prečŕtati prečŕtam** *v.* – durch(zu)streichen, **predstávljati predstávljam** *wh.* – vor(zu)stellen, **primérjati primérjam** *wh.* – (zu) vergleichen, **priprávljati priprávljam** *wh.* – vor(zu)bereiten, **slíkati slíkam** *uv.* – (zu) malen, **smúčati smúčam** *uv.* – Schi (zu) fahren, **sréčati sréčam** *v.* – (zu) treffen, **študírati študíram** *uv./v.* – (zu) studieren, **ujémati se ujémam se** *wh.* – überein(zu)stimmen, **uvážati uvážam** *wh.* – (zu) importieren, **vprášati vprášam** *v.* – (zu) fragen, **zaníkati zaníkam** *v.* – (zu) verneinen, **...**
Siehe oben S. 122+123, S. 124–127. Siehe auch LMR: WF, 2017, S. 148.

Für nicht bestehende Formen werden drei Gedankenstriche eingesetzt. – Die Korrektur der Betonung wird nur im laufenden Text berücksichtigt, sie wird wegen der Möglichkeit von Varianten in der Fußnote nicht extra angeführt. – Auf die Wertigkeit (Valenz) bei Zeitwörtern (welchen Fall ein Hauptzeitwort in der Satzaussage verlangt) wird auf S. 168 eingegangen.

igráti igrám *uv.* – (zu) spielen > **doigráti doigrám** *v.* – zu Ende (zu) spielen, **izigráti izigrám** *v.* – aus(zu)tricksen, **nadigráti nadigrám** *v.* – (zu) besiegen, **obigráti obigrám** *v.* – ab(zu)zocken, **odigráti odigrám** *v.* – zu Ende (zu) spielen, **poigráti poigrám** *v.* – ein wenig (zu) spielen, **preigráti preigrám** *v.* – fertig (zu) spielen, **priigráti priigrám** *v.* – (zu) erspielen, **razigráti razigrám** *v.* – beim Spielen auf(zu)leben, **uigráti uigrám** *v.* – ein(zu)spielen, **vzigráti vzigrám** *v.* – (zu) erscheinen, **zaigráti zaigrám** *v.* – (zu) spielen beginnen.
*Das Vorsetzen einer oder mehrerer Vorsilben verändert die Aussageweise eines Zeitwortes, wobei aus einer unvollendeten Handlung eine vollendete wird. Dieses Phänomen nennt man **Präfigierung (Vorsetzen einer Vorsilbe** / eines Präfixes).*

18.1.2 (1b oben S. 122) Modalverben der Gruppe auf –ATI –AM:
márati, ---, ---, máral/a sem/bom/bi, máram, --- *uv.* – (zu) mögen
mórati, móranje, ---, móral/a sem/bom/bi, móram, --- *uv.* – (zu) müssen
znáti, znánje, ---, znál/a sem/bom/bi, znám, --- *uv.* – (zu) können (wissen)
Siehe oben S. 122+123, S. 124–127. Siehe auch LMR: WF, 2017, S. 170, 180.

18.1.3 (1c oben S. 122) Ausnahmen der Gruppe auf –ATI –AM:
iméti, imétje, ---, imél/a sem/bom/bi, imám, iméj/te *uv.* – (zu) haben/besitzen
nè iméti, ---, ---, nísem / nè bom/bi imél/a, nímam, nè iméj/te *uv.* – nicht (zu) haben/besitzen
glédati, glédanje, grém glédat, glédal/a sem/bom/bi, glédam, gléj/te *uv.* – (zu) schauen
poglédati, ---, grém poglédat, poglédal/a sem/bom/bi, poglédam, pogléj/te *v.* – hin-/her(zu)-schauen
Siehe oben S. 122+123, S. 124–127. Siehe auch LMR: WF, 2017, S. 170, S. 180.

glédati glédam *uv.* – (zu) schauen > **doglédati doglédam** *v.* – (zu) erblicken, **izglédati izglédam** *v.* – aus(zu)schauen, **izpreglédati izpreglédam** *v.* – (zu) übersehen, **oglédati oglédam** *v.* – an(zu)-schauen, **poglédati poglédam** *v.* – hin(zu)schauen / her(zu)schauen, **preglédati preglédam** *v.* – durch(zu)schauen, **razglédati razglédam** *v.* – (zu) besichtigen, **spreglédati spreglédam** *v.* – (zu) übersehen/erkennen, **uglédati uglédam** *v.* – (zu) erblicken, **zglédati zglédam** *v.* – aus(zu)schauen, **zaglédati zaglédam** *v.* – (zu) erblicken.

18.1.4 (1d oben S. 122) Grundmuster der Untergruppe auf –ÉVATI –ÉVAM:
prispévati* *wh.* – bei(zu)tragen, **---, grém prispévat** – ich gehe beitragen
prispéval/prispévala/prispévalo sem/bom/bi ...; prispévala/prispévali/prispévali sva/bo-va/bi ...; prispévali/prispévale/prispévala smo/bomo/bi ...
prispévam, prispévaš, prispéva; prispévava, prispévata, prispévata; prispévamo, prispévate, prispévajo – ich trage bei, ...
prispévaj, prispévajte, prispévajta – trag bei!, tragt bei! (ihr zwei), tragt bei! *(Mz.)*

dohitévati dohitévam *wh.* – ein(zu)holen, **domnévati domnévam** *wh.* – (zu) vermuten, **lotévati se lotévam se** *wh.* – sich (zu) widmen, **minévati minévam** *wh.* – (zu) vergehen, **nadévati nadévam** *wh.* – (zu) füllen, **obolévati obolévam** *wh.* – (zu) erkranken, **odmévati odmévam** *wh.* – wider(zu)hallen, **ogrévati ogrévam** *wh.* – (zu) erwärmen, **odsévati odsévam** *wh.* – (zu) reflektieren, **prehitévati prehitévam** *wh.* – (zu) überholen, **prištévati prištévam** *wh.* – hinzu(zu)zählen, **razumévati razumévam** *wh.* – (zu) verstehen, **samévati samévam** *wh.* – sich einsam (zu) fühlen, **segrévati segrévam** *wh.* – auf(zu)wärmen, **seštévati seštévam** *wh.* – zusammen(zu)zählen, **upoštévati upoštévam** *wh.* – (zu) beachten/berücksichtigen, **...**
Siehe LMR: WF, 2017, S. 162, S. 174, S. 176.

domnévati, da bo kmalu konec – (zu) vermuten, dass es bald ein Ende gibt; **lotévati se** bolnika/ matematike – sich einem/dem Kranken / der Mathematik (zu) widmen; **obolévati** za rakom/pljučnico – an Krebs/Lungenentzündung (zu) erkranken; **ogrévati** čaj/juho/mleko – einen/den Tee / eine/ die Suppe / eine/die Milch (zu) erwärmen/auf(zu)wärmen; **ogrévati se** s tekom – sich durch Laufen (zu) erwärmen/auf(zu)wärmen; **prispévati** k boljšim rezultatom – zu einem besseren Resultat bei(zu)tragen; **seštévati** prihodke – (die) Einnahmen zusammen(zu)zählen; **upoštévati** posebne razmere – (die) besondere(n) Umstände (zu) beachten; **...**

* prispévati – bei(zu)tragen, ...; *v.* prispévam *k3* – ich trage einmal erfolgreich zu etwas bei, *wh.* prispévam *k3* – ich trage dauerhaft zu etwas bei; prispévati denár h grádnji cérkve – Geld zum Kirchenbau bei(zu)tragen. *Zu LMR: WF, S. 162.*

Siehe oben S. 122+123, S. 126. Siehe auch LMR: WF, 2017, S. 162, S. 174, S. 176.

Alle Zeitwörter dieser Gruppe (–ÉVATI –ÉVAM) haben einen wiederholenden Aussagecharakter. In dieser Gruppe gibt es weder Besonderheiten noch Ausnahmen, auch nicht in der Betonung.

18.2 Gruppe auf –ITI –IM

18.2.1 (2a oben S. 122 ljubíti) Grundmuster der Gruppe auf –ITI –IM:
govoríti *uv.* – (zu) reden/sprechen; **govorjênje** – das Reden/Sprechen; **grém govôrit/govorít** – ich gehe reden/sprechen
govóril/govoríla/govorílo sem/bom/bi ..., govoríla/govoríli/govoríli sva/bova/bi ..., govoríli/govoríle/govoríla smo/bomo/bi ... – ich habe geredet/gesprochen / ich redete/sprach, ...; ich werde reden/sprechen / ich werde geredet/gesprochen haben, ...; ich rede/spreche, du redest/sprechest, ...; / ich würde reden/sprechen / ich würde geredet/gesprochen haben, ...; / ich redete/spräche, du redetest/sprächest, ...; / ich hätte geredet/gesprochen, ...
govorím, govoríš, govorí; govoríva, govoríta, govoríta; govorímo, govoríte, govoríjo – ich rede/spreche, ...
govôri, govoríta, govoríte – rede!/sprich!, redet!/sprecht! (ihr zwei), redet!/sprecht! *(Mz.)*
Siehe oben S. 122+123, S. 124–127. Siehe auch LMR: WF, 2017, S. 157, S. 161, S. 176.

Včeraj je govoril same neumnosti. Jutri bo govoril o šegah in navadah. Govorim zelo hitro. Če bi bil učitelj v ljudski šoli, bi govoril jasno in zelo počasi. Govorite lepo in glasno! – Gestern redete/sprach er lauter Dummheiten. Morgen wird er über die Bräuche und Gewohnheiten reden/sprechen. Ich rede/spreche sehr schnell. Wenn ich Volksschullehrer wäre, würde ich deutlich und sehr langsam reden/sprechen. Redet/Sprecht schön und laut!

ljubíti, ljúbljenje, grém ljúbit, ljúbil/ljubíla sem/bom/bi, ljúbim, ljúbi/te *uv.* – (zu) lieben

delíti deljênje delím *uv.* – (zu) teilen, **hodíti hójenje hódim** *wh.* – herum(zu)gehen/-fahren, **móliti --- mólim** *uv.* – (zu) beten, **narediti naredím** *v.* si sók/kakáv/pijáčo – sich einen Saft/Kakao/ ein Getränk zu(zu)bereiten, **odréšiti odrešênje odréšim** *v.* – (zu) (er)retten/erlösen, **prosíti próšenje prósim** *uv.* – (zu) bitten, **vábiti vábljenje vábim** *uv.* – (ein)(zu)laden, **váditi vája vádim** *uv.* – (zu) üben, **vóščiti vóščenje vóščim** *v.* – (zu) wünschen, **vozíti vóžnja vózim** *uv.* – (zu) fahren, **zaprosíti --- zaprósim*** *v.* – (zu) erbitten etwas / etwas von jemand, **...**
* *v.* zaprósim *4 + od2* – ich erbitte etwas / etwas von jemand. *Siehe oben S. 122. Zu LMR: WF, 2017, S. 157.*
Siehe oben S. 122+123, S. 124–127. Siehe LMR: WF, 2017, S. 148, S. 157, S. 161, S. 176.

obláčiti, obláčenje, ---, obláčil/a sem/bom/bi, obláčim, obláči/te *wh.* – an(zu)ziehen (Kleider), mati oblači otroka – eine/die Mutter zieht ein/das Kind an, oblačiti se – sich (an)kleiden/ anziehen, oblačiti se po modi/športno – sich modisch/sportlich kleiden/anziehen, oblačiti se hlače/jopico – sich (die) Hose / eine/die Jacke anziehen, navadno se oblači v svetle obleke – normalerweise zieht er/sie/es sich helle Kleider an, ta srajca se oblači čez glavo – dieses Hemd zieht man über den Kopf an, oblači se počasi – er/sie/es zieht sich langsam an, oblači obleko – er/sie/es zieht sich ein/das Kleid / einen/den Anzug an, ~~oblačiti si – mir (die Kleider) anziehen~~; oblačiti se v koga/ kaj – sich in jemand/etwas verkleiden, starši ga oblačijo / skrbijo zanj – die Eltern ziehen ihn/es an / sie sorgen für ihn/es. *Beispiele aus SSKJ 1994 und Toporišič: Pravopis, 2001. Siehe auch LMR: WF, 2017, S. 166.*
sláčiti, sláčenje, ---, sláčil/a sem/bom/bi, sláčim, sláči/te *wh.* – aus(zu)ziehen (Kleider), mati slači otroka – eine/die Mutter zieht ein/das Kind aus, slačiti se – sich entkleiden/ausziehen, slačiti se pred spanjem – sich vor dem Schlafen ausziehen, slačiti se hlače/jopico – sich (die) Hose / eine/die Jacke ausziehen, ta srajca se slači cez glavo – dieses Hemd zieht man über den Kopf aus, slači se počasi – er/sie/es zieht sich langsam aus, slači obleko – er/sie/es zieht sich ein/das Kleid / einen/den Anzug aus, ~~slačiti si – mir (die Kleider) ausziehen~~. *Beispiele aus SSKJ 1994 und Toporišič: Pravopis, 2001. Siehe auch LMR: WF, 2017, S. 166.*

čístiti čístim *uv.* – (zu) putzen/reinigen, **dobíti dobím** *v.* – (zu) bekommen/erhalten, **dopolníti dopólnim** *v.* – (zu) ergänzen/vollenden, **izmísliti izmíslim** *v.* – aus(zu)denken, **izpolníti izpólnim** *v.* – aus(zu)füllen / (zu) erfüllen, **izposóditi izposódim** *v.* – aus(zu)leihen, **izročíti izročím** *v.* – aus(zu)händigen, **izvozíti izvózim** *v.* – (zu) exportieren, **krojíti krojím** *uv.* – (zu) schneidern, **kúpiti kúpim** *v.* – (zu) kaufen, **mísliti míslim** *uv.* – (zu) denken, **mótiti mótim** *uv.* – (zu) stören, **obnovíti obnovím** *v.* – (zu) erneuern, **ponovíti ponovím** *v.* – (zu) wiederholen, **postáviti postávim** *v.* – hin(zu)stellen, **potŕditi potŕdim** *v.* – (zu) bestätigen, **povábiti povábim** *v.* – ein(zu)laden, **povzročíti povzróčim** *v.* – (zu) verursachen, **pozábiti pozábim** *v.* – (zu) vergessen, **predstáviti predstávim** *v.* – vor(zu)stellen, **pridobíti pridobím** *v.* – (zu) erwerben, **pripráviti pripràvim** *v.* – vor(zu)bereiten, **tŕditi tŕdim** *uv.* – (zu) behaupten, **učíti se učím se** *uv.* – (zu) lernen, **urediti uredím** *v.* – (zu) ordnen, **uvozíti uvózim** *v.* – (zu) importieren, **uvrstíti uvrstím** *v.* – ein(zu)ordnen, **...**
Siehe oben S. 122+123, S. 124–127. Siehe auch LMR: WF, 2017, S. 148.

mísliti míslim *uv.* – (zu) denken **>** **domísliti domíslim** *v.* – sich vor(zu)stellen / sich (zu) besinnen, **izmísliti izmíslim** *v.* – (zu) ersinnen/erfinden, **namísliti namíslim** *v.* – sich aus(zu)denken, **omísliti omíslim** *v.* – an-/herbei(zu)schaffen, **odmísliti odmíslim** *v.* – (zu) abstrahieren / weg(zu)denken, **onesmísliti onesmíslim** *v.* – sinnlos (zu) werden/erscheinen, **pomísliti pomíslim** *v.* – (zu) bedenken, **porazmísliti porazmíslim** *v.* – (zu) überlegen/erwägen / durch(zu)denken, **premísliti premíslim** *v.* – (zu) überlegen/erwägen / durch(zu)denken, **razmísliti razmíslim** *v.* – (zu) überlegen/erwägen, **spremísliti spremíslim** *v.* – (zu) überlegen/erwägen / durch(zu)denken, **zmísliti zmíslim** *v.* – einen Einfall (zu) haben.

dobíti dobím *v.* – (zu) bekommen/erhalten > **pridobíti pridobím** *v.* – (zu) gewinnen, **udobíti udobím** *v.* – (zu) bekommen/erhalten/erlangen, **zadobíti zadobím** *v.* – (zu) erlangen/erwerben.

Trägt das Zeitwort schon eine vollendete Handlung in sich, dann ändert sich daran durch das Vorsetzen einer oder mehrerer Vorsilben nichts mehr.

18.2.2 (2b oben S. 122) Grundmuster der Untergruppe auf –ATI –IM:

ležáti, ležánje, grém lȇžat, lȇžal/ležála sem/bom/bi, ležím, lȇži/ležíte *uv.* – (zu) liegen

držáti, držánje, grem dŕžat, dŕžal/držála sem/bom/bi, držím, dŕži/držíte *uv.* – (zu) halten

bežáti, bežánje, grém béžat/bȇžat, béžal/bežála sem/bom/bi, bežím, béži/bežíte *uv.* – (zu) flüchten

molčáti, molčánje, grem mȏlčat, mȏlčal/molčála sem/bom/bi, molčím, mȏlči/molčíte *uv.* – (zu) schweigen

klečáti, klečánje, grem kléčat/klȇčat, kléčal/klečála sem/bom/bi, klečím, kléči/klȇči/klečíte *uv.* – (zu) knien

kričáti, kričánje, grem kríčat, kríčal/kričála sem/bom/bi, kričím, kríči/kričíte *uv.* – (zu) schreien

smŕčati, smrčánje, grem smŕčat, smŕčal/smrčála sem/bom/bi, smrčím, smŕči/smrčíte *uv.* – (zu) schnarchen

bleščáti (se)*, bleščánje, grém (se) bléščat, bléščal/a sem (se) / (se) bom / bi (se), bleščím (se), bléšči/bleščíte (se) *uv.* – (zu) glänzen / (zu blenden), biser blešči – der Edelstein glänzt, bleščim v matematiki – ich glänze in Mathematik, blešči se mu od luči – er wird durch das Licht geblendet

tíčati, tičánje, grém tíčat, tíčal/tičála sem/bom/bi, tičím, tíči/tičíte *uv.* – (drin)(zu)stecken

tiščáti, tiščánje, grém tíščat, tíščal/tiščála sem/bom/bi, tiščím, tíšči/tiščíte *uv.* – (zu) drücken

scáti, scánje, grém scàt, scál/a sem/bom/bi, ščím/ščíjem, ščí/te / ščíj/te *uv.* – (zu) urinieren

slíšati, slíšanje, ---, slíšal/a sem/bom/bi, slíšim, slíši/te *uv.* – (zu) hören *(unwillkürlich)*

dišáti, dišánje, grem díšat, díšal/dišála sem/bom/bi, diším, díši/dišíte *uv.* – (zu) riechen/duften

spáti, spánje, grém spàt, spál/a sem/bom/bi, spím, spì/spíte *uv.* – (zu) schlafen

* *uv.* bleščáti (se) bleščím (se) *–/v5* – ich glänze (in) *(dauerhaft); v.* (blésteti (se) blestím (se) *–/v5). Zu LMR: WF, 2017, S. 162.*

Siehe oben S. 122+123, S. 124–127. Siehe auch LMR: WF, 2017, S. 162, S. 174.

Diese Zeitwörter (–ITI –IM) sind alle in erster Linie einwertig, das heißt dass sie nur einen Satzgegenstand (Subjekt) erfordern. Beispiel: Ležím. – Ich liege. *Sie können auch mit einer Satzergänzung (Objekt) verbunden werden. Beispiel:* Ležím v pósteljі. – Ich liege im Bett. *Darauf beziehen sich die kursiven Angaben nach jedem Zeitwort. „–„ bedeutet einwertiges Zeitwort, „4“ = verlangt den 4. Fall, „3“ = erfordert den 3. Fall, „2“ = verbindet sich mit dem 2. Fall, „v5“ = verlangt das Vorwort v mit dem 5. Fall, „pred“ = die Ergänzung beginnt mit dem Vorwort pred im 6. Fall.*

Man spricht hierbei von der ***Wertigkeit eines Zeitwortes (Valenz beim Verb / vrednost pri glagolu)****. Siehe dazu LMR: WF, 2017, S. 156–160, S. 162–170, S. 172+173. Die Zeitwörter der Gruppe auf –ATI –AM unter 18.1.1 sind vorwiegend einwertig bzw. wahlweise auch zweiwertig. Wenn ein Zeitwort als aktive Satzaussage (Tätigkeitsform) eine Satzergänzung im 4. Fall verlangt und in eine passive Satzaussage umgebildet werden kann, dann handelt es sich um ein* ***transitives Verb****. Beispiel:* Skuhala sem juho. – Ich habe eine/die Suppe gekocht. > Juha je bila skuhana ~~od mene~~. (Juha je skuhana.) – Die Suppe ist von mir gekocht worden. (Die Suppe ist gekocht. *Zustandspassiv) Das Gegenteil bilden* ***intransitive Verben****, die beispikelsweise den 3. Fall verlangen. Beispiel:* Pomagam mami. – Ich helfe meiner Mama.

18.2.3 (2c oben S. 122) Ausnahmen der Untergruppe auf –ATI –IM:

státi, stánje, grém stàt/stát, stál/stála, stojím, stój/stójte *uv.* – (zu) stehen…; **stánje** – ein/der Stand

báti se, ---, grém se bàt, bál/a sem se / se bom / bi se, bojím se, bój/te se *uv.* – sich (zu) fürchten, bati se vojne – sich vor dem Krieg fürchten

smejáti se*, smejánje, grém se smeját/smêjat, smejál/a sem se / se bom / bi se, smejím se / smêjem se, smèj/smêj se / smêjte se *uv.* – (zu) lachen, smejati se klovnu / pustni šemi – über einen/den Clown/Faschingsnarren lachen. *Wird in Slowenisch mit dem 3. Fall verwendet.*

* *uv.* smejáti se, smejála/smejál se je, smejím se *–/3* – ich lache (über jemand/etwas), smèj/smêj/smêjte se; *v.* za-smejím se *–/3* – ich beginne über jemand/etwas zu lachen. *Zu LMR: WF, 2017, S. 170.*

Siehe oben S. 122+123, S. 124–127. Siehe auch LMR: WF, 2017, S. 150, S. 170, S. 174+175.

18.2.4 (2d oben S. 122 živéti) Grundmuster der Untergruppe auf –ETI –IM:

cvetéti, cvetênje, grém cvetèt/cvetét, cvetèl/cvetél/cvetéla sem/bom/bi, cvetím, cvêti/cvetíte *uv.* – (zu) blühen

goréti, gorênje, grém gorèt/gorét, gôrel/goréla sem/bom/bi, gorím, gôri/goríte *uv.* – (zu) brennen

grméti, grmênje, ---, grmélo je, grmí(m), --- *uv.* – (zu) donnern, es donnert *(unpersönlich)*, grmênje – ein/der Donner

hitéti, hitênje, grém hitèt/hitét, hítel/hitéla sem/bom/bi, hitím, híti/hitíte *uv.* – (zu) eilen

hrepenéti, hrepenênje, grém hrepenèt/hrepenét, hrepenèl/hrepenél/hrepenéla sem/bom/bi, hrepením, hrepêni/hrepeníte *uv.* – sich (zu) sehnen

hrepéti, hrepênje, grém hrepèt/hrepét, hrepèl/hrepél/hrepéla sem/bom/bi, hrepím, hrêpi/hrepíte *uv.* – heiser (zu) klingen

letéti, letênje, grém letèt/letét, lêtel/letéla sem/bom/bi, letím, lêti/letíte *uv.* – (zu) fliegen

noréti, norênje, grém norèt/norét, nôrel/noréla sem/bom/bi, norím, nôri/noríte *uv.* – verrückt (zu) sein / (zu) rasen

sedéti, sedênje, grém sedèt/sedét, sedèl/sedél/sedéla sem/bom/bi, sedím, sêdi/sedíte *uv.* – (zu) sitzen

skrbéti, skrbênje, grém skrbèt/skrbét, skrbèl/skrbél/skrbéla sem/bom/bi, skrbím, skŕbi/skrbíte *uv.* – (zu) sorgen

smrdéti, smrdênje, grém smrdèt/smrdét, smrdèl/smrdél/smrdéla sem/bom/bi, smrdím, smŕdi/smrdíte *uv.* – (zu) stinken

trpéti, trpljênje, grém trpèt/trpét, trpèl/trpél/tŕpel/trpéla sem/bom/bi, trpím, tŕpi/trpíte *uv.* – (zu) leiden, trpljênje – ein/das Leiden

venéti, venênje, grém venèt, venèl/venél/venéla sem/bom/bi, vením, vêni/veníte *uv.* – (zu) verwelken/vergehen

vídeti*, vídenje, grém vídet, vídel/vídela sem/bom/bi, vídim, vídi/te *uv./v.* – (zu) sehen *(unwillkürlich = uv. und absichtlich = v.)*

viséti, visênje, grém visèt/visét, vísel/viséla sem/bom/bi, visím, vísi/visíte *uv.* – (zu) hängen

vrtéti, vrtênje, grém vrtèt/vrtét, vrtèl/vrtél/vrtéla sem/bom/bi, vrtím, vŕti/vrtíte *uv.* – (zu) drehen

zvenéti, zvenênje, grém zvenèt, zvenèl/zvenél/zvenéla sem/bom/bi, zvením, zvêni/zveníte *uv.* – (zu) klingen

žaréti, žarênje, grém žarèt/žarét, žarèl/žarél/žaréla sem/bom/bi, žarím, žári/žaríte *uv.* – (zu) strahlen/glühen

želéti, želênje, grém želèt/želét, žêlel/želéla sem/bom/bi, želím, žêli/želíte *uv.* – (zu) wünschen

živéti, življênje, grém živèt/živét, živèl/živéla sem/bom/bi, živím, žívi/živíte *uv.* – (zu) leben

doživéti, doživétje, grém doživèt/doživét, doživèl/doživéla sem/bom/bi, doživím, dožívi/doživíte *v.* – (zu) erleben

* Die fünf Sinne des Menschen sind: víd von vídeti vídim *uv.* für Gesichtssinn, slúh von slíšati slíšim *uv.* für Gehör(s)sinn, vóh von vóhati vóham *uv.* für Geruchssinn, okús von okúsiti okúsim *v.* für Geschmackssinn, típ von típati típam *uv.* für Tastsinn. *Zu LMR: WF, 2017, S. 171.*
Siehe oben S. 122+123, S. 124–127. Siehe auch LMR: WF, 2017, S. 163, S. 174.

18.2.5 (2e oben S. 122) Ausnahme der Untergruppe auf –ETI –IM:
boléti, ---, ---, bolélo je/bo/bi, bolí(m), --- *uv.* – (zu) schmerzen, es schmerzt / weh (zu) tun, es tut weh *(unpersönlich)*, hrbet me boli – der Rücken schmerzt mich / tut mir weh, v želodcu ga/jo boli – im Magen schmerzt es ihn/sie, želodec ga/jo boli – der Magen schmerzt ihn/sie / tut ihm/ihr weh
Siehe oben S. 122+123, S. 124. Siehe auch LMR: WF, 2017, S. 163, S. 174.

18.3 Gruppe auf –ÍTI –ÍJEM

18.3.1 (3a oben S. 122) Grundmuster der Gruppe auf –ÍTI –ÍJEM:
píti *uv.* – (zu) trinken; **pítje** – das Trinken; **grém pít** – ich gehe trinken
píl/píla/pílo sem/bom/bi ..., píla/píli/píli sva/bova/bi ..., píli/píle/píla smo/bomo/bi ... – ich habe getrunken / ich trank, ...; ich werde trinken / ich werde getrunken haben, ...; / ich trinke, du trinkest, ...; / ich würde trinken / ich würde getrunken haben, ...; / ich tränke, du tränkest, ...; / ich hätte getrunken, ...
píjem, píješ, píje; píjeva, píjeta, píjeta; píjemo, píjete, píjejo – ich trinke, ...
píj, píjta, píjte – trink!, trinkt! (ihr zwei), trinkt! *(Mz.)*
popíti, popítje, grém popít/popìt, popíl/a sem/bom/bi, popíjem, popíj/te *v.* – aus(zu)trinken > (*wh.* popívati popívam *4* – (zu) bechern/zechen (immer wieder sehr viel aus(zu)trinken)
Siehe oben S. 53, S. 88, S. 114, S. 122+123, S. 125, S. 158+159, S. 160, S. 161+162. Siehe auch LMR: WF, 2017, S. 159, S. 161, S. 176.

Včeraj sem pila čaj/limonado/vino. Danes ne pijem čaja/limonade/vina, danes pijem samo kakav in radensko. Jutri bom pila sok/vodo/mleko. Popij vroč čaj! – Gestern habe ich Tee/Limonade/Wein getrunken. / Gestern trank ich ... Heute trinke ich keinen Tee / keine Limonade / keinen Wein, heute trinke ich nur Kakao und Mineralwasser. Morgen werde ich Saft/Wasser/Milch trinken. Trink deinen heißen Tee aus/weg!

šíti*, šítje, grém šít, šìl/šíla sem/bom/bi, šíjem, šíj/šíjte *uv.* – (zu) nähen
sešíti, sešítje, grém sešít/sešìt, sešìl/sešíla sem/bom/bi, sešíjem, sešíj/sešíjte *v.* – zusammen (zu)nähen
kríti, krítje, grém krít, kríl/a sem/bom/bi, kríjem, kríj/te *uv.* – (zu) (be)decken
pokríti, pokrítje, grém pokrít, pokríl/a sem/bom/bi, pokríjem, pokríj/te *v.* – zu(zu)decken
líti, lítje, grém lít, líl/a sem/bom/bi, líjem, líj/te *uv.* – (zu) gießen
zalíti, zalítje, grém zalít/zalìt, zalíl/a sem/bom/bi, zalíjem, zalíj/te *v.* – (zu) gießen
nalíti, nalítje, grém nalít/nalìt, nalíl/a sem/bom/bi, nalíjem, nalíj/te *v.* – ein(zu)schenken
umíti*, ---, grém umít/umìt, umíl/a sem/bom/bi, umíjem, umíj/te *v.* – (zu) waschen
bíti, bítje, grém bít, bìl/bíla sem/bom/bi, bíjem, bíj/te *uv.* – (zu) schlagen
víti, vítje, grém vít, víl/a sem/bom/bi, víjem, víj/te *uv.* – (zu) winden
* umíjem se – *v.* – ich wasche mich, (umívati se umívam se – *wh.*); počíjem se – *v.* – ich ruhe mich aus (erhole mich wirklich); (počívati se počívam se – *wh.)*; spočíjem se – *v.* – ich ruhe mich aus (erhole mich wirklich); (spočívati se spočívam se – *wh.). Zu LMR: WF, 2017, S. 159.*
Siehe oben S. 122+123, S. 125, S. 127. Siehe auch LMR: WF, 2017, S. 159, S. 176.

pokríjem *v.* rože – ich decke (die) Blumen zu; **umíjem** *v.* krožnike – ich wasche das Geschirr ab, **umíjem se** *v.* – ich wasche mich, **umíjem si** roke *v.* – ich wasche mir die/meine Hände; **počíla sem se** *v.* med dopustom – ich habe mich im Urlaub ausgeruht (endgültig erholt), **spočíla sem se** *v.* ob obali – ich habe mich an der Küste ausgeruht (endgültig erholt); **počívam** *v.* doma – ich ruhe mich zu Hause aus; **počívala sem se** *v.* v Sloveniji – ich habe mich in Slowenien ausgeruht; **líje** *uv.* kot iz škafa – es regnet sehr stark / es schüttet, **nalíla sem** *v.* kavo v skodelico – ich habe den Kaffee in die Tasse hinein geschüttet, **zalíjem** *v.* rožam – ich gieße die Blumen; **šíjem** *uv.* novo obleko – ich nähe ein neues / das neue Kleid, **sešíla bom** *v.* srajco – ich werde das Hemd zusammennähen, **zašíla sem** *v.* strgane hlače – ich habe eine/die zerrissene Hose geflickt; **štêjem** *uv.* denar – ich zähle das Geld; **grêjem** *uv.* juho – ich wärme die Suppe auf; veter **vêje** *uv.* – ein/der Wind weht; **pôjem** *uv.* zelo lepo – ich singe sehr schön, vnukinja **je zapéla** *v.* koroško ljudsko pesem – eine/ die/meine Enkelin hat ein/das Kärntner Volkslied gesungen; **...**

* šíjem/(šívam) –/4 – ich nähe etwas. *Zu LMR: WF, 2017, S. 159.*

Siehe oben S. 122+123, S. 126+127. Siehe auch LMR: WF, 2017, S. 159, S. 176.

In dieser Gruppe (–ÍTI –ÍJEM) gibt es weder Besonderheiten noch Ausnahmen, auch nicht in der Betonung.

píti píjem *uv.* – (zu) trinken > **izpíti izpíjem** *v.* – aus(zu)trinken, **napíti napíjem** *v.* – voll (zu) trinken, **odpíti odpíjem** *v.* – weg(zu)trinken, **popíti popíjem** *v.* – aus-/weg(zu)trinken, **spíti spíjem** *v.* – aus-/weg(zu)trinken, **zapíti zapíjem** *v.* – (zu) vertrinken/verzechen.

18.3.2 (3b oben S. 122) Grundmuster der Untergruppe auf –ÉTI/–ÊJEM/–ÔJEM:

štéti*, štétje, grém štét, štèl/štéla sem/bom/bi, štêjem, štèj/štêj/štêjte *uv.* – (zu) zählen

naštéti, naštétje, grém naštèt/naštét, naštèl/naštéla sem/bom/bi, naštêjem, naštèj/naštêj/naštêjte *v.* – auf(zu)zählen

seštéti, seštétje, grém seštèt/seštét, seštèl/seštéla sem/bom/bi, seštêjem, seštèj/seštêj/seštêjte *v.* – zusammen(zu)zählen

gréti, grétje, grém grét, grèl/grél/gréla sem/bom/bi, grêjem, grèj/grêj/grêjte *uv.* – (zu) erwärmen/erhitzen

pogréti, pogrétje, grém pogrét, pogrèl/pogrél/pogréla sem/bom/bi, pogrêjem, pogrèj/pogrêj/pogrêjte *v.* – auf(zu)-wärmen

segréti, segrétje, grém segrét, segrèl/segrél/segréla sem/bom/bi, segrêjem, segrèj/segrêj/segrêjte *v.* – (zu) erwärmen/erhitzen

véti, vétje, grém vét, vèl/vél/véla sem/bom/bi, vêjem, vèj/vêj/vêjte *uv.* – (zu) wehen

péti, pétje, grém pét, pél/a sem/bom/bi, pôjem, pój/te / pôj/te *uv.* – (zu) singen

zapéti, ---, grém zapèt/zapét, zapél/a sem/bom/bi, zapôjem, zapôj/te *v.* – anfangen (zu) singen

* štêjem *–/4* – ich zähle (etwas/jemand); seštêjem *4* – ich zähle etwas/jemand zusammen; (seštévati seštévam *4);* štêjem *–/4,* naštêjem *4* – ich zähle etwas auf; (naštévati naštévam *4);* grêjem *–/4* – ich erwärme/erhitze etwas; segrêjem *4* – ich erwärme/erhitze etwas fertig; pogrêjem *4* – ich wärme etwas auf; vêjem – – ich wehe; zavêjem *4* – ich verwehe etwas. *Zu LMR: WF, 2017, S. 159.*

Siehe oben S. 53, S. 88, S. 122+123, S. 125, S. 127, S. 161+162. Siehe auch LMR: WF, 2017, S. 159, S. 176. Anmerkung: Akzentunterschiede zwischen SSKJ 1994 und Pravopis 2001.

In dieser Gruppe (–ÉTI –ÊJEM/–ÔJEM) gibt es weder Besonderheiten noch Ausnahmen.

18.3.3 (3c oben S. 122) Grundmuster der Untergruppe auf –ÚTI –ÚJEM:

obúti*, obútje, grém obút/obùt, obúl/obùl/obúla sem/bom/bi, obújem, obúj/te *v.* – an(zu)-ziehen (Schuhe/Strümpfe/Socken), obúti otrôka – ein/das Kind anziehen, obúti nogavíce – (die) Socken anziehen, obúti otrôku nogavíce – einem/dem Kind (die) Socken anziehen, obúti se počási – sich langsam anziehen, obúti si plášč – sich den Mantel anziehen

sezúti, sezútje, grém sezút/sezùt, sezúl/sezùl/sezúla sem/bom/bi, sezújem, sezúj/te *v.* – aus(zu)ziehen (Schuhe/Strümpfe/Socken), obúti otrôka – ein/das Kind ausziehen, obúti nogavíce – (die) Socken ausziehen, obúti otrôku nogavíce – einem/dem Kind (die) Socken ausziehen, obúti se počási – sich langsam ausziehen, obúti si škórnje – sich die Stiefel ausziehen

zasúti, zasútje, grém zasút/zasùt, zasúl/zasùl/zasúla sem/bom/bi, zasújem, zasúj/te *v.* – zu-(zu)schütten
* (obúvati obúvam *4). Zu LMR: WF, 2017, S. 159.*
Siehe oben S. 53, S. 88, S. 122+123, S. 125–127. Siehe auch LMR: WF, 2017, S. 159, S. 161, S. 176.

In dieser Gruppe (–ÚTI –ÚJEM) gibt es weder Besonderheiten noch Ausnahmen, auch nicht in der Betonung.

18.3.4 (3d oben S. 122) Grundmuster der Untergruppe auf –OVÁTI –ÚJEM:
stanováti *wh.* – (zu) wohnen; **stanovánje** – das Wohnen / eine/die Wohnung; **grém stanovàt** – ich gehe wohnen
stanovàl/stanovála/stanoválo sem/bom/bi ..., stanovála/stanováli/stanováli sva/bova/bi ..., stanováli/stanovále/stanovála smo/bomo/bi ... – ich habe gewohnt / ich wohnte, ...; ich werde wohnen / ich werde gewohnt haben, .../ ich wohne, du wohnest, ...; / ich würde wohnen / ich würde gewohnt haben, ...; ich wohnte, du wohntest, ...; / ich hätte gewohnt, ...
stanújem, stanúješ, stanúje; stanújeva, stanújeta, stanújeta; stanújemo, stanújete, stanújejo – ich wohne, ...
stanúj, stanújta, stanújte – wohne!, wohnt! (ihr zwei), wohnt! *(Mz.)*
Siehe oben S. 53, S. 88, S. 115+116, S. 122+123, S. 126, S. 158+159, S. 160, S. 161+162. Siehe auch LMR: WF, 2017, S. 149, S. 158, S. 161.

Alle Zeitwörter dieser Gruppe (–OVÁTI –ÚJEM) haben einen wiederholenden Aussagecharakter. In dieser Gruppe gibt es weder Besonderheiten noch Ausnahmen, auch nicht in der Betonung.

Moj sin / Moja hčerka stanuje v bloku v Beljaku/Vrbi. – Mein Sohn / Meine Tochter wohnt in einem Block in Villach/Velden.

dokazováti *wh.* – (zu) beweisen, **imenováti** *wh.* – (zu) heißen/benennen, **izdelováti** *wh.* – aus(zu)-arbeiten, **kmetováti** *wh.* – (zu) bewirtschaften, **kupováti** *wh.* – ein(zu)kaufen / (zu) bummeln, **napisováti** *wh.* – auf(zu)schreiben, **obiskováti** *wh.* – (zu) besuchen, **oblikováti** *wh.* – (zu) gestalten, **opazováti*** *wh.* – (zu) beobachten, **potrebováti** *wh.* – (zu) benötigen, **praznováti** *wh.* – (zu) feiern, **pripovedováti*** *wh.* – (zu) erzählen, **sodelováti** *wh.* – zusammen(zu)arbeiten, **svetováti** *wh.* – (zu) raten, **stanováti** *wh.* – (zu) wohnen, **zajtrkováti** *wh.* – (zu) frühstücken, **...**
* opazovàl sem/si/je – ich habe beobachtet / ich beobachtete, ...; učinkújem *na4* – ich wirke auf jemand/etwas ein; (povédati povém *3+4, 5. Gruppe),* pripovedújem *3+4* – ich erzähle jemand etwas immer wieder *(lange Zeit). Zu LMR: WF, 2017, S. 158.*
Weitere Beispiele zu dieser Gruppe siehe oben S. 122+123, S. 124–127. Siehe auch LMR: WF, 2017, S. 150, S. 158, S. 161, S. 176.

délati délam *uv.* – (zu) machen/tun > **izdélati izdélam** *v.* – aus(zu)arbeiten > **izdelováti izdelújem** *wh.* – immer wieder (zu) erarbeiten; **kúpiti kúpim** *v.* – ein(zu)kaufen > **kupováti kupújem** *wh.* – (zu) bummeln / einen Einkaufsbummel (zu) machen; **obiskáti obíščem** *uv.* – (zu) besuchen > **obiskováti obiskújem** *wh.* – immer wieder (zu) besuchen; **opáziti opázim** *v.* – (zu) bemerken > **opazováti opazújem** *wh.* – (zu) beobachten / (immer wieder (zu) bemerken); **písati píšem** *uv.* – (zu) schreiben > **napísati napíšem** *v.* – auf(zu)schreiben > **napisováti napisújem** *wh.* – immer wieder auf(zu)schreiben; **povédati povém** *v.* – (zu) erzählen (einmal, abgeschlossen) > **pripovedováti pripovedújem** *wh.* – immer wieder (zu) erzählen.
*Fügt man in ein Zeitwort mit vollendeter Handlung eine Zwischensilbe ein, dann erhält die Handlung eine wiederholende Bedeutung, also wieder eine unvollendete Aussageweise. Dieses Phänomen nennt man **Infigierung (Einfügen einer Zwischensilbe** / eines Infixes).*

delováti delújem *wh.* – (zu) wirken > **dodelováti dodelújem** *wh.* – sich dem Ende einer/der Arbeit (zu) nähern, **izdelováti izdelújem** *wh.* – aus(zu)arbeiten, **nadelováti nadelújem** *wh.* – durchgängig (zu) machen / hinein(zu)arbeiten, **obdelováti obdelújem** *wh.* – (zu) bearbeiten, **predelováti predelújem** *wh.* – um(zu)arbeiten, **pridelováti pridelújem** *wh.* – (zu) ernten/erzeugen, **udelováti udelújem** *wh.* – aus(zu)arbeiten / zu(zu)richten, **vdelováti vdelújem** *wh.* – ein(zu)arbeiten, **zdelováti zdelújem** *wh.* – übel zu(zu)richten, **zadelováti zadelújem** *wh.* – (zu) vermachen/verstopfen.
Besitzt die Ausgangsform schon eine wiederholende Bedeutung, dann ändert sich durch Präfigierung nichts mehr.

18.3.5 (3e oben S. 122 varčeváti) Grundmuster der Untergruppe auf –EVÁTI –ÚJEM:
poučeváti *wh.* – (zu) unterrichten; **poučevánje** – das Unterrichten; **grém poučevàt** – ich gehe unterrichten
poučevàl*/poučevála/poučeválo sem/bom/bi ..., poučevála/poučeváli/poučeváli sva/bova/ bi ..., poučeváli/poučevále/poučevála smo/bomo/bi ... – ich habe unterrichtet / ich unterrichtete, ...; ich werde unterrichten / ich werde unterrichtet haben, .../ ich unterrichte, du unterrichtest, ...; / ich würde unterrichten / ich würde unterrichtet haben, ...; ich unterrichtete, du unterrichtetest, ...; / ich hätte unterrichtet, ...
poučújem, poučúješ, poučúje; poučújeva, poučújeta, poučújeta; poučújemo, poučújete, poučújejo – ich unterrichte, du unterrichtest, ...
poučúj, poučújta, poučújte – unterrichte!, unterrichtet! (ihr zwei), unterrichtet! *(Mz.)*
* (jàz) grém poučevàt – ich gehe unterrichten; (jáz) sem/bom/bi poučevàl, poučevàl sem/bom/bi. *Zu LMR: WF, 2017, S. 163.*
Siehe oben S. 53, S. 88, S. 115+116, S. 122+123, S. 126, S. 161+162. Siehe auch LMR: WF, 2017, S. 149, S. 163, S. 174, S. 176+177.

Alle Zeitwörter dieser Gruppe (–EVÁTI –ÚJEM) haben einen wiederholenden Aussagecharakter. In dieser Gruppe gibt es weder Besonderheiten noch Ausnahmen, auch nicht in der Betonung.

Učiteljica je poučevala otroke. Novi učitelj bo poučeval najstnike. Zelo rada bi poučevala v ljudski šoli, če bi imela možnost za dodatno izobrazbo. Poučuj učinkoviteje! – Eine/Die Lehrerin hat Kinder unterrichtet. / Eine/Die Lehrerin unterrichtete Kinder. Der neue Lehrer wird Teenager unterrichten. / Der neue Lehrer wird Teenager unterrichtet haben. Sehr gerne hätte ich in einer Volksschule unterrichtet, wenn ich die Möglichkeit zur Zusatz-Ausbildung gehabt hätte. Unterrichte wirksamer!

preklicevát* **preklicújem** *wh.* – (zu) widerrufen; **označeváti označújem** *wh.* – (zu) kennzeichnen, **plačeváti plačújem** *wh.* – (zu) bezahlen, **varčeváti*** **varčújem** *wh.* – (zu) ersparen**; maševáti mašújem** *wh.* – eine/die Messe (zu) lesen**, reševáti rešújem** *wh.* – (zu) retten; **izobraževáti izobražújem** *wh.* – (zu) unterweisen / aus(zu)bilden; **dovoljeváti dovoljújem** *wh.* – (zu) erlauben, **omejeváti omejújem** *wh.* – (zu) begrenzen, **premišljeváti premišljújem** *wh.* – nach(zu)denken, **urejeváti urejújem** *wh.* – (zu) ordnen; **...**
* *Nach c č š ž j wird –ováti –újem zu –eváti –újem. Zu LMR: WF, 2017, S. 163.*
Weitere Beispiele zu dieser Gruppe siehe oben S. 122+123, S. 124–127. Siehe auch LMR: WF, 2017, S. 163, S. 174, S. 176+177.

18.3.6 (3f oben S. 122) Ausnahme der Untergruppe auf –EVÁTI –ÚJEM:
deževáti, ---, ---, deževálo je/bo/bi, dežúje(m), --- *uv.* – (zu) regnen, es regnet *(unpersönlich)*
Siehe oben S. 122+123, S. 124, S. 162. Siehe auch LMR: WF, 2017, S. 163.

18.4 Gruppe auf –ÉTI –EM

18.4.1 (4a oben S. 122) Grundmuster der Untergruppe auf –ÉTI –EM:
razuméti, razúmljenje/razumétje, grém razumèt/razumét, razumèl/razumél/razuméla sem/bom/bi, razúmem, razúmi/te *uv./v.* – (zu) verstehen
Siehe oben S. 122+123, S. 126, S. 158+159, S. 160, S. 161+162. Siehe auch LMR: WF, 2017, S. 164, S. 174, S. 177.

18.4.2 (4b oben S. 122) Grundmuster der Untergruppe auf –ÉTI –ÈM:
umréti, umŕtje, grém umrét, umŕl/a sem/bom/bi, umrèm, umrí/te *v.* – (zu) sterben
odpréti, odpŕtje, grém odprèt/odprét, odpŕl/a sem/bom/bi, odprèm, odprì/odpríte *v.* – (zu) öffnen / auf(zu)sperren
vréti, vrênje/vrétje, grém vrèt/vrét, vrèl/vrél/vréla sem/bom/bi, vrèm, vrì/vríte *uv.* – (zu) sieden
zréti, zrênje/zrétje, grém zrét, zŕl/a sem/bom/bi, zrèm, zrì/zríte *uv.* – (zu) blicken/starren
Siehe oben S. 122, S. 127, S. 162. Siehe auch LMR: WF, 2017, S. 164, S. 177.

mréti mrèm *uv.* – (zu) sterben; **dréti drèm/dêrem** *uv.* – (zu) schreien, **podréti podrèm** *v.* – ab(zu)reißen, **razdréti razdrèm/razdêrem** *v.* – (zu) zerstören; **podpréti podprèm** *v.* – (zu) unterstützen, **zapréti zaprèm** *v.* – zu(zu)sperren; **dospéti dospèm** *v.* – (zu) gelangen, **prispéti prispèm** *v.* – an(zu)kommen, **uspéti uspèm** *v.* – erfolgreich (zu) sein; **tréti trèm/tárem** *uv.* – (zu) knacken; **zazréti zazrèm** *v.* – an(zu)starren; **žréti žrèm** *uv.* – (zu) fressen, **požréti požrèm** *v.* – weg-/auf-(zu)fressen; **…**
Siehe LMR: WF, 2017, S. 164.

18.4.3 (4c oben S. 122) Modalverb der Gruppe auf –ETI –EM:
sméti, ---, ---, smèl/smél/sméla sem/bom/bi, smém, --- *uv.* – (zu) dürfen
Siehe oben S. 122, S. 126. Siehe auch LMR: WF, 2017, S. 164.

18.4.4 (4d oben S. 122) Grundmuster der Untergruppe auf –ATI/–UTI –EM:
bráti, bránje, grém brát, brál/a sem/bom/bi, bêrem, bêri/beríte *uv.* – (zu) lesen
prebráti, ---, grém prebrát, prebrál/a sem/bom/bi, prebêrem, prebêri/preberíte *v.* – aus-/durch(zu)lesen
práti, pránje, grém prát, prál/a sem/bom/bi, pêrem, pêri/períte *uv.* – (zu) waschen
spráti, ---, grém sprát, sprál/a sem/bom/bi, spêrem, spêri/sperite *v.* – fertig (zu) waschen
Siehe oben S. 122+123, S. 124, S. 126, S. 158+159, S. 160, S. 161+162. Siehe auch LMR: WF, 2017, S. 164, S. 174, S. 177.

gnáti, gnánje, grém gnàt, gnàl/gnála sem/bom/bi, žênem, žêni/ženíte *uv.* – (zu) treiben
státi, ---, ---, stálo je, stáne(m), --- *uv.* – (zu) kosten, es kostet *(unpersönlich)*
vstáti*, ---, (… vstàt), vstàl/vstála sem/bom/bi, vstánem, vstáni/vstaníte *v.* – auf(zu)stehen
pléti, plétje, grém plét, plél/a sem/bom/bi, plévem, plévi/plévite/plevíte *uv.* – (zu) jäten
plúti, plútje, grém plút, plúl/a sem/bom/bi, plôvem/plújem, plôvi/plôvite/plovíte + plúj/te *uv.* – (zu) fahren (Schiff)
rjúti, rjútje, grém rjút, rjúl/a sem/bom/bi, rjôvem/rjújem, rjôvi/rjôvite/rjovíte + rjúj/te *uv.* – (zu) brüllen
tkáti*, tkánje, grém tkàt, tkàl/tkála sem/bom/bi, tkèm, tkì/tkíte *uv.* – (zu) weben
* tkáti *uv.* – (zu) weben, grém tkàt – ich gehe weben; (jáz) sem/bom/bi tkàl / tkàl sem/bom/bi – ich wob, …; tkì – webe! tkíte – webt!; *v.* vstáti vstánem *–/iz2* – ich stehe auf aus; (*wh.* vstájati vstájam *iz2*). *Zu LMR: WF, 2017, S. 164.*
Siehe LMR: WF, 2017, S. 164, S. 174, S. 177.

18.4.5 (4e oben S. 122 vŕniti) Grundmuster der Untergruppe auf –NITI –NEM:
skleníti, sklénjenje, grém sklênit, sklênil/sklenila sem/bom/bi, sklénem, sklêni/skleníte *v.* – (zu) beschließen / ab(zu)schließen (Vertrag)
klíkniti, klíknjenje, grém klíknit, klíknil/a sem/bom/bi, klíknem, klíkni/te *v.* – an(zu)klicken
potégniti, potégnjenje, grém potégnit, potégnil/a sem/bom/bi, potégnem, potégni/te *v.* – heraus(zu)ziehen
šépniti, šépnjenje, grém šépnit, šépnil/a sem/bom/bi, šépnem, šépni/te *v.* – zu(zu)flüstern
píhniti, píhnjenje, grém píhnit, píhnil/a sem/bom/bi, píhnem, píhni/te *v.* – aus(zu)blasen
potísniti, potísnjenje, grém potísnit, potísnil/a sem/bom/bi, potísnem, potísni/te *v.* – (zu) drücken (auf)
vŕniti, vŕnjenje, grém vŕnit, vŕnil/vrníla sem/bom/bi, vŕnem, vŕni/te *v.* – zurück(zu)geben/ zurück(zu)kehren
obŕniti, obŕnjenje, grém obŕnit, obŕnil/obrníla sem/bom/bi, obŕnem, obŕni/te *v.* – um(zu)-drehen/um(zu)kehren
Siehe oben S. 122, S. 126, S. 127, S. 162. Siehe auch LMR: WF, 2017, S. 168, S. 175, S. 177.

dvígniti dvígnem *v.* – an-/auf(zu)heben, **utégniti utégnem** *v.* – (zu) schaffen; **prisluhniti prislúhnem** *v.* – zu(zu)hören; **premákniti premáknem** *v.* – (zu) verrücken, **umákniti umáknem** *v.* – zurück(zu)ziehen; **natísniti natísnem** *v.* – aus(zu)drucken, **ugásniti ugásnem** *v.* – aus(zu)löschen; **...**
* ríniti rínem *uv.* –/4 – ich stoße (jemand/etwas); gónem *uv.* –/4 – ich schiebe (jemand/etwas). *Siehe LMR: WF, 2017, S. 168.*
Siehe LMR: WF, 2017, S. 168, S. 175, S. 177.

18.4.6 (4f oben S. 122 nájti) Muster der Untergruppe auf –TI –DEM/–NEM:
odíti, ---, ---, odšèl/odšlà sem/bom/bi, odídem, odídi/te *v.* – fort-/weg(zu)gehen
príti, ---, ---, prišèl/prišlà sem/bom/bi, prídem, prídi/te *v.* – hin-/her-/an(zu)kommen
nájti, nájdenje, grém nájt, nášel/nášla sem/bom/bi, nájdem, nájdi/te *v.* – (zu) finden
Siehe oben S. 122, S. 125, S. 126, S. 162. Siehe auch LMR: WF, 2017, S. 168, S. 175.

***Das Supinum** (in Latein auf –um) wird in Verbindung mit Bewegungsverben gebildet. Daher entfällt es bei Bewegungsverben. Es beinhaltet die Absicht zu einer bestimmten Handlung. In Deutsch (Absichtsform bei Bewegung im 4. Fall) entfällt dabei das „zu“. In Slowenisch entfällt dabei das „i“ der Infinitivendung. Beispiel:* Grém brát. – Ich gehe lesen. Odšlà sem brát. – Ich ging lesen. Šlà bom brát. – Ich werde lesen gehen. *Aber:* Grém, da bi brála. – Ich gehe, um zu lesen. To hočem brati. – Das will ich lesen. Lahko začneš brati. Du kannst zu lesen beginnen.

18.4.7 (4g oben S. 122) Grundmuster der Untergruppe auf –STI –STEM/–SEM:
rásti, ---, grém rást, rástel/rástla sem/bom/bi, rástem, rásti/te *uv.* – (zu) wachsen
rásti, ---, grém rást, rásel/rásla sem/bom/bi, rásem, rási/te *uv.* – (zu) wachsen
pásti, pásenje, grém pást, pásel/pásla sem/bom/bi, pásem, pási/te *uv.* – (zu) hüten/weiden
nêsti*, nesênje, grém nèst/nêst, nésel/nêsla sem/bom/bi, nêsem, nêsi/nesíte *uv.* – (zu) tragen
* nêsti (zu) tragen *(zielgerichtet),* grém nèst/nêst – ich gehe tragen, nêsi – trag! nesíta – tragt (ihr zwei)! nesíte – tragt! *(Mz.)* nésel sem/si/je – ich trug / ...; nosíti nósim –/4 – (herum-)tragen; prinêsti – her-/hinbringen / -tragen, grém prinèst/prinêst – ich gehe her-/hintragen / -bringen/. *Zu LMR: WF, 2017, S. 160.*
Siehe oben S. 122, S. 125, S. 126, S. 162. Siehe auch LMR: WF, 2017, S. 160, S. 161, S. 165, S. 176+177.

pásti se pásem se *uv.* – (zu) grasen/weiden, **...**
Siehe LMR: WF, 2017, S. 160.

18.4.8 (4h oben S. 122) Grundmuster der Untergruppe auf –STI –ZEM:
grísti, grízenje, grém gríst, grízel/grízla sem/bom/bi, grízem, grízi/te *uv.* – (zu) beißen/kauen
trésti*, trésenje, grém trést, trêsel/trésla sem/bom/bi, trésem, trési/te *uv.* – (zu) streuen
lésti, lézenje, ---, lézel/lézla sem/bom/bi, lézem, lézi/te *uv.* – (zu) kriechen
môlsti* *(ˈmô:ṷßti)*, **môlzenje, grém môlst, môlzel/môlzla sem/bom/bi, môlzem, môlzi/te** *(AUSSPRACHE MIT ÅU) uv.* – (zu) melken
* môlsti môlzem –/4 – ich melke (jemand); pomôlsti pomôlzem *4* – ich melke jemand fertig (leer). *Zu LMR: WF, 2017, S. 160.*
Siehe oben S. 122, S. 124, S. 161+162. Siehe auch LMR: WF, 2017, S. 160.

trésti se trésem se *uv.* – (zu) zittern, **tvésti tvezem** *uv.* – daher(zu)erzählen, **vésti*** **vézem** *uv.* – (zu) sticken; **pomôlsti** *(pôˈmô:ṷßti)* **pomôlzem** *(AUSSPRACHE MIT ÅU) v.* – fertig/leer (zu) melken; **...**
* trésti trésem *–/4* – ich schüttle/streue (etwas); strésem *4* – ich schüttle/streue etwas fertig aus; trésem se – – ich zittere, strésem se – – ich erzittere; vésti vézem *–/4* – ich sticke (etwas); grísti – (zu) beißen/kauen; trésti – zu schütteln/streuen. *Zu LMR: WF, 2017, S. 160.*
Siehe LMR: WF, 2017, S. 160.

18.4.9 (4i oben S. 122) Grundmuster der Untergruppe auf –STI –DEM/–TEM/–BEM/–PEM: pásti, ---, grém pást, pádel/pádla sem/bom/bi, pádem, pádi/te *v.* – (zu) fallen
krásti, krádenje, grem krást, krádel/krádla sem/bom/bi, krádem, krádi/te *uv.* – (zu) stehlen
vêsti, vêdenje, grém vèst/vêst, vêdel/vêdla sem/bom/bi, vêdem, vêdi/te *uv.* – (zu) führen
prevêsti, ---, grém prevèst/prevêst, prevêdel/prevêdla sem/bom/bi, prevêdem, prevêdi/te *v.* – (zu) übersetzen
gnêsti, gnetênje, grém gnèst/gnêst, gnêtel/gnêtla sem/bom/bi, gnêtem, gnêti/te *uv.* – (zu) kneten
bôsti, bodênje, grém bòst/bôst, bôdel/bôdla sem/bom/bi, bôdem, bôdi/te *uv.* – (zu) stechen
dôlbsti *(ˈdô:ṷpßti)*, **dôlbenje, grém dòlbst/dôlbst, dôlbel/dôlbla sem/bom/bi, dôlbem, dôlbi/te** *(AUSSPRACHE MIT ÅU) uv.* – (zu) stechen
zébsti*, **---, ---, zéblo je, zébe(m), ---** *uv.* – (zu) frieren, es ist kalt *(unpersönlich)*
sôpsti, sopênje, grém sòpst/sôpst, sôpel/sôpla sem/bom/bi, sôpem, sôpi/sopíte *uv.* – (zu) schnaufen (schwer)
* zébsti zébe – – es ist kalt *(unpersönlich)*. *Zu LMR: WF, 2017, S. 165.*
Siehe oben S. 122, S. 125, S. 162. Siehe auch LMR: WF, 2017, S. 165, S. 174, S. 177.

sésti sédem *uv.* – sich (zu) setzen, **usésti se usédem se** *v.* – sich (zu) setzen (auf); **pomêsti pomêtem** *v.* – zusammen(zu)kehren; **uvêsti uvêdem** *v.* – etwas (Neues) ein(zu)führen; **zbôsti zbôdem** *v.* – hinein(zu)stechen; **hrôpsti hrôpem** *uv.* – (zu) schnaufen/röcheln; **...**
Siehe LMR: WF, 2017, S. 165, S. 174, S. 177.

Es werden besonders hier in den verschiedenen Untergruppen der vierten Verbgruppe nicht alle Aktzentvarianten angeführt. Es werden aber vor allem die Regelmäßigkeiten aufgezeigt, sodass man möglichst wenige Besonderheiten, Abweichungen und Ausnahmen lernen muss.

18.4.10 (4j oben S. 122) Grundmuster der Untergruppe auf –SATI –ŠEM:
písati/pisáti, písanje/pisánje, grém písat, písal/pisála sem/bom/bi, píšem, píši/te *uv.* – (zu) schreiben
napísati/napisáti, ---, grém napísat, napísal/napisála sem/bom/bi, napíšem, napíši/te *v.* – auf-/nieder(zu)schreiben
izpísati/izpisáti, ---, grém izpísat, izpísal/izpisála sem/bom/bi, izpíšem, izpíši/te *v.* – heraus(zu)schreiben

dopísati/dopisáti, ---, grém dopísat, dopísal/dopisála sem/bom/bi, dopíšem, dopíši/te *v.* – das Schreiben (zu) beenden

vpísati/vpisáti, ---, grém vpísat, vpísal/vpisála sem/bom/bi, vpíšem, vpíši/te *v.* – ein(zu)-schreiben/ein(zu)tragen

plésati/plesáti, plesánje, grém plésat, plésal/plesála sem/bom/bi, pléšem, pléši/pléšite *uv.* – (zu) tanzen

Siehe oben S. 122, S. 124–127, S. 162. Siehe auch LMR: WF, 2017, S. 167, S. 175, S. 177.

brísati bríšem *uv.* – (ab-)(zu)wischen, **izbrísati izbríšem** *v.* – aus-/weg(zu)löschen; **rísati ríšem** *uv.* – (zu) zeichnen, **narísati naríšem** *v.* – auf(zu)zeichnen; **česáti čéšem** *uv.* – (zu) frisieren*/kämmen, **počesáti počéšem** *v.* – (zu) frisieren* / (fertig) zu kämmen; **...**

* frizírati frizíram *uv./v.* – (zu) frisieren. *Zu LMR: WF, 2017, S. 167.*

Siehe LMR: WF, 2017, S. 167.

Alle Zeitwörter auf –IRATI –IRAM verfügen in Slowenisch immer über beide ***Handlungsweisen (Aktionsarten),*** *also können sie sowohl unvollendete als auch vollendete Handlungen ausdrücken. Der Sprecher kann die der Situtation entsprechende* ***Betrachtungsweise*** *(den* ***Verbalaspekt****) auswählen. Beispiel:* Frizirala jo je pol ure, pa še ni končala. – Sie frisierte sie eine halbe Stunde lang, sie war aber noch nicht fertig *(unvollendete Handlung).* Frizirala jo je, dokončala je lepo frizuro. Sie frisierte sie, sie vollendete ihre schöne Frisur *(vollendete Handlung).* *Siehe oben S. 127 und unten S. 184.*

písati píšem *uv.* – (zu) schreiben **> dopísati dopíšem** *v.* – das Schreiben (zu) beenden, **izpísati izpíšem** *v.* – heraus(zu)schreiben, **napísati napíšem** *v.* – auf-/nieder(zu)schreiben, **opísati opíšem** *v.* – (zu) beschreiben/schildern*, **odpísati odpíšem** *v.* – ab(zu)schreiben/ab(zu)buchen, **popísati popíšem** *v.* – voll (zu) schreiben, **podpísati podpíšem** *v.* – (zu) unterschreiben, **prepísati prepíšem** *v.* – ab(zu)schreiben / (zu) kopieren, **predpísati predpíšem** *v.* – vor(zu)schreiben, **pripísati pripíšem** *v.* – dazu (zu) schreiben, **razpísati razpíšem** *v.* – aus(zu)schreiben, **sòpodpísati sòpodpíšem** *v.* – mit (zu) unterschreiben, **spísati spíšem** *v.* – zusammen(zu)schreiben, **vpísati vpíšem** *v.* – ein(zu)schreiben/-tragen, **zapísati zapíšem** *v.* – auf(zu)schreiben / (zu) vermerken.

* In Deutsch besteht ein wesentlicher Unterschied zwischen „beschreiben" und „schildern". „Beschreiben" bedeutet die genaue Wiedergabe des Zustandes / der Eigenschaften eines Gegenstandes / einer Person. „Schildern" bedeutet jedoch die Wiedergabe eines Erlebnisses, ist also ein literarisches, ausschmückendes Erzählen.

18.4.11 (4k oben S. 122) Grundmuster der Untergruppe auf –CATI/–KATI –ČEM:

klícati/klicáti, klícanje/klicánje, grém klícat, klícal/klícala/klicála sem/bom/bi, klíčem, klíči/te *uv.* – (zu) rufen

poklícati/poklicáti, poklícanje/poklicánje, grém poklícat, poklícal/poklícala/poklicála sem/bom/bi, poklíčem, poklíči/te *v.* – herbei-/an(zu)rufen

jókati/jokáti*, jókanje/jokánje, grém jókat, jókal/jokála sem/bom/bi, jóčem/jókam, jóči/te + jókaj/te *uv.* – (zu) weinen

skákati*/skakáti, skákanje/skakánje, grém skákat, skákal/skakála sem/bom/bi, skáčem/ ~~skákam~~, skáči/te + skákaj/te *wh.* – (zu) hüpfen

súkati, súkanje, ---, súkal/sukála sem/bom/bi, súčem/súkam, súči/te + súkaj/te *uv.* – (zu) drehen

zasúkati, ---, ---, zasúkal/zasukála sem/bom/bi, zasúčem/zasúkam, zasúči/te + zasúkaj/te *v.* – um(zu)drehen

* *uv.* jókati jóčem/jókam – – ich weine; *wh.* skákati skáčem *po5* – ich hüpfe herum auf; *uv.* súkati súčem/súkam *–/4* – ich drehe (etwas); (*v.* skočíti skóčim *–/iz2* – ich springe *(einmal)* / ich springe heraus aus); *wh.* skákati skáčem *po5* – ich hüpfe herum auf. *Zu LMR: WF, 2017, S. 167.*

Siehe oben S. 122, S. 125, S. 126, S. 162. Siehe auch LMR: WF, 2017, S. 167, S.175, S. 177.

18.4.12 (4l oben S. 122) Grundmuster der Untergruppe auf –ZATI –ŽEM:
kázati/kazáti, kázanje, grém kázat, kázal/kazála sem/bom/bi, kážem, káži/kážite *uv.* – (zu) zeigen
pokázati, pokázanje, grém pokázat, pokázal/a sem/bom/bi, pokážem, pokáži/pokážite *v.* – her(zu)zeigen
vézati/vezáti, vézanje, grém vézat, vézal/vezála sem/bom/bi, véžem, véži/véžite/vežíte *uv.* – (zu) binden
povézati/povezáti, ---, grém povézat, povézal/a sem/bom/bi, povéžem, povéži/te/povežíte *v.* – (zu) verbinden
Siehe oben S. 122, S. 125, S. 126, S. 162. Siehe auch LMR: WF, 2017, S. 167, S. 175, S. 177.

mázati mážem *uv.* – (zu)streichen, **namázati namážem** *v.* – auf(zu)streichen; **lagáti lážem** *uv.* – (zu) lügen, **zlagáti zlážem** *v.* – an(zu)lügen; **lízati lížem** *uv.* – (zu) schlecken, **polízati polížem** *v.* – ab(zu)schlecken; **rézati réžem** *uv.* – (zu) schneiden, **narézati naréžem** *v.* – auf(zu)schneiden; **...**

18.4.13 (4m oben S. 122) Grundmuster der Untergruppe auf –SKATI –ŠČEM:
iskáti, iskánje, grém iskàt, iskàl/iskála sem/bom/bi, íščem, íšči/te *uv.* – (zu) suchen
poiskáti, poiskánje, grém poiskàt, poiskàl/poiskála sem/bom/bi, poíščem, poíšči/te *v.* – heraus(zu)suchen/heraus(zu)finden
obiskáti, obiskánje, grém obiskàt, obiskàl/obiskála sem/bom/bi, obíščem, obíšči/te *v.* – (zu) besuchen
Siehe oben S. 122, S. 124, S. 126, S. 162. Siehe auch LMR: WF, 2017, S. 168, S. 175, S. 177.

18.4.14 (4n oben S. 122) Grundmuster der Untergruppe auf –ČI –ČEM:
obléči, obléčenje, grém obléč, oblékel/oblékla sem/bom/bi, obléčem, obléci/oblécite/oblecíte *v.* – an(zu)ziehen (Kleider)
sléči, sléčenje, grém sléč, slékel/slékla sem/bom/bi, sléčem, sléci/slécite/slecíte *v.* – aus(zu)-ziehen (Kleider)
pêči, pečênje, grém pèč/pêč, pékel/pêkla sem/bom/bi, pêčem, pêci/pecíte *uv.* – (zu) backen/braten
spêči, ---, grém spèč/spêč, spékel/spêkla sem/bom/bi, spêčem, spêci/specíte *v.* – fertig (zu) backen/braten
rêči, ---, grém rèč/rêč, rékel/rêkla sem/bom/bi, rêčem, rêci/recíte *v.* – (zu) sagen
Siehe oben S. 122, S. 125, S. 126, S. 158+159, S. 160, S. 161+162. Siehe auch LMR: WF, 2017, S. 166, S. 174, S. 177.

Nur diese Gruppe (–ČI –ČEM) bildet die ***Befehlsform auf –CI/–CITA/–CITE****.*

18.4.15 (4o oben S. 122) Grundmuster der Untergruppe auf –ČI –ŽEM:
stréči, stréženje, grém stréč, strégel/strégla sem/bom/bi, stréžem, strézi/strézite/strezíte *uv.* – (zu) bedienen
stríči, stríženje, grém stríč, strígel/strígla sem/bom/bi, strížem, strízi/te *uv.* – Haare (zu) schneiden
Siehe oben S. 122, S. 127, S. 162. Siehe auch LMR: WF, 2017, S. 166, S. 174, S. 177.

Nur diese Gruppe (–ČI –ŽEM) bildet die ***Befehlsform auf –ZI/–ZITA/–ZITE****.*

18.4.16 (4p oben S. 122) Muster der Untergruppe auf –ATI –LJEM/–RJEM/–NJEM:
kopáti*, kopánje, grém kôpat, kôpal/kopála sem/bom/bi, kópljem/kopám, kôplji/kopljíte + kôpaj/kopájte *uv.* – (zu) graben

posláti, poslánje, grém poslàt, poslál/a sem/bom/bi, póšljem, pôšlji/pošljíte *v.* – (zu) schicken

peljáti, peljánje, grém pêljat, pêljal/peljála sem/bom/bi, péljem, pêlji/peljíte *uv.* – (zu) führen

peljáti se, peljánje, grém se pêljat, pêljal/peljála sem se / se bom / bi se, péljem se, pêlji/ peljíte se *uv.* – (mit ... nach) (zu) fahren

pripeljáti se, pripeljánje, grém se pripêljat, pripêljal/pripeljála sem se / se bom / bi se, pripéljem se, pripêlji/pripeljíte se *v.* – hin-/her(zu)fahren

gíbati se, gíbanje, grém se gíbat, gíbal/a sem se / se bom / bi se, gíbljem/gíbam se, gíblji/te se + gíbaj/te se *uv.* – sich (zu) bewegen

jemáti, jemánje, grém jemát, jemàl/jemála sem/bom/bi, jémljem, jêmlji/jémlji/jemljíte *wh.* – (zu) nehmen

oráti, oránje, grém orát, orál/a sem/bom/bi, ôrjem/órjem, ôrji/órji/orjíte *uv.* – (zu) pflügen

kláti, klánje, grém klàt, klàl/klála sem/bom/bi, kóljem, kôlji/koljíte *uv.* – (zu) schlachten/ab(zu)stechen

sráti, sránje, grém sràt, sràl/srála sem, sérjem, sêrji/serjíte *uv.* – Stuhlgang (zu) haben

mléti, mlétje, grém mlét, mlèl/mlél/mléla sem, méljem, mêlji/meljíte *uv.* – (zu) mahlen

žéti, žétje, grém žèt/žét, žèl/žél/žéla sem/bom/bi, žánjem, žánji/te *uv.* – (zu) ernten (Getreide)

dejáti, ---, grém deját, dejál/a sem/bom/bi, déjem/dêjem, dèj/dêj/dêjte *v.* – fest(zu)stellen / (zu) sagen *(siehe unten 18.5.7 dejáti dém)*

* kopáti – (zu) graben, grém kôpat – ich gehe graben, (jaz) sem/bom/bi kôpal / kôpal sem/bom/bi – ich grub / ..., kôplji/kopljíte – grab!/grabt! *Zu LMR: WF, 2017, S. 165.*

Siehe oben S. 122. Siehe auch LMR: WF, 2017, S. 165, S. 174, S. 177.

18.4.17 (4q oben S. 122) Muster der Untergruppe auf –ÉTI –NÈM:

načéti*, načétje, grém načét/načèt, načél/a sem/bom/bi, načnèm, náčni/načníte *v.* – an(zu)schneiden

počéti*, počétje, grém počét/počèt, počél/a sem/bom/bi, počnèm, počnì/počníte uv. – (zu) machen/tun/treiben

začéti, ---, grém začét/začèt, začél/a sem/bom/bi, začnèm, začnì/začníte *v.* – (zu) beginnen

déti*, détje, grém dèt/dét, dèl/dél/déla sem/bom/bi, dénem, dêni/deníte *v.* – hin(zu)legen/ geben auf; denímo, da – angenommen, dass

odéti, odétje, grém odèt/odét, odèl/odél/odéla sem/bom/bi, odénem, odêni/odeníte *v.* – zu(zu)decken

razodéti, razodétje, grém razodèt/razodét, razodèl/razodél/razodéla sem/bom/bi, razodénem, razodêni/razodeníte *v.* – ab-/auf(zu)decken / (zu) offenbaren

prizadéti, ---, grém prizadèt/prizadét, prizadèl/prizadél/prizadéla sem/bom/bi, prizadénem, prizadêni/ prizadeníte *v.* – (zu) schädigen (seelisch)

žéti, žétje, grém žèt/žét, žél/a sem/bom/bi, žmèm/žámem, žmì/žmíte + žêmi/žemíte *uv.* – (zu) pressen

ožéti, ožétje, grém ožèt/ožét, ožél/a sem/bom/bi, ožmèm/ožámem, ožmì/ožmíte + ožêmi/ ožemíte *v.* – aus(zu)pressen

izžéti, izžétje, grém izžèt/izžét, izžél/a sem/bom/bi, izžmèm/izžámem, izžmì/izžmíte + izžêmi/izžemíte *v.* – aus-/heraus(zu)pressen/aus(zu)saugen [siehe unten 18.4.18]

* načéti – an(zu)schneiden, náčni/načníte – schneid an! *uv.* počéti počnèm *4* – ich mache/tue/treibe etwas; *v.* déti déne – – es tut gut *(unpersönlich)*; *v.* déti dénem *4+v4* – ich lege etwas in, nadénem *4+na4* – ich setze etwas auf; *v.* déti dénem *(insgesamt vier Einträge)*; *v.* déti dénem = *v.* dáti dám – geben; ~~*uv.* jókati jóčem/(jókam) – ich weine, *v.* zajóčem/(zajókam) – ich beginne zu weinen~~ *(gehört auf S. 167 zu klicati kličem)*. *Zu LMR: WF, 2017, S. 169. Siehe LMR: WF, 2017, S. 169, S. 175, S. 177.*

18.4.18 (4r oben S. 122) Muster der Untergruppe auf –ÉTI –ÁMEM:

snéti, snétje, grém snèt/snét, snél/a sem/bom/bi, snámem, snêmi/snemíte *v.* – auf(zu)nehmen

najéti, najétje, grém najèt/najét, najél/a sem/bom/bi, najámem, najêmi/najemíte *v.* – (zu) mieten/leasen

dojéti, dojétje, (grém dojèt/dojét), dojél/a sem/bom/bi, dojámem, dojêmi/dojemíte *v.* – (zu) begreifen/erfassen

objéti, ---, (grém objèt/objét), objél/a sem/bom/bi, objámem, objêmi/objemíte *v.* – (zu) umarmen

verjéti, verjétje, grém verjèt/verjét, verjél/a sem/bom/bi, verjámem, verjêmi/verjemíte *v./wh.* – (zu) glauben

vzéti, vzétje, grém vzèt/vzét, vzél/a sem/bom/bi, vzámem, vzêmi/vzemíte *v.* – (zu) nehmen

izžéti*, izžétje, grém izžèt/izžét, izžél/a sem/bom/bi, izžámem/izžmèm, izžêmi/izžemíte + izžmì/izžmíte *v.* – aus-/heraus(zu)pressen/aus(zu)saugen [siehe oben 18.4.17]

* *v.* izžéti, izžámem/izžmèm *4* – ich presse etwas aus / ich sauge jemand/etwas aus *[siehe oben 18.4.17]*; (*wh.* izžémati izémam *4*).

Siehe LMR: WF, 2017, S. 169, S. 175, S. 177.

18.4.19 (4s oben S. 122) Muster der Untergruppe auf –JÁTI –JEM:

daјáti, dajánje, grém daját, dajál/a sem/bom/bi, dájem, dajàj/dajájte *wh.* – (zu) geben

májati, majánje, grém majàt, majál/a sem/bom/bi, májem, májaj/majájte *uv.* – (zu) wackeln/wanken

sejáti, sejánje, grém seját, sejál/a sem/bom/bi, sêjem, sèj/sêj/sêjte *uv.* – (zu) säen

Siehe LMR: WF, 2017, S. 170, S. 175, S. 177.

18.4.20 (4t oben S. 122) Muster der Untergruppe auf –JÉTI –MEM:

prijéti, prijétje, grém prijét/prijèt, prijél/a sem/bom/bi, prímem, prími/te *v.* – fest(zu)halten

prejéti, prejétje, grém prejét/prejèt, prejél/a sem/bom/bi, prêjmem, prêjmi/te *v.* – (zu) empfangen/erhalten

sprejéti, sprejétje, grém sprejét/sprejèt, sprejél/a sem/bom/bi, sprêjmem, sprêjmi/te *v.* – (zu) empfangen/erhalten

Siehe LMR: WF, 2017, S. 170, S. 175, S. 177.

18.4.21 (4u oben S. 122) Modalverben der Untergruppen auf –ČI –EM und –ETI –ČEM: môči*, ---, ---, mógel/môgla sem/bom/bi, mórem, --- *uv.* – (zu) können (körperlich)

nè môči, ---, ---, nísem / nè bom / nè bi mógel/môgla, nè mórem, --- *uv.* – nicht (zu) können

hotéti, hotênje, ---, hôtel/hotéla sem/bom/bi, hóčem, --- *uv.* – (zu) wollen

nè hotéti, ---, ---, nísem / nè bom / nè bi hôtel/hotéla, nóčem, --- *uv.* – nicht (zu) wollen

* môči mórem *+Verb uv.* – ich kann; zmôči zmórem *+Verb v.* – ich bin fähig zu. – Ich weise noch einmal darauf hin, dass es zwischen dem SSKJ 1994 und dem Pravopis 2001 viele Differenzen in der Akzentuierung der Stichwörter gibt, besonders zwischen –éj– und –êj– sowie zwischen –óv– und –ôv–. Hier folge ich dem Pravopis 2001.

Siehe oben S. 122, S. 124, S. 125, S. 162. Siehe auch LMR: WF, 2017, S. 170.

18.5. Gruppe auf –M („bíti sem“ > sta/ste)

18.5.1 (5a oben S. 122) Muster der Untergruppe „bíti sem“:

bíti *uv.* – (zu) sein/haben/werden; **bítje** – das Sein/Wesen; **---**

bíl/bilà/bilò sem ..., bilà/bilì/bilì sva ..., bilì/bilè/bilà smo ... – ich bin gewesen / ich war, ...; / ich habe gehabt / ich hatte, ...

~~bíl/bilà/bilò~~ bom ..., ~~bilà/bilì/bilì~~ bova ..., ~~bilì/bilè/bilà~~ bomo ... > bom, boš, bo; bova, bosta, bosta; bomo, boste, bojo/bódo – ich werde (gewesen) sein, ... / ich werde (gehabt) haben, ...

bíl/bilà/bilò bi ..., bilà/bilì/bilì bi ..., bilì/bilè/bilà bi ... – ich sei, du seiest, ... / ich würde sein, du würdest sein, ... / ich wäre, du wärest, ...; / ich habe, du habest, ... / ich würde haben, du würdest haben, ... / ich hätte, du hättest, ...

sem, si, je; sva, sta, sta; smo, ste, so – ich bin, du bist, er/sie/es ist; wir (zwei) sind, ihr (zwei) seid / (SIE sind), sie (zwei) sind; wir sind, ihr seid / SIE sind, sie sind; / (ich habe, du hast, er/sie/es hat; wir (zwei) haben, ihr (zwei) habt / (SIE haben), sie (zwei) haben; wir haben, ihr habt / SIE haben, sie haben – *mit Mittelwort der Vergangenheit Tätigkeitsform eines Hauptzeitwortes / Partizip Perfekt Aktiv eines Vollverbs zur Bildung von zusammengesetzten Zeiten*); / (ich werde, du wirst, er/sie/es wird; wir (zwei) werden, ihr (zwei) werdet / (SIE werden), sie (zwei) werden; wir werden, ihr werdet / SIE werden, sie werden – *mit Mittelwort der Vergangenheit Leideform eines Hauptzeitwortes / Partizip Perfekt Passiv eines Vollverbs für das Vorgangspassiv*); *darf nicht verwechselt werden mit* bíti bíjem *uv.* – (zu) schlagen *(siehe oben 18.3.1)*.

bódi, bódita/bodíta, bódite/bodíte – sei!, seid! (ihr zwei), seid! *(Mz.)* / habe!, habt! (ihr zwei), habt! *(Mz.)* / werde!, werdet! (ihr zwei), werdet! *(Mz.)*

Siehe oben S. 18, S. 53, S. 87, S. 114, S. 115+116, S. 122+123, S. 124, S. 158+159 (bom), S. 160 (bi), S. 161+162 (bódi). Siehe oben in Beispielen S. 19, S. 20, S. 21, S. 28, S. 37, S. 38+39, S. 47, S. 56, S. 77+78, S. 91, S. 92, S. 106, S. 109, S. 113, S. 120, S. 121, S. 124–127, S. 135, S. 145+146, S. 151, S. 152, S. 155, S. 156, S. 157, S. 163–183. Siehe auch LMR: WF, 2017, S. 138+139 (Hilfsverb), S. 172. Siehe ebenso LMR: WF, 2017, S. 156–160 (Grundmuster Abwandlung Vollverb), S. 161 (Satzbeispiele), S. 162–170 (Weitere Abwandlungsmuster), S. 171 (Leermodell Abwandlung), S. 172+173 (Abwandlung Gruppe auf –M), S. 174+175 (Satzbeispiele), S. 178–180 (Zusammenstellung der Abwandlungsmuster), S. 181 (Zeiten).

Mlada sem. Mlada sem bila. Mlada bom. Bodi lepa! Bila bi lepa, če ne bi imela nesrečo. – Imam srečo. Imela sem srečo. Imela bom srečo. Imej srečo! Imela bi srečo, če bi se bolje pripravila na izpit. – Sem v Bekštanju. Bila sem v Bekštanju. Bom v Bekštanju. Bodi v Bekštanju. Bila bi v Bekštanju, če ne bi zamudila vlak. – Ich bin jung. Ich bin jung gewesen. / Ich war jung. Ich werde jung (gewesen) sein. Sei schön! Ich würde schön sein, wenn ich keinen Unfall gehabt hätte. – Ich habe Glück. Ich habe Glückt gehabt. / Ich hatte Glück. Ich werde Glück (gehabt) haben. Habe Glück! Ich würde Glück gehabt haben, wenn ich mich besser auf die Prüfung vorbereitet hätte. – Ich bin in Finkenstein. Ich bin in Finkenstein gewesen. / Ich war in Finkenstein. Ich werde in Finkenstein (gewesen) sein. Sei in Finkenstein! *(Beispiele mit Hilfsverb „biti sem/bom/bi" für „sein/haben/ werden" in verschiedenen Zeiten.)* Ich würde in Finkenstein (gewesen) sein, wenn ich den Zug nicht versäumt hätte.

Igrala sem. Igrala bom. Igrala bi, če bi imela čas. – Ljubila sem. Ljubila bom. Ljubila bi, če bi imela dosti poguma. – Pila sem. Pila bom. Pila bi, če bi bila žejna. – Stanovala sem v Celovcu. Stanovala bom v Beljaku. Stanovala bi v Gradcu, če bi tam študirala. – Pisala sem. Pisala bom. Pisala bi, če bi imela svinčnik. – Jedla sem. Jedla bom. Jedla bi, če bi bila lačna. – Šla sem v park. Šla bom v kino. Šla bi v koncert, če bi imela denar za vstopnico. – Čisto drugače bi delal, če bi to vedel. – Ich habe gespielt. / Ich spielte. Ich werde spielen. / Ich werde gespielt haben. Ich würde spielen, wenn ich Zeit hätte. – Ich habe geliebt. / Ich liebte. Ich werde lieben. / Ich werde geliebt haben. Ich würde lieben, wenn ich genug Mut hätte. – Ich habe getrunken. / Ich trank. Ich werde trinken. / Ich werde getrunken haben. Ich würde trinken, wenn ich durstig wäre. – Ich habe in Klagenfurt gewohnt. / Ich wohnte in Klagenfurt. Ich werde in Villach wohnen. / Ich werde in Villach gewohnt haben. Ich würde in Graz wohnen, wenn ich dort studieren würde. – Ich habe geschrieben. / Ich schrieb. Ich werde schreiben. / Ich werde geschrieben haben. Ich würde schreiben, wenn ich einen Bleistift hätte. – Ich habe gegessen. / Ich aß. Ich werde essen. / Ich werde gegessen haben. Ich würde essen, wenn ich hungrig wäre. – Ich bin in den Park gegangen. / Ich ging in den Park. Ich werde ins Kino gehen. / Ich werde ins Kino gegangen sein. Ich würde ins Konzert gehen, wenn ich Geld für eine Eintrittskarte hätte. *Alle Beispiele w.* – Ich würde ganz anders gehandelt haben, wenn ich das gewusst hätte. *m. (Beispiele mit Vollverben in verschiedenen Zeiten. Der Konjunktiv II wurde hier absichtlich weggelassen.)*

Jaz sem bil storil to neumnost. Jaz sem bila storila to neumnost. ***(Die Vorvergangenheit / Das Plusquamperfekt** wird in Slowenisch nur sehr selten verwendet.)* – Delal bi bil v tovarni. Delala bi bila v tovarni. – Čisto drugače bi bil delal, če bi bil to vedel. Čisto drugače bi bila delala, če bi bila to vedela. – Medtem ko sem pisal pismo, je zazvonil telefon. Medtem ko sem pisala pismo, je prišla soseda. *(Gleichzeitigkeit, denn beide Handlungen finden gleichzeitig statt.)* – Ko sem bil opazil neurje, je že bilo prepozno. Ko sem bila opazila neurje, je že bilo prepozno. – Ko sem bil napisal pismo, je začelo deževati. Ko sem bila napisala pismo, je začelo deževati. *(Vorzeitigkeit, das heißt dass die Handlung im Nebensatz mit „ko/als" vor jener im Hauptsatz stattgefunden hat.)* – Ich hatte diese Dummheit angestellt. *m./w.* – Ich hätte in der Fabrik gearbeitet. *m./w.* – Ich hätte ganz anders gehandelt, wenn ich das gewusst hätte. *m./w.* *(In Deutsch beide Male Konjunktiv II.)* – Während ich den Brief schrieb, läutete das Telefon. *m.* Während ich den Brief schrieb, kam meine Nachbarin. *w.* Als ich das Unwetter bemerkt hatte, war es schon zu spät. *m./w.* – Als ich den Brief geschrieben hatte, begann es zu regnen. *m./w.*

***Die Zeitenfolge (Consecutio temporum)** ist in Latein sehr genau und verbindlich vorgeschrieben. Auch in Deutsch wird sie noch eingehalten. Dies gilt vor allem für Nebensatzgefüge, wobei die Handlung im Nebensatz entweder zur gleichen Zeit (**Gleichzeitigkeit**) oder früher (**Vorzeitigkeit**) bzw. später (**Nachzeitigkeit**) als im Hauptsatz stattfindet. Da es im Slowenisch nur die grammatischen Zeiten Gegenwart (Präsens), Vergangenheit (Perfekt) und Zukunft (Futur I) gibt, richtet man sich im alltäglichen Sprachgebrauch auch nur nach dieser imaginären Zeitschnur. Beispiele:* Medtem ko pišem pismo, dežuje. Ko sem napisala pismo, je deževalo. Preden sem napisala pismo, je deževalo. Potem ko sem napisala pismo, je deževalo. – Während ich den Brief schreibe, regnet es. *(Gleichzeitigkeit)* Als ich den Brief geschrieben hatte, regnete es. Bevor ich den Brief geschrieben hatte, regnete es. Nachdem ich den Brief geschrieben hatte, regnete es. *(In Slowenisch in allen drei Beispielen Vergangenheit/Perfekt, in Deutsch Vorvergangenheit/Plusquamperfekt; in allen drei Beispielen Vorzeitigkeit im Nebensatz.) – Zur Zeitenfolge in Deutsch siehe Wahrig, 1997, S. 141.*

Deklica je ljubljena. – Das Mädchen wird geliebt. ***(Vorgangspassiv** mit Mittelwort der Vergangenheit Tätigkeitsform von einem Hauptzeitwort / Partizip Perfekt Aktiv von einem Vollverb). Siehe unten S. 232+233.* Juha je skuhana. Avtor je priljubljen. Sok je popit. Stavek je rečen. Stvar je zapletena. – Die Suppe ist gekocht. Der Autor ist beliebt. Der Saft ist ausgetrunken. Der Satz ist ausgesprochen. Die Sache ist verzwickt. ***(Zustandspassiv** mit Mittelwort der Vergangenheit Leideform von einem Hauptzeitwort / Partizip Perfekt Passiv von einem Vollverb). Siehe unten S. 234+235.*

nè bíti, ---, ---; nísem bíl/bilà; nísem, nísi, ní; nísva, nísta, nísta; nísmo, níste, níso; nè bom, nè boš, nè bo; nè bova, nè bosta, nè bosta; nè bomo, nè boste, nè bojo/<u>bódo</u>; nè bódi, nè bódita/bodíta, nè bódite/bodíte; nè bi bíl/bilà … *uv.* – nicht sein, ---, ---; ich bin nicht gewesen / ich war nicht; ich bin nicht, du bist nicht, …; ich werde nicht (gewesen) sein, …; sei nicht! seid nicht (ihr zwei)!, seid nicht! *(Mz.)*; ich würde nicht gewesen sein / ich wäre nicht gewesen *(Bedingungsform ist in Slowenisch in allen Personen und Zahlen gleich)*
Siehe oben S. 92, S. 106, S. 109, S. 113, S. 116, S. 145+146. Siehe auch LMR: WF, 2017, S. 140+141 (Hilfsverb). Zur Verneinung siehe unten S. 242.

18.5.2 (5b oben S. 122) Muster der Untergruppe „jésti jém":
jésti, jédenje, grém jést, jédel/jédla sem/bom/bi;
jém, jéš, jé; jéva, jésta, jésta; jémo, jéste, jêjo/<u>jedó</u>;
jèj/jêj/jêjte *uv.* – (zu) essen
* jésti, jém, jèj/jêj/jêjte; pojésti, pojém, pojèj/pojêj/pojêjte; najésti, najém, najèj/najêj/najêjte. Zu LMR: WF, 2017, S. 172. *Siehe oben S. 51, S. 52, S. 53, S. 89+90, S. 114, S. 115+116, S. 122+123, S. 158+159, S. 160, S. 162. Siehe auch LMR: WF, 2017, S. 172, S. 175.*

pojésti, ---, grém pojést/pojèst, pojédel/pojédla sem/bom/bi;
pojém, pojéš, pojé; pojéva, pojésta, pojésta; pojémo, pojéste, pojêjo/pojedó;
pojèj/pojêj/pojêjte *v.* – auf-/weg(zu)essen
Siehe LMR: WF, 2017, S. 172.

jésti jém *uv.* – (zu) essen > **dojésti dojém** *v.* – mit dem Essen fertig (zu) werden, **izjésti izjém** *v.* – aus(zu)fressen, **izpodjésti izpodjém** *v.* – unterhalb ab(zu)fressen / (zu) unterfressen, **najésti najém** *v.* – an(zu)essen/an(zu)fressen, **objésti objém** *v.* – ab(zu)essen/ab(zu)fressen, **odjésti odjém** *v.* – ab(zu)essen/ab(zu)fressen, **pojésti pojém** *v.* – auf-/weg(zu)essen, **podjésti podjém** *v.* – (zu) unterfressen, **prejésti prejém** *v.* – durch(zu)fressen, **razjésti razjém** *v.* – (zu) zerfressen, **spodjésti spodjém** *v.* – unterhalb ab(zu)fressen / (zu) unterfressen, **ujésti ujém** *v.* – (zu) beißen, **zjésti zjém** *v.* – (zu) zerbeißen/ zerfressen, **zajésti zajém** *v.* – schneller als ein anderer (zu) essen.

18.5.3 (5c oben S. 122) Muster der Untergruppe „védeti vém“:
védeti, védenje, ---, védel/védela sem/bom/bi;
vém, véš, vé; véva, vésta, vésta; vémo, véste, vêjo/vedó;
védi/te *uv.* – (zu) wissen
Siehe oben S. 51, S. 53, S. 89+90, S. 122+123, S. 124, S. 134, S. 162. Siehe auch LMR: WF, 2017, S. 172, S. 175.

izvédeti, ---, izvédet, izvédel/izvédela sem/bom/bi;
izvém, izvéš, izvé; izvéva, izvésta, izvésta; izvémo, izvéste, izvêjo/izvedó;
izvédi/te *v.* – (zu) erfahren
Siehe LMR: WF, 2017, S. 172.

poizvédeti, ---, poizvédet, poizvédel/poizvédela sem/bom/bi;
poizvém, poizvéš, poizvé; poizvéva, poizvésta, poizvésta; poizvémo, poizvéste, poizvêjo/poizvedó;
poizvédi/te *v.* – aus(zu)kundschaften / (zu) erkundigen / nach(zu)forschen / (zu) ermitteln
Siehe LMR: WF, 2017, S. 172.

védeti vém *uv.* – (zu) wissen > **izvédeti izvém** *v.* – (zu) erfahren, **ovédeti ovém** *v.* – (zu) erheben/ ermitteln, **poizvédeti poizvém** *v.* – aus(zu)kundschaften / nach(zu)forschen / (zu) ermitteln, **pozvédeti pozvém** *v.* – (zu) erheben / durch Erforschung in Erfahrung (zu) bringen, **zvédeti zvém** *v.* – (zu) erfahren / in Erfahrung (zu) bringen.

18.5.4 (5d oben S. 122) Muster der Untergruppe „íti grém“:
íti*, ---, ---, šèl/šlà sem/bom/bi;
grém/grèm*, gréš/grèš, gré/grè; gréva/grèva, grésta/grésta, grésta/grèsta; grémo/grèmo/ grêmo, gréste/grèste/grêste, grêjo/gredó / (pójdem, ... *dialektal***);**
pójdi/pójdite/pojdíte / ídi/te *uv./v.* – (zu) gehen; hin(zu)gehen / her(zu)gehen
* íti; grém/grèm, gréš/grèš, gré/grè; gréva/grèva, grésta/grésta, grésta/grèsta; grémo/grèmo/grêmo, gréste/grèste/ grêste, grêjo/gredó; pójdi/pójdite/pojdíte; šèl/šlà; (íti grém *v4* – ich gehe hin nach). Zu LMR: WF, 2017, S. 157, S. 173.
Siehe oben S. 51, S. 53, S. 89+90, S. 93, S. 114, S. 115+116, S. 122+123, S. 124, S. 151, S. 155, S. 158+159, S. 160, S. 161+162. Siehe auch LMR: WF, 2017, S. 173, S. 174, S. 175.

odíti, ---, ---, odšèl/odšlà sem/bom/bi;
odídem, odídeš, odíde; odídeva, odídeta, odídeta; odídemo, odídete, odídejo;
odídi/te *v.* – fort-/weg(zu)gehen
Siehe LMR: WF, 2017, S. 168.

18.5.5 (5e oben S. 122) Muster der Untergruppe „dáti dám“:
dáti, ---, grém dát, dál/a sem/bom/bi;
dám, dáš, dá; dáva, dásta, dásta; dámo, dáste, dájo/dadó;
dàj/dájte *v. 3+4* – (zu) geben *3+4*
Siehe oben S. 51, S. 52, S. 53, S. 89+90, S. 122+123, S. 124, S. 162. Siehe auch LMR: WF, 2017, S. 173, S. 175.

dáti dám *v.* – (zu) geben > **dodáti dodám** *v.* – dazu(zu)geben, **izdáti izdám** *v.* – heraus(zu)geben, **navdáti navdám** *v.* – (zu) erfüllen, **obdáti obdám** *v.* – (zu) umgeben, **odprodáti odprodám** *v.* – weg(zu)verkaufen, **podáti podám** *v.* – (zu) (über-)reichen, **preprodáti preprodám** *v.* – wieder/ weiter (zu) verkaufen, **pridáti pridám** *v.* – dazu(zu)geben, **prodáti prodám** *v.* – (zu) verkaufen, **razdáti razdám** *v.* – aus(zu)geben / (zu) verschenken, **razprodáti razprodám** *v.* – aus(zu)verkaufen, **vzdáti vzdám** *v.* – grüßend (zu) entbieten, **zadáti zadám** *v.* – hin(zu)geben, **zavdáti zavdám** *v.* – (zu) vergiften. *Aber:* **uzdáti uzdám** *wh.* von „úzda“ für Trense – auf(zu)zäumen.

vdáti se vdám se *v.* – sich (zu) ergeben, **podáti se podám se** *v.* – sich (zu) begeben, **predáti se predám se** *v.* – sich hin(zu)geben.
Das rückbezügliche Fürwort (Reflexivpronomen) ändert nichts an der Aussageweise (der Aktionsart) des Zeitwortes.

18.5.6 (5f oben S. 122) Muster der Untergruppe „povédati povém“:
povédati*, ---, grém povédat, povédal/a sem/bom/bi;
povém, povéš, pové; povéva, povésta, povésta; povémo, povéjte, povêjo/povedó;
povèj/povéj/povêjte *v.* – (zu) erzählen
* povédati; **grém povédat**; povèj/povéj/povêjte; prepovèj/prepovéj/prepovêjte. Zu LMR: WF, 2017, S. 173.
Siehe oben S. 53, S. 89+90, S. 122+123, S. 126, S. 162. Siehe auch LMR: WF, 2017, S. 173, S. 175.

povédati povém *v.* – (zu) erzählen > **dopovédati dopovém** *v.* – klar begreiflich (zu) machen, **izpovédati izpovém** *v.* – aus(zu)sagen, **napovédati napovém** *v.* – an(zu)sagen/an(zu)kündigen, **odpovédati odpovém** *v.* – ab(zu)sagen / (zu) verweigern, **prepovédati prepovém** *v.* – (zu) verbieten, **razpovédati razpovém** *v.* – herum(zu)erzählen, **spovédati spovém** *v.* – aus(zu)fragen / die Beichte ab(zu)nehmen / (zu) beichten, **vpovédati vpovém** *v.* – (zu) deklarieren, **zapovédati zapovém** *uv.* – (zu) befehlen / an(zu)ordnen.

18.5.7 (5g oben S. 122) Muster der Untergruppe „dejáti dém“:
dejáti*, ---, grém deját, dejál/a sem/bom/bi;
dém, déš, dé; déva, désta, désta; démo, déste, dejó/~~dedó~~;
(déjem/dêjem, déješ/dêješ, déje/dêje; déjeva/dêjeva, déjeta/dêjeta, déjeta/dêjeta; déjemo/ dêjemo, déjete/dêjete, déjejo/dêjejo)
dèj/dêj/dêjte *v.* – fest(zu)stellen / (zu) sagen *(siehe oben 18.4.16 dejáti déjem/dêjem)*
dobro mu de – es tut ihm gut; *aber:* dejánje/dogájanje – Handlung
* dejáti; déjem, ... (Variante nach SSKJ 1994); dêjem, ... (Variante nach Pravopis 2001); dèj/dêj/dêjte; dejáti déjem/dém = rêči rêčem / povédati povém / dáti dám. Zu LMR: WF, 2017, S. 173.
Siehe oben S. 53, S. 89+90, S. 122+123, S. 124, S. 162. Siehe auch LMR: WF, 2017, S. 173, S. 175.

Ich empfehle auch von diesem Abschnitt zuerst das einfachste Grundmodell zu erlernen, um sich dann im Laufe der Zeit schrittweise weitere Erkenntnisse anzueignen.

19 Zeitwort-Vorsilben / Präfixe – Glagolske predpone

do–, iz–, (izpo–, izpre–, izpred–), na–, nad–, o–, ob–, od–, po–, pod–, (poiz–, poz–), pre–, (prepro–), pred–, pri–, pro–, raz–, (razpo–, razpro–), s–, se–, (spo–, spod–, spre–), u–, (uz–), v–, (vz–), z–, za–, (zav–), …

Die Bedeutung der slowenischen und deutschen Vorsilben (Präfixe) entspricht einander nicht immer. Deshalb wird hier keine deutsche Übersetzung angeführt. Manche Vorsilben treten auch als Vorwörter auf. Siehe LMR: WF, 2017, S. 133. Zusammengesetzte Formen wurden in runde Klammern gesetzt. Die Vorsilben dienen bei Verben meist der Präfigierung, also entsteht aus einem Verb mit unvollendeter (andauernder/imperfektiver) Handlung eines mit vollendeter (abgeschlossener/perfektiver) Handlung. Beispiel: kúhati kúham *uv.* (kochen) > skúhati skúham *v.* (fertig kochen / garen). *Siehe oben S. 127 und S. 176.*

Deutsche Vorsilben sind: ab–, an–, auf–, aus–, be–, bei–, de–, durch–, ein–, ent–, entgegen–, er–, fehl–, ge–, hinter–, in–, los–, miss–, nach–, re–, über–, um–, unter–, ver–, vor–, wider–, wieder–, zer–, zu–, zurecht–, … Auch deutsche Vorsilben sind manchmal Vorwörter.

Auch die Bildung der Zeitwörter (Verben) ist in beiden Sprachen manchmal sehr verschieden.

20 Zeitwort-Zwischensilben / Infixe – Glagolske vpone

–áčati, –ádati, –ágati, –ájati, –ákati, –ánjati, –árjati, –ášati, –áščati, –ávati, –ávljati, –ážati; –égati, –éjati, –ékati, –émati, –énjati, –étati, –évati; –ígati, –íkati, –íljati, –ínjati, –írati, –írjati, –ískati, –ívati, –ívljati; –óčati, –ójati, –ópati; –úškati, –úvati, … *(enden alle auf –AM)*; **–áčiti** *(endet auf –IM)*; **–ováti, –eváti** *(enden beide auf –ÚJEM).*

Die Bedeutung der slowenischen Zwischensilben (Infixe) kann nicht erklärt werden. Sie werden hier samt der Verb-Endsilbe (Suffix) angeführt, weil Lernende in der Silbenlehre bzw. Wortbildung für eine andere Darstellung noch zu wenig fortgeschritten sind. Manche Zwischensilben treten auch als Endsilbenteile auf. Die Zwischensilben treten bei Verben bei der Infigierung auf, also entsteht aus einem Verb mit vollendeter (abgeschlossener/perfektiver) Handlung eines mit wiederholender (iterativer, auch imperfektiver) Handlung. Beispiel: izbráti izbêrem *v.* (auswählen) > izbírati izbêrem *wh.* (öfter auswählen). *Siehe oben S. 127 und S. 176.*

Deutsche Zwischensilben sind: –eln, –ern, –ieren, –igen, –lichen, … Auch sie werden hier samt der Verb-Endsilbe (–en/–n) angeführt. Beispiele: hüsteln, wandern, frisieren, bestätigen, vereinheitlichen. *Alle Verben mit den Endungen –eln bzw. –ern drücken eine wiederholende Handlung aus. Verben auf –ieren besitzen auch in Deutsch sowohl unvollendete als auch vollendete Handlungsweise. Beispiel:* telefonieren. *Alle aus eigentlichen Eigenschaftswörtern abgeleiteten Verben drücken eine wiederholende Handlung aus. Beispiele:* schön > beschönigen, herrlich > verherrlichen.

Nicht immer decken sich die Wortbildungselemente in Slowenisch und in Deutsch.

21 Hinweise auf die kommende Rechtschreibreform

Das letzte Rechtschreib-Wörterbuch für Slowenisch („Pravopis") erschien im Jahre 2001, redigiert von Jože Toporišič. Und nun bereitet Helena Dobrovoljc die nächste Rechtschreibreform vor, die sich vor allem der Rechtschreibung von Ortsnamen und neuen Fremdwörtern widmet. *Siehe oben S. 10, S. 11, S. 41, S. 56, S. 67, S. 68, S. 92, S. 113, S. 128.*

Ändern wird sich vor allem die Schreibung von Ortsnamen, die aus mehr als einem Wort bestehen. Die Großschreibung bei Kránjska Gôra (Kronau), Škófja Lóka (Bischoflak / Laak an der Zaier), Kríva Vŕba (Krumpendorf), Rímske Toplíce (Römerbad), Beljáške Toplíce (Warmbad Villach), Morávske Toplíce (Moratz/Toplitz), Goríška Bŕda (Görzer Hügelland / In den Ecken), Rogáška Slátina (Rohitsch-Sauerbrunn), Slovénj Grádec (Windischgrätz), Slovénji Plájberk (Windisch-Bleiberg), Zgórnje Borôvlje (Oberferlach), Spódnje Borôvlje (Unterferlach), Stári Grád (Altfinkenstein), Št. Ilj / Šentílj (St. Egyden), Št. Jákob / Šentjákob (St. Jakob), Šmiklávž na Drávi / Na Drávi (St. Niklas), Zídani Móst (Steinbrück), Górnji Grád (Ober(n)burg), Húda Jáma (Teufelsgraben / Böse/Schlimme Grube), Kánji Dôl (Kainthal), Los Ángeles, Sao Páolo, Frankfurt an der Oder, Rothenburg ob der Tauber und ähnlicher Ortsnamen bleibt bestehen.

Groß schreiben wird man in Zukunft folgende Bestandteile von Ortsnamen: „mésto, tŕg, sêlo, sêlce, vás, vés, vésca" (Stadt, Markt, Weiler, kleiner Weiler, Dorf, Dorf *(dialektal/regional)*, kleines Dorf).

Beispiele: **Dóbrla Vás** (Eberndorf), **Górnja Vás** (Oberdorf), **Gostínja Vás** (Köstendorf), **Kotmára Vás** (Köttmannsdorf), **Modrínja Vás** (Möderndorf), **Nónča Vás** (Einersdorf), **Rikárja Vás** (Riegersdorf), **Strája Vás** (Hohenthurn), **Tmára Vás** (Emmersdorf), **Véčna Vás**, **Velíka Vás** (Längdorf bzw. Micheldorf), **Vodíča/Díča Vás** (Gödersdorf), **Zgórnja Vésca** („Oberdörfl"), **Žitára Vás** (Sittersdorf), ... **Dolénje Sêlce** (Kossieck/Unterselce), **Martínovo Sêlo** („Martin-Siedlung"), **Nôvo Mésto** (Rudolfswerth/Neustädtl), **Nôvo Sêlo** („Neu-Siedlung"), **Stári Tŕg** (Altenmarkt / Ivánčna Goríca), ...

Wörter in Ortsnamen, die jedoch keinen Eigennamen darstellen, sondern eine allgemeine Bezeichnung sind, werden weiter klein geschrieben. Hierher gehören alle Begriffe mit „jézero (See), pôtok (Bach), réka (Fluss), mórje (Meer), pólje (Feld), póldne (Mittagskogel), ...

Beispiele: Báško jézero (der Faaker See), Kósovo pólje (das Amselfeld), Rdéče mórje (das Rote Meer), Trúpejevo póldne (der Techantinger Mittagskogel), ...

Weiters wird in ungefähr zwei Jahren die Schreibung von Fremdwörtern neu geregelt. Hier empfehle ich den Lerner:innen ganz einfach die englische oder französische bzw. Herkunfts-Version zu verwenden und diese klein zu schreiben. Den Slowen:innen wird empfohlen werden, entweder den dafür kreierten slowenischen Neubegriff zu verwenden oder solche Fremdwörter in der slowenischen Aussprache zu verschriftlichen.

Beispiele: image, lockdown, mainstream, download, likes, googlati, emoji, smoothie, ...

Außerdem wird offiziell normiert, dass man z. B. in Tabellen Wörter bzw. Aussagen mit einem Kleinbuchstaben beginnen, innerhalb von Wörtern Großbuchstaben verwenden, bestimmte Wörter oder Aussagen nur mit Großbuchstaben schreiben darf. Dann kann man vermutlich regulär Aussagen ohne Satzzeichen beenden usw. *Siehe LMR: WF, 2017, S. 142.*

Beispiele: rdéče, zelêno, čŕno; ÁstraZéneca, smsTÁN; PRIMÉRI; **igráti –ám** *uv.* – spielen

Siehe oben S. 10, S. 128. – Vergleiche dazu „Kmalu ne bo več Dobrle vasi. Prišla bo Dobrla Vas. In druge Vasi. In: Novice, 23.04.2021, S. 8 f. Bojan Wakounig interviewte Helena Dobrovoljc. – Vergleiche außerdem: Klaus Scharmeitat: Slowenien. Zwischen Alpen, Adria und Pannonischem Tiefland. Berlin: Trescher Verlag, 2., überarbeitete Auflage, 2016, v. a. S. 261 ff. – Vergleiche https://de.wikipedia.org/wiki/Liste_deutscher_Namen_für_slowenische_Orte, Zugriff 30.06.2021, 13:50 Uhr.

Inhaltsverzeichnis zum Vierten Abschnitt: Kursunterlagen für außerordentlich Geübte

Fünfter Abschnitt: Kursunterlagen für Fortgeschrittene

1 Allgemeine Einleitung

Der fünfte Abschnitt vervollkommnet das Kursangebot bis auf das Niveau C1 des Europäischen Sprachenportfolios, was dem Abschluss einer Handelsschule entspricht, allerdings auf der Basis von Slowenisch als Fremdsprache. Möchte ein erwachsener Lernender / eine erwachsene Lernende die Studienberechtigung für eine Universität in Slowenien erreichen oder um die Staatsbürgerschaft der Republik Slowenien ansuchen, dann müsste er/sie während des Besuches der „Poletna šola“ (Sommerschule als Einrichtung der Philosophischen Fakultät der Universität Ljubljana) das zusätzliche Kursangebot hierfür in Anspruch nehmen und abschließend die entsprechende Sprachprüfung erfolgreich ablegen. Diese Erwachsenenausbildung wird für Interessierte aus der gesamten Welt nur in Ljubljana angeboten.

Auch die Ausführungen im fünften Abschnitt nehmen Bezug auf die Formensammlung der Autorin in LMR: Wortformen, 2017. Dieses Buch beinhaltet also die Grammatik zum bereits 2017 veröffentlichten Buch über die slowenische Morphologie.

Grammatik: Umfassende Darstellung weiterer Deklinationsschemata, substantivisch verwendetes Adjektiv, grammatisch feminine Substantive ohne –a–Endung, grammatisch maskuline Substantive auf –a, undeklinierbare Adjektive und Substantive, Gradation beim Adjektiv, Possessiv-Infixe –in–, –ov–/–ev–, Gattungsanzeige durch –in–, ov–/–ev–, Kongruenz des Adjektivs mit dem nachfolgenden Substantiv, Besonderheiten und Ausnahmen der Deklination des Substantivs, Singularia- und Pluraliatantum sowie „Dualiatantum“, Genitivus partitivus und Genitivus totius, Deklination von Eigennamen (Nationalitäten; Personen-, Länder-, Orts-, Gewässer- und Gebirgsnamen; Werktitel, Institutionen, Abkürzungen), Pronomen (Personal-, Demonstrativ-, Possessiv-, Reflexiv-, Indefinit-, Relativ-, Interrogativ-; adjektivische und substantivische), Verbindung von Akkusativ-Präposition und Personal- bzw. Reflexivpronomen, Numeralia (Kardinalia, Ordinalia, Dezimalzahlen und andere), Derivation des Adverbs vom Adjektiv, Arten von Adverben, Rektion, Verbpaare (imperfektiv und perfektiv, perfektiv und iterativ), Partizipien (Partizip Perfekt Aktiv auf –L, Partizip Präsens Aktiv auf –Č, Partizip Perfekt Passiv auf –N/–T) und Partizipialadverben (auf –Č, auf –N/-T, auf –(ÁJ)E, auf –(V)ŠI) und schließlich die Stellung der Enklitika im Satz.

Themen: Ledigenstand, Besitzverhältnisse, frühere und heutige Namengebung bei Frauen und Vulgonamen, familiäre Beziehungen, Mengenangaben von „1 bis 4“, Mengenangaben für „5 und mehr sowie Null“, Anwendung des Genitivs, Fragen nach und Aussagen über Mengenangaben, Maß- und Verpackungseinheiten, Verneinung im direkten Akkusativobjekt als Genitivobjekt, negative Satzaussage, Anwesenheit versus Abwesenheit einer Person oder eines Dinges, Körperteile, Sternkreiszeichen, persönliches Umfeld, Alltag, zahlreiche Wortbeispiele, umfangreiche Beispiele zu Nominal-, Verbal- und Präpositionalphrasen, Satzbeispiele, verschiedene Prädikatsformen, wesentliche Erweiterung des Wortschatzes.

2 Die Biegung des hauptwörtlich gebrauchten Eigenschaftswortes – Sklanjatev posamostaljenega pridevnika

ein/der Mann; ...				
m.		*Ez.*	*Zz.*	*Mz.*
	1.F.	môški	môška	môški
	2.F.	môškega	môških	môških
	3.F.	môškemu	môškima	môškim
	4.F.	môškega	môška	môške
	5.F.	môškem	môških	môških
	6.F.	môškim	môškima	môškimi

der Ledige/Single; ...				
m.		*Ez.*	*Zz.*	*Mz.*
	1.F.	sámski	sámská	sámski
	2.F.	sámskega	sámskih	sámskih
	3.F.	sámskemu	sámskima	samskim
	4.F.	sámskega	sámska	sámske
	5.F.	sámskem	sámskih	sámskih
	6.F.	sámskim	sámskima	sámskimi

*„môški" ist in Slowenisch ein hauptwörtlich gebrauchtes Eigenschaftswort **(substantiviertes Adjektiv)** und wird daher auch so dekliniert. – Wie sámski: dežúrni – der Diensthabende, odgovôrni – der Verantwortliche, planínski – der Alpen-..., centrálni – der Zentral-..., ... Siehe LMR: WF, 2017, S. 33.*

Die weiblichen Entsprechungen „sámska, dežúrna, odgovórna, planínska, centrálna, ..." folgen der weiblichen Biegung, die sächlichen „(sámsko), dežúrno, odgovórno, planínsko, centrálno, ..." der sächlichen Biegung. Siehe oben S. 19 > stári – der Alte, *S. 31 >* nôvi – der Neue, *S. 32 >* dôbri – der Gute, *S. 33 >* rdéči – der Rote, *S. 100–103 >* lépi – der Schöne, *S. 104. Siehe dazu LMR: WF, 2017, S. 8, S. 10, S. 12, S. 14+15, S. 18+19, S. 33, S. 34+35, S. 36–42. Die hauptwörtlich gebrauchten Mittelwörter werden unten auf S. 235 besprochen.*

Ta moški je zelo dober igralec. Gospod Mlinar živi kot samski v Beljaku. Gospa Bizjak živi kot samska v Vrbi. Dežúrni je danes gospod Ogris. Dežúrna bo jutri gospa Debenjak. Odgovorni za novi mestni načrt je župan Pilgram. Odgovorna za kanalizacijo je občinska svetnica Oblak. / Stari je nervozen. Stara je še vselej lepa. Staro je zgled. / Novi je včeraj prišel.
Dieser Mann ist ein sehr guter Schauspieler. Herr Mlinar lebt als Lediger/Single in Villach. Frau Bizjak lebt als Ledige/Single in Velden. Der Diensthabende ist heute Herr Ogris. Die Diensthabende ist morgen Frau Debenjak. Der Verantwortliche für den neuen Stadtplan ist Bürgermeister Pilgram. Die Verantwortliche für die Kanalisation ist die Gemeinderätin Oblak. / Der Alte ist nervös. Die Alte ist noch immer schön. Das Alte ist ein Leitbild. / Der Neue ist gestern gekommen. / ... kam gestern.

3 Die Ableitung des Umstandswortes aus einem Eigenschaftswort

*Während in Deutsch das aus einem Eigenschaftswort abgeleitete Umstandswort die Form des Stichwortes im Wörterbuch behält, erhält es in Slowenisch –o bzw. –e als Endung **(Endsilbe/ Suffix)**. Es sieht also gleich aus wie die sächliche Form des Eigenschaftswortes. Beispiele:*
Du rechnest gut. Er schreibt schöner als wir. Sie liest fließend. – Ti računaš dobro. / Računaš dobro. On piše lepše kot mi. / Piše lepše kot mi. Ona bere tekoče. / Bere tekoče.

Zur Steigerung der Eigenschaftswörter siehe oben S. 100 ff. Siehe dazu auch LMR: WF, 2017, S. 36–42. Beispiele: lép > lepó – schön, májhen > májhno – klein, *aber* máli > málo – ein bisschen, tánek > tánko – dünn, gŕd > gŕdo – hässlich, láhek > láhko – leicht, *aber* lahkó – können/kann, vêlik > velíko – groß, *aber* velíko – viel, príden > prídno – brav/fleißig, tôpel > tôplo – warm, vítek > vítko – schlank, móder > môdro – gescheit, debél > debélo – dick, bogàt > bogáto – reich, nòv > nôvo – neu, bél > bélo – weiß, zdráv > zdrávo – gesund, ...; vsakdánji > vsakdánje – alltäglich, *aber* zádnji > zádnjič – letztens, ...; *unveränderlich bleiben:* róza – rosa, óker – ocker, líla – lila, béž – beige, pínk – pink, ...; pocéni – billig.

4 Die Possessiv-Infixe –in–, –ov–/–ev– – Svojilne medpone –in–, –ov–/–ev–

Die Deklinationsformen zu „mamin..." bzw. „bratov..." befinden sich in LMR: WF, 2017, S. 52+53. mit Beispielen zur Besitzanzeige im 2. Fall. Siehe oben S. 53, S. 57.
Aus „mama" *wird* „mamin...", *dem je nach dem grammatischen Geschlecht des nachfolgenden Hauptwortes die Endung –a/–o/– angefügt wird, wobei diese Eigenschaftswort-Endung die jeweilige Deklinationsendung je nach Zahl und Fall erhält. Dieses Eigenschaftswort dient zur Besitzanzeige einer Person, eines Dinges, einer Pflanze, eines Tieres oder eines Begriffs. Die* ***Übereinstimmung*** *des Eigenschaftswortes mit dem nachfolgenden Hauptwort nach Geschlecht, Zahl und Fall nennt man* ***Kongruenz/ujemanje****.*

To je mamina torba. To je tetino kolo. To je sestrin klobuk.
(DÅS IS IN DA MAMA IA TÅSCHN. DÅS IS IN DA TANTE IA FÅARADL. DÅS IS IN DA SCHWESTA IA HUAT. *Kärntner Dialekt*)
Das ist Mamas Tasche. Das ist Tantes Fahrrad. Das ist Schwesters Hut. / Das ist meiner Schwester Hut. / Das ist der Hut meiner Schwester.

To je Angelikina torba. To je Angelikino kolo. To je Angelikin klobuk.
(DÅS IS IN DA ANGELIKA IA TÅSCHN / ... FÅARADL / ...HUAT. *Kärntner Dialekt*)
Das ist Angelikas Tasche. Das ist Angelikas Fahrrad. Das ist Angelikas Hut.

To je mamina roža. To je mamino drevo. To je mamin rožmarin. – To je mamina mačka. To je mamino jagnje. To je mamin pes. – To je mamina ideja. To je mamino poreklo. To je mamin položaj.
Das ist Mamas Blume. Das ist Mamas Baum. Das ist Mamas Rosmarin. – Das ist Mamas Katze. Das ist Mamas Lamm. Das ist Mamas Hund. – Das ist Mamas Idee. Das ist Mamas Herkunft. Das ist Mamas Lage.

Ebenso verhält es sich mit „brat". *Daraus wird* „bratov..." *plus –a/–o/– mit der Deklinationsendung zur entsprechenden Zahl im jeweiligen Fall.*

To je bratova torba. To je sinovo kolo. To je škofov prstan.
(DÅS IS N BRUADA SEI TÅSCHN. DÅS IS N SUHN SEI FÅARADL. DÅS IS N BISCHOF SEI RING. *Kärntner Dialekt*)
Das ist meines Bruders Tasche. Das ist das Fahrrad des/meines Sohnes. Das ist der Ring des/unseres Bischofs.

To je Davidova torba. To je Davidovo kolo. To je Davidov prstan.
(DÅS IS N DAVID SEI TÅSCHN / ... FÅARADL / ... RING.)
(Das ist Davids Tasche. Das ist Davids Ring. Das ist Davids Fahrrad.)

To je bratova roža. To je bratovo drevo. To je bratov rožmarin. – To je bratova mačka. To je bratovo jagnje. To je bratov pes. – To je bratova ideja. To je bratovo poreklo. To je bratov položaj.
Das ist meines Bruders Blume. Das ist meines Bruders Baum. Das ist meines Bruders Rosmarin. – Das ist meines Bruders Katze. Das ist meines Bruders Lamm. Das ist meines Bruders Hund. – Das ist meines Bruders Idee. Das ist meines Bruders Herkunft. Das ist meines Bruders Lage.

Ich empfehle auch hier zuerst nur Wortverbindungen und Sätze mit mama, sestra, teta, Angelika, Anna, Herta, Lena, Vera, Vesna, ... *sowie* brat, sin, fant, grof, škof, kmet, David, Anton, Hans, Alois, ... *zu bilden, u. zw. jeweils im 1. Fall. Und dann kann man erst Sätze üben wie:*
To sta mamina torba in sestrin klobuk. – To so mamina torba, tetino kolo in sestrin klobuk. –

Das sind Mamas Tasche und der Hut meiner Schwester. – Das sind Mamas Tasche, Tantes Fahrrad und der Hut meiner Schwester.

Und erst allmählich prägt man sich dann die einzelnen Fälle ein. Vidim mamino torbo. Vidim tetino kolo. Vidim sestrin klobuk. – Vidim sestrino hčerko. Vidim sestrinega sina. – Vidim bratovo hčerko. Vidim bratovega sina. – Vidim bratovo torbo. Vidim sinovo kolo. Vidim škofov prstan.
Ich sehe Mamas Tasche. Ich sehe das Fahrrad meiner Tante. Ich sehe den Hut meiner Schwester. – Ich sehe die Tochter meiner Schwester. Ich sehe den Sohn meiner Schwester. – Ich sehe die Tochter meines Bruders. Ich sehe den Sohn meines Bruders. – Ich sehe die Tasche meines Bruders. Ich sehe das Fahrrad meines Sohnes. Ich sehe den Ring des Bischofs.

Und schließlich prägt man sich die Besonderheiten ein. Aus „babica“ – Oma *wird* „babičina/ babičino/babičin“. *Nach c č š ž j wird auch hier bei grammatisch männlichen Besitzern –o– zu –e–. Beispiele:* stric – Onkel > stričeva/stričevo/stričev, kovač – Schmied > kovačeva/kovačevo/kovačev, pristaš – Gefolgschaft > pristaševa/pristaševo/ pristašev, papež – Papst > papeževa/papeževo/papežev, zmaj – Drache > zmajeva/zmajevo/zmajev, konj – Pferd > konjeva/ konjevo/konjev, kralj – König > kraljeva/kraljevo/kraljev, …; dedi – Opa > dedijeva/dedijevo/dedijev, avtor – Autor > avtorjeva/avtorjevo/avtorjev, pastir – Hirte > pastirjeva/pastirjevo/ pastirjev, planšar – Senn(er) > planšarjeva/planšarjevo/planšarjev, ...

Die bestimmte Form wie in novi, lepi, pridni, *... für den 1. und 4. Fall Einzahl gibt es hier nicht. Daher:* To je ~~bratovi klobuk, sinovi klobuk, škofovi prstan.~~ Vidim ~~bratovi klobuk,~~ ...

Die Deklination von Personennamen, normalerweise in der Einzahl, wird später noch besprochen, auch die Bildung der entsprechenden Besitzanzeige durch „–in–, –ov–/–ev–“.

Bei Frauen wurde im 18. Jahrhundert dem Familiennamen des Vaters oder des Ehegatten ein „–in“ angefügt. Beispiele: Margaritha Pumin, geboren 1780, Tochter von Gregorius Pum; Theresia Paltnigin, geboren 1779, Tochter von Simon Paltnig;[1] Minka Wranzlin, gestorben 1754, Ehefrau von Bartholomoy Wranzl; Agnes Truppin, geboren 1766, Tochter von Matthäus Truppe.[2]

Ähnliches gilt für die Vulgonamen. Während man in Slowenisch dem Namen des Hausherrn ein „–ca, –nja, ... “ für jenen der Hausfrau anhängt, verwendet man in Deutsch die Silbe „–in“. Beispiele: „Rján in Rjánca, Lènc in Lèncnja, Krámarč in Krámarčnja, Méžnar in Méžnarca, Prônt in Prôntnja, Púšč in Púščnja, …“ *bzw.* „Erian und Erianin, Lenz und Lenzin / Kreizarl und Kreizarlin, Kramaritsch und Kramaritschin, Meßna und Meßnarin, Bråndt und Bråndtin, Lepuschitz und Lepuschitzin, ...“[3]

In Slowenisch kann man heute noch bei Familiennamen für Frauen die Endsilbe „–ova/–eva“ hinzufügen. Beispiele: Zofka Kveder > Kvedrova, Vesna Mlinar > Mlinarjeva. *Ich empfehle diese Vorgangsweise jedoch nur in Ausnahmefällen.*

Ähnlich wie die Besitzanzeige durch ein ***Possessivadjektiv / svojilni pridevnik*** *wird die Gattungsanzeige durch ein* ***Gattungsadjektiv / vrstilni pridevnik*** *gebildet. Beispiele:* ajdova moka – Heiden-/Buchweizenmehl, sojino mleko – Soja-Milch, slivov kompot – Pflaumenkompott.

[1] Beide sind Verwandte von LMR väterlicherseits, Pfarre St. Paul im Lavanttal.
[2] Beide sind Verwandte von LMR mütterlicherseits, Pfarre St. Stefan bei Finkenstein.
[3] Luise Maria Ruhdorfer: effektiv – perspektiv – normativ. GEDICHTE, PRÄSENTATIONEN UND GESCHICHTEN. Remscheid (D): Rediroma Verlag, 2021, S. 56 bzw. S. 57.

Das besitzanzeigende Fürwort (Possessivpronomen / svojilni zaimek) „moj, tvoj, njen, njegov“ *kann samt Beispielen in LMR: WF, S. 104, nachgelesen werden.* ***Das rückbezügliche besitzanzeigende Fürwort (Reflexives Possessivpronomen / povratni svojilni zaimek)*** „svoj“ *befindet sich dort, auch mit Beispielen, auf S. 105.*

5 Besonderheiten und Ausnahmen der Deklination von Substantiva – Posebnosti in izjeme samostalniških sklanjatev

5.1 Besonderheiten: weiblich, männlich – Posebnosti

Siehe dazu LMR: WF, 2017, S. 23+24, S. 25, S. 28, S. 29, S. 29–31, S. 32+33, S. 45. Hier wird nur die Einzahl angeführt; Zwei- und Mehrzahl sowie Wortbeispiele in obigem Buch.

w.: žêna – Ehefrau, žêne, žêni, žêno, žêni, žêno *(S. 29, 2.F. Mz.:* žên/žená*); ebenso:* mêja, vôda, gôra, …

m.: nágelj – Nelke, nágeljna, nágeljnu, nágelj, nágeljnu, nágeljnom *(S. 23, –n–Erweiterung, unbetontes –e– bleibt erhalten);*
m. Leb.: apóstelj – Apostel, apósteljna, apósteljnu, apósteljna, apósteljnu, apósteljnom *(S. 23, –n–Erweiterung, unbetontes –e– bleibt erhalten);*
m. Leb.: papá, papána, papánu, papána, papánu, papánom *(S. 25, –n–Erweiterung);*
m.: čévelj – Schuh, čévlja, čévlju, čévelj, čévlju, čévljem; … *(S. 24, –e– entfällt, o>e);*
m. Leb.: párkelj – Krampus, párklja, párklju, párklja, párklju, párkljem; … *(S. 24, –e– entfällt, o>e);*
m. Leb.: ôče – Vater, očéta, očétu, očéta, očétu, očétom *(S.* 25, S. 33, *–t–Erweiterung);*
m.: pozdráv – Gruß, pozdráva, pozdrávu, pozdráv, pozdrávu, pozdrávom; … *(S. 28, 2.F. Mz.:* pozdrávov*);*
m.: odmèv – Echo, odméva, odmévu, odmèv, odmévu, odmévom; … *(S. 28, 2.F. Mz.:* odmévov*);*
m.: nazív – Titel, …; nazíva, nazívu, nazív, nazívu, nazívom; … *(S. 28, 2.F. Mz.:* nazívov*);*
m.: pokròv – Deckel, pokrôva, pokrôvu, pokròv, pokrôvu, pokrôvom; … *(S. 28, 2.F. Mz.:* pokrôvov*);*
m.: pót – Weg/Schweiß, potú/póta, pótu, pót, pótu, pótom; … *(S. 28, S. 45, 2.F. Mz.:* pótov, *einsilbig, trotzdem ohne –ov–Erweiterung);*
m.: tŕg – Markt, tŕga, tŕgu, tŕg, tŕgu, tŕgom; … *(S. 28, 2.F. Mz.:* tŕgov, *einsilbig, trotzdem ohne –ov–Erweiterung);*
m. Leb.: kŕt – Maulwurf, kŕta, kŕtu, kŕta, kŕtu, kŕtom; … *(S. 28, 2.F. Mz.:* kŕtov, *einsilbig, trotzdem ohne –ov–Erweiterung);*
m. Leb.: lèv – Löwe, lêva, lêvu, lêva, lêvu, lêvom; … *(S. 28, 2.F. Mz.:* lêvov, *einsilbig, trotzdem ohne –ov–Erweiterung);*
m.: kôt – Eck, kôta, kôtu, kôt, kôtu, kôtom; … *(S. 45, 2.F. Mz.:* kôtov, *einsilbig, trotzdem ohne –ov–Erweiterung, ebenso* obréd – Ritus*);*
m. Leb.: čŕv – Hummel, čŕva, čŕvu, čŕva, čŕvu, čŕvom; … *(S. 45; 2.F. Mz.:* čŕvov, *einsilbig, trotzdem ohne –ov–Erweiterung, ebenso* klòp – Zecke, čmrlj – Hummel, *o>e).*

***Doppelformen** mit und ohne Erweiterung durch –n– bzw. mit oder ohne –e–Entfall siehe LMR: WF, 2017, S. 29; Doppelformen mit –j–Erweiterung auf S. 30; Doppelformen zur –ov–/–ev–Erweiterung auf den S. 30+31. Die hier besprochene –n–Erweiterung ist ein Kärntner Spezifikum. Diese Doppelformen müssen keinesfalls erlernt werden.*

5.2 Ausnahmen: weiblich, sächlich, männlich – Izjeme

Siehe dazu LMR: WF, 2017, S. 32+33; Wortbeispiele S. 34+35, siehe dort auch Zz. und Mz.

w.: máti – Mutter, mátere, máteri, máter, máteri, máterjo *(S. 32, auch auf S. 25, –er-Erweiterung)*;
w.: hčí – Tochter, hčére, hčéri, hčér, hčéri, hčérjo *(S. 32, auch auf S. 25, –er-Erweiterung)*;
w.: žénska – Frau (allgemein), žénske, žénski, žénsko, žénski, žénsko *(S. 32, dekliniert ganz normal, im Gegensatz zu* moški – Mann, *siehe oben S. 193)*;
w.: gospá – Frau (Anrede), gospé, gospé, gospó, gospé, gospó *(S. 32, 2.F. Mz.:* gospá*)*.

s.: okó – Auge, očésa, očésu, okó, očésu, očésom *(S. 32, siehe dazu Mz.* očí, *S. 49, siehe dazu oben S. 71+72, S. 144, k wird zu č und –es-Erweiterung)*;
s.: uhó – Ohr, ušésa, ušésu, uhó, ušésu, ušésom *(S. 32, siehe dazu oben S. 72, h wird zu š und –es-Erweiterung)*;
s.: dnó – Boden/Grund, dná, dnú, dnó, dnú, dnóm *(S. 33, 2.F. Mz.:* dnóv/dán*)*.

m.: dán – Tag (einzelne Tage), dnéva, dnévu, dán, dnévu, dnévom *(S. 32, 4.F. Mz.: dnéve/dní/dnévov). Beispiel:* Štiri dneve sem bila tu. – Vier Tage war ich da.
m.: dán – Tag (Gesamtheit), dné, dnévu, dán, dnévu, dném *(S. 32, 5.F. Mz.:* dnéh*). Beispiel:* Vidimo se čez štirinajst dni. – Wir sehen uns in 14 Tagen.
m. Leb.: otròk – Kind, otrôka, otrôku, otrôka, otrôku, otrôkom *(S. 32, 1.F. Mz.:* otrôci, *5.F. Mz.:* otrôcih*)*;
m. Leb.: člôvek – Mensch, člověka, člověku, člověka, člověku, člověkom *(S. 32, Mz. siehe S. 49:* ljudjé – Leute/Menschen*)*;
m.: zób* – Zahn, zóba, zóbu, zób, zóbu, zóbom *(S. 32, Mz.:* zobjé, zób~~/zobôv~~, zobém, zobé, zobéh, zobmí~~/zobí/zobôvi~~; *Zz.:* zóba, zób~~/zobôv~~, zóboma~~/zobéma~~, zobá, zobéh, zóboma~~/zobéma~~*)*; * *https://besana.amebis.pregibanje/, 21.10.2021. SSKJ 1994 + Pravopis 2001 veraltet.*
m.: lás* – Haar, lása~~/lasú~~, lásu, lás, lásu, lásom *(S. 32, Mz.:* lasjé, lás, lasém, lasé, laséh, lasmí; *Zz.:* lása, lás, lásoma, lása, laséh, lásoma*)*; *(* Zu zób, lás, móž; nós, vóz siehe unten S. 206.)*
m. Leb.: móž* – Ehemann, možá, móžu, možá, móžu, móžem *(S. 33, Mz.:* možjé~~/móži/možôvi~~, móž~~/možôv~~, možém~~/možôvom~~, možé/~~možôve~~, možéh/~~možôvih~~, možmí/~~moží/možôvi~~; *Zz.:* možá, móž, možéma, možá, možéh, móžema*)*.

5.3 Beispielsätze – Stavčni vzorci

w.: To je moja hči. Nimam hčere, imam pa sina. – To je moja mati. Nimam več matere. – V razredu je črna tabla. V dnevni sobi ni črne table. – To je Anina sestra Vera. Jaz nimam ses-ttre, ampak brata. – To je gospa Šmid. Gospe Novak ne poznam.
Das ist meine Tochter. Ich habe keine Tochter, ich habe aber einen Sohn. – Das ist meine Mutter. Ich habe keine Mutter mehr. – In der Klasse gibt es eine schwarze Tafel. Im Wohnzimmer gibt es keine schwarze Tafel. – Das ist Annas Schwester Vera. Ich habe keine Schwester, sondern einen Bruder. – Das ist Frau Šmid. Die Frau Novak kenne ich nicht.

s.: To je Antonovo kolo. Ima novo kolo, nima pa starega kolesa. – To je dekle Ana. Peljem se s dekletom na dopust. – Lepo vreme je. Pri slabem vremenu ne grem ven. – A so pisma že tu? Ne, pisem še ni. Niso še napisali pisem. – Moje levo uho me boli. Na levem ušesu torej slabo slišim. Moji ušesi bosta spet zdravi. Ponavadi so moja ušesa zdrava. – Moje desno oko je vneto. Desni očesi (tvoje in moje desno oko) naju bolita. Imam modre oči.

Das ist Antons Fahrrad. Ich habe ein neues Fahrrad, ich habe aber kein altes Fahrrad. – Das ist das Mädchen Anna. Ich fahre mit dem Mädchen auf Urlaub. – Es gibt schönes Wetter. Bei schlechtem Wetter gehe ich nicht hinaus. – Sind die Briefe schon da? Nein, die Briefe sind noch nicht da. Sie haben die Briefe noch nicht geschrieben. – Mein linkes Ohr schmerzt mich. Auf dem linken Ohr höre ich daher schlecht. Meine (zwei) Ohren werden wieder gesund. Normalerweise sind meine Ohren gesund. – Mein rechtes Auge ist entzündet. Unsere beiden rechten Augen (dein und mein rechtes Auge) schmerzen uns beide. Ich habe blaue Augen.

m.: To je mestni center. V mestnem centru so danes otroci. – To je moj koledar. Nimam koledarja. Ne kupim koledarjev. – To je kuhar. Vidim starega kuharja, ne vidim mladega. – Dež pada. Pri dežju ne grem ven. – To je Martinov dedi Alfons. Martin ima še oba dedija. – To je car Aleksander Veliki. Ne poznam tega carja. Poznam samo carja Petra Velikega. – To je rdeč kuli. Nimam črnega kulija. Imam samo modre kulije. – Tu je novi bife. Na univerzi ni starega bifeja. Pri novem bifeju se srečamo. – To je guru iz Indije. V Bekštanju ni nobenega guruja. – Govor je bil odličen. Danes ni govora. – Prostor je bil velik. V velikih prostorih ne govorim rad/rada. – Stari kmet je zdrav. Stari kmeti/kmetje so zdravi. Poznam tudi starega kmeta. – Moj zob je bel. Moji zobje so beli. Imam bele zobe. – To je oče. To je očetov klobuk. Doma pri očetu sem zelo rad/rada. – Danes je lep dan. Za nalogo rabim dva dneva. Oče bo prišel tukaj sem čez 14 dni. – Otrok je priden. Otroci so pridni. Pri otrocih je luštno. Grem z otroki na potovanje. – „Človek, ti si enkraten.“* Srečam dobrega človeka. – Moški je prišel na tečaj. Vprašal/Vprašala sem najprej moškega. Na tečaju ni drugih moških.
Das ist das Stadtzentrum. Im Stadtzentrum sind heute Kinder. – Das ist mein Kalender. Ich habe keinen Kalender. Ich kaufe keine Kalender. – Das ist der Koch. Ich sehe den alten Koch, den jungen sehe ich nicht. – Der Regen fällt. Bei Regen gehe ich nicht hinaus. – Das ist Martins Opa Alfons. Martin hat noch beide Opas. – Das ist Zar Alexander der Große. Ich kenne diesen Zaren nicht. Ich kenne nur den Zaren Peter den Großen. – Das ist ein roter Kuli. Ich habe keinen schwarzen Kuli. Ich habe nur blaue Kulis. – Das ist das neue Buffet. Auf der Uni gibt es kein altes Buffet. Beim neuen Buffet treffen wir uns. – Das ist der Guru aus Indien. In Finkenstein gibt es keinen Guru. – Die Rede war ausgezeichnet. Heute gibt es keine Rede. – Der Raum war groß. In großen Räumen spreche ich nicht gern(e). – Der alte Bauer ist gesund. Die alten Bauern sind gesund. Ich kenne auch den alten Bauern. – Mein Zahn ist weiß. Meine Zähne sind weiß. Ich habe weiße Zähne. – Das ist der/mein Vater. Das ist Vaters Hut. Zuhause beim / bei meinem Vater bin ich sehr gern(e). – Heute ist ein schöner Tag. Für die Aufgabe brauche ich zwei Tage. Mein Vater wird in zwei Wochen hierher kommen. – Das Kind ist brav. Die Kinder sind brav. Bei Kindern ist es lustig. Ich gehe mit den Kindern auf die Reise. – Mensch, du bist einmalig. Ich treffe einen guten Menschen. – Ein/Der Mann kam zum Kurs. Ich fragte zuerst einen/den Mann. Im Kurs sind keine anderen Männer.

* Titel einer Serie auf der Kinderseite der Kärntner slowenischen Kirchenzeitung „Nedelja“.

5.4 Beispielsätze für die Mengenangaben „eins, zwei, drei, vier“

w. 1.F.: Tu je ena kolajna. Tu sta dve kolajni. Tu so tri kolajne. Tu so štiri kolajne. To je ena bela kava. To sta dve beli kavi. To so tri bele kave. To so štiri bele kave. – Da ist eine Medaille. Da sind zwei, drei, vier Medaillen. Das ist ein Milchkaffee. Das sind zwei, drei, vier Milchkaffee.
w. 4.F.: Dobim eno kolajno. Dobim dve kolajni. Dobim tri kolajne. Dobim štiri kolajne. Pijem eno belo kavo. Pijem dve beli kavi. Pijem tri bele kave. Pijem štiri bele kave. – Ich bekomme eine Medaille. Ich bekomme zwei, drei, vier Medaillen. Ich trinke einen Milchkaffee. Ich trinke zwei, drei, vier Milchkaffee.

s. 1.F.: Tu je eno okno. Tu sta dve okni. Tu so tri okna. Tu so štiri okna. To je eno točeno pivo. To sta dve točeni pivi. To so tri točena piva. To so štiri točena piva. – Da ist ein Fenster. Da sind zwei, drei, vier Fenster. Das ist ein offenes Bier. Das sind zwei, drei, vier offene Bier.
s. 4.F.: Kupim eno okno. Kupim dve okni. Kupim tri okna. Kupim štiri okna. Naročila sem eno točeno pivo. Naročila sem dve točeni pivi. Naročila sem tri točena piva. Naročila sem štiri

točena piva. – Ich kaufe ein Fenster. Ich kaufe zwei, drei, vier Fenster. Ich bestellte ein offenes Bier. Ich bestellte zwei, drei, vier offene Bier.

m. 1.F.: Tu je en evro. Tu sta dva evra. Tu so trije evri. Tu so štirje evri. To je en pravi čaj. To sta dva prava čaja. To so trije pravi čaji. To so štirje pravi čaji. – Da ist ein Euro. Da sind zwei, drei, vier Euro. Das ist ein schwarzer Tee. Das sind zwei, drei, vier schwarze Tee.
m. 4.F.: Plačam en evro. Plačam dva evra. Plačam tri evre. Plačam štiri evre. Pijem en pravi čaj. Pijem dva prava čaja. Pijem tri prave čaje. Pijem štiri prave čaje. – Ich bezahle einen Euro. Ich bezahle zwei, drei, vier Euro. Ich trinke einen schwarzen Tee. Ich trinke zwei, drei, vier schwarze Tee.
m. Leb. 1.F.: Tu je en stric. Tu sta dva strica. Tu so trije strici. Tu so štirje strici. To je en mlad pes. To sta dva mlada psa. To so trije mladi psi. To so štirje mladi psi. – Da ist ein Onkel. Da sind zwei, drei, vier Onkel. Das ist ein junger Hund. Das sind zwei, drei, vier junge Hunde.
m. Leb. 4.F.: Imam enega strica. Imam dva strica. Imam tri strice. Imam štiri strice. Treniram enega mladega psa. Treniram dva mlada psa. Treniram tri mlade pse. Treniram štiri mlade pse. – Ich habe einen Onkel. Ich habe zwei, drei, vier Onkel. Ich trainiere einen jungen Hund. Ich trainiere zwei, drei, vier junge Hunde. *Siehe LMR: WF, 2017, S. 78–80, S. 86, S. 93.*

6 Die Verwendung des 2. Falles / Genitivs – Raba rodilnika

Formen siehe oben S. 31–33, S. 69–75, S. 86, S. 105–109, S. 138, S. 139–144, S. 193. Satzmuster siehe oben S. 146, S. 151, S. 152.

mamina torba, dekletovo kolo, bratov klobuk – Mamas Tasche / eine/die Tasche meiner Mama, ein/das Fahrrad des Mädchens, ein/der Hut meines Bruders *(siehe oben S. 194). Grammatisch sächliche Hauptwörter bilden das besitzanzeigende Eigenschaftswort auch mit –ov–. Handelt es sich jedoch um eine Gattungsanzeige für einen Gegenstand mit weiblichem grammatischem Geschlecht, verwendet man ebenso –ov–/–ev–. Beispiel:* sliva > slivova marmelada – Pflaumenmarmelade, češplja > češpljeva marmelada – Zwetschkenmarmelade.

torba mlade mame, kolo čednega dekleta, klobuk mlajšega brata – die Tasche der/meiner jungen Mama, das Fahrrad des hübschen Mädchens, der Hut des/meines jüngeren Bruders *(siehe oben S. 133). Sobald eine Beifügung zum Bezugswort (mama, dekle, brat) vorhanden ist, kann man auch in Slowenisch die Besitzanzeige nur durch einen* ***Beisatz*** *(eine* ***Apposition / desni prilastek****) ausdrücken. Siehe oben S. 133.*

Iz česa delamo torto? Torto delamo iz moke, ... Iz česa delamo testo? Testo delamo iz mleka, ... Iz česa delamo kruh? Kruh delamo iz kvasa, ... – Woraus /Aus was macht man eine/die Torte? Die Torte macht man aus Mehl, ... Woraus macht man einen/den Teig? Den Teig macht man aus Milch, ... Woraus macht man ein/das Brot? Das Brot macht man aus Germ/ Hefe, ... ***Vorwortverbindungen (Präpositionalphrasen / predložne besedne zveze)*** *mit „iz“ für Ortsangaben siehe oben S. 41 und Zeitangaben siehe oben S. 157.*

Čigava barvica je to? To je moja/naša barvica. Čigavo ravnilo je to? To je tvoje/vaše ravnilo. Čigav šilček je to? To je njen/njegov/njihov šilček. – Wessen Farbe ist das? Das ist meine/unsere Farbe. Wessen Lineal ist das? Das ist dein/euer/IHR Lineal. Wessen Spitzer ist das? Das ist ihr/sein/ihr Spitzer. *Siehe LMR: WF, S. 112.*

Sestre ni doma. Dekleta ni doma. Brata ni doma. Knjige ni tu. Ogledala ni tu. Zvezka ni tu. – Die/Meine Schwester ist nicht daheim. Das Mädchen / Der/Mein Bruder ist nicht daheim. Das Buch ist nicht da. Der Spiegel / Das Heft ist nicht da. ***Abwesenheit einer Person / eines Dinges.***

Ne vidim tete. Ne vidim žrebeta. Ne vidim soseda. Nimam veganske hrane. Nimam govejega mesa. Nimam ruskega denarja. Nočem nobene vojne. Nočem nikogaršnjega skreganja. Nočem rdečega vina. – Ich sehe die/meine Tante nicht. / Ich sehe keine Tante. Ich sehe das/mein Fohlen nicht. / Ich sehe kein Fohlen. Ich sehe den/meinen Nachbarn nicht. / Ich sehe keinen Nachbarn. Ich habe keine vegane Nahrung. Ich habe kein Rindfleisch. Ich habe kein russisches Geld. Ich will keinen Krieg. Ich will keinerlei Streiterei. Ich will keinen Rotwein. *Verneinung im 4. Fall in Deutsch ohne Vorwort/Präposition wird in Slowenisch im 2. Fall wiedergegeben. Also:* ***Verneintes direktes Akkusativobjekt > Genitivobjekt.*** *Zu dieser Verneinung siehe oben S. 116.*

Tu je ena kolajna. Tu sta dve kolajni. Tu so tri kolajne. Tu so štiri kolajne. – Da ist eine Medaille. Da sind zwei, drei, vier Medaillen. *Zahlwörter siehe oben S. 156, S. 198+199. Bestimmte/Zählbare Mengenangaben von eins bis vier und ohne Präposition werden entweder im Nominativ oder Akkusativ ausgedrückt. Die Menge* „eins“ *in der Einzahl (Singular), die Menge* „zwei“ *in der Zweizahl (Dual) und die Menge* „drei/vier“ *in der Mehrzahl (Trial bzw. Quadral). Siehe LMR: WF, 2017, 78–80, S. 86, S. 93.*

Koliko kolajn je tu? Koliko oken je tu? Koliko evrov je tu? Koliko prijateljev je tu? – Wieviele Medaillen sind hier? Wieviele Fenster sind hier? Wieviele Euro sind hier? Wieviele Freunde sind hier? *Das Fragewort* „koliko“ *bleibt immer gleich, ist also sozusagen ein Umstandswort, also ein Interrogativadverb. Siehe LMR: WF, 2017, S. 152.*

In Latein werden die Grundzahlwörter eins, zwei, drei (unus, duo, tres) *auch nach dem grammatischen Geschlecht dekliniert; in Russisch die Kardinalia* eins bis vier (adín, dvá, tri, четыре)*; in Kroatisch die Zahl* zwei (dva)*, die Zahl* eins (jedan) *erhält nur Fallendungen, die Zahlen* drei und vier (tri, četiri) *bleiben unverändert; in Serbisch die Zahl* eins (jedan) *immer, die Zahlen* zwei bis vier (dva, tri, četiri) *selten.*
Das Bezugswort bleibt in den erwähnten Einzelsprachen bei der Zahl eins im Nominativ Singular, bei den Zahlen zwei bis vier wird in Russisch das grammatisch männliche und sächliche Adjektiv im Genitiv Plural, aber das grammatisch weibliche Adjektiv im Nominativ Plural, das Substantiv hingegen im Genitiv Singular wiedergegeben; in Kroatisch wird das grammatisch männliche und sächliche Substantiv in den Genitiv Singular, das grammatisch weibliche Substantiv jedoch in den Genitiv Plural gesetzt; in Serbisch wird der Genitiv Singular verwendet. (Die Informationen zu den Grundzahlen eins bis vier basieren auf eigenem Wissensstand oder stammen aus Langenscheidt und anderen Wörterbüchern, aus Langenscheidt und anderen Grammatiken sowie aus Wikipedia, 07.07. 2021.)
In Guarani (die Sprache der Ureinwohner in Paraguay und angrenzenden Staaten in Südamerika) gibt es lediglich Grundwörter für die Zahlen eins bis fünf. 1 = peteĩ, 2 = mokõi, 3 = mbohapy, 4 = irundy, 5 = po = Hand. *Zur Zahl „fünf und größer“ siehe später mehr. Die größeren/zusammengesetzten Zahlen werden heutzutage jedoch meistens in Spanisch wiedergegeben. (Aus Wikipedia unter „Guarani, Tupi-Guarani-Sprachen“, 06.07.2021.)*

Koliko jajc rabimo za torto? Za torto rabimo pet jajc. / Koliko jajc rabimo za pecivo? Za pecivo rabimo šest jajc. / Koliko jajc rabimo za kolač? / Za kolač rabimo sedem jajc. – Wieviele Eier brauchen wir für die Torte? Für die Torte brauchen wir fünf Eier. / Wieviele Eier brauchen wir für das Gebäck? Für das Gebäck brauchen wir sechs Eier. / Wieviele Eier brauchen wir für den Kuchen? Für den Kuchen brauchen wir sieben Eier. *wir brauchen = man braucht. Das Fragewort* „koliko/wieviel“ *und das Adverb* „toliko/soviel“ *als Antwort darauf verlangen in Slowenisch* ***bei bestimmten/zählbaren Mengenangaben*** *den Genitiv Plural,* ***bei unbestimmten/unzählbaren Mengenangaben*** *aber den Genitiv Singular. Siehe LMR: WF, 2017, S. 93.*

„Koliko“ *bzw.* „toliko“ *verlangen auch in Kroatisch den Genitiv Singular oder Plural. Auch die Mengenangabe* „fünf bis hundert“ *in direkten Akkusativobjekten erfordert in Slowenisch den Genitiv Plural. Man könnte in Deutsch sagen*: FÜR DIE TORTE BRAUCHEN WIR (DIE ANZAHL) „FÜNF DER EIER“. *Manche Slowenisten sprechen von einer „Super-Mehrzahl“. Es handelt sich aber um den* **Teilungsgenitiv (Genitivus partitivus / delni rodilnik)**, *der einen* „Teil eines Ganzen“ *darstellt. Man könnte analog zu Trial und Quadral von „Quinqual“ oder „Pental“ als „Fünf-Zahl“ sprechen.*

Tu je pet mačk. Tu je pet telet. Tu je pet bikov. / Imam šest krav. Imam šest piščet. Imam šest žrebcev. – Hier sind fünf Katzen. Hier sind fünf Kälber. Hier sind fünf Stiere. / Ich habe sechs Kühe. Ich habe sechs Kücken. Ich habe sechs Hengste. *Die Grundzahlwörter* fünf bis neunundneunzig und die Hunderter/Tausender *u. dgl. verlangen in Slowenisch den Genitiv Plural. Siehe oben S. 10, S. 11, ab S. 198. Siehe dazu auch LMR: WF, S. 76+77, S. 78–80, S. 81–85, S. 93. Man spricht hier vom Teilungsgenitiv oder vom* ***Genitivus totius****, da dieser* „Genitiv das Ganze bezeichnet, von dem ein Teil weggenommen wird.“ *(Aus Wikipedia, 07.07.2021.) Es geht hier also um den „****Genitiv für einen Teil vom Ganzen“ / „rodilnik za del celote****“.*

In den oben zitierten Sprachen Latein, Russisch, Kroatisch und Serbisch werden die Grundzahlwörter ab fünf *hinsichtlich ihrem Geschlecht nicht dekliniert. In Russisch, Kroatisch und Serbisch stehen sowohl das nachfolgende Adjektiv als auch das Substantiv im Genitiv Plural. Die Informationen darüber basieren auf eigenem Wissensstand oder stammen aus Langenscheidt und anderen Wörterbüchern, Langenscheidt und anderen Grammatiken sowie aus Wikipedia unter „Serbisch“, 07.07.2021.*
In Guarani setzen sich die Grundzahlen von fünf bis neun aus den Zahlwörtern für eins bis fünf (siehe oben S. 200) zusammen. 1+5 = 6/poteĩ; 2+5 = 7/pokõi, 3+5 = 8/pohapy, 4+5 = 9/ porundy. *Auch alle weiteren Zahlen werden aus Grundbegriffen zusammengesetzt.* 10 = kuã = Finger; 10+5 = 15/kuãpo; 2 mal 10 = 20/mokõikua. *(Aus Wikipedia, „Guarani“, 06.07.2021.)*

Slowenisch folgt bei den Zahlen ab einundzwanzig *dem deutschen Modell:* enaindvajset, *während in Englisch und Italienisch das gegenteilige Muster angewendet wird:* twenty-one, ventuno. *Da in Slowenisch also in der verschriftlichten Form des Zahlwortes die Zehnerstelle näher am nachfolgenden Bezugswort ist als die Einerstelle, bedingen die Zahlen* von einundzwanzig bis neunundneunzig *sowohl beim nachfolgenden Adjektiv als auch beim Substantiv den Genitiv Plural. Serbisch folgt jedoch dem englischen Modell, weshalb die zusammengesetzten Zahlen mit einer Eins, Zwei, Drei oder Vier an der Einerstelle, u. zw.* ab einundzwanzig, *den Genitiv Singular verlangen, und nur die Zahlen von fünf bis neun und die Nullstelle, also z. B.* fünfundzwanzig oder dreißig bzw. hundert, *den Genitiv Plural bedingen.*

In Slowenisch wird die Satzaussage durch das Neutrum in der 3. Person Singular markiert, wenn der Satzgegenstand eine Menge zwischen fünf und neunundneunzig bzw. hundert oder tausend *betrifft. Beispiele:* Pet mladih Avstrijk <u>je</u> v Vrbi. Pet mladih Avstrijk <u>je bilo</u> v Vrbi. / Pet dobrih pevk <u>poje</u> na odru. Pet dobrih pevk <u>je pelo</u> na odru. – Fünf junge Österreicherinnen sind in Velden. Fünf junge Österreicherinnen waren in Velden. / Fünf gute Sängerinnen sind auf der Bühne. Fünf junge Sängerinnen waren auf der Bühne. *Weitere Satzbeispiele siehe LMR: WF, 2017, S. 86+87. In Deutsch könnte man sagen:* (DIE ANZAHL) DER FÜNF ÖSTERREICHERINNEN IST IN VELDEN GEWESEN. (DIE ANZAHL) DER FÜNF GUTEN SÄNGERINNEN IST AUF DER BÜHNE GEWESEN. *Weitere Einzelheiten zur Deklination von Kardinalia müssen Sprachanfänger:innen meiner Meinung nach nicht kennen.*

Koliko moke rabimo za kruh? Za kruh rabimo veliko moke. / Koliko vode rabimo za kruh? Za kruh rabimo malo vode. – Wieviel Mehl braucht man für das Brot? Für das Brot braucht man viel Mehl. / Wieviel Wasser braucht man für das Brot? Für das Brot braucht man wenig Wasser. *man braucht = wir brauchen. Unbestimmte/Unzählbare Mengenangaben / unbestimmte Zahlwörter > Genitiv Singular als Teilungsgenitiv. Siehe dazu LMR: WF, 2017, S. 93.*

Rada bi vino. – Katerega? Belega ali rdečega? – Belega. / Rada bi kruh. – Katerega? Črnega ali belega? – Črnega. / Rad bi čaj. – Katerega? Pravega ali sadnega? Pravega. – Ich hätte gern(e) einen Wein. – Welchen? Weißen oder roten? – Weißen. / Ich hätte gern(e) ein Brot. – Welches? Schwarzes oder weißes? – Schwarzes. / Ich hätte gern(e) einen Tee. – Welchen? Schwarzen oder Früchte? – Schwarzen. *„ein“ = unbestimmter Artikel. Wenn man die Gattung eines Gegenstandes mit grammatisch sächlichem oder männlichem Geschlecht nicht wiederholt, verwendet man das Adjektiv nicht im Akkusativ, sondern auch im Teilungsgenitiv. Siehe oben S. 63.*

Nun folgen ***Maßeinheiten****. Sie können in LMR: WF, 2017, S. 96, nachgelesen werden. Beispiele:* m/meter – Meter, kg/kilogram/kila – Kilogramm/Kilo, l/liter – Liter. Razdalja znaša en meter, dva metra, tri metre, štiri metre, pet metrov, deset metrov, sto metrov. / Meso tehta en kilogram, dva kilograma, tri kilograme, štiri kilograme, pet kilogramov, deset kilogramov, sto kilogramov / eno kilo, dve kili, tri kile, štiri kile, pet kil, deset kil, sto kil. / Vrč vsebuje en liter, dva litra, tri litre, štiri litre, pet litrov, deset litrov, sto litrov. – Die Entfernung beträgt einen, zwei, drei, vier, fünf, zehn, hundert Meter. / Das Fleisch wiegt ein, zwei, drei, vier, fünf, zehn, hundert Kilogramm/Kilo. / Der Krug enthält einen, zwei, drei, vier, fünf, zehn, hundert Liter. *Siehe oben S. 198–200 Deklination von eins bis vier, S. 200+201 Deklination fünf und mehr. Gleiches gilt für alte Maße und Gewichte, z. B.* dúcat – Dutzend; fúnt – Pfund; mílja – Meile; ...

Für ***Verpackungseinheiten*** *und Gefäße/Geschirr gilt das gleiche wie für Maßeinheiten (siehe oben). w.:* kócka – Würfel, kóckica – kleiner Würfel, mréža – Netz, mréžica – kleines Netz, pórcija – Portion, škátla – Schachtel, škátlica – kleine Schachtel, vréča – Sack/Tasche, vréčka – Sackerl, ...; *m.:* kós – Stück, kóšček – Stückerl, šòp – Bund/Bündel, šôpek – kleines Bündel, zabòj – Kiste/Steige, zabôjček – kleine Kiste/Steige, zavòj – Packung, zavôjček – Packerl, ...; *w.* kúpa – Kelch/Glas, pônev *(2.w. > pônve Mz.)* – Pfanne, skléda – Schüssel, skodélica – Schale/Tasse, stekleníca – Flasche, ...; *m.* kélih – Kelch (Kirche), kozárec – Glas, króžnik – Teller, lônec – Kochtopf, lônček – Becher, písker – Häfen, sód – Fass, vrč – Krug, ... *Beispiele:* Pijem kozarec vina. Ne pijem kozarca rdečega vina. / Jem lonček jogurta. Ne jem lončka vanilijevega jogurta. / Kupim mrežo pomaranč. Ne kupim mreže pomaranč. / Naročim kos torte. Naročim dva kosa torte. / Rabim šopek peteršilja. Ne rabim šopka peteršilja. / Imam en vrč rdečega vina. Imam dva vrča belega vina. Imam tri vrče roza vina. Imam štiri vrče penečega vina. Imam pet vrčev odličnega mošta.
Ich trinke ein Glas Wein. Ich trinke kein Glas Rotwein. / Ich esse einen Becher Jogurt. Ich esse keinen Becher Vanille-Jogurt. / Ich kaufe ein Netz Orangen. Ich kaufe kein Netz Orangen. / Ich bestelle ein Stück Torte. Ich bestelle zwei Stück Torte. / Ich brauche ein kleines Bündel Petersilie. Ich brauche kein kleines Bündel Petersilie. / Ich habe einen Krug Rotwein. ... zwei Krüge Weißwein. ... drei Krüge Rosé-Wein. ... vier Krüge Sekt/Schaumwein. ... fünf Krüge ausgezeichneten Most.

Das Lesen der ***Dezimalzahl (decimalno število)*** *sollte noch geübt werden. Siehe dazu LMR: WF, S. 94+95, Dezimalzahlen mit Prozent- bzw. Promilleangaben. Die Benennung bleibt immer im Genitiv Singular / Teilungsgenitiv, also* odstotka *bzw.* tisočinke, *während die Zahl vor dem Komma dekliniert wird. Beispiele:* 1,1 % – ena cela ena odstotka; 2,2 % – dve celi dve odstotka; 3,3 % – tri cele tri odstotka; 4,4 % – štiri cele štiri odstotka; 5,5 % – pet celih pet odstotka; 1,1 ‰ – ena cela ena tisočinke; 2,2 ‰ – dve celi dve tisočinke; 3,3 ‰ – tri cele tri tisočinke; 4,4 ‰ – štiri cele štiri tisočinke; 5,5 ‰ – pet celih pet tisočinke. *Entsprechend liest man:* 1,1 m – ena cela ena metra, 2,2 m – dve celi dve metra, 3,3 m – tri cele tri metra, 4,4 m – štiri cele štiri metra, 5,5 m – pet celih pet metra; *odstotek > odstotka, tisočinka > tisočinke, cel – ganz, cela – das Ganze, ena cela – ein Ganzes, dve celi – zwei Ganze, tri cele – drei Ganze, štiri cele – vier Ganze, pet celih – fünf Ganze, šest celih – sechs Ganze, deset celih – zehn Ganze, tisoč celih – tausend Ganze; 1,1 % = ena cela – ena (desetinka) – odstotka = ein Ganzes – ein (Zehntel) DER PROZENT(ANZAHL) bzw. ein Komma ein (Zehntel) DER PROZENT(ANZAHL). Dezimalzahlen in Vorwortverbindungen liest man z. B. so:* Delež se je dvignil za 1,3 % (eno celo tri odstotka). – Der Anteil erhöhte sich um 1,3 %.

7 Satzmuster-Puzzle zu den Grundzahlwörtern/Kardinalia – Stavčne sestavljanke glede glavnih števnikov

1. Fall sächlich

Star/a sem	**eno leto / dve leti / tri leta / štiri leta.**
Alt bin ich	ein Jahr / zwei Jahre / drei Jahre / vier Jahre.

2. Fall sächlich

Star/a sem	**pet/dvanajst/petintrideset/sedemminsedemdeset let.**
Alt bin ich	fünf/zwölf/fünfunddreißig/siebenundsiebzig Jahre.

4. Fall männlich

Jaz imam	**en evro / dva evra / tri evre / štiri evre.**
Ich habe	einen Euro / zwei Euro / drei Euro / vier Euro.

2. Fall männlich

Jaz imam	**pet/trinajst/štiriinšestdeset/sto/tisoč evrov.**
Ich habe	fünf/dreizehn/vierundsechzig/hundert/tausend Euro.

4. Fall männlich

To stane	**en evro / dva evra / tri evre / štiri evre.**
Das kostet	einen Euro / zwei Euro / drei Euro / vier Euro.

2. Fall männlich

To stane	**pet/trinajst/štiriinšestdeset/sto/tisoč evrov.**
Das kostet	fünf/dreizehn/vierundsechzig/hundert/tausend Euro.

2. Fall männlich

Jaz nimam	**(nobenega) evra / dveh/treh/štirih evrov.**
Ich habe	keinen (einzigen) Euro / keine zwei/drei/vier Euro.
Jaz nimam	**petih/trinajst/štiriinšestdeset/sto/tisoč evrov.**
Ich habe	keine fünf/dreizehn/vierundsechzig/hundert/tausend Euro.

2. Fall männlich

To ne stane	**(nobenega) evra / dveh/treh/štirih evrov.**
Das kostet	keinen (einzigen) Euro / keine zwei/drei/vier Euro.
To ne stane	**petih/trinajst/štiriinšestdeset/sto/tisoč evrov.**
Das kostet	keine fünf/dreizehn/vierundsechzig/hundert/tausend Euro.

4. Fall männlich/weiblich

To tehta	**en kilogram / eno kilo.**
Das wiegt	einen Kilogramm / einen Kilo.
To tehta	**dva kilograma / dve kili.**
Das wiegt	zwei Kilogramm / zwei Kilo.
To tehta	**tri kilograme / tri kile.**
Das wiegt	drei Kilogramm / drei Kilo.
To tehta	**štiri kilograme / štiri kile.**
Das wiegt	vier Kilogramm / vier Kilo.

2. Fall männlich/weiblich

To tehta	**pet/šest/deset/sto kilogramov / pet/šest/deset/sto kil.**
Das wiegt	fünf/sechs/zehn/hundert Kilogramm / fünf/sechs/zehn/100 Kilo.

4. Fall männlich

To traja	**en mesec / en teden / en dan.**
Das dauert	einen Monat / eine Woche / einen Tag.
To traja	**dva meseca / dva tedna / dva dneva.**
Das dauert	zwei Monate / zwei Wochen / zwei Tage.
To traja	**tri mesece / tri tedne / tri dneve.**
Das dauert	drei Monate / drei Wochen / drei Tage.
To traja	**štiri mesece / štiri tedne / štiri dneve.**
Das dauert	vier Monate / vier Wochen / vier Tage.

2. Fall männlich

To traja	**pet/šest mesecev / pet/šest tednov / pet/šest dnevov.**
Das dauert	fünf/sechs Monate / fünf/sechs Wochen / fünf/sechs Tage.

4. Fall weiblich

To traja	**eno uro / eno minuto / eno sekundo.**
Das dauert	eine Stunde / eine Minute / eine Sekunde.
To traja	**dve uri / dve minuti /dve sekundi.**
Das dauert	zwei Stunden / zwei Minuten / zwei Sekunden.
To traja	**tri ure / tri minute / tri sekunde.**
Das dauert	drei Stunden / drei Minuten / drei Sekunden.
To traja	**štiri ure / štiri minute / štiri sekunde.**
Das dauert	vier Stunden / vier Minuten / vier Sekunden.

2. Fall weiblich

To traja	**pet/šest/deset ur / pet/šest/deset minut / pet/šest/deset sekund.**
Das dauert	fünf/sechs/zehn Stunden / fünf/sechs/zehn Minuten / fünf/sechs/ zehn Sekunden.

4. Fall männlich

Premica meri	**en meter / dva metra / tri metre / štiri metre.**
Die Gerade misst	einen/zwei/drei/vier Meter.

2. Fall männlich

Premica meri	**pet/devet/sedemnajst/dvainšestdeset/sto/tisoč metrov.**
Die Gerade misst	fünf/neun/siebzehn/zweiundsechzig/hundert/tausend Meter.

8 Weibliche Hauptwörter ohne –a-Endung – Ženski samostalniki brez končnice –a

eine/die Kirche; ...

w.		*Ez.*	*Zz.*	*Mz.*
	1.F.	cérkev	cérkvi	cérkve
	2.F.	cérkve	cérkev	cérkev
	3.F.	cérkvi	cérkvama	cérkvam
	4.F.	cérkev	cérkvi	cérkve
	5.F.	cérkvi	cérkvah	cérkvah
	6.F.	cérkvijo	cérkvama	cérkvami

ein/der Gedanke; ...

w.		*Ez.*	*Zz.*	*Mz.*
	1.F.	mísel	místi	mísli
	2.F.	mísli	mísli	mísli
	3.F.	mísli	míslima	míslim
	4.F.	mísel	mísli	mísli
	5.F.	mísli	míslih	míslih
	6.F.	míslijo	míslima	míslimi

eine/die Freude; ...

w.		*Ez.*	*Zz.*	*Mz.*
	1.F.	rádost	rádosti	rádosti
	2.F.	rádosti	rádosti	rádosti
	3.F.	rádosti	rádostma	rádostim
	4.F.	rádost	rádosti	rádosti
	5.F.	rádosti	rádostih	rádostih
	6.F.	rádostjo	rádostma	rádostmi

eine/die Henne; ...

w.		*Ez.*	*Zz.*	*Mz.*
	1.F.	kokóš	kokóši	kokóši
	2.F.	kokóši	kokóši	kokóši
	3.F.	kokóši	kokóšma	kokóšim
	4.F.	kokóš	kokóši	kokóši
	5.F.	kokóši	kokóših	kokóših
	6.F.	kokóšjo	kokóšma	kokóšmi

eine/die Maus; ...

w.		*Ez.*	*Zz.*	*Mz.*
	1.F.	mìš	míši	míši
	2.F.	míši	míši	míši
	3.F.	míši	míšma	míšim
	4.F.	mìš	míši	míši
	5.F.	míši	míših	míših
	6.F.	míšjo	míšma	míšmi

eine/die Sache; ...

w.		*Ez.*	*Zz.*	*Mz.*
	1.F.	stvár	stvarí	stvarí
	2.F.	stvarí	stvarí	stvarí
	3.F.	stvarí	stvaréma	stvarém
	4.F.	stvár	stvarí	stvarí
	5.F.	stvarí	stvaréh	stvaréh
	6.F.	stvarjó	stvaréma	stvarmí

Beispiele: lepa cerkev, dobra misel, neskončna radost, rumena kokoš, siva miš, važna stvar – eine/die schöne Kirche, ein guter/der gute Gedanke, eine/die unendliche Freude, eine/die braune Henne, eine/die graue Maus, eine/die wichtige Sache

Tó je svêtla lúč.
Das ist ein helles Licht. /
Das ist das helle Licht.

Tó so svêtle lučí.
Das sind helle Lichter. /
Das sind die hellen Lichter.

In diese Gruppe gehören von einem Zeitwort abgeleitete Hauptwörter auf –ev. Beispiele: w.: molíti > molítev – Gebet, ponovíti > ponovítev – Wiederholung, sklánjati > sklanjátev, vŕniti > vrnítev – Rückkehr, … und cérkev – Kirche, bréskev – Pfirsich, léstev – Leiter, žŕtev – Opfer, ... *Hauptwörter mit betontem –èv sind aber männlich. Beispiele:* odsèv – Echo, odmèv – Widerschein, lèv *Leb.* – Löwe, ... *Siehe dazu LMR: WF, 2017, S. 43. Ähnlich verhalten sich Substantive auf –el, –em, –en. Beispiele w.:* mísel – Gedanke, pésem – Gedicht/Lied, básen – Fabel, ... *Beispiele m.:* kôtel – Kessel, pójem – Begriff, kámen – Stein, bazén – Schwimmbecken, pepél – Asche, ...; socialízem – Sozialismus, ... *Siehe dazu LMR: WF, 2017, S. 43.*

Weiters gehören in diese sogenannte ***zweite/2. weibliche Deklination*** *alle Hauptwörter auf –ost. Diese werden meistens aus Eigenschaftswörtern abgeleitet. Beispiele:* ràd/ráda *(Adverb)* – gern(e) > rádost – Freude, híter/hítra > hitróst – Geschwindigkeit, móder/módra > modróst – Weisheit, móžen/móžna > móžnost – Möglichkeit, neváren/nevárna > nevárnost – Gefahr/Gefährlichkeit, pretêkli/pretêkla > pretêklost – Vergangenheit, ... *Siehe LMR: WF, 2017, S. 44.*

Außerdem gehören in diese Gruppe zweisilbige Hauptwörter, deren grammatisches Geschlecht man auswendig lernen muss. Beispiele: kokóš – Henne, čeljúst – Kiefer, četŕt – Viertel, jesén – Herbst, obŕt – Gewerbe, pámet – Verstand, perút – Flügel, pomlád – Frühjahr, pomóč – Hilfe, posést – Besitz, postŕv – Forelle, povéd – Aussage, povést – Erzählung, zapôved – Verbot, zíbel – Wiege, živál – Tier, ... *Siehe LMR: WF, 2017, S. 44.*

Außerdem gehören in diese Gruppe einige einsilbige Hauptwörter, deren Geschlecht man auch auswendig lernen muss. Beispiele: mìš – Maus, nìt – Faden, smŕt – Tod, vést – Gewissen, ... *Siehe LMR: WF, 2017, S. 45.*

Die Gruppe auf –ev dekliniert in der Zweizahl und Mehrzahl meistens wie die Hauptwörter auf –a, demnach cérkve, ..., cérkvah, ... *Alle anderen bisher genannten Gruppen der 2. weiblichen Deklination auf –i haben im 5. Fall Mehrzahl ein –ih, also* míslih, ...; pésmih, ...; básnih, ...; rádostih, ...; kokóših, ...; míših, ...

Die nun folgende Gruppe einsilbiger weiblicher Substantive dekliniert auch auf –i, trägt aber im 5. Fall Mehrzahl ein betontes –éh und im 3. Fall Mehrzahl ein betontes –ém. Bei dieser Gruppe wechselt außerdem die Betonung vom Stamm auf die Endsilbe, z. B. stvár > stvarí > stvaréh – Sache. *Wem also Slowenisch passiv im Ohr klingt, der kann sich damit vielleicht behelfen. Beispiele:* část > častí > častéh – Ehre, dlán > dlaní > dlanéh – Handfläche, gós > gosí > goséh – Gans, klóp > klopí > klopéh – (Sitz-)Bank, lúč > lučí > lučéh – Licht, móč > močí > močéh – Macht, nóč > nočí > nočéh – Nacht, péč > pečí > pečéh – Ofen, pést > pestí > pestéh – Faust, skŕb > skrbí > skrbéh – Sorge, smér > smerí > smeréh – Richtung, snóv > snoví > snovéh – Stoff, strán > straní > stranéh – Seite, vás > vasí > vaséh – Dorf, vŕst > vrstí > vrstéh – Art, zvŕst > zvrstí > zvrstéh – Gattung, ... *Siehe LMR: WF, 2017, S. 44+45.*

Ob die Endsilbe im Instrumental (6. Fall) Singular –jo oder –ijo lautet bzw. im Plural auf –mi oder –imi endet, hängt von den vorhergehenden Mitlauten (Konsonanten) ab. Steht davor nur ein Mitlaut, folgen –jo bzw. –mi, stehen davor zwei Mitlaute, folgen –ijo und –imi. „st“ zählt hier als ein Mitlaut, der in Deutsch früher auch nicht abgeteilt werden durfte. Das ist auf den handgesetzten Buchdruck zurückzuführen, als die beweglichen Lettern in eine Satzschrift eingesetzt wurden und die Verbindung „ ſt *“ (st) noch als eine Letter galt.*

Schließlich wird hier noch erwähnt, dass Fremdwörter mit einem Endakzent aus dem Italienischen nicht dekliniert werden. Beispiel: pietà – Pietá. *Siehe LMR: WF. 2017, S. 33. Ähnliche Hauptwörter:* cittá – Stadt, caffé – Kaffee(haus). *Die italienischen Originale kann man auch entweder ohne Akzent verschriften und weiblich oder männlich deklinieren oder ganz einfach in der slowenischen Übersetzung verwenden:* cittá > *w.* citta > citte, ... – mesto; caffé > *m.* caffe > caffeja, ... > kava/kavarna, ...

Wortbeispiele zur zweiten weiblichen Deklination befinden sich in LMR: WF, 2017, S. 50+51. Doppelformen zu –ov– und –éh befinden sich dort auf den S. 46+47, Wortbeispiele dazu ebenfalls auf den S. 50+51.
Zu zób, lás, móž siehe oben S. 197. Ähnlich deklinieren nós und vóz, erweitern aber mit –ov.
m. Ez.: nós* (eine/die Nase), nosú/(nósa), nósu, nós, nósu, nósom/~~nosém~~; *Mz.:* nosôvi, nosôv, nosôvom, nosôve, noséh/nosôvih, nosôvi; *Zz.:* nosôva, nosôv, nosôvoma, nosôva, nosôvih, nosôvoma/~~noséma~~;
m. Ez.: vóz* (ein/der Wagen), vóza, vózu, vóz, vózu, vózom; *Mz.:* vozjé/vozôvi, vóz/vozôv, vozém/vozôvom, vóze/vozôve, vozéh/vozôvih, vozmí/vozôvi; *Zz.:* vozôva, vozôv, vozôvoma, vozôva, vozôvih, vozôvoma.
* https://besana.amebis.pregibanje/, *21.10.2021. SSKJ 1994 und Pravopis 2001 sind inzwischen veraltet. Oft verwendete Wörter schleifen ihre Sonder-/Doppelformen ab.*

9 Männliche Hauptwörter auf –a – Moški samostalniki na –a

m.+m.	*Ez.* – ein berühmter / der berühmte Herzog	*Zz.*	*Mz.*
1.F.	sláven, slávni vojvóda	slávna vojvóda	slávni vojvódi
2.F.	slávnega vojvóda	slávnih vojvódov	slávnih vojvódov
3.F.	slávnemu vojvódu	slávnima vojvódoma	slávnim vojvódom
4.F.	slávnega vojvóda *Leb.*	slávna vojvóda	slávne vojvóde
5.F.	slávnemu vojvódu	slávnih vojvódih	slávnih vojvódih
6.F.	slávnim vojvódom	slávnima vojvódoma	slávnimi vojvódi

Beispiele: vojvóda – Herzog, áta – „Tate/Tati"/Vater, ôčka – Vati, koléga – Kollege, ... (Siehe LMR: WF, 2017, S. 10+15, S. 23.)

m.+m.	*Ez.* – ein moderner / der moderne Leiter	*Zz.*	*Mz.*
1.F.	sodôben, sodôbni vódja	sodôbna vódja	sodôbni vódji
2.F.	sodôbnega vódja	sodôbnih vódjev	sodôbnih vódjev
3.F.	sodôbnemu vódju	sodôbnima vódjema	sodôbnim vódjem
4.F.	sodôbnega vódja *Leb.*	sodôbna vódja	sodôbne vódje
5.F.	sodôbnemu vódju	sodôbnih vódjih	sodôbnih vódjih
6.F.	sodôbnim vódjem	sodôbnima vódjema	sodôbnimi vódji

Beispiele: vódja – Leiter, poslovódja – Geschäftsführer, páša – Pascha, pismonóša – Briefträger, ... (Siehe LMR: WF, 2017, S. 10+15, S. 23.)
In diesen beiden Mustern deklinieren das Adjektiv und das Substantiv im Maskulinum.

m.+w.	*Ez.* – ein berühmter / der berühmte Herzog	*Zz.*	*Mz.*
1.F.	sláven, slávni vojvóda	slávna vojvódi	slávni vojvóde
2.F.	slávnega vojvóde	slávnih vojvód	slávnih vojvód
3.F.	slávnemu vojvódi	slávnima vojvódama	slávnim vojvódam
4.F.	slávnega vojvódo	slávna vojvódi	slávne vojvóde
5.F.	slávnemu vojvódi	slávnih vojvódah	slávnih vojvódah
6.F.	slávnim vojvódo	slávnima vojvódama	slávnimi vojvódami

Beispiele: vojvóda – Herzog, áta – „Tate/Tati"/Vater, barába – Schuft, koléga – Kollege, ... (Siehe LMR: WF, 2017, S. 10+15, S. 23.)

m.+w.	*Ez.* – ein moderner / der moderne Leiter	*Zz.*	*Mz.*
1.F.	sodôben, sodôbni vódja	sodôbna vódji	sodôbni vódje
2.F.	sodôbnega vódje	sodôbnih vódij	sodôbnih vódij
3.F.	sodôbnemu vódji	sodôbnima vódjama	sodôbnim vódjam
4.F.	sodôbnega vódjo	sodôbna vódji	sodôbne vódje
5.F.	sodôbnemu vódji	sodôbnih vódjah	sodôbnih vódjah
6.F.	sodôbnim vódjo	sodôbnima vódjama	sodôbnimi vódjami

Beispiele: vódja – Leiter, poslovódja – Geschäftsführer, páša – Pascha, pismonóša – Briefträger, ... (Siehe LMR: WF, 2017, S. 10+15, S. 23.)
In diesen beiden Mustern dekliniert das Adjektiv auch im Maskulinum, das Substantiv aber im Femininum. In Slowenien wird dieses kombinierte Modell bevorzugt verwendet.

umetniški vodja, duhovit/duhoviti poslovodja, srednjeveški vójvoda, ustoličenje koroškega vojvode – ein künstlerischer / der –e Leiter, ein geistreicher / der –e Geschäftsführer, ein mittelalterlicher / der –e Herzog, die Amtseinsetzung des Kärntner Herzogs

10 Einzahl- und Mehrzahlwörter / Singularia- und Pluraliatantum – Edninske in množinske besede

Folgende Einzahlwörter/Singulariatantum wurden bereits bei den einzelnen Deklinationsschemata behandelt. Siehe LMR: WF, 2017, (Seitenangaben folgen unten).
S. 9, m. Ez., film: außerdem april – April, avgúst – August, vzhòd – Osten, zahòd – Westen, júg – Süden, ... *(siehe auch S. 14+15)*;
S. 11, m. Ez., písker: septêmber – September, október – Oktober, novêmber – November, decêmber – Dezember, ... *(siehe auch S. 15)*;
S. 13, m. Ez., čáj: außerdem máj – Mai, júnij – Juni, júlij – Juli, ... *(siehe auch S. 15)*;
S. 13, m. Ez., lônec: außerdem márec – März, ... *(siehe auch S. 15)*;
S. 21, s. Ez., ôkno: máslo – Butter, vesêlje – Freude, ..., *außerdem* zélje – Kraut; igránje – das Spielen, iskánje – das Suchen, číščenje – das Reinigen *(alle Gerundien auf –anje und –enje)*; cvétje – Blüten, lístje – Laub, sádje – Obst, grmôvje – Gestrüpp, ...; pítje – das Trinken *(alle Gerundien auf –tje); (Beispiele S. 34+35)*;
S. 22, m. Ez., tólar: krompír – Erdapfel (*Mz.*: Erdäpfel) / Kartoffel, papír – Papier, sládkor – Zucker, jánuar – Jänner, fébruar – Feber, ... *(Beispiele S. 34+35)*;
S. 24, m. Ez., večér: séver – Norden, lôvor – Lorbeer, ... *(Beispiele S. 34+35)*;
S. 26, m. Leb. Ez., vólk: Bóg – Gott (christlich) *(Beispiele S. 34+35)*;
S. 28, m. Ez., pót: lán – Flachs, méd – Honig, mír – Friede, pót *(2.F. Ez.* pótu/póta, *S. 45)* – Schweiß, slád – Malz, ... *(Beispiele S. 34+35)*;
S. 33, 2.w. nur Ez.: krí – Blut, krví, krví, krí, krví, krvjó *(S. 33)*;
S. 43, 2.w. Ez., misel: ljubézen – Liebe, ... *(Beispiele S. 50+51)*;
S. 44, 2.w. Ez., rádost: krátkost – Kürze, kreatívnost – Kreativität, preteklost – Vergangenheit, prihódnost – Zukunft, relatívnost – Relativität, sedánjost – Gegenwart, štévnost – Zählbarkeit, ... *(Beispiele S. 50+51)*;
S. 44, 2.w. Ez., kokóš: koríst – Nutzen, zavést – Gewissen, zavíst – Neid, ... *(Beispiele S. 50+51)*;
S. 45, m.. Ez., obréd: pót *(2.F. Ez.* pótu/póta, *S. 28)*, réd – Ordnung, ... *(Beispiele S. 50+51)*;
S. 45, 2.w. Ez., stvár: pólst – Filz, ... *(Beispiele S. 50+51)*;
Für-/Fragewörter in der Einzahl siehe unten S. 210. Eigennamen siehe unten S. 211–220.

Folgende Mehrzahlwörter wurden bereits bei den einzelnen Deklinationsschemata behandelt. Siehe LMR: WF, 2017, (Seitenangaben folgen unten).
S. 20, w. Mz., sêstra: gráblje – Rechen, cítre – Zither, márnje – Gerede, ...; *zárja:* škárje – Schere, *außerdem* gárje – Karren/ Garling, ...;
S. 21, s. Mz., ôkno: jétra – Leber, ...;
S. 33, m. Mz.: stárši – Eltern, stáršev, stáršem, stárše, stárših, stárši (*Siehe dort auch die Zweizahl* stárša. *Vgl. dazu* stári stárši – Großeltern / „alte Eltern", stárih stáršev, stárim stáršem, stáre stárše, stárih stárših, stárimi stárši*)*;
S. 48, w. Mz.: počítnice – Ferien, hláče – Hose, ... *(Beispiele S. 50+51)*;
S. 48, w. Mz.: cítre *(S. 20)* – Zither, orgle – Orgel, ... *(Beispiele S. 50+51)*;
S. 48, w. Mz.: škárje – Schere, ... *(Beispiele S. 50+51)*;
S. 48, s. Mz.: očála – Brille, ústa – Mund, ... *(Beispiele S. 50+51)*;
S. 48, s. Mz.: jétra *(S. 21)* – Leber, ... *(Beispiele S. 50+51)*;
S. 49, s. Mz.: dŕva/drvá – Brennholz *(Beispiele S. 50+51)*;
S. 49, s. Mz.: tlà – Fußboden *(Beispiele S. 50+51)*;
S. 49, 2.w. Mz.: obrésti – Zinsen, bínkošti – Pfingsten, ... *(Beispiele S. 50+51)*;
S. 49, 2.w. Mz.: jásli – Krippe, gósli – Geige, ... *(Beispiele S. 50+51)*;
S. 49, 2.w. Mz.: očí *(zu S. 25* okó*)* – Augen, smučí – Schi, ... *(Beispiele siehe oben S. 71+72)*;

S. 49, m. Mz.: možgáni – Gehirn, naóčniki – Brillen, ... *(Beispiele S. 50+51)*;
S. 49, m. Mz.: potómci – Nachkommen, prednámci – Vorfahren, ... *(Beispiele S. 50+51)*;
S. 49, m. Mz.: ljudjé *(Mz. zu* člôvek, *S. 32)* – Leute.
Zu Eigennamen in der Mehrzahl siehe unten S. 211–220.

Kri teče v venah. Moja kri ni v redu. Nimam dovolj krvi. S krvjo moram na raziskavo. / Moja pljuča, jetra in možgani so zdravi. Na pljučih ni nič posebnega. Šminkam si usta. / Tam so ljudje. V razredu še ni ljudi. / To so moji starši. A ti nimaš več staršev? A je Karel bil pri starih starših?
Das/Mein Blut fließt in den/meinen Venen. Mein Blut ist nicht in Ordnung. Ich habe nicht genug Blut. Wegen meinem Blut muss ich zur Untersuchung. / Meine Lunge, meine Leber und mein Gehirn sind gesund. In meinen Lungen gibt es nichts Besonderes. Ich schminke meinen Mund. / Dort sind Leute. In der Klasse sind noch keine Leute. / Das sind meine Eltern. Hast du keine Eltern mehr? War Karl bei seinen Großeltern?

*Spezifische **Zweizahlwörter/„Dualiatantum"** sind z. B.*
S. 49, w. Mz., počítnice > w. Zz.: dvójčici – Zwillinge (zwei Mädchen); Ríbi – Fische (Sternkreiszeichen); *aber w. Ez.:* trójčica – Drilling;
S. 50, m. Mz., potómci > m. Zz.: dvójčka – Zwillinge (zwei Buben, ein Bub und ein Mädchen); Dvójčka – Zwillinge (Sternkreiszeichen); *aber m. Ez.:* trójček – Drilling, četvórček – Vierling, petérček – Fünfling;
„Zwillinge" gelten nicht als natürliches Paar, weshalb nur die Zweizahlform verwendet wird. Außerdem gibt es die Grundzahl m. dvá, *w.* dvé, *s.* dvé – zwei *und die Sammelzahl m.* obá, *w.* obé, *s.* obé – beide *als Fürwort. Das Zahlwort und das Fürwort zählen nämlich zu den **nominalen Wortarten** wie das Hauptwort und das Eigenschaftswort. Zum Zahlwort „2" siehe LMR: WF, 2017, S. 76 Zählen, S. 78+79 Biegung, S. 86+87 Beispiele, S. 88+89 mit Vorwort s/z im 6. Fall, S. 90 Nummerierung, S. 93 zählbare Mengen; zum Zahlwort/Fürwort „beide/ Beide" siehe LMR: WF, 2017, S. 97 mit Beispielen. Zur Dualbildung beim Eigenschafts- und Hauptwort siehe oben S. 85+86 und beim Zeitwort S. 87–90. Zur Deklination des Zahlwortes „2" siehe oben S. 198+199, S. 200, S. 202, S. 203+204 Sätze.*

11 Nachtrag zu den Ordnungszahlen

Na prvih mestih uvrščeni športniki so dobili zlate kolajne.
Na drugih mestih uvrščeni športniki so dobili srebrne kolajne.
Na tretjih mestih uvrščeni športniki so dobili bronaste kolajne.
Na četrtih do šestih mestrih uvrščeni športniki so dobili šopke rož.
Na sedmih do desetih mestih uvrščeni športniki so dobili potrdila.
Na prvih mestih uvrščene športnice so dobile zlate kolajne. ...
Oba športnika, ki sta bila uvrščena na prvih mestih, sta dobila po eno zlato kolajno.
Obe športnici, ki sta bili uvrščeni na prvih mestih, sta dobili po eno zlato kolajno.
Die auf den ersten Plätzen gereihten Sportler erhielten Goldmedaillen.
Die auf den zweiten Plätzen gereihten Sportler erhielten Silbermedaillen.
Die auf den dritten Plätzen gereihten Sportler erhielten Bronzemedaillen.
Die auf den vierten bis sechsten Plätzen gereihten Sportler erhielten Blumensträuße.
Die auf den sieb(en)ten bis zehnten Plätzen gereihten Sportler erhielten Urkunden.
Die auf den ersten Plätzen gereihten Sportlerinnen erhielten Goldmedaillen. ...
Beide Sportler, die auf dem ersten Platz gereiht waren, bekamen je eine Goldmedaille.
Beide Sportlerinnen, die auf dem ersten Platz gereiht waren, bekamen je eine Goldmedaille.
Nachtrag zu oben S. 97–99.

12 Die Fürwörter/Pronomen – Zaimki

Zum persönlichen Fürwort (Personalpronomen / osebni zaimek) *siehe oben S. 18, S. 37+38, S. 40, S. 116, S. 132, S. 153. Zu den Fürwörtern siehe LMR: WF, 2017, S. 97* ***die hinweisenden Fürwörter (Demonstrativpronomen / kazalna zaimka)*** „tá, tó, tá“ – diese/s/r *und* „vsà, vsè, vès“ – die/das/der ganze*; S. 100+101 das persönliche Fürwort; S. 104+105* ***die besitzanzeigenden Fürwörter (Possessivpronomen / svojilni zaimki)*** „môja, tvôja, njéna, njegôva, ...“ – meine, deine, ihre, seine, ... *und* ***das rückbezügliche besitzanzeigende Fürwort (reflexive Possessivpronomen / povratni svojilni zaimek)*** „svôja, ...“ – meine (eigene), ...*; S. 106 die Fürwörter* „tákšna, ...“ – solch eine, ... *und* „táka, ...“ – so eine, ...*; S. 107* „katéra, ...“ – welche, ..., „néka, ...“ – jene, ... *und* „ki (jo, ga, ga)“ – die, das, der *sowie* „čígar“ – dessen *und* „čigáver“ – wessen (auch) immer*; S. 108* „vsáka, ...“ – jede, ..., „vsákogaršnja, ...“ – jeder, ... gehörig*,* ***die Indefinitpronomen (nedoločna zaimka)*** „nihčè“ – niemand*,* „nìč“ – nichts*; S. 109* ***die Relativpronomen (oziralni zaimki)*** „káj“ – was*,* „kár“ – ..., was*,* „kdó“ – wer*,* „kdór“ – ..., wer *und* „vsè“ – alles*. Dazu gibt es dort auch jeweils Satzbeispiele; schließlich auf S. 110–113 Beispiele zu den* ***Fragefürwörtern (Interrogativpronomen / vprašalni zaimki)****.*

Man unterscheidet ***Fürwörter, die ein Eigenschaftswort vertreten, und jene, die ein Hauptwort ersetzen****. Erstere deklinieren auch wie ein Eigenschaftswort, z. B. w.* táka, táke, táki, táko, táki, táko – so eine, ... *Davon abweichende Formen muss man auswendig lernen. Hier werden nur einige Deklinationsbeispiele in Ausschnitten wiedergegeben.*
nihčè, nikógar, nikómur, nikógar, pri nikómer, z nikómer – niemand *(S. 108, nur Einzahl)*;
nìč, ničésar, ničémur, nìč, pri ničémer, s ničémer – nichts *(S. 108, nur Einzahl)*;
káj, česa, čému, káj, pri čém, s čím – was *(S. 109, nur Einzahl)*;
kár, česar, čémur, kár, pri čémer, s čímer – ..., was *(S. 109, nur Einzahl)*;
kdó, kóga, kómu, kóga, pri kóm, s kóm – wer *(S. 109, nur Einzahl)*;
kdór, kógar, kómur, kógar, pri kómer, s kómer – ..., wer *(S. 109, nur Einzahl)*;
vsè, vsèga, vsèmu, vsè, pri vsèm, z vsèm – alles *(S. 109, auch Dual und Plural)*.

13 Das rückbezügliche Fürwort / Reflexivpronomen – Povratni zaimek

		1.Ps.	*2.Ps.*	*3.Ps.*	
Ez.		*w./s./m.*	*w./s./m.*	*w.*	*s./m.*
	1.F.	---	---	---	---
		---	---	---	---
	2.F.	sêbe / **se**	sêbe / **se**	sêbe / **se**	
		meiner	deiner	ihrer	seiner
	3.F.	sêbi / **si**	sêbi / **si**	sêbi / **si**	
		mir	dir	sich	
	4.F.	sêbe / **se**	sêbe / **se**	sêbe / **se**	
		mich	dich	sich	
	5.F.	pri sêbi	pri sêbi	pri sêbi	
		bei mir	bei dir	bei sich	
	6.F.	s sebój/ s sábo	s sebój/ s sábo	s sebój s sábo	
		mit mir	mit dir	mit sich	

Siehe dazu LMR: WF, 2017, S. 102+103. In Slowenisch gelten die Formen der 1. Ps. Ez. für alle Personen und Zahlen.

14 Die Deklination von Eigennamen – Sklanjatev osebnih imen

Als Eigennamen zählen z. B. Personennamen, u. zw. Vor- und Zu-/Nach-/Familiennamen, geographische Namen, u. zw. Nationalitäten, Orts-, Städte-, Landes-, Gewässer- und Gebirgsnamen sowie Werktitel, also Namen von Büchern, Theater- und Musikstücken. In der Regel werden alle drei Gattungen nur in der Einzahl dekliniert, weil selten zwei, drei oder mehr Personen, Orte ober Buchtitel mit demselben Namen zur selben Zeit am selben Ort anzutreffen sind.

Die Personennamen wurden schon in LMR: WF, 2017, S. 58–65, ausführlich besprochen. Grammatisch weibliche Deklinationsmuster befinden sich auf S. 58+59, grammatisch männliche Deklinationsmuster auf S. 60–62, die Anrede für Damen und Herren auf S. 63, die Anrede für die Geistlichkeit und die Weltlichkeit auf S. 64, Begrüßungsbeispiele auf S. 65. Der Anrede-Fall (Vokativ/zvalnik) fiel in Slowenisch irgendwann mit den Formen des 1. Falls (Nominativ/imenovalnik) zusammen, daher heißt es in der Litanei und im Kirchenlied „tebe, o Marija, ...“ *und nicht* „~~tebe, o Marijo~~, ...“ – dich, o Maria, ... *Und es heißt am Briefumschlag* „Gospa ...“ – An Frau ... *bzw.* „Gospod ...“ – An Herrn ... *und in der Begrüßung* „ Spoštovani!“ *und nicht* „~~Spoštovane!~~“ – Sehr geehrte Damen und Herren! *Da die Akzentstellen großteils gleichbleibend sind, wurden sie mehrheitlich im Nominativ angeführt.*

14.1 Grammatisch weibliche Personennamen – Ženska imena

Ez.: Ána Ségula, Áne Ségule, Áni Séguli, Áno Ségulo, Áni Séguli, Áno Ségulo *(w. auf –a werden dekliniert. In der Regel dekliniert man zwei oder mehr Hauptwörter hintereinander.)*
Ez.: Íngrid Nésun, Íngrid Nésun, Íngrid Nésun, Íngrid Nésun, Íngrid Nésun, Íngrid Nésun *(w. ohne –a-Endung bleiben gleich, werden also nicht dekliniert.)*

Man kann dem Familiennamen einer Frau die Besitzanzeigesilbe –ova/–eva anfügen, was sie dann als Tochter oder Ehegattin ausweist. Das ist bei allen Familiennamen möglich. Beispiele: Ez.: Boróvnik > Boróvnikova, Kvéder > Kvédrova, Múrko > Múrkova, Táufer > Táuferjeva, Makárovič > Makarovičeva, *wobei –e– in –er entfällt, –er mit bleibendem –e– aber durch –j– erweitert wird, –ova nach c č š ž j zu –eva wird. Siehe dazu LMR: WF, 2017, S. 58+59.*

14.2 Grammatisch männliche Personennamen – Moška imena

Grammatisch männliche Personennamen werden immer dekliniert. In einem Personennamen können auch mehrere sprachliche Phänomene gleichzeitig zum Tragen kommen. Alle männlichen Personennamen fallen im Akkusativ unter die Kategorie „Lebewesen“. Beispiele:
Ez.: Ánton Ógris, Ántona Ógrisa, Ántonu Ógrisu, Ántona Ógrisa, Ántonu Ógrisu, Ántonom Ógrisom *(m. auf Null-Endung; nicht auf: –er/–ek/–ec, –or/–er/–ar, –i/–y, c č š ž j / ts tsch sch [dʒ] ć=TSJ, y=J oder ähnliche End-Mitlaute, –e, –u, –l, –ski/–sky; –ir, –o, –e (ital.), –a. Die einfach zu deklinierenden männlichen Namen enden auf: b d f g h ch k m n p r s t v w x ks.)*
Ez.: Péter Drnóvšek, Pétra Drnóvška, Pétru Drnóvšku, Pétra Drnóvška, Pétru Drnóvšku, Pétrom Drnóvškom *(auf –er/–ek/–ec entfällt das –e–);*
Ez.: Vodopívec, Vodopívca, Vodopívcu, Vodopívca, Vodopívcu, Vodopívcem *(–em s. unten);*
Ez.: Grégor Óliver Sítar, Grégorja Óliverja Sítarja, Grégorju Óliverju Sítarju, Grégorja Óliverja Sítarja, Grégorju Óliverju Sítarju, Grégorjem Óliverjem Sítarjem *(–or/–er/–ar plus –j–);*
Ez.: Hánzi Linási, Hánzija Linásija, Hánziju Linásiju, Hánzija Linásija, Hánziju Linásiju, Hánzijem Linásijem *(auf –i erweitern auch mit –j–);*

Ez.: Nêstroy, Nêstroya, Nêstroyu, Nêstroya, Nêstroyu, Nêstroyem *(Endungs-y = –j–)*;
Ez.: Lóvrenc Andreáš, Lóvrenca Andreáša, Lóvrencu Andreášu, Lóvrenca Andreáša, Lóvrencu Andreášu, Lóvrencem Andreášem *(–om wird nach c č š ž j zu –em, siehe oben Vodopívec)*;
Ez.: Ádamitsch > Ádamitschem, Smólić > Smólićem, Grándits > Gránditsem *(die Mitlaute/ Mitlautverbindungen am Wortende klingen ähnlich wie c č š ž j, werden nur anders geschrieben, daher wird auch hier –om zu –em)*;
Ez.: Stáne Peterlè, Stáneta Peterléta, Stánetu Peterlétu, Stáneta Peterléta, Stánetu Peterlétu, Stánetom Peterlétom *(auf –e erweitern in slowenischen Namen auf –t–, oft Akzentwechsel)*;
Ez.: Smóle, Smóleja, Smóleju, Smóleja, Smóleju, Smólejem *(in Kärntner Namen plus –j–)*;
Ez.: Nêhru, Nêhruja, Nêhruju, Nêhruja, Nêhruju, Nêhrujem *(auf –u erweitern auch mit –j–)*;
Ez.: Vráncl, Vráncla/Vránclna, Vránclu/Vránclnu, Vráncla/Vránclna, Vránclu/Vránclnu, Vránclom/Vránclnom *(Kärntner Namen auf –l können mit –n– erweitern)*;
Ez.: Pjótr Íljitsch Tschaikówski > Pjótr Íljič Čajkóvski, Pjótra Íljiča Čajkóvskega, Pjótru Íljiču Čajkóvskemu, Pjótra Íljiča Čajkóvskega, Pjótru Íljiču Čajkóvskem, Pjótrom Íljičem Čajkóvskim *(slawische Namen auf –ski deklinieren wie ein Eigenschaftswort)*;
Ez.: Kréisky, Kréiskyja, Kréiskyju, Kréiskyja, Kréiskyju, Kréiskyjem *(nicht slawisch empfundene Namen auf –sky, gesprochen –SKI, erweitern mit –j–. In der Regel dekliniert man zwei oder mehr Hauptwörter hintereinander.) Siehe dazu LMR: WF, 2017, S. 60.*

Nun folgen die Erklärungen zu den Ausführungen in LMR: WF, 2017, auf S. 61. Beispiele:
Ez.: Vládimir Rúngaldir > Vládimirja Rúngaldirja / Vládimira Rúngaldira, …, Vládimirjem Rúngaldirjem / Vládimirom Rúngaldirjem *(Namen auf –ir erweitert mit –j–oder nicht)*;
Ez.: Požár, Požára, Požáru, Požára, Požáru, Požárom *(kommt von* požár, požára – Brand, *erweitert daher nicht mit –j–)*;
Ez.: Drágo Ínzko, Drága Ínzka, Drágu Ínzku, Drága Ínzka, Drágu Ínzku, Drágom Ínzkom *(Namen auf –o wechseln direkt, ohne Erweiterung, zur entsprechenden Deklinationsendung)*;
Ez.: Stánko Márco *(gesprochen MÁRKO)*, Stánkota Márcota, Stánkotu Márcotu, Stánkota Márcota, Stánkotu Márcotu, Stánkotom Márcotom *(im Kärntner slowenischen Dialekt erweitern Namen auf –o mit –t–)*;
Ez.: Giusêppe Cônte, Giusêppeja Cônteja, Giusêppeju Cônteju, Giusêppeja Cônteja, Giusêppeju Cônteju, Giusêppejem Côntejem *(vermutlich wegen der Häufigkeit von –e am Ende von italienischen Namen kann man sie entweder mit –j– erweitern oder auch nicht)*;
Ez.: Giusêppe Cônte, Giusêppa Cônta, Giusêppu Côntu, Giusêppa Cônta, Giusêppu Côntu, Giusêppom Côntom *(Deklination von italienisch –e wie oben beim –o)*;
Ez.: Matíja Jánša, Matíja Jánše, Matíju Jánši, Matíja Jánšo, Matíju Jánši, Matijem Jánšo *(bei Namen auf –a dekliniert man oft den Vornamen m. und den Familiennamen w. Wenn man beide nur m. oder nur w. dekliniert, dann bleibt das natürliche Geschlecht außer Acht.)*

Einige fremdsprachige Namen sind im letzten Deklinationsmuster auf S. 61 angeführt, wobei hier die Aussprache von der Schreibweise abweichen kann. Beispiel: Ez.: Francoís Moliére *(gesprochen* FRANSÕÁ MOLJÊR), Francoísa Moliérea/Moliéra (FRANSÕÁJA MOLJÊRA), ..., Francoísom Moliéreom/Moliérom (FRANSÕÁJEM MOLJÊROM).
Bei Zweifel bezüglich des Geschlechtes verwendet man „gospá/gospód" *und/oder die Berufsbezeichnung* „arhitéktka – Architektin, učítelj – Lehrer, …" *und lässt den Personennamen im Nominativ.* Z. B.: Nogometaša N'Golo Kanté in Kylian Mbappe sta odlično igrala. – Die Fußballer N'Golo Kanté und Kylian Mbappe spielten hervorragend.

14.3 Die Possessivsilben –in–, –ov–/–ev– bei Personennamen

w. Ez.: Angélika > Angélikina/Angélikino/Angélikin, ... Íngrid/Líni/Maríe > To je torba od Ingrid/Lini/Marie. To je kolo od Ingrid/Lini/Marie. To je klobuk od Ingrid/Lini/Marie. – Das ist die Tasche / das Fahrrad / der Hut von Ingrid/Lini/Marie. *Bei ausländischen weiblichen Namen wird die Verwendung der Präposition „von/od" empfohlen.*

m. Ez.: Dávid > Dávidova/Dávidovo/Dávidov, ...; Péter > Pétrova/Pétrovo/Pétrov, ...; stríc – Onkel > stríčeva/stríčevo/stríčev; Tomáž > Tomáževa/Tomáževo/Tomážev, ...; Grégor, Hánzi > Grégorjeva/Grégorjevo/Grégorjev, ... *bzw.* Hánzijeva/Hánzijevo/Hánzijev, ...; Drágo > Drágova/Drágovo/Drágov, ...; Vládimir > Vládimirova/Vládimirjeva / Vládimirovo/Vládimirjevo / Vládimirov/Vládimirjev, ...; ôče > očétova/očétovo/očétov, Stáne > Stánetova/Stánetovo/Stánetov, ...; Žíga > Žígova/Žígovo/Žígov, ...; Tómba > Tómbova/Tómbovo/Tómbov, ...; Matíja > Matíjeva/Matíjevo/Matíjev, Jánša > Jánševa/Jánševo/Jánšev.
Siehe dazu oben S. 194–196 sowie S. 211+212 bzw. LMR: WF, S. 52+53.

14.4 Ländernamen – Državna oziroma deželna imena

Siehe oben S. 26. Siehe auch LMR: WF, S. 66-68.
w. Ez.: Áfrika, iz Áfrike, naspróti Áfriki, v Áfriko, v Áfriki, pred Áfriko – Afrika, aus Afrika, gegenüber von Afrika, nach Afrika, in Afrika, vor Afrika
Ebenso: Albánija, Amérika, Ánglija, Argentína, Avstrálija, Ávstrija, Ázija, Bélgija, Belorúsija, Bolgárija, Bósna in Hercegóvina, Brazílija, Čŕna Gôra, Estónija, Evrópa, Fráncija, Furlaníja-Benéška Slovénija, Górnja Ávstrija, Gŕčija, Grúzija, Itálija, Jugoslávija, Júžna Korêja, Kánada, Kórzika, Látvija, Lítva, Málta, Méhika, Moldávija, Némčija, Nôva Zelándija, Romúnija, Rúsija, Sardêgna, Séverna Makedónija, Slovénija, Slovénska Ístra, Spódnja Ávstrija, Sŕbija, Špánija, Švíca, Túrčija, Ukrajína, Vélika Británija, ...
Albanien, Amerika, England, Argentinien, Australien, Österreich, Asien, Belgien, Weißrussland, Bulgarien, Bosnien und Herzegowina, Brasilien, Montenegro, Estland, Europa, Frankreich, Friaul-Julisch Venetien, Oberösterreich, Griechenland, Georgien, Italien, Jugoslawien, Südkorea, Kanada, Korsika, Lettland, Litauen, Malta, Mexiko, Moldawien, Deutschland, Neuseeland, Rumänien, Russland, Sardinien, Nordmakedonien, Slowenien, Slowenisch Istrien, Niederösterreich, Serbien, Spanien, die Schweiz, die Türkei, die Ukraine, Großbritannien, ...

s. Ez.: Kósovo, s Kósova, naspróti Kósovu, na Kósovo, na Kósovu, pred Kósovom – Kosovo, aus dem Kosovo, gegenüber dem Kosovo, in den Kosovo, im Kosovo, vor dem Kosovo;
s. Ez.: Kósovo pólje, s Kósovega pólja, naspróti Kósovemu pólju, na Kósovo pólje, na Kósovem pólju, pred Kósovim póljem – das Amselfeld, vom Amselfeld, gegenüber dem Amselfeld, aufs Amselfeld, am Amselfeld, vorm Amselfeld *(S. 67)*;
s. Ez.: Prekmúrje, s Prekmúrja, naspróti Prekmúrju, na Prekmúrje, na Prekmúrju, pred Prekmúrjem – das Übermurgebiet, vom Übermurgebiet, gegenüber dem Übermurgebiet, ins Übermurgebiet, am Übermurgebiet, vorm Übermurgebiet *(S. 67)*;
Ebenso: Podrávje – Drau-Umland, Pomúrje – das Mur-Umland, Porábje – Raab-Umland, Posávje – das Save/Sau-Umland, Posóčje – Soča/Isonzo-Umland, ...

m. Ez.: Cíper > iz Cípra, Číle > iz Číla, Kóngo > iz Kónga, Lúksemburg > iz Lúksemburga, Perú > iz Perúja, Sénegal > iz Sénegala, Wáles > iz Wálesa, ...
Zypern > aus Zypern, Chile > aus Chile, Kongo > aus dem Kongo, Luxemburg > aus Luxemburg, Peru > aus Peru, Senegal > aus dem Senegal, Wales > aus Wales, ...

w.: Dánska, Fínska, Írska, Madžárska, Nizozémska, Póljska, Portugálska, Škótska, Švédska, Kitájska, Japónska, ...; Štájerska, Gradiščánska, Predárlska, Tirólska; Gorénjska, Dolénjska, Nótranjska, Primórska, ...
Dänemark, Finnland, Irland, Ungarn, die Niederlande, Polen, Portugal, Schottland, Schweden, China, Japan, ...; die Steiermark, das Burgenland, Vorarlberg, Tirol; die Oberkrain, die Unterkrain, die Innerkrain, das Küstenland, ...

w.: Štájerska, iz Štájerske, naspróti Štájerski, v Štájersko, v Štájerski, pred Štájersko – die Steiermark, aus der Steiermark, gegenüber der Steiermark, in die Steiermark, in der Steiermark, vor der Steiermark *(Štájerska kot dežêla – die Steiermark als Mark/Bundesland/Land, Hauptwort)*;
s.: Štájersko, s Štájerskega, naspróti Štájerskemu, na Štájersko, na Štájerskem, pred Štájerskim – das Steirische, aus dem Steirischen, gegenüber dem Steirischen, ins Steirische, im Steirischen, vorm Steirischen *(Štájersko kot obmóčje – das Steirerland als Gebiet, Eigenschaftswort).*
Berichtigungen zu LMR: WF, S. 68. Die Ländernamen wurden dort kombiniert verwendet. – Unter „Štájerska/Štájersko" *Ausgeführtes gilt auch für* „Dánska/Dánsko > iz Dánske / z Dánskega" – Dänemark / das Dänische > aus Dänemark / aus dem Dänischen, ...

w.: Čéška, Hrváška, Norvéška, Slováška, ...; Koróška, ~~Sálzburška~~, *nur* Sálzburško, *nur* Goríško, ... – Tschechien, Kroatien, Norwegen, die Slowakei, ...; Kärnten, Salzburg (das Salzburgerland nur als Gebiet), das Görzer Umland (nur als Gebiet), ...
w.: Koróška, iz Koróške, naspróti Koróški, v Koróško, v Koróški, pred Koróško – Kärnten, aus Kärnten, gegenüber von Kärnten, nach Kärnten, in Kärnten, vor Kärnten *(Koróška kot dežêla – Kärnten als Bundesland/Land, Hauptwort)*;
s.: Koróško, s Koróškega, naspróti Koróškemu, na Koróško, na Koróškem, pred Koróškim – das Kärntnerische, aus dem Kärntnerischen, gegenüber dem Kärntnerischen, ins Kärntnerische, im Kärntnerischen, vorm Kärntnerischen *(Koróško kot obmóčje – das Kärntnerland als Gebiet, Eigenschaftswort).*
Berichtigungen zu LMR: WF, S. 68. Die Ländernamen wurden dort kombiniert verwendet. . – Unter „Koróška/Koróško" *Ausgeführtes gilt auch für* „Čéška/Čéško > iz Čéške / s Čéškega" – Tschechien / das Tschechische > aus Tschechien / aus dem Tschechischen, ...

14.5 Nationalitäten – Narodnosti

Die Nationalitäten wurden oben auf S. 26, S. 97+98 besprochen. Sie werden in Singular, Dual und Plural, auch im Teilungsgenitiv, verwendet, je nachdem von wievielen Personen man spricht. Die Deklination wird hier nur kurz vorgestellt. Siehe dazu oben S. 31–33, S. 211+ 212. Siehe dazu auch LMR: WF, S. 9, S. 11, S. 13, S. 66+67.

w.: **êna Avstríjka**, dvé Avstríjki, trí/štíri Avstríjke, pét Avstríjk, ... – eine Österreicherin, ...;
m.: **èn Američàn**, dvá Američána, tríje/štírje Američáni, pét Američánov, ... – ein Amerikaner, ...;
èn Švícar, dvá Švícarja, tríje/štírje Švícarji, pét Švícarjev, ... – ein Schweizer, ...;
èn Bolgár, dvá Bolgára, tríje/štírje Bolgári, pét Bolgárov, ... – ein Bulgare, ...;
èn Madžár, dvá Madžára, tríje/štírje Madžári, pét Madžárov, ... – ein Ungar, ...;
èn Angléž, dvá Angléža, tríje/štírje Angléži, pét Angléžev, ... – ein Engländer, ...;
èn Avstríjec, dvá Avstríjca, tríje/štírje Avstríjci, pét Avstríjcev, ... – ein Österreicher, ...

To je Avstrijka. Tu ni Avstrijke. Grem k Avstrijki. Vidim Avstrijko. Delam pri Avstrijki. Peljem se z Avstrijko. / To je Avstrijec. Tu ni Avstrijca. Grem k Avstrijcu. Vidim Avstrijca. Delam pri Avstrijcu. Peljem se z Avstrijcem.

Das ist die Österreicherin. Hier ist keine Österreicherin. Ich gehe zur Österreicherin. Ich sehe die Österreicherin. Ich arbeite bei der Österreicherin. Ich fahre mit der Österreicherin. / Das ist der Österreicher. Hier ist kein Österreicher. Ich gehe zum Österreicher. Ich sehe den Österreicher. Ich arbeite beim Österreicher. Ich fahre mit dem Österreicher.

14.6 Ortsnamen – Krajevna imena

Siehe dazu oben S. 41 Südkärntner zweisprachige Ortsnamen, S. 56, S. 67 Richtungsangaben, S. 68 Ortsangaben, S. 78 und S. 213+214 Štájerska, Koróška, Štájersko, Koróško, S. 92, S. 110, S. 112+113, S. 152, S. 185 Neue Rechtschreibung in ungefähr zwei Jahren. Siehe auch LMR: WF, 2017, (Seitenzahl folgt unten). Es gibt Einzahl- und Mehrzahlbegriffe.

w. Ez.: Vŕba, iz Vŕbe, naspróti Vŕbi, v Vŕbo, v Vŕbi, pred Vŕbo – Velden, aus Velden, gegenüber Velden, nach Velden, in Velden, vor Velden *(S. 66).*
Ebenso: Lípa – Lind, Ljubljána – Laibach *(S. 66)*, ... Óvčena/Óvčna – Outschena, Bréznica – Frießnitz, Galícija – Gallizien, ...; Ženéva – Genf, ...
w. Ez.: Kránjska Gôra, iz Kránjske Gôre, naspróti Kránjski Gôri, v Kránjsko Gôro, v Kránjski Gôri, pred Kránjsko Gôro – Kronau, aus Kronau, gegenüber Kronau, nach Kronau, in Kronau, vor Kronau.
Ebenso: Škófja Lóka – Bischoflak / Laak an der Zaier, Rogáška Slátina – Rohitsch-Sauerbrunn, Siêrra Nevádа *(S. 69)*, ...; Železna Kápla – Bad Eisenkappel, Zíljska Bístrica – (Pfarre) Feistritz an der Gail, Bístrica na Zílji *(na Zílji bleibt immer gleich)* – (Gemeinde) Feistritz an der Gail, Zgôrnja Vésca – Oberdörfl, ...
w. Ez.: Bŕnca, z Bŕnce, naspróti Bŕnci, na Bŕnco, na Bŕnci, pred Bŕnco – Fürnitz, aus Fürnitz, gegenüber Fürnitz, nach Fürnitz, in Fürnitz, vor Fürnitz *(S. 66. Wenn man sich nicht sicher ist, muss man in einem amtlichen Verzeichnis nachsehen, ob man im Akkusativ „v“ oder „na“ verwendet. Dementsprechend setzt man dann im Lokativ auch „v“ oder „na“ und im Genitiv „iz“ oder „s/z“. Vor p t k s š c č f h sp st šp št kommt „s“, vor allen anderen Lauten „z“.)*
Ebenso: Pečníca – Petschnitzen, Stôpca – Stobitzen, Čájna – Nötsch, ... *(S. 66).*
w. Ez.: Pádova, iz Pádove, naspróti Pádovi, v Pádovo, v Pádovi, pred Pádovo – Padua, aus Padua, gegenüber Padua, nach Padua, in Padua, vor Padua *(S. 67. Bei fremdländischen Namen verwendet man im Akkusativ und Lokativ immer „v“, im Genitiv immer „iz“.)*
Ebenso: Gênova – Genua, Mántova – Mantua, Bologna, Rôma – Rom *(siehe* Rím*)*, ... *(S. 67).*

2.w. Ez.: Vodíča vás, iz Vodíče vasí, naspróti Vodíči vási, v Vodíčo vás, v Vodíči vási, pred Vodíčo vasjó – Gödersdorf / *auch* Díča vás, iz Díče vasí, naspróti Díči vási, v Díčo vás, v Díči vási, pred Díčo vasjó – Gödersdorf, aus Gödersdorf, gegenüber Gödersdorf, nach Gödersdorf, in Gödersdorf, vor Gödersdorf *(S. 68. Neue Rechtschreibung in cirka 2 Jahren siehe oben S. 185.)*
Ebenso: Kotmára vás – Köttmannsdorf, Rikárja vás – Riegersdorf, ... *(S. 68).*
2.w. Ez.: Slovénska vés, iz Slovénske vesí, naspróti Slovénski vési, v Slovénsko vés, v Slovénski vési, pred Slovénsko vés – Windischdorf, aus Windischdorf, gegenüber Windischdorf, nach Windischdorf, in Windischdorf, vor Windischdorf *(„vés“ ist eine dialektale Form von „vás“.)*
2.w. Ez.: Lúbova vés/vás, z Lúbove vesí/vasí, naspróti Lúbovi vési/vási, na Lúbovo vés/vás, na Lúbovi vési/vási, pred Lúbovo vesjó/vasjó *(Ort in Slowenien).*
Ebenso: Štévanska vés/Števánovci *(Ort in Prekmurje)*, ...
2.w. Ez.: Péč, iz Pečí, naspróti Péči, v Péč, v Péči, pred Pečjó *(Ort in Grosuplje, Slowenien, und Stadt im Kosovo).*
Ebenso: Mírna Péč > iz Mírne Pečí *(Ort in Slowenien)*, ...
2.w. Ez.: Vránja Péč, z Vránje Pečí, naspróti Vránji Péči, na Vránjo Péč, na Vránji Péči, pred Vránjo Pečjó *(Ort in Slowenien).*

s. Ez.: Bŕdo, iz Bŕda, naspróti Bŕdu, v Bŕdo, v Bŕdu, pred Bŕdom – Egg, aus Egg, gegenüber Egg, nach Egg, in Egg, vor Egg *(S. 66).*
Ebenso: Sarajévo – Sarajewo, Nôvo mésto – Rudolfswerth/Neustädtl, Martínovo sêlo – „Martinsiedlung“, ... *(S. 66)*: Sêlo – Zell, ...
s. Ez.: Ločílo, z Ločíla, naspróti Ločílu, na Ločílo, na Ločílu, pred Ločílom – Hart, aus Hart, gegenüber Hart, nach Hart, in Hart, vor Hart *(S. 66).*

Ebenso: Sêlo – Selach, Sêlo – Seel, ...
s. Ez.: Súho Bláto, s Súhega Bláta, naspróti Súhemu Blátu, na Súho Bláto, na Súhem Blátu, pred Súhim Blátom – Dürrenmoos, aus Dürrenmoos, gegenüber Dürrenmoos, nach Dürrenmoos, in Dürrenmoos, vor Dürrenmoos.
s. Ez.: Cêl̲je, iz Cêl̲ja, naspróti Cêl̲ju, v Cêl̲je, v Cêl̲ju, pred Cêl̲jem – Cilli/Zilli, aus Cilli/Zilli, gegenüber Cilli/Zilli, nach Cilli/Zilli, in Cilli/Zilli, vor Cilli/Zilli *(S. 67).*
Ebenso: Dóbje – Aichwald/Aich, Ól̲šje – Erlendorf, Kočêvje – Gottschee, Skópje – (ital.) Skupi *(S. 67)*; Tŕnje – Dorndorf, Pogôrje – Pogöriach, ...
Ebenso: Zgórnje Dóbje – Oberaichwald, Spódnje Dóbje – Unteraichwald, ...
s. Ez.: Vôgnje Pól̲je, iz Vôgnjega Pól̲ja, naspróti Vôgnjemu Pól̲ju, v Vôgnje Pol̲je, v Vôgnjem Pól̲ju, pred Vôgnjim Pol̲jem – Bogenfeld, aus Bogenfeld, gegenüber Bogenfeld, nach Bogenfeld, in Bogenfeld, vor Bogenfeld *(S. 69).*
s. Ez.: Kopánje, s Kopánja, naspróti Kopánju, na Kopánje, na Kopánju, pred Kopánjem – Kopein/Kopain, aus Kopein/Kopain, gegenüber Kopein/Kopain, nach Kopein/Kopain, in Kopein/Kopain, vor Kopein/Kopain.

s. Ez.: Razdŕto, iz Razdŕtega, naspróti Razdŕtemu, v Razdŕto, v Razdŕtem, pred Razdŕtim – Präwald, aus Präwald, gegenüber Präwald, nach Präwald, in Präwald, vor Präwald *(S. 69).*
Ebenso: Gól̲šovo > iz Gol̲šovega – Göltschach, Trébno > iz Trébnega – Treffen, Želézno > iz Železnega – Eisenstadt, Brézno > iz Breznega – Fresen, Fránkolovo > iz Fránkolovega – Sternstein, Náklo > iz Náklega – Naklas, Rudôl̲fovo > iz Rudôl̲fovega (*siehe* Nôvo mêsto) – Rudolfswerth/Neustädtl, Šmartno > iz Šmártnega – „St. Martin“, ...
s. Ez.: Obírsko, z Obírskega, naspróti Obírskemu, na Obírsko, na Obírskem, pred Obírskim – Ebriach, aus Ebriach, gegenüber Ebriach, nach Ebriach, in Ebriach, vor Ebriach *(das Ebriacher Gebiet/Umfeld) (S. 67).*
Ebenso: Jezêrsko – Ober-Seeland, Bízel̲jsko – Wissel/Wisslberg, Gomíl̲sko – Weissenburg, Prágersko – Pragerhof, Vránsko, ...; Láško – Markt Tüffer, Kŕško – Gurkfeld, ... *(S. 67).*

m. Ez.: Bel̲ják, iz Bel̲jáka, naspróti Bel̲jáku, v Bel̲ják, v Bel̲jáku, pred Bel̲jákom – Villach, aus Villach, gegenüber Villach, nach Villach, in Villach, vor Villach *(S. 66).*
Ebenso: Rožék – Rosegg, Plíberk – Bleiburg, Bil̲čóvs – Ludmannsdorf, Pódgrad – Rottenstein, Pirán, Paríz – Paris, Rím – Rom, Berlín, Quebec, ... *(S. 66)*; Hríbr – Oberaichwald, Débr – Unteraichwald, Ínnsbruck *(veraltet* Ínomost*)*, Sálzburg *(veraltet* Sól̲nograd*)*, Št. Jób / Šentjób – St. Job, Labót – Lavamünd, Vól̲šperk – Wolfsberg, Eisenstadt, Šentlénart pri Sêdmih studêncih *(*pri Sêdmih studêncih *bleibt immer gleich)* – St. Leonhard bei Siebenbrünn, Št. Víd ob Glíni / Šentvíd ob Glíni *(*ob Glíni *bleibt immer gleich)* – St. Veit an der Glan, Špital ob Drávi *(*ob Drávi *bleibt immer gleich)* – Spittal an der Drau, ...
m. Ez.: Slovénji Plájberk, iz Slovénjega Plájberka, naspróti Slovénjemu Plájberku, v Slovénji Plájberk, v Slovénjem Plájberku, pred Slovénjim Plájberkom – Windisch-Bleiberg, aus Windisch-Bleiberg, gegenüber Windisch-Bleiberg, nach Windisch-Bleiberg, in Windisch-Bleiberg, vor Windisch-Bleiberg *(S. 69).*
Ebenso: Zgórnji Vêrnberk – Oberwernberg, ... *(S. 69)*; Spódnji Brég – Unterrain, Zgórnji Brég – Oberrain, ...
m. Ez.: Brég, z Bréga, naspróti Brégu, na Brég, na Brégu, pred Brégom – Frög, aus Frög, gegenüber Frög, nach Frög, in Frög, vor Frög *(S. 66).*
Ebenso: Tŕg > s Tŕga – Feldkirchen, Pród > s Próda – Sand, ...

m. Ez.: Podklóšte̲r, iz Podklóštra, naspróti Podklóštru, v Podklóšter, v Podklóštru, pred Podklóštrom – Arnoldstein, aus Arnoldstein, gegenüber Arnoldstein, nach Arnoldstein, in Arnoldstein, vor Arnoldstein *(S. 66).*
Ebenso: Štébe̲n – St. Stefan, Hríbe̲r – Oberaichwald, Débe̲r – Unteraichwald, Št. Páve̲l / Šentpáve̲l – St. Paul, Št. Péte̲r / Šentpéte̲r – St. Peter, St. Pölte̲n / Sankt Pölte̲n, Kópe̲r – Gafers, Káme̲n

– Stein, Vídem – Udine, ...; Lóndon, Brússel – Brüssel, Brémen, München, Rênnes, ...

m. Ez.: Békštanj, iz Békštanja, naspróti Békštanju, v Békštanj, v Békštanju, pred Békštanjem – Finkenstein, aus Finkenstein, gegenüber Finkenstein, nach Finkenstein, in Finkenstein, vor Finkenstein *(S. 66)*.
Ebenso: Grebínj – Griffen, Št. Ílj / Šentílj – St. Egyden, Št. Jánž / Šentjánž – St. Johann, Šmiklávž – St. Niklas, Zahómc – Achomitz, Brúselj – Brüssel, ... *(S. 66)*; Klopínj – Klopein, Tolmínj – Tolmein, Brégenz, Línz *(veraltet* Línec*)*, Sólnográdec *(veraltet)* – Salzburg, Ormóž – Friedau, Límbuš – Lembach, Mêngeš – Mannsburg, Tŕžič – Neumarktl, ...
m. Ez.: Dúnaj, z Dúnaja, naspróti Dúnaju, na Dúnaj, na Dúnaju, pred Dúnajem – Wien, aus Wien, gegenüber Wien, nach Wien, in Wien, vor Wien *(S. 66)*.

m. Ez.: Celôvec, iz Celôvca, naspróti Celôvcu, v Celôvec, v Celôvcu, pred Celôvcem – Klagenfurt, aus Klagenfurt, gegenüber Klagenfurt, nach Klagenfurt, in Klagenfurt, vor Klagenfurt *(S. 66)*.
Ebenso: Velikôvec – Völkermarkt, Žrélec – Ebenthal, Dvórec – Höfling, ... *(S. 66)*; Grádec – Graz, Bôvec – Flitsch, ...
m. Ez.: Šmohòr, iz Šmohórja, naspróti Šmohórju, v Šmohòr, v Šmohórju, pred Šmohórjem – Hermagor, aus Hermagor, gegenüber Hermagor, nach Hermagor, in Hermagor, vor Hermagor *(S. 67)*.
Ebenso: Skopár – Sakoparnig, Síngapur, ... *(S. 67)*; Šenčúr – St. Georg, ...
m. Ez.: Bóspor, z Bósporja, naspróti Bósporju, na Bóspor, na Bósporju, pred Bósporjem – der Bosporus, vom Bosporus, gegenüber dem Bosporus, an den Bosporus, am Bosporus, vorm Bosporus.
m. Ez.: Síngapur, iz Síngapura, naspróti Síngapuru, v Síngapur, v Síngapuru, pred Síngapurom – Singapur, aus Singapur, gegenüber Síngapur, nach Síngapur, in Síngapur, vor Síngapur *(S. 67)*.
Ebenso: Úmbar – Umberg, Ljútomer – Luttenberg, ...
m. Ez.: Báku, iz Bákuja, naspróti Bákuju, v Báku, v Bákuju, pred Bákujem – Baku, aus Baku, gegenüber Baku, nach Baku, in Baku, vor Baku *(S. 67)*.
Ebenso: Katmándu – Khatmandu, Timbúktu, Mogadíschu *(slow.* Mogadíš*)*, Korfu *(slow.* Kŕf*)*, ... *(S. 67)*.
m. Ez.: Nápoli, iz Nápolija, naspróti Nápoliju, v Nápoli, v Nápoliju, pred Nápolijem – Neapel, aus Neapel, gegenüber Neapel, nach Neapel, in Neapel, vor Neapel *(S. 67; slow. Neápelj)*.
Ebenso: Áscoli, Rímini, Assísi, Tívoli, ... *(S. 67)*.

m. Ez.: Gósau, iz Gósaua, naspróti Gósauu, v Gósau, v Gósauu, pred Gósauom – Gosau, aus Gosau, gegenüber Gosau, nach Gosau, in Gosau, vor Gosau *(S. 67; Ort; Endungs-U = U̯)*.
Ebenso: Schönau, Liebenau, Dachau, Wiesenau, Duppau, ... *(S. 67, Orte; Endungs-U = U̯)*.
m. Ez.: Aargau, z Aargaua, naspróti Aargauu, na Aargau, na Aargauu, pred Aargauom – der Aargau, aus dem Aargau, gegenüber dem Aargau, in den Aargau, im Aargau, vorm Aargau *(S. 67; der Gau = ein Landkreis / ein Gebiet / eine Gegend; Endungs-U = U̯)*.
Ebenso: Pongau – der Pongau, Pinzgau – der Pinzgau, Lungau – der Lungau, ... *(der Gau = ein Landkreis / ein Gebiet / eine Gegend)*; Wachau – die Wachau *(die Wachau = ein Landkreis / ein Gebiet / eine Gegend)*, ... *(S. 67; Endungs-U = U̯)*.

m. Ez.: Miláno, iz Milána, naspróti Milánu, v Miláno, v Milánu, pred Milánom – Mailand, aus Mailand, gegenüber Mailand, nach Mailand, in Mailand, vor Mailand *(S. 67)*.
Ebenso: Bolzáno – Bozen, Meráno – Meran, Toríno – Turin, Vipiténo – Sterzing, ... *(S. 67)*.
m. Ez.: Pordenóne, iz Pordenóna, naspróti Pordenónu, v Pordenóne, v Pordenónu, pred Pordenónom – Portenau, aus Portenau, gegenüber Portenau, nach Portenau, in Portenau, vor Portenau *(S. 67)*.
Ebenso: Cividále, Údine – (slow. Vídem), Bressanóne – Brixen, Varése, ... *(S. 67)*.
m. Ez.: Óslo, iz Ósla, naspróti Óslu, v Óslo, v Óslu, pred Óslom – Oslo, aus Oslo, gegenüber Oslo, nach Oslo, in Oslo, vor Oslo *(S. 67)*.
Ebenso: Tókijo – Tokio, Torónto, Monáko – Monacco, Ontário, Ohío, ... *(S. 67)*.

Für viele fremdländische Ortsnamen bestehen slowenische Bezeichnungen.

m. Ez.: Stári Grád, od Stárega Gradú, k Stáremu Grádu, nad Stári Grád, pri Stárem Grádu, nad Stárim Grádom – Altfinkenstein, von Altfinkenstein, gegen Altfinkenstein, über Altfinkenstein, bei Altfinkenstein, über Altfinkenstein (*bedeutet:* das Alte Schloss, vom Alten Schloss, zum Alten Schloss, über das Alte Schloss, beim Alten Schloss, über dem Alten Schloss) *(S. 69).*

w. Mz.: Lóče, iz Lóč, naspróti Lóčam, v Lóče, v Lóčah, pred Lóčami – Latschach, aus Latschach, gegenüber Latschach, nach Latschach, in Latschach, vor Latschach *(S. 68).*
Ebenso: Báče – Faak, Čáče – Saak, Ledínce – Ledenitzen, Málence – Mallenitzen, Hódiše – Keutschach, ... *(S. 68);* Grpíče/Krpíče – Korpitsch, Zagoríče – Goritschach, Zmotíče – Sigmontitsch, Bréžnice *(veraltet)* – Bregenz, ...; Tréšče > iz Tréšč – Dröschitz, Málošče – Mallestig, Tígrče – Tigring, Pókrče – Pockersdorf, Téharče/Téhanče – Techanting, Žúžalče – Susalitsch, Semislávče – St. Lambrecht, ..., *(S. 68)*; Lésce > iz Lésc – Lees, ...; Rátenče – Ratnitz, ...; Séle > iz Sél – Zell (Pfarre), Dóle > iz Dól – Dellach, Domáčale > iz Domáčal – Damtschach, Mlínare > iz Mlínar – Müllnern, Rúte > iz Rút – Greuth, Srêje > iz Srêj – Srajach, … *(S. 68).*
w. Mz.: Zgórnje Téharče/Téhanče, iz Zgórnjih Téharč/Téhanč, naspróti Zgórnjim Téharčam/ Téhančam, v Zgórnje Téharče/Téhanče, v Zgórnjih Téharčah/Téhančah, pred Zgórnjimi Téharčami/Téhančami – Obertechanting, aus Obertechanting, gegenüber Obertechanting, nach Obertechanting, in Obertechanting, vor Obertechanting.
Ebenso: Spódnje Téharče/Téhanče – Untertechanting, ...
w. Mz.: Zgórnje Rúte, iz Zgórnjih Rút, naspróti Zgórnjim Rútam, v Zgórnje Rúte, v Zgórnjih Rútah, pred Zgórnjimi Rútami – Obergreuth, aus Obergreuth, gegenüber Obergreuth, nach Obergreuth, in Obergreuth, vor Obergreuth.
Ebenso: Spódnje Rúte – Untergreuth, ...
w. Mz.: Rádiše, z Rádiš, naspróti Rádišam, na Rádiše, na Rádišah, pred Rádišami – Radsberg, aus Radsberg, gegenüber Radsberg, nach Radsberg, in Radsberg, vor Radsberg *(S. 68).*
Ebenso: Tále > s Tál, – Tallach, … *(S. 68)*; Ležbè pri Hódišah – Loisbach, …

w. Mz. + w. Ez.: Kóče-Múta, iz Kóč-Múte, naspróti Kóčam-Múti, v Kóče-Múto, v Kóčah-Múti, pred Kóčami-Múto – Kötschach-Mauthen, aus Kötschach-Mauthen, gegenüber Kötschach-Mauthen, nach Kötschach-Mauthen, in Kötschach-Mauthen, vor Kötschach-Mauthen.

w. Mz.: Tínje, iz Tínj, naspróti Tínjam, v Tínje, v Tínjah, pred Tínjami – Tainach, aus Tainach, gegenüber Tainach, nach Tainach, in Tainach, vor Tainach *(S. 68).*
Ebenso: Drobólje > iz Drobólj – Drobollach, ... *(S. 68).*
w. Mz.: Kostánje, s Kostánj, naspróti Kostánjam, na Kostánje, na Kostánjah, pred Kostánjami – Köstenberg, aus Köstenberg, gegenüber Köstenberg, nach Köstenberg, in Köstenberg, vor Köstenberg *(S. 68).*
Ebenso: Žíhpolje > z Žíhpolj – Maria Rain, … (S. 68)*;* Prêvalje > s Prêvalj – Prävali, …

w. Mz.: Boróvlje, iz Borôvelj, naspróti Boróvljam, v Boróvlje, v Boróvljah, pred Boróvljami – Ferlach, aus Ferlach, gegenüber Ferlach, nach Ferlach, in Ferlach, vor Ferlach *(S. 68).*
Ebenso: Drêvlje > iz Drêvelj – Dreulach, Trbôvlje > iz Trbôvelj – Trifail, Bôrlje > iz Bôrelj – Förolach *(S. 68).*
w. Mz.: Zgórnje Boróvlje, iz Zgórnjih Borôvelj, naspróti Zgórnjim Boróvljam, v Zgórnje Boróvlje, v Zgórnjih Boróvljah, pred Zgórnjimi Boróvljami – Oberferlach, aus Oberferlach, gegenüber Oberferlach, nach Oberferlach, in Oberferlach, vor Oberferlach.
Ebenso: Spódnje Boróvlje – Unterferlach, ...
w. Mz.: Čréšnje, iz Čréšenj, próti Čréšnjam, v Čréšnje, v Čréšnjah, pred Čréšnjami – Kerschdorf, aus Kerschdorf, gegenüber Kerschdorf, nach Kerschdorf, in Kerschdorf, vor Kerschdorf *(S. 68).*
Ebenso: Svátne > iz Sváten – Schlatten, Močídle > iz Močídel – Matschiedl, … *(S. 68).*

w. Mz.: Megvárje, iz Megvárij, naspróti Megvárjam, v Megvárje, v Megvárjah, pred Megvárjami – Maglern, aus Maglern, gegenüber Maglern, nach Maglern, in Maglern, vor Maglern *(S. 69).*
Ebenso: Gôrje – Göriach, Podgôrje – Maria Elend, Pogôrje – Pogöriach, ... *(S. 69).*
w. Mz.: Višárje, z Višárij, naspróti Višárjam, na Višárje, na Višárjah, pred Višárjami – Luschari, von Luschari, gegenüber Luschari, nach Luschari, in Luschari, vor Luschari *(S. 69).*
w. Mz.: Rímske Toplíce, iz Rímskih Toplíc, naspróti Rímskim Toplícam, v Rímske Toplíce, v Rímskih Toplícah, pred Rímskimi Toplícami – Römerbad, aus Römerbad, gegenüber Römerbad, nach Römerbad, in Römerbad, vor Römerbad *(S. 69).*
Ebenso: Morávske Toplíce – Moratz/Toplitz, ...; Beljáške Toplíce – Warmbad Villach, ... *(S. 69).*

2.w. Mz.: Bródi, iz Brodí, naspróti Brodém, v Brodí, v Brodéh, pred Brodmí – Loibltal, aus Loibltal, gegenüber Loibltal, nach Loibltal, in Loibltal, vor Loibltal.
2.w. Mz.: Vrdí, z Vrdí, naspróti Vrdém, na Vrdí, na Vrdéh, pred Vrdmí – Wurdach, aus Wurdach, gegenüber Wurdach, nach Wurdach, in Wurdach, vor Wurdach.
Ebenso: Dolí pri Boróvljah > z Dolí pri Boróvljah – Dollich bei Ferlach, aus Dollich bei Ferlach.

s. Mz.: Vráta, z Vrát, naspróti Vrátom, na Vráta, na Vrátih, pred Vráti – Thörl, aus Thörl, gegenüber Thörl, nach Thörl, in Thörl, vor Thörl *(S. 69).*
s. Mz.: Goríška Bŕda, iz Goríških Bŕd, naspróti Goríškim Bŕdom, v Goríška Bŕda, v Goríških Bŕdih, pred Goríškimi Bŕdi – das Görzer Hügelland, aus dem Görzer Hügelland, gegenüber dem Görzer Hügelland, ins Görzer Hügelland, im Görzer Hügelland, vorm Görzer Hügelland / *auch* „In den Ecken“ *oder* „Egg nahe Görz“ *(S. 69. Derzeit kann man auch noch* Goríška bŕda *schreiben.)*

s. Mz. + w. Mz.: Vráta-Megvárje, z Vrát-Megvárij, naspróti Vrátom-Megvárjam, na Vráta-Megvárje, na Vrátih-Megvárjah, pred Vráti-Megvárjami – Thörl-Maglern, aus Thörl-Maglern, gegenüber Thörl-Maglern, nach Thörl-Maglern, in Thörl-Maglern, vor Thörl-Maglern *(siehe* na Vráta, *aber* v Megvárje, *hingegen* na Vráta-Megvárje; *S. 69).*

m. Mz.: Hélsinki, iz Hélsinkov, naspróti Hélsinkom, v Hélsinke, v Hélsinkih, pred Hélsinki – Helsinki, aus Helsinki, gegenüber Helsinki, nach Helsinki, in Helsinki, vor Helsinki *(S. 69).*
Ebenso: Tesaloníki – Thessaloniki, ... *(S. 69)*; Želézniki – Eisnern/Eisern, ...
m. Mz.: Béltinci, iz Béltincev, naspróti Béltincem, v Béltince, v Béltincih, pred Béltinci – Fellsdorf, aus Fellsdorf, gegenüber Fellsdorf, nach Fellsdorf, in Fellsdorf, vor Fellsdorf *(S. 69).*
Ebenso: Rádenci – (Bad) Radein, Církovci – Zirkowetz, ... *(S. 69)*; Števánovci – *(slow.* Števanska vés, *Ort in Prekmurje),* Kríževci – Tótkeresztúr (ungarisch), ...

m. Mz.: Kanárski otóki, s Kanárskih otókov, naspróti Kanárskim otókom, na Kanárske otóke, na Kanárskih otókih, pred Kanárskimi otóki – die Kanarischen Inseln, von den Kanarischen Inseln, gegenüber den Kanarischen Inseln, auf die Kanarischen Inseln, auf den Kanarischen Inseln, vor den Kanarischen Inseln *(S. 69).*

m. Ez. (Adjektiv bleibt gleich): Slovènj Grádec, iz Slovènj Grádca, naspróti Slovènj Grádcu, v Slovènj Grádec, v Slovènj Grádcu, pred Slovènj Grádcem – Windischgrätz, aus Windischgrätz, gegenüber Windischgrätz, nach Windischgrätz, in Windischgrätz, vor Windischgrätz *(S. 69).*
Ebenso: Los Ángeles > iz Los Ángelesa; Sao Páolo > iz Sao Páola; San Rémo > iz San Réma; Mónte Casíno > iz Mónte Cassína; Mónte Cárlo > iz Mónte Cárla; New Yórk > iz New Yórka; Rode Ísland > iz Rode Íslanda; Downing Stréet > iz Downing Stréeta; ...; *jedoch:* Río de Janéiro > iz Ria de Janeira, ... *(*Río *zählt als Name und ist ein Hauptwort; S. 69).*

Präpositional-Zusätze *bleiben immer gleich:* na Drávi + ob Drávi – an der Drau, v Podjuni – im Jauntal, v Róžu – im Rosental, na Zílji + ob Zílji – an der Gail, v Zíljski dolíni – im Gailtal,v dolíni réke Labótnice – im Lavanttal, pri Sêdmih studêncih – bei Siebenbrünn, ...

Präpositional-Ausdrücke *bleiben auch immer gleich:* Na Drávi = Šmiklávž *m.* ob Drávi – St. Niklas an der Drau; Na sêdle > v kráj *m.* Na sêdle – Sattendorf, in den Ort Sattendorf; Na Dóbrovi > Dóbrova *w.* – Mittewald; Pod Túrjo na Zílji = Podtúrja *w.* > v Podtúrjo – Neuhaus an der Gail; ... *(Man kann sie umschreiben mit mésto – Stadt, tŕg – Markt, kráj – Ort, vás – Dorf, sêlo – Weiler.)*

14.7 Gewässer- und Gebirgsnamen – Vodna in gorska imena

Hier werden nur einige Gewässer- und Gebirgsnamen angeführt. Siehe LMR: WF, 2017, S. 66–69. Im Wesentlichen gilt für die Deklination das oben zu den Ortsnamen Gesagte. Siehe dazu auch LMR: Die Finkensteiner Vulgonamen ..., 2016, und LMR: Die Finkensteiner Haus- und Flurnamen, 2020. Dort sind alle slowenischen (geographischen) Eigennamen in Deutsch erklärt. Übersetzen sollte man aber Eigennamen grundsätzlich nicht. Das machen nur Diktaturen im großen Stil. Hier werden nur bestehende, natürlich gewachsene Namen angeführt.

w. Ez.: Dráva, od Dráve, k Drávi, na Drávo, na Drávi, nad Drávo – die Drau, von der Drau, zur Drau, auf die Drau, auf der Drau, über der Drau *(S. 66).*
Ebenso: Zílja – Gail, Sáva – Save/Sawe/Sau, ... *(S. 66)*; Dónava – Donau, Dravínja – Drann, Glína – Glan, Ídrija – Judrio, Kŕka – Gurk, Labótnica – Lavant, Ljubljánica – Laibach, Môtnica – Metnitz, Múra – Mur, Pívka – Poik, Savínja – Sann, Sóča – Sontig (ital. Isonzo), ...
w. Ez.: Jépa, od Jépe, proti Jépi, na Jépo, na Jépi, pod Jépo – der Mittagskogel, vom Mittagskogel, gegen den Mittagskogel, auf den Mittagskogel, am Mittagskogel, unterm Mittagskogel *(S. 66).*
Ebenso: Képa – Mittagskogel, Tromêja – Dreiländereck, ... *(S. 66).*

s. Ez.: Báško jézero, od Báškega jézera, k Báškemu jézeru, na Báško jézero, na Báškem jézeru, nad Báškim jézerom – der Faaker See, vom Faaker See, zum Faaker See, auf den Faaker See, auf dem Faaker See, über dem Faaker See *(S. 66).*
Ebenso: Bélo jézero – Weißensee, Góslinjsko jézero – Gösselsdorfer See, Hódiško jézero – Keutschacher See, Klopínjsko jézero – Klopeiner See, Osójsko jézero – Ossiacher See, Vŕbsko jézero – Wörther See, ... *(S. 66)*; Preséško jézero – Pressegger See, Ženévsko jézero – Genfer See, ...
s. Ez.: Rumêno mórje, od Rumênega mórja, k Rumênemu mórju, na Rumêno mórje, na Rumênem mórju, nad Rumênim mórjem – das Gelbe Meer, vom Gelben Meer, zum Gelben Meer, ans Gelbe Meer, am Gelben Meer, überm Gelben Meer, ... *(S. 67).*
Ebenso: Čŕno mórje – das Schwarze Meer, Jadránsko mórje – das Adriatische Meer, Rdéče mórje – das Rote Meer, Srédozémsko mórje – das Mittelmeer, ...
s. Ez.: Trúpejevo póldne, od Trúpejevega póldna, proti Trúpejevemu póldnu, na Trúpejevo póldne, na Trúpejevem póldnu, pod Trúpejevim póldnem – der Techantinger Mittagskogel, vom Techantinger Mittagskogel, gegen den Techantinger Mittagskogel, auf den Techantinger Mittagskogel, am Techantinger Mittagskogel, unterm Techantinger Mittagskogel.

m. Ez.: Pôtok, od Potóka, k Potóku, na Pôtok, na Potóku, nad Potókom – der (Faaker) Seebach, vom (Faaker) Seebach, zum (Faaker) Seebach, an den (Faaker) Seebach, am (Faker) Seebach, überm (Faaker) Seebach.
Ebenso: Jadràn – Adria, Rén – Rhein, ...
m. Ez.: Stól, od Stôla, proti Stôlu, na Stól, na Stôlu, pod Stôlom – der Hochstuhl, vom Hochstuhl, gegen den Hochstuhl, auf den Hochstuhl, am Hochstuhl, unterm Hochstuhl *(S. 66).*
Ebenso: Tríglav, ... *(S. 66)*; Škocjàn/Škocijàn – Kanzianiberg, ...
m. Ez.: Pláski Vógel > od Pláskega Vôgla, ... *(S. 66)*; Visôki vŕh > od Visôkega vŕha – Hochturm, Grpíški gráben > iz Grpíškega grábna – Korpitsch-Graben, ...
m. Ez.: Dobráč > pod Dobráčem – Dobratsch, Ljubélj > pred Ljubéljem – Loiblpass, Gŕlovec > pod Grlovcem – das Ferlacher Horn, ... (S. 66); Hôlmec > pred Holmcem – Grablach, ...

14.8 Werktitel, Namen von Institutionen und Abkürzungen

Siehe dazu LMR: WF, 2017, S. 70. Korrektur: 5.F.: Doberdobu. Die sächlichen und männlichen Abkürzungen dekliniert werden, z. B. SPD, SPD-ja, SPD-ju, SPD, SPD-ju, SPD-jem; SKD, SKD-ja, SKD-ju, SKD, SKD-ju, SKD-jem; SAK, SAK-ja/-a, SAK-ju/-u, SAK, SAK-ju/-u, SAK-jem/-om; ZNP, ZNP-ja, ZNP-ju, ZNP, ZNP-ju, ZNP-jem. SPD = Slovénsko prosvétno drúštvo / Slowenischer Kulturverein (prosvétno = Bildungs-). *Meistens werden die Abkürzungen schriftlich nicht dekliniert, sondern nur beim Sprechen. Die weiblichen Abkürzungen werden grundsätzlich nicht dekliniert. Siehe Erklärungen unten auf S. 276.*

15 Nominale Satzteile / Nominalphrasen – Nominalne besedne zveze

Nominale Satzteile (nominale Wortverbindungen / Nominalphrasen / nominálne besedne zveze) umfassen deklinierbare Wortarten (Eigenschafts- und Hauptwort / Adjektiv und Substantiv / pridevnik in samostalnik, Zahl- und Fürwort / Numerale und Pronomen / števnik in zaimek) sowie davor gestellte unveränderliche Wortarten (Wertungs-, Binde- und Vorwort / Partikel, Konjunktion und Präposition / členek, veznik in predlog).

15.1 Hauptwortverbindungen im 1. Fall

Siehe dazu LMR: WF, 2017, S. 71. Ebenso: mandatárka vèleposlánica – das Mandat der Botschafterin / die Mandatarin als Botschafterin. *Komposita (Zusammengesetzte Hauptwörter) in Deutsch entsprechen zwei Hauptwörtern im selben Fall in Slowenisch.*

15.2 Ungewöhnliche Wortverbindungen

Siehe dazu LMR: WF, S. 72. Anmerkungen: Poznam romane Ma Jiana, pesmi Bei Linga, eseje Dai Qing in drame Gao Xinhiana. – Ich kenne Ma Jians Romane, Bei Lings Gedichte, Dai Qings Essays und Gao Xinjians Dramen. *Aber:* To so romani Ma Jiana, pesmi Bei Linga, eseji Dai Qing in drame Gao Xinhiana. – Das sind Ma Jians Romane, Bei Lings Gedichte, Dai Qings Essays und Gao Xinjians Dramen. *(Dai Qing ist offenbar eine Frau, die anderen sind Männer.)*

15.3 Vorwortverbindungen/Präpositionalphrasen – Predložniške besedne zveze

Präpositionalphrasen sind Wortverbindungen von Vorwort und veränderbaren Wörtern. Zur Reihenfolge von Nominalphrasen siehe LMR: WF, 2017, S. 134. Zu Verbalphrasen siehe unten S. 222+223. Beispiele: Na koncu pa naj še ta dosti velik avto ... – Am Ende soll aber noch dieses wirklich große Auto … / kajpak = kajpada – angeblich / Naj (navedem) še nanovo izdelani načrt ... – Lassen Sie mich noch den neuerlich ausgearbeiteten Plan (vorstellen) ...

15.4 Wortarten, Satzglieder und Sätze – Besedne vrste, stavčni členi in stavki

Siehe dazu LMR: WF, S. 135. Angestrebt wird C1 nach dem EU-Sprachenportfolio. A1 + A2 gilt für Anfänger:innen (začetniki/ce), B1 + B2 für Geübte (nadaljevalci/ke), C1 + C2 für

Fortgeschrittene (izpopolnjevalci/ke). C1 entspricht dem Abschluss einer Handelsschule, C2 ist Maturaniveau, u. zw. für Slowenisch als Fremdsprache, nicht jedoch als Erstsprache. Beispiel: Naslonivši se na tablo je med govorjenjem v hrbtu začutil ostro bolečino. – Angelehnt an die Tafel verspürte er während des Redens im Rücken einen starken Schmerz.

Nominal- und Verbalphrasen sind ein wesentlicher Bestandteil der ***Sprachlehre (Grammatik/ slovnica)****, die Satzglieder aber ein grundlegender Baustein der* ***Satzlehre (Syntax/skladnja)****.*

15.5 Verbindung von Vorwort und persönlichem Fürwort im 4. Fall

Siehe dazu LMR: WF, S. 128+129. Die Vorwörter für den 4. Fall (Akkusativ) za, po, na, v, ob, nad, pod, pred, med, skoz, čez *verbinden sich in der 1. und 2. Person Einzahl mit den Kurzformen des persönlichen Fürwortes (Enklitika). Die Präposition* v *wird durch –a– zu* va– *erweitert, bei* skozi *entfällt das –i, es wird also zu* skoz–. *Aus* za+me *wird* záme, *aus* za+te *wird* záte. *In der 3. Person verbinden sich die genannten Vorwörter jedoch mit der betonten weiblichen Form* njó *bzw. wird die betonte männliche Form* njêga *zu* –nj *eingekürzt. Aus* za+njó *wird* zánjo, *aus* za+njêga *wird* zánj. *Die Vorwörter* nad, pod, pred, med, skoz *und* čez *bilden aber die männliche und sächliche Form in der 3. Person Einzahl mit* –enj. *Aus* nad+njêga *wird* nádenj. *Analog dazu gibt es* pódenj, prédenj, médenj, skózenj *und* čézenj.
In der Zweizahl gibt es nur eine Form, u. zw. für die 3. Person. Aus za+ju *wird* zánju.
Auch in der Mehrzahl gibt es nur eine Form für die 3. Person. Aus za+jih *wird* zánje.
Gleich wie za *bilden die oben genannten Vorwörter ihre Verbindungsform, nur aus* v *wird eben* váme, váte, vánjo, vánj, vánju *und* vánje.

15.6 Verbindung von Vorwort und rückbezüglichem Fürwort im 4. Fall

Ähnlich verläuft die Verbindung obiger Akkusativ-Präpositionen mit dem Reflexivpronomen se *als unbetonte Kurzform (nenaglašena oblika povratnega zaimka). Aus* za + se *wird* záse. *Dies gilt für alle Personen im Singular, Dual und Plural. Siehe dazu LMR: WF, 2017, S. 128+129.*

Die betonten Formen, also záme, záte, zánjo, zánj, zánju, zánje, ... *sowie auch* záse, *kommen entweder am Satzende oder am Satzanfang vor. Beispiele:* Delala sem to zase. – Ich habe das für mich gemacht. / Zase sem to delala. – Für mich habe ich das gemacht. *Weitere Satzbeispiele dazu siehe LMR: WF, 2017, S. 128+129.*

15.7 Zeitwortverbindungen/Verbalphrasen – Glagolske besedne zveze

Verbalphrasen sind Wortverbindungen von einem Zeitwort und anderen Wörtern. Sie können auch Präpositionalphrasen sein, wenn sie mit einem Vorwort beginnen. Man unterscheidet verschiedene ***Satzaussage-Formen (Prädikatsformen / povedkovne oblike)****. Die (erweiterte) Satzaussage ist jeweils unterstrichen. (Vgl. Jože Toporišič: Slovnica, 2000, S. 611–632.)*

Oče je profesor. Jure je postal znanstvenik. Olga je učiteljica. Stric je mlad. Mati je bolna. Vreme je lepo. Luč je tam. Povsod je lepo. Čevlji so iz usnja. Ti čevlji so mi prav. Hladno je bilo. Toplo je. Mrzlo bo. Deževalo je. Dežuje. Deževalo bo. Hudo mi je. Všeč mi je. Bilo je temno. Mrazi jo. Bledi se ji. Zelo hudo mi je. Zelo všeč mi je. Hiša ni daleč. Očeta ni doma.

Petero nas je bilo. V Beljaku je veliko hiš. Nekaj profesorjev je bilo na seminarju. Dosti nas bo. Pri vas je dosti pesnikov. Možno je, da bo deževalo. Morebiti bo deževalo.
Der/Mein Vater ist Professor. Jure wurde Wissenschaftler. Olga ist Lehrerin. Der/Mein Onkel ist jung. Die/Meine Mutter ist krank. Das Wetter ist schön. Das Licht ist dort. Überall ist es schön. Die/Meine Schuhe sind aus Leder. Diese Schuhe passen mir. Es war kühl. Es ist warm. Es wird kalt (sein). Es regnete / hat geregnet. Es regnet. Es wird regnen. Das fällt mir schwer. Das gefällt mir. Es war dunkel/ finster. Es fröstelt sie. Ihr wird schwindlig. Das fällt mir sehr schwer. Das gefällt mir sehr. Das Haus ist nicht weit (weg von hier). Der/Mein Vater ist nicht zu Hause. Wir waren zu fünft. In Villach gibt es viele Häuser. Einige Professoren waren auf dem Seminar. Genug von uns werden da sein. Bei euch gibt es genug Lyriker. Es ist möglich, dass es regnet / regnen wird. Vielleicht wird es regnen.
Das Hilfszeitwort (Hilfsverb/Kopula / pomožni/„povezovalni" glagol) *braucht in der* ***Satzaussage (Prädikat/povedek)*** *immer noch ein* ***Aussagewort (Prädikativ/povedkovnik)****, weil es selbst nicht bedeutungstragend ist.*

Kuham juho. Skuhala sem juho. Pišem. Pišem pismo. Napisala sem pismo. Grem k frizerju. Šla sem v kino. Šel bo na koncert. Delam z računalnikom. Telefoniram teti. Pojdite ven! Bodi tih! Lahko vprašate. Zvon je bilo slišati. Sneži. Dežuje. Bliska se. Grmi. Noči se. Kadi se. Smrdi. Zvedrilo se je. Mračilo se je. Govori se to in ono.
Ich koche eine/die Suppe. Ich kochte eine/die Suppe. / Ich habe … gekocht. Ich schreibe. Ich schrieb einen/den Brief. / Ich habe … geschrieben. Ich gehe zum Frisör. Ich ging ins Kino. / Ich bin … gegangen. Er wird ins Konzert gehen. Ich arbeite am PC. Ich rufe die/meine Tante an. Geht hinaus! Sei leise! Sie können fragen. Die Glocke war zu hören. Es schneit. Es regnet. Es blitzt. Es donnert. Es wird Nacht. Es raucht. Es stinkt. Es hat aufgeklart. Es wurde dunkel/finster. Man spricht dies und das.
Das Hauptzeitwort (Vollverb / polnopomenski glagol) *kann in der Satzaussage auch allein stehen, weil es bedeutungstragend ist. Es kann durch Modal- bzw. Phasenverben oder* ***Nennformgebilde (Infinitivkonstruktionen / nedoločniške besedne zveze)*** *ergänzt werden. In Deutsch ist auch in unbestimmten Aussagen ein* ***Satzgegenstand (Subjekt/osebek)*** *vorhanden, in Slowenisch nicht unbedingt, da man ja das Personalpronomen weglassen kann. Zum* ***Aussagesatz*** *siehe auch unten S. 242. Siehe ebenso LMR: WF, 2017, S. 135.*

Čudovito! Pravilno. Dobro. Odlično. Tiho. / Tiho biti. Vsi smo bili tiho. Dobro biti. Vsi smo bili dobro. – Wunderbar! Richtig. Gut. Ausgezeichnet. Still. / Leise sein. Alle waren wir leise. Gut sein. Alle waren wir gut. *(Solche Ein-Wort-Aussage-Sätze sind stilistisch markiert.)*

16 Die Rektion – Vezava

Adjektive und Substantive, Adverben und Verben sowie Präpositionen bestimmen den Fall für das nachfolgende Wort / die nachfolgende Wortverbindung. Zu den Präpositionen siehe oben S. 133. Siehe dazu auch LMR: WF, 2017, S. 116, Wort- und Satzbeispiele siehe dort S. 117–127. Die Zahlenangabe bei den Verben weist auf die Rektion hin. Siehe dazu S. 156–160, S. 161–170, S. 172+173. Z. B. S. 156 unten: uv. **igrám** *–/4* – ich spiele (etwas); igrám = *normalerweise 2-wertig, bindet also als Zeitwort nur einen Satzgegenstand an sich und verlangt als* ***transitives Verb*** *ein Objekt im 4. Fall; v.* telefoníram *3* – ich telefoniere jemand / rufe jemand an, *also in Deutsch 4. Fall, in Slowenisch aber 3. Fall:* Telefoniram teti. *Dieses Verb ist in beiden Sprachen* ***intransitiv****. Bei den Verben ist in WF, 2017, nur die Hauptbedeutung angegeben.*

Und nun folgen Beispiele zu den Adjektiven, Substantiven und Adverben: bolna iz ljubosumnosti *(2)* – krank (sie) vor Eifersucht, bogato z minerali *(6)* – reich (es) an Mineralien; pravica do soodločanja *(2)* – das Recht auf Mitbestimmung, vera v Boga *(4)* – der Glaube an Gott; pozno v noč *(4)* – bis spät in die Nacht, dovolj pozornosti *(2)* – genug Aufmerksamkeit. *Angaben dazu findet man im Wörterbuch. Die Fälle decken sich in den beiden Sprachen nicht immer.*

17 Die Umstandswörter/Adverben – Prislovi

Die Steigerung (Komparation/Gradation/stopnjevanje) *beim Adjektiv und* ***die Ableitung des Umstandswortes von einem Eigenschaftswort (Derivation des Adverbs von einem Adjektiv / izpeljava prislova iz pridevnika)*** *wurden oben auf S. 156 und S. 193 besprochen. Siehe dazu LMR: WF, 2017, S. 37–42. Eigentliche Umstandswörter kann man nicht steigern. Nur von Eigenschaftswörtern abgeleitete Umstandswörter können gesteigert werden. Siehe LMR: WF, S. 148–152.*

Unter Gradation versteht man die Steigerung beim Eigenschafts- und Umstandswort mit Hilfe von ***Gradadverben (prislovi za stopnjevanje)****, wie z. B.* zeló – sehr, precèj – ziemlich, strašánsko – unheimlich, nèverjétno – unglaublich, čísto – ganz, pràv – richtig, vèč/bòlj – mehr, mànj – weniger, ... *Siehe auch LMR: WF, 2017, S. 40. Beispiele:* Zelo pridna deklica že zelo pridno dela. Precej osamljen človek tudi precej osamljeno piše. – Ein sehr braves / Das sehr brave Mädchen arbeitet schon sehr brav. Ein ziemlich vereinsamter / Der ziemlich vereinsamte Mensch/Mann schreibt auch ziemlich vereinsamt. *Einige Umstandswörter können nur aussagend gebraucht werden. Z.B.:* rád/ráda, zeló ráda plééšem. – gern(e), ich tanze sehr gerne.

Eine steigernde Bewertung von Eigenschafts- bzw. Umstandswörtern in der Satzaussage kann auch durch ***Gradpartikel (členki za stopnjevanje)*** *vorgenommen werden. Z. B.:* ja, le, naj, nè, nò, pač, še, šelè, túdi, vsáj, že, ... – ja, nur/gar, möge, nein/nicht, nun, halt/eben, noch, erst, auch, wenigstens, schon, … / To je ja lepo napisano. To le ni lepo urejeno. To sem pač že storila. To bom tudi še izvedla. Naj bo to tudi vsaj šele jutri dopolnjeno. – Das ist ja schön geschrieben. Das ist gar nicht schön geordnet. Das habe ich halt/eben schon durchgeführt. Das werde ich auch noch ausführen. Möge das auch erst morgen erfüllt werden. *Siehe LMR: WF, S. 132+133.*

Es gibt folgende ***Arten von Umstandswörtern (Adverben / vrste prislovov)****:* ***Umstandswörter der Zeit (Temporaladverben / prislovi časa), Umstandswörter des Ortes (Lokaladverben / prislovi kraja), Umstandswörter der Art und Weise (Modaladverben / prislovi načina), Umstandswörter des Grundes (Kausaladverben / prislovi vzroka), Umstandswörter der Mengenangabe (Quantitätsadverben / prislovi količine), Umstandswörter der Häufigkeit („Frequenzadverben" / prislovi pogostnosti).*** *Siehe LMR: WF, 2017, S. 144–152.*

Adverben können auch umschrieben oder zur ***Umstandsergänzung (Adverbialobjekt)*** *ausgebaut werden. Z.B.:* zdaj, v tem trenutku, ob 12. uri – jetzt, in diesem Augenblick, um 12 Uhr *(Temporaladverb /prislov časa,* ***Termporaladverbal / prislovno določilo časa, Umstandsergänzung der Zeit / Temporalobjekt / prislovni predmet časa).***

Entsprechend dem oben Ausgeführten gibt es auch ***die Umstandsergänzung des Ortes (Lokalobjekt / prislovni predmet kraja), die Umstandsergänzung der Art und Weise (Modalobjekt / prislovni predmet načina), die Umstandsergänzung des Grundes (Kausalobjekt / prislovni predmet vzroka), die Umstandsergänzung der Mengenangabe (Quantitätsobjekt / prislovni predmet količine) und die Umstandsergänzung der Häufigkeit („Frequenzobjekt" / prislovni predmet pogostnosti).*** *Beispiele siehe LMR: WF, S. 144–152.*

Zu Umstandswörtern als Fragewörtern (Interrogativadverben / vprašalni prislovi) *siehe LMR: WF, 2017, S. 152+153.*

18 Zeitwortpaare/Verbpaare – Glagolski pari

18.1 Ausgehend von –ATI

18.1.1 … *unvollendet/uv.* > … *vollendet/v.* > --- *wiederholend/wh.*

kúhati kúham *uv.* (kochen) > skúhati skúham *v.* (fertig kochen / garen) > --- *wh.*,
čákati čákam *uv.* (warten) > dočákati dočákam *v.* (erwarten) > --- *wh.*,
čŕtati čŕtam *uv.* (streichen) > prečŕtati prečŕtam *v.* (durch-/ausstreichen) > --- *wh.*,
glédati glédam *uv.* (schauen) > poglédati poglédam *v.* (hin-/herschauen) > --- *wh.*,
líkati líkam *uv.* (bügeln) > políkati políkam *v.* (fertig bügeln) > --- *wh.*,
málicati málicam *uv.* (jausnen) > pomálicati pomálicam *v.* (fertig jausnen) > --- *wh.*,
plávati plávam *uv.* (schwimmen) > zaplávati zaplávam *v.* (hin-/herschwimmen) > --- *wh.*,
slíkati slíkam *uv.* (malen) > naslíkati naslíkam *v.* (anmalen) > --- *wh.*,
šívati šívam *uv.* (nähen) > sešívati sešívam *v.* (zusammennähen) > --- *wh.*, …;
fotografírati fotografíram *uv./v.* (fotografieren) > --- *wh.*, *(alle Verben auf –irati)*;
pomágati pomágam *uv./v.* (helfen) > --- *wh.*, …;
iskáti íščem *uv.* (suchen) > poiskáti poíščem *v.* (heraussuchen) > --- *wh.*,
klícati klíčem *uv.* (rufen) > poklícati poklíčem *v.* (anrufen) > --- *wh.*,
majáti májem *uv.* (wackeln/wanken) > zmájati zmájem *v.* (schütteln, Kopf) > --- *wh.*,
oráti ôrjem *uv.* (pflügen/ackern) > zoráti zôrjem *v.* (umpflügen/umackern) > --- *wh.*,
pe̠ljáti se pé̠ljem se *uv.* (fahren) > pripe̠ljáti se pripé̠ljem se *v.* (her-/hinfahren) > --- *wh.*,
plésati pléšem *uv.* (tanzen) > zaplésati zapléšem *v.* (vortanzen) > --- *wh.*,
práti pêrem *uv.* (waschen, Wäsche) > spráti spêrem *v.* (waschen, Wäsche) > --- *wh.*,
rézati réžem *uv.* (schneiden) > narézati naréžem *v.* (aufschneiden) > --- *wh.*,
rísati ríšem *uv.* (zeichnen) > narísati naríšem *v.* (aufzeichnen) > --- *wh.*,
sejáti séjem *uv.* (säen) > posejáti poséjem *v.* (aussäen) > --- *wh.*,
sijáti síjem *uv.* (scheinen) > posijáti posíjem *v.* (durchscheinen) > --- *wh.*,
tkáti tkèm *uv.*(weben) > stkáti stkèm *v.* (fertig weben) > --- *wh.*,
vézati véžem *uv.* (binden) > povézati povéžem *v.* (verbinden) > --- *wh.*, …

18.1.2 … *unvollendet/uv.* > … *vollendet/v.* > … *wiederholend/wh.*

igráti igrám *uv.* (spielen) > zaigráti zaigrám *v.* (verspielen) > zaigrávati zaigrávam *wh.* (immer wieder verspielen),
poznáti poznám *uv.* (kennen) > spoznáti spoznám *v.* (kennenlernen) > spoznávati spoznávam *wh.* (immer besser erkennen), …;
délati délam *uv.* (machen) > izdélati izdélam *v.* (ausarbeiten) > izdelováti izdelújem *wh.* (immer wieder ausarbeiten), …;
bráti bêrem *uv.* (lesen) > prebráti prebêrem *v.* (durch-/auslesen) > prebírati prebíram *wh.* (immer wieder durch-/auslesen),
gnáti žênem *uv.* (treiben) > pognáti požênem *v.* (antreiben) > pogánjati pogánjam *wh.* (andauernd antreiben),
kázati kážem (zeigen) *uv.* > pokázati pokážem *v.* (her-/hinzeigen) > pokazováti pokazújem *wh.* (immer wieder her-/hinzeigen),
kopáti kópljem *uv.* (graben) > izkopáti izkópljem *v.* (ausgraben) > izkopávati izkopávam *wh.* (dauerhaft/ständig ausgraben),
molčáti molčím *uv.* (schweigen) > zamolčáti zamolčím *v.* (verschweigen) > zamolčávati zamolčávam *wh.* / zamolčeváti zamolčújem *wh.* (andauernd verschweigen),
písati píšem (schreiben) *uv.* > napísati napíšem *v.* (aufschreiben) > napisováti napisujem *wh.* (immer wieder aufschreiben),
spáti spím *uv.* (schlafen) > zaspáti zaspím *v.* (einschlafen) > zaspávati zaspávam *wh.* (langsam einschlafen),
státi stánem *uv.* (stehen) > nastáti nastánem *v.* (entstehen) > nastájati nastájam *wh.* (dauerhaft entstehen),

žgáti žgèm (brennen) *uv.* > sežgáti sežgèm *v.* (verbrennen) > sežígati sežígam *wh.* (öfter verbrennen), ...

18.1.3 --- *unvollendet/uv.* > ... *vollendet/v.* > ... *wiederholend/wh.*
--- *uv.* > **pláčati pláčam** *v.* (be-/zahlen) > plačeváti plačújem *wh.* (öfter/ständig (be)zahlen),
--- *uv.* > sréčati sréčam *v.* (treffen) > srečeváti srečévam *wh.* (immer wieder / öfter treffen), ...;
--- *uv.* > **izbráti izbêrem** *v.* (auswählen) > izbírati izbíram *wh.* (öfter auswählen),
--- *uv.* > dokázati dokážem *v.* (beweisen) > dokazováti dokazújem *wh.* (öfter beweisen), ...;
--- *uv.* > dokončáti dokončám *v.* (beenden/fertigstellen) > dokončeváti dokončújem *wh.* (öfter beenden/fertigstellen),
--- *uv.* > izpláčati izpláčam *v.* (auszahlen) > izplačeváti izplačújem *wh.* (öfter auszahlen),
--- *uv.* > končáti končám *v.* (beenden/aufhören) > končeváti končújem *wh.* (langsam/gerade jetzt beenden/aufhören), ...;
--- *uv.* > obiskáti obíščem *v.* (besuchen) > obiskováti obiskújem *wh.* (öfter besuchen),
--- *uv.* > posláti póšljem *v.* (schicken/senden) > pošíljati pošíljam *wh.* (immer wieder schicken),
--- *uv.* > preklícati preklíčem *v.* (widerrufen) > preklicеváti preklicújem *wh.* (öfter widerrufen),
--- *uv.* > vprášati vprášam *v.* (fragen) > spraševáti sprašújem *wh.* (öfter ausfragen / prüfen), ...

18.2 Ausgehend von –ITI

18.2.1 ... *unvollendet/uv.* > ... *vollendet/v.* > --- *wiederholend/wh.*
prosíti prósim *uv.* (bitten) > zaprosíti zaprósim *v.* (erbitten) > --- *wh.*,
čístiti čístim *uv.* (putzen/reinigen) > očístiti očístim *v.* (putzen/reinigen, Kleider) > --- *wh.*,
čístiti čístim *uv.* (putzen/reinigen) > počístiti počístim *v.* (putzen/reinigen, allgemein) > --- *wh.*,
mótiti mótim *uv.* (stören) > zmótiti zmótim *v.* – störcn > --- *wh.*,
učíti se učím se *uv.* (lernen) > naučíti se naučím se *v.* (erlernen) > --- *wh.*,
vábiti vábim *uv.* (einladen) > povábiti povábim *v.* (einladen) > --- *wh.*, ...;
šíti šíjem *uv.* (nähen) > sešíti sešíjem *v.* (zusammennähen) > --- *wh.*,
véti vêjem *uv.* (wehen, Wind) > zavéti zavêjem *v.* (verwehen, Wind) > --- *wh.*, ...

18.2.2 ... *unvollendet/uv.* > ... *vollendet/v.* > ... *wiederholend/wh.*
govoríti govorím *uv.* (reden) > nagovoríti nagovorím *v.* (anreden) > nagovárjati nagovárjam *wh.* (immer wieder / öfter anreden),
hváliti hválim *uv.* (danken) > zahváliti zahválim *v.* (bedanken) > zahvaljeváti zahvaljújem *wh.* (öfter/andauernd bedanken),
mejíti mejím *uv.* (angrenzen) > omejíti omejím *v.* (begrenzen) > omejeváti omejújem *wh.* (dauerhaft begrenzen), ...;
mísliti míslim *uv.* (denken) > premísliti premíslim *v.* (überdenken) > premišljeváti premišljújem *wh.* (andauernd überdenken),
šíriti šírim *uv.* (verbreitern) > razšíriti razšírim *v.* (verbreitern) > razšírjati razšírjam *wh.* / razširjeváti razširjújem *wh.* (dauerhaft verbreitern), ...;
píti píjem *uv.* (trinken) > popíti popíjem *v.* (austrinken) > popívati popívam *wh.* (immer wieder austrinken),
kríti kríjem *uv.* (bedecken) > pokríti pokríjem *v.* (bedecken/zudecken) > pokrívati pokrívam *wh.* (immer wieder zudecken),
líti líjem *uv.* (gießen) > zalíti zalíjem *v.* (gießen/wässern) > zalívati zalívam *wh.* (immer wieder gießen/wässern), ...

18.2.3 --- *unvollendet/uv.* > ... *vollendet/v.* > ... *wiederholend/wh.*
--- *uv.* > **dobíti dobím** *v.* (bekommen/erhalten) > dobívati dobívam *wh.* (immer wieder / öfter bekommen/erhalten),

--- *uv.* > dogodíti se dogodí(m) se *v.* (geschehen) > dogájati se dogája(m) se *wh.* (immer wieder / öfter/andauernd/dauerhaft/ständig geschehen),
--- *uv.* > dovolíti dovólim *v.* (erlauben) > dovoljeváti dovoljújem *wh.* (dauerhaft erlauben),
--- *uv.* > izposodíti izposódim *v.* (ausleihen) > izposójati izposójam *wh.* (dauerhaft ausleihen),
--- *uv.* > izvozíti izvózim *v.* (ausführen) > izvážati izvážam *wh.* (ständig ausführen),
--- *uv.* > kúpiti kúpim *v.* (kaufen/einkaufen) > kupováti kupújem *wh.* (bummeln/einen Einkaufsbummel machen),
--- *uv.* > lotíti se lotím se *v.* (sich widmen) > lotévati se lotévam se *wh.* (sich ständig widmen),
--- *uv.* > natočíti natóčim *v.* (einschenken) > natákati natákam *wh.* (immer wieder einschenken),
--- *uv.* > opáziti opázim *v.* – bemerken > opazováti opazújem *wh.* (beobachten),
--- *uv.* > položíti položím *v.* (legen/hinlegen) > polágati polágam *wh.* (öfter hinlegen),
--- *uv.* > ponovíti ponovím *v.* (wiederholen) > ponávljati ponavljam *wh.* (öfter wiederholen),
--- *uv.* > povzročíti povzróčim *v.* (verursachen) > povzróčati povzróčam *wh.* (oft verursachen),
--- *uv.* > predstáviti predstávim *v.* (vorstellen) > predstávljati predstavljam *wh.* (öfter vorstellen),
--- *uv.* > uredíti uredím *v.* (ordnen) > uréjati uréjam *wh.* (dauerhaft ordnen),
--- *uv.* > uvozíti uvózim *v.* (einführen) > uvážati uvážam *wh.* (ständig einführen),
--- *uv.* > uvrstíti uvŕstim *v.* (einordnen) > uvŕščati uvŕščam *wh.* (immer wieder einordnen),
--- *uv.* > vzgojíti vzgojím *v.* (erziehen) > vzgájati vzgájam *wh.* (andauernd/ständig erziehen), …;
--- *uv.* > **umíti umíjem** *v.* (waschen) > umívati umívam *wh.* (lange/öfter waschen),
--- *uv.* > izgíniti izgínem *v.* (verschwinden) > izgínjati izgínjam *wh.* (dauerhaft verschwinden),
--- *uv.* > nájti nájdem *v.* (finden) > nahájati se nahájam se *wh.* (sich dauerhaft befinden),
--- *uv.* > natísniti natísnem *v.* (ausdrucken) > natískati natískam *wh.* (immer wieder ausdrucken),
--- *uv.* > obŕniti obŕnem *v.* (umdrehen/umkehren) > obráčati obráčam *wh.* (öfter umdrehen),
--- *uv.* > pomíti pomíjem *v.* (abwaschen) > pomívati pomívam *wh.* (lange/öfter abwaschen),
--- *uv.* > príti prídem *v.* (her-/hin-/ankommen) > prihájati prihájam *wh.* (jetzt gerade ankommen),
--- *uv.* > skleníti sklénem *v.* (abschließen) > sklépati sklépam *wh.* (dauerhaft abschließen),
--- *uv.* > ugásniti ugásnem *v.* (auslöschen) > ugášati ugášam *wh.* (langsam erlöschen), …

18.3 Ausgehend von –ETI

18.3.1 *… unvollendet/uv. > … vollendet/v. > --- wiederholend/wh.*

žréti žrèm *uv.* (fressen) > požréti požrèm *v.* (weg-/auffressen) > --- *wh.*, …;
pléti plévem *uv.* (jäten) > opléti oplévem *v.* (jäten) > --- *wh.*,
žéti žánjem *uv.* (ernten, Sichel) > požéti požánjem *v.* (ernten, Sichel) > --- *wh.*, …

18.3.2 *… unvollendet/uv. > … vollendet/v. > … wiederholend/wh.*

živéti živím *uv.* (leben) > doživéti doživím *v.* (erleben) > dožívljati dožívljam *wh.* (nachhaltig erleben),
hitéti hitím *uv.* (eilen) > dohitéti dohitím *v.* (herbeieilen) > dohitévati dohitévam *wh.* (einholen),
trpéti trpím *uv.* (leiden) > pretrpéti pretrpím *v.* (erleiden) > pretrpévati pretrpévam *wh.* (viel erleiden/durchmachen),
viséti visím *uv.* (hängen) > obésiti obésim *v.* (aufhängen) > obéšati obéšam *wh.* (immer wieder aufhängen), …;
péti pôjem *uv.* (singen) > zapéti zapôjem *v.* (zu singen beginnen / vorsingen) > prepévati prepévam *wh.* (immer wieder gerne vorsingen),
gréti grêjem *uv.* (wärmen) > segréti segrêjem *v.* (erhitzen/erwärmen) > segrévati segrévam *wh.* (immer wieder / lange Zeit erhitzen/erwärmen),
razuméti razúmem *uv./v.* (verstehen) > razumévati razumévam *wh.* (nachhaltig/anhaltend verstehen),
štéti štêjem *uv.* (zählen) > seštéti seštêjem *v.* (zusammenzählen) > seštévati seštévam *wh.* (immer wieder / fortlaufend zusammenzählen), …

18.3.3 --- *unvollendet/uv.* > ... *vollendet/v.* > ... *wiederholend/wh.*

--- *uv.* > **umréti umrèm** *v.* (sterben) > umírati umíram *wh.* (langsam sterben/dahinsiechen),

--- *uv.* > načéti načnèm *v.* (anschneiden) > načénjati načénjam *wh.* (öfter anschneiden),

--- *uv.* > odpréti odprèm *v.* (öffnen/aufsperren) > odpírati odpíram *wh.* (jetzt öffen/aufsperren),

--- *uv.* > podpréti podprèm *v.* (unterstützen) > podpírati podpíram *wh.* (nachhaltig unterstützen),

--- *uv.* > začéti začnèm *v.* (beginnen/anfangen) > začénjati začénjam *wh.* (jetzt beginnen/anfangen),

--- *uv.* > zapréti zaprèm *v.* (schließen/zusperren) > zapírati zapíram *wh.* (jetzt schließen/zusperren), ...;

--- *uv.* > **dojéti dojámem** *v.* (begreifen/erfassen) > dojémati dojémam *wh.* (nachhaltig begreifen/erfassen),

--- *uv.* > najéti najámem *v.* (mieten/leasen) > najémati najémam *wh.* (dauerhaft mieten/leasen),

--- *uv.* > objéti objámem *v.* (umarmen) > objémati objémam *wh.* (jetzt umarmen),

--- *uv.* > prijéti prímem *v.* (festhalten) > prijémati prijémam *wh.* (jetzt festhalten),

--- *uv.* > prištéti prištêjem *v.* (hinzuzählen) > prištévati prištévam *wh.* (immer wieder hinzuzählen),

--- *uv.* > snéti snámem *v.* (aufnehmen/filmen) > snémati snémam *wh.* (öfter/lange Zeit aufnehmen/filmen),

--- *uv.* > spoprijéti se spoprímem se *v.* (sich auseinandersetzen) > spoprijémati se spoprijémam se *wh.* (sich nachhaltig auseinandersetzen),

--- *uv.* > sprejéti sprêjmem *v.* (empfangen/erhalten) > sprejémati sprejémam *wh.* (jetzt/ immer wieder empfangen/erhalten),

--- *uv.* > ujéti ujámem *v.* (einfangen) > ujémati ujémam *wh.* (öfter einfangen), ...;

--- *uv.* > verjéti verjámem *v.+wh.* (glauben, anhaltend glauben), ...

18.4 Ausgehend von –UTI

18.4.1 ... *unvollendet/uv.* > ... *vollendet/v.* > --- *wiederholend/wh.*

plúti plôvem/plújem *uv.* (fahren Schiff) > odplúti odplôvem/odplújem *v.* (abfahren, Schiff) > --- *wh.*,

rjúti rjôvem/rjújem *uv.* (brüllen) > zarjúti zarjôvem/zarjújem *v.* (brüllen anfangen/losbrüllen) > --- *wh.*, ...

18.4.2 ... *unvollendet/uv.* > ... *vollendet/v.* > ... *wiederholend/wh.*

18.4.3 --- *unvollendet/uv.* > ... *vollendet/v.* > ... *wiederholend/wh.*

--- *uv.* > **obúti obújem** *v.* (anziehen Schuhe) > obúvati obúvam *wh.* (anziehen, Schuhe/Fußbekleidung),

--- *uv.* > sezúti sezújem *v.* (ausziehen Schuhe) > sezúvati sezúvam *wh.* (ausziehen, Schuhe/Fußbekleidung), ...

18.5 Ausgehend von –ČI

18.5.1 ... *unvollendet/uv.* > ... *vollendet/v.* > --- *wiederholend/wh.*

pêči pêčem *uv.* (backen/braten) > spêči spêčem *v.* (fertig backen/braten) > --- *wh.*,

stríči strížem *uv.* (Haare schneiden) > postríči postrížem *v.* (Haare schneiden) > --- *wh.*, ...;

tôlči tôlčem *uv.* (klopfen/schlagen) > stôlči stôlčem *v.* (zerklopfen/zerschlagen) > --- *wh.*,

vléči vléčem *uv.* (ziehen, Wagen) > odvléči odvléčem *v.* (ziehen, Wagen) > --- *wh.*,

vléči vléčem *uv.* (ziehen, Wagen) > povléči povléčem *v.* (anziehen, Wagen) > --- *wh.*,

têči têčem *uv.* (laufen) > stêči stêčem *v.* (weg-/davonlaufen) > --- *wh.*, ...

18.5.2 *... unvollendet/uv. > ... vollendet/v. > ... wiederholend/wh.*

18.5.3 *--- unvollendet/uv. > ... vollendet/v. > ... wiederholend/wh.*
--- *uv.* > **obléči obléčem** *v.* (anziehen, Kleider) > obláčiti obláčim *wh.* (anziehen, Kleider),
--- *uv.* > obléči se obléčem se *v.* (anziehen, Kleider) > obláčiti se obláčim se *wh.* (sich anziehen, Kleider),
--- *uv.* > sléči sléčem *v.* (ausziehen, Kleider) > sláčiti sláčim *wh.* (ausziehen, Kleider),
--- *uv.* > sléči se sléčem se *v.* (ausziehen, Kleider) > sláčiti se sláčim se *wh.* (sich ausziehen, Kleider), ...

18.6 Ausgehend von –STI

18.6.1 *... unvollendet/uv. > ... vollendet/v. > --- wiederholend/wh.*
sésti sédem *uv.* (sich setzen) > usésti se usédem se *v.* (sich hinsetzen) > --- *wh.*,
bôsti bôdem *uv.* (stechen) > zbôsti zbôdem *v.* (hineinstechen) > --- *wh.*,
môlsti môlzem *uv.* (melken) > pomôlsti pomôlzem *v.* (fertig/leer melken) > --- *wh.*, ...

18.6.2 *... unvollendet/uv. > ... vollendet/v. > ... wiederholend/wh.*
rásti rástem/rásem *uv.* (wachsen) > zrásti zrástem/zrásem *v.* (aufwachsen) > zráščati zráščam *wh.* (erwachsen werden),
trésti trésem *uv.* (streuen/schütteln/rütteln) > strésti strésem *v.* (ausstreuen/ausschütteln/hin-/herrütteln) > strésati strésam *wh.* (anhaltend ausschütteln/verstreuen/hin-/herrütteln), ...;
krásti krádem *uv.* (stehlen) > ukrásti ukrádem *v.* (stehlen) > ukrádati ukrádam *wh.* (immer wieder / fortwährend stehlen),
vêsti vêdem *uv.* (führen) > zavêsti zavêdem *v.* (verführen) > zavájati zavájam *wh.* (immer wieder / andauernd verführen), ...

18.6.3 *--- unvollendet/uv. > ... vollendet/v. > ... wiederholend/wh.*
--- *uv.* > **prinêsti prinêsem** *v.* (hin-/herbringen) > prinášati prinášam *wh.* (öfter / immer wieder hin-/herbringen), ...;
--- *uv.* > **pásti pádem** *v.* (hinfallen) > pádati pádam *wh.* (immer wieder hinfallen),
--- *uv.* > pomêsti pomêtem *v.* (zusammen-/auskehren) > pométati pométam *wh.* (immer wieder zusammen-/auskehren),
--- *uv.* > prevêsti prevêdem *v.* (übersetzen) > prevájati prevájam *wh.* (nachhaltig übersetzen), ...

18.7 Ausgehend von „sta/ste“

18.7.1 *... unvollendet/uv. > ... vollendet/v. > --- wiederholend/wh.*
jésti jém *uv.* (essen) > **pojésti pojém** *v.* (auf-/wegessen) > --- *wh.*;
védeti vém *uv.* (wissen) > **izvédeti izvém** *v.* (erfahren) > --- *wh.*;

18.7.2 *... unvollendet/uv. > ... vollendet/v. > ... wiederholend/wh.*

18.7.3 *--- unvollendet/uv. > ... vollendet/v. > ... wiederholend/wh.*
--- *uv.* > **dáti dám** *v.* (geben) > dajáti dájem *wh.* (immer wieder / öfter / dauernd geben);
--- *uv.* > izdáti izdám *v.* (herausgeben/publizieren) > izdajáti izdájam *wh.* (immer wieder herausgeben/publizieren), ...;
--- *uv.* > **povédati povém** v. (erzählen) > pripovedováti pripovedújem *wh.* (viel / lange / immer wieder / öfter erzählen, Märchen/Geschichten),
--- *uv.* > prepovédati prepovém v. (verbieten) > prepovedováti prepovedújem *wh.* (dauerhaft verbieten), ...

18.8 Ungleiche Verbpaare (Verbpaare mit verschiedenem Wortstamm)

18.8.1 ... *unvollendet/uv.* > ... *vollendet/v.* > --- *wiederholend/wh.*

délati délam *uv.* (machen/tun) > narediti naredím *v.* / storíti storím *v.* (machen/tun/vollbringen) > --- *wh.*, ...;
govoríti govorím *uv.* (reden/sprechen) > rêči rêčem *v.* (sagen) > --- *wh.*,
grísti grízem *uv.* (beißen/kauen) > ugrízniti ugríznem *v.* (hineinbeißen) > --- *wh.*,
klečáti klečím *uv.* (knieen) > poklékniti pokléknem *v.* (niederknieen) > --- *wh.*,
ležáti ležím *uv.* (liegen) > léči léžem *v.* (sich hinlegen) > --- *wh.*, ...

18.8.2 ... *unvollendet/uv.* > ... *vollendet/v.* > ... *wiederholend/wh.*

gíbati gíbam *uv.* (bewegen) > premákniti premáknem *v.* (bewegen) > premíkati premíkam *wh.* (immer wieder bewegen), ...
goníti gónem *uv.* (treiben) > goníti gónem *v.* (antreiben) > prigánjati prigánjam *wh.* (immer wieder / öfter /dauerhaft antreiben),
držáti držím *uv.* (halten) > prijéti prímem *v.* (festhalten) > prijémati prijémam *wh.* (dauerhaft festhalten),
íti grém/grèm *uv.* (gehen) > íti grém/grèm *v.* (hin-/hergehen, zielgerichtet) > hodíti hódim *wh.* (immer wieder hin-/hergehen / herumgehen, ohne bestimmtes Ziel),
poslúšati poslúšam *uv.* (zuhören) > preslúhniti preslúhnem *v.* (genau hinhören) > preslúškati preslúškam *wh.* / presluškováti presluškújem *wh.* (ständig/öfter/andauernd genau hinhören),
ríniti rínem *uv.* (stoßen) > ríniti rínem *v.* (wegstoßen) > potískati potískam *wh.* (immer wieder / öfter wegschieben), ...

18.8.3 --- *unvollendet/uv.* > ... *vollendet/v.* > ... *wiederholend/wh.*

--- *uv.* > **vzéti vzámem** *v.* (nehmen) > jemáti jémljem *wh.* (immer wieder / öfter nehmen), ...;
--- *uv.* > **skočíti skočim** *v.* (hin-/her-/hineinhüpfen) > skákati skáčem~~/skákam~~ *wh.* (herumhüpfen),
--- *uv.* > séči séžem *v.* (hineingreifen) > ségati ségam *wh.* (immer wieder / oft hineingreifen),
--- *uv.* > têči têčem *v.* (hin-/herlaufen) > tékati tékam *wh.* (immer wieder / öfter laufen),
--- *uv.* > vréči vŕžem *v.* (hin-/herwerfen) > metáti méčem *wh.* (hin- und herwerfen)
--- *uv.* > vpréči vpréžem *v.* (einspannen) > vprégati vprégam *wh.* (immer wieder einspannen),
--- *uv.* > vŕniti vŕnem *v.* (zurückgeben/-kehren) > vráčati vráčam *wh.* (jetzt zurückgeben/-kehren),
--- *uv.* > obŕniti obŕnem *v.* (zurückkehren) > obráčati obráčam *wh.* (jetzt zurückkehren),
--- *uv.* > odíti odídem *v.* (weggehen) > odhájati odhájam *wh.* (jetzt weggehen),
--- *uv.* > príti prídem *v.* (ankommen) > prihájati prihájam *wh.* (jetzt ankommen),
--- *uv.* > nájti nájdem *v.* (finden) > nahájati se nahájam se *wh.* (sich befinden), ...

18.9 Anmerkungen

Zeitwortpaare (Aspektpaare) haben im Slowenisch den gleichen Wortstamm mit verschiedenem Aspekt, aber mit gleicher Wortbedeutung. Beispiele: igráti igrám *uv.* (spielen) > zaigráti zaigrám *v.* (verspielen) *bzw.* zaigráti zaigrám *v.* (verspielen) > zaigrávati zaigrávam *wh.* (immer wieder / andauernd / öfter verspielen). *Ein weiteres Beispiel in Deutsch:* tanzen *uv.* > vortanzen *v.* > herumtänzeln *wh. Wörter werden in den Einzelsprachen (Slowenisch, Deutsch) verschieden gebildet. Aspektpaare findet man im 2-sprachigen Wörterbuch, z. B. im PONS für die Schule. Beispiel:* spielen ... igrati zaigrati; kochen ... = (garen) kuhati, skuhati *pf. (perfekt/vollendet). Dann sieht man im slowenischen Teil beim jeweiligen slowenischen Stichwort nach.*
Zuerst wurde das von –ATI –AM ausgehende Muster beschrieben, dann die verschiedenen anderen Muster auf –ATI, darunter auch jene auf –OVÁTI, dann wurden die Muster vorgestellt, die von –ITI, –ETI, –UTI, –ČI und –STI ausgehen und schließlich noch jene Verben, die der 5. Verb-Gruppe auf –M mit „sta/ste" angehören. Jeweils das erste Stichwort der am häufigsten vorkommenden Endung und das erste der weiteren Endungen wurde dabei fett gekennzeichnet. Unter Punkt 18.„X".2. gibt es bei manchen Unterabschnitten kein Beispiel.

18.10 Ausnahmen

stréči *v. und* postréči *v.* (bedienen)*;* povédati povém *v.* (erzählen) > pripovedováti pripovedújem *wh.* (viel / lange Zeit erzählen)*;* prepovédati prepovém *v.* (verbieten) > prepovedováti prepovedújem *wh.* (dauernd verbieten)*;* počíti se počíjem se *v. und* spočíti se spočíjem se *v.* (sich ausruhen)*, ebenso* počívati se počívam se *wh.* (sich ausruhen) *und* spočívati se spočívam se *wh.* (sich ausruhen)*;* obléči se *v.* (sich anziehen, Kleider) *und* sléči se *v.* (sich ausziehen, Kleider) > obláčiti se *w.* (sich öfter anziehen) *und* sláčiti se *wh.* (sich öfter ausziehen)*,* oblééčem si srájco *v.* (ich ziehe mir eine/die Bluse an) *und* sléčem si srájco *v.* (ich ziehe mir eine/die Bluse aus); prispéti prispèm *v.* (ankommen), *aber:* prispévati prispévam *wh.* (beitragen)*;* načéti načnèm *v.* (anschneiden) > načénjati načénjam *wh.* (öfter anschneiden)*, aber* počéti počnèm *uv.* (machen/tun/treiben) > počenjati počenjam *wh.* (immer wieder machen/tun/treiben); odíti odídem *v.* (weggehen, zielgerichtet) > odhájati odhájam *wh.* (weggehen, ziellos)*;* nêsti nêsem *uv.* (tragen, zielgerichtet)*, aber* nosíti nósim *wh.* (tragen, ziellos). *Beispiel:* Nosila me je pod svojim srcem, nekega dne pa me je nesla h krstu. – Sie trug mich unter ihrem Herzen, eines Tages trug sie mich aber zur Taufe. *Ebenso wie* nêsti nêsem *funktionieren:* íti grém *uv./v.* – gehen/hingehen/hergehen (zielgerichtet) > hodíti hódim *wh.* – herumgehen (ziellos); têči têčem *uv.* – laufen (zielgerichtet) > tékati tékam *wh.* – umherlaufen (ziellos); letéti letím *uv.* – fliegen (zielgerichtet) > létati létam *wh.* – fliegen (ziellos), ...

18.11 Die Modalverben – Modalni glagoli

Die Modalverben dáti dám *v.* (überlassen), hotéti hóčem *uv.* (wollen), iméti imám *uv.* (haben/besitzen/müssen), márati máram *uv.* (mögen), móči mórem *uv.* (können, fähig sein), mórati móram *uv.* (müssen), potrebováti potrebújem *wh.* (brauchen), pustíti pustím *uv.* (lassen), sméti smém *uv.* (dürfen), utégniti utégnem *v.* (schaffen), znáti znám *uv.* (wissen, können), želéti želím *uv.* (wünschen) *und das Hilfsverb* bíti sem/bom/bi *uv.* (sein/haben/werden) *besitzen kein Aspektpaar, wohl aber die Phasenverben* začéti začnèm *v.* (beginnen) > začénjati začénjam *wh.* (jetzt beginnen), pričéti pričnèm *v.* (anfangen) > pričénjati pričénjam *wh.* (jetzt anfangen), néhati néham *v.* (aufhören) > nehávati nehávam *wh.* – (jetzt aufhören). *Siehe LMR: Wortformen, 2017, S. 180. Die positive Satzaussage von* sméti smém *wird umschrieben durch das Adverb* lahkó. *Das Modalverb* sollen *wird durch das Adverb* naj *ausgedrückt. Außerdem gibt es noch das Adverb* ràd, ráda – gern(e). *Beispiele:* ~~Smem iti v kino?~~ / Lahko grem v kino? Naj grem v kino. Rada grem v kino. – Darf ich ins Kino gehen? Ich soll ins Kino gehen. Ich gehe gern(e) ins Kino.
Die negativen Satzaussagen zu den obigen Modalverben lauten: nè dáti + nè dám, nè hotéti + nóčem, né iméti + nímam, nè márati + nè máram, nè mórati + né móram, nè potrebováti + nè potrebújem, nè pustíti + nè pustím, nè sméti + nè smém, nè utégniti + nè utégnem, nè znáti + nè znám, nè želéti + nè želím, ~~nè lahkó~~ / naj nè, ràd/ráda + nèràd/nèráda; nè bíti + nísem, nè bom, nè bi. *Beispiele:* Ne smem iti v kino. Moj brat mi je svetoval, naj danes ne grem v kino, ker ni novega filma. Špinače ne jem rada. – Ich darf nicht ins Kino gehen. Mein Bruder riet mir, ich solle heute nicht ins Kino gehen, da es keinen neuen Film gibt. Spinat esse ich nicht gern(e).

18.12 Die Phasenverben – Fazni glagoli

Die Phasenverben začéti, pričéti, počéti *und* néhati *wurden bereits oben unter Ausnahmen und Modalverben abgehandelt. Siehe dazu LMR: WF, 2017, S. 180.*

18.13 Eine stilistische Zeitwortbesonderheit

In sehr alten Texten enden einige Verben auf –ijo (3. Person Mz.) jedoch mit –é und solche auf –ejo mit –ó. Beispiele: vrstíjo se > vrsté se – sie reihen sich, hitíjo > hité – sie eilen, držíjo > držé – sie halten; začnêjo > začnó – sie beginnen, tkêjo > tkó – sie weben, ... *Siehe oben S. 53:* bódo, vedó, jedó, gredó, dadó, povedó, ~~dedó~~.

19 Die Mittelwörter/Partizipien – Deležniki

Es gibt in Slowenisch 3 Arten von Partizipien und 4 Arten von Partizipialadverben.
1. das Mittelwort der Vergangenheit Tätigkeitsform (Partizip Perfekt Aktiv / deležnik na –L),
2. das Mittelwort der Gegenwart Tätigkeitsform (Partizip Präsens Aktiv / deležnik na –Č) und
3. das Mittelwort der Vergangenheit Leideform (Partizip Perfekt Passiv / deležnik na –N/–T).

19.1 Das Partizip Perfekt Aktiv – Deležnik na –L

Das Partizip Perfekt Aktiv wird vom Infinitiv gebildet, u. zw. wird die Endung –ATI durch –AL ersetzt, also durch den Infinitiv-Endvokal –A– und –L. Analog gebildet werden die Formen zu –ITI, –ETI, –UTI, –OVATI, –EVATI. Daraus werden –IL, –EL, –UL, –OVAL, –EVAL. Aus –ČI wird –KEL/–GEL und aus –STI wird –SEL/–ZEL/–DEL/... Das Partizip auf –L wird von unvollendeten, vollendeten und wiederholenden Verben gebildet. Beispiele:

Infinitiv	*Partizip auf -L*	*Infinitiv*	*Partizip auf –L*	*Infinitiv*	*Partizip auf -L*
kúhati *uv.*	kúhal/a/o gekocht	bráti *uv.*	brál/a/o gelesen	umréti *v.*	umŕl/a/o gestorben
govoríti *uv.*	govóril (ríla/o) gesprochen	rêči *v.*	rékel (kla/o) gesagt	móči *uv.*	mógel (gla/o) gekonnt
píti *uv.*	píl/a/o getrunken	stréči *uv.*	strégel (gla/o) bedient	jésti *uv.*	jédel (dla/o) gegessen
razuméti *uv./v.*	razumèl (méla/o) verstanden	rásti *uv.*	rásel/rástel (sla/o) (auf-)gewachsen	íti *uv./v.*	šèl (šlà/ò) (hin-)/gegangen
obúti *v.*	obúl/a/o angezogen	nêsti *uv.* *zielgerichtet*	nésel (sla/o) (hin-)getragen	príti *v.*	prišèl (šlà/ò) (an-)gekommen
stanováti *wh.*	stanovàl (vála/o) gewohnt	ovenéti *v.*	ovenél/a/o verwelkt	nájti *v.*	nášel (šlà/ò) gefunden
varčeváti *wh.*	varčevàl (vála/o) gespart	pásti *v.*	pádel (dla/o) (hin-)gefallen	bíti *uv.*	bíl (bilà/ò) gewesen

Diese –L-Form bildet das Maskulinum des Partizips. Für das Femininum wird im Singular ein –a bzw. für das Neutrum ein –o angehängt. Das Partizip Perfekt Aktiv muss also mit dem entsprechenden Substantiv übereingestimmt werden. In der Tabelle oben wurden diese Endungen hinzugefügt, bei Akzentwechsel mit Konsonant in runden Klammern. Es handelt sich hier also nicht um die Eigenschaftswortendungen, die im Singular lauten: –/–i, –a, –o/–e, sondern um die Hauptwortendungen –, –a, –o/–e. Weitere Formen für den Singular, den Dual und den Plural siehe oben S. 117+118, S. 124+125, S. 126–129, S. 160+161 und S. 162. Siehe dazu auch LMR: WF, S. 138–141, S. 156–181.

Diese Form wird hauptsächlich zur Bildung der zusammengesetzten Zeiten verwendet. Diese sind in Slowenisch: die Vergangenheit (Perfekt/preteklik), die Zukunft (Futur/prihodnjik) und die Bedingungsform (Konditional/pogojnik). Zur Vergangenheit siehe oben S. 117 und Beispiele dazu S. 118 sowie Tabellen auf S. 123+124, weitere Tabellen zu den Grundformen S. 125–128; zur Zukunft siehe oben S. 160 und Beispiele S. 161 und zur Bedingungsform S. 162. Schließlich wird die Form auf –L auch bei den Zeitwortgruppen auf den S. 164–184 ausgewiesen. Zu verschiedenen Satzaussagen siehe oben S. 223+224.
Beispiele: Mati je kuhala juho. Oče je govoril hitro. Dekle je pilo sok. / Mati bo kuhala juho. Oče bo govoril hitro. Dekle bo pilo sok. / Mati bi kuhala juho, če ... Oče bi govoril hitro, ko ... Dekle bi pilo sok, kadar ...
Meine Mutter kochte eine Suppe. Mein Vater sprach schnell. Das Mädchen trank einen Saft. / Meine

Mutter wird eine Suppe kochen. Mein Vater wird schnell sprechen. Das Mädchen wird einen Saft trinken. / Meine Mutter würde eine Suppe kochen, wenn ... Mein Vater würde schnell sprechen, wenn ... Das Mädchen würde einen Saft trinken, wenn ...

Von einigen intransitiven Verben bildet man vom Infinitiv kein Partizip auf –N/–T (siehe S. 234). In diesen Fällen verwendet man das Partizip auf –L auch als Zustandspassiv, u. zw. attributiv und prädikativ. In Deutsch sind solche intransitive Verben z. B.: vergangen, verstorben, vergilbt, verblasst, verwelkt, ... Es gibt auch einige Adjektive auf –L.
Beispiele: uspela vernisaža > Vernisaža je dobro uspela. / oteklo koleno > Tvoje koleno je močno oteklo. / odpadlo listje > Listje je letos že zelo zgodaj odpadlo. / pretekli teden > Ta teden je hitro pretekel. / uvela roža. Roža je kar hitro ovenela. / umrla teta. Teta je lani umrla.
eine/ die gelungene Vernissage > Die Vernissage ist gut gelungen. / ein geschwollenes / das geschwollene Knie > Dein Knie ist sehr stark (an)geschwollen. / das abgefallene Laub > Das Laub ist heuer schon sehr früh abgefallen. / eine/die vergangene Woche > Diese Woche ist schnell vergangen. / eine/ die verwelkte Blume > Die Blume ist eigentlich schnell verwelkt. / eine/die/meine verstorbene Tante > Die/Meine Tante ist voriges Jahr verstorben.

19.2 Das Partizip Präsens Aktiv – Deležnik na –Č

Das Partizip Präsens Aktiv wird meistens von der 1. Person Präsens gebildet, u. zw. wird die Endung –AM durch –AJÓČ ersetzt, also durch den Infinitiv-Endvokal –A–, einem Verbindungs–J– und –ÓČ. Analog umgebildet werden –IM zu –ÈČ, –IJEM/–EJEM/–UJEM zu –IJÓČ/–EJÓČ/–UJÓČ, –EM zu –ÓČ und –M zu –[D]ÓČ. Das Partizip auf –Č wird von allen Verbgruppen nur von unvollendeten und wiederholenden Verben gebildet. Beispiele:

Infinitiv	*Partizip auf –Č*	*Infinitiv*	*Partizip auf –Č*	*Infinitiv*	*Partizip auf –Č*
kúham *uv.*	kuhajóč/i/a/e kochend…	govorím *uv.*	govorèč/i/a/e sprechend...	bêrem *uv.*	beróč/i/a/e lesend...
délam *uv.*	delajóč/i/a/e arbeitend...	ljúbim *uv.*	ljubèč/i/a/e liebend...	rástem *uv.*	rastóč/i/a/e wachsend...
igrám *uv.*	igrajóč/i/a/e spielend...	míslim *uv.*	mislèč/i/a/e denkend...	nêsem *uv.* *zielgerichtet*	nesóč/i/a/e (hin-)tragend…
čákam *uv.*	čakajóč/i/a/e wartend...	ležím *uv.*	ležèč/i/a/e liegend...	grízem *uv.*	grizóč/i/a/e beißend/kauend...
píjem *uv.*	pijóč/i/a/e trinkend...	spím *uv.*	spèč/i/a/e schlafend...	krádem *uv.*	kradóč/i/a/e stehlend...
pôjem *uv.*	pojóč/i/a/e singend...	hitím *uv.*	hitèč/i/a/e eilend...	píšem *uv.*	pišóč/i/a/e schreibend...
stanújem *wh.*	stanujóč/i/a/e wohnend...	živím *uv.*	živèč/i/a/e lebend...	íščem *uv.*	iščóč/i/a/e suchend…
varčújem *wh.*	varčujóč/i/a/e sparend...	rêčem *v.*	rekóč/i/a/e sagend…	sêjem *uv.*	sejóč/i/a/e säend...
umíram *wh.*	umirajóč/i/a/e sterbend...	pêčem *uv.*	pekóč/i/a/e backend...	bom *uv.*	bodóč/i/a/e werdend...
obúvam *wh.*	obuvajóč/i/a/e anziehend…	strézem *uv.*	stregóč/i/a/e bedienend...	vém *uv.*	vedóč/i/a/e wissend...
sezúvam *wh.*	sezuvajóč/i/a/e ausziehend...	mórem *uv.*	mogóč/i/a/e möglich...	jém *uv.*	jedóč/i/a/e essend...
prispévam *wh.*	prispevajóč/i/a/e beitragend...	hóčem *uv.*	hotèč/i/a/e wollend...	(íti) > grém *uv./v.*	idóč/i/a/e (hin-)/gehend...

Das Partizip auf –Č wird attributiv verwendet und unterliegt auch der Kongruenz. Es erhält daher die Eigenschaftswortendungen –/–i/–a/–e. Die sächliche Endung im Singular lautet immer –e, wegen der –č-Partizipendung. Formen und Beispiele dazu siehe LMR: WF, S. 54. Dort wurde als Ausgangsform jedoch der Infinitiv angeführt. Ogledal si je artista, nosečega vrteče se krožnike. – Er schaute dem Artisten zu, wie dieser die rotierenden Teller trug. = Er schaute dem die rotierenden Teller tragenden Artisten zu.

19.3 Das Partizip Perfekt Passiv – Deležnik na –N/–T

Auch das Partizip Perfekt Passiv wird vom Infinitiv gebildet, u. zw. wird die Endung –ATI durch –AN ersetzt, also durch den Infinitiv-Endvokal –A– und –N. Analog werden –ITI und –ETI zu –EN, –ČI zu –ČEN/–ŽEN, –STI zu –SEN/...EN. Nur bei den Verben vom Typ „popíti" *und* „naštéti" *sowie* „vzéti" *bzw.* „prijéti" *bildet man das Partizip Perfekt Passiv auf –IT/–ET, beim Typ* „odpréti" *bzw.* „razdréti" *auf –RT. In der Regel wird das Partizip Perfekt Passiv vom vollendeten Verb gebildet, manchmal aber auch vom unvollendeten bzw. wiederholenden Verb. Beispiele:*

Infinitiv	*Partizip auf –N*	*Infinitiv*	*Partizip auf –N*	*Infinitiv*	*Partizip auf –T*
skúhati *v.*	skúhan/i/a/o gar gekocht...	izgovoríti *v.*	izgovorjèn/i/a/o ausgesprochen...	popíti *v.*	popít/i/a/o ausgetrunken...
izdélati *v.*	izdélan/i/a/o ausgearbeitet...	zaljúbiti *v.*	zaljubljèn/i/a/o verliebt...	pobíti *v.*	pobít/i/a/o erschlagen...
zaigráti *v.*	zaigrán/i/a/o aufgespielt...	izmísliti *v.*	izmišljèn/i/a/o ausgedacht...	naštéti *v.*	naštét/i/a/o aufgezählt...
napísati *v.*	napísan/i/a/o aufgeschrieben...	pripráviti *v.*	pripràvljen/i/a/o zubereitet...	zapéti *v.*	zapét/i/a/o vorgesungen...
poklícati *v.*	poklícan/i/a/o angerufen...	shrániti *v.*	shránjen/i/a/o abgespeichert...	pogréti *v.*	pogrét/i/a/o aufgewärmt...
dokázati *v.*	dokázan/i/a/o bewiesen...	potopíti *v.*	potópljen/i/a/o eingetaucht...	vzéti *v.*	vzét/i/a/o genommen...
kúhati *uv.*	kúhan/i/a/o gekocht...	odkúpiti *v.*	odkúpljen/i/a/o abgekauft...	posnéti *v.*	posnét/i/a/o gefilmt...
igráti *uv.*	igrán/i/a/o gespielt...	zaskrbéti *v.*	zaskrbljèn/i/a/o besorgt...	prijéti *v.*	prijét/i/a/o festgehalten...
obiskováti *wh.*	obiskován/i/a/o öfter besucht...	doživéti *v.*	dožívljen/i/a/o erlebt...	sprejéti *v.*	sprejét/i/a/o emfangen...
zaigrávati *wh.*	zaigrávan/i/a/o öfter verspielt...	postréči *v.*	postréžen/i/a/o bedient...	odpréti *v.*	odpŕt/i/a/o geöffnet...
prispévati *wh.*	prispévan/i/a/o beigetragen...	zgrísti *v.*	zgrízen/i/a/o zerkaut...	podréti *v.*	podŕt/i/a/o eingestürzt...
upoštévati *wh.*	upoštévan/i/a/o berücksichtigt...	ljúbiti *uv.*	ljúbljen/i/a/o beliebt...	zatréti *v.*	zatŕt/i/a/o vertilgt...

Das Partizip auf –N/–T wird hauptsächlich attributiv verwendet. Da erhält es die Singular-Eigenschafts-Endungen –/–i/–a/–o. Es wird aber auch als Prädikat zur Aussage des Zustandspassivs angewendet, demnach mit den Endungen –/–a/–o. Es unterliegt in Slowenisch in beiden Fällen auch der Kongruenz, nur gibt es im Prädikat die bestimmte männliche Form –i nicht. Zur Kongruenz siehe oben S. 80+81, S. 118+119, zum Eigenschaftswort S. 101–104, S. 105. Zum Zeitwort und zum Partizip auf –L siehe oben S. 116+117, S. 158+159, Bildung von zusammengesetzten Zeiten S. 160. Zum Partizip auf –N/–T siehe auch LMR: WF, 2017, S. 55. Es wird manchmal zum **passiven Mittelwort (Gerundivum/Verbaladjektiv)** *im Attribut. Alle drei Partizipien, jenes auf –L, jenes auf –Č und jenes auf –N/–T können auch wie das*

Eigenschaftswort hauptwörtlich (substantivisch) gebraucht werden. Beispiele: umrli, umrla – der/die Verstorbene; kuhajoči, kuhajoča – der/die Kochende; obiskovani, obiskovana – der/ die Besuchte. *Siehe dazu* „samski“ *auf S. 194.*
Die beiden letztgenannten Partizipien auf –Č und auf –N/–T können auch umstandswörtlich gebraucht werden. Dann spricht man in Slowenisch von einem Partizipialadverb (deležje). *Siehe unten S. 235+236 auf –Č und S. 236 auf –N/–T.*

20 Die Partizipialadverben – Deležja

1. das Partizipialadverb der Gegenwart Tätigkeitsform (Präsens Aktiv / deležje na –Č),
2. das Partizipialadverb der Vergangenheit Leideform (Perfekt Passiv / deležje na –N/–T),
3. das Partizipialadverb der Gegenwart Zustands-Leideform (Präsens Zustandspassiv / deležje na –(ÁJ)E) und
4. das Partizipialadverb der Vorvergangenheit Tätigkeitsform (Plus--quamperfekt Aktiv / deležje na –(V)ŠI).

20.1 Das Partizipialadverb Präsens Aktiv – Deležje na –Č

Das Partizip Präsens Aktiv (deležnik na –Č) wird in der adverbialen Verwendung als „deležje na –Č“ bezeichnet und ist ein abgeleitetes Adverb. Man geht vom Partizip Präsens Aktiv (deležnik na –Č) aus und lässt jegliche Kongruenz weg. Es wird nur von unvollendeten und wiederholenden Verben gebildet, u. zw. von allen Verbgruppen. Beispiele:

Partizip auf –Č	*Partizipialadverb auf –Č*	*Partizip auf –Č*	*Partizipialadverb auf –Č*	*Partizip auf –Č*	*Partizipialadverb auf –Č*
kuhajóč/i/a/e *uv.*	kuhajóč kochend	govorèč/i/a/e *uv.*	govorèč sprechend	beróč/i/a/e *uv.*	beróč lesend
delajóč/i/a/e *uv.*	delajóč arbeitend	ljubèč/i/a/e *uv.*	ljubèč liebend	rastóč/i/a/e *uv.*	rastóč wachsend
igrajóč/i/a/e *uv.*	igrajóč spielend	mislèč/i/a/e *uv.*	mislèč denkend	nesóč/i/a/e *uv.* *zielgerichtet*	nesóč (hin-)tragend
čakajóč/i/a/e *uv.*	čakajóč wartend	ležèč/i/a/e *uv.*	ležèč liegend	grizóč/i/a/e *uv.*	grizóč kauend
pijóč/i/a/e *uv.*	pijóč trinkend	spèč/i/a/e *uv.*	spèč schlafend	kradóč/i/a/e *uv.*	kradóč stehlend
pojóč/i/a/e *uv.*	pojóč singend	hitèč/i/a/e *uv.*	hitèč eilend	pišóč/i/a/e *uv.*	pišóč schreibend
stanujóč/i/a/e *wh.*	stanujóč wohnend	živèč/i/a/e *uv.*	živèč lebend	iščóč/i/a/e *uv.*	iščóč suchend
varčujóč/i/a/e *wh.*	varčujóč sparend	rekóč/i/a/e *v.*	rekóč sagend	sejóč/i/a/e *uv.*	sejóč säend
umirajóč/i/a/e *wh.*	umirajóč sterbend	pekóč/i/a/e *uv.*	pekóč backend	bodóč/i/a/e *uv.*	bodóč werdend
obuvajóč/i/a/e *wh.*	obuvajóč anziehend	stregóč/i/a/e *uv.*	stregóč bedienend	vedóč/i/a/e *uv.*	vedóč wissend
sezuvajóč/i/a/e *wh.*	sezuvajóč ausziehend	mogóč/i/a/e *uv.*	mogóč möglich	jedóč/i/a/e *uv.*	jedóč essend
prispevajóč/i/a/e *wh.*	prispevajóč beitragend	hotèč/i/a/e *uv.*	hotèč wollend	idóč/i/a/e *uv.*	idóč (hin-)/gehend

Das Partizipialadverb auf –Č wird prädikativ verwendet. Beispiele: Čakajoč na brata sta si ogledala film na televiziji. Beroč knjigo se je veselila prostega časa. Prispevajoč svoje je dosti doprinesel k uspehu tovarne. – Auf ihren Bruder wartend schauten sie sich einen Film im Fernsehen an. Ein Buch lesend freute sie sich über ihre Freizeit. Seinen Teil dazu beitragend investierte er genug in den Erfolg der Fabrik.

20.2 Das Partizipialadverb Perfekt Passiv – Deležje na –N/–T

Das Partizip Perfekt Passiv (deležnik na –N/–T) wird als abgeleitete Wortart als „deležje na –N/–T“ bezeichnet und stellt ein abgeleitetes Adverb dar. Man geht einfach vom Partizip Perfekt Passiv (deležnik na –N/–T) aus und lässt jegliche Kongruenz weg. Es wird hauptsächlich von vollendeten Verben gebildet, u. zw. von allen Verbgruppen. Beispiele:

Partizip auf –N/–T	*Partizipialadverb –N/–T*	*Partizip auf –N/–T*	*Partizipialadverb –N/–T*	*Partizip auf –N/–T*	*Partizipialadverb –N/–T*
skúhan/i/a/o *v.*	skúhan gar gekocht	izgovorjèn/i/a/o *v.*	izgovorjèn ausgesprochen	popít/i/a/o *v.*	popít ausgetrunken
izdélan/i/a/o *v.*	izdélan ausgearbeitet	zaljubljèn/i/a/o *v.*	zaljubljèn verliebt	pobít/i/a/o *v.*	pobít erschlagen
zaigrán/i/a/o *v.*	zaigrán aufgespielt	izmišljèn/i/a/o *v.*	izmišljèn ausgedacht	naštét/i/a/o *v.*	naštét aufgezählt
napísan/i/a/o *v.*	napísan aufgeschrieben	pripràvljen/i/a/o *v.*	pripràvljen zubereitet	zapét/i/a/o *v.*	zapét vorgesungen
poklícan/i/a/o *v.*	poklícan angerufen	shránjen/i/a/o *v.*	shránjen abgespeichert	pogrét/i/a/o *v.*	pogrét aufgewärmt
dokázan/i/a/o *v.*	dokázan bewiesen	potópljen/i/a/o *v.*	potópljen eingetaucht	vzét/i/a/o *v.*	vzét genommen
kúhan/i/a/o *uv.*	kúhan gekocht	odkúpljen/i/a/o *v.*	odkúpljen abgekauft	posnét/i/a/o *v.*	posnét gefilmt
igrán/i/a/o *uv.*	igrán gespielt	zaskrbljèn/i/a/o *v.*	zaskrbljèn besorgt	prijét/i/a *v.*	prijét festgehalten
obiskován/i/a/o *wh.*	obiskován öfter besucht	doživljen/i/a/o *v.*	doživljen erlebt	sprejét/i/a/o *v.*	sprejét emfangen
zaigrávan/i/a/o *wh.*	zaigrávan öfter verspielt	postréžen/i/a/o *v.*	postréžen bedient	odpŕt/i/a/o *v.*	odpŕt geöffnet
prispévan/i/a/o *wh.*	prispévan beigetragen	zgrízen/i/a/o *v.*	zgrízen zerkaut	podŕt/i/a/o *v.*	podŕt eingestürzt
upoštévan/i/a/o *wh.*	upoštévan berücksichtigt	ljúbljen/i/a/o *uv.*	ljúbljen beliebt	zatŕt/i/a/o *v.*	zatŕt vertilgt

Das Partizipialadverb auf –N/–T wird prädikativ verwendet. Beispiele: Dostikrat obiskovan v bolnišnici se je spet ves zadovoljen vrnil domov. Dobro sprejet v družbi se doma nikoli ni dolgočasil. – Genug oft besucht im Krankenhaus kehrte er wieder ganz zufrieden nach Hause zurück. Gut aufgenommen von der Gesellschaft langweilte er sich zu Hause nie.

20.3 Das Partizipialadverb Präsens Zustandspassiv – Deležje na –(ÁJ)E

Das Partizipialadverb auf –ÁJE bildet man hauptsächlich von der Verbgruppe auf –AM. Analog bildet man von der Verbgruppe auf –IM das Partizipialadverb auf –É und von der Gruppe auf –M jenes auf –(D)É. Es wird umstandswörtlich/adverbial angewendet und unterliegt daher auch nicht der Kongruenz. Es wird nur von unvollendeten und wiederholenden Verben gebildet. Die Verben vom Typ „píjem" *bzw.* „stanújem" *sowie von* „umrèm" *bis* „spréjmem" *bzw.* „morem" *und* „hočem" *steuern kein Partizipialadverb auf –E bei. Allerdings gibt es hier einige Ausnahmen, wie z. B. „*písati, klícati, kázati, iskáti". *Beispiele:*

1. Person Präsens	*Partizipialadverb auf –(ÁJ)E*	*Infinitiv > 1. Person Präsens*	*Partizipialadverb auf –(ÁJ)E*	*Infinitiv > 1. Person Präsens*	*Partizipialadverb auf –(ÁJ)E*
igrám *uv.*	igráje spielerisch	molčím *uv.*	molčé schweigend	písati *uv.* > pišem	pisáje schreiberisch
poslúšam *v.*	poslušáje zuhörend	bojím se *uv.*	bojé se sich fürchtend	plésati *uv.* > plééšem	plesáje tänzerisch
pokrívam *wh.*	pokriváje zudeckend	ležím *uv.*	ležé = ležíjo*	klícati *uv.* > klíčem	klicáje anrufend
umívam *wh.*	umiváje abwaschend	hitím *uv.*	hité = hitíjo*	kázati *uv.* > kážem	kazáje zeigend
sešívam *wh.*	sešiváje – zusammennähend	stojím *uv.*	stojé = stojíjo*	iskáti *uv.* > íščem	iskáje suchend
seštévam *wh.*	seštеváje – zusammenzählend	hotéti *uv.* > hóčem	hoté willentlich	jokáti *uv.* > jóčem	jokáje weinend
navíjam *wh.*	navijáje anfeuernd	nè hotéti *uv.* > nóčem	nèhoté unwillentlich	vézati *uv.* > vėžem	vezáje verbindend
prepévam *wh.*	prepeváje vorsingend	védeti *uv.* > vém	vedé wissentlich	kopáti *uv.* > kópljem	kopáje grabend
obuvam *wh.*	obuvájc anziehend	nè védcti *uv.* > nè vém	nèvcdé unwissentlich	dajáti *uv.* > dájem	dajájc gebend
sezuvam *wh.*	sezuváje ausziehend	glédam *uv.*	gledé hinsichtlich	sejáti *uv.* > sêjem	sejáje säend

* *Jene Verben, die die 3. Person Präsens auf –IJO bilden, haben schon eine Form auf –é, die stilistisch markiert erscheint. Siehe dazu oben* ležé, hité, stojé *unter 18.13 auf S. 233.*
Das Partizipialadverb auf –(ÁJ)E (Präsens Zustandspassiv) entspricht einem Modaladverb. Es wird in der Satzaussage prädikativ angewendet und drückt auch eine Gleichzeitigkeit aus. Beispiele: Glede denarja nič ni omenila. Sezuvala si je čevlje poslušaje. Šel je čez most molče. Delal je napake nevede. Gibal se je po polju sejaje. – Hinsichtlich des Geldes erwähnte sie nichts. Sie zog sich die Schuhe zuhörend aus. Er ging schweigend über die Brücke. Er machte unwissentlich Fehler. Er bewegte sich säend über das Feld.

20.4 Das Partizipialadverb Plusquamperfekt Aktiv – Deležje na –(V)ŠI

Das Partizipialadverb Plusquamperfekt Aktiv (deležje na –(V)ŠI) ist ein Relikt aus dem altgriechischen Aorist und bezeichnet eine Vergangenheitsform für eine einmalig abgeschlossene Handlung, u. zw. als Nebensatzverkürzung. Es wird in Slowenisch von einigen vollendeten Verben gebildet und unterliegt als Adverb (Umstandswort/prislov) keiner Kongruenz (Übereinstimmung/ujemanje). Ausgangsform zur Bildung ist auch hier der Infinitiv.

Man findet diese Formen im SSKJ 1994 und im Pravopis 2001 sowie im Online-Wörterbuch http://besana.amebis.si/pregibanje. Beispiel siehe oben S. 223 und in LMR: WF, 2017, S. 135. Diese Formen gelten als veraltet und müssen daher nur passiv beherrscht werden, da sie in den modernen Bibelübersetzungen auch nicht mehr vorkommen. Sie ersetzen in Slowenisch oft die nicht vorhandene Form der Vorvergangenheit (Plusquamperfekt/predpreteklik).

Beispiele:

Infinitiv	*Partizipialadverb auf –VŠI*	*Infinitiv*	*Partizipialadverb auf –(V)ŠI*	*Infinitiv*	*Partizipialadverb auf –ŠI*
poglédati *v.*	pogledávši hingeschaut	skleníti *v.*	sklenívši beschlossen	rêči *v.*	rékši gesagt
vstáti *v.*	vstávši aufgestanden	vŕniti *v.*	vrnívši zurückgekehrt	príti *v.*	prišédši angekommen
vídeti *(uv./)v.*	vidévši gesehen	začéti *v.*	začénši angefangen	vzéti *v.*	vzémši genommen

Prišedši v Galilejo je Jezus oznanjal božji evangelij. – In Galiläa angekommen seiend verkündete Jesus Gottes Evangelium. (Frei nach Markus 1, 14.) / Als Jesus in Galiläa angekommen war, verkündete er Gottes Evangelium.

20.5 Muttersprachliche Textbeispiele zu Partizipien und Partizipialadverben

„molimo menjaje, molče prižgemo svečo, s prtom pogrnjen križ, vse je že izpolnjeno, izpostavljen in osramočen na križu, križani in ponižani Zveličar, razpostrte roke, na križ pribiti Sin, namočena goba, nemoč ponižanih in teptanih, povišan k nebeškemu Očetu, posvečeno bodi tvoje ime, vsak je poklican, blagoslovljena voda, pokopan je bil in tretji dan je bil obujen, tako daješ zatiranim pogum, bolj napeta pripoved, kamen je odvaljen, odstranjen kamen, od mrtvih Vstali, Hvaljen Bog, v nebesih prihranjen vam, zgodovinsko potrjen, prestrašeni in razpršeni učenci, zbere razkopljene vernike, vstali Jezus Kristus, zbrana skupnost, ko smo zbegani, zastrte oči, pretrpela krivica, kar je napisano, kamor so bili namenjeni, izgorelo srce, zaklenjena vrata, odpuščeni ali zadržani grehi, zapisana znamenja, v zelo strnjeni obliki, zbrani pri bogoslužju, postavljeni pred vstalega Kristusa, krščeni obnavlja privrženost evangeliju, z omenjenim Apostolskim pismom papež nas vse vabi, kdo izmed navzočih, …“ *(Vgl. Klaus Einspieler: Praznovanje velikonočnih praznikov doma. In: Ne-delja, 04.04.2021, S. 5–12.)*
wir beten abwechselnd, schweigend zünden wir die Kerze an, das mit einem Tuch bedeckte Kreuz, alles ist schon erfüllt, ausgesetzt und verschmäht am Kreuz, der gekreuzigte und erniedrigte Erlöser, seine ausgespreizten Hände, der ans Kreuz genagelte Sohn, der eingetauchte Schwamm, die Machtlosigkeit der Erniedrigten und Geschlagenen, erhöht zum himmlischen Vater, geheiligt werde dein Name, jeder ist berufen, das geweihte Wasser, er wurde begraben und am dritten Tage auferweckt, so gibst du den Unterdrückten Mut, die spannendere Erzählung, der Stein ist weggewälzt, der beseitigte Stein, der von den Toten Auferstandene, Gepriesen sei Gott, im Himmel euch erhalten, geschichtlich bestätigt, die erschrockenen und verstreuten Jünger, er versammelt die auseinandergestobenen Gläubigen, der auferstandene Jesus Christus, die versammelte Gemeinschaft, wenn wir fassungslos sind, die verdeckten Augen, die erduldete Ungerechtigkeit, was aufgeschrieben steht, wohin sie ganz bestimmt aufgebrochen waren, das ausgebrannte Herz, die verschlossene Tür, die erlassenen oder behaltenen Sünden, die aufgeschriebenen Zeichen, in einer sehr komprimierten Form, versammelt beim Gottesdienst, hingestellt vor den auferstandenen Christus, der Getaufte erneuert seine Zugehörigkeit zum Evangelium, mit dem erwähnten Apostolischen Brief lädt uns der Papst alle ein, wer unter den Anwesenden, … *(Übersetzung LMR.)*

„Potem je Gospod Bog zasadil vrt v Edenu proti vzhodu in postavil tja človeka, katerega je bil naredil.“ *(Genesis 2,8)* / „Bogu namreč nič ni nemogoče.“ *(Lukas 1,37)* – Dann legte Gott der Herr, in Eden, im Osten, einen Garten an und setzte dorthin den Menschen, den er geformt hatte. *(Genesis 2,8)* / Denn für Gott ist nichts unmöglich. *(Lukas 1,37)*

Jezus je delal veliko čudežev, začenši v Jeruzalemu. / Bog Oče, usmili se obolelih s koronavirusom. – Jesus wirkte viele Wunder, womit von ihm in Jerusalem begonnen worden war / angefangen in Jerusalem. / Gott Vater, erbarme dich der am Corona-Virus Erkrankten.

21 Die Enklitika und ihre Stellung im Satz

Ein Enklitikon (Mz.: Enklitika) ist ein „schwachtoniges Element, das sich – zumeist in reduzierter Form – an ein vorausgehendes akzentuiertes Wort „anlehnt". (Bußmann: Lexikon der Sprachwissenschaft, 1990, S. 213.) Enklitika sind in Slowenisch: die unbetonten Kurzformen des Personal- und des Reflexivpronomens im Dativ, Akkusativ und Genitiv, die Präsensformen des Hilfsverbs „bíti", also „sem, ...", seine Konditionalform „bi" und seine Zukunftsformen „bom, ..." sowie das Adverb „naj". Enklitika stehen in Slowenisch immer an der zweiten Stelle im Satz. Konjunktionen und Präpositionen sind hingegen sogenannte Proklitika, weil sie sich an das folgende Wort anlehnen (Vgl. Bußmann, 1990, S. 614). Es gibt in Slowenisch auch innerhalb der Enklitika eine festgestetzte Wortstellung im Satz. „Enklitika/Naslonka je breznaglasna beseda, ki se opira na naglašeno besedo pred seboj. Proklitika pa je breznaglasna beseda, ki se opira na naglašeno besedo za seboj. Proklitike so na primer vezniki." (Fran na spletu, 12.08.2021.)

		Hilfsverb	*Reflexivpronomen „sich"*			*Personalpronomen*			*Hilfsverb*
			3.F.	*4.F.*	*2.F.*	*3.F.*	*4.F.*	*2.F.*	
Ez.	*1.Ps.*	sem ich bin	si mir	se mich	se meiner	mi mir	me mich	me meiner	bom ich werde sein
	2.Ps.	si du bist	si dir	se dich	se deiner	ti dir	te dich	te deiner	boš du wirst sein
	3.Ps. *m.*	---*	si sich	se sich	se seiner	mu ihm	ga ihn	ga seiner	bo er/sie/es wird sein
	w.		si sich	se sich	se ihrer	ji ihr	jo sie	je ihrer	
	s.		si sich	se sich	se seiner	mu ihm	ga es	ga seiner	
Zz.	*1.Ps.*	sva wir 2 sind	si uns 2	se uns 2	se unser 2	nama uns 2	naju uns 2	naju unser 2	bova wir 2 werden sein
	2.Ps.	sta (SIE sind) / ihr 2 seid	si euch 2	se euch 2	se euer 2	vama euch 2	vaju euch 2	vaju euer 2	bosta (SIE sind) / ihr 2 werdet sein
	3.Ps.	sta sie 2 sind	si sich 2	se sich 2	se ihrer 2	jima ihnen 2	ju/jih sie 2	ju/jih ihrer 2	bosta sie 2 werden sein
Mz.	*1.Ps.*	smo wir sind	si uns	se uns	se unser	nam uns	nas uns	nas unser	bomo wir werden sein
	2.Ps.	ste ihr seid / SIE sind	si euch	se euch	se euer	vam euch	vas euch	vas euer	boste ihr werdet sein / SIE werden sein
	3.Ps.	so sie sind	si sich	se sich	se ihrer	jim ihnen	jih sie	jih ihrer	bojo/bodo sie werden sein
Ez./ *Zz./* *Mz.*	*1.-3.* *Ps.*	bi ...würde.../ ... wäre...	si ...	se ...	se ...	mi ...	me ...	me ...	*je *(Ez. 3.Ps.)* er/sie/es ist *m./w./s.*

(Vgl. Jože Toporišič: Slovnica, 2000, S. 671.)

Jaz **sem** lep. Ti **si** velik. On **je** majhen. Ona **je** trudna. Ono **je** pametno. / Lep **sem**. Velik **si**. Majhen **je**. Trudna **je**. Pametno **je**. – Ich bin schön. Du bist groß. Er ist klein. Sie ist müde. Es ist gescheit.
Jaz **sem se** oblekel. Jaz **sem se** oblekla. Ti **si se** oblekel. Ti **si se** oblekla. On **se je** oblekel. Ona **se je** oblekla. Ono **se je** obleklo. / Oblekel **sem se**. Oblekla **sem se**. Oblekel **si se**. Oblekla **si se**. Oblekel **se je**. Oblekla **se je**. – Ich habe mich angezogen. Du hast dich angezogen. Er hat sich angezogen. Sie hat sich angezogen. Es hat sich angezogen. / Ich zog mich an. Du ...

Oblekla **sva se**. / Oblekli **sva se**. Oblekla **sta se**. / Oblekli **sta se**. Oblekla **sta se**. / Oblekli ...
Oblekli **smo se**. / Oblekle **smo se**. Oblekli **ste se**. / Oblekle **ste se**. Oblekli **so se**. / Oblekle ...
Wir zwei zogen uns an. Ihr zwei zogt euch an. Sie zwei zogen sich an. /(Sie ...) Wir zogen uns an. Ihr zogt euch an. / SIE zogen sich an. Sie zogen sich an.

...	sem	si	se	se	mi	me	me	bom	...
...	bi	si	se	se	mi	me	me	je	...

Jaz	sem		se						oblekel/oblekla.
Ti	si		se						oblekel/oblekla.
On			se					je	oblekel.
Ona			se					je	oblekla.
Ono			se					je	obleklo.
Oblekel/Oblekla	sem		se						.
Oblekel/Oblekla	si		se						.
Oblekel/Oblekla			se					je	.
Včeraj	sem		se						oblekel/oblekla.
Včeraj	si		se						oblekel/oblekla.
Včeraj			se					je	oblekel/oblekla.
Kupil/Kupila	sem	si							pulover.
Kupil/Kupila	sem	si				ga			.
Kupil/Kupila		si				ga		je	.
Včeraj	sem				mu	ga			dal/dala.
Včeraj	sem				ji	jo			dal/dala.
Včeraj					mu	ga		je	dal/dala.
Včeraj					ji	jo		je	dal/dala.

Kupil/Kupila **sem si** pulover. Kupil/Kupila **si si** pulover. Kupil/Kupila **si je** pulover.
Kupila/Kupili **sva si** pulover. Kupila/Kupili **sta si** pulover. Kupila/Kupili **sta si** pulover.
Kupili/Kupile **smo si** pulover. Kupili/Kupile **ste si** pulover. Kupili/Kupile **so si** pulover.
Ich habe mir einen Pullover gekauft. Du hast dir ... / Ich kaufte mir einen Pullover. Du kauftest dir ...

Včeraj **sem** dal/dala stricu konjak.
Včeraj **sem mu ga** dal/dala. Včeraj **si mu ga** dal/dala. Včeraj **mu ga je** dal/dala.
Včeraj **sva mu ga** dala/dali. Včeraj **sta mu ga** dala/dali. Včeraj **sta mu ga** dala/dali.
Včeraj **smo mu ga** dali/dale. Včeraj **ste mu ga** dali/dale. Včeraj **so mu ga** dali/dale.
Gestern gab ich dem Onkel den Konjak. Gestern gab ich ihn ihm. Gestern gabst du ...

Včeraj **sem** dal/dala teti torto. –
Včeraj **sem ji jo** dal/dala. Včeraj **si ji jo** dal/dala. Včeraj **ji jo je** dal/dala.
Včeraj **sva ji jo** dala/dali. Včeraj **sta ji jo** dala/dali. Včeraj **sta ji jo** dala/dali.
Včeraj **smo ji jo** dali/dale. Včeraj **ste ji jo** dali/dale. Včeraj **so ji jo** dali/dale.
Gestern gab ich der Tante die Torte. Gestern gab ich sie ihr. Gestern gabst du ...

Včeraj **sem** dekletu dal/dala mleko.
Včeraj **sem mu ga** dal/dala. Včeraj **si mu ga** dal/dala. Včeraj **mu ga je** dal/dala.
Včeraj **sva mu ga** dala/dali. Včeraj **sta mu ga** dala/dali. Včeraj **sta mu ga** dala/dali.
Včeraj **smo mu ga** dali/dale. Včeraj **ste mu ga** dali/dale. Včeraj **so mu ga** dali/dale.
Gestern gab ich dem Mädchen die Milch. Gestern gab ich sie ihm. Gestern gabst du ...

Jaz **se bom** oblekel/oblekla. Ti **se boš** oblekel/oblekla. Peter **se bo** oblekel. Petra **se bo** oblek-

la. Midva **se bova** oblekla. / Midve/Medve **se bova** oblekli. Vidva **se bosta** oblekla. / Vidve/ Vedve **se bosta** oblekli. Peter in Petra **se bosta** oblekla. Onidve **se bosta** oblekli. Mi **se bomo** oblekli. / Me **se bomo** oblekle. Vi **se boste** oblekli. / Ve **se boste** oblekle. Oni **se bojo** oblekli. / One **se bojo** oblekle.
Ich werde mich anziehen. Du wirst dich anziehen. Peter wird sich anziehen. Petra wird sich anziehen. Wir zwei werden uns anziehen. Ihr zwei werdet euch anziehen. /(SIE ...) Peter und Petra werden sich anziehen. Sie zwei werden sich anziehen. Wir werden uns anziehen. Ihr werdet euch anziehen. / SIE *(Höflichkeitsform)* werden sich anziehen. Sie *(3. Ps. Mz.)* werden sich anziehen.

Oblekel/Oblekla **se bom/boš/bo/...** Kupil/Kupila **si bom/boš/bo/**... pulover. Oblekel/Oblekla **bi se**. Kupil/Kupila **bi si** pulover. – Ich werde mich anziehen, du wirst ... Ich werde mir einen Pullover kaufen, du wirst ... Ich würde mich anziehen, du würdest ... Ich würde mir einen Pullover kaufen, du würdest ...

Včeraj **sem si** oblekla star/stari pulover in potem **sem si** kupila nov/novi pulover.
Gestern zog ich mir einen/den alten Pullover an und dann kaufte ich mir einen/den neuen Pullover.

A	sem	si				ga			kupil/kupila?
A		si				ga		je	kupil/kupila?

A **sem si ga** kupil/kupila? A **si ga je** kupil/kupila? A **naj mu ga** dam? A **naj ji jo** da?
Kaufte ich ihn mir? Kaufte er/sie ihn sich? Soll ich ihn ihm geben? Soll er/sie sie ihr geben?

A **si se** oblekel/oblekla? A **se je** oblekel/oblekla? / A **si boš** oblekel/oblekla? A **si ga boš** oblekel/oblekla? / A **bi si** oblekel/oblekla? A **bi se** oblekel/oblekla? A **bi ga** tí oblekel/oblekla?
Zogst du dich an? Zog er/sie sich an? / Wirst du dich anziehen? Wirst du ihn anziehen? Würdest du dich anziehen? Würde er/sie sich anziehen? Würdest du ihn anziehen?

A si mu ga dal/dala? A mu ga je dal/dala? / A bi mu ga dal/dala? A mu ga bom dal/dala?
Gabst du ihn ihm? Gab er/sie ihn ihm? / Würdest du ihn ihm geben? Wirst du ihn ihm geben?

Rekel/Rekla sem,	da		sem		se						oblekel/oblekla.
Rekel/Rekla je,	da				se					je	oblekel/oblekla.
Rekla sem mu,	da	naj			se						obleče.
Rekla sem mu.	da	naj	bi		se						oblekel/oblekla.

Rekel/Rekla **sem**, da **sem se** oblekel/oblekla. Rekel/Rekla **je**, da **se je** oblekel/oblekla. Vprašal/Vprašala **sem**, ali **si mu/ji ga/jo** dal/dala. Vprašal/Vprašala **je**, ali **mu/ji ga/jo je** dal/dala. Rekel/Rekla **sem mu/ji**, da **naj se** obleče. Rekel/Rekla **mi je**, da **naj se** oblečem. Rekel/Rekla **sem mu/ji**, da **naj bi se** oblekel/oblekla. Rekel/Rekla **mi je**, da **naj bi se** jàz oblekel/oblekla. Vprašal/Vprašala **sem ga/jo**, **naj mu/ji ga/jo** dam. Vprašal/Vprašala **sem ga/jo**, **naj bi mu/ji ga/jo** dal/dala. Vprašal/Vprašala **ga/jo je**, **naj mi/ti ga/jo** da. Vprašal/Vprašala **ga/jo bom**, **naj bi mi/ti ga/jo** dal/dala.
Ich sagte, dass ich mich angezogen hatte. Er/Sie sagte, dass er/sie sich angezogen hatte. Ich fragte, ob du ihn/sie ihm/ihr gegeben hattest. Ich fragte, ob er/sie ihn/sie ihm/ihr gegeben hatte. Ich sagte ihm/ ihr, dass er/sie sich anziehen solle. Er/Sie sagte mir, dass ich mich anziehen solle. Ich sagte ihm/ihr, dass er/sie sich anziehen sollte. Er/sie sagte mir, dass ich mich anziehen solle. Ich sagte ihm/ihr, dass er/sie sich anziehen sollte. Ich fragte ihn/sie, ob ich ihn/sie ihm/ihr geben solle. Er/Sie fragte ihn/sie, ob er ihn/sie mir/dir geben soll. Ich werde ihn/sie fragen, ob er/sie ihn/sie mir/dir geben sollte. *Das grammatisch sächliche Geschlecht wurde in obigen Übungen absichtlich weggelassen.*

Im unterordnenden Nebensatz (Nebensatzgefüge/Subordination/podredje) *stehen die Enkli-*

tika ebenso wie im Fragesatz an zweiter Stelle. Im Nebensatzgefüge stellt der Hauptsatz die erste betonte Satzstelle dar. Im Fragesatz besetzt jedoch die Fragepartikel „A“ bzw. „Ali“ die erste betonte Stelle. Es werden hier daher einige unterordnende Bindewörter, die zur Einleitung von Nebensätzen dienen, angeführt.

Unterordnende Bindewörter / Subordinative Konjunktionen – Vezniki za podredje: da – dass, in da – und dass, tako da – so dass, če – wenn *(bedingend)*, tudi če – auch wenn, ali – ob, ker – weil, ko – wenn *(zeitlich)*, medtem ko – während, potem ko – nachdem, čeprav – obwohl, četudi – obgleich, dokler – bis/solange, kadar – wann, kaj – was, preden – bevor, ... *Siehe oben S. 157 (Bindewörter), siehe LMR: WF, 2017, S. 131 (unterordnende Bindewörter).*

...,	da	naj	sem	si	se	se	mi	me	me	bom	...
...,	da	naj	bi	si	se	se	mi	me	me	je	...

***Im beioordnenden Hauptsatz (Hauptsatzreihe/Koordination/priredje)** als **Aussagesatz** (siehe oben S. 223) stehen die Enklitika auch an zweiter Stelle, jedoch zählt das beiordnende Bindewort nicht als eigene betonte Satzstelle.*

Jaz in šel/šla			sem sem								vstal/vstala ob šestih na sprehod.
Vstal/Vstala in šel/šla			sem sem								ob šestih na sprehod.

Zjutraj **sem** ob šestih vstal/vstala in potem **sem** šel/šla na sprehod. Poklical **ga je** in dal **mu ga je**. Poklicala **jo je** in dala **ji jo je**. Jaz **sem** zdrav/zdrava in mlad/mlada ter pameten/pametna. / Zdrav/Zdrava **sem** in mlad/mlada ter pameten/pametna. Jaz **sem** šel/šla na zajtrk, oče pa **je** še spal. To **je** majhno, a dobro. A **je** to sladko ali kislo? A **si** šel v koncert ali na ples? Jaz **sem** hiter/hitra, ampak tí nísi. Jaz **sem** bil prvi / bila prva, kajti najhitrejši/najhitrejša **sem** bíl/bilà. Am Morgen stand ich um 6 Uhr auf und dann ging ich spazieren. Er rief ihn an und gab es ihm. Sie rief sie an und gab sie ihr. Ich bin gesund und jung und gescheit. Ich ging frühstücken, mein Vater aber schlief noch. Das ist klein, aber gut. Ist das süß oder sauer? Gingst du ins Konzert oder zum Tanz? Ich bin schnell, du aber nicht. Ich war der/die erste, denn ich war der/die schnellste.

Beiordnende Bindewörter / Koordinative Konjunktionen / vezniki za priredje: in – und, ter – und/sowie, pa – und/«hålt«, a – jedoch/aber, ali – oder, ampak – aber, kajti – denn, ... *Siehe oben S. 157 (Bindewörter), siehe LMR: WF, 2017, S. 130 (beiordnende Bindewörter).*

In unpersönlichen Aussagen oder zur Verstärkung einer verneinten bzw. emotionalen Aussage kann man **„ga, jo, jih; se“** *als* ***freies Morphem (unabhängige Partikel / prosti členek)*** *verwenden. Beispiele:* sam bog **si ga** vedi kje; vrag **si ga** vedi; glej **jo** navihanko; primongati **jo** *(dialektal)*; glej **jih** vsiljivcev; po tej poti **se** pride v Beljak; tu **se** ne sme kaditi. – Nur Gott weiß wo; weiß der Teufel was; schau sie dir an, die Angeberin; daherschlapfen; schau sie dir an, die Eindringlinge; auf diesem Weg kommt man nach Villach; hier darf man nicht rauchen.

„Šest dni delaj in opravljaj vsa svoja dela! Sedmi dan pa je sobota za Gospoda, tvojega Boga: ne opravljaj nobenega dela, ne ti ne tvoj sin, ne hči ne hlapec ne dekla ne živina ne tujec, ki biva znotraj tvojih vrat.“ *(Tretja Mojzesova knjiga 20, 9+10.)* – „Sechs Tage darfst du schaffen und jede Arbeit tun. Der siebte Tag ist ein Ruhetag, dem Herrn, deinem Gott, geweiht. An ihm darfst du keine Arbeit tun: du, dein Sohn und deine Tochter, dein Sklave und deine Sklavin, dein Vieh und der Fremde, der in deinen Stadtbereichen Wohnrecht hat.“ *(Exodus 20, 9+10.)* In Slowenisch muss jedes Satzglied extra verneint werden > **die Verneinung/Negation im Satz (stavčno zanikanje)**.

Inhaltsverzeichnis zum Fünften Abschnitt: Kursunterlagen für Fortgeschrittene

Sechster Abschnitt: Poesie als Lehrinhalt

1 Grundüberlegungen

Auch an Hand von Gedichten und Liedern kann man eine Sprache erfühlen und erlernen. Dazu stelle ich zunächst von mir so genannte „Lehrgedichte“ vor, die ich zuerst in Slowenisch und dann erst in Deutsch geschrieben habe. Dann folgen Auszählreime und Kinderlieder sowie Volkslieder.

2 Lehrgedichte

Luise Maria Ruhdorfer, 31. August 2016 und 25. Feber 2019

Dežne kaplje pa-pa-pa-da-da-jo.
V tra-tra-tra-vo-vo-vo.
Na ro-ro-ro-že-že-že.
Na gla-gla-gla-vo-vo-vo.
Na ce-ce-ce-sto-sto-sto.
Na ok-ok-ok-no-no-no.
Na stre-stre-stre-ho-ho-ho.

Regentropfen fal-fal-fal-len-len-len.
Ins Gr-Gr-Gr-as-as-as.
In die Blu-Blu-Blu-men-men-men.
Auf den Ko-Ko-Ko-pf-pf-pf.
Auf die Stra-Stra-Stra-ße-ße-ße.
Aufs Fen-Fen-Fen-ster-ster-ster.
Aufs Da-Da-Da-ch-ch-ch.

Dež pa-pa-pa-
da-da-da.
V tra-tra-tra-
vo-vo-vo.
Na ro-ro-ro-
že-že-že.
Na gla-gla-gla-
vo-vo-vo.
Na ce-ce-ce-
sto-sto-sto.
Na ok-ok-ok-
no-no-no.
Na stre-stre-stre-
ho-ho-ho.

Regen-trop-fen
fal-len-len.
Ins grü-ne-ne
Gra-Gra-Gras.
Auf Blu-Blu-Blu-
men-men-men.
Auf Köp-Köp-Köp-
fe-fe-fe.
Auf Stra-Stra-Stra-
ßen-ßen-ßen.
Auf Fen-Fen-Fen-
ster-ster-ster.
Auf Dä-Dä-Dä-
cher-cher-cher.

Eeena kaaaplja
paaade na glaaavo,
druuuga kaaaplja
paaade v traaavo,
veeeter jih posušiii,
nobeeenih kaaapelj
več niii.

Der eeerste Trooopfen
fääällt auf den Kooopf,
der nääächste Trooopfen
fäääIlt ins Graaas,
der Wiiind bläääst,
es ist keieiein Trooopfen
mehr daaa.

Prva čebela letiiiii,
druga čebela sediiiii,
tretja čebela brenčiiiii,
za četrto dela niiiii.

Die erste Biene flieieiegt,
die zweite Biene siiitzt,
die dritte Biene suuummt,
die vierte Biene verstuuummt.

Ti si pač zelo hiter,
jaz pa vedno bister,
zato že dolgo vem,
če še to preberem,
bom spet enkrat prvi,
saj mi je v krvi,
da pogosto zmagam
pa le včasih scagam.

Du bist eben sehr schnell,
ich aber immer hell,
deshalb ich schon lange weiß,
wenn ich mir noch das einspeis‘,
ich wieder einmal der Erste bin,
denn das liegt mir im Blut drin,
dass ich öfters siege
und nur selten verzage.

Jaz imam dobrega prijatelja,
ki zelo dobro smuča.
Jaz imam mlado teto,
ki izredno dobro kuha.

Ich habe einen guten Freund,
der sehr gut Schi fährt.
Ich habe eine junge Tante,
die außerordentlich gut kocht.

Ana hodi v ljudsko šolo,
kjer sreča prijazno sošolko.
Učiteljica stopi k črni tabli
in napiše točke o mlečni kravi,
ki nam ne daje ovčje volne,
temveč mleko za kavo opoldne.

Anna geht in die Volksschule,
dort trifft sie ihre freundliche Mitschülerin.
Die Lehrerin tritt an die schwarze Tafel
und schreibt alles über die Milchkuh auf,
die gibt uns keine Schafwolle,
sondern Milch für den Mittagskaffee.

Jaz imam novo flavto, na kateri rada igram. Ti imaš novo flavto, na kateri rada igraš. Ona ima novo flavto, na kateri rada igra. Me imamo nove flavte, na katerih rade igramo. Ve imate nove flavte, na katerih rade igrate. One imajo nove flavte, na katerih rade igrajo.	Ich habe eine neue Flöte, auf der ich gerne spiele. Du hast eine neue Flöte, auf der du gerne spielst. Sie/Er hat eine neue Flöte, auf der sie/er gerne spielt. Wir haben eine neue Flöte, auf der wir gerne spielen. Ihr habt eine neue Flöte, auf er ihr gerne spielt. Sie haben eine neue Flöte, auf der sie gerne spielen.	Jaz imam novo flavto, na kateri rad igram. Ti imaš novo flavto, na kateri rad igraš. On ima novo flavto, na kateri rad igra. Mi imamo nove flavte, na katerih radi igramo. Vi imate nove flavte, na katerih radi igrate. Oni imajo nove flavte, na katerih radi igrajo.

Jaz imam novo prijateljico, ki izredno dobro plava. Jaz imam starejšo sestro, ki izredno dobro riše.	Ich habe eine neue Freundin, die außerordentlich gut schwimmt. Ich habe eine ältere Schwester, die außerordentlich gut zeichnet.
Jaz imam novega prijatelja, ki zelo dobro smuča. Jaz imam starejšega brata, ki zelo dobro riše.	Ich habe einen neuen Freund, der sehr gut Schi fährt. Ich habe einen älteren Bruder, der sehr gut zeichnet.
Jaz imam globok glas, s katerim lepo pojem. Jaz imam široko srce, s katerim te močno ljubim.	Ich habe eine innige Stimme, mit der ich schön singe. Ich habe ein weites Herz, mit dem ich dich kräftig liebe.

Ena hruška je na hruški. Eno jabolko je na jablani. En oreh je na orehu.	Eine Birne ist auf dem Birnbaum. Ein Apfel ist auf dem Apfelbaum. Eine Nuss ist auf dem Nussbaum.
Dve hruški sta na hruški. Dve jabolki sta na jablani. Dva oreha sta na orehu.	Zwei Birnen sind auf dem Birnbaum. Zwei Äpfel sind auf dem Apfelbaum. Zwei Nüsse sind auf dem Nussbaum.
Tri hruške so na hruški. Tri jabolka so na jablani. Trije orehi so na orehu.	Drei Birnen sind auf dem Birnbaum. Drei Äpfel sind auf dem Apfelbaum. Drei Nüsse sind auf dem Nussbaum.
Štiri hruške so na hruški. Štiri jabolka so na jablani. Štirje orehi so na orehu.	Vier Birnen sind auf dem Birnbaum. Vier Äpfel sind auf dem Apfelbaum. Vier Nüsse sind auf dem Nussbaum.
Pet hrušk je na hruški. Pet jabolk je na jablani. Pet orehov je na orehu.	Fünf Birnen sind auf dem Birnbaum. Fünf Äpfel sind auf dem Apfelbaum. Fünf Nüsse sind auf dem Nussbaum.
Veliko hrušk je na hruški. Veliko jabolk je na jablani. Veliko orehov je na orehu.	Viele Birnen sind auf dem Birnbaum. Viele Äpfel sind auf dem Apfelbaum. Viele Nüsse sind auf dem Nussbaum.

Sto ena hruška je na hruški.
Sto eno jabolko je na jablani.
Sto en oreh je na orehu.

Hundertein Birnen sind auf dem Birnbaum.
Hundertein Äpfel sind auf dem Apfelbaum.
Hundertein Nüsse sind auf dem Nussbaum.

Sto dve hruški sta na hruški.
Sto dve jabolki sta na jablani.
Sto dva oreha sta na orehu.

Hundertzwei Birnen sind auf dem Birnbaum.
Hundertzwei Äpfel sind auf dem Apfelbaum.
Hundertzwei Nüsse sind auf dem Nussbaum.

Sto tri hruške so na hruški.
Sto tri jabolka so na jablani.
Sto trije orehi so na orehu.

Hundertdrei Birnen sind auf dem Birnbaum.
Hundertdrei Äpfel sind auf dem Apfelbaum.
Hundertdrei Nüsse sind auf dem Nussbaum.

Sto štiri hruške so na hruški.
Sto štiri jabolka so na jablani.
Sto štirje orehi so na orehu.

Hundertvier Birnen sind auf dem Birnbaum.
Hundertvier Äpfel sind auf dem Apfelbaum.
Hundertvier Nüsse sind auf dem Nussbaum.

Sto pet hrušk je na hruški.
Sto pet jabolk je na jablani.
Sto pet orehov je na orehu.

Hundertfünf Birnen sind auf dem Birnbaum.
Hundertfünf Äpfel sind auf dem Apfelbaum.
Hundertfünf Nüsse sind auf dem Nussbaum.

Ena knjiga je na mizi.
Eno pero je na mizi.
En svinčnik je na mizi.

Ein Buch ist auf dem Tisch.
Eine Feder ist auf dem Tisch.
Ein Bleistift ist auf dem Tisch.

Dve knjigi sta na mizi.
Dve peresi sta na mizi.
Dva svinčnika sta na mizi.

Zwei Bücher sind auf dem Tisch.
Zwei Federn sind auf dem Tisch.
Zwei Bleistifte sind auf dem Tisch.

Tri knjige so na mizi.
Tri peresa so na mizi.
Trije svinčniki so na mizi.

Drei Bücher sind auf dem Tisch.
Drei Federn sind auf dem Tisch.
Drei Bleistifte sind auf dem Tisch.

Štiri knjige so na mizi.
Štiri peresa so na mizi.
Štirje svinčniki so na mizi.

Vier Bücher sind auf dem Tisch.
Vier Federn sind auf dem Tisch.
Vier Bleistifte sind auf dem Tisch.

Pet knjig je na mizi.
Pet peres je na mizi.
Pet svinčnikov je na mizi.

Fünf Bücher sind auf dem Tisch.
Fünf Federn sind auf dem Tisch.
Fünf Bleistifte sind auf dem Tisch.

Mnogo knjig je na mizi.
Mnogo peres je na mizi.
Mnogo svinčnikov je na mizi.

Viele Bücher sind auf dem Tisch.
Viele Federn sind auf dem Tisch.
Viele Bleistifte sind auf dem Tisch.

Sto ena knjiga je na mizi.
Sto eno pero je na mizi.
Sto en svinčnik je na mizi.

Hundertein Bücher sind auf dem Tisch.
Hundertein Federn sind auf dem Tisch.
Hundertein Bleistifte sind auf dem Tisch.

Sto dve knigi sta na mizi.
Sto dve peresi sta na mizi.
Sto dva svinčnika sta na mizi.

Hundertzwei Bücher sind auf dem Tisch.
Hundertzwei Federn sind auf dem Tisch.
Hundertzwei Bleistifte sind auf dem Tisch.

Sto tri knjige so na mizi. Sto tri peresa so na mizi. Sto trije svinčniki so na mizi.	Hundertdrei Bücher sind auf dem Tisch. Hundertdrei Federn sind auf dem Tisch. Hundertdrei Bleistifte sind auf dem Tisch.
Sto štiri knjige so na mizi. Sto štiri peresa so na mizi. Sto štirje svinčniki so na mizi.	Hundertvier Bücher sind auf dem Tisch. Hundertvier Federn sind auf dem Tisch. Hundertvier Bleistifte sind auf dem Tisch.
Sto pet knjig je na mizi. Sto pet peres je na mizi. Sto pet svinčnikov je na mizi.	Hundertfünf Bücher sind auf dem Tisch. Hundertfünf Federn sind auf dem Tisch. Hundertfünf Bleistifte sind auf dem Tisch.
Ena vesela učenka se s punčko igra, dve veseli učenki na igrišče gresta, tri vesele učenke se vrtijo v krogu, štiri vesele učenke ploskajo v taktu, pet veselih učenk se smeje iz srca.	Eine fröhliche Schülerin spielt mit ihrer Puppe, zwei fröhliche Schülerinnen gehen auf den Spielplatz, drei fröhliche Schülerinnen drehen sich im Kreis, vier fröhliche Schülerinnen klatschen im Takt, fünf fröhliche Schülerinnen lachen aus ganzem Herzen.
Eno veselo dekle se z medvedkom igra, dve veseli dekleti na igrišče gresta, tri vesela dekleta se vrtijo v krogu, štiri vesela dekleta ploskajo v taktu, pet veselih deklet se smeje iz srca.	Ein fröhliches Mädchen spielt mit seinem Teddybären, zwei fröhliche Mädchen gehen auf den Spielplatz, drei fröhliche Mädchen drehen sich im Kreis, vier fröhliche Mädchen klatschen im Takt, fünf fröhliche Mädchen lachen aus ganzem Herzen.
En vesel fant se z žogo igra, dva vesela fanta na igrišče gresta, trije veseli fanti streljejo proti vratom, štirje veseli fanti prevzamejo vodstvo, pet veselih fantov se smeje iz srca.	Ein fröhlicher Bub spielt mit seinem Ball, zwei fröhliche Buben gehen auf den Spielplatz, drei fröhliche Buben schießen auf das Tor, vier fröhliche Buben übernehmen die Führung, fünf fröhliche Buben lachen aus ganzem Herzen.
Ena vesela miš se z zrno igra, dve veseli miši na igrišče gresta, tri vesele miši se vrtijo v krogu, štiri vesele miši ploskajo v taktu, pet veselih miš se smeje iz srca.	Eine fröhliche Maus spielt mit ihrem Korn, zwei fröhliche Mäuse gehen auf den Spielplatz, drei fröhliche Mäuse drehen sich im Kreis, vier fröhliche Mäuse klatschen im Takt, fünf fröhliche Mäuse lachen aus ganzem Herzen.
Ena vesela učenka se je s punčko igrala, dve veseli učenki sta na igrišče šli, tri vesele učenke so se vrtele v krogu, štiri vesele učenke so ploskale v taktu, pet veselih učenk se je smejalo iz srca.	Eine fröhliche Schülerin spielte mit ihrer Puppe, zwei fröhliche Schülerinnen gingen auf den Spielplatz, drei fröhliche Schülerinnen drehten sich im Kreis, vier fröhliche Schülerinnen klatschten im Takt, fünf fröhliche Schülerinnen lachten aus ganzem Herzen.
Eno veselo dekle se je z medvedkom igralo, dve veseli dekleti sta na igrišče šli, tri vesela dekleta so se vrtela v krogu, štiri vesela dekleta so ploskala v taktu, pet veselih deklet se je smejalo iz srca.	Ein fröhliches Mädchen spielte mit seinem Teddybären, zwei fröhliche Mädchen gingen auf den Spielplatz, drei fröhliche Mädchen drehten sich im Kreis, vier fröhliche Mädchen klatschten im Takt, fünf fröhliche Mädchen lachten aus ganzem Herzen.
En vesel fant se je z žogo igral, dva vesela fanta sta na igrišče šla, trije veseli fanti so streljali proti vratom, štirje veseli fanti so prevzeli vodstvo, pet veselih fantov se je smejalo iz srca.	Ein fröhlicher Bub spielte mit seinem Ball, zwei fröhliche Buben gingen auf den Spielplatz, drei fröhliche Buben schossen auf das Tor, vier fröhliche Buben übernahmen die Führung, fünf fröhliche Buben lachten aus ganzem Herzen.

Ena vesela miš se je z zrno igrala,
dve veseli miši sta na igrišče šli,
tri vesele miši so se vrtele v krogu,
štiri vesele miši so ploskale v taktu,
pet veselih miši se je smejalo iz srca.

Eine fröhliche Maus spielte mit ihrem Korn,
zwei fröhliche Mäuse gingen auf den Spielplatz,
drei fröhliche Mäuse drehten sich im Kreis,
vier fröhliche Mäuse klatschten im Takt,
fünf fröhliche Mäuse lachten aus ganzem Herzen.

Tu v naši ljudski šoli računamo,
beremo in pišemo,
tam na našem igrišču
pa za žogo tečemo.
Zgoraj na stropu visijo luči,
spodaj na tleh pa so smeti.
Spredaj v razredu vidim veliko črno tablo,
zadaj pa imam svojo novo rdečo kapo.
Na desni strani se nahajajo vrata,
na levi strani pa so velika okna.
Na sredi razreda stojijo klopi,
na katerih celo učiteljica včasih sedi.
Znotraj šole je vedno toplo,
medtem ko je zunaj jeseni hladno.

Hier in unserer Volksschule rechnen,
lesen und schreiben wir,
dort auf unserem Spielplatz
laufen wir aber dem Ball nach.
Oben auf der Decke hängen die Lichter,
unten auf dem Boden aber ist der Abfall.
Vorne im Klassenzimmer sehe ich die große schwarze
Tafel, / hinten aber habe ich meine neue rote Kappe.
Auf der rechten Seite befindet sich die Tür,
auf der linken Seite aber sind große Fenster.
In der Mitte des Klassenzimmers stehen die Bänke,
auf denen sogar die Lehrerin manchmal sitzt.
In der Schule ist es immer warm,
während es draußen im Herbst kühl ist.

Dekle hodi na bližnje igrišče,
kjer sreča drugega dekleta.
Prvo stopi k jadralnemu letalu,
drugo se vadi v enakomernem guganju,
ki ga ne vodi do edinega veselja, / ker išče
še zabavo z otroškim kolesom doma.

Ein Mädchen geht auf den nahen Spielplatz,
wo es ein anderes Mädchen trifft.
Das erste tritt zu einem Segelflieger hin,
das zweite übt sich in gleichmäßigem Schaukeln,
was ihm nicht die einzige Freude bereitet, / weil es
daheim noch mit seinem Kinderfahrrad fährt.

Pavel hodi v četrti razred,
kjer sreča prijaznega sošolca.
Učitelj stopi k belemu plakatu
in napiše važnega o koristnem konju,
ki ne vleče več kmečkega voza, / a jahamo
ga s športnim ciljem vedno znova.

Paul geht in die vierte Klasse,
wo er seinen freundlichen Mitschüler trifft.
Der Lehrer tritt zum weißen Plakat hin
und schreibt Wichtiges übers nützliche Pferd auf,
das keinen Bauernwagen mehr zieht, / das man
jedoch immer wieder mit sportlichem Ziel reitet.

Miš hodi v hladno klet,
kjer sreča drugo miš spet.
Prva stopi k sadni strani,
druga se nahaja na zelenjavni ravni,
ki ji ne daje končne radosti,
ker išče še posebnost za zadnjo lučjo.

Eine Maus geht in den kühlen Keller,
wo sie wieder eine andere Maus trifft.
Die erste tritt an die Obstseite heran,
die zweite befindet sich auf der Gemüseebene,
die ihr keine endgültige Freude gibt, / weil sie
hinterm letzten Licht noch was Besonderes sucht.

To, česar kmet ne zna, dela mlinar.
To, česar dva ne znata, dela pek.
To, česar trije ne znajo, dela gostilničar.
To, česar štirje ne znajo, dela trgovec.
To, česar pet ne zna, dela krojač.
To, česar šest ne zna, dela čevljar.
To, česar sedem ne zna, dela mizar.
To, česar osem ne zna, dela tesar.
To, česar devet ne zna, dela kovač.
To, česar deset ne zna, dela kmet.

Das, was der Bauer nicht kann, macht der Müller.
Das, was zwei nicht können, macht der Bäcker.
Das, was drei nicht können, macht der Gastwirt.
Das, was vier nicht können, macht der Kaufmann.
Das, was fünf nicht können, macht der Schneider.
Das, was sechs nicht können, macht der Schuster.
Das, was sieben nicht können, macht der Tischler.
Das, was acht nicht können, macht der Zimmermann.
Das, was neun nicht können, macht der Schmied.
Das, was zehn nicht können, macht der Bauer.

To, kar zna kmet, mlinar ne dela.
To, kar znata kmet in mlinar, pek ne dela.
To, kar znajo kmet, mlinar in pek, gostilničar ne dela.
To, kar znajo kmet, mlinar, pek in gostilničar, trgovec ne dela.
To, kar zna kmet, mlinar, pek, gostilničar in trgovec, krojač ne dela.

Das, was der Bauer kann, macht der Müller nicht.
Das, was der Bauer und der Müller können, macht der Bäcker nicht.
Das, was der Bauer, der Müller und der Bäcker können, macht der Gastwirt nicht.
Das, was der Bauer, der Müller, der Bäcker und der Gastwirt können, macht der Kaufmann nicht.
Das, was der Bauer, der Müller, der Bäcker, der Gastwirt
und der Kaufmann können, macht der Schneider nicht.

Kar zna kmet, tega mlinar ne dela.
Kar znata kmet in mlinar, tega pek ne dela.
Kar znajo kmet, mlinar in pek, tega gostilničar ne dela.
Kar znajo kmet, mlinar, pek in gostilničar, tega trgovec ne dela.
Kar zna kmet, mlinar, pek, gostilničar in trgovec, tega krojač ne dela.

Was der Bauer kann, das macht der Müller nicht.
Was der Bauer und der Müller können, das macht der Bäcker nicht.
Was der Bauer, der Müller und der Bäcker können, das macht der Gastwirt nicht.
Was der Bauer, der Müller, der Bäcker und der Gastwirt können, das macht der Händler nicht.
Was der Bauer, der Müller, der Bäcker, der Gastwirt
und der Händler können, das macht der Schneider nicht.

(Folgende Gedichte entstanden am Donnerstag, dem 13.05.2021, Christi Himmelfahrt.)

Ime mi je ...	Ich heiße …
Star/Stara sem ...	Ich bin … alt.
Hodim v ... razred ljudske šole v ...	Ich gehe in die … Klasse der Volksschule in …
Zelo rad/rada plešem in rišem.	Ich tanze und zeichne sehr gerne.
Najraje jem pico ali špagete.	Ich esse am liebsten Pizza und Spaghetti.
Imam mačko.	Ich habe eine Katze.
Igram kitaro.	Ich spiele Gitarre.
Moj ati je ... in mama je ...	Mein Papa heißt … und meine Mama heißt …

Peljem se s kolescem v šolo.	Ich fahre mit meinem kleinen Fahrrad in die Schule.
Peljem se z vozilcem v trgovino.	Ich fahre mit meinem kleinen Fahrzeug ins Geschäft.
Grem z detecem na sprehod.	Ich gehe mit meinem kleinen Baby spazieren.
Igram se s tolkalcem.	Ich spiele mit meinem Schlagstöckchen.
Delam s kladivcem.	Ich arbeite mit meinem Hämmerchen.
Rišem z ravnilcem.	Ich zeichne mit meinem kleinen Lineal.
Razveselim se nad darilcem.	Ich freue mich über mein kleines Geschenk.
Jajčece je pod prtom.	Das kleine Ei ist/liegt unter dem Tischtuch.
Gora je za jezercem.	Ein Berg ist/liegt hinter dem kleinen See.
Vidim mamo pred okencem.	Ich sehe meine Mama vor dem Fensterchen.
Stojim pred ogledalcem.	Ich stehe vor meinem Spiegelchen.
Hiša stoji pred drevescem.	Das/Mein Haus steht vor einem/meinem Bäumchen.

Luka igra. Luka spielt.
Luka igra nogomet. Luka spielt Fußball.
Luka danes igra nogomet. Luka spielt heute Fußball.
Luka danes zelo rad igra nogomet. Luka spielt heute sehr gerne Fußball.
Luka danes zelo rad igra nogomet pri klubu v Celovcu.
Luka spielt heute sehr gerne Fußball beim Klub in Klagenfurt.

Rado je igral. Rado spielte.
Rado je zaigral flavto. Rado spielte Flöte.
Rado je včeraj zaigral flavto. Rado spielte gestern Flöte.
Rado je včeraj z veseljem zaigral flavto. Rado spielte gestern mit Freude Flöte.
Rado je včeraj z veseljem zaigral flavto pri koncertu v Ljubljani.
Rado spielte gestern mit Freude Flöte beim Konzert in Ljubljana.

Tine bo igral. Tine wird spielen.
Tine bo igral šah. Tine wird Schach spielen.
Tine bo jutri igral šah. Tine wird morgen Schach spielen.
Tine bo jutri igral šah polno osredotočen. Tine wird morgen voll konzentriert Schach spielen.
Tine bo jutri igral šah polno osredotočen pri tekmovanju v Vidmu.
Tine wird morgen voll konzentriert Schach beim Wettkampf in Udine spielen.

Mara pleše. Mara tanzt.
Mara pleše balet. Mara tanzt Ballett.
Mara pleše vedno balet. Mara tanzt immer Ballett.
Mara pleše vedno zelo rada balet. Mara tanzt immer sehr gerne Ballett.
Mara pleše vedno zelo rada balet na zaključni slovesnosti v Beljaku.
Mara tanzt immer sehr gerne Ballett bei der Abschlussfeier in Villach.

Sonja je risala. Sonja zeichnete.
Sonja je narisala sonce. Sonja zeichnete die Sonne.
Sonja je včeraj narisala sonce. Sonja zeichnete gestern die Sonne.
Sonja je včeraj prav lepo narisala sonce. Sonja zeichnete gestern die Sonne richtig schön.
Sonja je v čeraj prav lepo narisala sonce na plakatu za odprtje.
Sonja zeichnete gestern die Sonne richtig schön auf dem Eröffnungsplakat.

Vera bo pila. Vera wird trinken.
Vera bo popila čaj. Vera wird den Tee austrinken.
Vera bo jutri popila čaj. Vera wird morgen den Tee austrinken.
Vera bo jutri popila čaj proti prehladu.
Vera wird morgen den Tee gegen die Verkühlung austrinken.
Vera bo jutri popila čaj proti prehladu iz skodelice na mizi.
Vera wird morgen den Tee gegen die Verkühlung aus der Schale auf dem Tisch austrinken.

3 Grammatikübungen

Man kann in den obigen Lehrgedichten Schlüsselwörter durch andere Begriffe ersetzen. Die ersten vier Gedichte sind einfach Lautmalerei, die den Regen beziehungsweise Tierlaute nachahmen.

Ti si pač zelo hiter, / Du bist eben sehr schnell,
Ti si pač zelo hitra, … Jaz sem pač … On je pač … Ona je pač …

Jaz imam dobrega prijatelja, / Ich habe einen guten Freund,
dober (gut), nov (neu), star (alt), mlad (jung), starejši (älter), mlajši (jünger), ljub (lieb), znan (bekannt), slaven (berühmt), ...; širok (weit/breit), mil (mild/gütig), topel (warm), ...; globok (tief), visok (hoch), mehek (weich), nežen (zart), krepek/krepak (kräftig), močen/močan (stark), ...
prijatelj (Freund), sosed (Nachbar), sošolec (Mitschüler), znanec (Bekannter), ...; brat (Bruder), stric (Onkel), dedi (j) (Opa), oče (t) (Vater), ...; prijateljica (Freundin), soseda (Nachbarin), sošolka (Mitschülerin), znanka (Bekannte), ...; sestra (Schwester), teta (Tante), babica (Oma), mama (Mama), ...
smučati – smučam (Schi fahren – ich fahre Schi), plavati (schwimmen) – plavam, slikati (zeichnen) – slikam, skakati (springen) – skačem, ljubiti (lieben) – ljubim, objemati (umarmen) – objemam, sprejemati (begleiten) – sprejemam, peti (singen) – pojem, govoriti (sprechen/reden) – govorim, vriskati (jauchzen) – vriskam, pripovedovati (erzählen) – pripovedujem, brati (lesen) – berem, slaviti (preisen) – slavim, hvaliti (loben) – hvalim, moliti (beten) – molim, ...
Jaz imam globok glas, s katerim slavim Boga. (Ich habe eine tiefe Stimme, mit der ich Gott preise.) ..., s katerim hvalim otroke/šolarje/učence. (..., mit der ich die Kinder/Schüler lobe.) ..., s katerim se zahvaljujem. (..., mit der ich mich gerade jetzt bedanke.) ..., s katerim se opravičujem. (..., mit der ich mich gerade jetzt entschuldige.) ..., s katerim se poslavljam. (..., mit der ich mich gerade jetzt verabschiede.) ..., s katerim pozdravljam goste. (..., mit der ich gerade jetzt die Gäste begrüße.) ..., s katerim sem se zahvalila za darilo. (..., mit der ich mich für das Geschenk bedankt habe.) ..., s katerim sem se opravičila za napako. (..., mit der ich mich für den Fehler entschuldigt habe.) ..., s katerim sem se poslovila od prireditve. (..., mit der ich mich von der Veranstaltung verabschiedet habe.) ..., s katerim sem pozdravila goste. (..., mit der ich die Gäste begrüßt habe.)
zahvaliti se (sich bedanken) – zahvalim se > zahvaljevati se (öfter) – zahvaljujem se (gerade jetzt)
opravičiti se (sich entschuldigen) – opravičim se > opravičevati se (öfter) – opravičujem se (gerade jetzt)
posloviti se (sich verabschieden) – poslovim se > poslavljati se (öfter) – poslavljam se (gerade jetzt)
pozdraviti (begrüßen) – pozdravim > pozdravljati (öfter) – pozdravljam (gerade jetzt)

Ana hodi v ljudsko šolo, / Anna geht in die Volksschule,
soba (Zimmer), konferenčna soba (Konferenzzimmer), telovadnica (Turnsaal), ...; cesta (Straße), ulica (Gasse), ...; razred (Klasse), hodnik (Gang), ...; trg (Platz), ...; stranišče (WC), ...; igrišče (Spielplatz), parkirišče (Parkplatz), smučišče (Schipiste), ...
igra (spielt), koraka (schreitet), skače (springt/hüpft herum), odhaja (geht gerade jetzt weg), prihaja (kommt gerade jetzt her), ...; hodi (geht/besucht), se vozi (fährt), teka (läuft herum), hiti (eilt), ...; potuje (reist), ...; se pelje (fährt), odide (geht weg), pride (kommt her), ...; gre (geht), ...; sreča (begegnet), pozna (kennt), pozdravlja (grüßt gerade jetzt), ima (hat/besitzt), ...; ljubi (liebt), vidi (sieht), ...
Ena konferenčna soba je v (naši) šoli. (Ein Konferenzzimmer ist in der/unserer Schule.

Ena soba je v hiši/hotelu. (Ein Zimmer ist im Haus/Hotel.)
Ena cesta je zraven šole. (Eine Straße ist neben der Schule.)
Eno pakirišče je pred/za šolo. (Ein Parkplatz ist vor/hinter der Schule.)
Eno smučišče je blizu šole. (Eine Schipiste ist nahe der Schule.)

Jaz imam novo flavto, / Ich habe eine neue Flöte, / Jaz imam novo flavto,
flavta (Flöte), kitara (Gitarre), trobenta (Trompete), harmonika (Harmonika), ...
žoga (Ball), punčka (Puppe), ...
bas (Bass), klavir (j) (Klavier), boben (Trommel), ...
medved/medvedek (Bär), avto (Auto), evro (Euro), ...
kolo (es) (Fahrrad/Rad), ...
mi trije (wir drei *männlich/m.*), mi trije prijatelji (wir drei Freunde), ...
mi štirje (wir vier *m.*), mi štirje pijatelji (wir vier Freunde), ...
me tri (wir drei *weiblich/w.*), me tri prijateljice (wir drei Freundinnen), ...
me štiri (wir vier *w.*), me štiri prijateljice (wir vier Freundinnen), ...
Midva imava novi flavti, na katerih rada igrava. (Wir zwei ... *m.*)
Midve/Medve imava novi flavti, na katerih radi igrava. (Wir zwei ... *w.*)
Vidva imata novi flavti, na katerih rada igrata. (Ihr zwei ... *m.*)
Vidve/Vedve imata novi flavti, na katerih radi igrata. (Ihr zwei ... *w.*)
Onadva imata novi flavti, na katerih rada igrata. (Sie zwei ... *m.*)
Onidve imata novi flavti, na katerih radi igrata. (Sie zwei ... *w.*)
Prijatelji imajo tri/štiri nove flavte, na katerih radi igrajo. (Die Freunde haben ...*m.*)
Prijateljice imajo tri/štiri nove flavte, na katerih rade igrajo. (Die Freundinnen haben ...*w.*)
Naša skupina ima pet novih flavt, na katerih radi igramo. (Unsere Gruppe hat ...)
Jaz imam eno novo flavto / dve novi flavti / tri nove flavte / štiri nove flavte / pet novih flavt.
Jaz imam en nov bas. Midva imava dva nova basa. Mi imamo tri/štiri nove base. Naša skupina ima pet/šest novih basov. (Ich habe einen neuen Bass. Wir zwei haben zwei neue Bässe. Wir haben drei/vier neue Bässe. Unsere Gruppe hat fünf/sechs neue Bässe.)
Jaz imam en nov avto. Midva imava dva nova avta. Mi imamo tri/štiri nove avte. Naša skupina ima pet/šest novih avtov. (Ich habe ein neues Auto. ...)
Jaz imam eno novo kolo. Midva imava dve novi kolesi. Mi imamo tri/štiri nova kolesa. Naša skupina ima pet/šest novih koles. (Ich habe ein neues Fahrrad. ...)

Jaz imam novo prijateljico, / Ich habe eine neue Freundin,
plavati plavam, risati rišem, smučati smučam, peti pojem, ljubiti ljubim

Ena hruška je na hruški. / Eine Birne ist auf dem Birnbaum.
Ena knjiga je na mizi. / Ein Buch ist auf dem Tisch.
oreh (Nuss + Nussbaum), ...; črv (Wurm), ...; jabolko (Apfel), ...; drevo (Baum) > na drevesu (auf dem Baum) > na sadnem drevesu (auf dem Obstbaum); jablana (Apfelbaum), hruška (Birne + Birnbaum), sliva (Pflaume + Pflaumenbaum), marelica (Marille + Marillenbaum), češnja (Zwetschke + Zwetschenbaum), češplja (Kirsche und Kirschbaum), ...; svinčnik (Bleistift), zvezek (Heft), ...; pero (es) (Feder), ...; (eno) nalivno pero (Füllfeder), dve nalivni peresi, tri/štiri nalivna peresa, pet nalivnih peres, veliko/mnogo (viele) nalivnih peres; knjiga (Buch), barva (Farbe), radirka (Radiergummi), šilček (Spitzer), ...
na mizi (auf dem Tisch), na polici (auf dem Regal), ...; v omari (im Kasten), v šolski torbi (in der Schultasche), v knjigi (im Buch), ...; na stolu (auf dem Stuhl), na stropu (an der Decke), na listu (auf dem Blatt), ...; v zvezku (im Heft), ...; na oknu (auf dem Fenster), na vratah (auf der Tür), na tleh (auf dem Boden), ...; v jabolku (im Apfel), ...

Ena vesela učenka se s punčko igra, / Eine fröhliche Schülerin spielt mit ihrer Puppe,
vesel (fröhlich/froh), dober (gut), navdušen (begeistert), pameten (gescheit), prijazen (freund-

lich), ...; fant (Bub/Junge), dijak/šolar (j)/učenec (Schüler), deček (Knabe), ...; očka (Papa), oče (t) (Vater), stric (Onkel), brat (Bruder), dedek (Großvater), ...; Paul/Pavel, Thomas/Tomaž, Peter, Samo, Tine (t), Rudi (j), Erich, Valentin, Gerhard, ...; racman (Erpel), maček (Kater), pes (Hund), ...; dekle (t) (Mädchen), tele (t) (Kalb), žrebe (t) (Fohlen), pišče (t) (Küken), ...; deklica (Mädchen), dijakinja/šolarka/učenka (Schülerin), punca (Mädchen/ Freundin), ...; mama (Mama), mati (er) (Mutter), teta (Tante), sestra (Schwester), babica (Oma), ...; Anna/Ana, Maria/Marija, Uschi/Urška, Katrin, Melanie, Renate, Vesna, Vera, Verena, ...; raca (Ente), mačka (Katze), psica (Hündin), miška (Mäuschen), ...; miš *w.* miši (Maus), gos *w.* gosi (Gans), kokoš *w.*kokoši (Henne), žival *w.* živali (Tier), ...; radost *w.* (Freude), posebnost *w.* (Besonderheit), novost *w.* (Neuigkeit), možnost *w.* (Möglichkeit), ...; stran *w.* strani (Seite), stvar *w.* stvari (Sache), reč *w.* reči (Ding), luč *w.* luči (Licht), ...
Ena vesela učenka se z radostjo igra ... (... spielt mit Freude ...),

Tu v naši ljudski šoli računamo, / Hier in unserer Volksschule rechnen,
računati (rechnen) računam, brati (lesen) berem, pisati (schreiben) pišem, tekati (herumlaufen) tekam, gledati (schauen) gledam, imeti (haben/besitzen) imam, stati (stehen) stojim, sedeti (sitzen) sedim, govoriti (reden/sprechen) govorim, poslušati (zuhören) poslušam, ...

Dekle hodi na bližnje igrišče, / Ein Mädchen geht auf den nahen Spielplatz,
hoditi (herumgehen) hodim, srečati (treffen) srečam, stopiti (treten) stopim, vaditi (üben) vadim, voditi (führen) vodim, iskati (suchen) iščem, napisati (aufschreiben) napišem, vleči (ziehen) vlečem, jahati (reiten) jaham, dajati (oft geben) dajem, reči (sagen) rečem, ...

To, česar kmet ne zna, dela mlinar. / Das, was der Bauer nicht kann, macht der Müller.
To, kar zna kmet, mlinar ne dela. / Das, was der Bauer kann, macht der Müller nicht.
Kar zna kmet, tega mlinar ne dela. / Was der Bauer kann, das macht der Müller nicht.
eden (einer), ta (dieser), prvi (der erste); ta dva (diese zwei), oba dva (alle beide), drugi (der zweite); ti trije (diese drei), vsi trije (alle drei), tretji (der dritte); ti štirje (diese vier), vsi štirje (alle vier), četrti (der vierte); teh pet (diese fünf), vseh pet (alle fünf), peti (der fünfte); teh šest (diese sechs), vseh šest (alle sechs), šesti (der sechste); teh sedem (diese sieben), vseh sedem (alle sieben), sedmi (der siebente); teh osem (diese acht), vseh osem (alle acht), osmi (der achte); teh devet (diese neun), vseh devet (alle neun), deveti (der neunte); teh deset (diese zehn), vseh deset (alle zehn), deseti (der zehnte), ...
kmet (Bauer), mlinar (j) (Müller), pek (Bäcker), gostilničar (j) (Gastwirt), trgovec (Kaufmann/Händler), krojač (Schneider), čevljar (j) (Schuster), mizar (j) (Tischler), tesar (j) (Zimmermann), kovač (Schmied), prodajalec (Verkäufer), tehnik (Techniker), tajnik (Sekretär), gospodar (j) (Hausherr), kmetovalec (Landwirt), ...
kmetica (Bäuerin), mlinarica (Müllerin), pekovka (Bäckerin), gostilničarka (Gastwirtin), trgovka (Geschäftsfrau), šivilja/krojačica (Schneiderin), prodajalka (Verkäuferin), téhnica (Technikerin), tajnica (Sekretärin), gospodinja (Hausfrau), kmetovalka (Landwirtin), ...
To, česar kmetica ne zna, dela mlinarica. – ena (eine), ta (diese), prva (die erste); druga (die zweite), tretja (die dritte). četrta (die vierte), peta (die fünfte), šesta (die sechste), ...
To, česar dve ne znata, dela pekovka. – ti dve (diese zwei), obe dve (alle beide), druga ...
To, česar tri ne znajo, dela gostilničarka. – te tri (diese drei), vse tri (alle drei), tretja ...
To, česar štiri ne znajo, dela trgovka. – te štiri (diese vier), vse štiri (alle vier), četrta ...
To, česar pet ne zna, dela šivilja/krojačica. – teh pet (diese fünf), vseh pet (alle fünf), peta ...

Ime mi je ... / Ich heiße ...
Entwirf dein Profil und verfasse auch Profile von deinen Mitschüler:innen.

Peljem se s kolescem v šolo. / Ich fahre mit meinem kleinen Fahrrad in die Schule.
Suche noch andere Verkleinerungsformen und bilde damit kurze Sätze.

sächlich/s.: kolo > kolesce, vozilo > vozilce, dete > detece, tolkalo > tolkalce, kladivo > kladivce, ravnilo > ravnilce, darilo > darilce, jajce > jajčece, jezero > jezerce, okno > okence, ogledalo > ogledalce, drevo > drevesce, mesto > mestece, letalo > letalce, sedlo > sedelce, pero > peresce, telo > telesce, …; dekle *s.* > deklica *weiblich/w.*
weiblich/w.: miza > mizica, roža > rožica, barva > barvica, kapa > kapica, mapa > mapica, skodela > skodelica, omara > omarica, hčerka > hčerkica, sestra > sestrica, hiša > hišica, kocka > kockica, stavba > stavbica, mama > mamica, slika > slikica, ladja > ladjica, knjiga > knjižica, reka > rečica, ...; vile > vilice, škarje > škarjice, hlače > hlačice, klešče > kleščice, ...; pesem *w.* pesmi > pesmica, lestev *w.* lestve > lestvica, vas *w.* vasi > vasica, ...; stvar *w.* stvari > stvarca, ...; luč *w.* luči > lučka, miš *w.* miši > miška, ...
männlich/m.: fant > fantek, ded > dedek, kruh > kruhek, list > listek, ...; koledar > koledarček, papir > papirček, mlin > mlinček, hleb > hlebček, stol > stolček, motor > motorček, čevelj > čeveljček, sin > sinček, zvon > zvonček, klobuk > klobuček, kozarec > kozarček, most > mostiček, voz > voziček, ...; oče > očka

Luka igra. / Luka spielt.
Schreib einfache Sätze mit einem Satzgegenstand/Subjekt und einer Satzaussage / einem Prädikat. Ergänze sie mit einer Ergänzung im 4. Fall / einem Akkusativobjekt. Erweitere sie mit weiteren Satzgliedern, wie z. B.: Umstandsergänzung der Zeit / Temporalobjekt, Umstandsergänzung des Ortes / Lokalobjekt, Umstandsergänzung der Art und Weise / Modalobjekt, Umstandsergänzung des Grundes / Kausalobjekt. Und dann bestimme die einzelnen Satzglieder und unterstreiche sie mit verschiedenen Farben.
Die Vokabel und Anleitungen dazu findest du in diesem Buch und im Buch von Luise Maria Ruhdorfer: Slowenische Wortformen mit Anwendungsbeispielen aus dem Jahre 2017. Für solche Aussagesätze sind alle Zeitwörter/Verben geeignet, die mit der Zahl *„4“* (für den 4. Fall) gekennzeichnet sind.
Beispiele: igrati igram – spielen, kuhati kuham – kochen, delati delam – machen, plačati plačam – zahlen, poznati poznam – kennen, …; govoriti govorim – sprechen, učiti učim – lehren, učiti se učim se – lernen, ljubiti ljubim – lieben, kupiti kupim – kaufen, čistiti čistim – putzen, …; opazovati opazujem – beobachten, izdelovati izdelujem – ausarbeiten, napisovati napisujem – niederschreiben, oblikovati oblikujem – gestalten, …; piti pijem – trinken, šteti štejem – zählen, obuti obujem – anziehen (Schuhe), sezuti sezujem – ausziehen (Schuhe), peti pojem – singen, …; gristi grizem – beißen, molsti molzem – melken, krasti kradem – stehlen, bosti bodem – stechen, tepsti tepem – schlagen, …; peči pečem – backen/braten, obleči oblečem – anziehen (Kleider), sleči slečem – ausziehen (Kleider), …; doseči dosežem – erreichen, vpreči vprežem – einspannen, striči strižem – Haare schneiden, vreči vržem – werfen, …; jemati jemljem – nehmen, …; pisati pišem – schreiben, napisati napišem – aufschreiben, klicati kličem – rufen, poklicati pokličem – anrufen, kazati kažem – zeigen, pokazati pokažem – herzeigen, iskati iščem – suchen, poiskati poiščem – heraussuchen, …; natisniti natisnem – ausdrucken, potisniti potisnem – drücken (auf), vrniti vrnem – zurückgeben, …; vzeti vzamem – (weg)nehmen, sejati sejem – säen, prijeti primem – (fest)halten, sprejeti sprejmem – empfangen, …; biti sem(/bom/bi) – sein ich bin (/ ich werde sein / ich würde sein), jesti jem – essen, vedeti vem – wissen, iti grem – gehen, dati dam – geben, povedati povem – erzählen, …

Siehe oben S. 156-173, S. 174+175, S. 176+177.

4 Auszählreime und Kinderlieder

Pojte, pojte, drobne ptice, / preženite vse meglice, /
|: da bo sijalo sončece / na moje drobno srčece. :|

Čebelica leti / najvišje pod nebo. /
Čimvišje leti, / temlepše brenči. / Čebelica moja.

Zjutraj sem vstala, / drv sem nabrala, /
v hiško sem tekla, / sem hiško pometla, /
sem lupla krompir.

Barčica po morju plava, / drevesa se priklanjajo, /
oj le naprej, oj le naprej, / dokler je še vetra kej.
Barčica po morju plava, / jadra se razpenjajo, /
oj le naprej, oj le naprej, / dokler je še vetra kej.
Barčica po morju plava, / ptički jo pozdravljajo, /
oj le naprej, oj le naprej, / dokler je še vetra kej.

Tri vrane, tri račke, / tri bele gosi, /
so v noči cepetale / okrog naše vasi.
Kokoške so rekle, / kako je hudo, /
plesale bi rade, / pa godcev ni bilo.

Ringa, ringa, raja, / muca pa nagaja, /
kužek pa zapleše, / da se vse potrese.

Križ, kraž, / kralj Matjaž. / Daj mi groš, / bom kupil nož.

Muren, muren, / pridi iz luknjice, / bova jedla bele štrukljice. /
Pridi! / Bom ti dal zlat komat, / greva na polje pšenico sejat.

Sonce sije, / dežek gre, / mlinar melje brez vode, /
|: deklica pometa brez metle. :| – |: Sonce sije, ... :|

Majhna sem bila, / piške sem pasla, /
piške so čivkale, / jaz sem pa rasla.
Zdaj pa že v šolo grem, / novega dosti vem, /
piške še čivkajo, / pasti jih ne smem.
Očka so djal, / da bodo kokljo prodal, /
pa še piščeta z njo, / da jim dolgčas ne bo.

(CD und Kinderliederbuch: Pojte, pojte, drobne ptice, … > Slovenske otroške pesmice, Ljubljana: Mladinska knjiga, 2010.)

Singt doch, singt doch, kleine Vöglein,
oh, vertreibt doch allen Nebel,
damit die Sonne wieder schein',
wohl in mein kleines Herz hinein.

Eine Biene fliegt weit bis zum Himmel hinauf.
Je höher sie fliegt, umso schöner summt sie, meine Biene.

Am Morgen bin ich aufgestanden, habe Brennholz zu sammeln begonnen,
bin ins Häuschen gelaufen, habe es aufgeräumt
und die Erdäpfel geschält.

Ein Schiffchen fährt am Meer dahin,
die Bäume, die verbeugen sich.
Oh, nur weiter, nur zu, solang der Wind gibt dir keine Ruh.
Ein Schiffchen fährt am Meer dahin,
die Segel, die, die spannen sich.
Oh, nur weiter, nur zu, solang der Wind gibt dir keine Ruh.
Ein Schiffchen fährt am Meer dahin,
die Vöglein, sie begrüßen es.
Oh, nur weiter, nur zu, solang der Wind gibt dir keine Ruh.

Drei Krähen, drei Entlein, drei weiße Gänse
spazierten rund um das Dorf im Dämmerlicht.
Die Hennen sagten: Oh, wie schwer das doch ist.
Wir möchten gerne tanzen, aber es gibt keine Musikanten.

Ringa, ringa, reiha, seima Kinda dreia,
sitz' ma hintan Hollabusch, moch'n olle husch, husch, husch.

Kritzi kratzi, Bärli Tatzi, kulli kulli, patsch aufe.

Grille, Grille, komm heraus aus deinem Loch,
wir essen Kuchen heute noch.
Komm! Ich werd dich mit einem goldenen Kummet versehen,
wir fahren aufs Feld, um Weizen zu säen.

Die Sonne scheint, der Regen fällt, der Müller mahlt ohne Wasser
das Korn auch, das Mädchen kehrt heut ohne Besen alle Gassen.

Klein war ich, die Küken habe ich geweidet,
die Küken haben gezwitschert und ich bin gewachsen.
Jetzt gehe ich schon zur Schule, ich weiß genügend Neues,
die Küken zwitschern noch, ich darf sie nicht weiden.
Mein Papa sagte, dass er die Henne verkaufen wird,
und auch alle Küken, damit ihnen allen nicht langweilig wird.
(Übersetzung Luise Maria Ruhdorfer.)

5 Ljudske pesmi – Volkslieder

Nmau̯ čriəz izaro, nmau̯ čriəz gmajnəco, čiər je dragə dom z mojo zibeu̯ko,
|: čiər so me zibalə maməca moja in prepeu̯alə haji, haja. :|
K səm še mihn biu̯, səm biu̯ dro vaseu̯, səm u̯ečbartə tero pesem peu̯,
|: z(d)ej u̯se mənuu̯o je, nəč u̯əč peu̯ ne bom, z(d)ej ni u̯əč moj lubə, dragə dom. :|
Hiša očəna, luba maməca, da b jes našou̯ še amart oba,
|: o da bə u̯idou̯ jo, maməco mojo, pa bə spiəu̯u̯ spet haji, haja. :|
(CD > Mladinska skupina Ledince. > Buch von Niko Kupper, Idee Simon Trießnig, 2021.)

A bißal iban See, a bißal duach n Wåld, wo mei teires Heim mit meina Wiagn stånd,
wo mi mei Mamitza gean ghåbt, glockt håt, wo sie gsungan håt heji, heja.
Wia i noch klana wåa, wia i lustig wåa, håb i gsungan oft ane Liada,
hiatz åba is ålles gåa, i wea niama singan mea, duat is ka Hamat mea, ka Hamat mea.
S Våtaheisle, mei liabe Mamitza, kennt i findn nua gånz kuaz eich zwa,
kennt i sie segn noch, meine Mamitza, tat i singan heji, heja.

Srce je žalostno, močno je ranjeno, |: močno je ranjeno, moglo bo umret'. :|
Bog pa je Stvarnik moj, stvaril me je na svet, |: Bog pa mi daj še to noč preživet. :|
Angelček varuh moj, varuj me še nocoj, |: varuj me še nocoj, angelček moj. :|
(CD > Oktet Suha)

Mei Herz, dås is traurig, s is jå so schwea valetzt, |: s is jå so schwea valetzt, steabm wead s wohl. :| / Gott is da Schöpfa mein, ea håt mi gschåffn, |: låß mi, Gott, de Nåcht noch iba-lebm. :| / Engelein, Beschütza mein, bhiat mi noch de Nåcht, |: bhiat mi noch de Nåcht, Enge-lein mein. : |

Buəg nam daj tə dobər čas za prvə rej. Začeli smo ta prvə rej, začeli smo. |: La, la, la, ... :|
Buəg ... Buəg je z niəm, sam Ježəš je, sam Ježəš je Marijən sin. |: La, la, la, ... :|
(CD > Singgemeinschaft Oisternig)

Gott gebe uns a guate Zeit fia 'n eastn Tånz. Ångfångn håt da easte Tånz, da easte Tånz. |: La, la, la, ... :| / Bhiat, o Gott, uns ållezeit, Gott, sei mit uns, denn Jesus is, jå, Jesus is Mariä Sohn. |: La, la, la, ... :|

|: Zakaj bi ne vrisku̯, (2-mal) :| zakaj bi ne peu̯, |: k sem mladmu dekletu (2-mal) :| nedolžnost uzeu̯. / Nəč na diə, nəč na diə, al le kajšca zgəbin, da le španbat ostane, čiər moj deču̯a laži. / Pa le šimla na riəmen, pa le fuksa na hånd, da bo u̯idu̯a moja deču̯a, kak jəs buratə znan. / Diandle mi muaßt liabm, bin 's a Zimmamånn. I wea da a Heisle baun und a Dachle drån. I wea da a Wiagn måchn und a Kind dazua. Du weast mei Diandle sein und i ***dei*** *Bua. / Deču̯a mənə ljubə, jəs sən cimpərman. Ti bon na kajšco sbau̯u̯ pa na strehca gor. Ti bon na zibco naredu̯ pa na sinčka cu̯a. Ti boš moj deču̯a bu̯a pa jəs tu̯oj bu̯a. ...*
(CD > Singgemeinschaft Oisternig)

Warum sollt i nit jauchzn, warum sollt i nit jauchzn, warum sollt i nit jauchzn, warum sollt i nit singn, wånn i an jungen Diandl, wånn i an jungen Diandl, wånn i an jungen Diandl die Unschuld gnommen håb. / S mâcht jå nix, s mâcht jå nix, wånn i mei Keischn valia, wånn lei s Bettstattl bleibt, wo mei Diandle drin liegt. / Håb i n Schimml am Hålfta und die Fuchsa in da Hånd, dåß mei Diandle siegt, wia i fuaweakn kånn. (Übersetzung Luise Maria Ruhdorfer) / Diandle mi muaßt liabm, jəs sən cimpərman. I wea da a Heisle baun pa na strehca gor. I wea da a Wiagn måchn pa na sinčka cu̯a. Du weast mei Diandle sein pa jəs tuoj bu̯a. / ...

6 Liederheft (1931) von Roza Gastl

Ich besitze ein Bild vom Kochkurs im Herbst 193..., vermutlich 1931, beim vulgo Pranger in Sigmontitsch, den Milka Hartman (1902-1997) geleitet hat. Auf diesem Bild sitzen in der ersten Reihe fünf Frauen und stehen in der zweiten Reihe acht Frauen beziehungsweise Mädchen. Die zweite von links in der ersten Reihe ist meine Tante Roza (Rosa Gastl, später verehelichte Maizinger, 1909-1980), in der Mitte sitzt Milka Hartmann, die Kursleiterin. In der 2. Reihe stehen von links: Kuk Mojci (Maria Gallob, später verehelichte Urschitz, 1908-1995), Tante Pepca (Josefine Gastl, später verehelichte Smole, 1910-1986), Tante Mojci (Maria Gastl, später verehelichte Wepfer, 1912-2005), meine Mama (Lojzca Gastl, später verehelichte Hasenbichler, 1917-1949), eine unbekannte Frau, eine Drzuc-Kusine (geborene Wieltsch) meiner Mama und meiner Tanten.

Auf diesem Bild steht auf der Rückseite mit Tintenbleistift geschrieben: „Za spomin od kuharsk... tečaja jeseni leta 193...“. (Zur Erinnerung an den Kochkurs im Herbst 193...).

Meine Tante Roza hat ab 2. März 1931 die beim Koch-/Haushaltungskurs in Sigmontitsch gesungenen slowenischen Lieder in ein Heftchen (Din A-6) eingetragen. Als Tante Mojci in die Schweiz ging, schenkte ihr ihre Schwester Roza dieses Heftchen. Tante Mojci heiratete 1935 den Schweizer Jakob Wepfer, sie wohnten in Rutschwil bei Dägerlen, Kanton Zürich.

Als ich dann um den 16. August 1994 anlässlich meines bevorstehenden 50. Geburtstages Tante Mojci in Rutschwil besucht habe, schenkte sie mir obiges Liederbüchlein. Und sie hat mir am 16. August 1994 einige Lieder daraus vorgesungen, zum Beispiel „Na klinčku“.

Ich nehme an, dass es sich bei diesen Liedern unter Anderem auch um Gedichte und Kompositionen von Milka Hartman handelt, die ich hiermit als Teil meines persönlichen, geistigen Kulturerbes in meiner slowenischen Muttersprache veröffentliche. Darunter sind auch das eine oder andere Volkslied oder der eine oder andere Auszählreim. Dabei werden die Satzzeichen und die Rechtschreibung geringfügig an den heutigen Standard angepasst. Und die Lieder wurden auch in anderer Reihenfolge angeordnet. Textkorrekturen werden in eckigen Klammern wiedergegeben. Unbedingt notwendige Erklärungen werden nach dem Liedtext in runden Klammern hinzugefügt. Der Inhalt dieser Lieder wird weder übersetzt noch kommentiert. Sie sollen ganz einfach von sich aus auf den Lesenden wirken.

Za spomin od kuharsk
tečaja v jeseni leta 193

Quelle: LMR.

Vesela Pevka

Sem deklica mlada vesela,
sem pravo slovensko dekle,
kot slavček veselo bi pela,
da b' daleč razdevalo se.

Zakaj bi jaz pesmice ne pela,
zakaj bi vesela ne bla,
saj vsak dan krog mojga čela
mi sapca slovenska pihlja.

Ko zjutraj danica priplava,
že mika me eno zapet,
in komaj se dan že zaznava,
koj s ptičkim začnem žvrgolet.

Ko vstanem, se vunjem prekrižem
in angelu varhu zročim,
se k delu veselu približam,
vmes pesmice sladke drobrin.

Če trudna vležem počivat,
po pesmicah sladko sanjam,
povsod mi je lahko prebivat,
ker lepo zapeti si znam.

Zakaj bi jaz pesmic ne pela,
saj Bog mi je glas zato dal,
zakaj bi ne bila vesela,
saj mater slovensko imam.

Pa včasih se vendar solzicam
prikaže iz mojih oči,
tje prišla bi rada devica,
kjei pesem nebeška doni.

Zatorej iz rajske višave
me učite angelci pet,
ko pridem z zemelske nižave,
bom znala kaj z vami zapet.

Solnček

Pojte, pojte, drobne ptičke,
razženite vse migličke,
da bo sijalo solnčece
v to mojo drobno srčice.

So zapele drobno ptičke
in razgnale so migličke,
je prisijalo solnčece
v to mojo drobno srčice.

Rožice so že razcvele,
travice ozelenele,

Zvenite rože

Zvenite rože moje,
oj, kaj bi še cvetele,
ve rože, moje bele?
Zvenite zdaj z menoj!
Povej, kaj ti je,
povej nam dekle,
vprašale so rožice,
žalostne vse.

Zvenite rože bele,
pomlad zapušča mene,
srce meni v tugi vene.
Zvenite zdaj še ve!
Sklonile molče
so rožce glave
in kmalo zvenele
so žalostne vse.

V maju

Zeleni sedaj, o gaj, cvete maj,
v tej lepoti vživa duša sreče raj.

Pomlad mi cvete rožice duhte,
ptički mi pojejo sladke pesmice.

Mater zemljico kinča zdaj nebo,
v njo pa čudom se ozira mi oko.

Tebe, Stvarnika, ljubi duša vsa,
k tabo poje pesem mojega srca.

Vetrič tihi

Vetrič tihi čez gore hiti,
ej, pozdravi drage moje mi!
Čez gore misel gre,
ž njo gre žalostno srce.
Vetrič, vetrič, vzemi mene ti seboj!

Daleč tam cvetijo rožice,
pesmi žvrgolijo ličice.
Tam cveti vedno maj
in duhti zeleni gaj.
Vetrič, vetrič, vzemi mene ti seboj!

Tam je mama, atek moj, doma,
tam so dragi mojega srca,
sestra, brat, domek zlat
in prelezi zelenih trat.
Vetrič, vetrič, vzemi mene ti seboj.

zdrava si dekličica,
rdeče so mi ličica.

Po polju

Urne nožice, lahen korak,
srce veselo, v Božji gre zrak.
Le poskočimo zdaj, se veselimo zdaj,
saj nam že cvete zaželjeni maj.

Pesmi vesele naj zadone,
in naj v veselju nam uka srce,
vence le zvijmo si, čela ovijmo si,
rožic, oj rožic, naberi dekle.

Kolo – ples

Oj, zaplešimo kolo,
mlade Korošice,
sestra sestri daj roko,
urne so nožice.
Naš je cvet, naš je maj,
sije nam dekliški raj.
Koloples in cvetje vmes
so drage nam sestrice.

Zjutraj ko vstala je, pevala je,
oj, to se čuje, čuje, oj, to se zna,
kako mlada Korošica lepo peti zna.

Rože je trgala in pevala,
oj, to se čuje, čuje, oj, to se zna,
kako mlada Korošica rože trgati zna.

Vence je spletala in pevala,
oj, to se čuje, čuje, oj, to se zna,
kako mlada Korošica vence spletati zna.

V dolini prijetni

V dolini prijetni je ljubi moj dom,
Nikoli od njega podal se ne bom.
Pod lipo domačo najraje sedim,
V domačem veselju najslaje živim.
Tralala ...
Pod lipo domačo najraje sedim,
V domačem veselju najslaje živim.

Le enkrat bi videl

Le enkrat bi videl, kak solnce gor gre,
Bi videl, kje luna, kje zvezde blišče.
Le tema poskuša nad mano si moč,

Na zeleni travici

Na zeleni travnici prepelica
pedpeli pa po travici zleti,
predpelica petpeli
je vsadila rožce tri.
Vsak sebi pretpeli
na zeleni travniki
pretpelica pedpeli.

V pomladi

Slavček poje, rože cvete
sred gredice moje,
in na oknu nagelček rdeči
čaka me svoje.

Trgam cvetke, kite vijem
za srce ljubeče,
že na polju žalostne marjetke
čakajo te sreče.

Plešem kolo, plešem kolo
po zeleni trati,
s sestricami lepo je igrati
in veselo zbrati.

Po jezeru

Po jezeru bliz Triglava čolnič plava sem ter tja, / V čolnu glasno se prepeva, da odmeva od gore, / Mile ptice po dolinah in planinah se bude, / Ker so čule pesem mojo, |: vsaka svojo žvrgole.:|

Vigred

Vigred prisjala je gorko,
mojo v borno hišico.

Zagradila bom nove gredice,
pisano lepe rožice.

Nagelček, limber, vrtnico,
ljubko ponižno vijolico.

Moj Bauerc

Moj Bauerc pa s[e]je edico,
Mu edica gratova bo.
Jaz pojdam na gore visoke,
Nabrava mu rožic bom sto.

Ne vem nič od dneva, obdaja me noč.
Le enkrat bi videl, kak solnce gor gre,
Bi videl, kje luna, kje zvezde blišče.

Hišica očetova

Oj hišica očetova, Bog živi te!
Zdaj se ločiti morava, Bog živi te!
Al tega nihče ne pove,
Al te kedaj bom videl še.
Bog živi te! Bog živi te!

Srce pa moje ti zvesto, Bog živi te!
Do konca dni ostalo bo, Bog živi te!
Skazala si mi milosti,
Ki moč jih pozabiti ni!
Bog živi te! Bog živi te!

Ne zabi ti me, zvesti dom, Bog živi te!
Četudi te ostavil bom, Bog živi te!
Naj noč in dan pri meni bude
se ljube tvoje misli vse.
Bog živi te!

Kukavica

Slišala sem ptičko pet,
zapela je kuku.
Ktera mora nekdo bit‘,
ki poje tak lepo?
To je gotovo kukavca,
je mojga srca ljubica.
|: Kuku, kuku, tako je kukala. :|

Dekle je paslo ovce,
Začelo zvezde štet'.
Rado blo bi zvedelo,
Kedaj bo treba umret'.
Glasila preč se kukavca,
prav žalostno zakukala.
|: Kuku, kuku, tako je kukala. :|

Kaj te bom poslušala,
Za norca me imaš.
Sem te dostkrat slišala,
kakršen glas imaš.
In kukavca je kukala,
na veja[h] se je gugala.
|: Kuku, kuku, tako je kukala. :|

Ko edica bo dozoreva,
Moj bauerc pobarov me bo.
Jaz rada mu roko bom dala,
Z njo da[la] mu rožic bom sto.

In prej da bo slanica padla,
Moj bauerc pobarov me bo.
Jaz sama jo bodem požela,
Tri gnive s to pridno roko.

(bauerc – kmet, edica – ajda, gnive – njive, gratova/dozoreva – dozorela, nabrava – nabrala, pobarov – vprašal)

Na klinčku

Na klinčku visi kitlca,
Dobro je nabrana.
Rasti, rasti, Micika,
Da bo ti prav ta kitlca.
|: Tra-la-... :|

Na hribčku stoji cerkvica,
Svet Anton kraljuje,
Njemu se priporočim,
Da on mi posreduje.
|: Tra-la-... :|

Ta v cerkvico stopila bom
Pred njegov oltarček,
Srčno ga prosila bom
Za en prelubi parček.
|: Tra-la-... :|

Le svet Anton me uslišal bo,
Dal mi bo možička,
Jaz mu pa zredila bom
Debelega prašička.
|: Tra-la-... :|

Mojim Rožcam

Mojim Rožcam vodice,
Mojim Ptičkam prosa,
Mojim Fantu z gorice
Nasmejim se iz srca.

Jaz sem dekle vesela,
Mi nikoli ni dov[g]čas,
Kdar zmanka mi dela,
Si zapojem na glas.

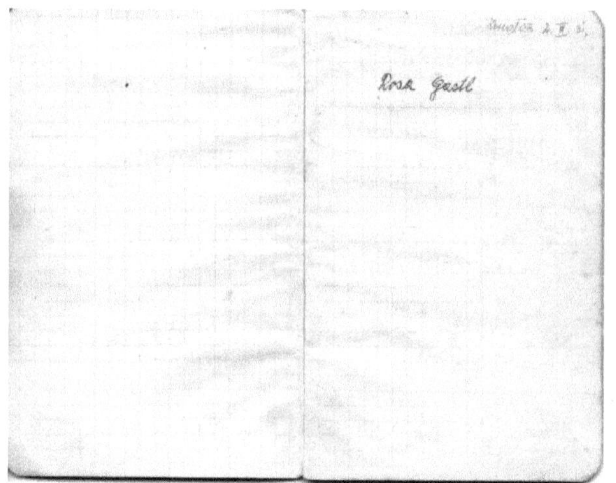

Liederheft Roza Gastl, Zmotiče, 2. III. 1931, S. 1.

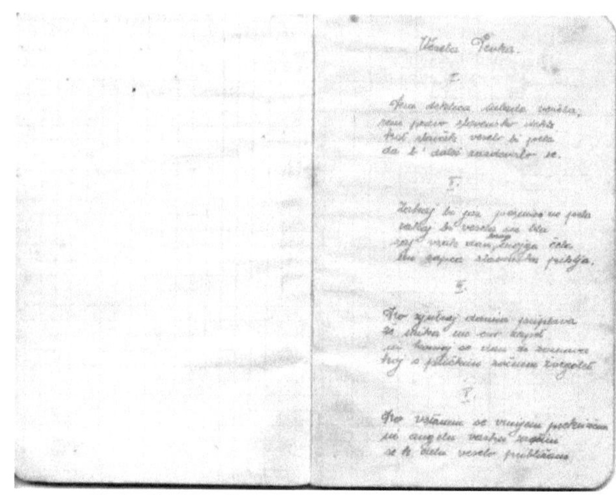

S. 2+3. Quelle: LMR, alle Abbildungen.

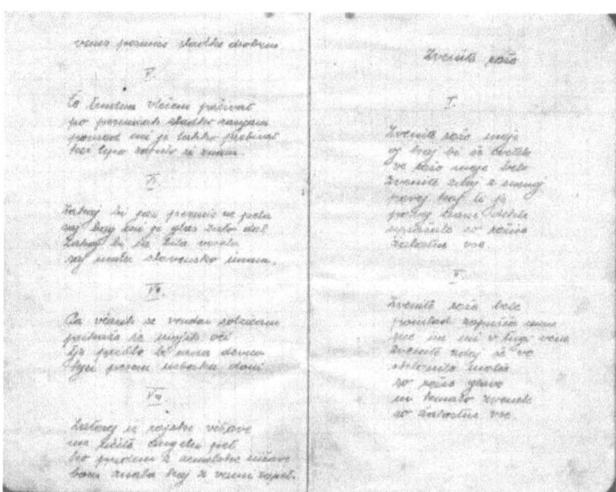

S. 4+5.

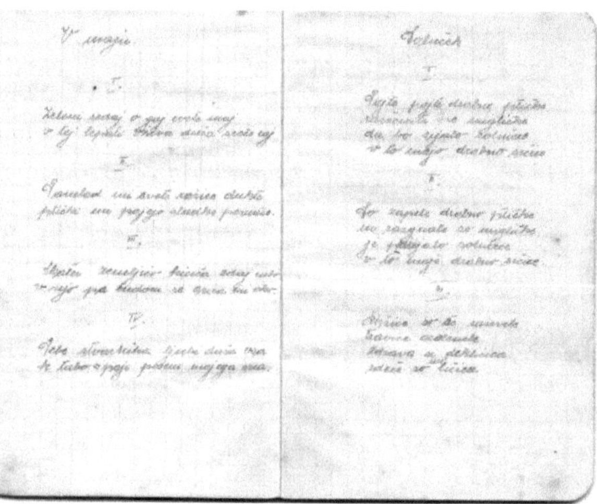

S. 6+7.

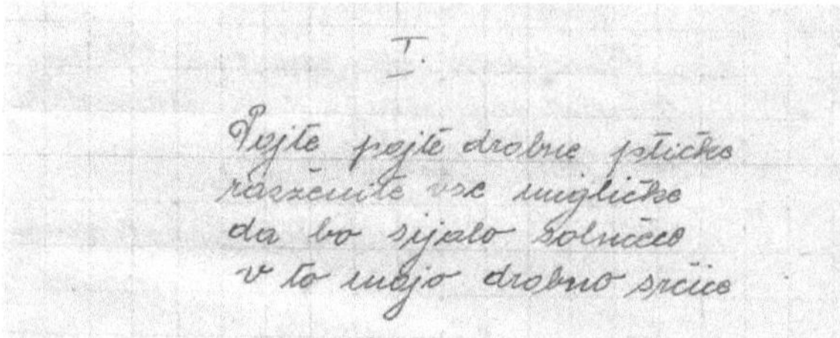

I.

Pejte pejte drobne ptičke
razženite vse miglicke
da bo sijalo solnčece
v to mojo drobno srčice

S. 7, I. Strophe.

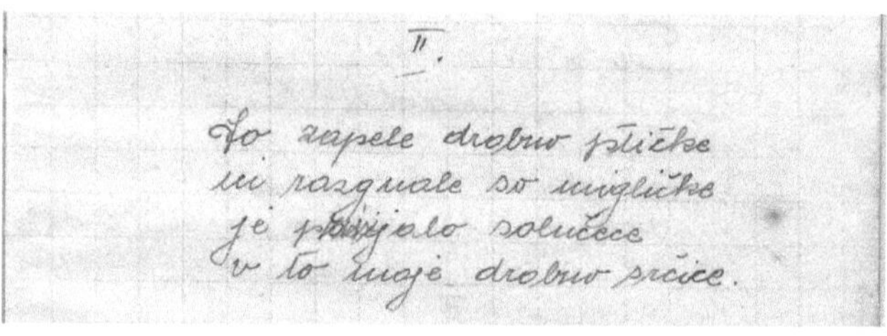

II.

So zapele drobne ptičke
in razgnale so miglicke
je posijalo solnčece
v to moje drobno srčice.

S. 7, II. Strophe.

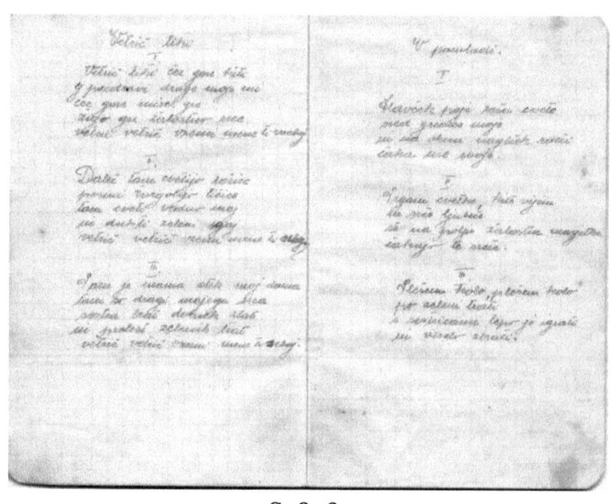

S. 8+9.

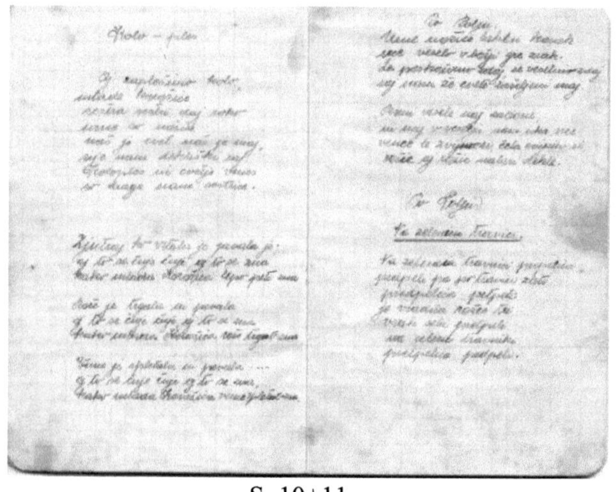

S. 10+11.

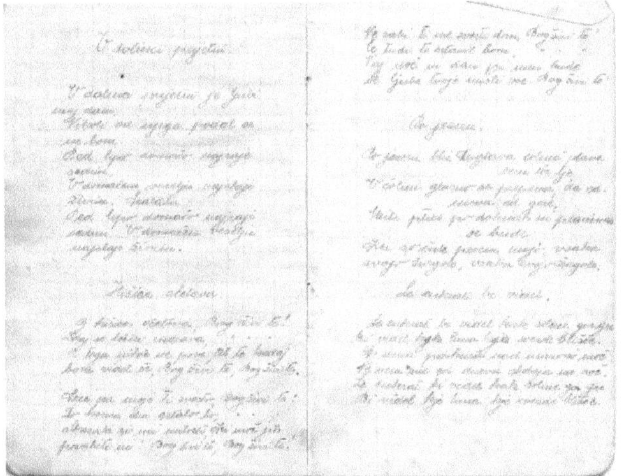

S. 12+13. Quelle: LMR, alle Abbildungen.

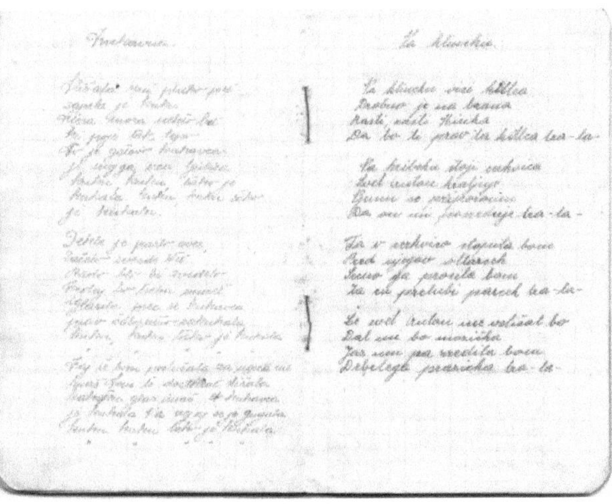

S. 14+15.

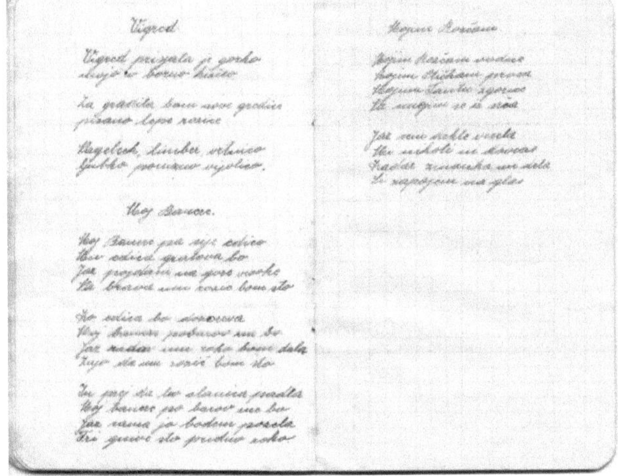

S. 16+17.

Cover, hinten und vorne.

Tante Mojci, Tante Roza mit Jakobli, Mama Lojzca, 1937.

Tante Pepca

Inhaltsverzeichnis zum Sechsten Abschnitt: Poesie als Lehrinhalt

Grammatik-Kategorien und –Klassen – Slovnične zvrsti in vrste

Die Wortarten werden der Reihe nach besprochen, u. zw. werden zuerst die Kategorien festgelegt und dann die einzelnen Klassen besprochen. Bezüge zu diesem Buch: „133" bedeutet siehe oben S. 133; Bezüge zu LMR: WF, 2017, S. 99 > „2017/99". Beispiele werden in Klammern gesetzt.

Es gibt in Slowenisch keinen **Artikel.**

Adjektiv

Genus/Geschlecht/spol: Femininum (lépa), Neutrum (lépo), Maskulinum indefinit (lép), definit (lépi).
Numerus/Zahl/število: Singular (lépa), Dual (lépi), Plural (lépe); Genitivus partitivus/totius (lépih).
Kasus/Fall/sklon: Nominativ (lépa), Genitiv (lépe), Dativ (lépi), Akkusativ (lépo), Lokativ (pri lépi), Instrumental (z lépo); Vokativ (drága gospá, drági gospód *133*).
Komparation/Steigerung/stopnjevanje: Positiv (lépa), Komparativ (lépša), Superlativ (nàjlepša).
Gradation/Steigerung/stopnjevanje: Positiv (lépa), Komparativ (zeló lépa).
Flexion/pregibanje: Deklination/Biegung/Beugung/sklanjatev/sklanjanje (nôva *30*; dôbra *31*; rdéča *32*); undeklinierbar (béž *156*).
Kongruenz/Übereinstimmung/ujemanje: (nôva míza, míza je nôva), *139–144*.
Rektion/Verlangen nach Fall/vezava: (bogáto z minerâli *223*).
Satzglied/stavčni člen: attributiv (nôva mápa), prädikativ (... je nôva), adverbial (lepó píše), substantivisch (sámska, sámski *193*). Partizipien (siehe unten unter Verb).

Substantiv

Genus/Geschlecht/spol: natürliches Geschlecht: weiblich (máti, žénska, žêna), männlich (ôče, môški, móž); grammatisches Geschlecht: Femininum (mápa), Neutrum (pívo), Maskulinum unbelebt (fílm), belebt/Lebewesen (turíst, pès).
Numerus/Zahl/število: Singular (fílm, turíst), Dual (fílma, turísta), Plural (fílmi, turísti); Trial (kmétje), Quadral (kmétje); Paral (čêvlji, stárši), Paukal (nékaj pójmov); Genitivus partitivus/totius (velíko móke, devét fílmov, pét učêncev) = „Quinqual/Pental" (pét prijáteljic, desét prijáteljev).
Kasus/Fall/sklon: Nominativ (fílm, turíst), Genitiv (fílma, turísta), Dativ (fílmu, turístu), Akkusativ unbelebt (fílm), belebt/Lebewesen (turísta), Lokativ (o fílmu, o turístu), Instrumental (s fílmom, s turístom); Vokativ (drága gospá, drági gospód *133*).
Flexion/pregibanje: Deklination/Biegung/Beugung/sklanjanje/sklanjatev (fílm, turíst, mápa, pívo *31*; písker, pès, sêstra, ôkno *32*; lônec, hròšč, ládja, podjétje *32*; igránje *70*; deklè 72; évro, čevljár 72; dédi 73; *139*–144; žêna, ôče *196+ 197*; cérkev, mísel, rádost, kokóš, mìš, stvár 205; vódja *207*); undeklinierbar (pietà *206*).
Kongruenz/Übereinstimmung/ujemanje: (Nôva míza ...) *(1)*. (Míza je nôva.) *(1)*. *139–144*.
Rektion/Verlangen nach Fall/vezava: (pravíca do soodlóčanja – ein/das Recht auf Mitbestimmung *223*).
Satzglied/stavčni člen: Subjekt (Prijázna soséda ... Jàz sem upokójenka), direktes Akkusativ-Objekt (... prijázno sosédo); Präpositionalobjekte: Temporalobjekt (... ob desêti uri), Lokal- (... v céntru Ljubljáne), Modalobjekt (... po móžnosti), Kausalobjekt (... zarádi slábega vreména), Quantitätsobjekt (... na dúcate), „Frequenzobjekt" (... ob drúgi prilóžnosti); Apposition (... môjega bráta), *2017/127*; Verneinung *65*; Nominalphrase (In še tá nàjbolj znáni avstríjski ávtor gospód Péter Hándke ...) *2017/134*.
Arten/vrsti: Personen (turíst), Tiere (pès), Pflanzen (vŕtnica), Dinge (pívo), Begriffe (ljubézen); Eigennamen *211–221*: Personennamen (Ána Mečína, Jánez Ógris), Ländernamen (Slovénija), Nationalitäten (Avstríjka, Avstríjec), Ortsnamen (Belják, Bŕnca, Ločílo), Gewässer- und Gebirgsnamen (Dráva, Pôtok, Jépa, Tríglav), Werktitel (Pést), Institutionen (Óbčina Békštanj), Abbreviationen (ZDA); Singulariatantum (avgúst, sádje, krí, ... *208+209*), Pluraliatantum (cítre, pljúča, ljudjé, ... *208+ 209*), „Dualiatantum" (Ríbi, ... *208+209*).

Numerale

Genus/Geschlecht/spol: Zahlen 1–4: Femininum (êna, dvé, trí, štíri), Neutrum (êno, dvé, trí, štíri), Maskulinum (én, dvá, tríje, štírje); Zahlen 5–99+0: nicht dekliniert; Deklination in den einzelnen Fällen *2017/76–99*.

Numerus/Zahl/število: Singular (êna, êno, èn), Dual (dvé, dvé, dvá), Plural = Trial (trí, trí, tríje), Plural = Quadral (štíri, štíri, štírje); Paukal (nékaj pójmov); Genitivus partitivus/totius (velíko móke, devét fílmov, pét učêncev) = „Quinqual/Pental" (pét prijáteljic, desét prijáteljev).

Kasus/Fall/sklon: Nominativ, Genitiv, Dativ, Akkusativ, Lokativ, Instrumental und Genitivus partitivus/totius *156, 2017/76–99.*

Flexion/pregibanje: Deklination in den einzelnen Fällen *2017/76–99.*

Kongruenz/Übereinstimmung/ujemanje: (Tá dvá pristójna sodníka ...) *(1)*. (... tíste trí nôve učíteljice.) *(4)*.

Rektion/Verlangen nach Fall/vezava: (Tu je êna sêstra. Tu sta dvé têti. Tu so tríje soródniki. Tu so štírje brátje.) *(1)* – (Pét fántov *(2)* je šlo v kino. Imám ênega psà, dvé kokóši, trí kónje, štíri óvce, pét kráv.) *(4)*.

Satzglied: Subjekt (Êna sêstra ...), direktes Akkusativ-Objekt (... dvá stôla.) Präpositionalobjekte *2017/88+89, 2017/97, 2017/117–126.*

Arten/vrsti: Numeralia *156, 2017/76–99*; Kardinalia (êna, dvé, trí, štíri, pét, šést *198–204*); Ordinalia (pŕva, drúga, trétja, četŕta, pêta, šêsta *97–99*); Multiplikativa (dvóje, dvójna, stókratna, tísočkratna – zweifach); Iterativa (ênkrat, dvákrat, tríkrat, štírikrat, pétkrat – einmal, zweimal); Distributiva (po dvá, po pét – je zwei);Variativa (dvóje, tróje, četvéro, petéro – zwei Paar / zweifach / zweierlei / zwei verschiedene); Indefinitiva (mnógi – viele/es/er, marsikatéri – manche/es/er, vsì/vsè/vsà – alle/es/er / sämtliche/es/er); Komma-/Dezimalzahlen (3,3 % = trí céle trí odstótka *202, 2017/94+95*); Fraktional-/Bruchzahlen (½ / pòl úre – eine halbe Stunde, 2/3 / dvé tretjíni oséb – zwei Drittel der Personen, ¼ / êna četrtínka rdéčega vína – ein Viertel Rotwein); Kollektiva/Sammelzahlen (obá – beide, dúcat – Dutzend, mílja – Meile). „Dualiatantum" (dvé, dvé, dvá; obé, obé, obá; Ríbi *209*).

Pronomen

Person/oseba: 1. Sprecher/in (jàz, mídve, mé); 2. / Angesprochener/e (tí, vídva, ví/Ví); 3. / Besprochener/e (ôna, ônidve, ône); *2017/100+101.*

Genus/Geschlecht/spol: adjektivische: Femininum (tákšna grôzna nevíhta – solch ein schreckliches Gewitter), Neutrum (tísto lánsko neúrje – dieses vorjährige Unwetter), Maskulinum (tá stári čevljár); substantivische: (Jàz sem napísala ... *w.* Jàz sem napísal ... *m.* Umíjem sêbe/se. *w./m.* káj + kár *s.*, kdó + kdór *m.*, nihčè *m.*, nìč *s.*, vsè *s.*, ki (jo, ga, ga) *w./s./m.*, čigár + čigáver *m.*).

Numerus/Zahl/število: Singular (jàz, néka; tá, tísta), Dual (mídve, néki; tí, tísti), Plural (mé, néke; té, tíste); Genitivus partitivus/totius (téh, tístih).

Kasus/Fall/sklon: Nominativ, Genitiv, Dativ, Akkusativ, Lokativ, Instrumental und Genitivus partitivus/totius; Deklination Personalpronomen *153*, Deklination Reflexivpronomen *210*, Deklination in den einzelnen Fällen *2017/97, 2017/100–109*; Deklination Interrogativpronomen 2017/110–113.

Flexion/pregibanje: Deklination in den einzelnen Fällen *153, 210, 2017/97, 2017/100–113.*

Satzglied/stavčni člen: Subjekt (Môja sêstra ... Tí ... Tá fánt ...), direktes Akkusativ-Objekt (... tvôj stôl. ... táko lépo knjígo.) Dativ-Objekt: (Telefonírala sem svôji téti.) Apposition: (... njegôvega bráta), *2017/ 127*; Präpositionalobjekte *2017/97, 2017/117–126*. Enklitika Personal- und Reflexivpronomen *239–242, 2017/101+103.*

Arten/vrsti: Pronomen *210*: Personalpronomen (jàz, tí, ôna, ôno, òn – ich, du, sie, es, er *86+87, 153, 2017/101+102*); Demonstrativpronomen (tá, tó, tá – diese/es/er *2017/97*; tísta, tísto, tísti – die-/das-/derjenige *2017/107*; tákšna, tákšno, tákšen – solch eine/es/er *2017/106*; táka, táko, ták – so eine/es/er *2017/106*); Possessivpronomen (môja, tvôja, njéna, njegôva – meine, deine, ihre, seine *56, 2017/104+ 105*; čigáva, čigávo, čigáv – wessen *2017/106*); Reflexivpronomen (sêbe, sêbi, sêbe, se – mich, dich, sich, sich *196, 210, 2017/102 +103*); reflexives Possessivpronomen (svôja, svôje, svój – meine/–/– „eigene/es/er" 196, *2017/ 105*); Relativpronomen (táka, táko, ták – so eine/es/er; kákršna, kákršno, kákršen – (so) eine/es/er wie *2017/106*; katéra, katéro, katéri – welche/es/er *2017/107*; káj čésa – was, kár čésar – ..., was, kdó kóga – wer, kdór kógar – ..., wer *2017/109*); Indefinitpronomen (vsà, vsè, vès – die/das/der ganze *2017/97*; néka, néko, néki – jene/es/er gewisse *2017/107*; vsáka, vsáko, vsák – jede/es/er; vsákogaršnja, vsákogaršnje, vsákogaršnji – jeder/em/em gehörige/es /er; nihčé nikógar – niemand, nìč ničésar – nichts *2017/108*; vsè vséga – alles *2017/109*); Interrogativpronomen *2017/110–113*; Pronomen für die Quantität = Indefinitpronomen; Interrogativpronomen (Kakšen? *62*, Kateri? *62*); nicht deklinierbare Relativpronomen (ki (jo, ga, ga) – die, das, der *2017/107*; čigár – dessen, čigáver – wessen (auch) immer *2017/107*); substantivische Pronomen (jàz, sêbe, se, káj, kár, kdó, kdór, nihčè, nìč, vsè, ki (jo, ga, ga), čigár, čigáver); adjektivische Pronomen (tá, tísta, tákšna; bestimmte/definite: tísti, katéri, néki, vsákogaršnji); unbestimmte/indefinite Pronomen (tá, tákšen, ták, mój, čigáv, svój, ták, kákršen, vès, vsák). *Die definiten Formen des Pronomens verbinden sich mit der indefiniten Form des folgenden Adjektivs und umgekehrt.* (Tisti nov avto ... Ta novi koledar ... *2017/97+105*). *Das gilt nur für die definite Form des maskulinen Adjektivs* (nôvi, lépi). Akkusativpräposition und Personalpronomen bzw. Reflexivpronomen *222, 2017/128+129.*

Verb

Person: 1. Person / Sprecher/in (sem, sva, smo); 2. Person / Angesprochener/e (si, sta, ste); 3. Person / Besprochener/e (je, sta, so *18, 87*); *2017/138+139;* 1. Person / Sprecher/in (nísem, nísva, nísmo); 2. Person / Angesprochener/e (nísi, nísta, níste); 3. Person / Besprochener/e (ní, nísta, níso *40, 87*); *2017/140+141*; (délam, ... *51+52, 87–89*); Konjugation *122+123,* Grundformen *124–127,* Verbgruppen *163–183,* Verbpaare *225–290;* Grundmuster *2017/156–160,* Muster *2017/162–170,* 2. Ps. Mz. auf ste *2017/172+173, 176+177,* Konjugationsmuster *2017/178+179.*

Numerus/Zahl/število: Singular (sem *18, 87*, nísem *87*; kúham, kúhaš, kúha; ... Präsens *114,* Konjugation/Abwandlung *122+ 123,* Grundformen *124–127,* Verbgruppen *163–183,* Verbpaare *225–290*); Dual (sva *87*, nísva *87*; kúhava, kúhata, kúhata; ... Präsens *114,* Konjugation *122+123,* Grundformen *124–127,* Verbgruppen *163–183,* Verbpaare *225–290*); Plural (smo *18, 87*, nísmo *87*; kúhamo, kúhate, kúhajo; ... Präsens *114,* Konjugation *122+123,* Grundformen *124–127,* Verbgruppen *163–183,* Verbpaare *225–290*); Grundmuster *2017/156–160,* Muster 2017/*162–170,* 2. Ps. Mz. auf ste *2017/172+173, 176+ 177,* Konjugationsmuster *2017/178+179.*

Tempus/Zeit/čas: Präsens (sem *18, 87*, nísem *87*; délam, ... *87*–89; kúham, kúhaš, kúha; kúhava, kúhata, kúhata; kúhamo, kúhate, kúhajo; ... *114, 122+123, 124–127,* Verbgruppen *163–183*); stilistische Besonderheit (–ijo > –é, –ejo > –ó *231*); Perfekt (kúhal/kúhala sem, ... *115+116, 232*); Futur I (kúhal/kúhala bom, ... *158+159, 232*); Grundmuster *2017/156–160,* Muster 2017/*162–170,* 2. Ps. Mz. auf ste *2017/ 172+173, 176+ 177,* Konjugationsmuster *2017/178+179*; Imperfekt/Präteritum (siehe Perfekt); Plusquamperfekt *181, 237, 238*; Futur II (siehe Futur I); Zeiten *2017/181;* Consecutio temporum/Zeitenfolge/zaporedje časov *181.*

Genus Verbi/Form/Verhaltensweise/Verfahrensweise/glagolsko vedenje/postopanje: Aktiv *167* siehe Angaben unter Tempus; (Vorgangs-)Passiv *181*; Zustandspassiv *181, 234*; definite Formen / Personalformen siehe Tempus und Modus; transitiv *167,* intransitiv *167*; indefinite Formen: Infinitiv siehe Tempus; Konjugation *122+123,* Grundformen *124–127,* Verbgruppen *163–183,* Verbpaare *225–290*; Gerundium/Verbalsubstantiv (igránje, življênje, pítje, bítje, ... *133+134,* Verbgruppen *163*–183; *2017/56, 57*)*;* Gerundivum/Verbaladjektiv / Partizipium Necessitatis / transitives Verb wird zu passivem Partizip / modales Mittelwort als Attribut *234*; Supinum (grém kúhat, ... *174,* Verbgruppen *163–183;* siehe unter Infinitiv und Präsens in *2017*).

Modus/Aussageweise/glagolski naklon: Indikativ siehe unter Tempus); Konditional (kúhal/kúhala bi, ... *65, 76+77, 160, 232*); Imperativ (kúhaj, ... *123+124,* Grundformen kúhaj/kúhajte, ... *124–127,* kúhaj, kúhajta, kúhajte; ... *161+ 162,* Verbgruppen *163–183*); siehe unter Tempus in *2017*. Kein Kon-junktiv.

Aktionsart/Handlungsweise/glagolsko dejanje: imperfektiv (igrám, ... *127, 135, 184*, Verbgruppen *163–183,* Verbpaare *225–290*); perfektiv (zaigrám, ... *127, 184,* Verbgruppen *163–183,* Verbpaare *225–290*); iterativ (zaigrávam, ... *127, 184,* Verbgruppen *163–183,* Verbpaare *225–290*); siehe unter Tempus in *2017.*

Verbalaspekt/Betrachtungsweise/glagolski vid: Imperfektiv = Angaben zur imperfektiven und iterativen Aktionsart; Perfektiv = Angaben zur perfektiven Aktionsart; siehe unter Tempus.

Flexion/spreganje: (sem, ... *18, 87*; nísem, ... *40, 87;* délam, ... *51+52, 87–89;* Angaben unter Tempus und Modus; Konjugationsgruppen *90;* Konjugation/Abwandlung *122+123;* Grundformen *124–127;* Verbgruppen *163–183,* Verbpaare kúhati kúham *uv.* > skúhati skúham *v.* > --- *wh. 225–290*); Hilfsverb *2017/138–141;* Vollverb *2017/156–181.*

Rektion/Verlangen nach Fall/vezava: (*uv.* igrám *–/4* – ich spiele (etwas) *223; 2017/156–160, 162–170, 172+173*); Valenz/Wertigkeit/vrednost *167, 223.*

Arten/vrsti: Hilfsverb *18, 40, 87, 115, 122+123, 156, 158, 160, 180+181, 223,* siehe oben zu „sem, nísem"; Kopula *156;* Hilfsverb und Kopula *2017/138–141;* Vollverb *88–90, 122+123, 124–127, 156, 180,* siehe oben zu „délam, igrám, kúham"; Vollverb *2017/156–181;* Modalverben *290, 2017/180*; Phasenverben *290, 2017/180*; Enklititika Hilfsverb *239–242.*

Satzglied/stavčni člen: Prädikat *80,* Prädikatsformen *222+223,* Verbalphrasen *222+223.*

Derivationen/Ableitungen/izpeljava: Gerundium (igránje, življênje, pítje, bítje, ... *133+134*, Verbgruppen *163*–183; 2017/ 56, 57); Supinum (grém kúhat, ... *174*, Verbgruppen *163–183; 2017/ 156–181*); Partizip Perfekt Aktiv / auf –L (kúhal/a/o, ... *53, 115+116, 122+123, 124–127, 158–160, 167*, Verbgruppen *163–183, 232+233;* Hilfsverb *2017/138–141;* Vollverb *2017/156–181*); Partizip Präsens Aktiv / auf –Č (kuhajóč/i/a/e, ... *74, 232, 233–234; 2017/54, 57*); Partizip Perfekt Passiv / auf –N/–T (skúhan/i/a/o, ... *232, 234+235; 2017/55, 57*). Anwendung Partizipien siehe oben unter Adjektiv. Partizipialadverben siehe unten unter Adverben.

Negation/Verneinung/zanikanje: *242, 2017/141.*

Adverb

Flexion/pregibanje: unveränderlich *156.*

Rektion/Verlangen nach Fall/vezava: (pozno v noč *223*).

Derivation/Ableitung/izpeljava: Ableitung vom Eigenschaftswort (lépo > lepó, nôvo > nôvo, ...) *193, 149–152.*

Komparation/Steigerung/stopevanje: Positiv (lepó), Komparativ (lépše), Superlativ (nàjlepše), *100–103, 193, 2017/148–152.*

Gradation/Steigerung/stopnjevanje: Positiv (lepó), Komparativ (zeló lepó), *101, 2017/149.*

Arten/vrsti: Ordinalia (prvič, drugič, tretjič, četrtič, petič), Multiplikativa (tísočkrat), Indefinitiva (nékaj, dosti, mnógo), *224, 2017/144–148,* Interrogativadverben *152+153*; Gradadverben *224*; Modalverb (naj *231*), Adverb (naj *241+242*).

Satzglied: *104.*

Derivationen/Ableitungen/izpeljave: Partizipialadverb Präsens Aktiv / auf –Č (kuhajóč, ... *235+236, 2017/54, 57*); Partizipialadverb Perfekt Passiv / auf –N/–T (skúhan, ... *235, 236, 2017/55, 57*); Partizipialadverb Präsens Zustandspassiv / auf –(ÁJ)E (igráje, ... *235, 236*+237); Partizipialadverb Plusquamperfekt Aktiv / auf –(V)ŠI, altgriechisches Aorist-Relikt, Nebensatzverkürzung (pogledávši, ... *235, 237+238, 2017/135*).

Präposition

Flexion/pregibanje: unveränderlich *156.*

Rektion/Verlangen nach Fall/vezava: (iz vasí Št. Ílj *41*, Šmiklávž ob Drávi 67, na Ločílo 68, iz Beljáka *78*, iz Békštanja *92*, na balkónu *93*, V hiši *94,* Na božičnem dvevescu *95*, pri átiju *110*, o glasbílih *111*, z ávtom *112*, iz Celôvca *113*, iz Avstrije *151*, od Beljaka *152*, V Kranju *154*, V soboto *155*, od ênih do dvéh *157*, V mestnem centru *198*, iz Áfrike *213*, iz Štájerske *214*, iz Vŕbe, s Súhega Bláta, naspróti Békštanju, od Stárega Gradú, z Višárij *215–219*, od Dráve *220*). Übersicht (*2.F.:* blizu, brez, do, ...; *3.F.:* h/k, ...; *4.F.:* čez, med, na, ...; *5.F.:* na, o, ob, ...; *6.F.:* med, nad, pod, ... *133*); Überblick *2017/116;* Beispiele *2017/117–123.*

Satz: Präpositionalphrase *199;* (Na koncu pa ta dosti velik avto ... *221*, Čevlji so iz usnja. *222*); Präpositional-Zusätze (v Podjúni *219*); Präpositional-Ausdrücke (Na Drávi *220*); Proklitika *239.*

Konjunktion

Flexion/pregibanje: unveränderlich *156.*

Satz/stavek: Koordinative Konjunktionen (in, ter, pa, ... *242*), *2017/13*; Koordination (in šel/šla *242*); Subordinative Konjunktionen (da, če, ker, ... 242); Subordination (da sem se oblekel/oblekla *241+242*), *2017/130*; Proklitika *239.*

Partikel

Flexion/pregibanje: unveränderlich *156.*

Satz/stavek: *156, 2017/132+133.*

Arten/vrsti: Gradpartikel 224; freies Morphem (ga, jo, jih; se *242*).

Interjektion

Flexion/pregibanje: unveränderlich *156.*

Satz/stavek: *156.*

Grammatik-Terminologie – Slovnično izrazoslovje

Die Fachbegriffe werden nach Spalte 2 (Latein) alphabetisch geordnet.

Deutsch	*Latein*	*Slowenisch*
	A	
Abkürzung(swort)/Initialwort	Abbreviation	kratica/okrajšava
Eigenschaftswort	Adjektiv	pridevnik
Umstandswort	Adverb	prislov
umschriebenes Umstandswort	Adverbal	prislovno določilo
Umstandsergänzung	Adverbialobjekt	prislovni predmet
4. Fall / Wen-Fall	Akkusativ	tožilnik (4. sklon)
Handlungsweise	Aktionsart	glagolsko dejanje
Tätigkeitsform	Aktiv	tvornik
Lebewesen/belebt, männlich, 4.F., Ez.	„Animatus", Masculinum, Akk., Sg.	moško živo bitje
Beisatz (im 2. Fall/Genitiv)	Apposition	desni prilastek
Weise/Sorte	Art	način
„Betrachtungsweise"	Aspekt/Verbalaspekt	glagolski vid
Begleiter	Artikel	člen
Beifügung	Attribut	levi prilastek
	C	
Zeitenfolge	Consecutio temporum	„zaporedje časov"
	D	
3. Fall / Wem-Fall	Dativ	dajalnik (3. sklon)
bestimmt...	definit...	določni/a/o
Biegung/Beugung	Deklination	sklanjanje, sklanjatev
hinweisendes Fürwort	Demonstrativpronomen	kazalni zaimek
Wort-Ableitung	Derivation	izpeljava
Kommazahl	Dezimalzahl	decimalno število
Zwielaut	Diphtong	dvoglasnik
Verteilungszahl(wort)	Distributivum (*Mz.:* Distributiva)	ločilni števnik
Zweizahl	Dual	dvojina
„Zweizahlwort"	„Dualetantum" (*Mz.:* Dualiatantum)	„dvojinska beseda"
	E	
unbetonte Kurzform	Enklitikum (*Mz.:* Enklitika)	naslonka
	F	
weiblich(es Geschlecht)*	Femininum	ženski spol
Bruchzahl	Fraktionalzahl	ulomek
„Veränderung der Wortform"	Flexion	pregibanje
Verhaltensweise	Form	oblika
mathematische Berechnungsanleitung	Formel	formula
Umstandswort der Häufigkeit	„Frequenzadverb"	prislov pogostnosti
umschriebenes Umstandswort der Häufigkeit	„Frequenzadverbal"	prislovno določilo pogostnosti
Umstandsergänzung der Häufigkeit	„Frequenzobjekt"	prislovni predmet pogostnosti
Zukunft und Vorzukunft	Futur (I und II)	prihodnjik in „predprihodnjik"
	G	
2. Fall / Wessen-Fall	Genitiv	rodilnik (2. sklon)
2. Fall > Teilungsgenitiv	Genitivus partitivus	delni rodilnik
2. Fall „für einen Teil vom Ganzen"	Genitivus totius	rodilnik „za del celote"
Geschlecht	Genus	spol
„Verhaltensweise/Verfahrensweise"	Genus Verbi	„glagolsko vedenje/postopanje"
hauptwörtlich gebrauchtes Zeitwort	Gerundium/Verbalsubstantiv	glagolnik
modales Mittelwort / transitives Zeitwort wird zu passivem Mittelwort	Gerundivum/Verbaladjektiv / Partizipium Necessitatis, Modaladverb	trpni deležnik na –N/–T kot levi prilastek, modalni prislov
„Umstandswort für die Steigerung"	Gradadverb	„prislov za stopnjevanje"
umschriebene Steigerung	Gradation	(„nepravo") stopnjevanje
„Wertungswort für die Steigerung"	Gradpartikel	„členek za stopnjevanje"
Sprachlehre	Grammatik	slovnica
	H	
Hilfszeitwort	Hilfsverb	pomožni glagol

	I	
Befehlsform	Imperativ	velelnik
Mitvergangenheit	Imperfekt/Präteritum	enostavni preteklik
unvollendete Handlungsweise	imperfektive Aktionsart	nedovršno glagolsko dejanje
unvollendete „Betrachtungsweise“	Imperfektiv (Verbalaspekt)	nedovršni/ponavljalni glagolski vid
unbestimmt...	indefinit...	nedoločni/a/o
unbestimmtes Zahlwort	indefinites Numerale	nedoločni števnik
unbestimmtes Fürwort	Indefinitpronomen	nedoločni zaimek
Wirklichkeitsform	Indikativ	povedni naklon
Nennform	Infinitiv	nedoločnik
„Nennformgebilde“	Infinitivkonstruktion	nedoločniška bedsedna zveza
Zwischensilbe (–ig–, –lich–, ...)	Infix	vpona (–aja–; –in–, –ov–/–ev–, ...)
(6. Fall) / „Womit“-Fall	Instrumental	orodnik (6. sklon)
Ausrufungswort	Interjektion	medmet
Frage-Umstandswort	Interrogativadverb	vprašalni prislov
Frage-Fürwort	Interrogativpronomen	vprašalni zaimek
Zeitwort ohne Ergänzung im 4. Fall	intransitives Verb	neprehodni glagol
wiederholende Handlungsweise	iterative Aktionsart	ponavljalno glagolsko dejanje
Wiederholungszahlwort	Iterativum (*Mz.:* Iterativa)	ponavljalni števnik
	K	
Grundzahlwort	Kardinale (*Mz.:* Kardinalia)	glavni števnik
Fall	Kasus	sklon
Umstandswort des Grundes	Kausaladverb	prislov vzroka
umschriebenes Umstandswort des Grundes	Kausaladverbal	prislovno določilo vzroka
Umstandsergänzung des Grundes	Kausalobjekt	prislovni predmet vzroka
Sammelzahl	Kollektivum (*Mz.*: Kollektiva)	„zbiralno število“
Steigerung	Komparation	(„pravo“) stopnjevanje
Vergleichsstufe, 1. Steigerungsstufe, Mehrstufe	Komparativ	primernik
Bedingungsform (Gegenwart, Vergangenheit	Konditional (I und II)	pogojnik (sedanjik, preteklik)
Übereinstimmung	Kongruenz	ujemanje
Abwandlung	Konjugation	spreganje, spregatev
Bindewort	Konjunktion	veznik
Möglichkeitsform (Gegenwart, Vergang-genheit)	(Konjunktiv I und II)	vezni naklon / naklon „možnosti“ (sedanjik, preteklik)
Mitlaut	Konsonant	soglasnik
beiordnende Hauptsatzreihe	Koordination	priredje
beiordnendes Bindewort	koordinative Konjunktion	veznik za priredje
Hilfszeitwort im Gleichsetzungsgliedsatz	Kopula	„povezovalni“ pomožni glagol
	L	
Umstandswort des Ortes	Lokaladverb	prislov kraja
umschriebenes Umstandswort des Ortes	Lokaladverbal	prislovno določilo kraja
Umstandsergänzung des Ortes	Lokalobjekt	prislovni predmet kraja
(5. Fall) / „Wo“-Fall	Lokativ	mestnik (5. sklon)
	M	
männlich(es Geschlecht)*	Masculinum	moški spol
Umstandswort der Art und Weise	Modaladverb	prislov načina
umschriebenes Umstandswort der Art und Weise	Modaladverbal	prislovno določilo načina
Umstandsergänzung der Art und Weise	Modalobjekt	prislovni predmet načina
bedeutungsveränderndes Zeitwort	Modalverb	modalni glagol
Aussageweise	Modus	glagolski naklon
unabhängige Partikel	Morphem, freies	prosti členek
Formenlehre	Morphologie	oblikoslovje
Vervielfältigungszahlwort	Multiplikativum (*Mz.:* Multiplikativa	množilni števnik
	N	
(doppelte) Verneinung im Satz	Negation im Satz	stavčno zanikanje
sächlich(es Geschlecht)*	Neutrum	srednji spol
Verbindung bieg-/beugbarer Wörter	Nominalphrase	nominalna besedna zveza
1. Fall / Wer-Fall	Nominativ	imenovalnik (1. sklon)
Zahlwort	Numerale (*Mz.:* Numeralia)	števnik

Zahl	Numerus (*Mz.:* Numeri)	število
	O	
Satzergänzung	Objekt	predmet
Ordnungszahlwort	Ordinale (*Mz.:* Ordinalia)	vrstilni števnik
	P	
„Paar-Zahl"	Paral	„število za naravni par"
„Wertungswort"	Partikel	členek
Bruch(zahl): Zähler und Nenner	Partitivum (*Mz.:* Partitiva) / Fraktionalzahl	ulomek: števec in imenovalec
Mittelwort der Vergangenheit, Tätigkeitsform	Partizip Perfekt Aktiv / PPA	deležnik na –L
Mittelwort der Vergangenheit, Leideform	Partizip Perfekt Passiv / PPP	deležnik na –N/–T
Mittelwort der Gegenwart, Tätigkeitsform	Partizip Präsens Aktiv / PPrA	deležnik na –Č
„umstandwörtlich gebrauchtes Mittelwort der Vergangenheit, Leideform	Partizipialadverb Perfekt Passiv	deležje na –N/–T
„umstandswörtlich gebrauchtes Mittelwort der Vorvergangenheit, Tätigkeitsform", Nebensatzverkürzung	Partizipialadverb Plusquamperfekt Aktiv („altgriechisches Aorist-Relikt")	deležje na –(V)ŠI
„umstandswörtlich gebrauchtes Mittelwort der Gegenwart, Tätigkeitsform	Partizipialadverb Präsens Aktiv	deležje na –Č
„umstandswörtlich gebrauchtes Mittelwort der Gegenwart, Zustands-Leideform	Partizipialadverb Präsens Zustandspassiv (Modaladverb)	deležje na –(ÁJ)E
Leideform	Passiv/Vorgangspassiv	trpnik
„ein paar-Zahl"	Paukal	„število za nekaj"
Vergangenheit	Perfekt	preteklik
abgeschlossene Handlungsweise	perfektive Aktionsart	dovršno glagolsko dejanje
abgeschlossene „Betrachtungsweise"	Perfektiv (Verbalaspekt)	dovršni glagolski vid
Person, Form einer bestimmten Person	Person, Personalform	oseba, osebna glagolska oblika
Sprecher/Sprecherin	1. Person	tvorec/tvorka
Angesprochener/Angesprochene	2. Person	ogovorjeni/a
Besprochener/Besprochene	3. Person	neudeleženec/neudeleženka
persönliches Fürwort	Personalpronomen	osebni zaimek
Hauptzeitwort bezeichnet Zeitabschnitte	Phasenverb	fazni glagol
Mehrzahl	Plural	množina
Mehrzahlwort	Pluraletantum (*Mz.:* Pluraliatantum)	množinska beseda
Vorvergangenheit	Plusquamperfekt	predpretklik
Grundstufe/Erststufe	Positiv	osnovnik
besitzanzeigendes Fürwort	Possessivpronomen	svojilni zaimek
Satzaussage	Prädikat	povedek
Aussagewort	Prädikativ	povedkovnik
Aussageform	Prädikatsform	oblika povedkovnika
Vorsilbe (aus–, vor–, ent–, ...)	Präfix	predpona (iz–, pred–, od–, ...)
Vorwort	Präposition	predlog
Wortverbindung mit Vorwort	Präpositionalphrase	predložniška besedna zveza
Gegenwart	Präsens	sedanjik
Mitvergangenheit	Präteritum/Imperfekt	enostavni preteklik
Fürwort	Pronomen	zaimek
Fürwort für die Mengenangabe	Pronomen für die Quantität	zaimek za količino
	Q	
„Vier-Zahl"	Quadral	„število za štiri" / „štirina"
Umstandswort der Menge	„Quantitätsadverb"	prislov količine
umschriebenes Umstandswort der Menge	„Quantitätsadverbal"	prislovno določilo količine
Umstandsergänzung der Menge	„Quantitätsobjekt"	prislovni predmet količine
„Fünf-Zahl"	„Quinqual" / „Pental"	„število za pet" / „petina"
	R	
rückbezügliches Fürwort	Reflexivpronomen	povratni zaimek
rückbezüglich besitzanzeigendes Fürwort	reflexives Possessivpronomen	povratni svojilni zaimek
Wortart verlangt bestimmten Fall	Rektion	vezava
nicht biegbares/beugbares bezügliches Fürwort	nicht deklinierbares Relativpronomen	oziralni zaimek, ki ga ne sklanjamo
bezügliches Fürwort	Relativpronomen	oziralni zaimek

	S	
Satz	Satz	stavek
Satzglied	Satzglied	stavčni člen
Einzahl	Singular	ednina
Einzahlwort	Singularetantum (*Mz.*: Singulariatantum)	edninska beseda
Satzgegenstand	Subjekt	osebek
unterordnendes Nebensatzgefüge	Subordination	podredje
unterordnendes Bindewort	subordinative Konjunktion	veznik za podredje
Hauptwort	Substantiv	samostalnik
Endsilbe/Endung (–e, –chen; –en, –e, –er,–s; –en, –eln, –ern; …)	Suffix	obrazilo/končnica/pripona (–/i/a/ o/e; –/a/o/e; –ti, –či, –sti; ...)
Höchststufe, 2. Steigerungsstufe, Meist-stufe	Superlativ	presežnik
„Absichtsform bei Bewegung im 4. Fall"	Supinum	namenilnik
Wahrzeichen/Sinnbild	Symbol	simbol
Satzlehre	Syntax	skladnja
	T	
Umstandswort der Zeit	Temporaladverb	prislov časa
umschriebenes Umstandswort der Zeit	Temporaladverbal	prislovno določilo časa
Umstandsergänzung der Zeit	Temporalobjekt	prislovni predmet časa
Zeit	Tempus (*Mz.*: Tempi)	čas
Zeitwörter mit Ergänzung im 4. Fall	transitivesVerb	prehodni glagol
„Drei-Zahl"	Trial	„število za tri" / „trojina"
	U	
nicht biegbar/beugbar	undeklinierbar	ne sklanjamo
	V	
Wertigkeit	Valenz	vrednost
Gattungszahlwort	Variativum (*Mz.*: Variativa)	„zvrstilni števnik"
Zeitwort	Verb	glagol
Zeitwortgruppe	Verbgruppe	glagolska skupina
zwei Zeitwörter mit (un)gleichem Stamm	Verbpaar	glagolski par
„Betrachtungsweise"	Verbalaspekt/Aspekt	glagolski vid
Wortverbindung mit Zeitwort	Verbalphrase	glagolska besedna zveza
Selbstlaut	Vokal	samoglasnik
Umlaut	Vokal-Assimilation	preglas
„Anrede"-Fall = 1. Fall (dt./slow.)	Vokativ	zvalnik (sklon ogovora/nagovora)
Hauptzeitwort	Vollverb	polnopomenski glagol
	W	
Wortart	Wortart	besedna vrsta
Wortschöpfung	Wortschöpfung	tvorjenka
	Z	
Zahl	Ziffer	število
Zustands-Leideform	Zustandspassiv	trpnik stanja

** „männlich, weiblich, sächlich" beziehen sich auf das grammatische Geschlecht und haben nichts mit der geschlechtlichen Orientierung der/des Lehrenden oder der/des Lernenden zu tun. Die Bezeichnung „LSBT [el es bi ti] / LGBT [el dʒëi bi ti]" steht für „Lesben, Schwule, Bisexuelle, Transsexuelle" bzw. „Lesben, Gays, Bisexuelle, Transsexuelle".*
*Die Autorin überlässt es der/dem Lernenden, wie sie/er ihre/seine Texte gestaltet bzw. gendert. Möglich sind folgende Formen: der Schüler, die Schüler; der/die SchülerIn; der/die Schüler/die Schülerinnen; die SchülerInnen; die Schülerin bzw. der Schüler; der/die Schüler*in; die Schüler*innen; die Schüler:innen; ...*
*In Slowenisch: uče-nec; učenci; učenec/ka; učenka oz. učenec; učenci/ke; učenci in učenke, učenke in učenci; učenci*ke; ...*
Es gibt auch die Bezeichnung LGBTQI für Lesbian, Gay, Bi, Trans, Queer und Intersex / lesbisch, schwul, bisexuell, trans, queer und intersexuell.
In amtlichen Formularen gibt es jetzt daher die Unterteilung in männlich/m., weiblich/w. und divers/div.

Internationale Abkürzungen – Mednarodne kratice

Die mit Sternchen versehenen Abkürzungen wurden entnommen aus: https://bos.zrc-sazu.si/... > Slovarček krajšav, ISJ ZRC SAZU, Zugriff: 13.03.2021, 16:36 Uhr. – Stichtag für die Abkürzungen 17. Juli 2021. – Siehe auch F. O. Kohl u. a.: Überregional, ..., 2021, S. 237–291.

AAU-KLU	Alpen-Adria-Universität Klagenfurt	alpsko-jadranska univerza v Celovcu
AP*	Associated Press / US-Nachrichtenagentur	Ameriška poročevalska agencija
APA	Austria Press Agency / Österr. Presse-Agentur	avstrijska tiskovna agencija
ATUS	Arbeiter-, Turn- und Sportverein	(telovadno in športno društvo delavcev)
C.A.N.*	Commissione Arbitri Nazionali	Državna sodniška komisija
CarinthiJA2020	(Projekt des Landes Kärnten zur 100-Jahr-Feier der Kärntner Volksabstimmung 1920)	CARINTHIja2020
CCB	Center for Coreography Bleiburg/Pliberk – Choreographie-Zentrum Bleiburg/Pliberk	Koreografski center Pliberk
CE*	Central Europe / Zentral-/Mitteleuropa	Centralna Evropa
CIF*	(Internationaler Frauenverband)	Mednarodna ženska zveza
DiD	(Familie und Heim)	Družina in dom
DKSP	(Verein der Kärntner slowenischen Juristen)	Društvo koroških slovenskih pravnikov
DPU	Slowenisches Seelsorgeamt	Dušnopastirski urad
3G	geimpft – getestet – genesen	PCT / preboleli, cepljeni, testirani
DS	AG / Arbeitsgemeinschaft	Delovna skupnost
DSG	Diözesan Sport Gemeinschaft	(športna skupnost škofije)
DSPA	(Verein der slowenischen Schriftsteller in Österreich)	Društvo slovenskih pisateljev v Avstriji
DTAK/TAK	HAK / Zweisprachige Handelsakademie in Klagenfurt	Dvojezična trgovska akademija v Celovcu
DU	(Verein der Pensionisten)	Društvo upokojencev
EC*	European Commission / Europäische Kommission	Evropska komisija
ECE*	Economic Commission for Europe (UN)	Ekonomska komisija OZN za Evropo
ECHR	European Court of Human Rights / Europäischer Gerichtshof für Menschenrechte	Evropsko sodišče za človekove pravice
ECU*	European Currency Unit / Europäische Währungseinheit	eku / evropska denarna enota
EL	Einheitsliste	Enotna lista
EMA	European Medicines Agency / Europäische Arzneimittelbehörde	(Evropski urad za medicinske potrebščine)
FUENS	(Föderalistische Union europäischer Volksgruppen)	Federalistična unija evropskih narodnosti
GB*	Great Britain / Großbritannien	Velika Britanija
HBWLA	Höhere Bundeslehranstalt für wirtschaftliche Berufe in St. Peter bei St. Jakob im Rosental	Višja šola za gospodarske poklice v Šentpetru pri Šentjakobu v Rožu
HTL	Höhere technische Lehranstalt	(tehniška višja šola)
HTML*	Hypertext Markup Language	jezik za označevanje hiperteksta/nadbesedila
IATA*	International Air Transport Association	Mednarodno združenje letalskih prevoznikov
IOC	International Olympic Commitee / Internationales Olympisches Komitee	MOK / Mednarodni olimpijski komite
IÖK	Institut für Österreichkunde	(inštitut za avstrijske vede)
JLA	Jugoslawische Volksarmee	Jugoslovanksa ljudska armada
k & k	Kultur- & Kommunikationszentrum in St. Johann im Rosental	kultura in komunikacija (center v Šentjanžu v Rožu)
KD	Kulturhaus	kulturni dom
KDZ	(Kärntner Schülerverband)	Koroška dijaška zveza
KKZ	Christlicher Kulturverband	Krščanska kulturna zveza
KOZ	Kärntner Gemeindebund	Koroška občinska zveza
KSOO	Klub slowenischer Gemeinderäte	Klub slovenskih občinskih odbornikov
KSŠŠD	Klub der slowenischen StudentInnen in Wien	Klub slovenskih študentk in študentov na Dunaju
KSŠŠG	Klub der slowenischen StudentInnen in Graz	Klub slovenskih študentk in študentov v Gradcu
KSŠŠK	Klub der slowenischen StudentInnen in Kärnten	Klub slovenskih študentk in študentov na Koroškem
kvk	Kino in der Quarantäne	Kino v karanteni
LŠ	Volksschule	ljudska šola
MK	(Kulturministerium, Ljubljana, Slowenien)	Ministrstvo za kulturo
MZZ	(Außenministerium, Ljubljana, Slowenien)	Ministrstvo za zunanje zadeve
NSKS	Rat der Kärntner Slowenen	Narodni svet koroških Slovencev

NT	(Unsere Wochenzeitung)	Naš tednik
OECD	Organization of Economy and Development / Organisation für Entwicklung und Zusammenarbeit	(Organizacija za gospodarstvo in razvoj)
OGM	Österreichisches Geomarketing	(avstrijski inštitut za javno-mnenjske raziskave)
OPEC*	Organization of Petroleum Exporting Countries	Organizacija držav izvoznic nafte
ORF	Österreichischer Rundfunk Fernsehen	(avstrijski radio in televizija)
OŠ	Grundschule	osnovna šola
OZNA*	(Abteilung für den Schutz der Volksgruppe)	Oddelek za zaščito naroda
P.A.*	Patto Atlantico / Atlantikpakt	Atlantski pakt
PA*	Parlamentary Assembly / Europarat	Parlamentarna skupščina Sveta Evrope
PHK	Pädagogische Hochschule Klagenfurt	Pedagoška visoka šola v Celovcu
RS	Republik Slowenien	Republika Slovenija
RTV	(Slowenisches Radio und Fernsehen)	Radio in televizija Slovenija
SAK	(Slowenischer Athletikklub)	Slovenski atletski klub
SDU	(Slowenischer Verein der Pensionisten)	Slovensko društvo upokojencev
SG	Sportgemeinschaft	(športna skupnost)
SGL	(Gemeinsam, Grün & Lebenswert)	Skupno, Grün & Lebenswert
SGML*	Standardized Generalized Markup Language	standardizirani obči jezik za označevanje
SGZ	Slowenische Handelskammer in Klagenfurt	Slovenska gospodarska zveza v Celovcu
SHS	Königreich der Serben, Kroaten und Slowenen	Kraljevina Srbov, Hrvatov in Slovencev
SI	Slowenisches Institut (in Wien)	Slovenski institut (na Dunaju)
SI*	Slovenia / Slowenien	Slovenija
SID*	(Slowenische Export-Gesellschaft)	Slovenska izvozna družba
SJK/SKK	(Gemeinschaft der Süd-Kärntner Bauern/Bäuerinnen)	Skupnost (južno)koroških kmetov/kmetic
SK	Sportclub/Sportklub	(Športni klub)
SKD	Slowenischer Kulturverein	Slovensko kulturno društvo
SKGZ	Slowenischer Kultur- und Wirtschaftsverband	Slovenska kulturno-gospodarska zveza
SKS	Gemeinschaft der Kärntner SlowenInnen	Skupnost koroških Slovenk in Slovencev
SKUP	Slowenischer Konsens für Verfassungsrechte	Slovenski konsenz za upravne pravice
SND*	Gemeinschaft unabhängiger Staaten	Skupnost neodvisnih držav
SNI	Slowenisches Volkskundeinstitut Urban Jarnik in Klagenfurt	Slovenski narodopisni institut Urban Jarnik v Celovcu
SPD*	Slowenischer Alpenverein	Slovensko planinsko društvo
SPD	Slowenischer Kulturverein	Slovensko prosvetno društvo
SPZ	Slowenischer Kulturverband	Slovenska prosvetna zveza
SSKP	Gemeinsamer slowenischer Kulturraum	Skupni slovenski kulturni prostor
SŠ	Mittelschule	srednja šola
SŠD	(Slowenischer Schulverein)	Slovensko šolsko društvo
SŠKC	Slowenische Studienbibliothek in Klagenfurt	Slovenska študijska knjižnica v Celovcu
SŠZ	(Slowenischer Sportverband)	Slovenska športna zveza
SV	Sportverein	ŠD / športno društvo
SV	(Slowenische Neuigkeiten als Wochenzeitung)	Slovenski vestnik
SVN*	Slovenia / Slowenien	Slovenija
TV	(Television/Fernsehen)	televizija
UEFA	Union European Football Assosiation / Europäischer Fußballverband	ZENZ / Zveza evropskih nogometnih združenj
UNHCR	United Nations High Commissioner for Refugees / Hoher Flüchtlingskommissar der UNO	(Visoki predstavnik združenih narodov za begunce)
UNIKUM	Universitätskulturzentrum (Klagenfurt)	Univerzitetni kulturni center (v Celovcu)
UNO*	United Nations Organization / Vereinte Nationen	OZN* / Organizacija združenih narodov
USZS	(Amt für Auslandsslowenen)	Urad za Slovence zunaj Slovenije
VS	WG / Wahlgemeinschaft	Volilna skupnost
WEF	World Economic Forum / Weltwirtschaftsforum	(svetovni gospodarski forum)
WHO	World Health Organization / Weltgesundheitsorganisation	SZO / Svetovna zdravstvena organizacija
ZG / ZRG	BG / BRG – Bundesgymnasium und Bundesrealgymnasium für Slowenen in Klagenfurt	Zvezna gimnazija in Zvezna realna gimnazija za Slovence v Celovcu / SLOG – Slovenska gimnazija
ZKP	(Verband der Kärntner Partisanen)	Zveza koroških partizanov
ZSI	(Verband zwangsweise ausgesiedelter Slowenen)	Zveza slovenskih izseljencev/pregnancev
ZSO	Zentralverband der Kärntner Slowenen	Zveza slovenskih organizacij
ZSŽ	(Verband slowenischer Frauen)	Zveza slovenskih žena

Abkürzungen und Markierungen im Text – Krajšave in markirana besedila

Abbreviation = Abkürzungswort/Akronym, Buchstabenwort, Initialwort, zusammengesetzt aus den Anfangsbuchstaben mehrerer Wörter, mit Endbetonung, z. B. WM = Weltmeisterschaft; oder Buchstaben mit silbischem Wert, mit Anfangsbetonung, z. B. NATO – North Atlantic Treaty Organization; oder die Anfangsbuchstaben fügen sich zu einem phonetischen Wort zusammen, z. B. Aids = acquired immune deficiency syndrom; es gibt auch Mischformen aus Initial- und Silbenbildung, z. B. Azubi = Auszubildender. (Vgl. Hadumod Bußmann: Lexikon der Sprachwissenschaft. Stuttgart: Verlag Alfred Kröner, 1990, 2., völlig neu bearbeitete Auflage, S.42.)
Krajšave so kratice, formule, simboli in okrajšave (Initialwörter, Formeln, Symbole und Abkürzungen). Kratice: z. B. SAZU / Slovenska akademija znanosti in umetnosti, BiH / Bosna in Hercegovina, auch MO RS / Ministrstvo za obrambo Republike Slovenije, ... So pa tudi okrajšani izrazi. Okrajšave: oz./oziroma, t. i. = tako imenovani, npr. / na primer, ... (Vgl. Jože Toporišič, Pravopis, 2001.)

	Deutsch	*Latein*	*Slowenisch*
1.F./Nom.	1. Fall / Wer-Fall	Nominativ	imenovalnik
2.F./Gen.	2. Fall / Wessen-Fall	Genitiv	rodilnik
3.F./Dat.	3. Fall / Wem-Fall	Dativ	dajalnik
4.F./Akk.	4. Fall / Wen-Fall	Akkusativ	tožilnik
5.F./Lok.	5. Fall / „Wo“-Fall	Lokativ	mestnik
6.F./Instr.	6. Fall / „Womit“-Fall	Instrumental	orodnik
(1.F.)	(1. Fall / „Anrede“-Fall)	Vokativ	zvalnik (tudi 1. sklon, sklon ogovora/nagovora)
1.Ps.	1. Person	Sprecher/in	tvorec/tvorka
2.Ps.	2. Person	Angesprochener/e	ogovorjeni/a
3.Ps.	3. Person	Besprochener/e	neudeleženec/neudeleženka
2.w.	2. weibliche, nicht auf –a	2. f. Deklinationsschema	2. ženska sklanjatev
best.	bestimmt	determiniert	določ(e)no
Ez./Sg.	Einzahl	Singular	ednina
Leb.	Lebewesen, belebt, männlich, 4.F., Ez.	masculines Substantiv, Animatus, Akk., Sg.	moško živo bitje
m./M/m	männlich(es Geschlecht)	Masculinum	moški spol
Mz./Pl.	Mehrzahl	Plural	množina
s./N/s	sächlich(es Geschlecht)	Neutrum	srednji spol
Sup.	Absichtsform bei Bewegung im 4. Fall	Supinum (auf -um)	namenilnik
unbest.	unbestimmt	indeterminiert	nedoloč(e)no
w./F/ž	weiblich(es Geschlecht)	Femininum	ženski spol
Zz./Du.	Zweizahl	Dual	dvojina
´	langer Vokal	Akut	akut/ostrivec
`	kurzer Vokal	Gravis	gravis/krativec
^	langer und offener Vokal	Zirkumflex	cirkumfleks/strešica
[ˈvla:k]	internationale Lautschrift in eckigen Klammern		mednarodni fonetični zapis
ˈWLA:K	dem Deutschen angepasste Lautverschriftung		fonetični zapis po zgledu nemščine
V	Selbstlaut	Vokal	samoglasnik
K	Mitlaut	Konsonant	soglasnik
A / Ö.	Austria/Österreich / Avstrija		
B. T.	Bildungshaus Tainach / Dom v Tinjah		
bzw.	beziehungsweise / oziroma/oz.		
D	Deutschland / Nemčija		
dial.	dialektal/umgangssprachlich / dialektalno/narečno		
DI / Dipl. Ing. / dipl.inž.	Diplomingenieur / diplomirani inženir		
DI / Dipl. Ing.^{in} / dipl. inž.	Diploingenieurin / diplomirana inženirka		
Dr./dr.	Doktor / doktor		
Dr.^{in}/dr.	Doktorin / doktorica		
DZS	Državna založba Slovenije / (Staats-/Bundesverlag Sloweniens)		

F	schulfreier Tag / šole prost dan
gsm	številka mobitela / Handy-Nummer
Hl. / Sv.	Heiliger/Heilige / Sveti/Sveta
Hrsg.	Herausgeber / izdajatelj
ital.	italienisch / italijansko
Jh.	Jahrhundert / stoletje
K	kirchlicher Feiertag (römisch-katholisch) / cerkveni praznik (rimsko-katoliški)
K.	Kärnten / Koroška
kg	Kilogramm/Kilo / kilogram/kila
l	Liter / liter
L	Landesfeiertag / deželni praznik
l.	leta / im Jahre
LMR	Luise Maria Ruhdorfer (Autorin/Verfasserin / avtorica/pisateljica)
m	Meter / meter
Ma.	Maria / Marija
Mag./mag.	Magister / magister
Mag.ª/mag.	Magistra / magistra/magistrica
roj.	rojen/rojena – geboren/geborene
S	staatlicher Feiertag / državni praznik
S.	Seite / stran/str.
S./Slow. /SI/SLO	Slowenien / Slovenija
s. S.	siehe Seite / glej stran
slow.	slowenisch / slovensko
sog.	sogenannt(e) / tako imenovan/i / t. i.
St. / Št.	Sankt / Šent/Št.
tel. štev.	telefonska številka / Telefonnummer
u. a.	und andere / in drugi / i. dr.
u. a.	unter Anderem
u. ä.	und ähnlich(e) / in podobno/ipd.
u. dgl.	und dergleichen / in podobno/ipd.
Übs.	Übersetzung / prevod
unp.	unpersönlich / neosebno
u. zw.	und zwar / in sicer
usw.	und so weiter / in tako dalje/itd.
v. a.	vor allem / predvsem
WF	Wortformen > Buch > LMR: Slowenische Wortformen mit Anwendungsbeispielen, 2017
z. B. / Z. B.	zum Beispiel / na primer / n. pr.
–l– / –lj–; –lj–	als „L"bzw. „LJ" auszusprechen / izgovarjamo kot „L"oz. „LJ"
l = u̯	als „U" bzw. „bilabiales U̯" auszusprechen / izgovarjamo kot „U̯"
–e– / (e)	Substantiv, entfallendes –e– / izpadajoči –e– pri (moškem) samostalniku
(+i)	2.F. Mz., –i– wird vor –j– eingefügt / vrinjeni –i– pred –j– v rodilniku množine
(+e)	2.F. Mz., –e– wird eingefügt / vrinjeni –e– v rodilniku množine
(j); (es), (et), (en)	Substantive, eingeschobenes –j–/–es–/–et–/–en– / vrinjeni –j–/… pri samostalnikih
(o>e)	nach c č š ž j wird –o– zu –e– / po c č š ž j se –o– spreminja v –e–
–ec, –er, –en, –el, –em, –elj, –eš, –ev, –ek, …	Substantive, slowenische Endsilben in der Einzahl, –e– entfällt / izpadajoči –e– pri samostalnikih
–a / –ú	Substantive, slowenische Endungen, männlich, 2. Fall, Einzahl / samostalniški končnici
–je	Substantive, slowenische Endung, männlich, 1. Fall, Mehrzahl / samostalniška končnica
–en, –e, –er, –s	Substantive, deutsche Endsilben in der Mehrzahl / nemške samostalniške končnice
(na)	4.F., statt v kommt na / v tožilniku namesto v uporabljamo na
-/i/a/o/e	Adjektive, Endungen / pridevniške končnice
–ši/–ji, –êjši	Adjektive, Steigerungsformenen / pridevniške stopnjevalne oblike
–AM, –IM, –I/…/JEM, –EM, –M	Verben, Endungen / glagolske končnice
–L, –Č, –N/–T	Partizipien, Endungen / končnice deležnikov
–Č, –N/–T, –(ÁJ)E, –(V)ŠI	Partizipialadverben, Endungen / končnice deležja
SIE / vi/Vi	Höflichkeitsform, Deutsch 3. Ps. Mz. / vljudnostna oblika, v slovenščini 2. oseba množine

Internetadressen – Spletni naslovi

http://besana.amebis.si/pregibanje > Flexion = Biegung von Eigenschafts- und Hauptwörtern (Deklination) sowie Abwandlung von Zeitwörtern (Konjugation), ab Oktober 2014. > zób, lás, móž; nós, vóz, Zugriff: 21.10.2021, 07:54 Uhr.

http://bos.zrc-sazu.si/pletersnik.htm > Pleteršnik Wörterbuch.

http://4drtvslo.si/ > RTV Slovenija.

http://franček.si > Kostenloses Slowenischwörterbuch für Kinder, ab 2021.

http://plus.cobiss.si/opac7/bib/search > Literatursuche Bibliotheksverbund Slowenien.

http://rtvslo.si > Kultura > Slovenija/Svet/... > Arhiv > gesendete Beiträge zur Kultur.

http://sl.pons.eu/slo-nem, http://www.pons.eu und http://sl.pons.com/prevod > PONS zweisprachige Wörterbücher.

http://tvslo.si/predvajaj/slovenski-magazin-mozaična-oddaja/ > Filmbeiträge.

http://utechristian.wordpress.com/2008/12/31/slowenischkurs-online> Utes & Christians Blog zum Online-Slowenischkurs der Univ. Hamburg.

http://webapp6.rrz.uni-hamburg.de/slowenisch> Gratis-Wörterbuch.

http://www.alpeadria.org/origini/...htm > Slowenien, Alpen-Adria Region.

http://www.amebis.si/aspplus > mehrsprachige Wörterbücher, ab Oktober 2014.

http://www.amebis.si/sklanjanje > Biegungs-/Deklinationsmuster EW und HW, 2000-2003.

http://www.celovec.sik.si/ > Slowenische Studienbibliothek Klagenfurt.

http://www.centerslo.net/ > Poletna šola / Sommerschule, Ljubljana.

http://www.copi.si > Kärntner Slowenen.

http://www.delo.si > Delo Ljubljana, Tageszeitung.

http://www.dlib.si/ > Digitale Bücherei Sloweniens.

http://www.dspavstrija.at/slo > DSPA > Verband der slowenischen Schriftsteller in Österreich.

http://www.dz-rs.si/...html > Nationalrat Sloweniens.

http://www.fran.si, http://bos.zrc-sazu.si/pletersnik.html und http://bos.zrc-sazu.si/besedisce > Wörterbücher des Linguistik-Instituts Fran Ramovš am SAZU, ab 2016. https://bos.src-sazu.si/ > Slovarček krajšav, ISJ ZRC SAZU, Zugriff: 13.03.2021, 16:36 Uhr. Auf www.fran.si > Sprotni slovar slovenskega jezika, neue Begriffe wie z. B. kvadkopter (slowenisch dron/trot > deutsch die Drohne).

http://www.hacek.at > Haček, Bücher / Sprachen / Kulturen, Klagenfurt.

http://www.izum.si > Slow. Bibliotheksverbund, auch Studienbibliothek Klagenfurt.

http://www.kaernten.orf.at/stories/142200 > Slowenischkurs für Unteroffiziere.

http://www.kaufcenter-online.de/slowenisch.html > Slowenisch auf CD-Rom und MP3-CD …

http://www.kkz.at > KKZ > Christlicher Kulturverband.

http://www.kleinezeitung.at/steiermark/index.do > Kleine Zeitung, aktuelle Nachrichten.

http://www.ltlijs.si/leposlovje > Sammlung slowenischer literarischer Texte.

http://www.MGL.Si/spored.html > Stadttheater Ljubljana.

http://www.mohorjeva.at > Mohorjeva > Hermagoras Verlag Klagenfurt, Buchhandlung.

http://www.najdi.si > Slowenische Suchmaschine.

http://www.nedelja.at > Nedelja, Klagenfurt, Kärntner Kirchenzeitung.

http://www.novice.at > Novice, Klagenfurt, Kärntner Wochenzeitung.

http://www.nsks.at > NSKS > Rat der Kärntner Slowenen.

http://www.personal.leeds.ac.uk/.../slovenia.htm > Slowenien.

http://www.pons.eu > PONS > Slovar/Wörterbuch > Prevajanje besedila / Textübersetzung > Učenje besednjaka / Wortschatztraining > nemščina/Deutsch > nemško-slovenski und slovensko-nemški slovar / Deutsch-Slowenisches und Slowenisch-Deutsches Wörterbuch.

http://www.radio-dva.at > Radio Agora, ORF Klagenfurt.

http://www.rtvslo.si/slowenienmagazin/archive.php > Slowenien-Magazin in Deutsch.

http://www.sigov.si > Regierung Sloweniens.

http://www.sikra.rav.sik.si/ > Slowenen-Organisationen in Kärnten.

http://www.skupnost.at > SKSS > Gemeinschaft der Kärntner SlowenInnen.

http://www.slo.at > Slowenenorganisationen und Kulturverband.

http://www.slovenia.info > Offizielles Tourismusportal und Reiseführer, in Deutsch.

http://www.slowenia-touristik.de/html/... > Slowenien-Portal.

http://www.slowenisch-lernen.uni-hamburg.de/ > Zweisprachicher Slowenischkurs der Universität Hamburg, Lektionen mit Übungsbeispielen und Hörangeboten sowie Landeskunde und Installationsanleitung für „č, š, ž“. Nicht mehr verfügbar.
http://www.slowenisch-lernen.uni-hamburg.de/content/ > Slowenischkurs Universität Hamburg, nicht mehr verfügbar.
http://www.termania.net/iskanje > mehrsprachiges Wörterbuch, ab Oktober 2014.
http://www.uni-klu.ac.at/ > Alpen-Adria-Universität Klagenfurt.
http://www.uni-lj.si > http://www.ff.uni-lj.si/oddelki> Universität Ljubljana, Abteilungen.
http://www.centerslo.net > Zentrum für Slowenisch als Zweit- und Fremdsprache an der Universität Ljubljana, Slowenischkursangebote (auch Poletna šola), Slowenischprüfungen, Unterrichtsmaterial.
http://www.yourdictionary.com > Online-Wörterbücher und –Glossare.
http://zid.uni-klu.ac.at/node/164 > umfassende Informationen des ZID (Zentraler Informationsdienst) der Universität Klagenfurt über Studienmaterial zu Slowenisch (Angebot auch für andere Sprachen).
https://de.wikipedia.org/wiki > Guarani, Tupi-Guarani-Sprachen, Grundzahlen von eins bis zwanzig, Zugriff: 06.07.2021; > Kroatisch, Serbisch, Deklination der Grundzahlen von eins bis vier bzw. fünf und mehr, Zugriff: 07.07.2021.
https://sl.wikipedia.org/wiki > Seznam nemških imen slovenskih krajev / Liste deutscher Namen slowenischer Orte.
https://volksgruppen.orf.at/slovenci > ORF Klagenfurt, Slowenisches Programm.
https://www.drava.at > Drava Verlag, Klagenfurt.
https://www.fran.at/de > Fran Verlag, Klagenfurt.
https://www.slog.at/ > BG und BRG für Slowenen in Klagenfurt.
https://www.sodalitas.at/ > Bildungshaus Tainach.
https://www.wieser-verlag.com > Wieser Verlag, Klagenfurt.
www.hak-tak.at/de/home > Zweisprachige HAK, Klagenfurt.
www.hlw-stpeter.at/de > HLW St. Peter bei St. Jakob im Rosental.
www.volksgruppenbuero.at/ > Volksgruppenbüro der Kärntner Landesregierung, Klagenfurt.

Quellen- und Literaturverzeichnis – Kazalo virov in literature

Hadumod Bußmann: Lexikon der Sprachwissenschaft. Stuttgart: Alfred Kröner Verlag, 2., völlig neu bearbeitete Auflage, 1990.
Ljubica Črnivec: Preglednice slovenskega knjižnega jezika. Poskusna verzija. Ljubljana, junij 1996. (Probeexemplar.) [Eine spätere Version wurde später irgendwann veröffentlicht.]
Ljubica Črnivec: Slikovno gradivo za slovensko besedo v živo. Ljubljana: Poletna šola slovenskega jezika pri Oddelku za slovanske jezike in književnost Filozofske fakultete Univerze v Ljubljani, 1994.
Debenjak: Veliki nemško-slovenski slovar. Elektronska idzaja na plošči CD-ROM. 2., prenovljena izdaja. Ljubljana: Amebis in DZS, [27.03.2008, 06.10.2014 bis 31.07.2016].
Debenjak: Veliki slovensko-nemški slovar. Elektronska idzaja na plošči CD-ROM. 2., prenovljena izdaja. Ljubljana: Amebis in DZS, [27.03.2008, 06.10.2014 bis 31.07.2016].
Deutsches Wörterbuch. Hrsg. Renate Wahrig-Burfeind. Gütersloh: Bertelsmann Verlag, 1997.
Die Bibel in der Einheitsübersetzung der Heiligen Schrift. Vollständige Schulausgabe. Hrsg. Internationaler Katechetischer Fond. Klosterneuburg: Verlag Österreichisches Katholisches Bibelwerk, 1986.
Stjepan Drilo: Kroatisch. Teil I. Lehrbuch für Anfänger. Tübingen: Stauffenburg Verlag, Nachdruck der 2. Aufl., 1999. (Deklination der Grundzahlen eins bis fünf plus.)
Elizabeta M. Jenko: Grammatik der slowenischen Sprache. Eine Einführung. Klagenfurt: Drava, 2000.
Hermina Jug-Kranjec: Slovenščina za tujce. 9. natis. Ljubljana: Seminar slovenske literature, jezika in kulture pri Oddelku za slovanske jezike in književnost Filozofske fakultete Univerze v Ljubljani, 1995.
Franc Kattnig, Miha Kulnig, Janko Zerzer: Dvojezična Koroška. Seznam dvojezičnih krajevnih imen južne Koroške. 2., popolnoma preurejena in dopolnjena izdaja. Celovec: Mohorjeva 2004/05.

Felix Oliver Kohl, Erwin Köstler, Andreas Leben, Dominik Srienz: Überregional, mehrsprachig, vernetzt: Die Literatur der Kärntner SlowenInnen im Wandel. Wien: Praesens Verlag, 2021.
Siegfried Kohls: Russische Grammatik. Mitarbeit von Diethelm Schulz und Dietmar Steidel. Leipzig u. a.: Langenscheidt, 5. Aufl., 1994, vgl. S. 61 und S. 63 f. (Deklination der Grundzahlen von eins bis zehn.)
Rada Lečič: Das slowenische Verb. Morphologisches Hand- und Wörterbuch der slowenischen Verben. Ljubljana: Verlag ZRC, 2006.
Rada Lečič: Slovenski glagol. Oblikoslovni priročnik in slovar slovenskih glagolov. / Slovene verb. A morphological manual and dictionary of Slovene verbs. Ljubljana: Založba ZRC, 2004.
Andreja Markovič, Špela Kajič Kmetič, Katarina Rigler Šilc, Danuša Škapin: Slovenska beseda v živo. Učbenik za začetni tečaj slovenščine kot drugega/tujega jezika. 3. izdaja. Ljubljana: Center za slovenščino kot drugi/tuji jezik pri Oddelku za slovenistiko Filozofske fakultete, 2002.
Marija Mitrović, K. Sturm-Schnabl: Geschichte der slowenischen Literatur. Klagenfurt: Hermagoras, 2001.
Ana Marija Muster: Nemško-slovenski, slovensko-nemški poslovni slovar. Franc Jakob Rac: Elektronska izdaja. Ljubljana: DZS, 2003, [25.03.2008, 10.10.2014 bis 31.07.2016].
Marta Pavlin Povodnik: Oblikoslovje. Priročnik z vajami. 2., popravljena in dopolnjena izdaja, 2. natis. Ljubljana/Nova Gorica: Jutro, 1994.
Ivana Petric Lasnik, Nataša Pirih Svetina, Andreja Ponikvar: Gremo naprej. Učbenik za nadaljevalce na tečajih slovenščine kot drugega ali tujega jezika. 1. natis. Ljubljana: Znanstvena založba Filozofske fakultete Univerze v Ljubljani, 2009.
Nataša Pirih Svetina, Andreja Ponikvar: ABC, 123, Gremo. Učbenik za začetnike na kratkih tečajih slovenščine kot drugega ali tujega jezika. 3., prenovljena izdaja, 2. natis. Ljubljana: Znanstvena založba Filozofske fakultete Univerze v Ljubljani, 2008.
Polyglott Sprachführer Slowenisch, 1996, 6. Auflage. Anton Schellander und Marija Smolić.
PONS, Šolski slovar, NEMŠČINA, nemško-slovenski in slovensko-nemški. 1. izdaja. Ljubljana: Rokus Klett, 2008.
Luise Maria Ruhdorfer: Slowenische Wortformen mit Anwendungsbeispielen. 4. Band der Reihe: Slowenisch im Alltag, in der Kirche und in der Literatur. Remscheid (D): Re Di Roma Verlag, 2017.
Luise Maria Ruhdorfer: effektiv-perspektiv-normativ. GEDICHTE, PRÄSENTATIONEN UND GESCHICHTEN. Remscheid (D): Rediroma Verlag, 2021.
Anton Schellander: Slowenisch für Anfänger. (Kursunterlagen, vor 1992.)
Anton Schellander: Slišim-Vidim-Pišem. Klagenfurt: Hermagoras 1987.
Werner Schenk: Russisch-Deutsch, Deutsch-Russisch. Berlin u. a.: Langenscheidt, 6. Aufl., 2004.
Ernst Studeny: Lateinische Schulgrammatik. Wien: ÖBV, 3. Aufl., 1974, vgl. S. 27 f. (Deklination der Grundzahlen von eins bis zehn.)
Taschenwörterbuch Kroatisch. Kroatisch-Deutsch, Deutsch-Kroatisch. München: Langenscheidt. 2018.
Veronika Terbuch: Veselo na delo. Klagenfurt: Hermagoras 2000.
Slovar slovenskega knjižnega jezika. Izdajatelj: SAZU. Ljubljana: DZS, 1994.
Slovar slovenskega knjižnega jezika z Ozadnjim slovarjem slovenskega jezika in Besediščem slovenskega jezika z oblikoslovnimi podatki. Elektronska izdaja na plošči CD-ROM. Ljubljana: Amebis, DZS in SAZU, 2005, [26.03.2008, 06.10.2014 bis 31.07.2016].
Slovenski pravopis. Pravila. 4., pregledana izdaja. Izdajatelj: SAZU. Ljubljana: DZS, 1994.
Sveto pismo stare in nove zaveze. Ekumenska izdaja z novim prevodom nove zaveze. Ljubljana: Združene biblične družbe, 1991.
Jože Toporišič: Slovenska slovnica. 4., prenovljena in razširjena izdaja. Maribor: Obzorja, 2000.
Jože Toporišič: Slovenski pravopis. Izdajatelj: Slovenska akademija znanosti in umetnosti (SAZU). Ljubljana: Znanstveni raziskovalni center SAZU 2001.
Vocabolario della lingua italiana. Hrsg. Nicola Zingarelli. Bologna: Zanichelli, 12., überarbeitete Ausgabe, 2008.
Reginald Vospernik u. a.: Das slowenische Wort in Kärnten. ÖBV, 1985.
France Vrbinc: 365 x slovensko z jezikovnimi kotički skozi leto. Ljubljana: Družina, 2003.
Miha Vrbinc: Pozdravljeni. Celovec: Mohorjeva, 1997.
Miha Vrbinc: Slovenščina za vsak dan. Jezikovni kotiček v Nedelji.
Alois Wiesler: Slowenisch Wort für Wort. Bielefeld: Verlag Peter Rump, 7. Auflage, 2008.

Bio-Bibliografie der Autorin – Bio-bibliografija avtorice

Lebenslauf – Življenjepis

Luise Maria Ruhdorfer wurde 1944 in St. Stefan bei Finkenstein als Aloisia Maria Hasenbichler geboren und war bis zum siebenten Lebensjahr zweisprachig. Sie besuchte die erste Klasse der Volksschule in Mallestig und dann die weiteren Klassen in St. Georgen im Lavanttal sowie die Hauptschule in Wolfsberg. Sie maturierte 1963 an der Handelsakademie Villach. Dann war sie Sekretärin im Notariat in St. Paul im Lavanttal, wurde später Postbeamte und heiratete 1967. Sie gebar vier Kinder, weshalb sie 1975 ihre berufliche Tätigkeit zu Gunsten der Erziehung ihrer Kinder beendete. Seit Ende 2006 ist sie verwitwet.

Ab 1992 besuchte sie drei Slowenischkurse bei Mag. Stefan Schellander. Mit fünfzig Jahren begann sie an der Alpen-Adria-Universität in Klagenfurt das Slowenisch-Studium, das sie 2002 mit der Diplomarbeit über das slowenische St. Stefaner Passionsspiel des Edmund Müller aus dem Jah-re 1931 abgeschlossen hat. 2007 reichte sie ihre Dissertation über Lipušs Romanhelden auch an der AAU Kla-genfurt ein. Seither schreibt sie literarische und wissenschaftliche Bücher und Artikel und ist Mitglied der IG Li-teratur Kärnten.

Luise Maria Ruhdorfer erhielt im November 2018 beim Köstenberger Literaturwettbewerb „Andreas Schuster-Drabosenig heute“ den 3. Preis für ihr Gedicht „Že-Ze-Ve“ über die Finkensteiner Flurnamen (statt ABC-Gedicht rückläufiger Z-Y-X-Reigen).

Luise Maria Ruhdorfer erlangte am 21. Juni 2021 beim Schreibwettbewerb der OEH StV Slawistik der Alpen-Adria-Universität Klagenfurt mit ihrem Kurzprosa-Text „Spomini na družino“ den 2. Preis in der Kategorie Slowenisch. Sie wurde am 21. Juni 2021 von der Kärntner katholischen Kirchenzeitung „Nedelja“ im Zuge des Literaturwettbewerbs für ihre Skizze „Gosposka uradnika v Štebnu“ auch mit dem 2. Preis ausgezeichnet.

Qualifikationen – Kvalifikacije

VS Mallestig/Malošče (jetzt Finkenstein/Bekštanj), 1950/51;
VS St. Georgen im Lavanttal, 1951-1954;
HS Wolfsberg, einige Wochen im C-Zug, Herbst 1954, Mathematik-Übertritts-Prüfung Bruchrechnen;
HS Wolfsberg-Priel, Abteilung für Mädchen, A-Zug, 1954-1958;
BHAK Villach/Beljak, Reifeprüfung (Deutsch, Englisch, Italienisch), 27.05.1963;
VS Ledenitzen/Ledince, Slowenischkurse bei Mag. Stefan Schellander, 1992-1994;
AAU Klagenfurt/Celovec, Bachelor- und Diplom-Studium Italienisch, 1994-2000;
Piran-Fiesa, Sprachkurs Slowenisch, September 1995 (2 Wochen);
Ljubljana, Universität, Sprach-/Literatur-/Kultur-Seminar (SSJLK), Juli 1996 (2 Wochen);
Ljubljana, Sommerschule, Juli 1996 (2 Wochen) und Juli 1997 (4 Wochen);
Ljubljana, Universität, Studienberechtigungsprüfung für Slowenien, 25.07.1996;
AAU Klagenfurt/Celovec, Slowenisch-Studium, 1994-2002, Diplomprüfung 02.05.2002;
Premuda, Kroatien, Übersetzerseminar der Universität Graz, August 2004 (2 Wochen);
Ljubljana, Universität, Studentenaustausch/Seminar, November 2005 (2 Wochen);
Ljubljana, Universität, Ausbildung zur Slowenisch-Trainerin, Mai/Juni 2006 (8 von 10 Einheiten);
AAU Klagenfurt/Celovec, Doktoratsstudium 2003-2006, Rigorosum Slowenisch, 21.01.2008;
VHS Villach/Beljak, Spanischkurse, 2007; VHS Villach/Beljak, Sprachenportfolio, 2010;
VHS Villach/Beljak, Kroatischkurse, 2018/19; VHS Villach/Beljak, Slowenischtrainerin, 2004, 2009-2012;
Schriftstellerin ab 2007 (literarische und wissenschaftliche Bücher und Artikel in Deutsch und Slowenisch);
Übersetzerin Slowenisch-Deutsch, 2008-2013; Privatunterricht Slowenisch, 2004-2021.

Kratka biografija avtorice Luise Marie Ruhdorfer

Luise Maria Ruhdorfer se je rodila leta 1944 v Štebnu pri Bekštanju dvojezični materi. Maturirala je leta 1963 na trgovski akademiji v Beljaku. Delala je kot namenščenka pri notarju in kot uradnica na pošti. Leta 1994 je začela študij slovenščine na Univerzi v Celovcu in ga zaključila leta 2002 z diplomsko nalogo o Štebenskem pasijonu iz leta 1931. Nato je leta 2008 zagovarjala disertacijo o Lipuševih romanskih likih. Kot udova živi v Bekštanju in je mati štirih odraslih otrok. Piše knjige o pasijonskih in pastirskih igrah, o dvojezičnosti na avstrijskem Koroškem in o literarnih kritikah Lipuševe kratke in dolge proze. Objavlja tudi pesmi, pripovedke in zgodbe o svojih prednikov ter je članica DSPA. Novembra 2018 je prejela tretjo nagrado za cikel pesmi „Že-Ze-Ve“ pri literarnem natečaju „Andrej Šuster-Drabosnjak danes“, ki ga je razpisalo Kostanjsko društvo ob 250. letnici Drabosnjakovega rojstva. 21. junija 2021 je dobila 2. nagrado pri natečaju pisanja, ki ga je razpisalo celovško visokošolstvo, s kratko prozo „Spomini na družino“. 21. junija 2021 je dosegla tudi drugo mesto pri literarnem natečaju „Nedelje“ s izvirno črtico „Gosposka uradnika v Štebnu“.

Wissenschaftliche und literarische Artikel und Bücher – Znanstveni in literarni članki in knjige

Passions- und Hirtenspiele – Pasijonske in pastirske igre

Das Passionsspiel „Terplenje in smrt Jezusa Kristusa“, St. Stefan bei Finkenstein, 1931. [Diplomarbeit.] Klagenfurt: Hermagoras Verlag, 2007. ISBN 978-3-7086-0247-9. Format Din A-5, 223 S., 22,00 €, vergriffen. Sponsor: Bundesministerium für Unterricht, Kunst und Kultur, Wien. (Mögliche Restexemplare im Antiquariat an der Stadtmauer in Klagenfurt.)

Verurteilt zum Tod am Kreuz. Kärntner Christi-Leiden-Spiele. (Redaktion Wilhelm Wadl.) Klagenfurt: Verlag des Kärntner Landesarchivs, 2012 (2011). ISBN 978-3-900531-83-6. Format Din A-4, 340 S., 19,50 €, vergriffen. Sponsoren: Kärnten Kultur, Kärnten Kultur Volkskultur, Die Kärntner Sparkasse. (Mögliche Restexemplare im Totentanzmuseum in Metnitz.)

Geboren zum Leiden und Sterben. Kärntner geistliche Volksschauspiele. Remscheid (D): Rediroma Verlag, 2015, Book on demand. ISBN 978-3-86870-810-3. Sponsor: LAND KÄRNTEN Kultur
Format Din A-4, 337 S., 23,95 €.

Passionsspiel-Artikel im Hermagoras-Kalender 2008 und 2015 sowie in der Anthologie „Rastje“ 9/2015, S. 224-239.

Kärntner Passionsspiele. Remscheid (D): Rediroma Verlag, 2018, Book on demand. ISBN 978-3-96103-380-5. Format Din A-5, 40 S., 12,95 €.

Dr. France Kotnik und P. Dr. Romuald Pramberger. Remscheid (D): Rediroma Verlag, 2018, Book on demand. ISBN 978-3-96103-457-4. Format Din A-5, Sponsor: LAND KÄRNTEN Kultur
320 S., 24,95 €.

„Razmišljanja o ljubezni v verskih ljudskih igrah.“ In: „Rastje“ 12/2018, S. 227-228. [Gedanken zur Liebe in den geistlichen Volksschauspielen.]

„Das Tresdorfer „Kreuzziachn / Vlečenje križa.“ In: Škofjeloški doneski 14/2019. Hrsg. Muzejsko društvo Škofja Loka. Verleger: Občina Škofja Loka. 2019, S. 86-95.

„Koroške ljudske verske igre po koronapandemiji in še kaj.“ In: „Rastje“ 14/2020, S. 226-230. [Die Kärntner geistlichen Volksschauspiele nach der Corona-Pandemie und noch was.]

Florjan Lipušs Prosa – Proza Florjana Lipuša

Lipušs Identitätenkarussell. Eine Untersuchung über den Umgang mit Eros, Pathos und Thanatos. [Doktorarbeit.] Remscheid (D): Rediroma Verlag, 2010, Book on demand, ISBN 978-3-86870-173-9. Format Din A-5, 196 S., 15,50 €. (e-Buch 2016.)

Elitarnost po Florjanu Lipušu. Slovenske literarne kritike iz periodičnega tiska. Remscheid (D): Verlag Rediroma, 2017, Book on demand, ISBN 978-3-96103-173-3. Format Din A-5, 256 S., 19,95 €. [Elite-Kanon nach Florjan Lipuš. Slowenische Literaturkritiken in Originalzitaten aus Periodika.]

Elite-Kanon nach Florjan Lipuš. Slowenische Literaturkritiken [in Originalzitaten] aus Periodika in deutscher Übersetzung. Remscheid (D): Rediroma Verlag, 2017, Book on demand, ISBN 978-3-96103-201-3. Format Din A-5, 272 S., 19,95 €.

„Ena zgodba in nebroj izjemnih odtenkov.“ [Eine einzige Geschichte und unzählige außergewöhnliche Nuancen.] Rede zu Florjan Lipušs 80. Geburtstag auf der Tagung des DSPA (Verein der slowenischen Schriftsteller in Österreich) beim vulgo Kovač/Schmied in Ebriach (Obirsko) am 30. September 2017. Im Koroški koledar (Kärnten-Kalender) 2018, S. 23-27.

Kärntner zweisprachige Volkskultur – Koroška dvojezična ljudska kultura

Die slowenische Sprache und Kultur in Kärnten. *Erster Band der Reihe Slowenisch als Fremdsprache im Alltag, in der Kirche und in der Literatur*. Remscheid (D): Rediroma Verlag, 2016, Book on demand, ISBN 978-3-86870-961-2. Format Din A-4, 185 S., 22,95 €. [Die Zweisprachigkeit in Kärnten; Florjan Lipuš als Kulturkritiker; Slowenische Gebete, Messtexte und Kirchenlieder mit deutscher Übersetzung; Prosa zur Familiengeschichte.]

Die Finkensteiner Vulgonamen und der Barbara-Zyklus in St. Martin am Techelsberg. *Zweiter Band der Reihe Slowenisch als Fremdsprache im Alltag, in der Kirche und in der Literatur.* Remscheid (D): Rediroma Verlag, 2016, Book on demand, ISBN 978-3-96103-006-4. Format Din A-4, 160 S., 24,95 €. – Korrigierte und ergänzte elektronische Fassung auf www.flurnamen.at bzw. www.ledinskaimena.si, 29. Mai 2019, pdf-Format. (Vulgo- und Flurnamen-Projekt des Slowenischen Volkskundeinstitutes Urban Jarnik in Klagenfurt).

Slowenische Schriftsteller, Reformatoren und Dichter. *Dritter Band der Reihe Slowenisch als Fremdsprache im Alltag, in der Kirche und in der Literatur.* Remscheid (D): Rediroma Verlag, 2019, Book on demand, ISBN 978-3-96103-577-9. Format Din A-4, 204 S., 21,95 €.

Slowenische Wortformen mit Anwendungsbeispielen. *Vierter Band der Reihe Slowenisch als Fremdsprache im Alltag, in der Kirche und in der Literatur*. Remscheid (D): Rediroma Verlag, 2017, Book on demand, ISBN 978-3-96103-329-4. Format Din A-4, 200 S., 28,95 €.

„Slowenische Schriftsteller, Reformatoren und Dichter" in: Jepa (glasilo SKD Jepa-Baško jezero) [Zeitschrift des slowenischen Kulturvereins Mittagskogel-Faaker See], oktober [Oktober) 2019, letnik [Jahrgang] XXVIII, štev. [Nr.] 2 (88), S. 2.

„Literarna dela slovenskih reformatorjev" in Jepa (glasilo SKD Jepa-Baško jezero), december [Dezember] 2019, letnik XXVIII, štev. 3 (89), S. 3 und 4. [Literarische Werke der slowenischen Reformatoren.]

Die Finkensteiner Haus- und Flurnamen. *Sechster Band der Reihe Slowenisch als Fremdsprache im Alltag, in der Kirche und in der Literatur.* Remscheid (D): Rediroma Verlag, 2020, Book on demand, ISBN 978-3-96103-769-8. Format Din A-4, 225 S., 23,95 €.

Artikel über das Buch „Die Finkensteiner Haus- und Flurnamen" in „Finkenstein aktuell", Juni 2020, S. 13; in der „Nedelja", 21. Juni 2020, S. 12 f.; in der „Jepa", Juli 2020, Nr. 1, S. 4, und Dezember 2020, Nr. 2, S. 4.

Gedichte, Erzählungen, Geschichten – Pesmi, Povesti, Zgodbe

klagen-fragen-plagen. NACHDENK-REIME ÜBER VORDENKER-TRÄUME. Remscheid (D): Rediroma Verlag, 2010; Book on demand, ISBN 978-3-86870-196-8. Format Din A-5, 166 S., 15,50 €. [Gedichte.] (e-Buch 2014.)

Gedichte in der „Nedelja", 06.01.2010; in den „Wörterspuren" 2011 und 2012 sowie in der Anthologie „Rastje" 2013 und 2014.

Gott im Verstand, das Herz in der Hand. Erzählungen über ein geglücktes Leben. Remscheid (D): Rediroma Verlag, 2011; Book on demand, ISBN 978-3-86870-382-5. Format Din A-5, 163 S., 16,95 €. (e-Buch 2013.) Siehe http://www.MenschenSchreibenGeschichte.at als Dokumentation der Universität Wien.

Artikel zur Familiengeschichte in der „Finkensteiner Chronik", 2005; in den Hermagoras-Kalendern, 2010 und 2012; in der Anthologie „Rastje", 2013 und 2014; in der „Nedelja" 24.01.2014; in der „Jepa", II/2015, III/2015 und I/2016; unter http://kaerntenerzaehltsichselbst.aau.at, 25.12.2013.

„Veliki požar v Štebnu leta 1764" [Der Großbrand in St. Stefan im Jahr 1764] in der Anthologie „Rastje" 2017, S. 116-119. [Ausgeschmückte Geschichten.]

„Der Scherenschleifer Jože" in der Anthologie „Sternspritzer. Das etwas andere Weihnachtsbuch. Texte von Kärntner Autorinnen und Autoren." Hrsg. IG Autorinnen Autoren Kärnten. Klagenfurt: Hermagoras Verlag, 2017, S. 156-173. [Erzählung.]

„Anton Gastl“ und „Luise Maria Ruhdorfer“ in Tatjana Gregoritsch: Popotnik po Rožu. Kulturnozgodovinski turistični vodnik. V Celovcu: Mohorjeva družba, 2019, S. 199 und 203. [Kulturgeschichtlicher Touristenführer durch das Rosental.]

„MI kot varuhi domovine – VI pa samo kot mrčes“ in „Rastje“ 13/2019, S. 166-171. [Wir als Hüter unserer Heimat – IHR aber nur als Ungeziefer. Artikel über die Situation der Kärntner Slowenen in St. Stefan bei Finkenstein vor, während und nach dem Zweiten Weltkrieg.]

„cunami beguncev – koroška zgodba na pihala“ / „Die Wucht der Flucht – Eine verdichtete Kärntner Geschichte“ in UNSER Kärnten : Versuch einer literarischen Aufarbeitung : mit Abbildung von Werken Kärntner Künstlerinnen und Künstler = Naša Koroška : poskus literarne obdelave : s poslikavami del koroških umetnikov in umetnic. Redaktion Adrian Kert. Herausgeber/Izdajatelji: Kärntner Schriftstellerverband, Društvo slovenskih pisateljev v Avstriji in Mohorjeva družba v Celovcu / Hermagoras Verein. Celovec/Klagenfurt: Mohorjeva/ Hermagoras, 2020, S. 146-148 und S. 149-151. Projekt CARINTHIja 2020, Land Kärnten: 100 Jahre Kärntner Volksabstimmung. Ein Land in Zeitreisen und Perspektiven. / 100 let koroškega plebiscita. Dežela na potovanju skozi čas in prostor. [Gedichte-Zyklus.]

„kategorisiert, weggesperrt, hochgepriesen“ in Corona Überleben Tagebuch. Sechs Worte und mehr ... Wir schreiben uns durch die Krise. Magazin für biografisches Schreiben. Redaktion EBBE & FLUT TEXT-WERKSTATT. Herausgeberin Monika Zachhuber. Heft 4, 1. Ausgabe, Ausgabe vom 27. Mai 2020, S. 58. [Gedicht ohne Titel.]

effektiv – perspektiv – normativ. GEDICHTE, PRÄSENTATIONEN UND GESCHICHTEN. Remscheid (D): Rediroma Verlag, 2021; Book on demand, ISBN 978-3-96103-974-6. Format Din A-5, 260 S., 18,95 €. [Passions-, Existenz-, Non-sense-, Flurnamen- und Corona-Gedichte; personifizierte Gastl-Saga in Balladenform; Präsentationstexte zu verschiedenen Büchern; Erzählungen zur Geschichte der Marktgemeinde Finkenstein und Geschichten über den Großbrand in St. Stefan (1764) und die Hochzeit einer jungen Bergbäuerin (1785) sowie ihren Überlebenskampf vor, während und nach den Napoleonischen Kriegen.]

„Geschichten über das St. Stefaner Passionsspiel 1931“ und „Ausflüge mit dem Postschlitten“ in der „Jepa“, Dezember 2020, S. 3. (Bestandteil der Jubiläums-CD anlässlich der 100-Jahr-Feier des slowenischen Kulturver-eins „Jepa – Baško jezero“ im kommenden Jahre 2022.)

Sechs Worte, sechs Zeilen, sechs Fakten und Sechs Worte, sechs Zeilen, sechs Fiktionen in Corona-Überleben-Tagebuch. Sechs Worte und mehr ... Wir schreiben uns durch die Krise. Magazin für biografisches Schreiben. Redaktion EBBE & FLUT TEXT-WERKSTATT. Herausgeberin Monika Zachhuber. Heft 5, 1. Ausgabe, Ausgabe vom 16. Dezember 2020, S. 9. LMR, Büchertipps, S. 87. [Zwei Corona-Gedichte.]

Sechs-Worte-Gedicht ohne Titel in Corona-Überleben-Tagebuch. Sechs Worte und mehr ... Wir schreiben uns durch die Krise. Magazin für biografisches Schreiben. Redaktion EBBE & FLUT TEXT-WERKSTATT. Herausgeberin Monika Zachhuber. Heft 6, 1. Ausgabe, Ausgabe vom 16. März 2021, S. 11. LMR, Büchertipps, S. 88.

„Moja svatba“ / „Meine Hochzeit“ in „Jepa“, marec [März] 2021, letnik XXX, štev. 1 (92), S. 2.

„Spomini na družino“. Schreibwettbewerb der OEH, Studienvertretung Slawistik, AAU Klagenfurt, Kategorie Slowenisch, 2. Platz, 21. Juni 2021. [Familien-Erinnerungen.]

„Gosposka uradnika v Štebnu“. Literaturwettbewerb der Kärntner slowenischen Kirchenzeitung „Nedelja“ über eine nicht-veröffentlichte Skizze, 2. Platz, 21. Juni 2021. Bericht in der „Nedelja“ am 27. Juni 2021, S. 13. Textveröffentlichung in der „Nedelja“, 18. Juli 2021, Beilage im Innenteil, 4 S. – Siehe auch https://www.kath-kirche-kaernten.at/ > luise maria ruhdorfer gosposka uradnika v štebnu (Gotthardt), Zugriff: 06.10.2021. [Skizze über einen Amtstag in St. Stefan am 03.09.1647.]

„Gosposka uradnika v Štebnu“ / „Amtstag in St. Stephan“ in „Jepa“, september [September] 2021, letnik XXX, štev. 2 (93), S. 4-6.

Visitenkarte – Vizitka

Dr. phil. Luise Maria Ruhdorfer, Höflinger Straße 15,
A-9584 Finkenstein/Bekštanj, Österreich/Avstrija
Handy / mobilni telefon: 0043-664-1202852
e-Mail / elektronski naslov: luise.ruhdorfer@gmx.at
facebook: Luise Ruhdorfer